中央民族大学中国边疆民族历史与地理研究基地
The Research Base of Historical and Geographical Studies of China's Frontier Regions and Nationalities, Minzu University of China

◆ 达力扎布 主编

中国边疆民族研究

Studies of China' s Frontier Regions and Nationalities

（第十二辑）

《〈清内阁蒙古堂档〉目录编译》专辑

陈岚 彩虹 编译

中央民族大学出版社
China Minzu University Press

图书在版编目（CIP）数据

中国边疆民族研究．第十二辑，《清内阁蒙古堂档》目录编译/达力扎布主编；陈岚，彩虹编译．—北京：中央民族大学出版社，2019．9

ISBN 978-7-5660-1694-2

Ⅰ．①中… Ⅱ．①达… ②陈… ③彩… Ⅲ．①边疆地区—少数民族—民族历史—中国—文集 Ⅳ．①K28-53

中国版本图书馆 CIP 数据核字（2019）第 181042 号

中国边疆民族研究　第十二辑　《清内阁蒙古堂档》目录编译

主　　编	达力扎布
编　　译	陈　岚　彩　虹
责任编辑	黄修义
封面设计	布拉格
出 版 者	中央民族大学出版社
	北京市海淀区中关村南大街 27 号　邮编：100081
	电话：68472815（发行部）　传真：68932751（发行部）
	68932218（总编室）　68932447（办公室）
发 行 者	全国各地新华书店
印 刷 厂	北京建宏印刷有限公司
开　　本	787×1092（毫米）　1/16　印张：25.5
字　　数	560 千字
版　　次	2019 年 9 月第 1 版　2019 年 9 月第 1 次印刷
书　　号	ISBN 978-7-5660-1694-2
定　　价	106.00 元

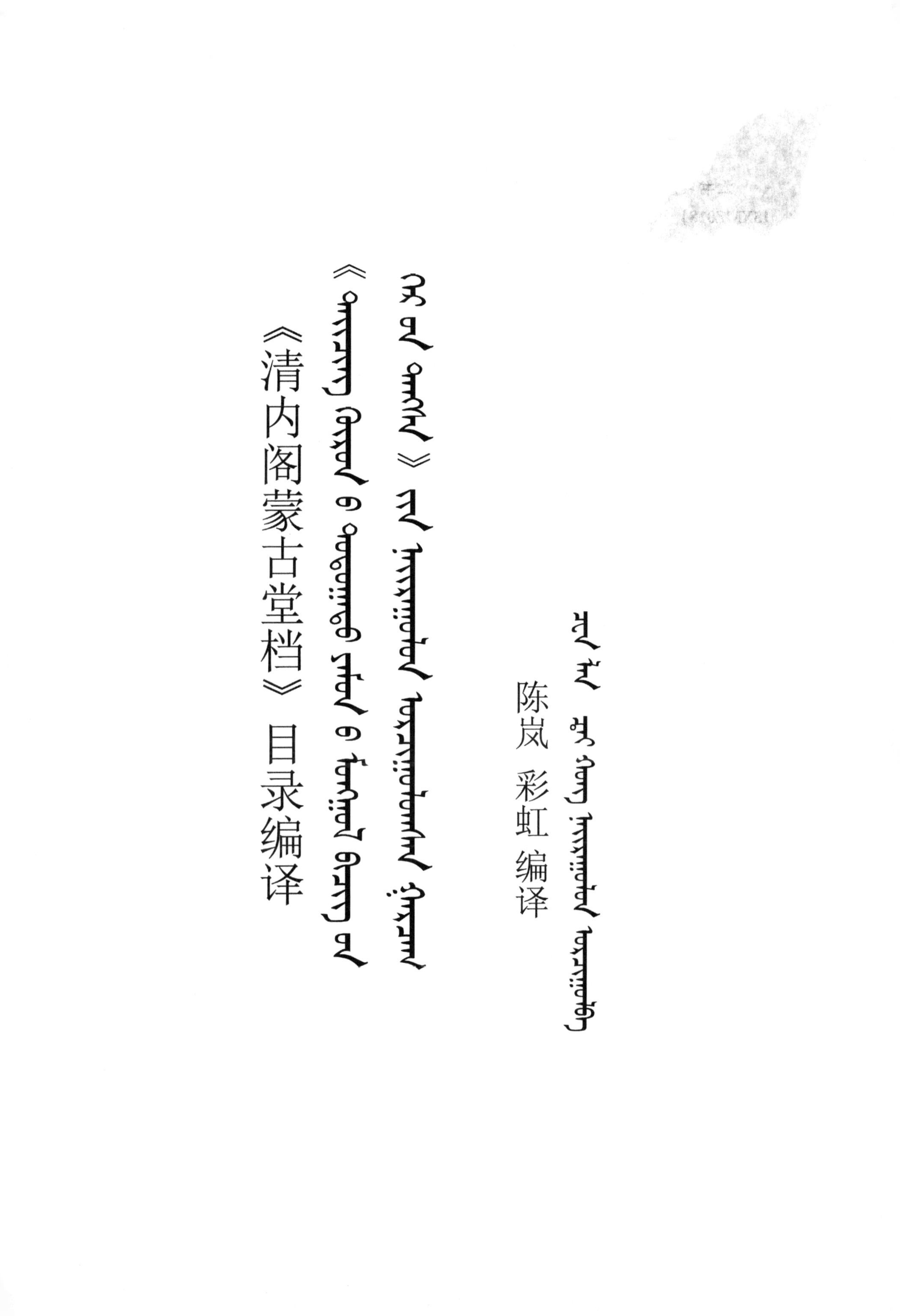

《清内阁蒙古堂档》目录编译

陈岚 彩虹 编译

本书系国家社科基金资助项目“清朝对准噶尔汗国的政策研究”（批准文号：15XMZ018）和“清朝对喀尔喀蒙古的政策研究”（批准文号：18BMZ011）阶段性成果。

作者简介：
陈岚，女，1980 年生，赤峰学院副教授
彩虹，女，1984 年生，河北民族师范学院副教授

前 言

中国第一历史档案馆、内蒙古大学蒙古学学院合编，宝音德力根、乌云毕力格、吴元丰主编《清内阁蒙古堂档》（以下简称《堂档》）全22册，附目录1册，于2005年由内蒙古人民出版社影印出版。

《堂档》所收档案为中国第一历史档案馆所藏内阁蒙古堂（亦称蒙古房）档案，起止时间为康熙十年（1671）至乾隆八年（1743）。内容包括清朝与内扎萨克，喀尔喀、青海和硕特、准噶尔等蒙古汗、台吉、王公以及西藏达赖喇嘛、班禅额尔德尼、第巴桑结嘉措等人的往来文书，亦有皇帝颁布的册立太子、册封皇后、皇位传授等事件的重要诏书，给蒙古王公台吉、塔布囊、官员的诰敕、祭文，太皇太后、皇太后临终懿旨，还有《康熙六年增订蒙古旧律书》《康熙朝蒙古文会典》《致鄂罗斯沙皇文书》、出征择吉日档、蒙古各部朝贡及回赐档等。《堂档》档案皆为内阁蒙古堂抄录和翻译的各种文书副本，并附有处理公文记录。《堂档》的出版，给学术界提供了翔实可靠的第一手资料，具有很高的史料价值。对研究清代内外蒙古、康青藏地区和新疆地区历史，以及清朝对西北边疆地区的统治政策都有重要意义。

《堂档》的原蒙古文目录（即档案标题）只有发文和收文者，未能体现档案文书中的内容。为便于读者利用，本《目录》依据各篇档案文书事由和内容，对原蒙古文标题进行了重拟，并编译为汉文和蒙古文目录。本目录共编译1524条目录，对《堂档》中内容相同、文种不同的文书未重拟标题，以免重复，在相应的蒙古文文书目录后面的括号内标示其册数、文种、页数，公文处理记录等信息。另外，本目录中有单文种的文书公文处理记录428份，其中：蒙古文公文处理记录220份，满文公文处理记录210份。

本目录中各朝文书数量为：康熙朝文书1418件（含甲子年会典1件，康熙六年增订新律书1件，缺康熙十一年和十三年档），雍正朝文书90件（缺雍正十年和十一年档），乾隆朝（二年和八年）文书6件，还有部分年份不清的蒙古各部朝贡回赐文书5件，顺治三年天文学档1件，蒙古文实录书签1件，崇德年间袭爵诰文2件，顺治年间袭爵诰文1件。按其文字分具体数为：蒙古文文书318件，满文文书113件，托忒文文书3件，藏文文书1件，满文和蒙古文兼有的文书1024件，满文和托忒文兼有的文书38件，满文和藏文兼有的文书1件，满文、蒙古文、托忒文三种文字兼有的文书5件，满文和蒙古文合璧文书12件[①]，满文和汉文合璧文书1件，满文、蒙古文、藏文三种文字兼有的文书8件。各种文字档案数量和分布情况请参见附录《〈清内阁蒙古堂档〉各册及各种文字档案数量统计表》。

本目录的编译工作至今已经断断续续地进行了6年。2012年，笔者在中央民族大学攻读博士学位期间在达力扎布老师指导下研读《清内阁蒙古堂档》，并开始重新拟写其目录，随后因撰写毕业论文和走上工作岗位一度搁置。2015年末在《中国藏学》副主编黄维忠先生热情鼓励下，将汉文初稿中有关西藏的《堂档》目录予以整理和修订，发表于《中国藏学》杂志，分载于《中国藏学》2016年第一期、第二期、第三期和2017年第一期、第二期，共计792条。这部分目录的发表大大增强了我们继续完成全部目录编译工作的信心。另外，近年我们二人承担了国家社会科学基金项目，其内容都涉及清代蒙古历史，因此再次启动了对《堂档》的研究和拟题工作。本次编译，对《堂档》总目录的汉文初稿进行了重新修订和补充，翻译为蒙古文，以便学术界利用。陈岚负责编译第1—14册，彩虹负责编译第15—22册。《堂档》总目录汉文初稿经由达力扎布老师审阅之后，我们将各自承担的部分翻译为蒙古文。陈岚撰写了前言和凡例，并编制了附录中的《〈清内阁蒙古堂档〉各册及各种文字档案数量统计表》。

在此全部目录发表之际，谨向一直给予我们支持的恩师达力扎布先生和黄维忠先生表示衷心感谢！

《堂档》的内容非常广泛，包括清朝内政、边疆各方面事务，又使用了满、蒙古、藏、托忒等多种文字，另外，在清代史籍中各民族人物的名字及称号汉译用字不统一，这些都给编译工作增加了难度，特别是限于编译者的学术水平，在编译目录过程中难免有讹误或不当之处，谨请专家和广大读者批评指教，以便日后补充修订。

编译者

2018年12月5日

① 原《堂档》蒙古文目录中将同一文书的满文、蒙古文文本分别标示的，本处称之为两种文字兼有的文书；而将两种文字文书标示为同一份文书的，称之为合璧文书。

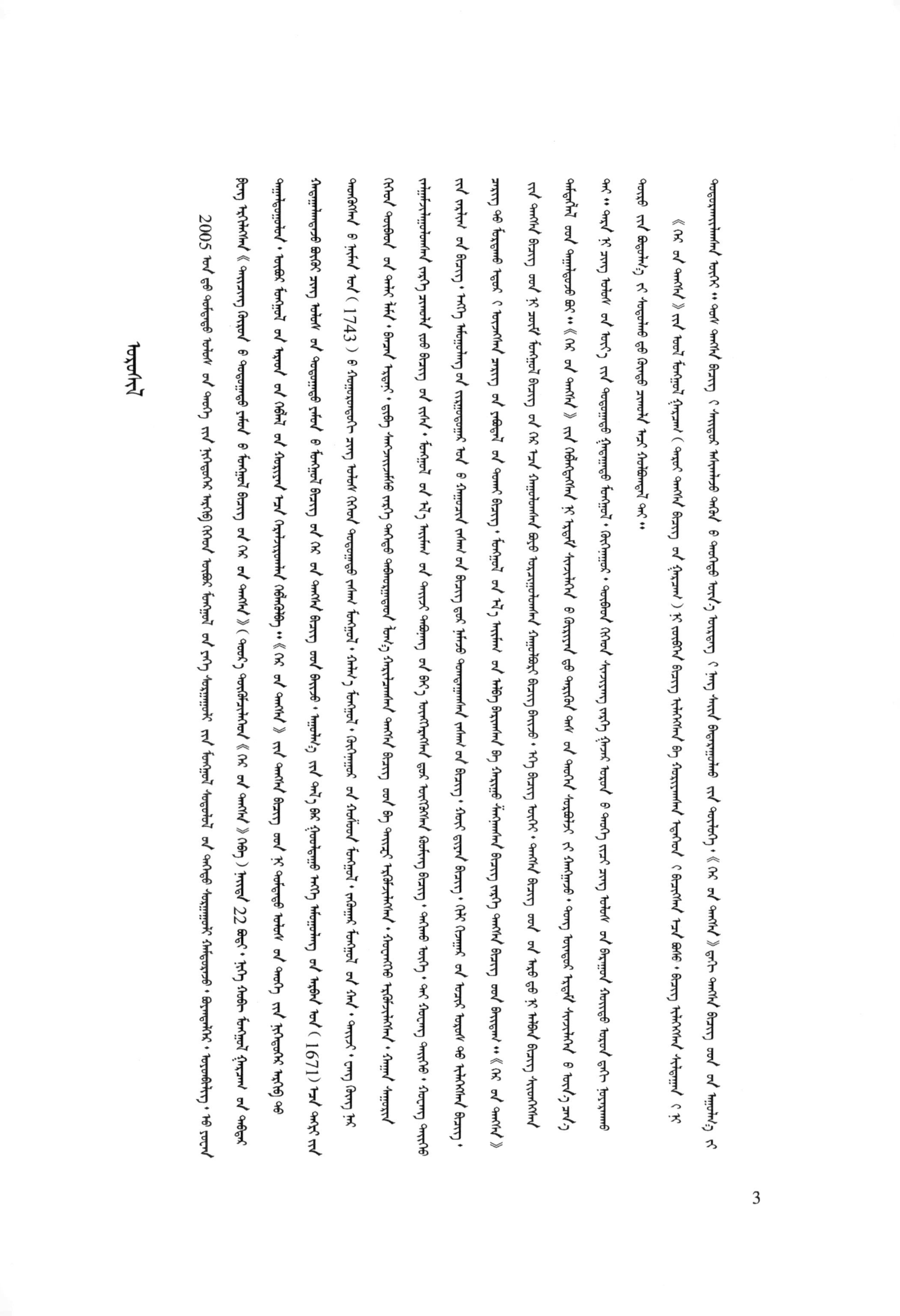

ᠤᠳᠤᠷᠢᠳᠬᠠᠯ

[illegible] 2005 [illegible] 22 [illegible]

[illegible] (1671) [illegible]

[illegible] (1743) [illegible]

[illegible]

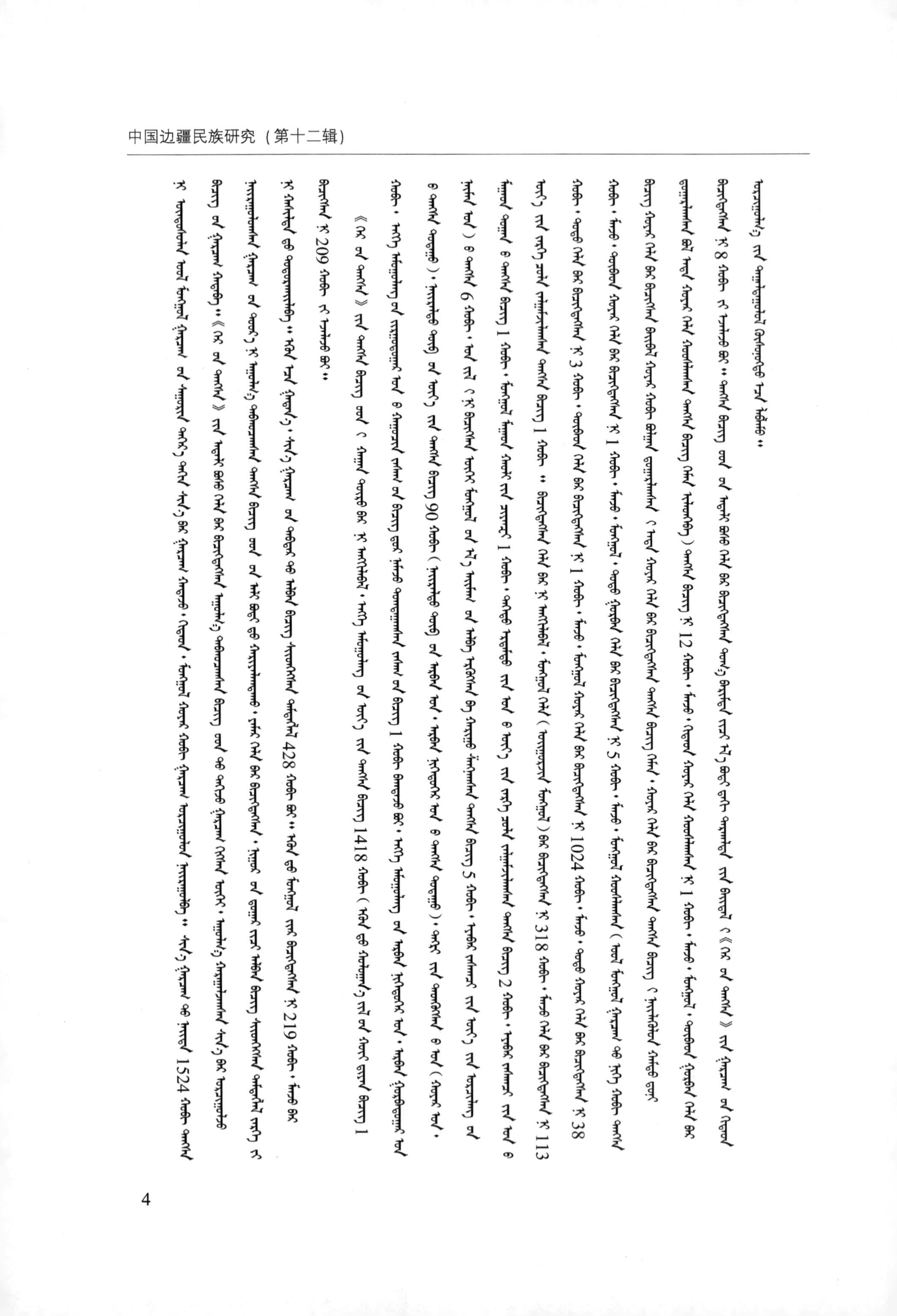

[illegible]

[illegible]

[illegible]

[illegible]

《ᠮᠠᠨ ᠤ ᠪᠠᠶᠢᠯᠢᠭ》 ᠶᠢᠨ ᠰᠤᠳᠤᠯᠤᠯ》 (ᠲᠥᠰᠥᠯ ᠦᠨ ᠳ᠋ᠤᠭᠠᠷ : 18BMZ011) ᠬᠡᠮᠡᠬᠦ ᠤᠯᠤᠰ ᠤᠨ ᠨᠢᠭᠡᠮ ᠰᠢᠨᠵᠢᠯᠡᠬᠦ ᠤᠬᠠᠭᠠᠨ ᠤ ᠰᠠᠩ ᠤᠨ 《ᠮᠠᠨ ᠤ ᠪᠠᠶᠢᠯᠢᠭ》 ᠶᠢᠨ ᠰᠤᠳᠤᠯᠤᠯ

ᠤᠨ ᠲᠥᠰᠥᠯ ᠪᠣᠯᠤᠨ 《ᠮᠠᠨ ᠤ ᠪᠠᠶᠢᠯᠢᠭ ᠤᠨ ᠰᠤᠳᠤᠯᠤᠯ》 (ᠲᠥᠰᠥᠯ ᠦᠨ ᠳ᠋ᠤᠭᠠᠷ : 15XMZ018) ᠬᠡᠮᠡᠬᠦ

总目录

一、凡例……………………………………………………………………………………（1）
二、《清内阁蒙古堂档》目录编译（汉文）………………………………………………（5）
三、《清内阁蒙古堂档》目录编译（蒙古文）…………………………………………（161）
四、附　录……………………………………………………………………………（392）

ᠭᠠᠷᠴᠠᠭ

1. ᠦᠭᠡ ……………… 1

2. 《ᠮᠣᠩᠭᠣᠯ ᠪᠢᠴᠢᠭ ᠦᠨ ᠲᠣᠪᠴᠢᠶᠠᠨ ᠨᠢ ᠳᠣᠣᠷᠠᠳᠤ ᠪᠢᠴᠢᠭ ᠤᠨ ᠨᠢ ᠬᠣᠶᠠᠷ》 ᠳᠤ ᠬᠠᠷᠢᠴᠠᠭᠤᠯᠤᠯ ᠲᠠᠶᠢᠯᠪᠤᠷᠢᠯᠠᠭᠰᠠᠨ ᠦᠭᠡᠰ (ᠳᠡᠭᠡᠳᠦ) ……………… 5

3. 《ᠮᠣᠩᠭᠣᠯ ᠪᠢᠴᠢᠭ ᠦᠨ ᠲᠣᠪᠴᠢᠶᠠᠨ ᠨᠢ ᠳᠣᠣᠷᠠᠳᠤ ᠪᠢᠴᠢᠭ ᠤᠨ ᠨᠢ ᠬᠣᠶᠠᠷ》 ᠳᠤ ᠬᠠᠷᠢᠴᠠᠭᠤᠯᠤᠯ ᠲᠠᠶᠢᠯᠪᠤᠷᠢᠯᠠᠭᠰᠠᠨ ᠦᠭᠡᠰ (ᠳᠣᠣᠷᠠᠳᠤ) ……………… 161

4. ᠬᠠᠪᠰᠤᠷᠭᠠ ……………… 392

凡　例

一、目录中的人名、爵号、部名、地名见于《清圣祖实录》者采用《实录》的汉译名，以便于读者对照；不见于《实录》者，采用《钦定蒙古回部王公表传》的译名；不见于《实录》又不见于《表传》者另译。档案文书中未写被袭爵人或部名，只写袭爵人的，若《实录》有翔实记载的在括号中予以补充说明。

二、文书时间均采用了公文处理记录时间，原书中未记载年份的文书，加以标注说明。

三、目录前方括号内的阿拉伯数字为原书目录序号；原书有些文书被误分为两篇的，标明其两处的序号。例如：第一册第1条的（2）（5），合为一份奏文，第3条的（4）（9）亦同；原书蒙古文目录漏掉或有些文书在其他册里被拆分为几份文书的，为保持原目录序号，在原书目录序号下面加①②③来标示。例如：第六册第34①是原蒙古文目录漏掉的，第六册第26条在其他册里被拆分为三份文书。

四、目录中还注明了每篇档案文书所在的原书册数，在括号内标示其文种、原书页码等，若有内容重叠的多种文字文书，标示其文书册数、文种、页码、公文处理记录等。例如：第六册4.（5）（蒙古文，第14-18页，亦见第七册第9条第59-67页；满文见本册第57条第174-181页，本册第109条第442-451页，第七册第8条第51-59页）。原文书页面有缺损，缺字或缺页之处，在括号内以“页面文字缺失”或“缺页”来标示。原蒙古文目录中将公文处理记录误以为档案文书的，未另拟标题。例如：第三册第36条和第84条均为公文处理记录。第三册第36条与本册第86条文书的公文处理记录内容重叠；第三册第84条与本册第31条文书的公文处理记录内容重叠。其中本册第86条文书内容与本册第34条文书内容重叠。

五、原书目录中，对档册卷头单独编了序号，由于这类文件不属于档案内容，故在本目录编译中减去此类文件的原书序号，以“※”加以标注。例如：原书中“1. 康熙十年档册”，本书中改为“※康熙十年档册”。同时，因部分档案文书收发时间与※号标注档案标题时间不符，故本目录档案标题后注明的时间均为公文处理记录时间。

六、该档案有一部分已收入中国第一历史档案馆、中国藏学研究中心合编《清初五世达赖喇嘛档案史料选编》（中国藏学出版社，2000年）中，并且已拟定汉文标题，本目录直接收录（加黑字体者），没有另译。但是，对其中的人名、爵号、部落名、地名等与本目录做了统一，对部分标题有所修改。

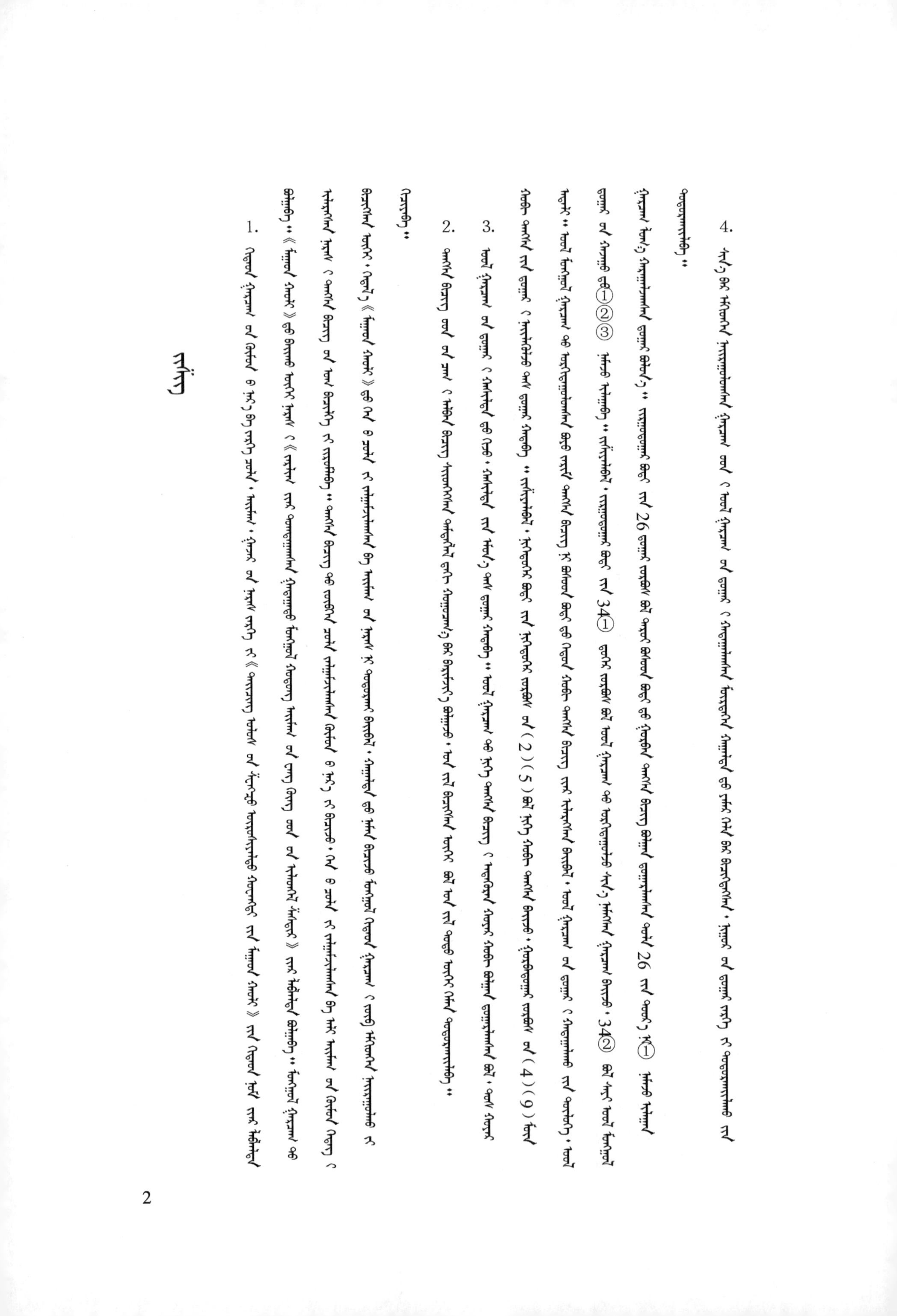

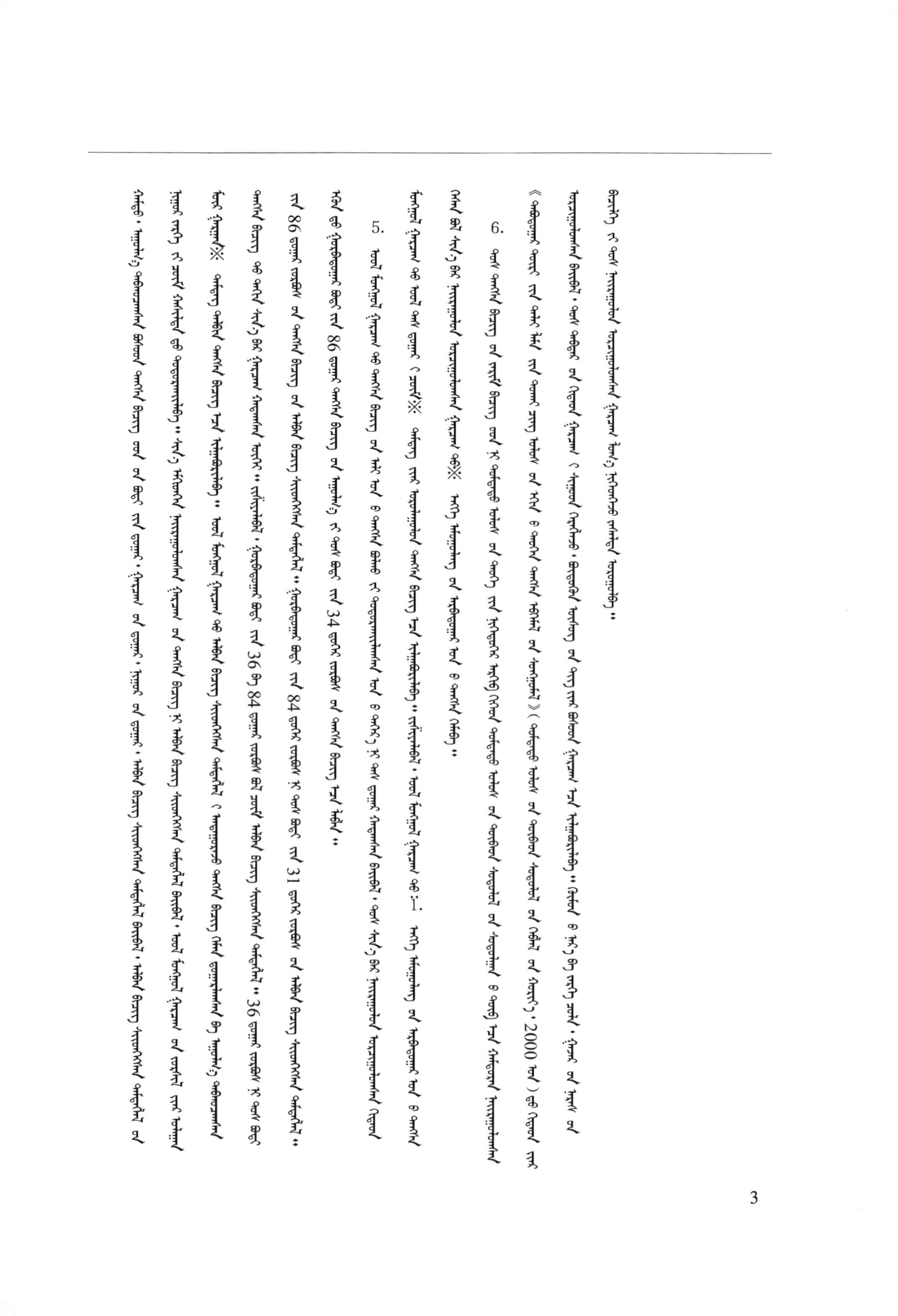

《清内阁蒙古堂档》目录编译

陈岚　彩虹/编译

目　录

第一册……………………………………………………………………………（9）
第二册……………………………………………………………………………（21）
第三册……………………………………………………………………………（26）
第四册……………………………………………………………………………（34）
第五册……………………………………………………………………………（44）
第六册……………………………………………………………………………（45）
第七册……………………………………………………………………………（52）
第八册……………………………………………………………………………（54）
第九册……………………………………………………………………………（62）
第十册……………………………………………………………………………（74）
第十一册…………………………………………………………………………（79）
第十二册…………………………………………………………………………（90）
第十三册…………………………………………………………………………（95）
第十四册…………………………………………………………………………（104）
第十五册…………………………………………………………………………（109）
第十六册…………………………………………………………………………（115）
第十七册…………………………………………………………………………（124）
第十八册…………………………………………………………………………（131）
第十九册…………………………………………………………………………（142）
第二十册…………………………………………………………………………（148）
第二十一册………………………………………………………………………（157）
第二十二册………………………………………………………………………（159）

第一册

※康熙十年档册 …… 1
1. （2）（5）达赖喇嘛问安及献方物之文，康熙十年（蒙古文，第3-10页，第15页） …… 3
2. （3）康熙帝遣使达赖喇嘛问安和赐雕鞍等物敕谕，康熙十年（蒙古文，第11-12页） …… 11
3. （4）（9）康熙帝致达赖喇嘛收回西喇塔拉及遣返红帽派与帕克木事件和交还堪都等事敕谕，康熙十年六月初五日（蒙古文，第12-14页，第23-32页） …… 12
4. （6）达赖喇嘛以收悉康熙帝收回西喇塔拉之原因和已安置红帽派与帕克木等事奏文，康熙十年三月十五日（蒙古文，页面文字有缺失，第16-20页） …… 16
5. （7）科尔沁和硕达尔罕亲王和拖（和塔）病故，命其长子班第袭爵之文，康熙十年三月二十六日（蒙古文，第20-21页） …… 20
6. （8）康熙帝遣使存问达赖喇嘛敕谕，康熙十年（蒙古文，第21-22页） …… 21
7. （10）封扎萨克王格孟和之第三女为默德力图公主，并颁发金册之册文，康熙十年六月初九日（蒙古文，第35-37页） …… 35
※公文处理记录（蒙古文） …… 37
8. （11）康熙帝东巡谒福陵、昭陵后所颁诏文，康熙十年十一月初九日（蒙古文，第39-45页） …… 39
9. （12）康熙帝以乌珠穆沁故多罗贝勒色冷（色冷额尔德尼）病故，由其孙莫利海袭爵额尔德尼诺颜号之文，康熙十年五月二十九日（蒙古文，第45页） …… 45
10. （13）康熙帝以（杜尔伯特固山贝子）诺尔布病故，准其从孙（沙金）袭爵之文，康熙十年九月二日（蒙古文，第46页） …… 46
11. （14）康熙帝以三等阿达哈哈番道尔吉病故，准其亲孙巴楞袭职之敕文，康熙十年十二月二十六日（蒙古文，第47页） …… 47

12.（15）康熙帝以科尔沁呼尔玛罕卓日克图病故，准其长子巴雅斯呼朗袭爵之文，康熙十年十二月二十一日（蒙古文，页面文字有缺失，第 48-50 页）…… 48
※康熙十一年档册 …… 48
13.（17）康熙帝以（喀尔喀辅国公 ）根敦代青病故，准其子垂扎布袭爵之文，康熙十一年一月十四日（蒙古文，第 52 页）…… 52
14.（18）康熙帝以（科尔沁土谢图亲王 ）巴达礼病故，准其长子巴雅斯呼朗袭爵之文，康熙十一年六月十一日（蒙古文，第 52 页）…… 52
※公文处理记录（蒙古文）…… 53
15.（19）达赖喇嘛问安及献方物之文，康熙十一年（蒙古文，第 54-60 页）…… 54
16.（20）达赖喇嘛回复康熙帝为西喇塔拉、红帽派、堪都等事奏文，康熙十一年（蒙古文，第 60-67 页）…… 60
17.（21）执教达赖汗以即位和硕特汗位及上表问安呈康熙帝奏文，康熙十一年（蒙古文，第 68-70 页）…… 68
18.（22）康熙帝以（ 鄂尔多斯镇国公索诺穆）病故，准其长子杜棱袭爵之文，康熙十一年八月一日（蒙古文，第 71 页）…… 71
19.（23）康熙帝以（乌喇特镇国公阿玉锡）病故，准其长子诺门袭爵之文，康熙十一年七月十四日（蒙古文，第 71-72 页）…… 71
20.（24）康熙帝以古苏里病故，准其长子翁固岱袭其达尔罕号之文，康熙十一年九月三日（蒙古文，第 73 页）…… 73
21.（25）康熙帝以班第病故，准其弟敖齐尔袭其达尔罕号之文，康熙十一年十月十日（蒙古文，第 73 页）…… 73
22.（26）康熙帝致达赖喇嘛问安及书信中再勿写本国讳名等事敕谕，康熙十一年十一月二十九日（蒙古文，第 74-76 页）…… 74
23.（27）康熙帝以遣送红帽派、帕克木及堪都等事给达赖喇嘛敕谕，康熙十一年十一月二十九日（蒙古文，第 77-81 页）…… 77
24.（28）康熙帝回达赖喇嘛问安献礼敕谕，康熙十一年十一月二十九日（蒙古文，第 82-83 页）…… 82
25.（29）康熙帝允准给执教达赖汗敕书和遣使往来敕谕，康熙十一年十一月二十九日（蒙古文，第 83-84 页）…… 83
※公文处理记录（蒙古文）…… 85
26.（30）康熙帝授多罗贝勒尚善之第四女为多罗郡君之册文，康熙十一年十二月（蒙古文，第 87-89 页，亦见本册第 50 条第 117-119 页，公文处理记录第 119-120 页，本册第 70 条第 209-211 页 ，公文处理记录第 211-212 页）…… 87

27. （31）康熙帝授贝子敖恩其之长女为和硕郡主之册文，康熙十一年十二月
（蒙古文，第 90-91 页，第 49 条第 116-117 页） …………………………… 90
28. （32）康熙帝以（蒿齐忒多罗郡王）阿拉布坦病故，准其长子车布登袭爵
之文，康熙十一年八月十三日（蒙古文，第 92 页） …………………………… 92
29. （33）康熙帝以（敖汉多罗郡王）墨尔根巴图尔病故，准其长子扎穆苏
袭爵之文 ，康熙一年十月二十三日（蒙古文，第 92 页） …………………… 92
30. （34）康熙帝以（喀喇沁多罗杜棱郡王班达尔沙）病故，准其长子札什
袭爵之文，康熙十一年八月十五日（蒙古文，第 93 页） …………………… 93
31. （35）康熙帝以（苏尼特多罗贝勒）丹津病故，准其长子沙利袭爵之文，
康熙十一年八月十五日（蒙古文，第 93 页） ………………………………… 93
32. （36）康熙帝以命瓦娃之拜他喇布勒哈番与其父一等阿达哈哈番合并
晋升为三等阿思哈尼哈番之文，康熙十一年九月六日（蒙古文，
第 93-94 页） ………………………………………………………………… 93
33. （37）康熙帝遣官致祭一等台吉僧格的祭文 ，康熙十一年四月十三日
（蒙古文，第 95-96 页） ………………………………………………… 95
34. （38）康熙帝遣官致祭喀喇沁一等台吉额尔德尼的祭文，康熙十一年四月
十三日（蒙古文，第 97 页） ……………………………………………… 97
35. （39）康熙帝遣官致祭喀喇沁一等塔布囊伊扎纳的祭文，康熙十一年四月
十三日（蒙古文，第 98 页） ……………………………………………… 98
36. （40）康熙帝遣官致祭土默特一等塔布囊阿济鼐的祭文，康熙十一年四月
十三日（蒙古文，第 99 页） ……………………………………………… 99
37. （41）康熙帝遣官致祭土默特一等塔布囊俄木布的祭文，康熙十一年四月
十三日（蒙古文，第 100 页） …………………………………………… 100
※公文处理记录（蒙古文） ……………………………………………………… 101
38. （42）康熙帝遣官致祭土默特一等塔布囊嘎尔玛的祭文，康熙十一年四月
十六日（蒙古文，第 102 页） …………………………………………… 102
※公文处理记录（蒙古文） ……………………………………………………… 103
39. （43）康熙帝遣官致祭土默特一等台吉唐古岱的祭文，康熙十一年七月
六日（蒙古文，第 104 页） ……………………………………………… 104
※公文处理记录（蒙古文） ……………………………………………………… 105
40. （44）康熙帝遣官致祭乌珠穆沁一等台吉扎噶尔的祭文，康熙十一年
七月初六日（蒙古文，第 106 页） ……………………………………… 106
41. （45）康熙帝为命山东东昌府、兖州府巡道之敕谕，康熙十一年（满文，
第 107 页）107
※康熙十二年档册 ………………………………………………………………… 108

42.（47）康熙帝封都纲阎老藏潘珠原号及颁印信敕书之文，康熙十二年三月七日（蒙古文，第 110–111 页） …… 110
43.（48）康熙帝为会盟事致外藩蒙古王公的敕谕，康熙十二年三月二十日（蒙古文，第 111–113） …… 111
※公文处理记录（蒙古文） …… 111
44.（51）噶尔丹台吉请安献礼之奏文，康熙十二年十一月一日（蒙古文，第 121–122 页） …… 121
45.（52）噶尔玛岱青和硕齐请安献礼之奏文，康熙十二年十一月一日（蒙古文，第 123 页） …… 123
※公文处理记录（蒙古文） …… 124
46.（53）云瑞塔尔尼的库伦喇嘛呈康熙帝请安献礼之奏文，康熙十二年十一月五日（蒙古文，第 126–127 页） …… 126
※公文处理记录（蒙古文） …… 127
47.（54）康熙帝遣官致祭科尔沁和硕土谢图亲王额驸巴雅斯呼朗的祭文，康熙十二年三月十二日（蒙古文，第 129–130 页） …… 129
48.（55）康熙帝遣官致祭巴林和硕台吉满朱习里的祭文，康熙十二年三月十二日（蒙古文，第 131–132 页） …… 131
※公文处理记录（蒙古文） …… 132
49.（56）康熙帝遣官致祭科尔沁一等台吉布颜图的祭文，康熙十二年七月十八日（蒙古文，第 134 页） …… 134
50.（57）康熙帝遣官致祭科尔沁一等台吉锥的祭文，康熙十二年七月十八日（蒙古文，第 135 页） …… 135
※公文处理记录（蒙古文） …… 136
51.（58）康熙帝遣官致祭苏尼特多罗都楞郡王公额的祭文，康熙十二年八月十八日（蒙古文，第 137–138 页） …… 137
※公文处理记录（蒙古文） …… 138
52.（59）康熙帝遣官致祭喀尔喀多罗卓礼克图郡王达尔札大福晋的祭文，康熙十二年九月十六日（蒙古文，第 140 页） …… 140
※公文处理记录（蒙古文） …… 140
53.（60）康熙帝遣官致祭驻牧于游牧蒙古的二等阿思哈尼哈番戴青的祭文，康熙十二年十月二十七日（蒙古文，第 142–143 页） …… 142
54.（61）康熙帝给顾实汗修整旧敕书词句格式的敕谕，康熙十二年十一月十五日（蒙古文，第 144–146 页） …… 144
55.（62）出征择吉日之奏文，康熙十二年十二月二十八日（蒙古文，第 147–148 页） …… 147

56. （63）康熙帝以（苏尼特多罗杜楞郡王公额）病故，准其子牢张袭爵之文，康熙十二年十二月二十四日（蒙古文，第 149 页）…… 149
57. （64）康熙帝以拜他喇布勒哈番达赖病故，准予其弟古鲁斯布袭爵之文，康熙十二年九月八日（蒙古文，第 150 页）…… 150
58. （65）康熙帝以二等阿达哈哈番丹巴病故，准予其弟格日勒图袭爵之文，康熙十二年九月二十九日（蒙古文，第 151 页）…… 151
59. （66）康熙帝以（巴林固山贝子满朱习里）病故，准予其长子乌尔占袭爵之文，康熙十二年十月六日（蒙古文，第 152 页）…… 152
※公文处理记录（蒙古文）…… 153
※出征择吉日之档册 …… 154
60. （68）康熙十二年至十七年及十九年出征择吉日之奏文，康熙十二年十二月二十二日（蒙古文，第 154-207 页）…… 154
※康熙十四年档册 …… 208
61. （71）康熙帝以阿新泰达尔罕病故，准其子同喜袭爵之文，康熙十四年一月八日（蒙古文，第 213 页）…… 213
62. （72）达礼朱勒、信顺额尔德尼伊尔登诺颜请赐赴西藏朝觐达赖喇嘛所需白银、敕书，以及逃至达赉戴青处属民等事呈康熙帝奏文，康熙十四年四月初一日（蒙古文，第 214-215 页）…… 214
63. （73）喀尔喀玛喀达哈敦、卫征阿海请赐为活佛转世赴藏拜佛所需银奏文，康熙十四年四月一日（蒙古文，第 216-217 页）…… 216
※公文处理记录（蒙古文）…… 217
64. （74）康熙帝命多罗信郡王鄂札为抚远大将军、命大学士都统图海为副将军率师讨察哈尔布尔尼之敕谕，康熙十四年四月六日（蒙古文，第 219-222 页）…… 219
65. （75）达赖喇嘛以回吴三桂使臣不支持叛乱等事呈康熙帝奏文，康熙十四年四月十二日（蒙古文，第 223-227 页）…… 223
66. （76）达赖喇嘛以蒙古卫拉特兵入边易动贪心而未派遣支援等事奏文，康熙十四年四月十二日（蒙古文，第 228-230 页）…… 228
67. （77）青海众台吉为辩提督王辅臣叛变攻破兰州后是否进兵西宁及西宁是否亦叛变而进兵西宁缘由呈康熙帝奏文，康熙十四年四月十二日（蒙古文，第 230-232 页）…… 230
※公文处理记录（蒙古文）…… 232
68. （78）康熙帝遣使存问给达赖喇嘛敕谕，康熙十四年四月二十四日（蒙古文，第 234-235 页）…… 234

69. （79）康熙帝以吴三桂若认罪来降可如达赖喇嘛所言免死并令青海台吉不要攻掠西宁等事给达赖喇嘛敕谕，康熙十四年四月二十四日（蒙古文，第236-243页）…… 236
70. （80）康熙帝以青海众台吉应从西宁撤军及达赖巴图尔依达赖喇嘛之言住藏管理青海人众等事给达赖巴图尔敕谕，康熙十四年四月二十四日（蒙古文，第244-246页）…… 244
※公文处理记录（蒙古文）…… 246
71. （81）康熙帝以察哈尔布尔尼亲王叛乱已平定，察哈尔八旗左翼四旗官兵勿随其作乱，回归原牧之敕谕，康熙十四年四月二十六日（蒙古文，第250-254页）…… 250
72. （82）康熙帝以察哈尔布尔尼亲王叛乱已评定，察哈尔八旗右翼四旗官兵勿随其作乱之敕谕，康熙十四年四月二十六日（蒙古文，第254-259页）…… 254
※公文处理记录（蒙古文）…… 259
73. （83）康熙帝以调镇宣府察哈尔左翼兵越边潜逃，授内大臣佟国纲为安北将军率兵往镇宣府之敕谕，康熙十四年（蒙古文，第261-263页）…… 261
74. （84）康熙帝以平定布尔尼叛乱再次敕谕左翼四旗察哈尔官兵之敕谕，康熙十四年五月四日（蒙古文，第264-269页）…… 264
※公文处理记录（蒙古文）…… 269
75. （85）康熙帝以平定察哈尔叛乱给外藩蒙古王、公、贝勒、贝子、台吉之敕谕，康熙十四年五月十二日（蒙古文，第271-277页）…… 271
公文处理记录（蒙古文）…… 277
76. （86）康熙帝以巴彦承袭其父拜他喇布勒哈番职之文，康熙十四年四月十日（蒙古文，第280页）…… 280
77. （87）康熙帝以不再追究布尔尼叛乱之事给外藩蒙古王公台吉之敕谕，康熙十四年三月二十五日（蒙古文，第281-284页）…… 281
※公文处理记录（蒙古文）…… 284
78. （88）达赖巴图尔以得知西宁未叛，青海众台吉已撤军等事呈康熙帝奏文，康熙十四年七月四日（蒙古文，第286-289页）…… 286
79. （89）康熙帝授都统噶尔汉为镇安将军率兵驻守河南之敕谕，康熙十四年七月二十九日（蒙古文，第290-292页）…… 290
80. （90）康熙帝以一等台吉萨玛第擒喀尔喀（扎木素）授予镇国公之敕谕，康熙十四年十一月十八日（蒙古文，第293-294页）…… 293
81. （91）达赖喇嘛遣使问安献方物之文，康熙十四年（蒙古文，第295-298页）…… 295

82. （92）达赖喇嘛以知令吴三桂降则免死和青海达赖台吉等误攻掠内地又撤回等事奏文，康熙十四年（蒙古文，第 299–308 页） ……………… 299
83. （93）执教达赖汗为问安和迟早平定吴三桂叛乱等事之文，康熙十四年（蒙古文，第 309–310 页） …………………………………………………… 309
84. （94）康熙帝以奈曼一等台吉鄂齐尔不附札木山作叛，先率其九佐领人来投而授袭封多罗达尔汉郡王之文，康熙十四年六月十九日（蒙古文，第 311–312 页） ………………………………………………………………… 311
85. （95）康熙帝以（苏尼特）多罗杜楞郡王牢张病故，令其亲叔阿毓锡袭爵之文，康熙十四年二月六日（蒙古文，第 313 页） ………………… 313
86. （96）康熙帝以（土默特）多罗贝勒赵图病故，准其子厄尔德木图袭爵之文，康熙十四年九月六日（蒙古文，第 314 页） ………………………… 314
87. （97）康熙帝封翁牛特多罗杜楞郡王毕礼衮达赖之母为扎萨克郡主之文，康熙十四年十月二日（蒙古文，第 315–316 页） …………………………… 315
88. （98）康熙帝以（奈曼副都统）吴伦木苏不附扎木山从布尔尼之乱，封为拜他不勒哈番之文，康熙十四年六月二十四日（蒙古文，第 317–319 页） ………………………………………………………………………… 317
89. （99）康熙帝以奈曼部党西喇在布尔尼叛乱时首先来奏鄂齐尔台吉等不与札木山同谋等事，授三等达尔汉号之文，康熙十四年四月十六日（蒙古文，第 320–321 页） …………………………………………………… 320
90. （100）康熙帝以昂阿尔住尔（昂噶勒珠尔）授额驸沙津派遣送至布尔尼首级，授三等达尔罕之文，康熙十四年五月十四日（蒙古文，第 322–323 页） ………………………………………………………………………… 322
91. （101）康熙帝册立允礽为太子大赦诏文，康熙十四年十二月十四日（蒙古文，第 324–341 页） …………………………………………………… 324
92. （102）康熙帝以科尔沁和硕额驸一等台吉沙津率领右翼五旗追杀布尔尼献首功，被封为多罗贝勒之敕谕，康熙十四年九月七日（蒙古文，第 342–343 页） ………………………………………………………………………… 342
93. （103）康熙帝以奈曼二等台吉吴勒木济母不附其子扎木山和布尔尼叛乱率二佐领人来归，封多罗御辰哈敦之敕谕，康熙十四年六月二十四日（蒙古文，第 344–345 页） …………………………………………………… 344
94. （104）康熙帝以奈曼二等台吉吴勒木济不附其兄扎木山和布尔尼叛乱率二佐领人来归，授贝子爵之敕谕，康熙十四年六月二十四日（蒙古文，第 346–347 页） ………………………………………………………………… 346
95. （105）康熙帝以奈曼二等台吉格勒尔不附扎木山作叛，先率其九佐领人来归而授为辅国公爵之敕谕，康熙十四年六月二十四日（蒙古文，第 348–349 页） ………………………………………………………………………… 348

※康熙十五年档册 …… 350
96.（107）康熙帝以建储加太皇太后，皇太后册号告祭天地太庙社稷之诏文，康熙十五年一月十二日（蒙古文，第 352-359 页） …… 352
97.（108）喀尔喀车臣汗的达尔汉台吉以乌珠穆沁车臣亲王之人来杀人抢畜等事呈康熙帝奏文，康熙十五年（蒙古文，页面文字有缺失，第 360-361 页） …… 360
※公文处理记录（蒙古文） …… 361
98.（109）执教达赖汗问安献礼奏文，康熙十五年（蒙古文，第 363-364 页） …… 363
99.（110）执教达赖汗以处理堪都事而受赏及献方物奏文，康熙十五年（蒙古文，第 365-366 页） …… 365
100.（111）达赖喇嘛问安奏文，康熙十五年（蒙古文，页面文字有缺失，第 367-373 页） …… 367
101.（112）达赖喇嘛以得知平定察哈尔布尔尼亲王叛乱和不解外藩蒙古中土默特台吉没有战功却得到安置等事呈康熙帝奏文，康熙十五年（蒙古文，页面文字有缺失，第 374-378 页） …… 374
102.（113）达赖喇嘛以已遣两名医生和未交赐给第巴之谕旨等事呈康熙帝奏文，康熙十五年（蒙古文，页面文字有缺失，第 378-381 页） …… 378
103.（114）达赖喇嘛命执教达赖汗使巴尔喀木边界安宁而受赏呈康熙帝奏文，康熙十五年（蒙古文，页面文字有缺失，第 381-383 页） …… 381
104.（115）班禅额尔德尼问安奏文，康熙十五年（蒙古文，页面文字有缺失，第 384-385 页） …… 384
105.（116）康熙帝为遣内大臣奇塔特赴盟会事给理藩院的敕谕，康熙十五年二月二十七日（蒙古文，页面文字有缺失，第 386-387 页） …… 386
106.（117）康熙帝为派遣大臣赴外藩会盟给会盟之敕谕，康熙十五年四月六日（蒙古文，页面文字有缺失，第 388-391 页） …… 388
※公文处理记录（蒙古文） …… 391
107.（118）康熙帝准其诺和日齐承袭拖沙喇哈番之文，康熙十五年二月十一日（蒙古文，第 393 页） …… 393
108.（119）康熙帝准其乌勒吉图承袭达尔罕号之文，康熙十五年一月十五日（蒙古文，第 393-394 页） …… 393
109.（120）康熙帝向达赖喇嘛问安和赐物敕谕，康熙十五年四月二十八日（蒙古文，第 395-396 页） …… 395
110.（121）康熙帝以念经和医生安全到达等事回复达赖喇嘛敕谕，康熙十五年四月二十八日（蒙古文，第 396-397 页） …… 396

111. （122）康熙帝以必须镇压吴三桂及劝达赖巴图尔不得犯边等事给达赖喇嘛敕谕，康熙十五年四月二十八日（蒙古文，页面文字有缺失，第 397-403 页） …… 397
112. （123）康熙帝向班禅额尔德尼问安和献礼敕谕，康熙十五年四月二十八日（蒙古文，页面文字有缺失，第 404 页） …… 404
113. （124）康熙帝以收到问安信给执教达赖汗敕谕，康熙十五年四月二十八日（蒙古文，页面文字有缺失，第 405-406 页） …… 405
※公文处理记录（蒙古文） …… 406
114. （125）康熙帝给班第袭爵其父拖沙喇哈番职之文，康熙十五年四月十一日（蒙古文，页面文字有缺失，第 408-410 页） …… 408
115. （126）康熙帝给茂素塔特袭爵其父拖沙喇哈番职之文，康熙十五年四月十日（蒙古文，页面文字有缺失，第 410-412 页） …… 410
116. （127）康熙帝以巴布病故，准其长子色尔格袭爵拖沙喇哈番之文，康熙十五年四月十一日（蒙古文，第 412-413 页） …… 412
117. （128）康熙帝以科尔沁多罗郡王厄尔德尼病故，准其长子毕力克图袭爵之文，康熙十五年六月十八日（蒙古文，第 413 页） …… 413
118. （129）达赖喇嘛以曾拒绝吴三桂遣使请蒙藏出兵援助及如今吴三桂遣使是送礼问候之外并无他事等呈康熙帝奏文，康熙十五年九月十九日（蒙古文，页面文字有缺失，第 414-416 页） …… 414
※公文处理记录（蒙古文） …… 416
119. （130）康熙帝以已知晓达赖喇嘛拒绝吴三桂之求援请求及因吴三桂献厚礼而反遣使臣回礼等事给达赖喇嘛敕谕，康熙十五年十月八日（蒙古文，页面文字有缺失，第 418-419 页） …… 418
※公文处理记录（蒙古文） …… 419
120. （131）喀尔喀扎萨克察罕巴尔台吉以遣回其子罗章团聚谢恩奏文，康熙十五年十月十三日（蒙古文，第 421-422 页） …… 421
※公文处理记录（蒙古文） …… 421
121. （132）康熙帝以喀尔喀固山贝子布木巴西希病故，准其长子巴忒玛袭爵之文，康熙十五年十月十三日（蒙古文，第 423 页） …… 423
122. （133）康熙帝以噶尔玛病故准其子达尔巴袭达尔汉和硕齐号之文，康熙十五年十月十日（蒙古文，第 424 页） …… 424
123. （134）康熙帝致管京城喇嘛扎萨克头等喇嘛颁发管理盛京喇嘛班第、锡勒图库伦喇嘛班第、呼和浩特喇嘛班第印章之文，康熙十五年十二月三日（蒙古文、页面文字有缺失，第 425-429 页） …… 425

※康熙十六年档册 …… 430
124. （136）噶尔丹问安奏文，康熙十六年五月一日（蒙古文，第 433-434 页） …… 433
125. （137）康熙帝以科尔沁诺尔布病故，准其长子根敦承袭拜他喇布喇哈番号之文，康熙十六年（蒙古文，第 435 页） …… 435
126. （138）康熙帝以鄂尔多斯多罗贝勒索诺慕派兵平叛，其进封为多罗郡王之文，康熙十六年二月二十七日（蒙古文，第 436 页） …… 436
127. （139）康熙帝以鄂尔多斯固山贝子达尔扎亲率官兵平叛有功，其进封为多罗贝勒之文，康熙十六年二月二十六日（蒙古文，第 437-442 页） …… 437
128. （140）康熙帝以额其尔平定察哈尔叛乱之功授拖沙喇哈番之号之文，康熙十六年三月初五日（蒙古文，第 443-446 页） …… 443
129. （141）康熙帝以册封公遏必隆之女妃钮祜卢氏立为皇后之册文，康熙十六年八月二十四日（蒙古文，第 447-450 页） …… 447
130. （142）喀尔喀土谢图汗瓦齐赖（斡齐赉）以遣回扎木苏子奏文，康熙十六年九月二十一日（蒙古文，第 450-451 页） …… 450
※公文处理记录（蒙古文） …… 451
131. （143）康熙帝以萨音泰病故，准其长子书库尔袭达尔汉号之文，康熙十六年九月二十日（蒙古文，第 452 页） …… 452
132. （144）喀尔喀希拉呼以求与母亲团聚奏文，康熙十六年十月十四日（蒙古文，第 453-455 页） …… 453
※公文处理记录（蒙古文） …… 455
133. （145）康熙帝以固穆故，准其长子衮格袭达尔汉号之文，康熙十六年十月十七日（蒙古文，第 457 页） …… 457
134. （146）噶尔丹台吉问安奏文，康熙十六年十月二十五日（蒙古文，第 458 页） …… 458
135. （147）达赖喇嘛遣贡奏文，康熙十六年十月二十三日（蒙古文，第 459-464 页） …… 459
136. （148）达赖喇嘛以达赖汗和青海台吉不能出征吴三桂事呈康熙帝奏文，康熙十六年十月二十三日（蒙古文，第 465-470 页） …… 465
137. （149）达赖喇嘛以已遣两名医生等事呈康熙帝奏文，康熙十六年十月二十三日（蒙古文，第 471-474 页） …… 471
138. （150）达赖喇嘛以吴三桂再次遣使献礼之事呈康熙帝奏文，康熙十六年十月二十三日（蒙古文，第 474-475 页） …… 474
139. （151）班禅胡土克图问安奏文，康熙十六年（蒙古文，第 476-478 页） …… 476
140. （152）达赖汗以吴三桂再次遣使之事呈康熙帝奏文，康熙十六年十月二十三日（蒙古文，第 478-480 页） …… 478

141. （153）第巴以收到敕谕奏文，康熙十六年十月二十三日（蒙古文，第 480–485 页） …… 480
※公文处理记录（蒙古文） …… 483
142. （154）康熙帝以（鄂尔多斯固山贝子）塞冷病故，准其长子古木布拉锡袭爵之文，康熙十六年九月二十八日（蒙古文，第 486 页） …… 486
143. （155）康熙帝以格章病故，准其子固鲁袭爵拜他喇布喇哈番职之文，康熙十六年九月（蒙古文，第 486–487 页） …… 486
※康熙十七年档册 …… 488
144. （157）康熙帝以督理府、州、县学校事颁给湖广省按察使司副使姜永序敕谕，康熙十七年（满文，页面文字有缺失，第 489 页） …… 489
145. （158）康熙帝以所派两名医生已留下等事给达赖喇嘛敕谕，康熙十七年一月十三日（蒙古文，第 490 页） …… 490
146. （159）康熙帝为洞悉达赖喇嘛与吴三桂往来情由事给达赖喇嘛敕谕，康熙十七年一月十三日（蒙古文，第 491–493 页） …… 491
147. （160）康熙帝以已知厄鲁特蒙古军队不能出兵云南剿办吴三桂事给达赖喇嘛敕谕，康熙十七年一月十三日（蒙古文，第 493–496 页） …… 493
148. （161）康熙帝为遣使存问事给五世班禅敕谕，康熙十七年一月十三日（蒙古文，第 496 页） …… 496
149. （162）康熙帝以吴三桂遣使与之来往等情事给达赖汗敕谕，康熙十七年一月十三日（蒙古文，第 497–498 页） …… 497
※公文处理记录（蒙古文） …… 498
150. （163）喀尔喀瓦齐赖（斡齐赖）土谢图汗、扎萨克图车臣汗、伊子登诺颜、达赖车臣汗、墨尔根诺颜等七旗诺颜以顺治年制定遣还逃人事呈康熙帝奏文，康熙十七年二月初四日（蒙古文，第 501 页） …… 501
151. （164）喀尔喀额尔德尼卫征诺颜之妻布地松给太后送礼奏文，康熙十七年二月初四日（蒙古文，第 502 页，蒙古文亦见本册第 173 条，第 546–547 页） …… 502
※公文处理记录（蒙古文） …… 547
152. （165）康熙帝以顺治年制定遣还逃人条件给喀尔喀土谢图汗等敕谕，康熙十七年二月初四日（蒙古文，第 503–504 页） …… 503
※公文处理记录（蒙古文） …… 504
153. （166）康熙帝以喀尔喀未遣返清朝逃人给喀尔喀土谢图汗等人敕谕，康熙十七年二月二十二日（蒙古文，第 506–514 页） …… 506

※公文处理记录（蒙古文） …… 514
154. （167）班第达诺颜胡土克图为赴西藏朝佛求金银绸缎事呈康熙帝奏文，康熙十七年三月十七日（蒙古文，第 517 页） …… 517
※公文处理记录（蒙古文） …… 517
155. （168）敕谕礼部册封皇后钮祜卢氏为孝昭皇后之文，康熙十七年闰三月二十一日（蒙古文，第 518-521 页，本册第 170 条第 530-532 页，公文处理记录 532-533 页） …… 518
156. （169）康熙帝以会盟事给外藩蒙古颁发敕谕，康熙十七年四月二十日（蒙古文，第 522-527 页，本册第 171 条第 534-541 页，公文处理记录第 539-541 页） …… 522
※公文处理记录（蒙古文） …… 527
157. （172）喀尔喀彭楚克台吉（朋楚克台吉）扎萨克图汗遣使问安奏文，康熙十七年五月八日（蒙古文，第 542-544 页） …… 542
※公文处理记录（蒙古文） …… 545
158. （174）厄鲁特噶尔丹台吉报安奏文，康熙十七年（蒙古文，第 548-549 页） …… 548
※公文处理记录（蒙古文） …… 549
159. （175）康熙帝以（四子部落多罗达尔汉卓礼克图郡王沙克都尔）病故，准其子丹巴彭苏袭爵之文，康熙十七年七月二十八日（蒙古文，第 550-551 页） …… 550
160. （176）喀尔喀乾德门尼托音献马奏文，康熙十七年九月八日（蒙古文，第 551-552 页） …… 551
161. （177）喀尔喀依特格勒特那依尔图额尔德尼依勒登诺颜之求白银奏文，康熙十七年九月初八日（蒙古文，第 552 页） …… 552
※公文处理记录（蒙古文） …… 553
162. （178）康熙帝以喀喇沁土默特塔布囊善丹、台吉察衮、塔布囊何济格尔与平城战功另议册封之敕谕，康熙十七年五月十一日（蒙古文，第 554-555 页） …… 554
※公文处理记录（蒙古文） …… 555
163. （179）康熙帝以喀尔喀阿海台吉故，授其子阿海戴青为彭楚克台吉号之敕谕，康熙十七年六月初六日（蒙古文，第 556-558 页） …… 556
※公文处理记录（蒙古文） …… 558
164. （180）康熙帝以太子平安大赦诏文，康熙十七年十二月十六日（蒙古文，第 561-567 页） …… 561

第二册

※康熙十七年档册 …… 1
1.（2）外藩蒙古各部来朝贡献及回赐记录，康熙十七年（满文，第2-77页） …… 2
康熙十八年档册 …… 78
2.（4）喀尔喀彭楚克台吉为经内地赴西藏请印票之文，康熙十八年正月初九日（蒙古文，第79页） …… 79
※公文处理记录（蒙古文） …… 79
3.（5）喀尔喀班第达诺颜为赴西藏求金银等物奏文，康熙十八年二月初九日（蒙古文，第81页） …… 81
4.（6）喀尔喀玛哈第瓦为赴西藏求礼物奏文，康熙十八年二月初九日（蒙古文，第82页） …… 82
※公文处理记录（蒙古文） …… 82
5.（7）康熙帝以（阿霸垓多罗卓礼克图郡王）德穆珀尔病故，准其长子楚翁袭爵之文，康熙十七年九月十八日（蒙古文，第84页） …… 84
6.（8）康熙帝以（扎赉特固山贝子）毕力克病故，准其长子纳逊袭爵之文，康熙十七年十月十四日（蒙古文，第84页） …… 84
7.（9）康熙帝以阿尔德纳病故，准其亲叔之子都巴袭其三等阿达哈哈番号之文，康熙十七年十月二十九日（蒙古文，第85页） …… 85
8.（10）康熙帝以三等阿达哈哈番那颜泰病故，准其子色楞泰承袭爵号之文，康熙十七年十月二十六日（蒙古文，第85页） …… 85
9.（11）康熙帝以拜他喇布喇哈番楚斯奇病故，准其长子承袭之文，康熙十七年十月二十六日（蒙古文，第85-86页） …… 85
10.（12）康熙帝以拖沙拉哈番布勒登病故，准其亲孙通嘎喇干承袭之文，康熙十七年十一月二日（蒙古文，第86页） …… 86
11.（13）康熙帝以达尔罕乌尔图那苏图病故，准其长子毕力格图袭达尔罕号之文，康熙十七年十一月二十四日（蒙古文，第86页） …… 86
12.（14）康熙帝以厄鲁特多罗郡王伊斯丹津隐匿逃人事被降为三等公之文，康熙十八年三月二十六日（蒙古文，第87-88页） …… 87

※公文处理记录（蒙古文） …… 89
13. （15）康熙帝为处置厄尔德尼和硕齐劫掠人畜事给厄鲁特达赖巴图尔等敕谕，康熙十八年四月二日（蒙古文，第 90–92 页） …… 90
公文处理记录（蒙古文） …… 92
14. （16）康熙帝以（阿鲁科尔沁多罗郡王）朱儿扎哈（珠儿扎哈）病故，准其子色楞袭爵之文，康熙十七年十二月二十一日（蒙古文，第 94 页） …… 94
15. （17）康熙帝以霍绷病故，准其长子朝克图承袭达尔罕号之文，康熙十八年正月七日（蒙古文，第 95–96 页） …… 95
16. （18）喀尔喀瓦齐赖（斡齐赉）土谢图汗以请人印刷甘珠儿经呈康熙帝奏文，康熙十八年五月二十日（蒙古文，第 97 页） …… 97
※公文处理记录（蒙古文） …… 97
17. （19）厄鲁特巴图尔额尔克济农请康熙帝恩赐奏文，康熙十八年六月十九日（蒙古文，第 100–101 页） …… 100
※公文处理记录（蒙古文） …… 101
18. （20）达赖喇嘛问安奏文，康熙十八年（蒙古文，第 103–109 页） …… 103
19. （21）达赖喇嘛为陈述对吴三桂等叛乱所能采取行动情形奏文，康熙十八年（蒙古文，第 110–115 页） …… 110
20. （22）达赖喇嘛为申辩未允与吴三桂同叛朝廷奏文，康熙十八年（蒙古文，第 116–119 页） …… 116
21. （23）五世班禅问安奏文，康熙十八年（蒙古文，第 120–121 页） …… 120
22. （24）达赖汗陈明吴三桂遣使来藏情形奏文，康熙十八年七月六日（蒙古文，第 122–124 页） …… 122
※公文处理记录（蒙古文） …… 125
23. （25）康熙帝为达赖汗并非有功于朝廷而是不遵谕旨掠夺良民事给达赖喇嘛敕谕，康熙十八年九月二十三日（蒙古文，第 128–131 页） …… 128
24. （26）康熙帝以湖广茶叶很快运至西宁，令和硕特蒙古仍于西宁以马易茶事给达赖喇嘛敕谕，康熙十八年九月二十三日（蒙古文，第 132–136 页） …… 132
25. （27）康熙帝以遣使回复达赖喇嘛问安及赐物之敕谕，康熙十八年九月二十三日（蒙古文，第 136–137 页） …… 136
26. （28）康熙帝以遣使回复班禅问安及赐物敕谕，康熙十八年九月二十三日（蒙古文，第 137–138 页） …… 137
27. （29）康熙帝以知晓蒙古兵因地方炎热而未能前进，从无回赠吴三桂信物，对圣上忠心不移等事给达赖汗敕谕，康熙十八年九月二十三日（蒙古文，第 139–140 页） …… 139

※公文处理记录（蒙古文） ………………………………………………………………… 140
28. （30）噶尔丹台吉以卫拉特蒙古之政未坏，以达赖喇嘛之教一切安好等事呈康熙帝奏文，康熙十八年九月一日（托忒文，第 143 页） ………… 143
29. （31）噶尔丹台吉问安奏文，康熙十八年九月一日（托忒文，第 144 页） …… 144
30. （32）噶尔丹台吉以使臣事问候康熙帝奏文，康熙十八年九月一日（托忒文，第 145 页） ………………………………………………………………… 145
※公文处理记录（蒙古文） ………………………………………………………………… 146
31. （33）康熙帝以郭尔罗斯辅国公昂阿病故，准其长子莽色袭爵之文，康熙十八年九月二十日（蒙古文，第 147 页） ………………………………… 147
32. （34）康熙帝以朝克图达尔罕病故，准其亲弟绰斯奇袭其达尔罕号之文，康熙十八年十月二十八日（蒙古文，第 148 页） ……………………………… 148
33. （35）康熙帝以鄂尔多斯多罗郡王古鲁抚降神木县叛人封为和硕亲王之文，康熙十八年十一月初四日（蒙古文，第 148–150 页） ……………… 148
34. （36）喀尔喀额尔德尼济农为朝贡及称号事呈康熙帝奏文，康熙十八年十一月初七日（蒙古文，第 150–152 页） ………………………………… 150
※公文处理记录（蒙古文） ………………………………………………………………… 152
35. （37）喀尔喀达赖车臣汗为铸佛像请求金银之文，康熙十八年八月十九日（蒙古文，第 154 页） ……………………………………………………………… 154
※公文处理记录（蒙古文） ………………………………………………………………… 154
36. （38）康熙帝以太和殿失火责己大赦诏文，康熙十八年十二月十八日（蒙古文，第 156–169 页） ……………………………………………………… 156
37. （39）喀尔喀伊特格勒那依日勒图额尔德尼依勒登呈康熙帝贡马奏文，喀尔喀乾德门托音上贡奏文，康熙十八年九月二十八日录（蒙古文，第 169–170 页） ……………………………………………………………………… 169
※公文处理记录（蒙古文） ………………………………………………………………… 170
※康熙十九年档册（满文） ………………………………………………………………… 173
38. （41）蒙古各部旗贡马及回赐记录，康熙十九年（满文，第 174–236 页） …… 174
39. （43）蒙古各部旗贡马及回赐档册，康熙十九年（满文，第 237–251 页） …… 237
※康熙二十年档册 ………………………………………………………………………… 252
40. （45）康熙帝为遣使朝贺平定吴三桂叛乱赏物赍往事给达赖喇嘛敕谕，康熙二十年正月二十九日（满文，第 254–259 页） ………………………… 254
41. （46）康熙帝为遣使朝贺平定吴三桂叛乱赏物赍往事给达赖汗敕谕，康熙二十年正月二十九日（满文，第 260–263 页） ………………………… 260
※公文处理记录（蒙古文） ……………………………………………………………… 264
42. （47）达赖喇嘛呈康熙帝献礼祝颂奏文，康熙二十年（满文，第 266–277 页） ……………………………………………………………………… 266

43.（48）达赖喇嘛为听信传言请求宽免吴三桂等引咎请罪奏文，康熙二十年（满文，第 277–282 页）…… 277

44.（49）达赖喇嘛为复不再请求招降吴三桂原因奏文，康熙二十年（满文，第 283–287 页）…… 283

45.（50）班禅收到敕书礼物回复康熙帝奏文，康熙二十年（满文，第 288–292 页）…… 288

46.（51）执教达赖汗为接敕书领赏谢恩奏文，康熙十九年九月初一日（满文）（第 292–294 页）…… 292

47.（52）第巴桑结嘉措为领赏物和进物谢恩奏文，康熙十九年八月初一日（满文，第 295–297 页）…… 295

※公文处理记录（蒙古文）…… 298

48.（53）康熙帝为派扎萨克鄂木布格隆等赴藏存问事给达赖喇嘛敕谕，康熙二十年六月十三日（满文，第 300–302 页）…… 300

49.（54）康熙帝以禁止蒙古藏人在金沙江等地经商事给达赖喇嘛敕谕，康熙二十年六月十三日（满文，第 303–306 页）…… 303

50.（55）康熙帝为晓谕吴三桂事件已过不必再提此事给达赖喇嘛敕谕，康熙二十年六月十三日（满文，第 307–310 页）…… 307

51.（56）康熙皇帝为先前所奏各节多系谣传奏请宽免吴三桂亦属不当事给达赖喇嘛敕谕，康熙二十年六月十三日（满文，第 311–314 页）…… 311

52.（57）康熙皇帝为遣扎萨克鄂木布格隆等赴藏存问事给执教达赖汗敕谕，康熙二十年六月十三日（满文，第 315–317 页）…… 315

53.（58）康熙皇帝为遣扎萨克鄂木布格隆等赴藏存问事给班禅胡土克图敕谕，康熙二十年六月十三日（满文，第 318–319 页）…… 318

※公文处理记录（满文）…… 320

54.（59）达赖喇嘛请太皇太后安并献佛骨等物奏文，康熙十九年八月初一日（满文，第 324–326）…… 324

※公文处理记录（满文）…… 326

55.（60）巴图尔济农以归还抢掠乌喇特宁夏等地人畜事呈康熙帝奏文，康熙二十年（满文，第 331–333 页）…… 331

56.（61）厄鲁特噶尔丹博硕克图汗问安奏文，康熙二十年（满文，第 334–335 页）…… 334

57.（62）厄鲁特噶尔丹博硕克图汗问安奏文，康熙二十年九月初七日（满文，第 336–337 页）…… 336

58.（63）喀尔喀扎萨克喀尔喀彭楚克（朋楚克）台吉以阿海诺木齐之故呈康熙帝奏文，康熙二十年十一月初五日（满文，第 338–339 页）…… 338

59. (64) 喀尔喀罗卜臧色楞台吉以继承阿海诺木齐之位呈康熙帝奏文，康熙二十年十一月初五日（满文，第 340 页） …… 340
60. (65) 喀尔喀彭楚克（朋楚克）台吉罗卜藏台吉求市卖百匹马之奏文，康熙二十年十一月初五日（满文，第 341 页） …… 341
61. (66) 喀尔喀额尔德尼伊拉古克三喇布扎木巴胡土克图陈明达赖颁给其敕书金印情由事奏文，康熙二十年十一月初五日（满文，第 342–343 页） …… 342
62. (67) 喀尔喀信顺额尔德尼依勒登诺颜之女福晋与其子请助办诺颜求福事之奏文，康熙二十年十一月初五日（满文，第 344 页） …… 344
63. (68) 喀尔喀罗卜臧台吉以朝贡事呈康熙帝奏文，康熙二十年十一月初五日（满文，第 345–346 页） …… 345
64. (69) 喀尔喀彭楚克（朋楚克）台吉朝贡奏文，康熙二十年十一月初五日（满文，第 347–348 页） …… 347
※公文处理记录（蒙古文） …… 349
65. (70) 册封多罗贝勒博罗之女为和硕格格之册文，康熙二十年九月十七日（满文，第 352–354） …… 352
66. (71) 喀尔喀墨尔根诺颜为遵旨行走呈康熙帝奏文，康熙二十一年十一月二十六日（满文，第 355 页） …… 355
※公文处理记录（蒙古文） …… 355
※康熙二十年档册（满文） …… 361
67. (73) 蒙古各部旗朝贡回赐记录，康熙二十年（满文，第 362–427 页） …… 362
※康熙二十年档册（满文） …… 428
68. (75) 蒙古各部旗朝贡回赐记录，康熙二十年（满文，第 429–504 页） …… 429

第三册

※康熙二十一年档册 …………………………………………………………………… 1
1. （2）科尔沁和硕达尔汉亲王班第等以平定吴三桂请上尊号奏文，康熙二十一年二月十一日（蒙古文，第2-9页；满文见本册第53条第170-177页，公文处理记录第178页） …………………………………………… 2
※公文处理记录（蒙古文） ………………………………………………………… 9
2. （3）喀尔喀土谢图汗下噶尔玛扎布乌巴什告以康熙帝之神圣祭祀日期的奏文，康熙二十一年二月十三日（蒙古文，第10-11页；满文见本册第52条第168-169页，公文处理记录第169页） …………………………… 10
※公文处理记录（蒙古文） ………………………………………………………… 11
3. （4）厄鲁特和硕特部罗卜藏衮布以达赖喇嘛指授请于阿喇克山一带择地居住事呈康熙帝奏文，康熙二十一年六月二十七日（蒙古文，第12-13页；满文见本册第54条第179-180页，公文处理记录第181-183页） …………………………………………………………………… 12
※公文处理记录（蒙古文） ………………………………………………………… 13
4. （5）康熙帝以内乱平定抚绥远人遣使赏赐给噶尔丹博硕克图汗之敕谕，康熙二十一年七月初四日（蒙古文，第16-19页；满文见本册第56条第186-189页，第五册第19条第355-357页） …………………………… 16
5. （6）康熙帝以内乱平定抚绥远人遣使赏赐喀尔喀左翼土谢图汗之敕谕，康熙二十一年七月初四日（蒙古文，第20-23页；满文见本册第57条第190-194页） ………………………………………………………………… 20
6. （7）康熙帝以内乱平定抚绥远人遣使赏赐喀尔喀车臣汗之敕谕，康熙二十一年七月初四日（蒙古文，第24-27页；满文见本册第58条第195-199页） ………………………………………………………………… 24
7. （8）康熙帝以遣使赏赐给喀尔喀泽卜尊丹巴之敕谕，康熙二十一年七月初四日（蒙古文，第28-30页；满文见本册第59条第200-202页） ……… 28

8. （9）康熙帝以内乱平定抚绥远人遣使赏赐喀尔喀额尔克岱青诺颜之敕谕，康熙二十一年七月初四日（蒙古文，第 31–34 页；满文见本册第 60 条第 203–207 页） …… 31
9. （10）康熙帝以内乱平定抚绥远人遣使赏赐喀尔喀墨尔根诺颜之敕谕，康熙二十一年七月初四日（蒙古文，第 35–38 页；满文见本册 61 条第 208–212 页） …… 35
10. （11）康熙帝以内乱平定抚绥远人遣使赏赐喀尔喀扎萨克图汗之敕谕，康熙二十一年七月初四日（蒙古文，第 39–42 页；满文见本册第 62 条第 213–217 页） …… 39
11. （12）康熙帝以内乱平定抚绥远人遣使赏赐喀尔喀额尔德尼济农之敕谕，康熙二十一年七月初四日（蒙古文，第 43–46 页；满文见本册第 63 条第 218–222 页） …… 43
12. （13）康熙帝以内乱平定抚绥远人遣使赏赐喀尔喀彭楚克（朋楚克）台吉之敕谕，康熙二十一年七月初四日（蒙古文，第 47–50 页；满文见本册第 64 条第 223–227 页） …… 47
13. （14）康熙帝以内乱平定抚绥远人遣使赏赐喀尔喀色楞阿海之敕谕，康熙二十一年七月初四日（蒙古文，第 51–54 页；满文见本册第 65 条第 228–232 页） …… 51
14. （15）康熙帝以内乱平定抚绥远人遣使赏赐喀尔喀罗卜藏台吉之敕谕，康熙二十一年七月初四日（蒙古文，第 55–58 页；满文见本册第 66 条第 233–237 页） …… 55
15. （16）康熙帝以内乱平定抚绥远人遣使赏赐喀尔喀达尔玛锡里诺颜之敕谕，康熙二十一年七月初四日（蒙古文，第 59–62 页；满文见本册第 67 条第 238–242 页） …… 59
16. （17）康熙帝以内乱平定抚绥远人遣使赏赐喀尔喀车臣汗之敕谕，康熙二十一年七月初四日（蒙古文，第 63–66 页；满文见本册第 68 条第 243–247 页） …… 63
17. （18）康熙帝以喀尔喀与内蒙古互相偷盗及逃人事给喀尔喀额尔克岱青诺颜的敕谕，康熙二十一年七月初四日（蒙古文，第 67–70 页；满文见本册第 69 条第 248–252 页） …… 67
18. （19）康熙帝以喀尔喀与内蒙古互相偷盗及逃人事给喀尔喀左翼土谢图汗敕谕，康熙二十一年七月初四日（蒙古文，第 71–74 页；满文见本册第 70 条第 253–257 页） …… 71
19. （20）康熙帝以喀尔喀与内蒙古互相偷盗及逃人事给喀尔喀墨尔根诺颜敕谕，康熙二十一年七月初四日（蒙古文，第 75–78 页；满文见本册第 71 条第 258–262 页） …… 75

20. （21）康熙帝以入边须带有博硕克图汗印信文书事叮嘱前往厄鲁特噶尔丹博硕克图汗处使臣之文书，康熙二十一年七月初四日（蒙古文，第 79–82 页；满文见本册第 72 条第 263–267 页） …… 79
21. （22）康熙帝以喀尔喀车臣汗遣返逃人数给使者敕谕，康熙二十一年七月初四日（蒙古文，第 83–88 页；满文见本册第 73 条第 268–273 页） …… 83
22. （23）理藩院给出使喀尔喀土谢图汗使者以严惩偷盗者互返被盗牲畜等事与其议定之文，康熙二十一年七月初四日（蒙古文，第 88–90 页；满文见本册第 75 条第 277–279 页） …… 88
23. （24）理藩院以审判完结双方之间犯罪案件事给赴喀尔喀车臣汗处赏赐使者之信，康熙二十一年七月初四日（蒙古文，第 91–92 页；满文见本册第 74 条第 274–276 页） …… 91
24. （25）理藩院以审判完结双方之间犯罪案件事给出使喀尔喀墨尔根诺颜使者之信，康熙二十一年七月初四日（蒙古文，第 93–94 页；满文见本册第 76 条第 280–281 页） …… 93
25. （26）理藩院以审判完结双方之间犯罪案件事给出使喀尔喀额尔克岱青诺颜使者之信，康熙二十一年七月初四日（蒙古文，第 95 页；满文见本册第 77 条第 282–283 页） …… 95
26. （27）康熙帝给出使之人往喀尔喀土谢图汗遣返逃人数之信，康熙二十一年七月初四日（蒙古文，第 96–97 页；满文见本册第 78 条第 284–285 页） …… 96
27. （28）遣往喀尔喀扎萨克图汗部罗卜藏台吉处使者以罗卜藏台吉已被扎萨克图汗所执之奏文，康熙二十一年七月初五日写（蒙古文，第 98–101 页；满文见本册第 80 条第 290–293 页） …… 98
28. （29）出使喀尔喀厄鲁特使臣以出使事宜请旨奏文，康熙二十一年七月初五日（蒙古文，第 102–110 页；满文见本册第 81 条第 294–303 页） …… 102
29. （30）奇塔特等以额尔德尼和硕齐，巴图尔额尔克济农之事出使厄鲁特噶尔丹博硕克图汗而请旨奏文，康熙二十一年七月初五日（蒙古文，第 111–114 页；满文见本册第 79 条第 286–289 页） …… 111
30. （31）遣使送给厄鲁特，喀尔喀首领之赏物数额，康熙二十一年（蒙古文，第 115–117 页；满文见本册第 83 条第 307–311 页，公文处理记录见第 84 条第 312–319 页） …… 115
※公文处理记录（蒙古文） …… 118
31. （32）康熙帝以拉察布承袭三等阿思哈尼哈番爵，滚楚克扑卜承袭固山贝子爵，鄂齐尔图承袭额尔德尼诺颜号等敕谕，康熙二十一年（蒙古文，第 123 –124 页） …… 123

32. （33）康熙帝告诫出使厄鲁特喀尔喀使臣之敕谕，康熙二十一年七月初九日（蒙古文，第 125-126 页；满文见本册第 82 条第 304-306 页） …… 125
33. （34）厄鲁特达赖巴图尔台吉为遣送堪都事呈康熙帝奏文，康熙二十一年八月二十六日（蒙古文，第 127-128 页；满文见本册第 86 条第 325-327 页，公文处理记录第 328-329 页） …… 127
34. （35）厄鲁特巴图尔额尔克济农为还属下所掠马匹事呈康熙帝奏文，康熙二十一年八月二十六日（蒙古文，第 129-132 页；满文见本册第 85 条第 320-324 页，公文处理记第 86 条第 328-329 页） …… 129
※公文处理记录（蒙古文） …… 133
35. （37）苏尼特都楞王下陈布台吉述其父额尔德尼车臣诺颜及其人归附之功奏文，康熙二十一年九月二十八日（蒙古文，第 135-138 页；满文见本册第 87 条第 330-337 页，公文处理记录第 337-340 页） …… 135
※公文处理记录（蒙古文） …… 139
36. （38）喀尔喀泽卜尊丹巴胡土克图为陈明多尔济车臣济农确系众人推举奏文，康熙二十一年十一月十三日（蒙古文，第 139-141 页；满文见本册第 89 条第 349-351 页，公文处理记录第 351-353 页） …… 139
37. （39）喀尔喀多尔济车臣济农等为陈述持有达赖喇嘛颁给文书被推为车臣济农因游牧地偏僻未曾进贡缘由奏文，康熙二十一年十一月十三日（蒙古文，第 141-145 页；满文见本册第 88 条第 341-348 页） …… 141
※公文处理记录（蒙古文） …… 145
38. （40）康熙帝以科尔沁和硕卓礼克图亲王鄂辑尔以罪革退，命其叔杜尔巴袭爵之文，康熙二十一年八月初四日（蒙古文，第 147 页） …… 147
39. （41）康熙帝以喀尔喀多罗贝勒滚布伊尔登病故，准其子罗卜臧（罗卜藏）袭爵之文，康熙二十一年八月初八日（蒙古文，第 148 页） …… 148
40. （42）喀尔喀哈敦德格楚勒以善巴夺其印章事奏文，康熙二十一年九月二十日（蒙古文，第 149-151 页；满文见本册第 90 条第 353-355 页，公文处理记录第 355-357 页） …… 149
※公文处理记录（蒙古文） …… 150
41. （43）换给喀尔喀信顺额尔克岱青诺颜转敕书之文，康熙二十一年十一月十九日（蒙古文，第 152 页，满文公文处理记录见本册第 91 条第 358-359 页） …… 152
※公文处理记录（蒙古文） …… 152
42. （44）喀尔喀墨尔根诺颜谢赏赐呈康熙帝奏文，康熙二十一年十一月二十六日收（蒙古文，第 154 页） …… 154

※公文处理记录（蒙古文） …………………………………………………………… 154
43.（45）厄鲁特达赖台吉以萨喇尔和宾图事三方使者商议情况给理藩院之文，康熙二十一年十二月十七日（蒙古文，第156-157页；满文见本册第92条第360-364，公文处理记录第364-365页） ……………………… 156
※公文处理记录（蒙古文） …………………………………………………………… 157
44.（46）礼部儒士沈士恒等识认图章文，康熙二十一年（满汉文，第159页） ……………………………………………………………………………… 159
45.（47）康熙帝以鄂尔多斯多罗郡王索诺慕病故，准其长子松阿喇布袭爵之文，康熙二十一年十月十七日（蒙古文，第160页） ……………… 160
46.（48）康熙帝以授都尔玛为拜他布喇哈哈番之文，康熙二十一年十月十九日（蒙古文，第161页） ……………………………………………… 161
47.（49）喀尔喀坤都伦楚呼尔诺彦为蒙达赖喇嘛举荐被授为扎萨克谢恩献物事奏文，康熙二十一年十一月十六日（蒙古文，第162-163页；满文见本册第93条第366-367页，公文处理记录第367-369页） ……… 162
※公文处理记录（蒙古文） …………………………………………………………… 163
48.（50）喀尔喀伊特格勒图那依日勒图额尔克岱青诺颜换敕书仍照旧文书写之文，康熙二十一年十二月四日（蒙古文，第165页） ……………… 165
※康熙二十一年档册 ………………………………………………………………… 166
49.（55）康熙帝为晋升乌日图纳孙，苏宁为二等台吉和塔布囊给理藩院敕谕，康熙二十一年七月五日（满文，第184-185页） ………………… 184
※康熙二十二年档册 ………………………………………………………………… 370
50.（95）喀尔喀扎萨克图汗以内乱属民逃入左翼请康熙帝遣使参与会盟之奏文，康熙二十二年正月十二日（蒙古文，页面文字有缺失，第371-372页；满文见本册第134条第451-454页） ……………………… 371
51.（96）喀尔喀扎萨克图汗以齐日泰额日克诺颜获札萨克诺颜缘由事呈康熙帝奏文，康熙二十二年正月十二日（蒙古文，页面文字有缺失，第373-374页；满文见本册135条第455-457页） ……………………… 373
52.（97）喀尔喀扎萨克图汗以获悉平定内乱呈康熙帝庆贺奏文，康熙二十二年正月十二日（蒙古文，第375页；满文见本册第136条第458页） ……… 375
53.（98）喀尔喀朋楚克台吉以收到赏赐呈康熙帝奏文，康熙二十二年正月十二日（蒙古文，第376页；满文见本册第137条第459页） ………… 376
54.（99）喀尔喀额尔德尼济农以收到赏赐信件遣台吉送使臣之奏文，康熙二十二年正月十二日（蒙古文，第377-378页；满文见本册第138条第460-462页，公文处理记录第463-464页） …………………………… 377

※公文处理记录（蒙古文） …… 378
55. （100）达赖喇嘛以请复开鹤庆等地贸易互市事呈康熙帝奏文，康熙二十二年二月十九日（蒙古文，页面文字有缺失，第 380-382 页；满文见本册第 140 条第 473-478 页） …… 380
56. （101）达赖喇嘛以问安及谢恩事呈康熙帝奏文，康熙二十二年二月十九日（蒙古文，第 383-386 页；满文见本册第 139 条第 465-472 页） …… 383
57. （102）执教达赖汗以收到鄂木布格隆等使臣送到礼物回复康熙帝之奏文，康熙二十二年二月十九日（蒙古文，第 387-388 页；满文见本册第 142 条 484-487 页，公文处理记录第 488-491 页） …… 387
58. （103）班禅胡土克图以收到礼物回复康熙帝奏文，康熙二十二年二月十九日（蒙古文，第 389-391 页；满文见本册第 141 条第 479-483 页） …… 389
※公文处理记录（蒙古文） …… 392
59. （104）第巴以问安事呈康熙帝奏文，康熙二十二年三月二十二日（蒙古文，第 394-395 页；满文见本册第 143 条第 492-494 页，公文处理记录第 494-497 页） …… 394
※公文处理记录（蒙古文） …… 396
60. （105）喀尔喀墨尔根诺颜以土谢图汗命喀尔喀一同问安呈康熙帝奏文，康熙二十二年四月十日（蒙古文，第 398 页；满文见本册第 144 条第 498 页，公文处理记录第 498-500 页） …… 398
※公文处理记录（蒙古文） …… 398
61. （106）康熙帝命占布拉袭达尔罕号之文，康熙二十二年正月二十七日（蒙古文，第 400 页） …… 400
62. （107）康熙帝以平定察哈尔功封扎鲁特台吉根都西希布为辅国公之敕谕，康熙二十二年正月二十日（蒙古文，第 401-402 页） …… 401
63. （108）康熙帝回复达赖喇嘛问安敕谕，康熙二十二年五月初六日（蒙古文，页面文字有缺失，第 403-404 页；满文见本册第 145 条第 501-503 页） …… 403
64. （109）康熙帝为准请复开鹤庆等地互市贸易事给达赖喇嘛敕谕，康熙二十二年五月初六日（蒙古文，第 404-406 页；满文见本册第 146 条第 504-506 页） …… 404
65. （110）康熙帝以遣罗卜藏格隆给班禅胡土克图问安敕谕，康熙二十二年五月初六日（蒙古文，页面文字有缺失，第 407 页；满文见本册第 147 条第 507-508 页） …… 407
66. （111）康熙帝回复达赖汗问安敕谕，康熙二十二年五月初六日（蒙古文，第 408-409 页；满文见本册第 148 条第 509-510 页，公文处理记录第 511-513 页） …… 408

※公文处理记录（蒙古文） ………………………………………………………… 410
67. （112）康熙帝以给巴林多罗郡王鄂齐尔之祭文，康熙二十二年五月十七日（蒙古文，第413-414页；满文见本册第149条第514-516页） ………… 413
68. （113）噶尔丹博硕克图汗呈康熙帝问安奏文，康熙二十二年七月二十七日（托忒文，满文，第415页；满文见本册第150条第520-521页，第151条第522-523页） ………………………………………………………… 415
69. （114）喀尔喀卫征哈坦巴图尔以从达赖喇嘛获其父号请仍依前例朝贡之奏文，康熙二十二年七月二十七日（蒙古文，第416-417页；满文见本册第152条第524-526页） ………………………………………… **416**
70. （115）喀尔喀博硕克图昆都伦诺颜以蒙泽卜尊丹巴赏给封号呈康熙帝奏文，康熙二十二年七月二十七日（蒙古文，第418-419页；满文见本册第153条第527-528页） ………………………………………… **418**
71. （116）喀尔喀博硕克图昆都伦诺颜为循例管带其四位兄弟并进献马匹等物奏书，康熙二十二年七月二十七日（蒙古文，第419-420页；满文见本册第154条第529-531页） ………………………………………… **419**
72. （117）喀尔喀博硕克图昆都伦诺颜给达赖喇嘛清圣祖及喀尔喀汗等之信，康熙二十二年七月二十七日（蒙古文，第421页；满文见本册第155条第532页，公文处理记录第422-423页） ………………………… 421
※公文处理记录（蒙古文） ………………………………………………………… 422
73. （118）喀尔喀色布登台吉为朝觐事呈康熙帝奏文，康熙二十二年九月十一日，（蒙古文，第424-425页；满文见本册第161条第545-548页） ………………………………………………………… 424
74. （119）喀尔喀扎萨克图汗以朋楚克阿喇布坦袭其父额尔德尼济农号成为大诺颜事呈康熙帝奏文，康熙二十二年九月十一日（蒙古文，第425-426页；满文见本册第162条第548-549页） ………………………… 425
75. （120）喀尔喀扎萨克图汗以致信礼呈康熙帝奏文，康熙二十二年九月十一日（蒙古文，第426页；满文见本册第156条第535页） …………… 426
76. （121 ）喀尔喀噶尔丹台吉以来朝觐呈康熙帝奏文，康熙二十二年九月十一日（蒙古文，第427页；满文见本册第163条第550页，公文处理记录第550-553页 ） ………………………………………………… 427
77. （122）喀尔喀土谢图汗瓦齐赖以收到敕书赏赐已遣台吉朝贡呈康熙帝奏文，康熙二十二年九月十一日（蒙古文，页面文字有缺失，第427-428页；满文见本册第157条第536-537页） ………………………… 427
78. （123）喀尔喀车臣汗以收到敕书赏赐已遣台吉朝贡呈康熙帝奏文，康熙二十二年九月十一日（蒙古文，第429页；满文见本册第158条第538-540页） ………………………………………………………… 429

79. （124）喀尔喀额尔德尼岱青诺颜以收到敕书赏赐已遣台吉朝贡呈康熙帝奏文，康熙二十二年九月十一日（蒙古文，第 430 页；满文见本册第 159 条第 540–542 页）………………………………………………… 430
80. （125）喀尔喀墨尔根台吉以收到敕书赏赐已遣台吉朝贡之事呈康熙帝奏文，康熙二十二年九月十一日（蒙古文，第 431–431 页；满文见本册第 160 条第 543–545 页）………………………………………………… 431
※公文处理记录（蒙古文）………………………………………………… 432
81. （126）土尔扈特阿玉什台吉问安奏文，康熙二十二年九月二十日（蒙古文，第 434–435 页；满文见本册第 164 条第 553–555 页，公文处理记录第 555–556 页 ）………………………………………………… 434
※公文处理记录（蒙古文）………………………………………………… 435
82. （127）康熙帝为嗣后派使进贡只准二百人入京事给厄鲁特噶尔丹敕谕，康熙二十二年九月十五日（蒙古文，页面文字有缺失，第 436–440 页；满文见本册第 165 条第 557–563 页，公文处理记录第 563–566 页，第五册第 20 条第 358–361 页，公文处理记录第 361–363 页）…………… 436
※公文处理记录（蒙古文）………………………………………………… 440
83. （128）厄鲁特巴图尔额尔克济农求印信敕书奏文，康熙二十二年十二月五日（蒙古文，页面文字有缺失，第 443–446 页；满文见本册第 166 条第 566–572 页，公文处理记录第 572–573 页，第五册第 21 条第 363–367 页 ）………………………………………………… 443
※公文处理记录（蒙古文）………………………………………………… 446
84. （129）康熙帝以阿尔纳承袭达尔汉号之文，康熙二十二年十月九日（蒙古文，页面文字有缺失，第 447 页）………………………………… ^447
85. （130）康熙帝以（喀尔喀多罗卓礼克图郡王达尔札）病故，准其子顾鲁希席袭爵之文，康熙二十二年十二月二日（蒙古文，页面文字有缺失，第 448 页）………………………………………………… 448
86. （131）康熙帝命本塔尔袭一等阿达哈哈番职之文，康熙二十二年十二月三日（蒙古文，第 448 页）………………………………………………… 448
87. （132）康熙帝以（翁牛特多罗达尔汉戴青贝勒搜色）病故，准其子额林臣袭爵之文，康熙二十二年十二月十七日（蒙古文，第 449 页）……… 449

第四册

※康熙二十三年档册 …………………………………………………………………… 1
1. （2）厄鲁特噶尔丹博硕克图汗遣使问安奏文，康熙二十三年正月二十六日（托忒文，第 2–3 页；满文见本册第 37 条第 101–102 页） ……………………… 2
2. （3）厄鲁特噶尔丹博硕克图汗呈康熙帝问安送礼奏文，康熙二十三年正月二十六日（托忒文，第 4 页；满文见本册第 38 条第 103–104 页，第三册第 170 条第 585 页） …………………………………………………………………… 4
※公文处理记录（蒙古文） ………………………………………………………… 5
3. （4）康熙帝为共同派使调解遣返喀尔喀扎萨克图汗离散部众事给达赖喇嘛敕谕，康熙二十二年十二月二十九日（蒙古文，第 7–11 页；满文见本册第 39 条第 107–113 页，第三册第 168 条第 577–580 页，第五册第 22 条第 367–371 页） …………………………………………………………………… 7
4. （5）康熙帝为派阿齐图格隆等往召寺燃香献哈达事给达赖喇嘛敕谕，康熙二十三年正月二十日（蒙古文，第 12–13 页；满文见本册第 40 条第 114–116 页，公文处理记录第 117–119 页，第三册第 169 条第 581–582 页，公文处理记录第 582–584 页，第五册第 23 条第 371–373 页，公文处理记录 第 373–375 页） …………………………………………………………… 12
※公文处理记录（蒙古文） ………………………………………………………… 14
5. （6）康熙帝以（吴喇忒辅国公褚崇克）病故，准其子达尔玛袭爵之文，康熙二十三年三月四日（蒙古文，第 16 页） ……………………………… 16
6. （7）康熙帝以（吴喇忒镇国公诺门）病故，准其子达喇玛迪袭爵之文，康熙二十三年三月四日（蒙古文，第 17 页） ……………………………… 17
7. （8）喀尔喀岱青楚虎尔贡马奏文，康熙二十三年三月二十六日收（蒙古文，第 18 页；满文见本册第 41 条第 120 页，公文处理记录第 121–122 页） …… 18
※公文处理记录（蒙古文） ………………………………………………………… 18
8. （9）厄鲁特罗卜藏衮布阿喇布坦以收到所赐茶，遣使贡马呈康熙帝之奏文，康熙二十三年八月二十九日（托忒文，第 20 页；满文见本册第 42 条第 123–124 页） ………………………………………………………… 20

9. （10）厄鲁特额里勒克席勒图诺门汗以达赖喇嘛之言给往来使臣驿马事呈康熙帝奏文，康熙二十三年八月二十九日（蒙古文，第 21–22 页；满文见本册第 43 条第 125–126 页） …… 21
10. （11）厄鲁特额里勒克席勒图诺门汗以达赖喇嘛授其为席勒图诺门汗号呈康熙帝奏文，康熙二十三年八月二十九日（蒙古文，第 23–25 页；满文见本册第 44 条第 127–131 页，公文处理记录第 131–133 页） …… 23
※公文处理记录（蒙古文） …… 25
11. （12）康熙帝以（科尔沁多罗郡王布达礼）病故，准其子雅噶尔袭爵之文，康熙二十三年九月二十一日（蒙古文，第 27 页） …… 27
12. （13）康熙帝大赦天下诏文，康熙二十三年九月二十四日（蒙古文，第 28–38 页；满文见本册第 45 条第 134–148 页） …… 28
13. （14）康熙帝以巴林多罗郡王鄂齐尔病故，准其子纳木达克袭爵之文，康熙二十三年五月十四日（蒙古文，第 38 页） …… 38
14. （15）康熙帝以三等精骑尼哈番沙格都尔病故，准其子额林袭爵之文，康熙二十三年八月七日（蒙古文，第 39 页） …… 39
15. （16）康熙帝以（占布拉达尔汉）病故，准其子本塔尔袭其达尔汉号之文，康熙二十三年九月九日（蒙古文，第 39 页） …… 39
16. （17）喀尔喀朋楚克额尔德尼济农以即位遣台吉朝觐呈康熙帝奏文，康熙二十三年十月七日（蒙古文，第 40–42 页；满文见本册第 46 条第 149–151 页，公文处理记录第 151–152 页） …… 40
※公文处理记录（蒙古文） …… 42
17. （18）厄鲁特巴图尔额尔克济农为陈明自己并非噶尔丹博硕克图汗属民事呈康熙帝奏文，康熙二十三年十月十九日（蒙古文，第 43–49 页；满文见本册第 47 条第 152–162 页，第三册第 171 条第 586–591 页） …… 43
18. （19）厄鲁特额尔德尼和硕齐谢罪奏文，康熙二十三年十月十九日（蒙古文，第 49–52 页；满文见本册第 49 条第 167–172 页，公文处理记录第 172–174 页） …… 49
19. （20）厄鲁特憨都台吉为进贡谢罪呈康熙帝奏文，康熙二十三年十月十九日（蒙古文，第 52–55 页；满文见本册第 48 条第 162–166 页，第三册第 172 条第 592–594 页） …… 52
20. （21）康熙帝命德勒格尔仁贵袭达尔汉号之文，康熙二十三年十月二十七日（蒙古文，第 55 页） …… 55
※公文处理记录（蒙古文） …… 55
21. （22）喀尔喀达尔玛席礼以立阿海丹津为嗣子请康熙帝以录从之奏文，康熙二十三年十一月十六日（蒙古文，第 57–59 页；满文见本册第 50 条第 174–176 页，公文处理记录第 176–177 页） …… 57

22.（23）班禅胡土克图以收到敕书及衣物事呈康熙帝奏文，康熙二十三年十一月十九日（蒙古文，第59-62页；满文见本册第54条第197-201页）…… 59
23.（24）达赖喇嘛问安奏文，康熙二十三年十一月十六日（蒙古文，第63-69页；满文见本册第51条第178-190页）…… 63
24.（25）康熙帝命图喇噶图袭卓礼克图达尔汉号之文，康熙二十三年十一月二十二日（蒙古文，第69页）…… 69
25.（26）达赖喇嘛为报奉谕开复金沙江等地贸易接部文又不准开复等情奏文，康熙二十三年十一月十六日（蒙古文，第70-72页；满文见本册第52条第190-195页）…… 70
26.（27）达赖喇嘛以奏书进献礼品清单，康熙二十三年十一月十六日（蒙古文，第73页；满文见本册第53条第195-197页）…… 73
27.（28）第巴桑结嘉措为祗领赏物谢恩并献柔罽等物请安奏文，康熙二十三年十一月十六日（蒙古文，第74-75页；满文见本册第56条第205-208页，公文处理记录，第208-210页）…… 74
28.（29）厄鲁特达赖汗以收到敕谕及礼物呈康熙帝奏文，康熙二十三年十一月十六日（蒙古文，第76-77页；满文见本册第55条第202-204页）…… 76
※公文处理记录（蒙古文）…… 78
29.（30）策旺道尔吉请仍似其父辈时贡赏呈康熙帝奏文，康熙二十三年十一月二十七日（蒙古文，第79-81页；满文见本册第57条第211-213页，公文处理记录第213-214页）…… 79
※公文处理记录（蒙古文）…… 81
30.（31）达赖喇嘛问安奏文，康熙二十三年十二月初三日，（蒙古文，第82-87页；满文见本册第59条第216-222页）…… 82
31.（32）达赖喇嘛为报已派色木巴呼毕勒罕前往调解喀尔喀两翼之乱等情奏文，康熙二十三年十二月初三日，（蒙古文，第87-89页；满文见本册第60条第223-225页）…… 87
32.（33）达赖喇嘛以奏书礼进献物品清单，康熙二十三年十二月初三日，（蒙古文，第89-90页；满文见本册第61条第226页）…… 89
33.（34）班禅胡土克图以仍赐教事呈康熙帝奏文，康熙二十三年十二月初三日（蒙古文，第90-93页；满文见本册第62条第227-230页）…… 90
34.（35）参巴陈布胡土克图问安献礼奏文，康熙二十三年十二月初三日（蒙古文，第93-95页；满文见本册第63条第231-234页，公文处理记录第234-237页）…… 93

※公文处理记录（蒙古文） …………………………………………………… 95
35.（58）礼部儒士姚鸿等识认印玺文之记录，康熙二十三年（满文，第 215 页） …………………………………………………… 215
※康熙二十四年档册 …………………………………………………… 238
36.（65）康熙帝为遣使存问事给达赖喇嘛之敕谕，康熙二十四年正月初四日（蒙古文，第 240–241 页） …………………………………………………… 240
37.（66）康熙帝请达赖喇嘛再遣使赴喀尔喀调解喀尔喀两翼事给达赖喇嘛敕谕，康熙二十四年正月初四日（蒙古文，第 242–244 页） ……… 242
38.（67）康熙帝以遣使存问事给班禅胡土克图之敕谕，康熙二十四年正月初四日（蒙古文，第 245 页） …………………………………………………… 245
※公文处理记录（蒙古文） …………………………………………………… 246
39.（68）康熙帝以厄鲁特土谢图巴图尔岱青俄木布病故，授其子墨尔根台吉土谢图岱青之敕谕，康熙二十四年二月初七日（蒙古文，第 248 页） …………………………………………………… 248
※公文处理记录 …………………………………………………… 249
40.（69）康熙帝以遣使问安给达赖喇嘛敕谕，康熙二十四年二月十一日（蒙古文，第 250–251 页） …………………………………………………… 250
41.（70）康熙帝以收到来信及礼品遣使问安给班禅胡土克图敕谕，康熙二十四年二月十一日（蒙古文，第 252 页） …………………………………………………… 252
42.（71）康熙帝以收到来信及礼品遣使问安给厄鲁特达赖汗敕谕，康熙二十四年二月十一日（蒙古文，第 253 页） …………………………………………………… 253
※公文处理记录（蒙古文） …………………………………………………… 254
43.（72）喀尔喀葛陈唐斯特为请来年多朝贡一二次呈康熙帝奏文，康熙二十四年三月十二日（蒙古文，第 255–258 页） …………………………………………………… 255
44.（73）喀尔喀卫征诺颜以其父之转世诺颜胡土克图受赏赐呈康熙帝奏文，康熙二十四年三月十二日（蒙古文，第 259–260 页） …………………………………………………… 259
※公文处理记录（蒙古文） …………………………………………………… 260
45.（74）①喀尔喀土谢图汗以报鄂罗斯事于理藩院之文，康熙二十四年三月十八日（蒙古文，第 261–262 页） …………………………………………………… 261
※公文处理记录（蒙古文） …………………………………………………… 262
45.（74）②喀尔喀土谢图汗以扎萨克图汗属下投入左翼并非左翼之过呈皇帝奏文，康熙二十四年三月十九日（蒙古文，第 264–265 页） ……… 264
※公文处理记录（蒙古文） …………………………………………………… 266
46.（75）喀尔喀巴苏特诺颜为说明投奔左翼情由呈康熙帝奏文，康熙二十四年四月九日（蒙古文，第 267–270 页） …………………………………………………… 267

※公文处理记录（蒙古文）…… 271
47.（76）康熙帝以（阿霸哈纳尔多罗贝勒纳木喀尔）病故，准其长子布绰袭爵之文，康熙二十四年正月二十五日（蒙古文，第 76 页）…… 76
48.（77）康熙帝命根都斯齐布承袭拖沙拉哈番爵之文，康熙二十四正月二十五日（蒙古文，第 273 页）…… 273
49.（78）康熙帝命毕力格图承袭三等拜他布喇哈番之文，康熙二十四年正月二十五日（蒙古文，第 273 页）…… 273
50.（79）康熙帝命阿玉习承袭三等精骑尼哈番之文，康熙二十四年四月十四日（蒙古文，第 274 页）…… 274
51.（80）统兵官都统公彭春等以相互遣返逃人及雅库为界等事致罗刹（鄂罗斯）雅克萨守城首领的信，康熙二十四年二月（蒙古文，第 275-278 页）…… 275
52.（81）康熙帝以雅库为界及边界再次构乱不休便出征雅克萨等事给罗刹察汉汗的敕谕，康熙二十四年三月十七日（蒙古文，第 279-284 页）…… 279
53.（82）康熙帝册封纳亲郡王之妹为多罗格格之册文，康熙二十四年二月二十六日（蒙古文，第 285-286 页）…… 285
54.（83）康熙帝册封固山贝子章泰之第三女为固山格格之诰文，康熙二十四年二月二十六日（蒙古文，第 287-288 页）…… 287
55.（84）康熙帝册封镇国公索诺之女为格格之诰文，康熙二十四年二月六日（蒙古文，第 289-290 页）…… 289
56.（85）厄鲁特噶尔丹博硕克图汗以仍照旧例朝贡买卖之奏文，康熙二十四年七月十七日（托忒文，第 291-292 页；满文见第五册第 26 条第 378-379 页）…… 291
※公文处理记录（蒙古文）…… 292
57.（86）达赖喇嘛问安奏文，康熙二十四年八月五日（蒙古文，第 294-298 页）…… 294
58.（87）达赖喇嘛以派遣噶尔丹西勒图喇嘛赴喀尔喀会盟事呈康熙帝奏文，康熙二十四年八月五日（蒙古文，第 298-300 页）…… 298
59.（88）班禅胡土克图呈康熙帝问安奏文，康熙二十四年八月五日（蒙古文，第 300-302 页）…… 300
※公文处理记录（蒙古文）…… 303
60.（89）康熙帝命鄂齐尔承袭拜他布喇哈番之文，康熙二十四年九月四日（蒙古文，第 304 页）…… 304
61.（90）喀尔喀伊特格勒图额尔克岱青诺颜及诺颜胡土克图以建寺庙请赐金银等物奏文，康熙二十四年十月二十六日（蒙古文，第 305 页）…… 305

※公文处理记录（蒙古文） …………………………………………………………… 305
62. （91）喀尔喀泽卜尊丹巴为献佛像经卷呈康熙帝奏文，康熙二十四年
十一月十一日（蒙古文，第 307-308 页） ……………………………………… 307
※公文处理记录（蒙古文） …………………………………………………………… 308
63. （92）喀尔喀额布根阿尔锡以遣回逃人事呈康熙帝之奏文，康熙二十四年
十一月十日（蒙古文，309-312 页） …………………………………………… 309
※公文处理记录（蒙古文） …………………………………………………………… 312
64. （93）厄鲁特阿喇布坦台吉照达赖喇嘛之意，报自己据有大部分民众事
呈康熙帝奏文，康熙二十四年十一月二十日（蒙古文，第 313-
316 页） …………………………………………………………………………… 313
※公文处理记录（蒙古文） …………………………………………………………… 316
65. （94）康熙帝以安置罗布藏衮布阿喇布坦与巴图尔额尔克济农事给达赖
喇嘛敕谕，康熙二十四年十一月十七日（蒙古文，第 317-324 页；满文
见第五册第 26 条第 379-383 页） ………………………………………………… 317
※公文处理记录（蒙古文） …………………………………………………………… 324
66. （95）康熙帝致达赖喇嘛问安敕谕，康熙二十四年（蒙古文，第 326-
327 页） …………………………………………………………………………… 326
67. （96）康熙帝致班禅胡土克图问安敕谕，康熙二十四年（蒙古文，第 327-
328 页） …………………………………………………………………………… 327
68. （97）厄鲁特巴图尔额尔克济农以居于阿拉善谢恩朝觐和赐印信敕书呈
康熙帝奏文，康熙二十四年十二月十二日（蒙古文，第 329-334 页） … 329
※公文处理记录（蒙古文） …………………………………………………………… 334
69. （98）康熙帝以（科尔沁故多罗郡王雅噶尔），准其子代布承袭多罗郡王
之文，康熙二十四年十月二十七日（蒙古文，第 336 页） ………………… 336
70. （99）康熙帝以（阿霸哈纳故固山贝子滚楚克扎卜），准其子额林臣
达西承袭固山贝子之文，康熙二十四年十月二十六日（蒙古文，第 336-
337 页） …………………………………………………………………………… 336
71. （100）康熙帝以鄂尔多斯故多罗贝勒古木布拉锡，准其子根都西希扎布承袭
固山贝子之文，康熙二十四年九月二十九日（蒙古文，第 337-338 页） … 337
※康熙二十五年档册 ………………………………………………………………… 399
72. （102）厄鲁特噶尔丹博硕克图汗问安事呈康熙帝奏文，康熙二十五年
正月初六日（托忒文，第 340 页；满文见本册第 142 条第 449-450 页，
第五册第 24 条第 376-377 页） ………………………………………………… 340
73. （103）厄鲁特噶尔丹博硕克图汗为额尔德尼和硕齐事呈康熙帝奏文，
康熙二十五年正月初六日（托忒文，第 340-341 页；满文见本册第 143 条
第 451-452 页，公文处理记录第 452-453 页，第五册第 25 条第 377 页） …… 340

※公文处理记录（蒙古文） …… 341

74. （104）喀尔喀扎萨克图汗为报延请满珠习礼胡土克图情形奏文，康熙二十五年二月二十一日（蒙古文，第 342–343 页；满文见本册第 144 条第 453–455 页） …… 342

75. （105）喀尔喀额尔德尼扎萨克图汗以达赖喇嘛准其遣使及请康熙帝亦遣使参加会盟解决散失之部众事呈康熙帝奏文，康熙二十五年二月二十一日（蒙古文，第 344 页；满文见本册第 145 条第 455–456 页） …… 344

76. （106）喀尔喀额尔德尼扎萨克图汗以泽卜尊丹巴及七旗诸汗等扶其即汗位呈康熙帝奏文，康熙二十五年二月二十一日（蒙古文，第 344–345 页） …… 344

77. （107）喀尔喀额尔德尼扎萨克图汗以罗卜臧额尔克洪台吉朝贡事奏准之后刚来奏闻呈康熙帝之奏文，康熙二十五年二月二十一日（蒙古文，第 345–346 页） …… 345

78. （108）喀尔喀额尔德尼扎萨克图汗以其父车臣汗在世时曾欲报和托辉特部诺颜根敦岱青台吉为扎萨克事呈康熙帝奏文，康熙二十五年二月二十一日（蒙古文，第 346–347 页） …… 346

79. （109）喀尔喀额尔德尼扎萨克图汗以其父车臣汗在世时曾欲奏报卫征哈坦巴图尔为扎萨克呈康熙帝奏文，康熙二十五年二月二十一日（蒙古文，第 347–348 页；满文见本册第 149 条第 460–462 页） …… 347

80. （110）喀尔喀朋素克额尔德尼车臣济农以其叔叔们使臣的赏赐比父亲在世时相比减少呈康熙帝奏文，康熙二十五年二月二十一日（蒙古文，第 348–349 页） …… 348

81. （111）喀尔喀噶尔丹台吉以未能亲自入觐事呈康熙帝奏文，康熙二十五年二月二十一日（蒙古文，第 349–350 页） …… 349

82. （112）喀尔喀噶勒丹台吉以给其父修塔无金呈康熙帝奏文，康熙二十五年二月二十一日（蒙古文，第 350 页） …… 350

※公文处理记录（蒙古文） …… 350

83. （113）康熙帝为遣阿喇尼会同噶尔丹西勒图办理归并两翼事给喀尔喀七旗汗等敕谕，康熙二十五年三月二十七日（蒙古文，第 352–356 页；满文见本册第 153 条第 468–475 页，公文处理记录第 475–476 页，第五册第 2 条第 2–8 页，第五册第 11 条第 73–78 页，公文处理记录第 78–79 页，第五册第 28 条第 384–388 页） …… 352

※公文处理记录（蒙古文） …… 356

84. （114）达赖喇嘛问安奏文，康熙二十五年五月二十九日（蒙古文，第 358–362 页；满文见本册第 155 条第 478–484 页） …… 358

85. （115）达赖喇嘛为由朋楚克格隆等口奏请求恢复金沙江地方贸易详情奏文，康熙二十五年五月二十九日（蒙古文，第 362–363 页；满文见本册第 154 条第 476–478 页） …… 362
86. （116）班禅胡土克图以收礼物并赐教呈康熙帝奏文，康熙二十五年五月二十九日（蒙古文，第 363–366 页；满文见本册第 156 条第 484–488 页） …… 363
87. （117）第巴问安奏文，康熙二十五年五月二十九日（蒙古文，第 366–368 页；满文见本册第 157 条第 488–491 页） …… 366
88. （118）执教达赖汗以回复问安献物奏文，康熙二十五年五月二十九日（蒙古文，第 368–369 页；满文见本册第 158 条第 491–493 页，公文处理记录第 493–495 页 ） …… 368
※公文处理记录（蒙古文） …… 369
89. （119）泽卜尊丹巴胡土克图调解归还喀尔喀扎萨克图汗失散人众情形奏文，康熙二十五年六月初二日（蒙古文，第 370–377 页；满文见本册第 159 条第 495–504 页，第五册第 3 条第 9–17 页，第五册第 12 条第 80–86 页 ，第五册第 29 条第 389–394 页） …… 370
90. （120）泽卜尊丹巴胡土克图以喀尔喀诸汗及属众按达赖喇嘛之意盟誓和好之事呈康熙帝奏文，康熙二十五年六月初二日（蒙古文，第 377–381 页；满文见本册第 159 条第 504–510 页，公文处理记录第 510–511 页，第五册第 4 条第 17–23 页，公文处理记录第 23 页） …… 377
※公文处理记录（蒙古文） …… 381
91. （121）达赖喇嘛问安奏文，康熙二十五年（蒙古文，第 382–385 页；满文见本册第 161 条第 516–521 页） …… 382
92. （122）达赖喇嘛为已遣使会同办理厄鲁特巴图尔额尔克济农、罗卜藏衮布等驻牧地之奏文，康熙二十五年（蒙古文，第 385–388 页；满文见本册第 160 条第 511–516 页，第五册第 13 条第 87–90 页，第五册第 30 条第 394–397 页） …… 385
93. （123）达赖喇嘛等请安进献物品并回赏物品清单，康熙二十五年（蒙古文，页面文字有缺失，第 388 页；满文见本册第 163 条第 525–526 页） …… 388
94. （124）班禅胡土克图问安奏文，康熙二十五年（蒙古文，第 389–391 页；满文见本册第 162 条第 521–525 页） …… 389
95. （125）兵部以罗刹屡次侵扰边境及遣还根特木尔等逃人事给鄂罗斯察汉汗之文，康熙二十五年七月二十八日（蒙古文，第 391–401 页；满文见本册第 164 条第 528–543 页，第五册第 5 条第 24–36 页 ） …… 391

※公文处理记录（蒙古文） …… 401

96. （126）康熙帝为准土伯特在金沙江地方贸易事给达赖喇嘛敕谕，康熙二十五年七月二十五日（蒙古文，第 403-404 页；满文见本册第 165 条第 543-546 页，第五册第 14 条第 91-93 页，第五册第 31 条第 397-399 页） …… 403

97. （127）康熙帝为遣端朱布噶布楚等存问颁赏事给达赖喇嘛敕谕，康熙二十五年七月二十五日（蒙古文，第 405-407 页；满文见本册第 166 条第 546-548 页） …… 405

98. （128）康熙帝给班禅胡土克图问安敕谕，康熙二十五年七月二十五日（蒙古文，406-407 页；满文见本册第 167 条第 548-549 页） …… 406

99. （129）康熙帝以已知达赖汗为政教而努力给达赖汗敕谕，康熙二十五年七月二十五日（蒙古文，第 407-408 页；满文见本册第 168 条第 549-550 页，公文处理记录第 550-552 页） …… 407

※公文处理记录（蒙古文） …… 408

100. （130）噶尔丹西勒图为报喀尔喀七旗两汗等已齐集盟所情形奏文，康熙二十五年九月初九日（蒙古文，第 410-414 页；满文见本册第 169 条第 552-558 页，第五册第 6 条第 37-42 页，公文处理记录第 42 页） …… 410

101. （131）噶尔丹西勒图以尽力调解喀尔喀事呈康熙帝奏文，康熙二十五年（蒙古文，第 414-416 页；满文见本册第 170 条第 558-560 页） …… 414

102. （132）噶尔丹西勒图为调解喀尔喀内乱事呈康熙帝之奏文，康熙二十五年九月九日（蒙古文，第 416-417 页；满文见本册第 171 条第 560-562 页，公文处理记录第 562-563 页 ） …… 416

※公文处理记录（蒙古文） …… 417

103. （133）喀尔喀班第达胡土克图求建寺颜料金箔奏文，康熙二十五年九月十八日（蒙古文，第 418-419 页） …… 418

※公文处理记录（蒙古文） …… 419

104. （134）厄鲁特董克尔台吉问安奏文，康熙二十五年九月二十四日（托忒文，第 420 页；满文见本册第 173 条第 565-567 页） …… 420

105. （135）康熙帝以雅克萨城解围事给鄂罗斯察汉汗敕谕，康熙二十五年十月六日（蒙古文，第 421-431 页；满文见本册第 174 条第 568-582 页，第五册第 7 条第 43-57 页 ） …… 421

※公文处理记录（蒙古文） …… 431

106. （136）厄鲁特噶尔丹博硕克图汗问安奏文，康熙二十五年十月六日（托忒文，第 432-433 页；满文见本册第 175 条第 582-583 页，公文处理记第 583-584 页） …… 432

※公文处理记录（蒙古文）…… 433
107.（137）厄鲁特噶尔丹博硕克图汗问安奏文，康熙二十五年八月三日（托忒文，第 434 页；满文见本册第 176 条第 584–585 页，公文处理记录第 585–586 页，第五册第 15 条第 94 页，第五册第 32 条第 399–400 页，公文处理记录第 400–401 页）…… 434
※公文处理记录（蒙古文）…… 434
108.（138）达赖喇嘛遣堪布罗布藏噶勒丹来朝口奏安置罗布藏衮布阿喇布坦事奏文，康熙二十五年十二月十六日（蒙古文，第 435–437 页；满文见本册第 177 条第 587–590 页，公文处理记录第 591–592 页）…… 435
※公文处理记录（蒙古文）…… 591
109.（139）理藩院以罗刹事给喀尔喀土谢图汗之文，康熙二十五年十二月二十五日（蒙古文，第 438–443 页；满文见本册第 178 条第 592–599 页，第五册第 8 条第 57–65 页）…… 438
110.（140）理藩院以遣往尼布潮使臣是否已到达等事给鄂罗斯驻色楞格河使臣之文，康熙二十五年十二月二十五日（蒙古文，第 443–446 页；满文见本册第 179 条第 599–603 页，第五册第 9 条第 65–69 页）…… 443

第五册

※康熙二十五年正月至十二月蒙古各部贡物及回赐记录档案（满文） ………… 96
1.（17）康熙帝回赏蒙古各部之文，未标年份（满文，第 96-351 页） ……… 96
※康熙二十一年至三十五年噶尔丹博硕克图汗奏文及对其降旨相关档案 ……… 352
2.（38）噶尔丹博硕克图汗以得知巴图尔济农、罗卜藏衮布、额尔德尼和硕齐等内附事呈康熙帝奏文，未标年份（满文，第 411-412 页） ………………… 411
3.（49）噶尔丹博硕克图汗为请照旧例贸易呈康熙帝奏文，未标年份（满文，第 456-457 页） …………………………………………………………………… 456
4.（51）噶尔丹请将泽卜尊丹巴、土谢图汗交出并遣喀尔喀返回故土等事呈康熙帝奏文，康熙三十一年五月二十日（满文，第 462-463 页） ………… 462
5.（52）康熙帝斥责噶尔丹违誓索要喀尔喀及遣使杀害使臣马迪等事给厄鲁特噶尔丹敕谕，未标年份（满文，第 463-472 页） ……………………………… 463
6.（53）康熙帝著笃诚信奉达赖喇嘛教法不得阳奉阴违事给噶尔丹敕谕，未标年份（满文，第 472-479 页） ……………………………………………………… 472

第六册

※康熙二十六年档册 …………………………………………………………………… 1

1. (2) 喀尔喀汗、诺颜、台吉等以清朝曾给达赖喇嘛敕谕一同遣使调解喀尔喀内部纷争事谢恩及为请封号等事呈康熙帝奏文，康熙二十六年正月初五日（蒙古文，第 3–4 页，第七册第 3 条第 2–5 页；满文见本册第 54 条第 150–152 页，本册第 107 条第 422–423 页，第七册第 2 条第 1–2 页，第七册第 2 条缺第一页） …………………………………… 3

2. (3) 喀尔喀土谢图汗以噶尔丹胡土克图、二阿海向扎萨克图汗索取属民事未审结呈康熙帝奏文，康熙二十六年正月初五日（蒙古文，第 4–12 页，亦见第七册第 5 条第 22–41 页；满文见本册第 55 条第 153–169 页，本册第 108 条第 423–442 页，第七册第 4 条第 5–22 页） …………………………………………………………………… 4

3. (4) 喀尔喀瓦齐赉土谢图汗请敕书呈康熙帝奏文，康熙二十六年（蒙古文，第 12–14 页，亦见第七册第 7 条第 46–51 页；满文见本册第 56 条第 170–174 页，第七册第 6 条第 41–46 页） ………………………… 12

4. (5) 喀尔喀泽卜尊丹巴胡土克图为报库伦伯勒齐尔盟会业经盟誓等情奏文，康熙二十六年正月初五日（蒙古文，第 14–18 页，亦见第七册第 9 条第 59–67 页；满文见本册第 57 条第 174–181 页，本册第 109 条第 442–451 页，第七册第 8 条第 51–59 页） ………………………… 14

5. (6) 喀尔喀土谢图汗为报扎萨克图车臣汗不按盟约归还掠取之众等情奏文，康熙二十六年正月初五日（蒙古文，第 18–28 页，亦见第七册第 11 条第 91–115 页；满文见本册第 58 条第 182–199 页，本册第 110 条第 451–472 页，第七册第 10 条第 68–91 页） ………………………… 18

6. (7) 喀尔喀土谢图汗、扎萨克图汗请增设扎萨克之奏文，康熙二十六年（蒙古文，第 28–29 页，亦见第七册第 13 条第 117–120 页；满文见本册第 59 条第 200–202 页，第七册第 12 条第 115–117 页） ………………… 28

7.（8）喀尔喀土谢图汗为说明左翼土谢图汗和赛因诺颜部关系之奏文，康熙二十六年（蒙古文，第 29-31 页，亦见第七册第 15 条第 124-128 页；满文见本册第 60 条第 203-206 页，本册第 111 条第 472-475 页，第七册第 14 条第 120-124 页） …… 29
8.（9）喀尔喀土谢图汗以仍按原议台吉派遣审案使者呈康熙帝奏文，康熙二十六年（蒙古文，第 31 页，亦见第七册第 17 条第 130-132 页；满文见本册第 61 条第 206-207 页，本册第 112 条第 475-476 页，第七册第 16 条第 129-130 页） …… 31
9.（10）厄鲁特噶尔亶多尔济以闻知康熙帝和达赖喇嘛令巴图尔额尔克济农与罗卜臧滚布汇合驻牧，遂自己亦率众由青海迁到巴图尔额尔克济农处等事呈康熙帝奏文，康熙二十六年正月初五日（蒙古文，第 32 页，亦见第七册第 19 条第 134-136 页；满文见本册第 62 条第 208-210 页，本册第 113 条第 476-478 页，第七册第 18 条第 132-134 页） …… 32
10.（11）厄鲁特憨都以同巴图尔额尔克济农一样愿听从清朝安置之事呈康熙帝奏文，康熙二十六年正月初五日（蒙古文，第 33-34 页，亦见第七册第 21 条第 139-141 页；满文见本册第 63 条第 210-212 页，本册第 114 条第 478-480 页，第七册第 20 条第 136-138 页） …… 33
11.（12）达赖喇嘛请敕书奏文，康熙二十六年正月初五日（蒙古文，第 34-35 页，亦见第七册第 62 条第 305-309 页；满文见本册第 64 条第 212-222 页，第七册第 22 条第 141-144 页） …… 34
※公文处理记录（蒙古文） …… 35
12.（13）喀尔喀戴青和硕齐以喀尔喀七旗会盟上其父被封昆都伦哈滩巴图尔号并授为大扎萨克，后自己袭父大扎萨克向清朝遣使，清朝却待以小扎萨克之事呈康熙帝奏文，康熙二十六年（蒙古文，第 39-43 页，亦见第七册第 63 条第 309-320 页；满文见本册第 65 条第 223-231 页，本册第 115 条第 480-490 页，第七册第 23 条第 145-153 页） …… 39
※公文处理记录（蒙古文） …… 43
13.（14）喀尔喀乌梁海罗布藏额尔克诺颜请给颁印信奏文，康熙二十六年（蒙古文，第 45-46 页，亦见第七册第 64 条第 320-323 页；满文见本册第 66 条第 232-234 页，本册第 116 条第 490-493 页，第七册第 24 条第 153-156 页） …… 45
14.（15）喀尔喀右翼达尔玛什里以已原为大扎萨克而在库伦伯勒齐尔会上待之以小扎萨克呈康熙帝奏文，康熙二十六年（蒙古文，第 47-48 页，亦见第七册第 65 条第 323-327 页；满文见本册第 67 条第 234-236 页，本册 117 条第 493-495 页，第七册第 25 条第 156-159 页） …… 47

15. （16）喀尔喀伊拉古克三胡土克图为请照前例赏赉进贡事奏文，康熙二十六年正月二十六日（蒙古文，第 48–49 页，亦见第七册第 66 条第 327–330 页；满文见本册第 68 条第 236–240 页，本册第 118 条第 496–499 页，第七册第 26 条第 159–162 页）…………………………… 48
※公文处理记录（蒙古文） ………………………………………………………… 49
16. （17）喀尔喀车臣汗翁牛特部额尔和木洪台吉为说明自己归属扎萨克图汗事呈康熙帝奏文，康熙二十六年二月初九日（蒙古文，第 49–53 页，亦见第七册第 67 条第 331–342 页；满文见本册第 69 条第 241–250 页，本册第 119 条第 499–509 页，第七册第 27 条第 162–171 页）…………… 49
※公文处理记录（蒙古文） ………………………………………………………… 53
17. （18）喀尔喀墨尔根济农以自己被达赖喇嘛受济农号和印信，而彭楚克未被受封，却七旗会盟上彭楚克亦被封扎萨克事呈康熙帝奏文，康熙二十六年二月二十四日（蒙古文，第 54–56 页，亦见第七册第 68 条第 342–348 页；满文见本册第 70 条第 250–254 页，本册第 120 条第 509–513 页，第七册第 28 条第 171–176 页）…………………………… 54
18. （19）喀尔喀乌梁海卫征诺颜以七旗盟会上被封扎萨克进九白年贡之事奏文，康熙二十六年二月二十四日（蒙古文，第 57–60 页，亦见第七册第 69 条第 348–356 页；满文见本册第 71 条第 254–259 页，本册第 121 条第 513–518 页，第七册第 29 条第 176–182 页）…………………………… 57
19. （20）喀尔喀乌梁海额尔克卫征诺颜以屡有功勋而在喀尔喀诺颜中地位最低之事呈康熙帝奏文，康熙二十六年二月二十四日（蒙古文，第 60–63 页，亦见第七册第 70 条第 356–364 页；满文见本册第 72 条第 259–265 页，本册第 122 条第 518–525 页，第七册第 30 条第 184–190 页）…… 60
※公文处理记录（蒙古文） ………………………………………………………… 63
20. （21）喀尔喀瓦齐赖怛喇胡土克图为索取被夺属民事呈康熙帝奏文，康熙二十六年二月初九日（蒙古文，第 64–71 页，亦见第七册第 71 条第 364–381 页；满文见本册第 73 条第 266–280 页，第七册第 31 条第 190–205 页）…………………………………………………………… 64
※公文处理记录（蒙古文） ………………………………………………………… 71
21. （22）康熙帝为车臣汗故准其长子伊尔登阿喇布坦承袭汗位事给达赖喇嘛敕谕，康熙二十六年二月二十八日（蒙古文，第 72–73 页，亦见第七册第 72 条第 382–384 页；满文见本册第 74 条第 280–282 页，本册第 123 条第 525–527 页，第七册第 32 条第 205–207 页）…………… 72
22. （23）康熙帝为速议嗣立伊尔登阿喇布坦为车臣汗事给泽卜尊丹巴胡土克图敕谕，康熙二十六年二月二十八日（蒙古文，第 74–75 页，亦见第七册第 73 条第 384–388 页；满文见本册第 75 条第 282–285 页，

本册第 124 条第 527–529 页，第七册第 33 条第 207–210 页）………………… 74
23. （24）康熙帝以车臣汗长子依勒登阿喇布坦台吉即位给土谢图汗敕谕，康熙二十六年三月初一日（蒙古文，第 75–76 页，亦见第七册第 74 条第 388–391 页；满文见本册第 76 条第 285–288 页，本册第 125 条第 530–532 页，第七册第 34 条第 210–213 页）…………………………… 75
24. （25）康熙帝以车臣汗长子依勒登阿喇布坦即位给扎萨克图汗敕谕，康熙二十六年三月初一日（蒙古文，第 77–78 页，亦见第七册第 75 条第 391–395 页；满文见本册第 77 条第 288–293 页，本册第 126 条第 533–535 页，第七册第 35 条第 213–215 页）…………………………… 77
※公文处理记录（蒙古文） ………………………………………………………… 78
25. （26）①噶尔丹博硕克图汗以闻安置巴图尔额尔克济农等和按旧例贸易等事呈康熙帝奏文，康熙二十六年四月初五日（托忒文，第 79–80 页，亦见第七册第 76 条第 395–396 页；满文见本册第 78 条第 294–295 页，第七册第 36 条第 216–217 页，第七册 108 条第 510–511 页） …… 79
26. （26）②噶尔丹博硕克图汗为晓示喀尔喀七旗盟会之事给理藩院尚书阿喇尼的信，康熙二十六年四月初五日（托忒文，第 80–81 页，亦见第七册第 77 条第 397 页；满文见本册第 78 条第 295–296 页，本册第 127 条第 535–536 页，第七册第 37 条第 217–218 页，第七册第 104 条第 497 页，第五册第 34 条第 402 页） ………………………… 80
27. （26）③厄鲁特噶尔丹博硕克图汗以喀尔喀七旗会盟时泽卜尊丹巴与噶尔丹西勒图并坐违达赖喇嘛之教等事呈康熙帝奏文，康熙二十六年四月初五日（托忒文，第 80–81 页，蒙古文见第七册第 78 条第 397–400 页；满文见本册第 78 条第 296–300 页，本册第 127 条第 536–539 页，第五册第 36 条第 405–406 页，第七册第 38 条第 218–221 页，第 106 条第 501–503 页） ……………………………………………………………… 80
※公文处理记录（蒙古文） ………………………………………………………… 82
28. （27）厄鲁特罗卜臧滚布以驮马生病明年迁入达赖喇嘛和清朝共同指定的新牧地等事呈康熙帝奏文，康熙二十六年四月十九日（蒙古文，第 83–85 页，亦见第七册第 79 条第 400–405 页；满文见本册第 79 条第 300–305 页，第七册第 39 条第 221–226 页） ………………………………… 83
29. （28）厄鲁特和鲁木希台吉请康熙帝指授驻牧地事奏文，康熙二十六年四月十九日（蒙古文，第 85–86 页，亦见第七册第 80 条第 405–408 页；满文见本册第 80 条第 305–309 页，第七册第 40 条第 226–229 页） ……… 85
※公文处理记录（蒙古文） ………………………………………………………… 86
30. （29）康熙帝以旱灾大赦诏文，康熙二十六年（蒙古文，第 87–98 页；满文见本册第 81 条第 309–328 页） ………………………………………… 87

31.（30）喀尔喀瓦齐赖土谢图汗以噶尔丹博硕克图汗称其未尊噶尔丹西勒图为由寻衅事呈康熙帝奏文，康熙二十六年五月二十日（蒙古文，第 98-100 页，亦见第七册第 81 条第 408-414 页；满文见本册第 82 条第 328-333 页，本册 128 条第 540-544 页，第七册第 41 条第 229-234 页） …… 98
32.（31）喀尔喀泽卜尊丹巴以噶尔丹博硕克图来信指其未敬达赖喇嘛使者噶尔丹西勒图为由寻衅事呈康熙帝奏文，康熙二十六年五月二十日（蒙古文，第 101-102 页，亦见第七册第 82 条第 414-418 页；满文见本册第 83 条第 333-335 页，本册第 129 条第 544-548 页，第七册第 42 条第 234-238 页） …… 101
33.（32）厄鲁特噶尔丹博硕克图汗对噶尔丹锡呼图座次事责问泽卜尊丹巴之文，康熙二十六年五月二十日（蒙古文，第 102-103 页，亦见第七册第 83 条第 418-420 页；满文见本册第 84 条第 335-337 页，第五册第 35 条第 403-405 页，第七册第 43 条第 238-240 页，第七册第 105 条第 499-500 页） …… 102
34.（33）厄鲁特噶尔丹博硕克图汗盟会后再次遣使转告泽卜尊丹巴胡土克图之信，康熙二十六年五月二十日（托忒文，第 103-104 页，蒙古文见第七册第 84 条第 420-421 页；满文见本册第 85 条第 337-338 页，第五册第 33 条第 402 页，第七册第 44 条第 240 页，第七册第 103 条第 497 页） …… 103
35.（34）①泽卜尊丹巴胡土克图为请恩赐之事呈康熙帝奏文，康熙二十六年五月二十日（蒙古文，第 104 页，亦见第七册第 85 条第 421-422 页；满文见本册第 86 条第 338-339 页，第七册第 45 条第 241 页） …… 104
36.（34）②喀尔喀泽卜尊丹巴为立车臣汗子为车臣汗呈康熙帝奏文，康熙二十六年五月二十日（蒙古文，第 104-108 页，亦见第七册第 86 条第 422-433 页；满文见本册第 87 条第 339-347 页，第七册第 46 条第 241-250 页） …… 104
37.（35）俄国为与清朝遣使给泽卜尊丹巴之文书，康熙二十六年五月二十日（蒙古文，第 108-110 页，亦见第七册第 87 条第 433-438 页；满文见本册第 88 条第 347-351 页，本册第 130 条第 548-551 页，第七册第 47 条第 251-255 页） …… 108
※公文处理记录（蒙古文） …… 110
38.（36）喀尔喀土谢图汗以听闻噶尔丹博硕克图汗与扎萨克图汗联合攻打喀尔喀事呈康熙帝奏文，康熙二十六年六月二十八日（蒙古文，第 111-113 页，亦见第七册第 88 条第 438-443 页；满文见本册第 89 条第 352-356 页，本册第 131 条第 551-555 页，第七册第 48 条第 255-259 页） … 111

※公文处理记录（蒙古文）…………………………………………………… 113
39. （37）喀尔喀阿喇布坦车臣汗以厄鲁特和鄂罗斯事不能亲自入觐呈康熙帝奏文，康熙二十六年七月二十九日（蒙古文，第 114-115 页，亦见第七册第 89 条第 443-445 页；满文见本册第 90 条第 356-359 页，第七册第 49 条第 259-261 页）…………………………………… 114
※公文处理记录（蒙古文）…………………………………………………… 115
40. （38）喀尔喀墨尔根诺颜以土谢图汗称戴青诺颜位高于自己，又不愿让达赖喇嘛和康熙帝裁决诺颜等级等事呈康熙帝奏文，康熙二十六年八月二十八日（蒙古文，第 116-117 页，亦见第七册第 90 条第 445-450 页；满文见本册第 91 条第 359-362 页，第七册第 50 条第 261-264 页）……… 116
41. （39）喀尔喀墨尔根诺颜以阿尔尼下镶黄旗两人以丢马恐责逃避其处将送回呈康熙帝奏文，康熙二十六年八月二十八日（蒙古文，第 117-118 页，亦见第七册第 91 条第 450-452 页；满文见本册第 92 条第 363-365 页，第七册第 51 条第 264-266 页）…………………………………… 117
※公文处理记录（蒙古文）…………………………………………………… 118
42. （40）厄鲁特土哈尔台吉以屡次向清朝遣使而未受恩赐等事呈康熙帝奏文，康熙二十六年九月初六日（托忒文，第 119 页，蒙古文见第七册第 92 条第 452-454 页；满文见本册第 93 条第 365-368 页，第七册第 52 条第 266-267 页）…………………………………………… 119
※公文处理记录（蒙古文）…………………………………………………… 119
43. （41）喀尔喀土谢图汗、戴青诺颜、墨尔根洪台吉以噶尔丹博硕克图汗准备攻打喀尔喀事呈康熙帝奏文，康熙二十六年九月二十四日（蒙古文，第 120-121 页，亦见第七册第 93 条第 454-457 页；满文见本册第 94 条第 368-373 页，本册第 132 条第 556-561 页，第五册第 39 条第 412-414 页，第七册第 53 条第 267-270 页，第七册第 109 条第 512-515 页）…………………………………………………………… 120
※公文处理记录（蒙古文）…………………………………………………… 121
44. （42）康熙帝令遣使谕厄鲁特喀尔喀罢兵事给达赖喇嘛敕谕，康熙二十六年九月二十四日（蒙古文，第 123-126 页，亦见第七册第 94 条第 458-467 页；满文见本册第 95 条第 373-382 页，本册第 133 条第 561-570 页，第五册第 40 条第 415-420 页，第七册第 54 条第 270-278 页，第七册第 110 条第 516-522 页）…………………………… 123
45. （43）康熙帝遣使问安达赖喇嘛敕谕，康熙二十六年（蒙古文，第 126-127 页；满文见本册第 96 条第 382-384 页）………………………… 126
46. （44）康熙帝遣使问安班禅胡土克图敕谕，康熙二十六年（蒙古文，第 127 页；满文见本册第 97 条第 384-386 页）……………………… 127

47. (45) 康熙帝为遣使谕合并具奏与喀尔喀交恶情由事给厄鲁特噶尔丹敕谕，康熙二十六年九月二十七日（蒙古文，第 127-130 页，亦见第七册第 95 条第 467-475 页；满文见本册第 98 条第 386-393 页，本册第 134 条第 570-578 页，第五册第 41 条第 420-424 页，公文记录第 425-426 页，第七册第 55 条第 278-286 页，第七册第 111 条第 523-528 页）…… 127

48. (46) 康熙帝告诫土谢图汗勿先动兵之敕谕，康熙二十六年九月二十八日（蒙古文，第 130-133 页，亦见第七册第 96 条第 475-483 页；满文见本册第 99 条第 393-399 页，本册第 135 条第 578-585 页，第五册第 37 条第 407-411 页，第七册第 56 条第 286-292 页，第七册第 107 条第 504-509 页）…… 130

49. (47) 喀尔喀昆都伦博硕克图以其继承父业执政喀尔喀事呈康熙帝奏文，康熙二十六年（蒙古文，第 134 页，亦见第七册第 97 条第 484-486 页；满文见本册第 100 条第 400-403 页，第七册第 57 条第 293-295 页）…… 134

※公文处理记录（蒙古文）…… 134

50. (48) 喀尔喀达尔玛希礼为求印信呈康熙帝奏文，康熙二十六年（蒙古文，第 135-136 页，亦见第七册第 98 条第 486-488 页；满文见本册 101 条第 403-405 页，第七册第 58 条第 295-296 页）…… 135

51. (49) 喀尔喀达尔玛希礼为遣使赴藏朝佛求金呈康熙帝奏文，康熙二十六年（蒙古文，第 137-138 页，亦见第七册第 99 条第 488-489 页；满文见本册第 102 条第 405-407 页，第七册第 59 条第 296-297 页）…… 137

※公文处理记录（蒙古文）…… 137

52. (50) 喀尔喀墨尔根诺颜以子多尔济阿喇布坦，弟弟策零墨尔根戴青为扎萨克台吉人选之奏文，康熙二十六年（蒙古文，第 138-139 页，亦见第七册第 100 条第 488-491 页；满文见本册第 103 条第 407-409 页，第七册第 60 条第 296-299 页）…… 138

53. (51) 喀尔喀墨尔根诺颜以喀尔喀土谢图汗先动兵厄鲁特及听闻扎萨克图汗和墨尔根阿海等附厄鲁特噶尔丹等事呈康熙帝奏文，康熙二十六年十一月二十日（蒙古文，第 139-141 页，亦见第七册第 101 条第 491-494 页；满文见本册第 104 条第 409-414 页，本册第 136 条第 585-589 页，第七册第 61 条第 299-303 页）…… 139

54. (52) 太皇太后慈体欠安而交代祭祀事宜懿旨，康熙二十六年（蒙古文，第 141-146 页；满文见本册第 105 条第 414-421 页）…… 141

第七册

1. (114) 达赖喇嘛以喀尔喀似乎疑心自备，博硕克图汗使臣并无交恶之言事呈康熙帝奏文，康熙二十七年（蒙古文，第 533–536 页；满文见本册第 113 条第 530–533 页，第八册第 7 条第 27–30 页） …… 533

2. (116) 达赖喇嘛请开复各地贸易取消茶禁之事呈康熙帝奏文，康熙二十七年十二月十一日（蒙古文，第 538–541 页；满文见本册第 115 条第 536–538 页，本册第 132 条第 577–580 页，第五册第 42 条第 426–428 页，第八册第 8 条第 30–34 页） …… 538

3. (118) 厄鲁特噶尔丹博硕克图汗以喀尔喀土谢图汗、泽卜尊丹巴因自己谴责其不尊噶尔丹西勒图而不满先动兵厄鲁特及被厄鲁特击败，望勿收留喀尔喀等事呈康熙帝奏文，康熙二十七年七月初四日（蒙古文，第 543–544 页；满文见本册第 117 条第 541–543 页，第八册第 13 条第 49–50 页，公文处理记录第 50–52 页） …… 543

4. (120) 康熙帝为遣使谕和并具奏与喀尔喀交恶情由事给厄鲁特噶尔丹敕谕，康熙二十七年七月初八日（蒙古文，第 552–559 页；满文见本册第 119 条第 546–552 页，本册第 133 条第 581–584 页，第五册第 43 条第 428–432 页，第八册第 14 条第 52–60 页） …… 552

5. (122) 喀尔喀依勒登诺颜以归附清朝事呈康熙帝奏文，康熙二十七年（蒙古文，第 559–560 页；满文见本册第 121 条第 559 页，第八册第 15 条第 60–62 页） …… 559

6. (124) 厄鲁特噶尔丹博硕克图汗以喀尔喀对政教不敬，抗旨攻打厄鲁特等事呈康熙帝奏文，康熙二十七年十一月初八日（蒙古文，第 563–565 页；满文见本册第 123 条第 560–563 页） …… 563

7. (126) 喀尔喀车臣汗哈屯、大小诺颜以博硕克图汗和土谢图汗互相征战而延误奏报车臣汗已故之事呈康熙帝奏文，康熙二十七年（蒙古文，第 567–569 页；满文见本册第 125 条第 566–567 页，第八册第 17 条第 87–88 页） …… 567

8. （128）喀尔喀车臣汗叔父布第扎布、额尔德尼台吉以车臣汗已故之事呈康熙帝奏文，康熙二十七年（蒙古文，第 570–571 页；满文见本册第 127 条第 569–570 页，第八册第 18 条第 88–89 页） …………………… 570
9. （130）喀尔喀车臣汗之弟墨尔根台吉以其被噶尔丹博硕克图汗袭击等事呈康熙帝奏文，康熙二十七年（蒙古文，第 572–573 页；满文见本册第 129 条第 571–572 页，第八册第 19 条第 89–90 页，公文处理记录第 90–93 页） ………………………………………………… 572

第八册

※康熙二十七年档册 …… 1
1. （2）达赖喇嘛为授恩感谢呈康熙帝奏文，康熙二十七年正月二十七日（满文，第 2-8 页） …… 2
2. （3）班禅胡土克图为授恩感谢呈康熙帝奏文，康熙二十七年正月二十七日（满文，第 8-12 页） …… 8
3. （4）达赖汗为授恩谢恩事呈康熙帝奏文，康熙二十七年正月二十七日（满文，第 12-14 页） …… 12
4. （5）第巴为授恩谢恩事呈康熙帝奏文，康熙二十七年正月二十七日（满文，第 14-17 页） …… 14
※公文处理记录（满文） …… 17
5. （6）达赖喇嘛为授恩谢恩呈康熙帝奏文，康熙二十七年三月二十八日（满文，第 19-27 页） …… 19
6. （9）达赖喇嘛进献方物奏文，康熙二十七年三月二十八日（满文，第 34-35 页） …… 34
7. （10）班禅呼图克为问安呈康熙帝奏文，康熙二十七年三月二十八日（满文，第 35-40 页） …… 35
※公文处理记录（满文） …… 40
8. （11）康熙帝问安班禅胡土克图敕谕，康熙二十七年七月七日（满文，第 44-45 页） …… 44
9. （12）康熙帝问安达赖汗敕谕，康熙二十七年七月七日（满文，第 46-49 页） …… 46
10. （16）康熙帝为太皇太后上尊谥号颁发诏文，康熙二十七年十月二十三日（满文，第 63-87 页） …… 63
※康熙二十八年档册 …… 204
11. （49）喀尔喀戴青楚虎尔诺颜以其被厄鲁特抢掠部众事呈康熙帝奏文，康熙二十八年正月初四日（蒙古文，第 204-205 页） …… 204

※公文处理记录（蒙古文）………………………………………………………… 204
12.（51）康熙帝赏赐达赖喇嘛物品之敕谕，康熙二十八年正月十九日（蒙古文，第 211–218 页；满文见本册第 21 条第 95–100 页，本册第 50 条第 205–211 页）………………………………………………………… 211
13.（53）康熙帝为遣使与伊拉古克三等同往准噶尔劝噶尔丹与喀尔喀息兵议和给达赖喇嘛敕谕，康熙二十八年正月十九日（蒙古文，第 226–234 页；满文见本册第 22 条第 101–107 页，本册第 37 条第 140–153 页，本册第 52 条第 218–225 页）………………………………………… 226
14.（55）康熙帝赏赐班禅胡土克图物品之敕谕，康熙二十八年正月十九日（蒙古文，第 238–242 页；满文见本册第 29 条第 117–119 页，本册第 54 条第 235–238 页）………………………………………… 238
15.（57）康熙帝赏赐第巴物品之敕谕，康熙二十八年正月十九日（蒙古文，第 244 页；满文见本册第 32 条第 124–125 页，本册第 56 条第 242–243 页，公文处理记录第 243–244 页）……………………………… 244
※公文处理记录（蒙古文）………………………………………………………… 245
16.（59）喀尔喀昆都伦博硕克图以土谢图汗杀死噶尔丹之弟，若喀尔喀厄鲁特发生战争，请求康熙帝救援喀尔喀之事奏文，康熙二十八年四月（蒙古文，第 248–251 页；满文见本册第 38 条第 153–157 页，本册第 58 条第 245–248 页）………………………………………… 248
17.（61）喀尔喀昆都伦博硕克图遣使告知救援兵未到及不能抵挡鄂罗斯与噶尔丹两路军呈康熙帝奏文，康熙二十八年四月（蒙古文，第 254–256 页；满文见本册第 39 条第 158–163 页，本册第 60 条第 251–254 页）………………………………………………………… 254
※公文处理记录（满文）………………………………………………………… 256
18.（63）喀尔喀土谢图汗以米粮将尽，续到两万余人不能赡给，请康熙帝赈济之奏文，康熙二十八年四月（蒙古文，第 258–259 页；满文见本册第 62 条第 257–258 页）………………………………………… 258
19.（65）喀尔喀土谢图汗以第三子班第达额尔德尼故，请准其子班珠尔多尔济袭扎萨克诺颜事呈康熙帝奏文，康熙二十八年四月（蒙古文，第 260–261 页；满文见本册 64 条第 259–260 页）………………… 260
20.（67）喀尔喀泽卜尊丹巴胡土克图以请赈济粮食呈康熙帝奏文，康熙二十八年四月（蒙古文，第 263–264 页；满文见本册第 66 条第 261–263 页）………………………………………………………… 263
21.（69）喀尔喀墨尔根诺颜以遣使告急喀尔喀七旗内乱互相抢掠所剩无几，请策略之奏文，康熙二十八年四月（蒙古文，第 265–266 页；满文见本册第 68 条第 264–265 页）………………………………… 265

22. （71）喀尔喀墨尔根诺颜为收集散失部众请敕谕之奏文，康熙二十八年四月（蒙古文，第 267–269 页；满文见本册第 70 条第 266–267 页） …… 267
※公文处理记录（满文） …… 269
23. （73）康熙帝为居中调停厄鲁特喀尔喀纷争勿兴兵戎给厄鲁特噶尔丹博硕克图敕谕，康熙二十八年四月十三日（蒙古文，第 280–290 页；满文见本册第 35 条第 129–139 页，本册第 40 条第 163–181 页，本册第 72 条第 270–279 页，第五册第 44 条第 433–441 页） …… 280
24. （75）喀尔喀泽卜尊丹巴胡土克图遣使转告详情呈康熙帝奏文，未标年份（蒙古文，第 291–293 页；满文见本册第 41 条第 181–183 页，本册第 74 条第 290–291 页） …… 291
25. （77）巴图尔额尔克济农为报博硕克图汗攻打清朝事呈康熙帝奏文，康熙二十八年六月初三日（蒙古文，第 295–298 页；满文见本册第 42 条第 184–190 页，本册第 76 条第 293–295 页） …… 295
26. （79）喀尔喀车臣洪台吉以未归顺噶尔丹而降于清朝之奏文，康熙二十八年六月初九日（蒙古文，第 300–301 页；满文见本册第 78 条第 299–300 页） …… 300
27. （81）车臣济农之弟车臣洪太吉请济农号呈康熙帝奏文，康熙二十八年六月初九日（蒙古文，第 302–303 页；满文见本册第 80 条第 301–302 页） …… 302
28. （83）丹津喇嘛之子罗卜桑托音诺颜为单独进九白年贡呈康熙帝奏文，康熙二十八年六月初九日（蒙古文，第 304 页；满文见本册第 82 条第 303–304 页） …… 304
29. （85）喀尔喀额尔德尼哈滩巴图尔归降清朝呈康熙帝奏文，康熙二十八年六月初九日（蒙古文，第 305–306 页；满文见本册第 84 条第 305 页） … 305
※公文处理记录（满文） …… 306
30. （87）喀尔喀土谢图汗以受米粮牲畜事谢恩呈康熙帝奏文，康熙二十八年六月二十四日（蒙古文，第 308 页；满文见本册第 86 条第 307 页） …… 308
31. （89）喀尔喀泽卜尊丹巴胡土克图以清朝给赈济米粮牲畜事谢恩呈康熙帝奏文，康熙二十八年六月二十四日（蒙古文，第 310–311 页；满文见本册 43 条第 190–194 页，本册 88 条第 308–310 页） …… 310
32. （91）喀尔喀察罕巴尔诺颜以饥馑难以度日望发赈济米粮牲畜事呈康熙帝奏文，康熙二十八年六月二十四日（蒙古文，第 313–314 页；满文见本册第 90 条第 311–313 页） …… 313
33. （93）喀尔喀西地西里台吉以受赈济米粮谢恩并告急本月二十五日止乏食事呈康熙帝奏文，康熙二十八年六月二十四日（蒙古文，第 316 页；满文见本册第 44 条第 194–196 页，本册第 92 条第 314–315 页） …… 316

34. （95）喀尔喀土谢图汗以奏请随军伐噶尔丹及扎萨克墨尔根诺颜与噶尔丹关系密切，属部中素戴伊尔登台吉部和察哈尔台吉、永谢部台吉等是否归喀尔喀等事奏文，康熙二十八年（蒙古文，第 318-319 页；满文见本册第 45 条第 196-200 页，本册第 94 条第 316-318 页） …… 318
※公文处理记录（满文） …… 319
35. （97）额尔德尼哈滩巴图尔以所属牲畜尽毙，饥荒不能度日，祈求给予赈济米粮牲畜事呈康熙帝奏文，康熙二十八年六月二十九日（蒙古文，第 321 页；满文见本册第 46 条第 201 页，本册第本册 96 条第 320-321 页） …… 321
36. （99）巴苏特部车臣洪太吉以告急兵丁贫乏、部众饥荒散亡众多事呈康熙帝奏文，康熙二十八年六月二十九日（蒙古文，第 322-323 页；满文见本册第 47 条第 202-203 页，本册第 98 条第 321-322 页） …… 322
※公文处理记录（满文） …… 323
37. （101）领侍卫内大臣一等公费扬古等疏报赈济喀尔喀米粮牲畜数目之奏文，康熙二十八年七月初三日（蒙古文，第 330-338 页；满文见本册第 100 条第 323-330 页，公文处理记录第 330 页） …… 330
※公文处理记录（满文） …… 338
38. （103）康熙帝立佟国维之女皇贵妃佟氏为皇后之敕谕，康熙二十八年七月（蒙古文，第 341-344 页；满文见本册第 102 条第 339-341 页） … 341
39. （105）喀尔喀车臣汗以喀尔喀内乱而未能朝觐事呈康熙帝奏文，康熙二十八年八月二十八日（蒙古文，第 345 页；满文见本册第 104 条第 344-345 页） …… 345
40. （107）喀尔喀额尔德尼阿海台吉等合疏奏请恢复进九白年贡之文，康熙二十八年八月二十八日（蒙古文，第 347-349 页；满文见本册第 106 条第 345-347 页） …… 347
※公文处理记录（满文） …… 349
41. （109）达赖喇嘛以受赐谢恩呈康熙帝奏文，康熙二十八年八月二十八日（蒙古文，第 354-358 页；满文见本册第 23 条第 107-110 页，本册第 108 条第 350-353 页） …… 354
42. （111）达赖喇嘛为允准恢复茶贸易谢恩之事呈康熙帝奏文，康熙二十八年八月二十八日（蒙古文，第 359-360 页；满文见本册第 24 条第 110-111 页，本册第 110 条第 358-359 页） …… 359
43. （113）达赖喇嘛为皇太后崩逝悼念念经之事呈康熙帝奏文，康熙二十八年八月二十八日（蒙古文，第 360 页；满文见本册第 25 条第 111 页，本册第 112 条第 360 页） …… 360

44. （115）达赖喇嘛进贡物品数目清单，康熙二十八年八月二十八日（蒙古文，第 361-362 页；满文见本册第 26 条第 111-112 页，本册第 114 条第 361 页） …… 361
45. （117）班禅胡土克图以受赏遣使谢恩奏文，康熙二十八年八月二十八日（蒙古文，第 365-368 页；满文见本册第 30 条第 120-122 页，本册第 116 条第 362-365 页） …… 365
46. （119）第巴以受赏遣使进贡请安奏文，康熙二十八年八月二十八日（蒙古文，第 371-372 页；满文见本册第 33 条第 125-127 页，本册第 118 条 第 368-371 页） …… 371
47. （121）厄鲁特达赖汗以遣使进贡请安奏文，康熙二十八年八月二十八日（蒙古文，第 374-375 页；满文见本册第 120 条第 372-373 页） …… 374
※公文处理记录（满文） …… 375
48. （123）喀尔喀土谢图汗以续至千余人不能供给米粮事呈康熙帝奏文，康熙二十八年九月十四日（蒙古文，第 378 页） …… 378
49. （125）喀尔喀土谢图汗以受赈济米粮呈康熙帝谢恩奏文，康熙二十八年九月十四日（蒙古文，第 379-380 页；满文见本册第 124 条 378-379 页） …… 379
50. （127）喀尔喀泽卜尊丹巴胡土克图以受赈济牲畜呈康熙帝谢恩奏文，康熙二十八年九月十四日（蒙古文，第 381-382 页；满文见本册第 126 条 380-381 页） …… 381
51. （129）喀尔喀西地西里台吉以受赈济牲畜呈康熙帝谢恩奏文，康熙二十八年九月十四日（蒙古文，第 382-383 页；满文见本册第 128 条 382-383 页） …… 382
※公文处理记录（蒙古文） …… 384
52. （131）康熙帝为皇后册谥号曰孝懿皇后之文，康熙二十八年九月二十二日（蒙古文，第 388-391 页；满文见本册第 130 条 385-388 页） …… 388
53. （133）厄鲁特罗卜桑额林臣以归降清朝并遣使请安之奏文，康熙二十八年九月二十七日（蒙古文，第 392 页；满文见本册第 132 条第 391-392 页） …… 392
※公文处理记录（满文） …… 393
54. （135）厄鲁特巴图尔额尔克济农以属部多被憨都台吉劫掠呈康熙帝奏文，康熙二十八年九月二十八日（蒙古文，第 399-404 页；满文见本册第 134 条第 394-399 页） …… 399

※公文处理记录（满文） …… 404
55. （137）康熙帝以将车臣汗旗下皆大台吉俱授为扎萨克，收集离散之众，分为旗队，并遣使教以法度之事给喀尔喀车臣汗之敕谕，康熙二十八年十月初六日（蒙古文，第408-412页；满文见本册第136条第405-408页） …… 408
56. （139）康熙帝以将车臣汗旗下皆大台吉俱授为扎萨克，并遣使教以法度，须信顺额尔克戴青谨守法度不能祸乱之敕谕，康熙二十八年十月初六日（蒙古文，第415-419页；满文见本册第138条第412-415页） …… 415
57. （141）康熙帝以将车臣汗旗下皆大台吉俱授为扎萨克，并遣使教以法度，须右翼白苏特察罕巴尔谨守法度不能祸乱之敕谕，康熙二十八年十月初六日（蒙古文，第422-426页；满文见本册第140条第419-422页） …… 422
※公文处理记录（蒙古文） …… 427
58. （143）喀尔喀扎萨克色冷阿海台吉以部众被噶尔丹伐，贫乏无力两年未能交付九白年贡，特遣使进蛇年九白年贡之奏文，康熙二十八年十月二十一日（蒙古文，第430-432页；满文见本册第142条第428-430页） …… 430
59. （145）喀尔喀盆楚克额尔德尼车臣济农等遣使以请内附入扎萨克事呈康熙帝奏文，康熙二十八年十月二十一日（蒙古文，第433-434页；满文见本册第144条第432-433页） …… 433
60. （147）喀尔喀伊拉古克三胡土克图诺颜以与厄鲁特征战穷困至极投奔清朝之奏文，康熙二十八年十月二十一日（蒙古文，第438-442页；满文见本册第146条第434-438页） …… 438
61. （149）喀尔喀伊拉古克三胡土克图以请迁至兄弟之居呈康熙帝奏文，康熙二十八年十月二十一日（蒙古文，第443-444页；满文见本册第148条第442-443页） …… 443
62. （151）喀尔喀永台吉以被噶尔丹军伐，兵丁困乏至极，特遣使归附清朝之奏文，康熙二十八年十月二十一日（蒙古文，第445页；满文见本册第150条第444-445页） …… 445
※公文处理记录（满文） …… 445
63. （153）喀尔喀额尔德尼扎萨克图汗以请设额尔德尼哈滩巴图尔为扎萨克事呈康熙帝奏文，康熙二十八年十一月初九日（蒙古文，第447-448页；满文见本册第152条第446-447页） …… 447
64. （155）喀尔喀土谢图汗以设额尔德尼哈滩巴图尔为扎萨克事随了扎萨克图汗之意呈康熙帝奏文，康熙二十八年十一月初九日（蒙古文，第448-449页；满文见本册第154条第448页） …… 448

65. （157）喀尔喀额尔德尼哈滩巴图尔以进九白年贡呈康熙帝奏文，康熙二十八年十一月初九日（蒙古文，第 450-451 页；满文见本册第 156 条第 449-450 页） …… 450
66. （159）喀尔喀额尔德尼戴青以被厄鲁特擒，后又放出而投奔清朝之奏文，康熙二十八年十一月初九日（蒙古文，第 452-453 页；满文见本册第 158 条第 451-452 页） …… 452
67. （161）喀尔喀白苏特车臣台吉以特遣亲弟向清朝求米粮之奏文，康熙二十八年十一月初九日（蒙古文，第 454-455 页；满文见本册第 160 条第 453-454 页） …… 454
※公文处理记录（满文） …… 455
68. （163）喀尔喀托特额尔德尼台吉以进九白年贡之事呈康熙帝奏文，康熙二十八年十一月初九日（蒙古文，第 456 页；满文见本册第 162 条第 455-456 页） …… 456
※公文处理记录（满文） …… 457
69. （165）喀尔喀昆都伦博硕克图以附清及遣使转告扎萨克图汗和得克得黑戴青台吉之事呈康熙帝奏文，康熙二十八年十一月十一日（蒙古文，第 460-463 页；满文见本册第 164 条第 457-460 页） …… 460
70. （167）喀尔喀昆都伦博硕克图以遣使转告之奏文，康熙二十八年十一月十一日（蒙古文，第 466-469 页；满文见本册第 166 条第 463-466 页） …… 466
※公文处理记录（满文） …… 469
71. （169）喀尔喀戴青诺颜额尔德尼阿海以厄鲁特与鄂罗斯兵两次被伐，所剩无几投奔清朝事呈康熙帝奏文，康熙二十八年十月 十五日（蒙古文，第 473-475 页；满文见本册第 168 条第 470-473 页） …… 473
72. （171）喀尔喀额尔克台吉以请给与赈济米粮事呈康熙帝奏文，康熙二十八年十月十五日（蒙古文，第 476-477 页；满文见本册第 170 条第 475-476 页） …… 476
73. （173）喀尔喀达尔罕台吉以遣使请给与赈济米粮事呈康熙帝奏文，康熙二十八年十月十五日（蒙古文，第 478 页；满文见本册第 172 条第 477-478 页） …… 478
74. （175）喀尔喀罗卜藏赛音台吉以遣使问安呈康熙帝奏文，康熙二十八年十月十五日（蒙古文，第 479-480 页；满文见本册第 174 条第 478-479 页） …… 479

75. （177）厄鲁特噶尔亶多尔济以因率兵前往救援喀尔喀而未能全部迁至罗卜臧滚卜游牧之地，且去年遭遇旱灾，难以迁移等事呈康熙帝奏文，康熙二十八年十月十五日（托特文，第 482–483 页；满文见本册第 176 条第 480–482 页）………………………………………… 482
※公文处理记录（满文）………………………………………… 483
76. （179）理藩院尚书阿喇尼等以抵厄鲁特噶尔丹之地颁敕书赏物及与噶尔丹谈话之详情呈康熙帝奏文，康熙二十八年十一月十八日（蒙古文，第 499–517 页；满文见本册第 178 条第 484–499 页）………… 499
※公文处理记录（满文）………………………………………… 517
77. （181）康熙帝遣使询问何以偏袒噶尔丹着明白回奏事给达赖喇嘛敕谕，康熙二十八年十一月二十七日（蒙古文，第 522–527 页；满文见本册第 27 条第 112–115 页，本册第 180 条第 518–522 页）………………… 522
78. （183）康熙帝以收到请安信回达赖喇嘛之敕谕，康熙二十八年十一月二十七日（蒙古文，第 529–530 页；满文见本册第 28 条 115–116 页，本册第 182 条第 527–529 页）………………………………………… 529
79. （185）康熙帝以收到请安信回班禅胡土克图之敕谕，康熙二十八年十一月二十七日（蒙古文，第 531–532 页；满文见本册第 31 条第 122–123 页，本册第 184 条第 530–531 页）……………………… 531
80. （187）康熙帝以收到请安信回厄鲁特达赖汗之敕谕，康熙二十八年十一月二十七日（蒙古文，第 533–534 页；满文见本册第 186 条第 532–533 页）………………………………………… 533
※公文处理记录（满文）………………………………………… 534
81. （189）喀尔喀土谢图汗以所部六千余人乏食，请赈济事呈康熙帝奏文，康熙二十八年十二月十七日（蒙古文，第 540–543 页；满文见本册第 188 条第 536–539 页）………………………………………… 540
※公文处理记录（满文）………………………………………… 543
82. （191）喀尔喀罗本锡呼图请驻牧于乌珠穆沁与科尔沁中间呈康熙帝奏文，康熙二十八年十二月二十四日（蒙古文，第 550–554 页；满文见本册第 190 条第 544–549 页）………………………………………… 550
※公文处理记录（满文）………………………………………… 554
※康熙二十九年档册………………………………………… 557
83. （198）噶尔丹所奏文书相关内容汇总，康熙二十九年（满文、页面文字有缺失，第 576–577 页）………………………………………… 576

第九册

※康熙二十九年档册 …… 1
1. （11）厄鲁特策妄阿喇布坦遣使奏报内部交恶详情奏文，康熙二十九年十二月二十七日（满文，第29-30页，亦见第十一册第221条第426-427页，第十一册第222条第427-428页） …… 29
2. （14）喀尔喀泽卜尊丹巴胡土克图遣使问安奏文，康熙二十九年正月初八月（蒙古文，第34-35页；满文见本册第13条第32-33页） …… 34
3. （16）喀尔喀察罕巴尔台吉以米粮将尽，请赈济事呈康熙帝奏文，康熙二十九年正月初八日（蒙古文，第38-41页；满文见本册第15条第36-38页） …… 38
※公文处理记录（满文） …… 41
4. （18）厄鲁特噶尔丹博硕克图汗为报泽卜尊丹巴胡土克图、土谢图汗违旨奏文，康熙二十九年正月十四日（托忒文，第42-43页；满文见本册第17条第42页，第五册第45条第442页，第八册第193条第558页） … 42
5. （20）喀尔喀西地西里巴图尔台吉以受赈而谢恩呈康熙帝奏文，康熙二十九年正月十四日（蒙古文，第44页；满文见本册第19条第43-44页） …… 44
6. （22）喀尔喀扎萨克台吉额尔德尼哈滩巴图尔滚占以授为扎萨克而谢恩并请赈济等事呈康熙帝奏文，康熙二十九年正月十四日（蒙古文，第46-47页；满文见本册第21条第44-46页） …… 46
7. （24）喀尔喀扎萨克车臣台吉吴日杨以授为扎萨克事呈康熙帝谢恩并请求赈济之奏文，康熙二十九年正月十四日（蒙古文，第48-49页；满文见本册第23条第47-48页） …… 48
※公文处理记录（满文） …… 49
8. （26）喀尔喀扎萨克戴青楚虎尔奔塔尔以授为扎萨克事呈康熙帝谢恩并请求赈济之奏文，康熙二十九年（蒙古文，第52-53页；满文见本册第25条第50-51页） …… 52

9. （28）喀尔喀信顺厄尔德尼伊尔登之子诺木齐岱青、额尔克阿海以未受赈济米粮事呈康熙帝奏文，康熙二十九年二月二十一日（蒙古文，第 54–55 页；满文见本册第 27 条第 53–54 页） …… 54
10. （30）喀尔喀策旺多尔济以请赈济米粮事呈康熙帝奏文，康熙二十九年二月二十一日（蒙古文，第 56 页；满文见本册第 29 条第 55–56 页） …… 56
11. （32）喀尔喀额尔德尼伊拉古克三罗卜藏掩音以未授扎萨克，也未受赈济等事呈康熙帝奏文，康熙二十九年二月二十一日（蒙古文，第 58–60 页；满文见本册第 31 条第 57–58 页） …… 58
※公文处理记录（满文） …… 60
12. （34）喀尔喀白苏特部墨尔根济农以进九白年贡并请赈恤恩养事呈康熙帝奏文，康熙二十九年二月二十八日（蒙古文，第 62–63 页；满文见本册第 33 条第 61–62 页） …… 62
※公文处理记录（满文） …… 63
13. （36）理藩院以领侍卫内大臣索额图等已与鄂罗斯来使费要多罗、额礼克谢议定边界线，请鄂罗斯属民尽快出界等事给尼布潮城守尉伊蘗之文，康熙二十九年三月初八日（蒙古文，第 65–67 页；满文见本册第 35 条第 64–65 页） …… 65
※公文处理记录（满文） …… 67
14. （38）巴素济隆林布臣滚楚克尼麻以授达赖喇嘛指意由青海出发路过厄鲁特边界，先见噶尔丹汗再来清朝事呈康熙帝奏文，康熙二十九年三月十一日（蒙古文，第 70–73 页；满文见本册第 37 条第 67–70 页） … 70
※公文处理记录（满文） …… 73
15. （40）喀尔喀扎萨克额尔德尼济农盆楚克等以未受赈济牲畜米粮事呈康熙帝奏文，康熙二十九年三月十八日（蒙古文，第 75–77 页；满文见本册第 39 条第 74–75 页） …… 75
16. （42）喀尔喀伊尔登诺颜以穷困至极而请赈济米粮事呈康熙帝奏，康熙二十九年三月十八日（蒙古文，第 77–78 页；满文见本册第 41 条第 77 页） …… 77
※公文处理记录（满文） …… 78
17. （44）喀尔喀车臣汗以属部阿霸哈纳尔被分三份而不满呈康熙帝奏文，康熙二十九年三月三十日（蒙古文，第 81–83 页；满文见本册第 43 条第 79–81 页） …… 81
18. （46）喀尔喀扎萨克额尔德尼阿海台吉以请继兄进九白年贡之奏文，康熙二十九年三月三十日（蒙古文，第 84–86 页；满文见本册第 45 条第 83–84 页） …… 84

19.（48）喀尔喀扎萨克敖巴额尔克阿海台吉以所属穷困台吉、苏木穷丁、喇嘛人数告知康熙帝之奏文，康熙二十九年三月三十日（蒙古文，第107-126页；满文见本册第47条第86-107页）…… 107
※公文处理记录（满文）…… 126
20.（50）康熙帝遣使以厄鲁特内部交恶事由明告所遣使臣事给策妄阿喇布坦敕谕，康熙二十九年四月初三日（蒙古文，第128-129页，亦见第十一册第214条第404-405页；满文见本册第10条第27-28页，本册第49条第127-128页，第十一册第213条第403-404页，第十一册第235条第454-455页）…… 128
※公文处理记录（满文）…… 129
21.（52）喀尔喀墨尔根戴青台吉以屡奏授为扎萨克而未允事呈康熙帝奏文，康熙二十九年四月十二日（蒙古文，第132-134页；满文见本册第51条第130-132页）…… 132
※公文处理记录（满文）…… 134
22.（54）喀尔喀右翼额尔克阿海陈述喀尔喀厄鲁特破裂缘由及其归附清朝事呈康熙帝奏文，康熙二十九年四月二十日（蒙古文，第137-139页；满文见本册第53条第135-137页）…… 137
23.（56）喀尔喀达喇玛希礼以陈述喀尔喀厄鲁特破裂缘由及其右翼编为鄂托克之事呈康熙帝奏文，康熙二十九年四月二十日（蒙古文，第141-144页；满文见本册第55条第139-141页）…… 141
24.（58）喀尔喀达喇玛希礼以请赐赈济米粮事呈康熙帝奏文，康熙二十九年（蒙古文，第144-145页；满文见本册第57条第144页）…… 144
25.（60）喀尔喀达喇玛希礼诺颜长子额尔克戴沁奏请恩赐之文，康熙二十九年（蒙古文，第146页；满文见本册第59条第145页）…… 146
26.（62）喀尔喀扎萨克察罕巴尔诺颜以请赈济银粮事呈康熙帝奏文，康熙二十九年（蒙古文，第147-148页；满文见本册第61条第146-147页）…… 147
27.（64）喀尔喀阿喇布坦那木吉勒奏请恩赐之文，康熙二十九年（蒙古文，第150页；满文见本册第63条第149页）…… 150
28.（66）喀尔喀戴青和硕齐阿尔斯兰奏请赈济米粮事呈康熙帝奏文，康熙二十九年（蒙古文，第152-153页；满文见本册第65条第150-151页）…… 152
29.（68）喀尔喀伊拉古克三拉木扎木巴胡土克图以遣使向达赖喇嘛告知喀尔喀与厄鲁特破裂及奏请敕书等事呈康熙帝奏文，康熙二十九年四月二十日（蒙古文，第155-156页；满文见本册第67条第153-155页）…… 155

※公文处理记录（满文） …………………………………………………………… 156
30.（70）喀尔喀达喇玛希礼之子诺尔布班第以尽力报效清朝事呈康熙帝奏文，康熙二十九年四月二十五日（蒙古文，第 160-162 页；满文见本册第 69 条第 157-159 页） …………………………………………… 160
※公文处理记录（满文） …………………………………………………………… 162
31.（72）喀尔喀信顺额尔克戴青诺颜以所属牲畜多次被厄鲁特巴图尔济农抢掠，乞求赈济事呈康熙帝奏文，康熙二十九年五月初三日（蒙古文，第 171-177 页；满文见本册第 71 条第 163-171 页） ………… 171
32.（74）喀尔喀扎萨克奔塔尔戴青楚虎尔诺颜以请赈济米粮事呈康熙帝奏文，康熙二十九年五月初三日（蒙古文，第 178-179 页；满文见本册第 73 条第 177-178 页） ………………………………………………… 178
33.（76）喀尔喀吴格顾齐杜楞阿海为继父授为扎萨克事呈康熙帝奏文，康熙二十九年五月初三日（蒙古文，第 180-181 页；满文见本册第 75 条第 179-180 页） …………………………………………………… 180
34.（78）喀尔喀白苏特部滚布扎布台吉以请赈济米粮并后增人丁另设苏木事呈康熙帝奏文，康熙二十九年五月初三日（蒙古文，第 184-187 页；满文见本册第 77 条第 182-184 页） ……………………………… 184
35.（80）喀尔喀咱雅班第达胡土克图以其未能按照达赖喇嘛旨意赴藏缘由及人马贫乏请恩赐等事呈康熙帝奏文，康熙二十九年五月初三日（蒙古文，第 190-192 页；满文见本册第 79 条第 187-190 页） ………… 190
※公文处理记录（满文） …………………………………………………………… 192
36.（82）喀尔喀泽卜尊丹巴胡土克图以呼和浩特缺食穷困人等来归，喀尔喀更加穷困，请康熙帝赈恤恩养之文，康熙二十九年六月十九日（蒙古文，第 194-195 页；满文见本册第 81 条第 193-194 页） …………………… 194
37.（84）喀尔喀伊尔登台吉以附清并请赈济银粮事呈康熙帝奏文，康熙二十九年六月十九日（蒙古文，第 200-205 页；满文见本册第 83 条第 195-200 页） ………………………………………………………… 200
38.（86）喀尔喀伊拉古克三胡土克图等以墨尔根济农未能全部归还属人事呈康熙帝奏文，康熙二十九年六月十九日（蒙古文，第 207-210 页；满文见本册第 85 条第 205-207 页） …………………………………… 207
※公文处理记录（满文） …………………………………………………………… 210
39.（88）喀尔喀额尔德尼台吉以其弟彭楚克台吉人畜及清朝所赐印敕、达赖喇嘛所赐文书等被抢，贫困至极，请赐赈济米粮事呈康熙帝奏文，康熙二十九年六月十九日（蒙古文，第 212-214 页；满文见本册第 87 条第 211-212 页） …………………………………………………… 212

40. （90）喀尔喀噶勒丹胡土克图以归附清朝事呈康熙帝奏文，康熙二十九年六月十九日（蒙古文，第214-215页；满文见本册第89条第214页） …… 214

※公文处理记录（满文） …… 214

41. （92）康熙帝著归还所掠乌珠穆沁人畜并奏明抢掠缘由给厄鲁特噶尔丹敕谕，康熙二十九年六月二十五日（蒙古文，第218-222页；满文见本册第91条第216-218页，第八册第194条第558-563页，第五册第46条第442-446页） …… 218

※公文处理记录（满文） …… 222

42. （94）康熙帝以罢兵息战事给噶尔丹敕谕，康熙二十九年六月二十九日（蒙古文，第224-225页；满文见本册第93条第223-224页） …… 224

※公文处理记录（满文） …… 225

43. （96）喀尔喀阿霸哈纳部额尔克朝克图台吉以属民被土谢图汗、西地西里属下抢掠而侍卫未给上报等事呈康熙帝奏文，康熙二十九年七月初四日（蒙古文，第228-229页；满文见本册第95条第226-228页） …… 228

44. （98）喀尔喀西地西里台吉以四千六百余人乏食，请赈济米粮事呈康熙帝奏文，康熙二十九年七月初四日（蒙古文，第230-231页；满文见本册第97条第229-230页） …… 230

※公文处理记录（满文） …… 230

45. （100）济隆胡土克图以自己与清朝前往准噶尔使臣伊拉古克三胡土克图、商南多尔济等会谈土谢图汗、泽卜尊丹巴胡土克图去留详情之事呈康熙帝奏文，康熙二十九年七月十一日（蒙古文，第235-239页；满文见本册第99条第231-234页） …… 235

※公文处理记录（满文） …… 239

46. （102）康熙帝为闯入汛界抢掠并驻兵乌尔会河遣裕亲王等定议事给噶尔丹敕谕，康熙二十九年七月十三日（蒙古文，第244-248页；满文见本册第101条第240-244页，第八册第195条第563-569页，第五册第47条第446-451页） …… 244

※公文处理记录（满文） …… 248

47. （104）康熙帝令率兵出界而居不得再犯喀尔喀妄行劫掠给厄鲁特噶尔丹敕谕，康熙二十九年八月十八日（蒙古文，第253-257页；满文见本册第103条第249-252页，第五册第48条第451-456页，第八册第196条第569-574页） …… 253

※公文处理记录（满文） …… 257
48.（106）喀尔喀额尔德尼济农、彭楚克拉布坦台吉以请赈济并入边无需上奏等事呈康熙帝奏文，康熙二十九年九月初五日（蒙古文，第 260–262 页；满文见本册第 105 条第 258–260 页） …… 260
49.（108）喀尔喀白苏特部扎萨克车臣台吉以穷困至极，暂且无法收回散驻属民之事呈康熙帝奏文，康熙二十九年九月初五日（蒙古文，第 264–266 页；满文见本册第 107 条第 262–264 页） …… 264
50.（110）喀尔喀扎萨克吴巴锡哈滩巴图尔以争战始属众散驻各城，暂且无条件收回并请赐墨尔根济农所属厄尔吉根之地残留部众等事呈康熙帝奏文，康熙二十九年九月初五日（蒙古文，第 267–269 页；满文见本册第 109 条第 266–267 页） …… 267
51.（112）喀尔喀扎萨克窝巴西哈滩巴图尔以乏食而饿死之情呈康熙帝奏文，康熙二十九年九月初五日（蒙古文，第 269–270 页；满文见本册第 111 条第 269 页） …… 269
52.（114）喀尔喀吴格顾齐杜楞阿海为任命扎萨克之事呈康熙帝奏文，康熙二十九年九月初五日（蒙古文，第 272–275 页；满文见本册第 113 条第 270–272 页） …… 272
53.（116）喀尔喀吴格顾齐杜楞阿海以属众被都棱阿海所抢及请赐赈济米粮等事呈康熙帝奏文，康熙二十九年九月初五日（蒙古文，第 275–276 页；满文见本册第 115 条第 274–275 页） …… 275
54.（118）喀尔喀旺吉拉台吉以无法回归故土并归附清朝之事呈康熙帝奏文，康熙二十九年九月初五日（蒙古文，第 277–278 页；满文见本册第 117 条第 276–277 页） …… 277
55.（120）喀尔喀旺吉拉台吉以请赈济银粮之事呈康熙帝奏文，康熙二十九年九月初五日（蒙古文，第 278–279 页；满文见本册第 119 条第 278–279 页） …… 278
56.（122）喀尔喀和硕齐诺颜以请赈济米粮之事呈康熙帝奏文，康熙二十九年九月初五日（蒙古文，第 280–281 页；满文见本册第 121 条第 279–280 页） …… 280
57.（124）喀尔喀额尔德尼托音台吉以请赈济米粮之事呈康熙帝奏文，康熙二十九年九月初五日（蒙古文，第 282–283 页；满文见本册第 123 条第 281–282 页） …… 282
※公文处理记录（满文） …… 283
58.（126）信顺额尔克戴青诺颜为讨回逃人之事呈康熙帝奏文，康熙二十九年十月十八日（蒙古文，第 286–287 页；满文见本册第 125 条第 284–286 页） …… 286

59. （128）喀尔喀额尔克阿海拓巴为继其父戴青楚虎尔之功并问安等事呈康熙帝奏文，康熙二十九年十月十八日（蒙古文，第 289–290 页；满文见本册第 127 条第 288 页）…… 289
60. （130）喀尔喀额尔克阿海拓巴以未受赈济，属民已穷困至极之事呈康熙帝奏文，康熙二十九年十月十八日（蒙古文，第 291–292 页；满文见本册第 129 条第 290–291 页）…… 291
※公文处理记录（满文）…… 292
61. （132）喀尔喀土谢图汗为亲自进宫问安之事呈康熙帝奏文，康熙二十九年十月十九日（蒙古文，第 296–298 页；满文见本册第 131 条第 293–295 页）…… 296
62. （134）喀尔喀多尔济冰图戴青台吉以请赈济米粮之事呈康熙帝奏文，康熙二十九年十月十九日（蒙古文，第 299 页；满文见本册第 133 条第 298 页）…… 299
※公文处理记录（满文）…… 299
63. （136）达赖喇嘛为康熙帝请满珠习礼号之事呈康熙帝奏文，康熙二十九年十一月十日（蒙古文，第 303–305 页；满文见本册第 2 条第 3–5 页，第 135 条第 300–303 页）…… 303
64. （138）达赖喇嘛为问安进献方物呈康熙帝奏文，康熙二十九年十一月十日（蒙古文，第 310–315 页；满文见本册第 3 条第 6–10 页，第 137 条第 306–310 页）…… 310
65. （140）达赖喇嘛为康熙帝请号进献方物清单，康熙二十九年十一月十日（蒙古文，第 317–318 页；满文见本册第 4 条第 11 页，第 139 条第 315–316 页）…… 317
66. （142）达赖喇嘛为问安进献物清单，康熙二十九年十一月十日（蒙古文，第 318–319 页；满文见本册第 5 条第 12 页，第 141 条第 318 页）…… 318
67. （144）第巴为喀尔喀、厄鲁特和好之事遣使转告康熙帝之文，康熙二十九年十一月十日（蒙古文，第 321–322 页；满文见本册第 8 条第 23–24 页，第 143 条第 319–321 页）…… 321
68. （146）第巴进献方物清单，康熙二十九年十一月十日（蒙古文，第 323 页；满文见本册第 9 条第 25–26 页，第 145 条第 322 页）…… 323
※公文处理记录（满文）…… 323
69. （148）厄鲁特噶尔丹以收悉清朝使臣所转告政教有利之事呈康熙帝奏文，康熙二十九年十一月十三日（托忒文，第 326–328 页；满文见本册第 147 条第 324–326 页）…… 326

70. （150）厄鲁特噶尔丹博硕克图汗为请赐白银事呈康熙帝奏文，康熙二十九年十一月十三日（托忒文，第 329 页；满文见本册第 149 条第 328–329 页，第八册第 197 条第 574–575 页） …… 329
※公文处理记录（满文） …… 329
71. （152）班禅胡土克图为问安事进献方物之文，康熙二十九年十一月二十日（蒙古文，第 334–337 页；满文见本册第 7 条第 19–22 页，本册第 151 条第 330–333 页） …… 334
※公文处理记录（满文） …… 337
72. （154）喀尔喀白苏特扎萨克墨尔根济农以请敕文并收回散驻部众及请赈济牲畜银粮之事呈康熙帝奏文，康熙二十九年十一月十六日（蒙古文，第 340–341 页；满文见本册第 153 条第 338–340 页） …… 340
73. （156）喀尔喀墨尔根济农为其兄不还属民之事呈康熙帝奏文，康熙二十九年十一月十六日（蒙古文，第 345–348 页；满文见本册第 155 条第 341–345 页） …… 345
74. （158）喀尔喀墨尔根济农为进边经商事请敕文并鄂尔多斯未全部归还所抢马匹等事呈康熙帝奏文，康熙二十九年十一月十六日（蒙古文，第 349–350 页；满文见本册第 157 条第 348–349 页） …… 349
75. （160）喀尔喀墨尔根济农为夺回被罗卜藏林沁及巴图尔济农所抢人畜之事呈康熙帝奏文，康熙二十九年十一月十六日（蒙古文，第 351–352 页；满文见本册第 159 条第 351 页） …… 351
76. （162）喀尔喀达赖济农以属民被噶尔丹抢掠及接管翁牛特、布日特两千户余人等事呈康熙帝奏文，康熙二十九年十一月十六日（蒙古文，第 354–356 页；满文见本册第 161 条第 352–354 页） …… 354
77. （164）喀尔喀额尔德尼济农为属民穷饿之情呈康熙帝奏文，康熙二十九年十一月十六日（蒙古文，第 357–358 页；满文见本册第 163 条第 356–357 页） …… 357
78. （166）喀尔喀额尔德尼戴青为请赈济米粮事呈康熙帝奏文，康熙二十九年十一月十六日（蒙古文，第 358–359 页；满文见本册第 165 条第 358 页） …… 358
※公文处理记录（满文） …… 359
79. （168）康熙帝以噶尔丹若背誓进边必将讨伐之事给达赖喇嘛敕谕，康熙二十九年十一月二十六日（蒙古文，第 366–373 页；满文见本册第 6 条第 13–18 页，第 167 条第 360–366 页） …… 366

※公文处理记录（满文） …… 373
80. （170）厄鲁特察罕以附清之事呈康熙帝奏文，康熙二十九年十一月初二日（蒙古文，第 375-376 页；满文见本册第 169 条第 374-375 页） …… 375
81. （172）厄鲁特策零多尔济以其附清及万户余人亦愿意附清等事呈康熙帝奏文，康熙二十九年十一月初二日（蒙古文，第 378-379 页；满文见本册第 171 条第 377-378 页） …… 378
82. （174）厄鲁特乌力根为附清之事呈康熙帝奏文，康熙二十九年十一月初二日（托忒文，第 381-383 页；满文见本册第 173 条第 379-381 页） …… 381
83. （176）厄鲁特喇布滩为附清之事呈康熙帝奏文，康熙二十九年十一月初二日（蒙古文，第 385-387 页；满文见本册第 175 条第 383-385 页） …… 385
※公文处理记录（满文） …… 387
84. （178）喀尔喀扎萨克察罕巴尔为请赈济米粮事呈康熙帝奏文，康熙二十九年十一月初六日（蒙古文，第 390-392 页；满文见本册第 177 条第 388-390 页） …… 390
85. （180）喀尔喀扎萨克额尔德尼卫徵诺颜阿玉锡为请赈济米粮事呈康熙帝奏文，康熙二十九年十一月初六日（蒙古文，第 394-396 页；满文见本册第 179 条第 392-394 页） …… 394
86. （182）喀尔喀多噶尔台吉转告战绩之文，康熙二十九年十一月初六日（蒙古文，第 398-400 页；满文见本册第 181 条第 396-398 页） …… 398
※公文处理记录（满文） …… 400
87. （184）厄鲁特阿奴以内部交恶缘由事呈康熙帝奏文，康熙二十九年（托忒文，第 403-404 页，页面文字有缺失，满文见本册第 183 条第 401-403 页） …… 403
※康熙三十年档册 …… 405
88. （187）达赖喇嘛以西藏工匠不知镶色，请遣三名工匠之事呈康熙帝奏文，康熙三十年（蒙古文，第 407-409 页；满文见本册第 186 条第 405-406 页） …… 407
89. （189）喀尔喀达西秉图台吉以未受赈济米粮之事呈康熙帝奏文，康熙三十年（蒙古文，第 410-411 页；满文见本册第 188 条第 409-410 页） …… 410
90. （191）喀尔喀额尔克台吉以穷饿至极之事呈康熙帝奏文，康熙三十年（蒙古文，第 413-414 页；满文见本册第 190 条第 411-412 页） …… 413

91. （193）喀尔喀额尔德尼戴沁台吉以请赈济米粮之事呈康熙帝奏文，康熙三十年（蒙古文，第 416–417 页；满文见本册第 192 条第 414–415 页） …… 416
92. （195）喀尔喀达尔罕台吉以米粮已尽，急需赈济之事呈康熙帝奏文，康熙三十年（蒙古文，第 419–421 页；满文见本册第 194 条第 417–419 页） …… 419
93. （197）厄鲁特巴图尔济农为憨都台吉、色楞扎木苏抢掠边界之事呈康熙帝奏文，康熙三十年（蒙古文，第 425–429 页；满文见本册第 196 条第 422–425 页） …… 425
94. （199）厄鲁特噶尔亶多尔济以四百余属民散失驻扎而无法管束及欲追讨喇布扎克等六名逃犯之事呈康熙帝奏文，康熙三十年（蒙古文，第 431–432 页；满文见本册第 198 条第 429–431 页） …… 431
95. （201）喀尔喀土谢图汗为讨回使臣被抢之物及请赐入呼和浩特之印敕等事呈康熙帝奏文，康熙三十年（蒙古文，第 435–436 页；满文见本册第 200 条第 433–434 页） …… 435
96. （203）彻旺扎布台吉以窝巴西塔布囊掠夺人畜而不归还之事呈康熙帝奏文，康熙三十年（蒙古文，第 438–440 页；满文见本册第 202 条第 437–438 页） …… 438
97. （205）扎萨克图车臣汗之子彻旺扎布台吉以请赐赈济人畜之事呈康熙帝奏文，康熙三十年（蒙古文，第 446–452 页；满文见本册第 204 条第 440–446 页） …… 446
98. （207）喀尔喀彻旺扎布台吉以额尔德尼扎萨克图车臣汗恩赐车布丹的部众之外，其余部众名称转告呈康熙帝之奏文，康熙三十年（蒙古文，第 455–458 页；满文见本册第 206 条第 452–455 页） …… 455
99. （209）喀尔喀达尔玛希礼诺颜为讨回戴沁诺颜所抢属民事呈康熙帝奏文，康熙三十年（蒙古文，第 460–462 页；满文见本册第 208 条第 458–460 页） …… 460
100. （211）喀尔喀达尔玛希礼诺颜遣长子额尔克戴沁呈康熙帝问安奏文，康熙三十年（蒙古文，第 464–465 页；满文见本册第 210 条第 463–464 页） …… 464
101. （213）喀尔喀达尔玛希礼诺颜卓特巴以请赈济米粮之事呈康熙帝奏文，康熙三十年（蒙古文，第 470–474 页；满文见本册第 212 条第 465–470 页） …… 470
102. （215）喀尔喀阿喇布滩台吉以其父被杀及从呼和浩特运来之物被抢等事呈康熙帝奏文，康熙三十年正月二十一日（蒙古文，第 477–479 页；满文见本册第 214 条第 475–477 页） …… 477

※公文处理记录（满文）…… 479
103. （217）喀尔喀额尔克阿海台吉以请恩赐之事呈康熙帝奏文，康熙三十年（蒙古文，第 482-485 页；满文见本册第 216 条第 480-482 页）…… 482
104. （219）喀尔喀额尔克阿海台吉为问安并不能进贡之事呈康熙帝奏文，康熙三十年（蒙古文，第 487-489 页；满文见本册第 218 条第 485-487 页）…… 487
105. （221）喀尔喀额尔克阿海为收养并赈济郭尔罗斯之事呈康熙帝奏文，康熙三十年（蒙古文，第 491-493 页；满文见本册第 220 条第 489-491 页）…… 491
106. （223）喀尔喀额尔德尼台吉为替彭楚克进九白年贡之事呈康熙帝奏文，康熙三十年（蒙古文，第 496-499 页；满文见本册第 222 条第 493-496 页）…… 496
107. （225）喀尔喀额尔德尼台吉以未受赈济米粮及人畜被抢等事呈康熙帝奏文，康熙三十年（蒙古文，第 502-504 页；满文见本册第 224 条第 499-502 页）…… 502
108. （227）喀尔喀阿喇布滩那木吉拉为求赈济米粮事呈康熙帝奏文，康熙三十年（蒙古文，第 505-507 页；满文见本册第 226 条第 504-505 页）…… 505
109. （229）喀尔喀阿喇布滩那木吉拉台吉为单独进贡之事呈康熙帝奏文，康熙三十年（蒙古文，第 514-522 页；满文见本册第 228 条第 507-514 页）…… 514
110. （231）喀尔喀额尔德尼伊拉古克三胡土克图为遣使进献方物之事呈康熙帝奏文，康熙三十年正月二十一日（蒙古文，第 525-526 页；满文见本册第 230 条第 523-525 页）…… 525
※公文处理记录（满文）…… 527
111. （233）康熙帝赏赐噶尔丹并劝其归附之敕谕，康熙三十年二月十七（蒙古文，第 533-540 页；满文见本册第 232 条第 527-533 页，第五册第 50 条第 458-461 页）…… 533
※公文处理记录（满文）…… 540
112. （235）喀尔喀西地西里台吉以其子罗布藏旺楚克与噶尔亶台吉一同前往清朝问安而途中身亡之事呈康熙帝奏文，康熙三十年（蒙古文，第 544-548 页；满文见本册第 234 条第 541-544 页）…… 544
113. （237）喀尔喀伊拉古克三胡土克图诺颜以自己有功却身为喇嘛胡土克图而未能授扎萨克及请赈济牲畜等事呈康熙帝奏文，康熙三十年（蒙古文，第 557-566 页；满文见本册第 236 条第 548-557 页）…… 557

114.（239）喀尔喀额尔古达克额尔德尼戴青以部众都被善巴戴青所抢掠及请赈济米粮事呈康熙帝奏文，康熙三十年二月二十二日（蒙古文，第571-575页；满文见本册第238条第566-571页）…………………… 571
※公文处理记录（满文）………………………………………………………………… 575
115.（241）喀尔喀昆都伦博硕克图衮布诺颜为请赈济牲畜米粮事呈康熙帝奏文，康熙三十年二月二十一日（蒙古文，第590-603页；满文见本册第240条第576-590页）………………………………………………… 590
※公文处理记录（满文）………………………………………………………………… 603

第十册

※康熙三十二年档册 …… 1
1. （3）巴图尔额尔克济农为自己不断受宽宥谢恩及贫困等事呈康熙帝奏文，康熙三十一年十二月三十日（蒙古文，第 6-7 页；满文见本册第 2 条第 3-4 页） …… 6
※公文处理记录（蒙古文） …… 7
2. （5）巴图尔济农为查归散失之众请赐令事呈康熙帝奏文，康熙三十二年正月二十日（蒙古文，第 10-11 页；满文见本册第 4 条第 8-10 页，公文处理记录第 10 页 ） …… 10
※公文处理记录（蒙古文） …… 11
3. （7）达赖喇嘛为问安事呈康熙帝奏文，康熙三十二年正月二十七日（蒙古文，第 18-22 页；满文见本册第 6 条第 12-16 页，公文处理记录第 16-17 页，第 53 条第 314-318 页，公文处理记录第 318 页） …… 18
※公文处理记录（蒙古文） …… 22
4. （9）达赖喇嘛以未能劝和喀尔喀、厄鲁特而请求宽宥，安置巴图尔额尔克济农于青海能保不乱，未向打箭炉等地遣发蒙古兵等事呈康熙帝奏文，康熙三十二年正月二十七日（蒙古文，第 28-32 页；满文见本册第 8 条第 23-27 页，公文处理记录第 27 页，本册第 54 条第 319-322 页，公文处理记录第 322-323 页） …… 28
※公文处理记录（蒙古文） …… 32
5. （11）达赖喇嘛进献方物清单，康熙三十二年正月二十七日（蒙古文，第 35-36 页；满文见本册第 10 条第 33-34 页，公文处理记录第 34-35 页，本册第 55 条第 324 页，公文处理记录第 324-325 页） …… 35
※公文处理记录（蒙古文） …… 36
6. （13）班禅胡土克图为问安事呈康熙帝奏文，康熙三十二年正月二十七日（蒙古文，第 41-43 页；满文见本册第 12 条第 37-40 页，公文处理记录第 40-41 页，本册第 61 条第 357-360 页，公文处理记录第 360 页） …… 41

※公文处理记录（蒙古文） …… 43
7. （15）执教达赖汗表示对喀尔喀、厄鲁特之乱中立及信奉达赖喇嘛教法等呈康熙帝奏文，康熙三十二年正月二十七日（蒙古文，第48-50页；满文见本册第14条第45-47页，公文处理记录第47-48页） …… 48
※公文处理记录（蒙古文） …… 50
8. （17）第巴为问安事呈康熙帝奏文，康熙三十二年正月二十七日（蒙古文，第53-54页；满文见本册第16条第51-52页，公文处理记录第52-53页，本册第64条第367-368页，公文处理记录第368-369页） …… 53
※公文处理记录（蒙古文） …… 55
9. （19）康熙帝以收到马迪途中被害消息给策妄阿喇布坦敕谕，康熙三十二年二月十二日（蒙古文，第58-59页，亦见第十一册第218条第412-413页；满文见本册第18条第56-57页，公文处理记录第57页，本册第67条第401-402页，公文处理记录第402页，第十一册第217条第411-412页，第十一册第237条第458-459页） …… 58
※公文处理记录（蒙古文） …… 59
10. （21）厄鲁特噶尔丹申复与喀尔喀纷争使臣马迪被杀等情由奏文，康熙三十二年四月十八日（托忒文，第70-78页；满文见本册第20条第60-69页，公文处理记录第69-70页，本册第46条第250-263页，公文处理记录第263-265页，第五册第54条第479-490页，公文处理记录第490-491页） …… 70
11. （23）康熙帝以噶尔丹虽背誓杀害使臣及索要喀尔喀，但穷迫来降亦恩养事给达赖喇嘛敕谕，康熙三十二年五月初二日（蒙古文，第97-112页；满文见本册第22条第80-95页，公文处理记录第95-97页，本册第56条第326-338页，公文处理记录第338-339页） …… 97
※公文处理记录（蒙古文） …… 112
12. （25）康熙帝以治罪济隆胡土克图及准许巴图尔济农等遣到青海驻牧，打箭炉地方无需驻兵，遣送尼麻唐胡土克图等事给达赖喇嘛敕谕，康熙三十二年五月初二日（蒙古文，第118-122页；满文见本册第24条第114-117页，公文处理记录第117-118页，本册第57条第340-344页，公文处理记录第344-345页） …… 118
※公文处理记录（蒙古文） …… 123
13. （27）康熙帝致达赖喇嘛问安敕谕，康熙三十二年五月初二日（蒙古文，第126-127页；满文见本册第26条第124-125页，公文处理记录第125-126页，本册第58条第346-347页，公文处理记录第347-348页） …… 126

※公文处理记录（蒙古文）…… 127
14.（29）康熙帝致班禅胡土克图问安敕谕，康熙三十二年五月初二日（蒙古文，第 130-131 页；满文见本册第 28 条第 128-129 页，公文处理记录第 129-130 页，本册第 62 条第 361 页，公文处理记录第 361-362 页）…… 130
※公文处理记录（蒙古文）…… 131
15.（31）康熙帝致执教达赖汗问安敕谕，康熙三十二年五月初二日（蒙古文，第 134-136 页；满文见本册第 30 条第 132-133 页，公文处理记录第 133-134 页）…… 134
※公文处理记录（蒙古文）…… 136
16.（33）康熙帝以每年都有敕书赏赐事给第巴敕谕，康熙三十二年五月初二日（蒙古文，第 139 页；满文见本册第 32 条第 137-138 页，公文处理记录第 137-138 页）…… 139
※公文处理记录（蒙古文）…… 139
17.（35）康熙帝著查拿害死马迪之人治罪并不得违誓侵犯青海地方等事给噶尔丹敕谕，康熙三十二年五月初二日（蒙古文，第 153-166 页；满文见本册第 34 条第 142-151 页，公文处理记录第 151-152 页，本册第 47 条第 266-277 页，公文处理记录第 277-278 页，第五册第 55 条第 492-501 页）…… 153
※公文处理记录（蒙古文）…… 166
18.（37）班禅胡土克图以收悉噶尔丹违达赖喇嘛之教背弃誓言等事呈康熙帝奏文，康熙三十二年九月二十七日（蒙古文，第 172-176 页；满文见本册第 36 条第 167-171 页，公文处理记录第 171-172 页，本册第 63 条第 363-365 页，公文处理记录第 365-366 页）…… 172
※公文处理记录（蒙古文）…… 176
19.（39）达赖喇嘛以受赏谢恩并请敕书事呈康熙帝奏文，康熙三十二年九月初八日（蒙古文，第 182-187 页；满文见本册第 38 条第 177-181 页，公文处理记录第 181-182 页，第 59 条第 349-352 页，公文处理记录第 352 页）…… 182
※公文处理记录（蒙古文）…… 187
20.（41）达赖喇嘛以收悉伊锡格隆所传口谕及自己已年迈，国事大半第巴做主等事呈康熙帝奏文，康熙三十二年九月初八日（蒙古文，第 192-196 页；满文见本册第 40 条第 188-191 页，公文处理记录第 191-192 页，本册第 60 条第 353-355 页，公文处理记录第 355-356 页）…… 192

※公文处理记录（蒙古文）………………………………………………………… 196
21.（43）第巴以收悉伊锡格隆所传口谕并问安事呈康熙帝奏文，康熙三十二年九月初八日（蒙古文，第 201-204 页；满文见本册第 42 条第 197-200 页，公文处理记录第 200-201 页，本册第 65 条第 370-372 页，公文处理记录第 372-373 页）………………………… 201
※公文处理记录（蒙古文）………………………………………………………… 204
22.（44）康熙帝以封第巴为掌瓦赤喇呾喇达赖喇嘛教弘宣佛法王布忒达阿白迪及赐金印之事给第巴敕谕，康熙三十二年十二月初四日（满文，第 210-248 页，亦见本册第 51 条第 287-312 页，第 66 条第 374-396 页，亦见本册第 403-405 页，缺页）………………………………………… 210
※康熙三十二年档册……………………………………………………………… 279
23.（50）第巴以请敕书事呈康熙帝奏文，康熙三十二年九月初八日（蒙古文，第 283-286 页；满文见本册第 49 条第 280-282 页，公文处理记录第 182-183 页）………………………………………………………………… 283
※康熙三十年档册………………………………………………………………… 406
24.（70）康熙帝为勿收留噶尔丹事给执教达赖汗敕谕，康熙三十年闰七月二十一日（蒙古文，第 410-412 页；满文见本册第 69 条第 407-409 页，公文处理记录第 409 页）……………………………………………………… 410
25.（72）厄鲁特巴图尔额尔克济农以仍驻牧阿拉善事呈康熙帝奏文，康熙三十一年三月二十七日（蒙古文，第 415-417 页；满文见本册第 71 条第 412-414 页，公文处理记录第 415 页 ）……………………………… 415
26.（74）厄鲁特巴图尔额尔克济农以长子巴图去世，为其赴藏诵经事呈康熙帝奏文，康熙二十八年九月二十八日（蒙古文，第 424-429 页；满文见本册第 73 条第 418-423 页，公文处理记录第 423 页 ）………… 424
27.（75）巴图尔额尔克济农以兵援喀尔喀事给泽卜尊丹巴的信，康熙三十年（满文，缺页，第 429-430 页）………………………………………………… 429
28.（77）康熙帝以第巴违达赖喇嘛之教煽惑噶尔丹事给执教达赖汗敕谕，康熙三十五年八月初八日（蒙古文，缺页，第 434-436 页；满文见本册第 76 条第 431-433 页，公文处理记录第 433-434 页）………………… 434
※康熙三十三年噶尔丹事档册…………………………………………………… 437
29.（81）噶尔丹誓书译文，康熙三十三年（满文，第 461-462 页，亦见第五册第 58 条第 521-522 页）………………………………………………… 461
※康熙三十三年至三十八年间给达赖喇嘛敕谕档册…………………………… 463
30.（101）布特达阿卜地王进献方物清单，康熙三十三年十一月十七日（满文，第 519 页）

※公文处理记录（满文）……………………………………………………… 519
31.（102）布特达阿卜地王进献方物之文，康熙三十三年十一月十七日（满文，第520页）
※公文处理记录（满文）……………………………………………………… 521

第十一册

※册封蒙古各部王及其妻之档册

1. （2）康熙帝册封多罗郡王之妻为多罗郡王之多罗大福晋之敕谕，未标年份（蒙古文，页面文字有缺失，第 1 页） …… 1
2. （3）康熙帝册封阿霸垓多罗卓礼克图郡王德穆珀尔妻为多罗郡王之多罗福晋之敕谕，未标年份（蒙古文，第 2 页） …… 2
3. （4）康熙帝册封阿霸垓多罗郡王之妻为多罗郡王之多罗福晋之敕谕，未标年份（蒙古文，第 3–5 页） …… 3
4. （5）康熙帝追封科尔沁固伦公主并赐圹志之文，未标年份（蒙古文，第 5–6 页） …… 5
5. （6）康熙帝以（翁牛特多罗达尔汉戴青贝勒额林臣病故），准其子额尔德布鄂齐尔袭爵之文，康熙二十六年七月二十二日（蒙古文，第 7 页） …… 7
6. （7）康熙帝准许阿育锡袭爵拜他喇布勒哈番之文，康熙二十六年八月二十日（蒙古文，第 7 页） …… 7
7. （8）康熙帝准许班第袭爵拜他喇布勒哈番之文，康熙二十六年十月十五日（蒙古文，第 7–8 页） …… 7
8. （10）康熙帝以（喀喇沁骁骑校阿育锡故），命其子绰克托袭爵拖沙喇哈番之敕文，康熙二十六年二月十一日（蒙古文，第 10 页；满文见本册第 9 条第 8–9 页） …… 10
9. （12）康熙帝以土默特委署章京沙第屡战有功，准其袭爵拖沙喇哈番之文，康熙二十五年十一月二十六日（蒙古文，第 14–16 页；满文见本册第 11 条第 11–14 页） …… 14
10. （14）康熙帝以喀喇沁牛录章京毕力克图屡战有功，准其袭爵拖沙喇哈番之文，康熙二十五年十一月二十六日（蒙古文，第 21–23 页；满文见本册第 13 条第 17–20 页） …… 21
11. （16）康熙帝以喀喇沁甲喇章京克什克屡战有功，准其袭爵拖沙喇哈番之文，康熙二十五年十一月二十六日（蒙古文，第 29–31 页；满文见本册第 15 条第 24–28 页） …… 29

12. （18）康熙帝命土默特骁骑校格隆之子昭那苏图继续袭任拖沙喇哈番之文，康熙二十六年二月二十五日（蒙古文，第 37–39 页；满文见本册第 17 条第 32–36 页） ······ 37
13. （20）康熙帝以土默特牛录章京瓦征屡战有功，准其袭爵拖沙喇哈番之文，康熙二十五年十一月二十六日（蒙古文，第 44–47 页；满文见本册第 19 条第 40–43 页） ······ 44
14. （22）康熙帝以土默特牛录章京纳黑屡战有功，准其子巴勒甘继续袭任拖沙喇哈番之文，康熙二十六年二月二十五日（蒙古文，第 52–56 页；满文见本册第 21 条第 48–52 页） ······ 52
15. （24）康熙帝以喀喇沁巴雅尔屡战有功，准许继续袭任二等阿达哈哈番之文，康熙二十五年十一月二十六日（蒙古文，第 64–70 页；满文见本册第 23 条第 57–63 页） ······ 64
16. （26）康熙帝以喀喇沁骁骑校绰西黑屡战有功，准许继续承袭拖沙喇哈番之文，康熙二十五年十一月二十六日（蒙古文，第 74–77 页；满文见本册第 25 条第 71–74 页） ······ 74
17. （28）①康熙帝以喀喇沁骁骑校昔日乃屡战有功，准许继续承袭拖沙喇哈番之文，康熙二十五年十一月二十六日（蒙古文，第 81–84 页；满文见本册第 27 条第 78–80 页） ······ 81
18. （28）②康熙帝准许奔德希承袭拖沙喇哈番之文，康熙二十六年二月十一日（蒙古文，第 84–85 页；满文见本册第 27 条第 80–81 页） ······ 84
19. （30）康熙帝以科尔沁和硕卓礼克图亲王杜尔巴病故，准其子巴特麻袭爵之文，康熙二十七年三月二十三日（蒙古文，第 85–86 页；满文见本册第 29 条第 85 页） ······ 85
20. （32）康熙帝以（蒿齐忒多罗郡王车布登）病故，准其子巴扎尔袭爵之文，康熙二十六年十二月二十四日（蒙古文，第 86 页；满文见本册第 31 条第 86 页） ······ 86
21. （34）康熙帝准许多尔济承袭拜他喇布喇哈番之文，康熙二十六年八月十二日（蒙古文，第 87 页；满文见本册第 33 条第 87 页） ······ 87
22. （36）康熙帝以（乌珠穆沁多罗贝勒鄂齐尔图）病故，准其弟博木布袭爵之文，康熙二十七年九月二十四日（蒙古文，第 88 页；满文见本册第 35 条第 87–88 页） ······ 88
23. （38）康熙帝以革退（阿禄科尔沁色楞之多罗郡王爵），命其弟楚依为多罗贝勒之文，康熙二十七年三月十日（蒙古文，第 88 页；满文见本册第 37 条第 88 页） ······ 88

24. (40) 康熙帝以革去科尔沁和硕土谢图亲王阿拉善之爵位，命其叔多罗贝勒沙津袭爵之文，康熙二十七年二月十一日（蒙古文，第 89 页；满文见本册第 39 条第 89 页） ………… 89
25. (42) 康熙帝以管辖科尔沁右翼五旗和硕额驸沙津追杀布尔尼兄弟有功，封为多罗贝勒之文，康熙十四年九月初七日（蒙古文，第 91 页；满文见本册第 41 条第 90 页） ………… 91
26. (44) 康熙帝准许毕力克图承袭多罗郡王之文，康熙二十七年十一月初一日（蒙古文，第 92 页；满文见本册第 43 条第 92 页） ………… 92
27. (46) 康熙帝准许班第承袭拜他喇布喇哈番之文，康熙二十七年七月十三日（蒙古文，第 92–93 页；满文见本册第 45 条第 92 页） ………… 92
28. (48) 康熙帝准许班第承袭达尔罕号之文，康熙二十七年十月初五日（蒙古文，第 93 页；满文见本册第 47 条第 93 页） ………… 93
29. (50) 康熙帝以科尔沁辅国公图讷赫病故，准许其子布尼袭爵之文，康熙二十七年十月二十九日（蒙古文，第 94 页；满文见本册第 49 条第 93–94 页） ………… 94
30. (52) 康熙帝以奈曼多罗达尔汉郡王鄂齐尔病故，准许其子班第袭爵之文，康熙二十七年十二月十三日（蒙古文，第 94–95 页；满文见本册第 51 条第 94 页） ………… 94
31. (54) 康熙帝以巴林固山贝子温春病故，准许其子俄尔得尼袭爵之文，康熙二十八年四月初九日（蒙古文，第 95 页；满文见本册第 53 条第 95 页） ………… 95
32. (56) 康熙帝准许色楞喇布滩承袭拜他喇布喇哈番之文，康熙二十八年四月十四日（蒙古文，第 96 页；满文见本册第 55 条第 96 页） ………… 96
33. (58) 康熙帝准许僧图承袭拖沙喇哈番之文，康熙二十八年闰三月十九日（蒙古文，第 97 页；满文见本册第 57 条第 96–97 页） ………… 97
34. (60) 康熙帝封扎萨克公主为正慎和硕公主之册文，康熙二十九年四月初一日（蒙古文，第 99–102 页；满文见本册第 59 条第 97–99 页） ………… 99
※公文处理记录（满文） ………… 102
35. (62) 康熙帝以敖汉多罗郡王萨穆珀尔病故，准许其子阿敏达赖袭爵之文，康熙二十八年六月初八日（蒙古文，第 103 页；满文见本册第 61 条第 103 页满文敕谕日期写康熙二十八年十二月初八日） ………… 103
36. (64) 康熙帝准许云端承袭二等阿达哈哈番之文，康熙二十九年二月十一日（蒙古文，第 104 页；满文见本册第 63 条第 104 页） ………… 104
37. (66) 康熙帝准许雅木毕尔承袭多罗郡王之文，康熙三十年正月二十三日（蒙古文，第 105 页；满文见本册第 65 条第 104–105 页） ………… 105

38. （68）康熙帝准许雅布尔承袭其父达尔罕号之文，康熙三十年正月二十三日（蒙古文，第 105-106 页；满文见本册第 67 条第 105 页） …… 105
39. （70）康熙帝册封扎萨克公主为（崇节俭公主）之册文，康熙三十年七月初一日（蒙古文，第 108-110 页；满文见本册第 69 条第 106-108 页） …… 108
※公文处理记录（满文） …… 110
40. （72）康熙帝以阿霸垓多罗卓礼克图郡王楮翁病故，准其子塞楞袭爵之文，康熙三十年九月初二日（蒙古文，第 111 页；满文见本册第 71 条第 111 页） …… 111
41. （74）康熙帝以敖汉多罗郡王额森孟克病故，准其弟达西达尔扎袭爵之文，康熙三十年九月二十四日（蒙古文，第 112 页；满文见本册第 73 条第 111-112 页） …… 112
42. （76）康熙帝以授扎萨克图汗之亲弟策妄扎卜为和硕亲王之敕谕，康熙三十年五月初三日（蒙古文，第 116-121 页；满文见本册第 75 条第 112-116 页） …… 116
43. （78）康熙帝以授车臣汗之叔扎萨克额尔德尼济农纳穆扎尔为多罗郡王之敕谕，康熙三十年五月初三日（蒙古文，第 125-130 页；满文见本册第 77 条第 121-125 页） …… 125
44. （80）康熙帝以授喀尔喀扎萨克墨尔根济农古禄西希为多罗郡王之敕谕，康熙三十年五月初三日（蒙古文，第 134-138 页；满文见本册第 79 条第 130-133 页） …… 134
45. （82）康熙帝以授喀尔喀土谢图汗之长子噶尔丹为多罗郡王之敕谕，康熙三十年五月初三日（蒙古文，第 142-146 页；满文见本册第 81 条第 138-142 页） …… 142
46. （84）康熙帝以授喀尔喀扎萨克台吉色冷阿海为多罗郡王之敕谕，康熙三十年五月初三日（蒙古文，第 150-155 页；满文见本册第 83 条第 146-150 页） …… 150
47. （86）康熙帝以授喀尔喀扎萨克之额尔德尼济农盆楚克喇布坦为多罗郡王之敕谕，康熙三十年五月初三日（蒙古文，第 159-163 页；满文见本册第 85 条第 155-159 页） …… 159
48. （88）康熙帝以授喀尔喀扎萨克之信顺额尔克戴青诺颜善巴为多罗郡王之敕谕，康熙三十年五月初三日（蒙古文，第 167-172 页；满文见本册第 87 条第 163-167 页） …… 167
49. （90）康熙帝以授喀尔喀扎萨克之昆都仑博硕克图滚卜为多罗郡王之敕谕，康熙三十年五月初三日（蒙古文，第 176-180 页；满文见本册第 89 条第 172-176 页） …… 176

50.（92）康熙帝以授喀尔喀车臣汗之族叔扎萨克额尔克台吉车布登为多罗贝勒之敕谕，康熙三十年五月初三日（蒙古文，第 185–189 页；满文见本册第 91 条第 180–184 页）…… 185
51.（94）康熙帝以授喀尔喀土谢图汗之亲弟西第西里台吉为多罗贝勒之敕谕，康熙三十年五月初三日（蒙古文，第 193–197 页；满文见本册第 93 条第 189–193 页）…… 193
52.（96）康熙帝以授喀尔喀车臣汗之叔伊尔登济农盆苏克为固山贝子之敕谕，康熙三十年五月初三日（蒙古文，第 201–206 页；满文见本册第 95 条第 197–201 页）…… 201
53.（98）康熙帝以授喀尔喀额尔德尼济农布达扎卜为固山贝子之敕谕，康熙三十年五月初三日（蒙古文，第 210–214 页；满文见本册第 97 条第 206–210 页）…… 210
54.（100）康熙帝以授喀尔喀多罗贝勒车臣汗之叔祖车臣济农车卜登达赖济农阿南达为固山贝子之敕谕，康熙三十年五月初三日（蒙古文，第 218–222 页；满文见本册第 99 条第 214–218 页）…… 218
55.（102）康熙帝以授喀尔喀伊尔登诺颜达礼为固山贝子之敕谕，康熙三十年五月初三日（蒙古文，第 226–230 页；满文见本册第 101 条第 222–226 页）…… 226
56.（104）康熙帝以授喀尔喀固山贝子白苏特之察罕巴尔诺颜博贝布扎为固山贝子之敕谕，康熙三十年五月初三日（蒙古文，第 234–239 页；满文见本册第 103 条第 230–234 页）…… 234
57.（106）康熙帝以授喀尔喀车臣汗之族叔车臣济农车布登为固山贝子之敕谕，康熙三十年五月初三日（蒙古文，第 243–248 页；满文见本册第 105 条第 239–243 页）…… 243
58.（108）康熙帝以授喀尔喀洪俄尔戴青之佐理固山事台吉汉都为镇国公之敕谕，康熙三十年五月初三日（蒙古文，第 252–256 页；满文见本册第 107 条第 248–252 页）…… 252
59.（110）康熙帝以授喀尔喀镇国公土谢图汗之同族台吉苏泰伊尔登为镇国公之敕谕，康熙三十年五月初三日（蒙古文，第 260–264 页；满文见本册第 109 条第 256–260 页）…… 260
60.（112）康熙帝以授喀尔喀额尔克戴青诺颜善巴之同族台吉托多额尔得尼为镇国公之敕谕，康熙三十年五月初三日（蒙古文，第 268–273 页；满文见本册第 111 条第 265–268 页）…… 268
61.（114）康熙帝以授喀尔喀土谢图汗之同族台吉西卜退哈滩巴图尔为镇国公之敕谕，康熙三十年闰七月二十二日（蒙古文，第 277–281 页；满文见本册第 113 条第 273–277 页）…… 277

62. （116）康熙帝以授喀尔喀卓特巴为多罗贝勒之敕谕，康熙三十年九月初九日（蒙古文，第 285-289 页；满文见本册第 115 条第 281-285 页）……… 285
63. （118）康熙帝以授喀尔喀扎萨克图汗之子克色克为辅国公之敕谕，康熙三十年十一月初八日（蒙古文，第 294-298 页；满文见本册第 117 条第 289-294 页）…… 294
64. （120）康熙帝以授喀尔喀得克得黑墨尔根阿海之子汪舒克为辅国公之敕谕，康熙三十年九月三十日（蒙古文，第 303-307 页；满文见本册第 119 条第 298-303 页）…… 303
65. （122）康熙帝赐科尔沁和硕土谢图亲王额驸巴雅斯呼朗之公主圹志之文，康熙三十一年正月十五日（蒙古文，第 310-312 页，亦见本册第 188 条第 372-374 页，公文处理记录第 374-375 页；满文见本册第 121 条第 308-310 页，第 187 条第 370-372 页）…… 310
66. （124）康熙帝给乌珠穆沁和硕车臣亲王色登敦多卜之妻为车臣亲王之大福晋之册文，康熙三十一年五月十四日（蒙古文，第 314-316 页；满文见本册第 123 条第 312-314 页）…… 314
67. （126）康熙帝册封阿禄科尔沁多罗郡王楚依之妻为多罗郡王之多罗大福晋之册文，康熙三十一年五月十四日（蒙古文，第 318-319 页；满文见本册第 125 条第 316-317 页）…… 318
68. （128）康熙帝册封翁牛特多罗郡王毕礼滚达赖之妻为多罗郡王之多罗大福晋之册文，康熙三十一年五月十四日（蒙古文，第 322-323 页；满文见本册第 127 条第 320-321 页）…… 322
69. （130）康熙帝册封蒿齐忒多罗额尔德尼郡王达尔玛吉里迪之妻为多罗郡王之多罗大福晋之册文，康熙三十一年五月十四日（蒙古文，第 325-327 页；满文见本册第 129 条第 324-325 页）…… 325
70. （132）康熙帝册封阿霸垓多罗郡王吴尔占噶喇卜之妻为多罗郡王之多罗大福晋之册文，康熙三十一年五月十四日（蒙古文，第 329-331 页；满文见本册第 131 条第 327-329 页）…… 329
71. （134）康熙帝册封和硕公主为端静公主之册文，康熙三十一年九月初六日（蒙古文，第 333-336 页；满文见本册第 133 条第 331-333 页）…… 333
72. （136）康熙帝准许阿喇呼赉承袭其父达尔罕号之敕文，康熙三十年十一月十四日（蒙古文，第 337 页；满文见本册第 135 条第 336-337 页）……… 337
73. （138）康熙帝以土默特多罗贝勒索诺穆病故，准其次子罗卜臧袭爵之敕文，康熙三十一年二月初六日（蒙古文，第 338 页；满文见本册第 137 条第 337 页）…… 338

74. （140）康熙帝以革退土默特固山贝子滚济斯扎布之职，准其兄拉斯扎卜袭替之敕文，康熙三十一年二月初七日（蒙古文，第 338-339 页；满文见本册第 139 条第 338 页）…… 338
75. （142）康熙帝以喀尔喀固山贝子达里老疾乞休，准其子阿海成本袭爵之敕文，康熙三十一年四月二十日（蒙古文，第 339-340 页；满文见本册第 141 条第 339 页）…… 339
76. （144）康熙帝以吴喇忒镇国公达喇玛迪病故，准其子达拉玛西礼袭爵之敕文，康熙三十年十月十五日（蒙古文，第 340 页；满文见本册第 143 条第 340 页）…… 340
77. （146）康熙帝以阿禄科尔沁贝勒楚依与厄鲁特力战而故，特追封为多罗郡王之敕文，康熙三十年正月二十三日（蒙古文，第 341-342 页；满文见本册第 145 条第 341 页）…… 341
78. （148）康熙帝以阿鲁科尔沁二等台吉佟有德于乌尔会河之战阵亡，追封为一等台吉并准许其长子额尔黑图袭爵达尔罕号之敕文，康熙三十一年三月二十九日（蒙古文，第 343-345 页；满文见本册第 147 条第 342-343 页）…… 343
79. （150）康熙帝以扎鲁特部四品台吉滚垂于乌尔会河阵亡，追封为一等台吉并准许其子拉布克袭爵达尔罕号之敕文，康熙三十一年七月二十日（蒙古文，第 347-349 页；满文见本册第 149 条第 345-347 页）…… 347
80. （152）康熙帝以扎鲁特部四品台吉额尔德尼于乌尔会河阵亡，追封为一等台吉并准许其子萨满达袭爵达尔罕号之敕谕，康熙三十一年七月二十日（蒙古文，第 351-352 页；满文见本册第 151 条第 349-351 页）…… 351
81. （154）康熙帝准其弟滚济思克布袭爵拜他喇布喇哈番之敕文，康熙三十一年闰七月初四日（蒙古文，第 353 页；满文见本册第 153 条第 353 页）…… 353
82. （156）康熙帝以准许双颗尔袭替其父达尔罕号之敕文，康熙十六年九月二十日（蒙古文，第 354 页；满文见本册第 155 条第 353-354 页）…… 354
83. （158）康熙帝以准许西喇袭替其兄达尔罕号之敕文，康熙三十一年八月初六日（蒙古文，第 354-355 页；满文见本册第 157 条第 354 页）…… 354
84. （160）康熙帝以（ 喀尔喀多罗贝勒卓特吧病故），准许其子萨穆多尔济袭爵之敕文，康熙三十一年八月二十四日（蒙古文，第 355 页；满文见本册第 159 条第 355 页）…… 355
85. （162）康熙帝以（四子部落多罗达尔汉卓礼克图郡王丹巴彭苏病故），准其子散济扎卜袭爵之敕文，康熙三十一年九月二十一日（蒙古文，第 356 页；满文见本册第 161 条第 355-356 页）…… 356

86.（164）康熙帝准许德勒格仁贵袭替其父达尔罕号之敕文，康熙三十一年十月十九日（蒙古文，第356-357页；满文见本册第163条第356页）……… 356
87.（166）康熙帝以授乌珠穆沁协理扎萨克事务台吉邬达喇希为辅国公，并准其子古木布扎布袭爵之敕谕，康熙三十一年十月二十八日（蒙古文，第358-359页；满文见本册第165条第357-358页）…………………… 358
88.（168）康熙帝以扎鲁特四品台吉色尔济于乌尔会河之战阵亡，追封为一等台吉并准许其子布颜袭职之敕谕，康熙三十一年十一月初一日（蒙古文，第361-363页；满文见本册第167条第359-361页）………………… 361
89.（170）康熙帝以（鄂尔多斯和硕亲王古鲁病故），准其子董罗布袭爵之敕文，康熙三十一年十一月初一日（蒙古文，第364页；满文见本册第169条第363页）…………………………………………………… 364
90.（172）康熙帝以（扎鲁特故镇国公毛奇塔特病故），准其子巴图袭爵之敕文，康熙三十一年十一月二十四日（蒙古文，第364-365页；满文见本册第171条第364页）…………………………………………… 364
91.（174）康熙帝以（喀尔喀多罗郡王噶尔亶病故），准其子敦禄布多尔济袭爵之敕文，康熙三十一年十月二十六日（蒙古文，第365页；满文见本册第173条第365页）…………………………………………… 365
92.（176）康熙帝准许三扎布袭替其父拖沙喇哈番之敕文，康熙三十一年十二月二十二日（蒙古文，第366页；满文见本册第175条第366页）……… 366
93.（178）康熙帝准许特古斯袭替其父拖沙喇哈番之敕文，康熙三十二年二月初六日（蒙古文，第367页；满文见本册第177条第367页）……… 367
94.（180）康熙帝以（翁牛特多罗杜楞郡王毕礼衮达赖病故），准其子颁第袭爵之敕文，康熙三十二年四月十八日（蒙古文，第368页；满文见本册第179条第367页）…………………………………………… 368
95.（182）康熙帝以（喀尔喀镇国公托铎额尔德尼病故），准其兄吴巴达袭爵之敕文，康熙三十二年七月十四日（蒙古文，第368页；满文见本册第181条第368页）…………………………………………… 368
96.（184）康熙帝准许班第袭爵其父多罗贝勒之敕文，康熙三十二年七月二十一日（蒙古文，第369页；满文见本册第183条第369页）………… 369
97.（186）康熙帝以（苏尼特多罗杜楞郡王阿毓锡）病故，准其子达礼札卜袭爵之敕文，康熙三十二年七月二十一日（蒙古文，第370页；满文见本册第185条第369-370页）……………………………………… 370
98.（190）康熙帝准许巴雅尔袭爵其父达尔罕号之敕文，康熙三十三年正月二十六日（蒙古文，第376页；满文见本册第189条第376页）………… 376
99.（192）康熙帝准许翁贵袭爵其父达尔罕号之敕文，康熙三十三年三月初六日（蒙古文，第377页；满文见本册第191条第376页）…………… 377

100. （194）康熙帝准许温都孙袭爵其父达尔罕号之敕文，康熙三十二年十二月十一日（蒙古文，第 377 页；满文见本册第 193 条第 377 页） … 377
101. （196）康熙帝以科尔沁沙津斩首布尔尼亲王兄弟，封为王爵并令其子阿必达袭封多罗贝勒之敕文，康熙三十三年四月二十三日（蒙古文，第 381-383 页；满文见本册第 195 条第 378-381 页） …………………… 381
102. （198）崇德皇帝以命拜赛袭爵达尔罕号之敕文，崇德五年正月十八日（蒙古文，第 384-385 页；满文见本册第 197 条第 384 页） ……………… 384
103. （200）崇德皇帝以命赫卜克袭替其父达尔罕号之敕文，崇德七年八月十六日（蒙古文，第 387 页；满文见本册第 199 条第 386 页） ………… 387
104. （202）康熙帝以命绰克托袭爵其父达尔罕号之敕文，康熙十八年正月初七日（蒙古文，第 388 页；满文见本册第 201 条第 388 页） ………… 388
105. （204）康熙帝以命绰什希袭爵其兄达尔罕号之敕文，康熙十八年十月二十八日（蒙古文，第 389 页；满文见本册第 203 条第 388-389 页） … 389
106. （206）康熙帝以命善第袭爵其父三品阿思哈尼哈番之敕文，康熙三十三年五月十七日（蒙古文，第 391-392 页；满文见本册第 205 条第 389-391 页） …………………………………………………… 391
107. （208）康熙帝以命纳木扎布袭爵其父拜他布喇哈番之敕文，康熙三十三年闰五月初三日（蒙古文，第 393 页；满文见本册第 207 条第 393 页） ………………………………………………………… 393
108. （210）康熙帝以命班第袭爵其叔父达尔罕号之敕谕，康熙三十三年七月十六日（蒙古文，第 394 页；满文见本册第 209 条第 393 页） …… 394
109. （211）康熙帝以喀尔喀车卜登未与其弟憨都同叛，著将憨都之镇国公给予车卜登袭爵之敕文，康熙三十五年正月（满文 、蒙古文，第 396-399 页，页面文字有缺失） ……………………………………… 396
※康熙二十九年至三十二年，策妄阿喇布坦事务档册 ………………………… 400
110. （216）康熙帝派使臣马迪为探噶尔丹情事给策妄阿喇布坦敕谕，康熙三十一年六月初一日（蒙古文，第 408-410 页；满文见本册第 215 条第 406-408 页，本册第 236 条第 455-457 页） …………………… 408
111. （223）厄鲁特策妄阿喇布坦以噶尔丹派兵杀害清朝使臣之事呈康熙帝奏文，康熙三十二年正月（满文，页面文字有缺失，第 428-429 页） ……… 428
112. （224）策妄阿喇布坦以收到敕书赏赐谢恩等事呈康熙帝奏文，康熙三十三年闰五月（满文，第 429-430 页） ………………………… 429
113. （225）策妄阿喇布坦以听闻噶尔丹遣回子为奸细之事呈康熙帝奏文，康熙三十五年正月（满文，第 430-434 页） ……………………… 430

114. （226）策妄阿喇布坦使臣彭苏克喇木扎木巴等以第巴监禁班禅胡土克图及其奉事红帽派德尔端等两位喇嘛诡称即见五世达赖喇嘛化身等事呈康熙帝奏文，康熙三十六年十一月二十六日（满文，页面文字有缺失，第 434 页） …… 434
115. （227）策妄阿喇布坦遣彭苏克喇木扎木巴等以第巴隐瞒达赖喇嘛圆寂并混乱蒙古诸部之事呈康熙帝奏文，康熙三十七年正月初六日（满文，页面文字有缺失，第 435-437 页） …… 435
116. （229）策妄阿喇布坦使臣云端格隆以噶尔亶多尔济被辉特人所杀及遣发噶尔丹骸骨，准许容留钟齐海、吴尔占扎卜等事呈康熙帝奏文，康熙三十七年八月初八日（满文，第 439-441 页，亦见第十五册 90 条第 505-507 页） …… 439
117. （231）策妄阿喇布坦使臣滚楚克达尔汉囊素以准许容留吴尔占扎卜及遣送噶尔丹之子车陵三鲁卜和其母、伊拉古克三胡土克图等事呈康熙帝奏文，康熙三十八年五月十七日（满文，第 443-445 页） …… 443
118. （232）策妄阿喇布坦以不便遣送噶尔丹之女钟齐海事呈康熙帝奏文，康熙三十九年九月二十三日（满文，第 445-447 页） …… 445
119. （233）策妄阿喇布坦以请垂怜钟齐海等事呈康熙帝奏文，康熙四十年七月十四日（满文，页面文字有缺失，第 447-450 页） …… 447
120. （239）康熙帝以多路派军征伐噶尔丹等事给策妄阿喇布坦敕谕，康熙三十四年十月初六日（满文，第 468-471 页，第十三册第 69②条第 327-330 页） …… 468
121. （243）康熙帝以第巴遣使秘奏达赖喇嘛已圆寂多年等事给策妄阿喇布坦敕谕，康熙三十六年闰三月（满文，第 484-488 页） …… 484
122. （247）康熙帝以务必解送钟齐海及第巴谨遵圣旨于来年三月遣班禅入京等事给策妄阿喇布坦敕谕，康熙三十八年六月二十七日（满文，第 497-500 页） …… 497
123. （249）①康熙帝为赏赐厄鲁特遣送噶尔丹骸骨及妻子、儿女、大臣等事给策妄阿喇布坦敕谕，康熙四十二年十月十日（满文，第 504-518 页，满文亦见第十七册第 78 条第 267-270 页，第十七册第 89 条，第 307-310 页，蒙古文见第十七册第 79 条第 270-273 页，公文处理记录第 273 页） …… 504
124. （249）②康熙帝以斥责策妄阿拉布坦否认征伐第巴等行径，晓谕其若来降必定加以厚恩优待爱养等事给策妄阿喇布坦敕谕，康熙四十二年十月十四日（满文，第 507-519 页） …… 507

125. （251）理藩院以遣返丹津阿喇布坦所属人众和全部逃人事及在杭爱科布多乌兰古木等地择地会盟等事给策妄阿喇布坦咨文，康熙四十五年六月二十一日（满文，第 521–529 页） …………………………………… 521

第十二册

1. （65）第巴奏请如同德木齐索诺木臧布口奏之言恩赐之事呈康熙帝奏文，康熙三十二年十二月二十七日（蒙古文，第 206–208 页；满文见本册第 64 条第 204–206 页，公文处理记录第 206 页，第十册第 96 条第 509–510 页，公文处理记录第 510 页） ………………………………… 206
※公文处理记录（蒙古文） ………………………………………………… 209
2. （67）康熙帝以如达赖喇嘛乞封第巴之意，赐第巴敕印及封掌瓦赤喇呾喇达赖喇嘛教弘宣佛法王等事转告达赖喇嘛之敕谕，康熙三十二年十二月十六日（蒙古文，第 212–214 页；满文见本册第 2 条第 1–2 页，页面文字有缺失，公文处理记录第 2 页，第 66 条第 209–211 页，公文处理记录第 211–212 页，第十册第 83 条第 466–467 页，公文处理记录第 467–468 页） ………………………………………………………………… 212
※公文处理记录（蒙古文） ………………………………………………… 212
3. （69）康熙帝致达赖喇嘛问安敕谕，康熙三十二年十二月十六日（蒙古文，第 219–220 页；满文见本册第 68 条第 216–217 页，公文处理记录第 217–218 页，第十册第 84 条第 468–469 页，公文处理记录第 469–470 页） …… 219
※公文处理记录（蒙古文） ………………………………………………… 220
4. （71）康熙帝以达赖喇嘛乞封第巴之意，赐第巴敕印及封为掌瓦赤喇呾喇达赖喇嘛教弘宣佛法王事转告班禅胡土克图之敕谕，康熙三十二年十二月十六日（蒙古文，第 225–226 页；满文见本册第 70 条第 222–223 页，公文处理记录第 224 页，第十册第 91 条第 498–499 页，公文处理记录第 499 页） ………………………………………………………………… 225
※公文处理记录（蒙古文） ………………………………………………… 226
5. （73）康熙帝致班禅胡土克图问安敕谕，康熙三十二年十二月十六日（蒙古文，第 230–232 页；满文见本册第 72 条第 228–229 页，公文处理记录第 229–230 页，第十册第 92 条第 500 页，公文处理记录第 500–501 页） ………………………………………………………………… 230

※公文处理记录（蒙古文）……………………………………………………… 232

6. （75）康熙帝以达赖喇嘛乞封第巴之意，赐第巴敕印及封为掌瓦赤喇呾喇达赖喇嘛教弘宣佛法王事转告厄鲁特执教达赖汗之敕谕，康熙三十二年十二月十六日（蒙古文，第 237–239 页；满文见本册第 74 条第 233–235 页，公文处理记录第 235–237 页）…………………………… 237

※公文处理记录（蒙古文）……………………………………………………… 239

7. （77）康熙帝以已允准达赖喇嘛所请恩赐第巴金印之事转告第巴之敕谕，康熙三十二年十二月十六日（蒙古文，第 243–245 页；满文见本册第 76 条第 240–242 页，公文处理记录第 242–243 页，第十册第 97 条第 510–511 页，公文处理记录第 511–512 页）…………………………… 243

※公文处理记录（蒙古文）……………………………………………………… 245

8. （79）厄鲁特噶尔丹为陈报内大臣吴丹等会同议定将喀尔喀七旗畀以泽卜尊丹巴等情事奏文，康熙三十三年五月十二日（托忒文，第 255–260 页；满文见本册第 78 条第 246–254 页，公文处理记录第 254 页，第五册第 56 条第 502–509 页，第十册第 79 条第 438–447 页）…………… 255

※公文处理记录（蒙古文）……………………………………………………… 260

9. （81）厄鲁特杜噶尔阿喇布坦请赐银粮之事呈康熙帝奏文，康熙三十三年五月十二日（托忒文，第 263–264 页；满文见本册第 80 条第 261–262 页，公文处理记录第 262 页）…………………………………… 263

※公文处理记录（蒙古文）……………………………………………………… 264

10. （83）康熙帝为斥责违誓索要喀尔喀等行径著约地会阅事给厄鲁特噶尔丹敕谕，康熙三十三年闰五月十日（蒙古文，第 275–284 页；满文见本册第 82 条第 265–272 页，公文处理记录第 272–274 页，第五册第 57 条第 510–520 页，第十册第 80 条第 448–460 页）………………… 275

※公文处理记录（蒙古文）……………………………………………………… 284

11. （84）喀喇沁多罗格格属民穷困之情转告康熙帝之奏文，康熙三十三年闰五月初五日（满文，第 287–303 页）……………………………… 287

※公文处理记录（蒙古文）……………………………………………………… 303

12. （86）康熙帝以噶尔丹违誓索要喀尔喀，须与噶尔丹约地会阅之事转告达赖喇嘛之敕谕，康熙三十三年闰五月二十五日（蒙古文，第 316–326 页；满文见本册第 85 条第 306–314 页，公文处理记录第 315–316 页，第十册第 85 条第 470–479 页，公文处理记录第 479–480 页）……………… 316

※公文处理记录（蒙古文）……………………………………………………… 326

13. （88）康熙帝致达赖喇嘛问安敕谕，康熙三十三年闰五月二十五日（蒙古文，第 330–331 页；满文见本册第 87 条第 327–328 页，公文处理记录第 328–329 页，第十册第 86 条第 480–481 页，公文处理记录第 481–482 页）……………… 330

※公文处理记录（蒙古文） …………………………………………………… 331
14.（90）康熙帝致班禅胡土克图问安敕谕，康熙三十三年闰五月二十五日（蒙古文，第 334-335 页；满文见本册第 89 条第 332-333 页，公文处理记录第 333-334 页，第十册第 93 条第 502 页，公文处理记录第 502-503 页） …………………………………………………… 334
※公文处理记录（蒙古文） …………………………………………………… 335
15.（92）康熙帝以噶尔丹违达赖喇嘛之教，背弃誓言索要喀尔喀等事转告厄鲁特执教达赖汗之敕谕，康熙三十三年闰五月二十五日（蒙古文，第 338-339 页；满文见本册第 91 条第 336-337 页，公文处理记录第 337-338 页） …………………………………………………… 338
※公文处理记录（蒙古文） …………………………………………………… 340
16.（94）康熙帝以噶尔丹违达赖喇嘛之教，背弃誓言索要喀尔喀等事转告第巴之敕谕，康熙三十三年闰五月二十五日（蒙古文，第 343-344 页；满文见本册第 93 条第 341-342 页，公文处理记录第 342 页，第十册第 98 条第 512-513 页，公文处理记录第 513-514 页） …………… 343
※公文处理记录（蒙古文） …………………………………………………… 344
17.（96）康熙帝由厄鲁特使臣沙克海喇图捎带噶尔丹违誓索要喀尔喀，并告知若得其情况即遣使奏闻之事给策妄阿喇布坦敕谕，康熙三十三年闰五月二十五日（蒙古文，第 353-362 页；满文见本册第 95 条第 345-352 页，公文处理记录第 352-353 页，第十册第 103 条第 522-527 页，公文处理记录第 527-528 页，第十一册第 219 条第 414-422 页，第十一册第 238 条第 459-468 页） …………………………………………………… 353
※公文处理记录（蒙古文） …………………………………………………… 362
18.（98）达赖喇嘛问安奏文，康熙三十三年十一月十七日（蒙古文，第 369-372 页；满文见本册第 97 条第 363-367 页，公文处理记录第 367-368 页，第十册第 87 条第 483-486 页，公文处理记录第 486-487 页） ………… 369
※公文处理记录（蒙古文） …………………………………………………… 372
19.（100）达赖喇嘛以噶尔丹告知清朝使臣与自己议定遣回泽卜尊丹巴、土谢图汗二人及喀尔喀发回故土及巴图尔额尔克济农所属厄鲁特集中游牧，清朝与西藏各派人员管理打箭炉边界等事呈康熙帝奏文，康熙三十三年十一月十七日（蒙古文，第 380-385 页；满文见本册第 99 条第 374-378 页，公文处理记录第 378-379 页，第十册第 88 条第 487-491 页，公文处理记录第 491-492 页） …………………………… 380

※公文处理记录（蒙古文） …………………………………………………………… 385
20.（102）达赖喇嘛以厄鲁特噶尔丹博硕克图汗、策妄阿喇布坦虽信达赖喇嘛之教，但不听达赖喇嘛之言及班禅胡土克图未出痘疹不便远行等事呈康熙帝奏文，康熙三十三年十一月十七日（蒙古文，第 389-391 页；满文见本册第 101 条第 386-388 页，公文处理记录第 388-389 页，第十册第 89 条第 492-494 页，公文处理记录第 494-495 页） …………………… 389
※公文处理记录（蒙古文） …………………………………………………………… 392
21.（104）达赖喇嘛所献方物之清单，康熙三十三年十一月十七日（蒙古文，第 395-396 页；满文见本册第 103 条第 393-394 页，公文处理记录第 394-395 页，第十册第 90 条第 495-496 页，公文处理记录第 497 页） ……… 395
※公文处理记录（蒙古文） …………………………………………………………… 396
22.（106）班禅胡土克图遣使进贡之文，康熙三十三年十一月十七日（蒙古文，第 401-404 页；满文见本册第 105 条第 398-400 页，公文处理记录第 400-401 页，第十册第 94 条第 503-505 页，公文处理记录第 505-506 页） … 401
※公文处理记录（蒙古文） …………………………………………………………… 404
23.（108）执教达赖汗遣使进贡问安奏文，康熙三十三年十一月十七日（蒙古文，第 408-410 页；满文见本册第 107 条第 405-407 页，公文处理记录第 407-408 页） …………………………………………………………… 408
※公文处理记录（蒙古文） …………………………………………………………… 410
24.（110）班禅胡土克图以未出痘疹而不便出行之事呈康熙帝奏文，康熙三十三年十二月二十六（蒙古文，第 413-414 页；满文见本册第 109 条第 411-412 页，公文处理记录第 412-413 页，第十册第 95 条第 506 页，公文处理记录第 507-508 页） …………………………………………………… 413
※公文处理记录（蒙古文） …………………………………………………………… 415
25.（112）布忒达阿白迪王以班禅胡土克图出行之事呈康熙帝奏文，康熙三十三年十一月十七日（蒙古文，第 418-419 页；满文见本册第 111 条第 416-417 页，公文处理记录第 417-418 页，第十册第 99 条第 514-515 页，公文处理记录第 515-516 页） ………………………………… 418
※公文处理记录（蒙古文） …………………………………………………………… 419
26.（114）第巴遣使问安奏文，康熙三十三年十一月十七日（蒙古文，页面文字有缺失，第 424-425 页；满文见本册第 113 条第 420-423 页，公文处理记录第 423-424 页，第十册第 100 条第 516-518 页，公文处理记录第 518 页） …………………………………………………………………… 424
※康熙三十四年档册 ………………………………………………………………… 426
27.（117）达赖喇嘛书信不替之事给泽卜尊丹巴胡土克图之文，康熙三十四年正月初三日（蒙古文，第 428-430 页；满文见本册第 116 条第 427-428 页） … 428

28. （119）达赖喇嘛以厄鲁特、喀尔喀皆奉达赖喇嘛为施主，望书信不替之事给土谢图汗之文，康熙三十四年正月初三日（蒙古文，第 433-436 页；满文见本册第 118 条第 430-433 页） …………………………………… 433
29. （121）达赖喇嘛以经常往来书信之事给喀尔喀西地西里之文，康熙三十四年正月初三日（蒙古文，第 438-439 页；满文见本册第 120 条第 436-438 页） …………………………………… 438
30. （123）达赖喇嘛以选任第巴之事给土谢图汗之文，康熙三十四年正月初三日（蒙古文，第 452-466 页；满文见本册第 122 条第 439-452 页） …………………………………… 452
31. （125）第巴为请书信往来之事给泽卜尊丹巴之文，康熙三十四年正月初三日（蒙古文，第 468-470 页；满文见本册第 124 条第 466-468 页） …………………………………… 468
32. （127）第巴以有关厄鲁特、喀尔喀使臣坐次问题的注解及否认将土谢图汗执之以畀博硕克图汗之事给喀尔喀土谢图汗之文，康熙三十四年正月初三日（蒙古文，第 479-489 页；满文见本册第 126 条第 470-479 页） …………………………………… 479
33. （129）第巴为经常往来书信之事给喀尔喀西地西里之文，康熙三十四年正月初三日（蒙古文，第 491-492 页；满文见本册第 128 条第 490-491 页） …………………………………… 491
※公文处理记录（蒙古文） …………………………………… 492
※康熙三十四年档册 …………………………………… 496
34. （136）达赖喇嘛派遣卓磨龙堪布，布特达阿卜地王派遣达木奔尔囊素等以班禅胡土克图赴京之事不便强行及勿革博硕克图汗号，并加恩赐敕印博硕克图汗、额尔德尼卓力克图台吉叔侄二人对政教有益；复请打箭炉地方如前不断经商好茶；撤销青海地方所设哨所戍兵等事之文，康熙三十四年（满文，第 513-516 页，亦见第十三册第 32 条第 121-126 页） …… 513

第十三册

康熙三十四年档册 ………………………………………………………………………… 1
1.（3）厄鲁特噶尔丹申复不知使臣马迪被害详情约地会盟未便确定等情事奏文，康熙三十四年二月十四日（托忒文，第 9–13 页；满文见本册 2 条第 3–8 页，公文处理记录第 8–9 页，第十二册第 149 条第 548–554 页，公文处理记录第 554–555 页，第五册第 59 条第 523–528 页） ……………… 9
※公文处理记录（蒙古文） ………………………………………………………… 13
2.（5）厄鲁特杜噶尔阿喇布坦台吉为四厄鲁特、七旗喀尔喀恢复如初关系事呈康熙帝奏文，康熙三十四年二月二十四日（托忒文，第 16–17 页；满文见本册第 4 条第 14–15 页，公文处理记录第 16 页） …………………… 16
※公文处理记录（蒙古文） ………………………………………………………… 17
3.（7）达赖喇嘛遣使谢恩并问安奏文，康熙三十四年二月十八日（蒙古文，第 24–30 页；满文见本册第 6 条第 19–23 页，公文处理记录第 23–24 页，第十二册第 131 条第 498–501 页，公文处理记录第 501–502 页） ………… 24
※公文处理记录（蒙古文） ………………………………………………………… 30
4.（9）达赖喇嘛以第巴被封王谢恩及第巴已遣使转奏打箭炉、西宁等地情事呈康熙帝奏文，康熙三十四年二月十八日（蒙古文，第 34–36 页；满文见本册第 8 条第 32–33 页，公文处理记录第 33–34 页，第十二册第 132 条第 503–504 页，公文处理记录第 504 页） ……………………………… 34
※公文处理记录（蒙古文） ………………………………………………………… 36
5.（11）班禅胡土克图以谢恩并请不断恩赐之事呈康熙帝奏文，康熙三十四年二月十八日（蒙古文，第 42–46 页；满文见本册第 10 条第 38–41 页，公文处理记录第 41–42 页，第十二册第 143 条第 535–537 页，公文处理记录第 537 页） ………………………………………………………………………… 42
※公文处理记录（蒙古文） ………………………………………………………… 52
6.（13）班禅胡土克图为谢恩事呈康熙帝奏文，康熙三十四年二月十八日（蒙古文，第 50–54 页；满文见本册第 12 条第 47–49 页，公文处理记录第 49–50 页） ………………………………………………………………… 50

※公文处理记录（蒙古文） …………………………………………………… 52
7. （15）达赖汗以第巴被封及谢恩事呈康熙帝奏文，康熙三十四年二月十八日（蒙古文，第 56-57 页；满文见本册第 14 条第 54-55 页，公文处理记录第 55-56 页，第十二册 134 条第 507 页，公文处理记录第 508 页） ……… 56
※公文处理记录（蒙古文） …………………………………………………… 57
8. （17）第巴为谢恩事呈康熙帝奏文，康熙三十四年二月十八日（蒙古文，第 64-69 页；满文见本册第 16 条第 59-63 页，公文处理记录第 63-64 页） …………………………………………………………………… 64
※公文处理记录（蒙古文） …………………………………………………… 69
9. （19）第巴以仍前敕谕打箭炉交市及如前加恩青海官员，撤销青海所设哨所戍兵等事呈康熙帝奏文，康熙三十四年二月十八日（蒙古文，第 76-80 页，亦见本册第 125 条第 465-469 页；满文见本册第 18 条第 71-74 页，公文处理记录第 74-76 页，本册第 124 条第 462-464 页，公文处理记录第 465 页） ………………………………………………………………… 76
※公文处理记录（蒙古文） …………………………………………………… 80
10. （21）达赖喇嘛进献方物清单，康熙三十四年二月十八日（蒙古文，第 84-85 页；满文见本册第 20 条第 81-82 页，公文处理记录第 82-83 页，第十二册第 133 条第 505 页，公文处理记录第 505-506 页，第 142 条第 533 页，公文处理记录第 533-534 页） ……………………………… 84
※公文处理记录（蒙古文） …………………………………………………… 85
11. （23）第巴进献方物清单，康熙三十四年二月十八日（蒙古文，第 89-91 页；满文见本册第 22 条第 86-88 页，公文处理记录第 88-89 页） …… 89
※公文处理记录（蒙古文） …………………………………………………… 91
12. （25）康熙帝为问安事给达赖喇嘛敕谕，康熙三十四年二月二十八日（蒙古文，第 97-102 页；满文见本册第 24 条第 93-96 页，公文处理记录第 96-97 页，第十二册第 135 条第 509-511 页，公文处理记录第 511-512 页） …………………………………………………………… 97
※公文处理记录（蒙古文） …………………………………………………… 102
13. （27）康熙帝为问安事给班禅胡土克图敕谕，康熙三十四年二月二十八日（蒙古文，第 106-108 页；满文见本册第 26 条第 103-105 页，公文处理记录第 105-106 页，第十二册第 144 条第 538-539 页，公文处理记录第 539 页） ………………………………………………………………… 106
※公文处理记录（蒙古文） …………………………………………………… 108
14. （29）康熙帝为问安事给执教达赖汗敕谕，康熙三十四年二月二十八日（蒙古文，第 112-113 页；满文见本册第 28 条第 109-111 页，公文处理记录第 111-112 页） ……………………………………………………… 112

※公文处理记录（蒙古文） …………………………………………………… 113
15. （31）康熙帝恩赐第巴之敕谕，康熙三十四年二月二十八日（蒙古文，第 117－119 页；满文见本册第 30 条第 115－116 页，公文处理记录第 116－117 页） …………………………………………………… 117
※公文处理记录（蒙古文） …………………………………………………… 119
16. （34）康熙帝申斥未惩杀害马迪之人妄加诳奏不尊旨意等情事给厄鲁特噶尔丹敕谕，康熙三十四年二月二十三日（蒙古文，第 132－137 页；满文见本册第 33 条第 127－131 页，公文处理记录第 131－132 页，第十二册第 150 条第 556－561 页，公文处理记录第 561－562 页，第五册第 60 条第 529－534 页） …………………………………………………… 132
※公文处理记录（蒙古文） …………………………………………………… 137
17. （36）康熙帝以准许使臣所奏打箭炉仍如前贸易及已遣内齐陀音胡土克图等赍敕往召班禅胡土克图，不准喀尔喀七旗发回故土、撤销地方哨所戍兵；再议保留博硕克图汗号、恩赐敕印博硕克图汗、策妄阿喇布坦等事给第巴敕谕，康熙三十四年五月初一日（蒙古文，第 160－180 页；满文见本册第 35 条第 140－158 页，公文处理记录第 159 页） …………………………………………………… 160
※公文处理记录（蒙古文） …………………………………………………… 181
18. （38）康熙帝特遣内齐陀音胡土克图等赍敕往召班禅胡土克图之敕谕，康熙三十四年二月二十三日（蒙古文，第 185－187 页；满文见本册第 37 条第 182－183 页，公文处理记录第 183－185 页，第十二册第 145 条第 540－541 页，公文处理记录第 541 页） …………………………………………………… 185
19. （40）康熙帝以已遣使往召班禅胡土克图及达赖喇嘛亦遣使劝令班禅胡土克图赴京之事给达赖喇嘛敕谕，康熙三十四年二月二十三日（蒙古文，第 190－192 页；满文见本册第 39 条第 187－188 页，公文处理记录第 189－190 页，第十二册第 137 条第 517－518 页，公文处理记录第 518－519 页） …………………………………………………… 190
※公文处理记录（蒙古文） …………………………………………………… 192
20. （42）康熙帝以已遣使往召班禅胡土克图及达赖汗亦遣使劝令班禅胡土克图赴京之事给执教达赖汗敕谕，康熙三十四年二月二十三日（蒙古文，第 196－197 页；满文见本册第 41 条第 194－195 页，公文处理记录第 195－196 页） …………………………………………………… 196
※公文处理记录（蒙古文） …………………………………………………… 197
21. （44）康熙帝以已遣使往召班禅胡土克图及第巴亦遣使劝令班禅胡土克图赴京之事给第巴敕谕，康熙三十四年二月二十三日（蒙古文，第 202－203 页，本册第 127 条第 472－473 页；满文见本册第 43 条第 199－200 页，公文处理记录第 201－202 页，本册第 126 条第 470－472 页） …………………………………………………… 202

※公文处理记录（蒙古文） ………………………………………………………… 203
22.（46）达赖喇嘛以喀尔喀七旗发回故土及无需设置关卡戍兵等事呈康熙帝奏文，康熙三十四年四月二十一日（蒙古文，第212-216页；满文见本册第45条第206-210页，公文处理记录第210-212页，第十二册第138条第520-523，公文处理记录第 页） ………………………… 212
※公文处理记录（蒙古文） ………………………………………………………… 216
23.（48）达赖喇嘛遣使问安奏文，康熙三十四年四月二十一日（蒙古文，第225-229页；满文见本册第47条第218-223页，公文处理记录第223-224页，第十二册第139条第525-527页，公文处理记录第527-528页） ………………………………………………………… 225
※公文处理记录（蒙古文） ………………………………………………………… 230
24.（50）班禅胡土克图为问安事呈康熙帝奏文，康熙三十四年一月二十一日（蒙古文，第237-240页；满文见本册第49条第231-235页，公文处理记录第235-237页，第十二册第146条第542-544页，公文处理记录第544页） ………………………………………………………… 237
※公文处理记录（蒙古文） ………………………………………………………… 241
25.（52）达赖汗以谢恩并奏请屡颁谕旨之事呈康熙帝奏文，康熙三十四年四月二十一日（蒙古文，第246-248页；满文见本册第51条第242-244页，公文处理记录第244-246页） ……………………………… 246
※公文处理记录（蒙古文） ………………………………………………………… 248
26.（54）布特达阿卜地王以谢恩并敕书不替之事呈康熙帝奏文，康熙三十四年四月二十一日（蒙古文，第255-260页，第129条第477-480页；满文见本册第53条第250-254页，公文处理记录第254-255页，本册第128条第474-476页，公文处理记录第476-477页） …… 255
※公文处理记录（蒙古文） ………………………………………………………… 260
27.（56）达赖喇嘛进献方物清单，康熙三十四年四月二十一日（蒙古文，第265-266页；满文见本册第55条第262-263页，公文处理记录第263-264页，第十二册第140条第529页，公文处理记录第529-530页） ………………………………………………………… 265
※公文处理记录（蒙古文） ………………………………………………………… 266
28.（58）达赖汗进献方物清单，康熙三十四年四月二十一日（蒙古文，第270-272页；满文见本册第57条第268-269页，公文处理记录第269-270页） ………………………………………………………… 270

※公文处理记录（蒙古文） …………………………………………………… 272
29.（60）布特达阿卜地王进献方物清单，康熙三十四年四月二十一日（蒙古文，第 276 页；满文见本册第 59 条第 274 页，公文处理记录第 275 页） …………………………………………………… 276
※公文处理记录（蒙古文） …………………………………………………… 277
30.（62）康熙帝以尼麻唐胡土克图因水土不服准许遣回西藏之事给布特达阿卜地王敕谕，康熙三十四年五月初五日（蒙古文，第 281-282 页；满文见本册第 61 条第 279-280 页，公文处理记录第 280-281 页） ……… 281
※公文处理记录（蒙古文） …………………………………………………… 282
31.（64）厄鲁特噶尔丹为会盟事难自定夺丹济拉等未便遣行等情事奏文，康熙三十四年七月十九日（托忒文，第 293-299 页；满文见本册第 63 条第 284-291 页，公文处理记录第 291-293 页，第十二册第 151 条第 562-570 页，第五册第 61 条第 535-541 页） …………………………………… 293
※公文处理记录（蒙古文） …………………………………………………… 299
32.（66）康熙帝著派丹济拉等前来奏请会阅事给厄鲁特噶尔丹敕谕，康熙三十四年七月二十二日（托忒文，第 310-311 页，页面文字有缺失，满文见本册第 65 条第 301-307 页，公文处理记录第 307-310 页，第十二册第 152 条第 570-577 页，第五册第 62 条第 541-546 页） ……… 310
※公文处理记录（蒙古文） …………………………………………………… 312
33.（68）康熙帝为遣员确询拥兵实情事给厄鲁特噶尔丹敕谕，康熙三十四年八月二十二日（蒙古文，第 316-318 页；满文见本册第 67 条第 313-315 页，公文处理记录第 315-316 页，第十二册第 153 条第 578-580 页，第五册第 63 条第 546-548 页） …………………………………… 316
※公文处理记录（蒙古文） …………………………………………………… 318
34.（69）康熙帝批阅户部、理藩院差往厄鲁特策妄阿喇布坦处人选、路线、日程及策动策妄阿喇布坦备兵于噶尔丹，告知策妄阿喇布坦与其有不共戴天之仇，一同出兵夹击噶尔丹等事咨文，康熙三十四年（满文，第 319-337 页，本文第 327-330 页内容亦见第十一册第 239 条第 468-471 页，本文第 331-334 页内容亦见第十一册第 240 条第 471-474 页，第十三册第 70 条第 338-342 页） …………………… 319
35.（72）康熙帝著尽陈进驻喀尔喀巴彦乌兰地方意图事给厄鲁特噶尔丹敕谕，康熙三十四年十月二十日（蒙古文，第 345-352 页；满文见本册第 71 条第 342-343 页，第十二册第 154 条第 580-581 页，第五册第 64 条第 548-549 页） ………………………………………………… 345

※公文处理记录（蒙古文） …………………………………………………………… 352
36.（74）康熙帝为遣送达赖喇嘛所请两具佛像及问安事给达赖喇嘛敕谕，康熙三十四年十月二十二日（蒙古文，第 356-358 页；满文见本册第 73 条第 353-355 页，公文处理记录第 355-356 页，第十二册第 141 条第 531 页，公文处理记录第 531-532 页） ………………………………………… 356
※公文处理记录（蒙古文） …………………………………………………………… 358
37.（76）康熙帝为遣送达赖喇嘛所请两具佛像及问安事给班禅胡土克图敕谕，康熙三十四年十月二十二日（蒙古文，第 361-362 页；满文见本册第 75 条第 359-360 页，公文处理记录第 360-361 页，第十二册第 147 条第 545 页，公文处理记录第 545-546 页） ……………………… 361
※公文处理记录（蒙古文） …………………………………………………………… 362
38.（78）康熙帝为遣送达赖喇嘛所请两具佛像及问安事给厄鲁特达赖汗敕谕，康熙三十四年十月二十二日（蒙古文，第 366-367 页；满文见本册第 77 条第 364-365 页，公文处理记录第 365-366 页） ……………… 366
※公文处理记录（蒙古文） …………………………………………………………… 367
39.（80）康熙帝为遣送达赖喇嘛所请两具佛像及问安事给布特达阿卜地王敕谕，康熙三十四年十月二十二日（蒙古文，第 371-372 页；满文见本册第 79 条第 368-370 页，公文处理记录第 370-371 页） ……………… 371
※公文处理记录（蒙古文） …………………………………………………………… 372
40.（82）康熙帝斥责阻拦五世班禅入觐并著速定会阅地点日期等情事给噶尔丹敕谕，康熙三十四年十月三十日（蒙古文，第 379-383 页；满文见本册第 81 条第 373-377 页，公文处理记录第 377- 379 页，第十二册第 155 条第 582-587 页，第五册第 65 条第 549-543 页） …………………… 379
※公文处理记录（蒙古文） …………………………………………………………… 383
※康熙三十四年档册 ………………………………………………………………… 386
41.（84）达赖喇嘛以其所遣使臣未能到达，机密事情依第巴之言行事等因给泽卜尊丹巴胡土克图文书，康熙三十四年（满文，第 387-388 页） … 387
42.（85）达赖喇嘛以其所遣使臣未能到达，机密事情按照第巴指示行事等因给土谢图汗文书，康熙三十四年（满文，第 388-390 页） …………… 388
43.（86）达赖喇嘛以曾遣使臣及书信均未能到达，往后书信不替等事给土谢图汗之子噶勒丹文书，康熙三十四年（满文，第 390 页）…………… 390
44.（87）第巴以其所遣使臣未能到达及详情由绰木巴喀巴额木齐转告等事给泽卜尊丹巴胡土克图之文书，康熙三十四年（满文，第 391-392 页） … 391
45.（88）第巴以其所遣使臣未能到达及详情由绰木巴喀巴额木齐转告之事给土谢图汗之文书，康熙三十四年（满文，第 392-393 页） …………… 392

46. （89）第巴以其所遣使臣未能到达及详情由绰木巴喀巴额木齐转告之事给土谢图汗之子噶勒丹之文书，康熙三十四年（满文，第 393–394 页） … 393
47. （91）达赖喇嘛其所遣使臣未能到达等事给车木楚克纳木扎尔之文书，康熙三十四年（蒙古文，第 396 页；满文见本册第 90 条第 395 页） …… 396
48. （93）第巴以互相没能通使及其绰木巴喀巴额木齐转告等事给车木楚克纳木扎尔处之文书，康熙三十四年（蒙古文，第 398 页；满文见本册第 92 条第 397 页） …… 398
49. （95）土谢图汗以其与噶尔丹交恶详情及附清始末转告达赖喇嘛之文书，康熙三十四年（蒙古文，第 409–419 页；满文见本册第 94 条第 399–408 页） …… 409
50. （96）车臣汗以收到信物及问安进献方物等事回复达赖喇嘛之文书，康熙三十四年（蒙古文，第 420–421 页） …… 420
51. （97）多罗郡王顾禄什希卜以收到信物及虽以战事受害，但已幸得清朝恩养等事回复达赖喇嘛和第巴之文书，康熙三十四年（蒙古文，第 421–423 页） …… 421
52. （98）多罗郡王善巴以收到信物及巴图尔济农告知，达赖喇嘛使臣曾到喀尔喀边界未能进边而返回等事回复达赖喇嘛和第巴之文书，康熙三十四年（蒙古文，第 423–425 页） …… 423
53. （99）多罗郡王滚布以收到信物及受恩安插等事回复达赖喇嘛和第巴之文书，康熙三十四年（蒙古文，第 425–426 页） …… 425
54. （100）多罗贝勒西地西里以收到信物及问安事回复达赖喇嘛和第巴之文书，康熙三十四年（蒙古文，第 427–428 页） …… 427
55. （101）多罗贝勒萨穆多尔济以收到其父达尔马什里之礼及受恩安插等事回复达赖喇嘛和第巴之文书，康熙三十四年（蒙古文，第 428–429 页） …… 428
56. （102）多罗贝勒额尔克车卜登之长子旺扎尔以收到信物及进献方物等事回复达赖喇嘛和第巴之文书，康熙三十四年（蒙古文，第 429–430 页） …… 429
57. （103）固山贝子车卜登以收到礼物及受清朝恩养而生活等事回复达赖喇嘛和第巴之文书，康熙三十四年（蒙古文，第 430–431 页） …… 430
58. （104）固山贝子阿南达以收到使臣所送之礼及受清朝恩养而生活等事回复达赖喇嘛和第巴之文书，康熙三十四年（蒙古文，第 431–432 页） …… 431
59. （105）固山贝子盆楚克以收到使臣所送之礼及受清朝恩养而生活等事回复达赖喇嘛和第巴之文书，康熙三十四年（蒙古文，第 432–434 页） …… 432

60. （106）镇国公汉都以收到使臣所送之礼及受清朝恩养而生活等事回复达赖喇嘛和第巴之文书，康熙三十四年（蒙古文，第 434–436 页） …… 434
61. （107）镇国公苏泰以收到使臣所送之礼及受清朝恩养而生活等事回复达赖喇嘛和第巴之文书，康熙三十四年（蒙古文，第 437 页） …… 437
62. （108）镇国公汪舒克以收到使臣所送之礼及受清朝恩养而生活等事回复达赖喇嘛和第巴之文书，康熙三十四年（蒙古文，第 438–439 页） …… 438
63. （109）扎萨克一等台吉班珠尔多尔济以收到使臣所送之礼及受清朝恩养而生活等事回复达赖喇嘛和第巴之文书，康熙三十四年（蒙古文，第 439–441 页） …… 439
64. （110）扎萨克一等台吉车陵达什以收到使臣所送之礼及受清朝恩养而生活等事回复达赖喇嘛和第巴之文书，康熙三十四年（蒙古文，第 441–443 页） …… 441
65. （111）扎萨克一等台吉车木楚克纳木札尔以收到使臣所送之礼及受清朝恩养而生活等事回复达赖喇嘛和第巴之文书，康熙三十四年（蒙古文，第 443–444 页） …… 443
66. （112）扎萨克一等台吉阿玉锡以收到使臣所送之礼及受清朝恩养而生活等事回复达赖喇嘛和第巴之文书，康熙三十四年（蒙古文，第 444–445 页） …… 444
67. （113）扎萨克一等台吉丹津以收到使臣所送之礼及受清朝恩养而生活，未能接应达赖喇嘛使臣等事给达赖喇嘛和第巴之文书，康熙三十四年（蒙古文，第 445–447 页） …… 445
68. （114）扎萨克一等台吉里德尔之母以收到使臣所送之礼及受清朝恩养而生活等事回复达赖喇嘛和第巴之文书，康熙三十四年（蒙古文，第 448–449 页） …… 448
69. （115）贝子盆楚克之和硕台吉多尔济以收到使臣所送之礼及受清朝恩养而生活等事回复达赖喇嘛和第巴之文书，康熙三十四年（蒙古文，第 449–450 页） …… 449
70. （116）喀尔喀台吉策妄多尔济以收到使臣所送之礼及受清朝恩养而生活等事回复达赖喇嘛和第巴之文书，康熙三十四年（蒙古文，第 450–451 页） …… 450
71. （117）车臣汗所属墨尔根台吉次子策旺台吉以收到使臣所送之礼及进献哈达等事回复达赖喇嘛之文书，康熙三十四年（蒙古文，第 452 页） …… 452
72. （118）多罗郡王顾禄什希卜之和硕色楞喇锡之子凯木楚克台吉以收到使臣所送之礼及进献哈达等事回复达赖喇嘛和第巴之文书，康熙三十四年（蒙古文，第 452–454 页） …… 452

73. （119）镇国公汪舒克之叔父色林钦以收到使臣所送之礼及受清朝恩养而生活等事回复达赖喇嘛和第巴之文书，康熙三十四年（蒙古文，第 454-455 页） …… 454
74. （120）多罗郡王顾禄什希卜之弟诺颜胡土克图以收到使臣所送之礼及受清朝恩养而生活等事回复达赖喇嘛和第巴之文书，康熙三十四年（蒙古文，第 455-457 页） …… 455
75. （121）扎萨克亲王册旺扎布所属噶尔亶胡土克图以收到使臣所送之礼及问安事回复达赖喇嘛和第巴之文书，康熙三十四年（蒙古文，第 457-457 页） …… 457
76. （122）土谢图汗为达赖喇嘛进献方物之清单，康熙三十四年正月初三日（满文，第 458 页） …… 458
※公文处理记录（满文） …… 459
※康熙三十六年档册 …… 481
77. （130）第巴特遣尼麻唐胡土克图及卓尔磨隆堪布向康熙帝秘陈五世达赖圆寂始末，并恳请康熙帝继续密藏等事奏文，康熙三十六年闰三月十六日（满文，第 482-485 页，亦见第十五册第 8 条第 17-21 页） …… 482

第十四册

1. （3）康熙帝为发兵征讨噶尔丹著安抚属众事给厄鲁特策妄阿喇布坦敕谕，康熙三十五年正月二十四日（蒙古文，第 8–12 页；满文见本册第 2 条第 2–6 页，公文处理记录第 6–7 页，第十三册第 133 条第 493–500 页，第十一册第 241 条第 474–479 页，第五册第 66 条第 554–560 页）…………… 8

※公文处理记录（蒙古文） …………………………………………………………… 12

2. （5）达赖喇嘛由商南多尔济等转告未能说服班禅胡土克图应召赴京之事呈康熙帝奏文，康熙三十五年六月三十日（蒙古文，第 19–23 页；满文见本册第 4 条第 15–18 页，本册第 28 条第 165–168 页，公文处理记录第 168 页） …………………………………………………………………………… 19

3. （7）班禅胡土克图以不能应召赴京之事呈康熙帝奏文，康熙三十五年（蒙古文，第 29–36 页；满文见本册第 6 条第 24–29 页） …………………… 29

4. （9）第巴为班禅胡土克图不能应召赴京之奏文，康熙三十五年（蒙古文，第 51–65 页；满文见本册第 8 条第 37–51 页） ……………………………… 51

5. （11）陀音胡土克图、垂木朱尔喇木扎木巴、商南多尔济等与达赖喇嘛、第巴所遣罗尼尔毕力隆巴一同面见班禅胡土克图之详情奏文，康熙三十五年（蒙古文，第 95–125 页；满文见本册第 10 条第 66–95 页） ………………… 95

6. （13）第巴以班禅胡土克图不能赴京之事呈康熙帝奏文，康熙三十五年六月三十日（蒙古文，第 130–134 页；满文见本册第 12 条第 126–129 页，本册第 30 条第 171–174 页，公文处理记录第 174 页） ……………………… 130

7. （15）班禅胡土克图以不能应召赴京之事给第巴之文书，康熙三十五年（蒙古文，第 137–140 页；满文见本册第 14 条第 135–137 页） …………… 137

8. （17）内齐陀音胡土克图等往召班禅胡土克图带来的博硕克图汗使臣喇木扎木巴纳木喀林辰口奏第巴致噶尔丹文书之文，康熙三十五年（蒙古文，第 144–146 页；满文见本册第 16 条第 141–143 页） ………………………… 144

9. （19）内齐陀音胡土克图等往召班禅胡土克图带来的厄鲁特噶尔丹以班禅胡土克图未应召赴京乃好事之事转告第巴之文，康熙三十五年（蒙古文，第 148–149 页；满文见本册第 18 条第 147 页） ………………………………… 148

10. （21）博硕克图汗使臣喇木扎木巴纳木喀林辰为班禅胡土克图不能应召赴京之事给第巴之文，康熙三十五年（蒙古文，第 151–153 页；满文见本册第 20 条第 149–151 页） …… 151
11. （23）内齐陀音胡土克图等为往召班禅胡土克图带来的班禅胡土克图致第巴不能赴京之事之文，康熙三十五年（蒙古文，第 156–157 页；满文见本册第 22 条第 154–155 页） …… 156
12. （25）第巴为班禅胡土克图应召赴京之事给班禅胡土克图之文书，康熙三十五年（蒙古文，第 159 页；满文见本册第 24 条第 158 页） …… 159
13. （27）内齐陀音胡土克图等带来，第巴劝令班禅胡土克图赴京之文书，康熙三十五年二月十日（蒙古文，第 161–162 页；满文见本册第 26 条第 160–161 页） …… 161
※公文处理记录（满文） …… 163
14. （29）达赖汗以两次奏请亲自劝解班禅胡土克图应召赴京而未允等事呈康熙帝奏文，康熙三十五年（满文，第 169–170 页） …… 169
15. （32）康熙帝深责第巴与噶尔丹勾结等情事给达赖喇嘛敕谕，康熙三十五年八月初八日（蒙古文，第 183–191 页；满文见本册第 31 条第 175–182 页） …… 183
16. （34）康熙帝深责第巴与噶尔丹勾结等情事给班禅胡土克图敕谕，康熙三十五年八月初八日（蒙古文，第 197–201 页；满文见本册第 33 条第 192–196 页） …… 197
17. （36）康熙帝深责第巴与噶尔丹勾结、隐匿达赖喇嘛圆寂及谕令务必解送济隆胡土克图、噶尔丹女等事给第巴敕谕，康熙三十五年八月初八日（蒙古文，第 211–220 页，亦见第十五册第 51 条第 380–392 页；满文见本册第 35 条第 203–210 页，第十五册第 50 条第 370–380 页） …… 211
18. （38）康熙帝深责第巴与噶尔丹勾结等情事给达赖汗敕谕，康熙三十五年八月初八日（蒙古文，第 224–227 页；满文见本册第 37 条第 221–223 页） …… 224
19. （40）康熙帝以噶尔丹投奔哈密或厄鲁特地方，务必剿除等事给策妄阿喇布坦敕谕，康熙三十五年八月初八日（蒙古文，第 232–236 页；满文见本册第 39 条第 228–231 页，第十一册第 242 条第 480–484 页） …… 232
※公文处理记录（满文） …… 236
20. （42）康熙帝为劝降事给厄鲁特噶尔丹博硕克图汗、丹济拉等敕谕，康熙三十五年九月二十一日（蒙古文，第 241–244 页；满文见本册第 41 条第 238–240 页） …… 241

※公文处理记录（满文） …… 245
21.（44）达赖喇嘛以谢恩事呈康熙帝奏文，康熙三十五年十月二十三日（蒙古文，第 251–256 页；满文见本册第 43 条第 247–251 页） …… 251
22.（46）第巴以尼麻唐胡土克图、卓磨龙堪布等带来的谕旨文书内容判断恩养喀尔喀、赏赐青海台吉等诸事呈康熙帝奏文，康熙三十五年十月二十三日（蒙古文，第 261–267 页；满文见本册第 45 条第 256–261 页） …… 261
23.（48）第巴为受赏而谢恩给康熙帝奏文，康熙三十五年十月二十三日（蒙古文，第 270–272 页；满文见本册第 47 条第 268–270 页） …… 270
24.（50）达赖汗为受赏而谢恩给康熙帝奏文，康熙三十五年十月二十三日（蒙古文，第 275 页；满文见本册第 49 条第 273–274 页） …… 275
25.（52）达赖喇嘛进献方物清单，康熙三十五年十月二十三日（蒙古文，第 277–278 页；满文见本册第 51 条第 276 页） …… 277
26.（54）达赖汗进献方物清单，康熙三十五年十月二十三日（蒙古文，第 280 页；满文见本册第 53 条第 279 页） …… 280
27.（56）第巴进献方物清单，康熙三十五年十月二十三日（蒙古文，第 282 页；满文见本册第 55 条第 281 页） …… 282
28.（57）班禅胡土克图为受赏而谢恩呈康熙帝奏文，康熙三十五年（满文，第 287–289 页） …… 287
※康熙三十八年档册 …… 292
29.（60）第巴以班禅胡土克图兔年不便赴京，龙年三月初一出行之事呈康熙帝奏文，康熙三十八年二月初五日（蒙古文，第 305–313 页，亦见第 90 条第 433–441 页；满文见本册第 59 条第 294–304 页，本册第 89 条第 425–433 页，本册第 115 条第 507–516 页，本册第 117 条第 528–537 页） …… 305
30.（62）第巴以策妄阿喇布坦不愿让班禅胡土克图赴京及噶尔丹之女已嫁博硕克图济农之子，请求之前所请恩赐等事呈康熙帝奏文，康熙三十八年二月初五日（蒙古文，第 316–319 页，亦见本册第 92 条第 444–446 页；满文见本册第 61 条第 314–316 页，本册第 91 条第 441–443 页，本册第 118 条第 538–540 页） …… 316
31.（64）尼麻唐胡土克图为班禅胡土克图于龙年三月吉日赴京时，随行等事呈康熙帝奏文，康熙三十八年二月初五日（蒙古文，第 321–323 页；满文见本册第 63 条第 319–321 页） …… 321
※公文处理记录（满文） …… 324
32.（66）策妄阿喇布坦遣使以其尊行宗喀巴之教及第巴有违宗喀巴之教信息呈康熙帝之奏文，康熙三十八年五月十七日（托忒文，第 327–328 页；满文见本册第 65 条第 326–327 页，第 122 条第 548–549 页，第十一册第 230 条第 441–443 页） …… 327

※公文处理记录（满文） …………………………………………………………… 328
33. （68）达赖喇嘛为班禅赴京之事致商南多尔济、阿南达之文书，康熙三十八年五月二十八日（蒙古文，第 331 页；满文见本册第 67 条第 330 页，第 106 条第 467 页） …………………………………………… 331
34. （70）第巴以劝令班禅胡土克图，于龙年三月赴京并为六世达赖喇嘛奏请敕书印文等事给商南多尔济、阿南达之文书，康熙三十八年五月二十八日（蒙古文，第 339–345 页；满文见本册第 69 条第 332–338 页，第 116 条第 519–526 页） ……………………………………………………………… 339
35. （72）达赖汗以班禅胡土克图赴京之事给商南多尔济、阿南达等文书，康熙三十八年五月二十八日（蒙古文，第 349–351 页；满文见本册第 71 条第 347–349 页） ……………………………………………………… 349
36. （74）班禅以未出痘疹，不便赴京之事给达赖喇嘛之文书，康熙三十八年五月二十八日（蒙古文，第 353–355 页；满文见本册第 73 条第 351–353 页，第 111 条第 494–495 页） ………………………………………… 353
37. （76）班禅以未出痘疹，不便赴京之事给第巴之文书，康熙三十八年五月二十八日（蒙古文，第 356–358 页；满文见本册第 75 条第 355–356 页，第 112 条第 497–498 页） ………………………………………… 356
※公文处理记录（满文） …………………………………………………………… 358
38. （78）康熙帝以务必解来噶尔丹之女钟齐海及第巴拟于来年三月遣发班禅胡土克图来京等事给策妄阿喇布坦敕谕，康熙三十八年六月初三日（蒙古文，第 362–364 页；满文见本册第 77 条第 360–362 页，第 123 条第 551–553 页） ……………………………………………………………… 362
※公文处理记录（满文） …………………………………………………………… 364
39. （80）达赖喇嘛以班禅胡土克图来年赴京及请求敕书之事呈康熙帝奏文，康熙三十八年七月初九日（蒙古文，第 369–373 页；满文见本册第 79 条第 367–369 页，第 107 条第 469–471 页） ……………………………… 369
40. （82）达赖喇嘛以奏请不要遣兵征伐策妄阿喇布坦事呈康熙帝奏文，康熙三十八年七月初九日（蒙古文，第 374–376 页；满文见本册第 81 条第 373–374 页，第 108 条第 472–473 页） ………………………… 374
41. （84）班禅胡土克图以识认六世达赖喇嘛之事呈康熙帝奏文，康熙三十八年七月初九日（蒙古文，第 378–380 页；满文见本册第 83 条第 376–378 页，第 113 条第 499–501 页） ……………………………… 378
42. （86）班禅胡土克图为龙年三月吉日赴京之事呈康熙帝奏文，康熙三十八年七月初九日（蒙古文，第 384–388 页；满文见本册第 85 条第 381–384 页，本册第 114 条第 502–505 页） ……………………… 384

43.（88）班禅额尔德尼以达赖喇嘛、班禅额尔德尼世谱事呈康熙帝奏文，康熙三十八年七月初九日（蒙古文，第408-424页；满文见本册第87条第388-407页，本册第109条第474-490页）…………………………………… 408
44.（94）达赖喇嘛进献方物清单，康熙三十八年七月初九日（蒙古文，第447页；满文见本册第93条第446页）…………………………………… 447
45.（96）第巴进献方物清单，康熙三十八年闰七月初九日（蒙古文，第448页；满文见本册第95条第447页，本册第119条第541页）…… 448
46.（98）郭蛮喇嘛问安奏文，康熙三十八年闰七月初九日（蒙古文，第451-452页；满文见本册第97条第450-451页）…………………… 451
47.（100）第巴为确认班禅额尔德尼龙年三月赴京及几月份到西宁事给理藩院之文，康熙三十八年十月初（蒙古文，第454-455页；满文见本册第99条第454页，本册第120条第543页）………………………… 454
48.（102）达赖喇嘛为班禅胡土克图已定龙年赴京之事给西勒图胡土克图文书，康熙三十八年十月初九日（蒙古文，第458-459页；满文见本册第101条第456-457页，本册第110条第491-492页）……………… 458
49.（104）第巴为班禅胡土克图已定龙年赴京之事给西勒图胡土克图文书，康熙三十八年十月初九日（蒙古文，第460-462页；满文见本册第103条第459-460页，本册第121条第545-546页）……………………… 460

第十五册

※康熙三十六年档册 …… 1
1. （3）康熙帝以问安事给达赖喇嘛敕谕，康熙三十六年二月初九日（蒙古文，第 4-7 页；满文见本册第 2 条第 2-4 页） …… 4
2. （5）康熙帝以问安事给班禅胡土克图敕谕，康熙三十六年二月初九日（蒙古文，第 10-12 页；满文见本册第 4 条第 8-10 页） …… 10
3. （7）康熙帝以问安事给达赖汗敕谕，康熙三十六年二月初九日（蒙古文，第 15-16 页；满文见本册第 6 条第 13-14 页） …… 15
4. （10）第巴以详述五世达赖喇嘛圆寂始末及另立六世达赖喇嘛事书稿，康熙三十六年闰三月十六日（蒙古文，第 109-203 页；满文见本册第 9 条第 22-109 页） …… 109
※公文处理记录（满文） …… 204
5. （12）康熙帝以王以下文武各官以平定朔漠并太和殿告成，上表行庆贺礼，颁诏天下之诏书，康熙三十六年七月十九日（蒙古文，第 226-250 页；满文见本册第 11 条第 206-224 页） …… 226
6. （14）康熙帝以解送噶尔丹骸骨及其女钟齐海、同盟者之事给厄鲁特策妄阿喇布坦敕谕，康熙三十六年七月二十日（蒙古文，第 255-258 页；满文见本册第 13 条第 251-254 页，亦见第 11 册第 244 条第 488-491 页） …… 255
7. （16）康熙帝以噶尔亶多尔济逃去厄鲁特之事略无责备之意，伊系鄂齐尔图车臣汗之孙，倘往尔地欲居于彼，可收之，好加抚养。如欲归来即行遣回遗留人之事给策妄阿喇布坦敕谕，康熙三十六年八月十四日（蒙古文，第 261-262 页；满文见本册第 15 条第 259-260 页，亦见第 11 册第 245 条第 491-493 页） …… 261
8. （18）额贝都拉达尔汉白克以厄鲁特丹济拉率家属来降，于六月十五日至哈密城，请求面圣及伊拉古克三胡土克图之信息转呈康熙帝奏文，康熙三十六年九月二十二日（蒙古文，第 267-270 页；满文见本册第 17 条第 263-266 页） …… 267

9. （20）阿喇布坦为合色等奉差赉到敕书内，令臣当兄弟同居，臣原欲即往与之游牧，因臣妻大病，今年不能亲身往觐之事呈康熙帝奏文，康熙三十六年十月十日（蒙古文，第 273-274 页；满文见本册第 19 条第 271-272 页） …… 273
10. （22）阿喇布坦为陈复皇帝敕谕之事致大将军之文，康熙三十六年十月十日（蒙古文，第 276 页；满文见本册第 21 条第 275-276 页） …… 276
11. （24）额贝都拉达尔汉白克为擒送伊拉古克三胡土克图、车陵桑鲁卜到肃州之信息呈康熙帝奏文，康熙三十六年十月十六日（蒙古文，第 279-280 页；满文见本册第 23 条第 278 页） …… 279
12. （26）康熙帝遣使往招丹津鄂木布之敕谕，康熙三十六年十月二十三日（蒙古文，第 284-287 页；满文见本册第 25 条第 281-283 页） …… 284
13. （28）康熙帝遣使往招阿拉布坦台吉之敕谕，康熙三十六年十月二十日（蒙古文，第 291-294 页；满文见本册第 27 条第 288-290 页） …… 291
14. （30）第巴为不能一同派遣济隆胡土克图和第穆胡土克之事呈康熙帝奏文，康熙三十六年十一月初二日（蒙古文，第 303-310 页；满文见本册第 29 条第 295-302 页，亦见第 13 册第 131 条第 486-491 页） …… 303
15. （32）第巴为陈复谕旨所责四事奏文，康熙三十六年十一月初二日（蒙古文，第 319-327 页；满文见本册第 31 条第 311-318 页） …… 319
16. （34）第巴为谢恩事呈康熙帝奏文，康熙三十六年十一月初二日（蒙古文，第 330-331 页；满文见本册第 33 条第 328-329 页） …… 330
17. （36）第巴为八月遣送济隆胡土克图事呈康熙帝奏文，康熙三十六年十一月初二日（蒙古文，第 332 页；满文见本册第 35 条第 332 页） …… 332
※公文处理记录（满文） …… 332
18. （38）策妄阿喇布坦为听信谗言违旨之事致一等侍卫阿南达文书，康熙三十六年十一月二十六日（托忒文，第 334 页；满文见本册第 37 条第 334 页） …… 334
19. （40）康熙帝为济隆胡土克图免其死罪，但务必解送其及噶尔丹之女，并奏报班禅胡土克图出行之吉日等事给布忒达阿白迪王（第巴）敕谕，康熙三十九年三月二十九日（蒙古文，第 340-344 页；满文见本册第 39 条第 336-338 页） …… 340
※康熙三十七年档册 …… 345
20. （43）策妄阿喇布坦奏陈第巴匿达赖喇嘛圆寂之事，斥班禅而自尊，恳请睿鉴等事呈康熙帝奏文，康熙三十七年正月初六日（托忒文，第 348-350 页；满文见本册第 42 条第 346-348 页） …… 348

21. （45）郭蛮喇嘛为丹济拉、噶尔亶多尔济之事口奏之事呈康熙帝奏文，康熙三十七年正月初六日（托忒文，第 354-357 页；满文见本册第 44 条 350-353 页） …… 354
※公文处理记录（满文） …… 357
22. （47）额贝都拉达尔汉白克为阿拉布坦、丹津鄂木布之信息呈康熙帝之奏文，康熙三十七年正月二十日（蒙古文，第 360-362 页；满文见本册第 46 条第 359-360 页） …… 360
23. （49）喀尔喀阿哈带以随憨都台吉及额尔德尼和硕齐一并被青海奈曼台吉擒拿，今欲附清之事呈康熙帝奏文，康熙三十七年二月二十八日（托忒文，第 366-368 页；满文见本册第 48 条第 364-366 页） …… 366
※公文处理记录（满文） …… 369
24. （53）第巴陈复谕旨所责四事给策妄阿喇布坦文书，康熙三十六年二月二十九日（蒙古文，第 402-412 页；满文见本册第 52 条第 393-402 页） …… 402
25. （55）第巴为班禅胡土克图未能应召赴京之事给策妄阿喇布坦文书，康熙三十六年二月二十九日（蒙古文，第 418-423 页；满文见本册第 54 条第 413-418 页） …… 418
26. （57）康熙帝为从策妄阿喇布坦的奏文中已获知第巴囚禁班禅，不得见人，无视达赖喇嘛和班禅胡图克图的权威，擅作行事的无礼行为，并对其进行指责之事给策妄阿喇布坦敕谕，康熙三十七年三月初吉日（蒙古文，第 427-431 页；满文见本册第 56 条第 425-427 页，亦见第 11 册第 246 条第 493-496 页） …… 427
27. （59）康熙帝为斥责第巴囚禁班禅，不得见人，无视达赖喇嘛和班禅胡图克图的权威，隐匿达赖喇嘛圆寂、唆使噶尔丹兴戎、阻止班禅赴京等罪行，令其尊崇班禅，使之坐达赖喇嘛床，并奉旨前往内地，解送博硕克图济农之媳等事给第巴敕谕，康熙三十七年三月初吉日（蒙古文，第 434-438 页；满文见本册第 58 条第 431-434 页） …… 434
※公文处理记录（满文） …… 438
28. （61）策妄阿喇布坦遣阿卜都喇额尔克寨桑转告康熙帝之奏文，康熙三十七年四月十七日（蒙古文，第 441 页；满文见本册第 60 条 441 页） …… 441
29. （63）策妄阿喇布坦特遣阿布都拉厄尔克寨桑、萨木坦达尔汉鄂木布为贸易之事呈康熙帝奏文，康熙三十七年四月十七日（蒙古文，第 442 页；满文见本册第 62 条第 442 页） …… 442
30. （65）策妄阿喇布坦为关照阿卜都喇鄂尔克寨桑使臣萨木泰达尔汉鄂木布之事致将军之文书，康熙三十七年四月十七日（蒙古文，第 443-444 页；满文见本册第 64 条第 443 页） …… 443

31. （67）青海厄鲁特喇锡王以受赏谢恩并进献方物事呈康熙帝奏文，康熙三十七年五月初三日（蒙古文，第 447-448 页、满文见本册第 66 条 445-446 页） …… 447
32. （69）班禅胡土克图为济隆额尔德尼因初到厄鲁特地方，不能成功，实出无可奈何，今有疾，是以略知延迟，此时前去，心殊忧虑，祈如谕旨，勿致伤其身命，鉴宥遣回等语之事呈康熙帝奏文，康熙三十七年五月二十六日（蒙古文，第 452-454 页；满文见本册第 68 条第 450-452 页） …… 452
33. （71）班禅胡土克图为前差内齐陀音招其入京，达赖喇嘛、第巴亦曾遣使相促，但其所学者浅，不能为功于道法，且未出痘疹，是以不往，并非第巴阻止等事呈康熙帝奏文，康熙三十七年五月二十六日（蒙古文，第 458-462 页；满文见本册第 70 条第 454-458 页） …… 458
34. （73）班禅胡土克图为复接使臣口传谕令之事呈康熙帝奏文，康熙三十七年五月二十六日（蒙古文，第 463 页；满文见本册第 72 条第 462-463 页） …… 463
35. （75）布忒达阿白迪王（第巴）为谢恩及遣送济隆胡土克图等事呈康熙帝奏文，康熙三十七年五月二十六日（蒙古文，第 468-472 页；满文见本册第 74 条第 463-467 页） …… 468
36. （77）布忒达阿白迪王（第巴）为鄂尔斋图哈滩巴图尔、噶勒亶多尔济求情之事及遣返喇布扎木巴胡土克图僧徒等事呈康熙帝奏文，康熙三十七年五月二十六日（蒙古文，第 474-477 页；满文见本册第 76 条第 472-474 页） …… 474
37. （79）布忒达阿白迪王（第巴）以今济隆胡土克图有疾，遣送途中遇有不顺之事呈康熙帝奏文，康熙三十七年五月二十六日（蒙古文，第 480-484 页；满文见本册第 78 条第 477-480 页） …… 480
※公文处理记录（满文） …… 484
38. （81）阿卜都里什特、额尔克台吉二人被噶尔丹所擒受辱十四年，今被清朝遣使护送归国而谢恩之事呈康熙帝奏文，康熙三十七年七月初九日（蒙古文，第 489-490 页；满文见本册第 80 条第 487-488 页） …… 489
※公文处理记录（满文） …… 491
39. （83）策妄阿喇布坦奏请对其往返使臣给予关照之事呈康熙帝奏文，康熙三十七年七月初九日（蒙古文，第 492 页；满文见本册第 82 条第 492 页） … 492
40. （85）策妄阿喇布坦奏请其使臣路途行走给予方便之事呈康熙帝奏文，康熙三十七年七月初九日（蒙古文，第 493 页；满文见本册第 84 条第 493 页） …… 493

41. （87）哈密回子头目额贝杜拉达尔汉白克以被授为扎萨克之事遣子谢恩之事呈康熙帝奏文，康熙三十七年七月二十六日（蒙古文，第 497-500 页；满文见本册第 86 条第 495-497 页） …………………………………… 497
42. （89）策妄阿喇布坦使臣云端格隆以噶尔亶多尔济被辉特人所杀及遣发噶尔丹骸骨等事呈康熙帝奏文，康熙三十七年八月初三日（托忒文，第 502-503 页；满文见本册第 88 条第 501-502 页，亦见第 11 册第 228 条第 437-439 页） …………………………………… 502
43. （92）阿卜都里什特为随谕令暂留博罗塔喇之事呈康熙帝奏文，康熙三十七年八月初三日（蒙古文，第 509-510 页；满文见本册第 91 条第 508-509 页） …………………………………… 509
44. （94）阿卜都里什特为随谕令暂留博罗塔喇之事致内大臣索额图之文书，康熙三十七年八月初三日（蒙古文，第 511-512 页；满文见本册第 93 条 510-511 页） …………………………………… 511
※公文处理记录（满文） …………………………………… 512
45. （96）哈密扎萨克额贝都拉达尔汉白克为亲自觐见康熙帝及策妄阿喇布坦未伐哈萨克等事致清朝将军之文书，康熙三十七年七月二十一日（蒙古文，第 516-519 页；满文见本册第 95 条第 513-515 页） …………………………………… 516
※公文处理记录（满文） …………………………………… 519
46. （98）达赖喇嘛为康熙帝赠予尊号之事呈康熙帝奏文，康熙三十七年十二月初吉日（蒙古文，第 525-529 页；满文见本册第 97 条第 521-525 页） …………………………………… 525
47. （100）第巴为献礼庆贺六世达赖喇嘛坐床并呈康熙帝上尊号之事奏文，康熙三十七年十二月初吉日（蒙古文，第 532-535 页；满文见本册第 99 条第 529-532 页） …………………………………… 532
48. （102）达赖喇嘛为答谢恩惠之事呈康熙帝奏文，康熙三十七年十二月初吉日（蒙古文，第 541-548 页；满文见本册第 101 条第 535-541 页） … 541
49. （104）达赖喇嘛为请旨鄂齐尔图哈滩巴图尔等暂游牧于西喇塔拉周边及为第穆胡土克图求情等事呈康熙帝奏文，康熙三十七年十二月（蒙古文，第 549-551 页；满文见本册第 103 条第 548-549 页） ………… 549
50. （106）达赖汗为谢恩之事呈康熙帝奏文，康熙三十七年十二月初吉日（蒙古文，第 552-553 页；满文见本册第 105 条第 551-552 页） ………… 552
51. （108）执教达赖汗为献礼庆贺六世达赖喇嘛坐床并赠康熙帝尊号之事呈康熙帝奏文，未标年份（蒙古文，第 554 页；满文见本册第 107 条第 553-554 页） …………………………………… 554

52.（110）第巴为答谢赏赐六世达赖喇嘛之恩及已遣第穆胡土克图等事呈康熙帝奏文，康熙三十七年十二月初吉日（蒙古文，第 558-561 页；满文见本册第 109 条第 555-558 页）…… 558
53.（112）第巴为恩赐之事呈康熙帝奏文，康熙三十七年十二月初吉日（蒙古文，第 565-569 页；满文见本册第 111 条第 562-565 页）…… 565
※公文处理记录（满文）…… 569
54.（114）班禅胡土克图为庆贺六世达赖喇嘛坐床并赠康熙帝十万吉祥称号之事之奏文，康熙三十七年十一月十四日（蒙古文，第 575-576 页；满文见本册第 113 条第 573-575 页）…… 575
55.（116）班禅胡土克图为谢恩事呈康熙帝奏文，康熙三十七年十二月初吉日（蒙古文，第 580-583 页；满文见本册第 115 条第 577-579 页）…… 580
※公文处理记录（满文）…… 583

第十六册

※年份不详档册 …………………………………………………………………………… 1
1. （3）康熙帝以第巴秘奏达赖喇嘛圆寂已有十六年等情形事给皇太子敕谕，未标年份（蒙古文，第 28-55 页；满文见本册第 2 条第 1-27 页） ………… 28
2. （4）阿卜都里什特、额尔克台吉为洪台吉遣其原籍之事呈康熙帝奏文，康熙三十七年七月初九日（蒙古文，第 56-59 页） ………………………… 56
※公文处理记录（满文） ………………………………………………………………… 59
3. （6）郭蛮喇嘛为谢恩事呈康熙帝奏文，康熙四十一年八月二十三日（托忒文，第 62-64 页；满文见本册第 5 条第 61-62 页） ……………………… 62
※公文处理记录（满文） ………………………………………………………………… 65
※康熙帝三十九年档册 …………………………………………………………………… 67
4. （9）土尔扈特阿玉奇为班禅应召前往之心动摇之事呈康熙帝奏文，康熙三十九年正月二十三日（托忒文，第 70 页；满文见本册第 8 条第 69 页） …… 70
5. （11）和硕特昆都仑之侄察汗阿海为请安之事呈康熙帝奏文，康熙三十九年正月二十三日（托忒文，第 71-72 页；满文见本册第 10 条第 70-71 页） ……… 71
※公文处理记录（满文） ………………………………………………………………… 72
6. （13）达赖喇嘛为班禅胡土克图应召前往心动摇之等事呈康熙帝奏文，康熙三十九年三月吉日（蒙古文，第 78-84 页；满文见本册第 12 条第 74-78 页） ……………………………………………………………………………… 78
7. （15）班禅胡土克图为应召赴塔尔寺拜见康熙帝之事呈康熙帝奏文，康熙三十九年五月二十七日（蒙古文，第 90-96 页；满文见本册第 14 条第 84-90 页） ……………………………………………………………………… 90
8. （17）第巴为班禅胡土克图应召前往之心动摇之事呈康熙帝奏文，康熙三十九年五月二十七日（蒙古文，第 101-108 页；满文见本册第 16 条第 96-101 页） …………………………………………………………………… 101

9.（19）康熙帝以斥责第巴诈称达赖喇嘛之言助噶尔丹及阻止班禅来京等种种罪行并归还所赐金印册，解送打死打箭炉内土司之营官等事致第巴敕谕，康熙三十九年六月十六日（蒙古文，第 121-132 页；满文见本册第 18 条第 111-121 页）…… 121
10.（21）达赖喇嘛为答复邀请班禅赴京之事致商南多尔济喇嘛和阿南达之文书，康熙三十九年七月初（蒙古文，第 138-142 页；满文见本册第 20 条第 135-138）…… 138
11.（23）第巴为答复遣使邀请班禅赴京之事致商南多尔济之文书，康熙三十九年九月初（蒙古文，第 144-145 页；满文见本册第 22 条第 142-144 页）…… 142
※公文处理记录（满文）…… 146
12.（25）策妄阿喇布坦以遵旨解噶尔丹之女钟齐海到京，命与噶尔丹之子塞卜腾巴尔珠尔同室事呈康熙帝奏文，康熙三十九年九月二十三日（托忒文，第 149-151 页；满文见本册第 24 条第 147-149 页）…… 149
※公文处理记录（满文）…… 151
13.（27）郭蛮喇嘛为问安事呈康熙帝奏文，康熙三十九年九月三十日（托忒文，第 153-155 页；满文见本册第 26 条第 152-153 页）…… 153
14.（29）六世达赖喇嘛为班禅是否赴京之事无法给予明确答复之事给员外郎保住之文，康熙三十九年十一月初六日（蒙古文，第 156-158 页；满文见本册第 28 条第 155-156 页）…… 156
15.（31）第巴以自己屡次遣使令班禅赴京等事给员外郎保住之文，康熙三十九年十一月初六日（蒙古文，第 159-160 页；满文见本册第 30 条第 158-159 页）…… 159
※公文处理记录（满文）…… 160
16.（33）六世达赖喇嘛为自己和第巴均未能劝班禅赴京而遣使奏明事由之事给商南多尔济等之文，康熙三十九年十一月吉日（蒙古文，第 162-163 页；满文见本册第 32 条第 161-162 页）…… 162
17.（35）第巴为拟于十一月遣使奏明劝令班禅赴京失败详情等事给商南多尔济喇嘛等之文，康熙三十九年十一月吉日（蒙古文，第 166-167 页；满文见本册第 34 条第 164-165 页）…… 166
18.（37）达赖喇嘛为拟于十一月遣使奏明劝令班禅赴京失败详情等事给员外郎保住之文，康熙三十九年十一月吉日（蒙古文，第 169-171 页；满文见本册第 36 条第 167-168 页）…… 169
19.（39）第巴为拟于十一月遣使奏明劝令班禅赴京失败详情等事给员外郎保住之文，康熙四十年十一月吉日（蒙古文，第 173-175 页；满文见本册第 38 条第 171-173 页）…… 173

20. （41）尼麻唐胡土克图以请保住等原地稍息等待，自己正赍达赖喇嘛、班禅、第巴等人奏书赶来之事文书，康熙三十九年十二月月二十一日（蒙古文，第 176 页；满文见本册第 40 条第 175–176 页） …… 176
※康熙帝四十年档册 …… 179
21. （44）拉藏以无法忍受商南多尔济之凌辱被迫率众西徙详情呈康熙帝奏文，康熙四十年正月初八日（蒙古文，第 182–185 页；满文见本册第 43 条第 180–182 页，亦见第 12 册 43 条第 160–162 页） …… 182
22. （46）康熙帝为招回拉藏台吉驻牧于青海之地之敕谕，康熙四十年正月初九日（蒙古文，第 188–191 页；满文见本册第 45 条第 186–188 页，亦见第 12 册第 44 条第 162–164 页） …… 188
※公文处理记录（满文） …… 191
23. （48）拉藏以难以忍受商南多尔济之凌辱被迫率众西徙之事给员外郎保住之文，康熙四十年正月二十日（蒙古文，第 193–195 页；满文见本册第 47 条第 192–193 页，亦见第 12 册第 45 条第 165–166 页） …… 193
※公文处理记录（满文） …… 195
24. （50）扎什巴图尔为青海当局担心之事呈康熙帝奏文，康熙四十年正月二十四日（蒙古文，第 199–201 页；满文见本册第 49 条第 196–199 页，亦见第 12 册第 47 条第 170–171 页） …… 199
25. （52）青海彭苏克台吉等以拉藏西徙并非与第巴朋比，拉藏和青海众台吉不与第巴朋比等事呈康熙帝奏文，康熙四十年正月二十四日（托忒文，第 203–205 页；满文见本册第 51 条第 201–203 页，亦见第 12 册第 56 条第 184–185 页） …… 203
26. （54）阿齐巴图鲁台吉为深受族人排斥而委屈之事呈奏文，康熙四十年正月二十四日（蒙古文，第 209–213 页；满文见本册第 53 条第 206–209 页，亦见第 12 册第 57 条第 187–189 页） …… 209
27. （56）车臣台吉为因病不能与拉藏和戴青和硕齐一同前往之事呈康熙帝奏文，康熙四十年一月二十四日（蒙古文，第 215–216 页；满文见本册第 55 条第 213–214 页，亦见第 12 册第 58 条第 191–192 页） …… 215
※公文处理记录（满文） …… 216
28. （58）额贝都拉达尔汉白克以策妄阿喇布坦欲攻青海等事给商南多尔济、阿南达文书，康熙四十年一月二十八日（蒙古文，第 219–221 页；满文见本册第 57 条第 217–219 页，亦见第 12 册第 59 条第 194–195 页） …… 219
※公文处理记录（满文） …… 221
29. （60）额尔德尼巴赖为恳求徙居故居之事呈康熙帝奏文，康熙四十年一月三十日收（蒙古文，第 223–224 页；满文见本册第 59 条第 222–223 页，亦见第 12 册第 60 条第 196–197 页） …… 223

※公文处理记录（满文）………………………………………………………… 224
30. （62）拉藏为返回故居之事呈康熙帝奏文，康熙四十年二月二十二日（蒙古文，第 227-228 页；满文见本册第 61 条第 225-226 页，亦见第 12 册第 46 条第 167-168 页）………………………………………… 227
※公文处理记录（满文）………………………………………………………… 228
31. （64）达赖喇嘛为打箭炉边界纠纷等事呈康熙帝奏文，康熙四十年二月吉日（蒙古文，第 232-236 页；满文见本册第 63 条第 229-232 页，亦见第 12 册第 3 条第 3-7 页）…………………………………………… 232
32. （66）班禅胡土克图以恳请下诏解决打箭炉地方边界纠纷之事呈康熙帝奏文，康熙四十年二月吉日（蒙古文，第 237-241 页；满文见本册第 65 条第 237-239 页，亦见第 12 册第 16 条第 46-48 页）……………… 237
33. （68）王布忒达阿白迪为从速解决打箭炉地方边界纠纷等事呈康熙帝奏文，康熙四十年二月吉日（蒙古文，第 245-250 页；满文见本册第 67 条第 241-245 页）……………………………………………………… 245
34. （70）达赖喇嘛派遣尼麻唐胡土克图等为班禅不能赴京之事口传商南多尔济等文书，康熙四十年十一月初吉日（蒙古文，第 251-253 页；满文见本册第 69 条第 250-251 页，亦见第 12 册第 4 条第 7-8 页，页面文字缺失）………………………………………………………………… 251
35. （72）班禅遣使为恳请从速颁发谕旨解决打箭炉土地纠纷等事给商南多尔济等文书，康熙四十年十一月初吉日（蒙古文，第 256-259 页；满文见本册第 71 条第 253-256 页，亦见第 12 册第 17 条第 48-51 页）… 256
36. （74）第巴为汉藏僧俗和睦相处之事呈康熙帝奏文，康熙四十年十一月吉日（蒙古文，第 272-287 页；满文见本册第 73 条第 260-271 页，亦见第 12 册第 25 条第 78-92 页）………………………………………… 272
37. （76）第巴为授命邀请班禅进京之事呈康熙帝奏文，康熙四十年二月十六日（蒙古文，第 291-294 页；满文见本册第 75 条第 288-291 页，亦见第 12 册第 26 条第 92-95 页）…………………………………… 291
38. （78）亲王扎什巴图尔为班禅迟迟不允应召赴京之事呈康熙帝奏文，康熙四十年二月十六日（蒙古文，第 296-298 页；满文见本册 77 条第 294-296 页，亦见第 12 册第 48 条第 172-173 页）……………… 296
39. （80）左翼博硕克台吉等为班禅迟迟不允应召赴京之事呈康熙帝奏文，康熙四十年二月十六日（蒙古文，第 301-302 页；满文见本册第 79 条第 298-300 页，亦见第 12 册第 62 条第 200-201 页）…………… 301
40. （82）右翼额尔德尼巴图鲁台吉等为班禅迟迟不允应召赴京之事呈康熙帝奏文，康熙四十年二月十六日（蒙古文，第 305-307 页；满文见本册第 81 条第 303-305 页，亦见第 12 册第 61 条第 198-199 页）……… 305

41. （84）亲王扎什巴图尔为左翼军进青海之事致将军保住之文康熙四十年三月二十一日（蒙古文，第 308 页；满文见本册第 83 条第 307 页，亦见第 12 册第 49 条第 174 页） …… 308
42. （86）亲王扎什巴图尔为探听消息之事致将军保住之文，康熙四十年三月十一日（蒙古文，第 309–310 页；满文见本册第 85 条第 308–309 页，亦见第 12 册第 50 条第 174–175 页） …… 309
43. （88）理藩院以第巴认杀害土司及绿旗兵，并言兰州、西宁原属西藏之地等罪行，归还清朝所赐敕印等事致第巴之文，康熙四十年三月二十六日（蒙古文，第 319–326 页；满文见本册第 87 条第 312–318 页，亦见第 12 册第 27 条第 96–102 页） …… 319
44. （90）理藩院为遣使退回贡品之事致班禅之文，康熙四十年三月二十六日（蒙古文，第 329–331 页；满文见本册第 89 条第 327–329 页，亦见第 12 册第 18 条第 51–53 页） …… 329
45. （92）哈密扎萨克头等衔达尔罕白克额贝都拉为报策妄阿喇布坦等处获悉之事致理藩院之文，康熙四十年三月十二日（蒙古文，第 337–341 页；满文见本册第 91 条第 333–337 页） …… 337
※公文处理记录（满文） …… 341
46. （94）亲王扎什巴图尔为从未理睬策妄阿喇布坦等人挑拨，一心跟随清朝之事呈康熙帝奏文，康熙四十年三月十七日（蒙古文，第 346–350 页；满文见本册第 93 条第 343–346 页，亦见第 12 册第 51 条第 176–179 页） …… 346
※公文处理记录（满文） …… 350
47. （96）达赖喇嘛为请康熙帝给班禅封号赐印册之事呈康熙帝奏文，康熙四十年十一月吉日（蒙古文，第 361–372 页；满文见本册第 95 条第 352–360 页，亦见第 12 册第 5 条第 8–16 页） …… 361
48. （98）达赖喇嘛为班禅应邀赴京之事呈康熙帝奏文，康熙四十年十一月吉日（蒙古文，第 375–378 页；满文见本册第 97 条第 373–375 页，亦见第 12 册第 6 条第 16–18 页） …… 375
49. （100）班禅胡土克图为请速颁发金册继续支持政教二道之事呈康熙帝奏文，康熙四十年四月初三日（蒙古文，第 380–382 页；满文见本册第 99 条第 378–380 页，亦见第 12 册第 19 条第 54–56 页） …… 380
50. （102）班禅胡土克图为未能应邀前往事由之事呈康熙帝奏文，康熙四十年四月十三日（蒙古文，第 384–387 页；满文见本册第 101 条第 382–384 页，亦见第 12 册第 20 条第 56–59 页） …… 384
51. （104）第巴为打箭炉地方命案之事呈康熙帝奏文，康熙四十年四月十三日（蒙古文，第 393–400 页；满文见本册第 103 条第 387–393 页，亦见第 12 册第 28 条第 104–110 页） …… 387

52. （106）第巴为饶恕济隆胡土克图之事致喇嘛商南多尔济、梅林章京阿南达之文，康熙四十年四月十三日（蒙古文，第 404-408 页；满文见本册第 105 条第 401-404 页，亦见第 12 册第 29 条第 110-113 页）……… 404
53. （108）第巴为助达赖喇嘛、尼玛唐胡图克图使臣奏明打箭炉地方纠纷之事致商南多尔济、阿南达之文，康熙四十年四月十三日（蒙古文，第 409-410 页；满文见本册第 107 条第 408-409 页）……………………… 409
54. （110）第巴为班禅应邀赴京之事给商南道尔济喇嘛和梅林章京阿南达之文，康熙四十年四月十三日（蒙古文，第 411-412 页；满文见本册第 109 条第 410-411 页，亦见第 12 册第 30 条第 113-114 页）…………… 411
55. （112）第巴以衙门官员谎报实情，并非西藏兵丁进入边界杀害汉兵，是汉兵进边修路而引起矛盾等事转告商南多尔济、阿南达之文，康熙四十年十二月二十九日（蒙古文，第 414-417 页；满文见本册第 111 条第 412-414 页，亦见第 12 册第 31 条第 114-116 页）……………………… 414
56. （114）第巴遣使为屡请班禅胡土克图未能进京之事转告商南多尔济、阿南达之文，康熙四十年十一月二十一日（蒙古文，第 418-419 页；满文见本册第 113 条第 417-418 页，亦见第 12 册第 32 条第 116-118 页）…… 418
57. （116）两戴青为额尔德尼台吉封号之事给喇嘛商南多尔济、梅林章京阿南达之文，康熙四十年四月十四日（蒙古文，第 420-422 页；满文见本册第 115 条第 419-420 页）……………………………………………… 420
※公文处理记录（满文）……………………………………………………………… 422
58. （118）理藩院以第巴若不妥善处理打箭炉地方纠纷之事，清朝便禁令在打箭炉地方贸易等事致班禅胡土克图之文，康熙四十年四月二十三日（蒙古文，第 428-433 页；满文见本册第 117 条第 424-427 页，亦见第 12 册第 21 条第 60-65 页）…………………………………………………… 428
59. （120）理藩院为指责第巴无端挑起打箭炉边界纠纷，认罪之前禁收其奏文和贡品之事给第巴之文，康熙四十年四月二十三日（蒙古文，第 438-445 页；满文见本册第 119 条第 433-438 页，亦见第 12 册第 33 条第 118-123 页）……………………………………………………… 438
60. （122）六世达赖喇嘛以商南多尔济谎报实情，西藏方面未做违理之事给成都府、打箭炉官员之文，康熙四十年四月二十八日（蒙古文，第 448-449 页；满文见本册第 121 条第 446-447 页，亦见第 12 册第 7 条第 18-20 页）…………………………………………………………………… 448
※公文处理记录（满文）……………………………………………………………… 449
61. （124）策妄阿喇布坦为请求对其往返于唐古特等地的使臣给予关照之事奏文，康熙四十年七月十四日，（托忒文、满文，第 452-453 页；满文见本册第 123 条第 450-451 页，亦见第 12 册第 40 条第 153-154 页）…… 452

62. （126）六世达赖喇嘛为申辩未害打箭炉尚克拉之事呈康熙帝奏文，康熙四十年四月初吉日，（蒙古文，第 456-457 页；满文见本册第 125 条第 455-456 页，亦见第 12 册第 8 条第 20-23 页） …… 456
63. （128）亲王扎什巴图尔为乌梁海人进青海之事之奏文，康熙四十年六月十八日（蒙古文，第 459-460 页；满文见本册第 127 条第 459 页，亦见第 12 册第 52 条第 179-180 页） …… 459
64. （130）亲王扎什巴图尔为已进青海之乌梁海人名事奏文，康熙四十年六月十八日（蒙古文，第 461 页；满文见本册第 129 条第 460-461 页，亦见第 12 册第 53 条第 180-181 页） …… 461
65. （132）亲王扎什巴图尔为进青海之乌梁海人名事奏文，康熙四十年六月十八日（蒙古文，第 462-463 页；满文见本册第 131 条第 462 页，亦见第 12 册第 54 条第 181 页） …… 462
66. （134）亲王扎什巴图尔为帮助敏珠兄弟团圆事奏文，康熙四十年九月初二日（蒙古文，第 464 页；满文见本册第 133 条第 464 页，亦见第 12 册第 55 条第 182-183 页） …… 464
67. （136）达赖喇嘛为打箭炉地方纠纷及第巴印册之事之奏文，康熙四十年八月吉日（蒙古文，第 469-472 页；满文见本册第 135 条第 466-468 页，亦见第 12 册第 9 条第 23-26 页） …… 469
68. （138）第巴为打箭炉地方纠纷之事之奏文，康熙四十年八月吉日（蒙古文，第 477-483 页；满文见本册第 137 条第 472-477 页，亦见第 12 册第 34 条第 124-129 页） …… 137
69. （140）六世达赖喇嘛为打箭炉地方纠纷事及五世达赖喇嘛在世之例恩赐打箭炉藏民之事致保住、阿南达之文，康熙四十年八月吉日（蒙古文，第 484-485 页；满文见本册第 139 条第 483-484 页，亦见第 12 册第 10 条第 26-27 页） …… 484
70. （142）第巴为打箭炉地方纠纷事及五世达赖喇嘛在世之例恩赐打箭炉藏民之事致保住、阿南达之文，康熙四十年八月吉日（蒙古文，第 486-487 页；满文见本册第 141 条第 485-486 页，亦见第 12 册第 35 条第 129-130 页） …… 486
71. （144）理藩院为议济隆胡土克图之事给第巴之文康熙四十年八月吉日（蒙古文，第 495-504 页；满文见本册第 143 条第 488-495 页，亦见第 12 册第 36 条第 130-138 页） …… 495
72. （146）策妄阿喇布坦遣使问安之奏文，康熙四十年十月二十日（托忒文，第 506 页；满文见本册第 145 条第 505 页，亦见第 12 册第 41 条第 155-156 页） …… 506

73. （148）厄鲁特阿拉布坦为未能及时返遣使臣缘由之事奏文，康熙四十年十月二十日（蒙古文，第 507-509 页；满文见本册第 147 条第 506-507 页，亦见第 12 册第 42 条第 157-158 页）…………………………………… 507
※公文处理记录（满文）…………………………………………………………… 509
74. （150）班禅胡土克图以五世达赖喇嘛在世之时所属西藏之打箭炉地方归还于西藏及如同恩赐五世达赖喇嘛之恩，恩赐六世达赖喇嘛，不要收回第巴之敕印等事呈康熙帝奏文，康熙四十年十一月初六日（蒙古文，第 513-515 页；满文见本册第 149 条第 510-512 页，亦见第 12 册第 22 条第 65-69 页）……………………………………………………………………………… 513
75. （152）第巴为打箭炉地方纠纷之事给侍郎满丕之文，康熙四十年十一月十六日（蒙古文，第 518-519 页；满文见本册第 151 条第 517 页，亦见第 12 册第 37 条第 139-141 页）………………………………………………… 518
※公文处理记录（满文）…………………………………………………………… 519
76. （154）达赖喇嘛以班禅迟迟未允应召赴京及打箭炉地方纠纷等奏文，康熙四十年十一月十八日，（蒙古文，第 523-525 页；满文见本册第 153 条第 520-522 页，亦见第 12 册第 11 条第 28-31 页）………………………… 523
※公文处理记录（满文）…………………………………………………………… 522
77. （156）第巴为解决打箭炉纠纷事奏文，康熙四十年十一月十八日（蒙古文，第 531-535 页；满文见本册第 155 条第 526-530 页，亦见第 12 册第 38 条第 141-146 页）…………………………………………………………………… 531
78. （158）达赖喇嘛为班禅迟迟未允应召赴京之事给侍郎满丕之文，康熙四十年十一月十八日（蒙古文，第 537-539 页；满文见本册第 157 条第 535-537 页，亦见第 12 册第 12 条第 31-33 页）………………………… 537
※公文处理记录（满文）…………………………………………………………… 539
79. （160）班禅为未能应召赴京赴塔尔寺之事及请恩赐打箭炉地方及如同五世达赖恩赐于六世达赖喇嘛，不要收回恩赐第巴之敕印等事呈康熙帝奏文，康熙四十年十一月十八日（蒙古文，第 544-548 页；满文见本册第 159 条第 540-544 页，亦见第 12 册第 23 条第 70-74 页）……………… 544
80. （162）六世达赖喇嘛、第巴遣使为请恩赐打箭炉地方及如同五世达赖恩赐于六世达赖喇嘛，不要收回恩赐第巴之敕印等事呈康熙帝奏文，康熙四十年十一月十八日（蒙古文，第 552-555 页；满文见本册第 161 条第 548-552 页，亦见第 12 册第 13 条第 33-38 页）……………… 552
81. （164）六世达赖喇嘛为屡次邀班禅赴京未成缘由及请恩赐打箭炉地方等事致侍郎满丕之文，康熙四十年十一月十八日（蒙古文，第 559-562 页；满文见本册第 163 条第 555-558 页，亦见第 12 册第 14 条第 38-41 页）……… 559

82. （166）班禅胡土克图为康熙帝已免于赴京之事致六世达赖喇嘛之文，康熙四十年十一月十八日（蒙古文，第 563–564 页；满文见本册第 165 条第 562–563 页，亦见第 12 册第 15 条第 42–43 页，亦见第 12 册第 24 条第 74–76 页） …… 563
※公文处理记录（满文） …… 564
83. （168）理藩院以第巴若不能遣送额尔德尼济农之人，则禁令商贸及使臣往来，并索回恩赐第巴之敕印等事致第巴之咨文，康熙四十年十二月二十日（蒙古文，第 569–573 页；满文见本册第 167 条第 566–569 页，亦见第 12 册 39 条第 147–151 页） …… 569
※公文处理记录（满文） …… 573

第十七册

※康熙三十七年、四十一年、四十五年、四十九年会盟档册 …………………… 1
1. （3）康熙皇帝以如何设置卡伦之事让四十九旗和喀尔喀扎萨克官员会盟商榷后奏报之事致外藩蒙古扎萨克王公台吉之敕谕，康熙三十七年三月十六日（蒙古文，第 4-6 页；满文见本册第 2 条第 2-3 页） ………………… 4
※公文处理记录（满文） ………………………………………………………… 6
2. （5）康熙皇帝以查明年满十八岁者注册为台吉之事致四十九旗扎萨克王公台吉之敕谕，康熙四十一年四月十四日（蒙古文，第 13-15 页；满文见本册第 4 条第 10-12 页） ………………………………………………………… 13
3. （7）康熙皇帝以查明年满十八岁者注册为台吉之事致喀尔喀扎萨克王公台吉之敕谕，康熙四十一年四月二十日（蒙古文，第 17-19 页；满文见本册第 6 条第 15-17 页） ………………………………………………………… 17
4. （9）康熙皇帝以查明年满十八岁者注册为台吉之事致外藩蒙古扎萨克王公台吉之敕谕，康熙四十五年三月二十日（蒙古文，第 22-24 页；满文见本册第 8 条第 21-22 页） ………………………………………………………… 22
※公文处理记录（满文） ………………………………………………………… 25
5. （11）康熙皇帝以查明年满十八岁者注册为台吉之事致外藩蒙古扎萨克王公台吉之敕谕，康熙四十九年三月二十三日（蒙古文，第 30-32 页；满文见本册第 10 条第 28-30 页） ………………………………………… 30
6. （13）康熙皇帝以查明年满十八岁者注册为台吉之事致喀尔喀扎萨克王公台吉之敕谕，康熙四十九年三月二十三日（蒙古文，第 34-37 页；满文见本册第 12 条第 32-34 页） ……………………………………………… 34
※公文处理记录（满文） ………………………………………………………… 37
※康熙四十一年档册 ……………………………………………………………… 40
7. （16）达赖喇嘛为恢复打箭炉地区贸易之事呈副都统阿斯罕安班满丕之文，康熙四十一年正月初六日（蒙古文，第 43-46 页；满文见本册第 15 条第 41-43 页） ………………………………………………………………… 43

8. （18）第巴为恢复打箭炉地区贸易，有益于汉藏地区和睦之事呈副都统阿斯罕安班满丕之文，康熙四十一年正月初六日（蒙古文，第 47-48 页；满文见本册第 17 条第 46-47 页） …… 47
※公文处理记录（满文） …… 48
9. （20）亲王扎什巴图尔呈谢恩之奏文，康熙四十一年五月二十九日（蒙古文，第 51-52 页；满文见本册第 19 条第 49-50 页） …… 51
10. （22）亲王扎什巴图尔为拉藏动向不明之事呈喇嘛商南多尔济之文，康熙四十一年五月二十九日（蒙古文，第 53 页；满文见本册第 21 条第 52 页） …… 53
※公文处理记录（满文） …… 53
11. （24）达赖喇嘛为济隆额尔德尼求情之事呈康熙帝奏文，康熙四十一年六月二十二日（蒙古文，第 56-57 页；满文见本册第 23 条第 54-56 页） …… 56
12. （26）第巴为济隆额尔德尼求情之事呈理藩院之文，康熙四十一年六月二十二日（蒙古文，第 59 页；满文见本册第 25 条第 58 页） …… 59
13. （28）康熙帝以谴责策妄阿喇布坦掠夺丹津阿拉布坦家眷和牲畜，命其速还，如不遵诏，则下令将所赏噶尔丹故属一并夺回之事致策妄阿喇布坦敕谕，康熙四十一年九月十八日（蒙古文，第 63-65 页；满文见本册第 27 条第 61-62 页，亦见第 11 册第 248 条第 500-503 页） …… 63
14. （30）第巴为济隆呼图克图有疾未能前行和尼麻唐胡土克图从打箭炉出发等事呈理藩院之文，康熙四十一年十月初二日（蒙古文，第 67-68 页；满文见本册第 29 条第 66-67 页） …… 67
15. （32）班禅为达赖喇嘛抱怨第巴独揽政教大权，肆立其为达赖喇嘛之事致扎什巴图尔之文，康熙四十一年十月初二日（蒙古文，第 71-75 页；满文见本册第 31 条第 68-71 页） …… 71
16. （34）班禅为达赖喇嘛听从第巴桑结嘉措等的劝说前往班禅处，但受比丘戒之时断然拒绝，连所受之出家戒和沙弥戒一同抛弃之事致扎什巴图尔之文，康熙四十一年十月初二日（蒙古文，第 77-80 页；满文见本册第 33 条第 75-77 页） …… 77
17. （36）第巴为达赖喇嘛赴班禅处受比丘戒始末之事呈班禅之文抄文，康熙四十一年十一月初五（蒙古文，第 91-101 页；满文见本册第 35 条第 81-90 页） …… 91
※公文处理记录（满文） …… 101
18. （38）理藩院为告知第巴，打箭炉等地贸易之商贾不再提供乌拉驿站，不能视新立达赖喇嘛如同五世达赖喇嘛尊贵，拒受达赖喇嘛、班禅、第巴等奏书及所献礼物，不再以皇帝名誉颁谕，由理藩院出面宣谕等事致班禅和第巴咨文，康熙四十一年十一月初九日（蒙古文，第 110-117 页；满文见本册第 37 条第 103-109 页） …… 110

※公文处理记录（满文）…… 117
19. （40）达赖喇嘛为退戒还俗之缘由之事呈康熙帝奏文，康熙四十一年十二月二十一日日（蒙古文，第 124–128 页；满文见本册第 39 条第 119–124 页）…… 124
20. （42）班禅为达赖喇嘛退戒还俗之事呈康熙帝奏文，康熙四十一年十二月二十一日（蒙古文，第 131–134 页；满文见本册第 41 条第 128–131 页）…… 131
21. （44）第巴为达赖喇嘛退戒还俗之事呈康熙帝奏文，康熙四十一年十二月二十一日（蒙古文，第 138–141 页；满文见本册第 43 条第 135–138 页）…… 138
22. （46）达赖喇嘛呈退戒还俗之缘由之事之奏文亲笔信之抄文，康熙四十一年十二月二十一日（蒙古文，第 146–151 页；满文见本册第 45 条第 142–146 页）…… 146
23. （48）第巴为允许打箭炉地方通使之事致丹巴色尔济之文，康熙四十一年十二月二十一日（蒙古文，第 153–155 页；满文见本册第 47 条第 152–153 页）…… 153
※公文处理记录（满文）…… 155
24. （50）理藩院以详报达赖喇嘛退戒还俗之隐情及停止呈献礼物等事致第巴咨文，年份不详（蒙古文，第 166–172 页，满文见本册第 49 条第 157–166 页）…… 166
※康熙四十二年档册 …… 173
25. （53）亲王扎什巴图尔呈谢恩之事呈康熙帝奏文，康熙四十二年三月三十日（蒙古文，第 177–178 页；满文见本册第 52 条第 175–176 页，亦见第 81 条第 277–279 页）…… 177
※公文处理记录（满文）…… 178
26. （55）达赖喇嘛为尼玛唐胡土克图从西宁前往，恳请仍视如胡土克图之事呈康熙帝奏文，康熙四十二年七月初五日（蒙古文，第 183–187 页；满文见本册第 54 条第 179–183 页，亦见第 82 条第 280–283 页）…… 183
27. （57）第巴为尼玛唐胡土克图从西宁前往，恳请仍视如胡土克图之事呈康熙帝奏文，康熙四十二年七月初五日（蒙古文，第 191–195 页；满文见本册第 56 条第 188–191 页，亦见第 83 条第 284–287 页）…… 191
28. （59）六世达赖喇嘛为牛年第巴曾为躲避罪责而拟辞第巴之职，今年第巴复陈前事，欲传第巴之位于阿旺林臣，达赖汗之位传拉藏之事呈康熙帝奏文，康熙四十二年八月十九日（蒙古文，第 204–209 页；满文见本册第 58 条第 197–203 页，亦见第 84 条第 288–293 页）…… 204
29. （61）班禅为六世达赖喇嘛不肯受比丘戒之事呈奏文，康熙四十二年八月十九日（蒙古文，第 211–212 页；满文见本册第 60 条第 209–211 页，亦见第 85 条第 293–294 页）…… 211

30. （63）第巴为六世达赖喇嘛退戒还俗之事呈康熙帝奏文，康熙四十二年八月十九日（蒙古文，第 220–227 页；满文见本册第 62 条第 213–220 页，亦见第 86 条第 294–300 页） ······ 220
31. （65）达赖喇嘛所献方物之清单，康熙四十二年八月十九日（蒙古文，第 229–230，满文见本册第 64 条第 227–228 页） ······ 229
32. （67）第巴所献方物之清单，康熙四十二年八月十九日（蒙古文，第 231–232 页；满文见本册第 66 条第 230–231 页） ······ 231
33. （69）瞻对安抚司色楞衮布为恳请速派兵助其从郭莽绰尔济处索回被夺属地之事呈丹巴色尔济之文，康熙四十二年八月十九日（蒙古文，第 234–235 页；满文见本册第 68 条第 232–233） ······ 234
※公文处理记录（满文） ······ 235
34. （71）郭莽喇嘛为掠夺瞻对地方并非冒犯，色楞衮布有错在先，其地历属土伯特，当地军民多次掠夺杀害郭莽喇嘛属民，实属无奈对其进行控制之事呈丹巴色尔济之文，康熙四十二年八月三十日（蒙古文，第 242–248 页；满文见本册第 70 条第 237–242 页） ······ 242
※公文处理记录（满文） ······ 249
35. （73）扎什巴图尔呈其对额尔德尼贝勒和色车戴青之案件调解无果，故请求康熙帝直接下旨处理之事呈康熙帝奏文，康熙四十二年九月十一日（蒙古文，第 252–254 页；满文见本册第 72 条第 250–252 页，亦见第 87 条第 301–302 页） ······ 252
36. （75）扎什巴图尔呈青海王公争夺属地之事呈康熙帝奏文，康熙四十二年九月二十一日（蒙古文，第 259–262 页；满文见本册第 74 条第 255–258 页，亦见第 88 条第 303–306 页） ······ 259
※公文处理记录（满文） ······ 263
37. （77）第巴为拉卜楞寺之徒提供乌拉驿站之事呈理藩院之文，康熙四十二年九月十八日（蒙古文，第 265–266 页；满文见本册第 76 条第 264–265 页） ······ 265
※公文处理记录（满文） ······ 266
※康熙四十三年档册 ······ 321
38. （97）阿奇巴图尔为恳请一同恩赐其兄弟之事呈康熙帝奏文，康熙四十二年十一月二十六日（蒙古文，第 323–325 页；满文见本册第 91 条第 313–314 页，亦见第 96 条第 322–323 页） ······ 323
※公文处理记录（满文） ······ 325
39. （99）策妄阿喇布坦为问安及诸事口奏之事呈康熙帝奏文，康熙四十三年九月二十二日（托忒文，第 328 页；满文见本册第 98 条第 327 页） ······ 328

※公文处理记录（满文） …………………………………………………… 328
40. （101）策妄阿喇布坦呈谢恩之奏文，康熙四十三年十一月二十一日
（托忒文，第 332-333 页；满文见本册第 92 条第 315-316 页，亦
见 100 条第 330-332 页） …………………………………………………… 332
※康熙四十四年档册 ………………………………………………………… 335
41. （104）康熙帝以五世达赖喇嘛圆寂后第巴独揽政教大权，班禅决策
并非本意，均由第巴授意，虽许久未遣使，但并无责怪其意之事致
班禅敕谕，康熙四十四年二月初三日（蒙古文，第 338-340 页；满文
见本册第 93 条第 317-318 页，亦见第 103 条第 326-337 页） ………… 338
※公文处理记录（满文） …………………………………………………… 340
42. （106）理藩院为阐明派驻兵之缘由及令策妄阿喇布坦速还掠夺丹津阿拉
布坦之家眷牲畜等事致策妄阿喇布坦咨文，康熙四十四年二月二十八日
（蒙古文，第 345-347 页；满文见本册第 94 条第 319-320 页，本册
第 105 条第 344-345 页，第 11 册第 250 条第 519-521 页页） ………… 345
※公文处理记录（满文） …………………………………………………… 347
※康熙四十六年档册 ………………………………………………………… 350
43. （109）康熙帝以第巴所立仓央嘉措为伪达赖喇嘛，不宜留于藏区，故命
拉藏押送北京，不料途中病故，拉藏及青海地区王公会盟另立布达拉宫
新主，并命拉藏与扎什巴图尔等不计前嫌和睦相处，在青藏地区再次弘扬
佛法，并把康熙帝敕谕刻于石碑等事致青海王公台吉贝勒贝子之敕谕，
康熙四十六年一月二十日（蒙古文，第 356-360 页；满文见本册
第 108 条第 352-356 页） …………………………………………………… 356
※公文处理记录（满文） …………………………………………………… 360
44. （111）理藩院为策妄阿喇布坦未回复让其归还掠夺丹津阿拉布坦之家眷
牲畜逃人之事咨文，为此，再次发咨文传达命令，且康熙帝近期有意在
阿尔泰山一带游猎，借故欲与其会盟商讨，地点和时间由其择定奏报等
事致策妄阿喇布坦咨文，康熙四十六年五月二十六日（蒙古文，第 364-
365 页；满文见本册第 110 条第 362-363 页，亦见第 11 册第 252 条
第 529-531 页） ……………………………………………………………… 364
※公文处理记录（满文） …………………………………………………… 366
45. （113）诺颜朝尔济为问安之事呈康熙帝奏文，康熙四十六年十月二十日
（托忒文，第 369 页；满文见本册第 112 条第 368 页） ………………… 369
※公文处理记录（满文） …………………………………………………… 370
※康熙四十七年档册 ………………………………………………………… 373

46. （116）康熙帝为闻讯青海王公内有嫌隙，望扎什巴图尔尽力和睦相处，勿信他人谣言贪图小便宜之事致青海亲王扎什巴图尔敕谕，康熙四十七年一月十九日（蒙古文，第378-381页；满文见本册第115条第375-377页） …… 378
※公文处理记录（满文） …… 381
47. （118）康熙帝为谴责策妄阿喇布坦明知理藩院咨文实属皇帝授意，却以各种理由迟迟未回应，以及说明喀尔喀和哈密等地驻兵纯属其他考虑，并无动兵攻打其之意，故此无需担忧，应速回复理藩院咨文之事致策妄阿喇布坦敕谕，康熙四十七年五月初九日（蒙古文，第386-390页；满文见本册第117条第383-386页，亦见第11册第253条第532-535页） …… 386
※公文处理记录（满文） …… 390
48. （120）康熙帝以看验拉藏新立达赖喇嘛虚实之事致班禅敕谕，康熙四十七年五月初九日（蒙古文，第397-401页；满文见本册第119条第394-397页） …… 397
49. （122）康熙帝以新立达赖喇嘛虚实之事致拉藏敕谕，康熙四十七年五月初九日（蒙古文，第406-409页；满文见本册第121条第402-405页） …… 406
※公文处理记录（满文） …… 410
50. （124）康熙皇帝废允礽太子之位诏书，康熙四十七年九月二十四日（蒙古文，第418-425页；满文见本册第123条第412-418页） …… 418
※公文处理记录（满文） …… 425
51. （126）康熙帝以青海、喀尔喀地区王公因嫌策妄阿喇布坦未获封爵故其所属商贾和往返使臣多次受阻，因此，准其求封爵号，并将行授予之事致策妄阿喇布坦敕谕，康熙四十七年十一月二十一日（蒙古文，第433-438页；满文见本册第125条第429-433页，亦见第11册第254条第535-541页） …… 433
※公文处理记录（满文） …… 438
※康熙四十八年档册 …… 443
52. （129）班禅胡土克图为转世灵童经在三宝前祈祷验实坐床之事呈康熙帝奏文，康熙四十八年十二月二十九日（蒙古文，第447-450页；满文见本册第128条第445-447页） …… 447
53. （131）拉藏为凭已能力无法辨识五世达赖喇嘛转世灵童，新立者由班禅和拉穆吹忠所验之事呈康熙帝奏文，康熙四十八年十二月二十九日（蒙古文，第453-457页；满文见本册第130条第450-453页） …… 453
※公文处理记录（满文） …… 457

54.（133）班禅胡土克图为问安及遵诏派遣喇嘛和郎中各一名之事呈康熙帝奏文，康熙四十八年正月初四日（蒙古文，第 462-466 页；满文见本册第 132 条第 460-462 页）…… 462
※公文处理记录（满文）…… 466
55.（135）康熙帝以新立达赖喇嘛年轻、经法操守尚不成熟，应暂免照五世达赖喇嘛之例册封，观察数年后再行确定之事及准许拉藏从青藏地区常例征税等事致班禅胡土克图敕谕，康熙四十八年一月二十五日（蒙古文，第 472-475 页；满文见本册第 134 条第 469-471 页）…… 472
56.（137）康熙帝为新立达赖喇嘛年轻，经法操守尚不成熟，应暂免照五世达赖喇嘛之例册封，观察数年后再行确定之事及准许其从青藏地区常例征税等事致拉藏敕谕，康熙四十八年一月二十五日（蒙古文，第 478-481 页；满文见本册第 136 条第 475-478 页）…… 478
57.（139）康熙帝为经班禅确认拉藏所立者实系达赖喇嘛，新立达赖喇嘛年轻，经法操守尚不成熟，应暂免照五世达赖喇嘛之例册封，观察数年后再行确定，准许拉藏常例征税等事致亲王扎什巴图尔敕谕，康熙四十八年一月二十五日（蒙古文，第 484-488 页；满文见本册第 138 条第 481-484 页）…… 484
※公文处理记录（满文）…… 488
58.（141）康熙四十八年复立允礽为皇太子之事皇帝诏书，康熙四十八年三月二十一日（蒙古文，第 507-521 页；满文见本册第 140 条第 492-506 页）…… 507
59.（143）策妄阿喇布坦为青海、喀尔喀诸台吉对其不满而阻碍使臣和商贾通行，并指责奏书挑拨与皇帝之间关系之事呈康熙帝奏文，康熙四十八年十月二十六日（托忒文，第 528-532 页；满文见本册第 142 条第 523-527 页）…… 528
※公文处理记录（满文）…… 532
60.（145）康熙帝以谴责策妄阿喇布坦多次敷衍敕谕之故，拒绝恢复通使和贸易，若想扭转局势须会盟，且速择定奏报会盟地点时间等事致策妄阿喇布坦敕谕，康熙四十八年十一月初五日（蒙古文，第 539-543 页；满文见本册第 144 条第 534-538 页，亦见第 11 册第 255 条第 541-545 页）…… 539
※公文处理记录（满文）…… 544

第十八册

※康熙四十五年、四十九年、五十二年档册 …… 1
1. (3) 康熙帝册封拉藏为诩法恭顺汗之敕谕，康熙四十五年一月二十九日（蒙古文，第 2-4 页；满文见本册第 2 条第 2 页）（残） …… 2
2. (4) 康熙帝册封拉藏汗所立益西嘉措为六世达赖喇嘛之敕谕，康熙四十九年五月初七日（满文，第 5-6 页） …… 5
3. (6) 康熙帝册封班禅胡土克图为班禅额尔德尼之敕谕，康熙五十二年三月初三日（蒙古文，第 11-12 页；满文见本册第 5 条第 9-11 页） …… 11
※公文处理记录（满文） …… 6
※康熙四十五年至四十八年档册 …… 15
4. (9) 康熙帝以册封亲王、郡王福晋敕谕，康熙四十五年十二月十七日（蒙古文，第 17-21 页；满文见本册第 8 条第 17-19 页） …… 17
5. (11) 康熙帝以封贝勒、贝子福晋敕谕，康熙四十五年十二月十七日（蒙古文，第 23-25 页；满文见本册第 10 条第 22-23 页） …… 23
6. (13) 康熙帝以封公福晋敕谕，康熙四十五年十二月十七日（蒙古文，第 27-28 页；满文见本册第 12 条第 26-27 页） …… 27
7. (15) 康熙帝以因父病故，准其长子噶喇沙袭达尔罕爵之敕谕，康熙四十五年十一月十一日（蒙古文，第 29 页；满文见本册第 14 条第 29 页） …… 29
8. (17) 康熙帝以俘获巴尔虎逃人有功，封固山台吉之敕谕，康熙三十九年三月十日（蒙古文，第 30 页；满文见本册第 16 条第 30 页） …… 30
9. (19) 康熙帝以喀尔喀固山贝子西卜退故，准其子车步登著封为镇国公之敕谕，康熙四十五年十月初三日（蒙古文，第 30 页；满文见本册第 18 条第 30 页） …… 30
※公文处理记录（满文） …… 31
10. (21) 康熙帝以查密严袭替三等阿达哈哈番敕谕，康熙四十五年十一月二十六日（蒙古文，第 33-35 页；满文见本册第 20 条第 32-33 页） …… 33

11. （23）康熙帝以赏喀尔喀额尔克戴青曾解送厄鲁特噶尔丹亲信，并率众归附之事赐其为多罗诺颜敕谕，康熙三十四年一月二十七日（蒙古文，第 38-40 页；满文见本册第 22 条第 36-38 页） …………………………… 38
12. （25）康熙帝以和托辉特辅国公根敦戴青病故，准其子松津僧额袭爵之敕谕，康熙三十六年八月二十日（蒙古文，第 41 页；满文见本册第 24 条第 41 页） ………………………………………………………………… 41
13. （27）康熙帝以喀尔喀扎萨克图汗部扎萨克多罗贝勒根敦病故，著降封其养子博贝为辅国公之敕谕，康熙四十四年九月初七日（蒙古文，第 42 页；满文见本册第 26 条第 41 页） ………………………………… 42
14. （29）康熙帝以封霍鲁诺尔笋之女为多罗格格之敕谕，康熙四十四年五月十八日（蒙古文，第 44-46 页；满文见本册第 28 条第 43-44 页） … 44
※公文处理记录（满文） ………………………………………………………… 46
15. （30）康熙帝致拉布晋巴罗瑞丹达尔敕谕，康熙四十七年二月初六日（满文，第 48-49 页） ………………………………………………………… 48
16. （32）康熙帝以因父病故，以毕力克胡日袭达尔罕爵之敕谕，康熙四十六年二月初二日（蒙古文，第 52-56 页；满文见本册第 31 条第 50-52 页） ……………………………………………………………………… 52
17. （34）康熙帝以青海多罗郡王额尔克巴尔都尔故，准其子盆苏克旺扎尔著袭封为多罗贝勒之敕谕，康熙四十六年一月二十九日（蒙古文，第 57 页；满文见本册第 33 条第 57 页）
※公文处理记录（满文） ………………………………………………………… 31
18. （36）康熙帝以鄂尔多斯固山贝子杜棱病故，准其子色楞喇锡袭爵之敕谕，康熙四十六年十二月二十日（蒙古文，第 58 页；满文见本册第 35 条第 58 页） ………………………………………………………………… 58
19. （38）康熙帝以罗占袭达尔罕爵之敕谕，康熙四十七年一月二十三日（蒙古文，第 59 页；满文见本册第 37 条第 58-59 页） ……………………… 59
20. （40）康熙帝以贡嘎阿拉布坦承袭三等阿达哈哈番之敕谕，康熙四十六年四月初二日（蒙古文，第 60 页；满文见本册第 39 条第 59 页） …………………………………………………………………………… 60
21. （42）康熙帝以奈曼多罗达尔汉郡王班第病故，准其长子垂忠袭爵之敕谕，康熙四十六年十二月十八日（蒙古文，第 61 页；满文见本册第 41 条第 60 页） ………………………………………………………………… 61
22. （44）康熙帝以达西敦都卜承袭扎萨克亲王爵之敕谕，康熙四十六年一月十七日（蒙古文，第 61-62 页；满文见本册第 43 条第 61 页） ……… 61

23. （46）康熙帝以喀尔喀多罗贝勒罗布臧长病故，准其子准对袭爵之敕谕，康熙四十六年十二月初八日（蒙古文，第 63 页；满文见本册第 45 条第 62 页） …… 63
※公文处理记录（满文） …… 64
※康熙四十七年、四十八年、四十九年档册 …… 65
24. （49）记录拜斯嘎拉军功之文，顺治二年九月初四日（蒙古文，第 69-71 页；满文见本册第 48 条第 66-68 页） …… 69
25. （51）康熙帝以苏尼特多罗贝勒苏泰病故，准其孙西礼袭爵之敕谕，康熙四十六年十一月二十五日（蒙古文，第 72 页；满文见本册第 50 条第 72 页） …… 72
26. （53）康熙帝以科尔沁多罗冰图郡王达达布病故，准其长子宜希班弟袭爵之敕谕，康熙四十六年十一月三十日（蒙古文，第 73-74 页；满文见本册第 52 条第 73 页） …… 73
27. （55）康熙帝以喀尔喀和硕达尔汉亲王诺内病故，着降封其子詹达古米为达尔罕贝勒之敕谕，康熙四十七年二月初六日（蒙古文，第 74-75 页；满文见本册第 54 条第 74 页） …… 74
28. （57）康熙帝以喀尔喀多罗郡王滚布病故，准其子额林陈著封为多罗贝勒之敕谕，康熙四十七年三月二十八日（蒙古文，第 75 页；满文见本册第 56 条第 75 页） …… 75
29. （59）康熙帝以扎鲁特多罗达尔汉贝勒诺木拉拜病故，准其长子阿谛沙袭爵之敕谕，康熙四十七年二月初二日（蒙古文，第 76 页；满文见本册第 58 条第 76 页） …… 76
30. （61）康熙帝册封扎萨克公主之敕谕，康熙四十七年十二月初一日（蒙古文，第 78-80 页；满文见本册第 60 条第 77-78 页） …… 78
31. （63）康熙帝以封荣宪公主为固伦荣宪公主之敕谕，康熙四十八年三月初一日（蒙古文，第 84-86 页；满文见本册第 62 条第 82-83 页） …… 84
※公文处理记录（满文） …… 86
32. （65）康熙帝以鄂尔多斯郡王松阿喇布病故，着甘珠尔袭封多罗贝勒之敕谕，康熙四十八年六月初三日（蒙古文，第 87 页；满文见本册第 64 条第 87 页） …… 87
33. （67）康熙帝以其病故，准其叔子妄济拉袭爵多罗诺颜之敕谕，康熙四十八年十一月十八日（蒙古文，第 88 页；满文见本册第 66 条第 87 页） …… 88

34. （69）康熙帝以喀尔喀扎萨克多罗贝勒额林陈，人甚老成，在昭莫多地方亦甚效力，着封为多罗郡王，袭封时仍袭贝勒之敕谕，康熙四十九年一月十四日（蒙古文，第 88–89 页；满文见本册第 68 条第 88 页） …… 88
35. （71）康熙帝以承袭衮布为三等精奇尼哈番之敕谕，康熙四十九年二月初二日（蒙古文，第 89–90 页；满文见本册第 70 条第 89 页） …… 89
36. （73）康熙帝以因父病故，准其长子尼黑袭爵三等精奇尼哈番之敕谕，康熙四十九年一月十五日（蒙古文，第 90 页；满文见本册第 72 条第 90 页） …… 90
37. （75）康熙帝以因父病故，准其长子达锡袭爵三等阿思哈尼哈番之敕谕，康熙四十八年一月初六日（蒙古文，第 91 页；满文见本册第 74 条第 90 页） …… 91
※公文处理记录（满文） …… 91
38. （77）康熙帝以青海多罗贝勒盆苏克病故，准其子博硕克图戴青阿拉布坦俄木布袭爵之敕谕，康熙四十七年五月十一日（蒙古文，第 92 页；满文见本册第 76 条第 92 页） …… 92
39. （79）康熙帝以苏尼特辅国公阿必大病故，准其长子罗雷袭爵之敕谕，康熙四十八年一月二十三日（蒙古文，第 93 页；满文见本册第 78 条第 93 页） …… 93
40. （81）康熙帝以封辅国公为固山台吉之敕谕，康熙五十年二月三十日（蒙古文，第 94 页；满文见本册第 80 条第 93 页） …… 94
41. （83）康熙帝以土默特固山贝子颁第病故，准其长子哈穆罕巴雅斯呼朗图袭爵之敕谕，康熙四十九年一月二十一日（蒙古文，第 94 页；满文见本册第 82 条第 94 页） …… 94
42. （85）康熙帝以因父病故，准其长子阿噶尼斯达袭爵多罗郡王之敕谕，康熙四十九年闰七月二十二日（蒙古文，第 95，满文见本册第 84 条第 95 页） …… 95
43. （87）康熙帝以科尔沁和硕达尔汉亲王额驸班第病故，准其长子罗布臧滚布袭爵之敕谕，康熙四十九年十一月初五日（蒙古文，第 96 页；满文见本册第 86 条第 96 页） …… 96
44. （89）康熙帝以科尔沁多罗郡王毕力克图病故，准其长子诺门额尔赫图袭爵之敕谕，康熙四十九年十一月二十七日（蒙古文，第 96 页；满文见本册第 88 条第 96 页） …… 96
45. （91）康熙帝以四子部落多罗达尔汉卓礼克图郡王散济扎卜病故，准其长子阿喇卜坦多尔济袭爵之敕谕，康熙四十九年闰七月初四日（蒙古文，第 97 页；满文见本册第 90 条第 97 页） …… 97

46. (93) 康熙帝以喀尔喀扎萨克多罗郡王额林陈病故，准其垂扎木苏承袭多罗贝勒之敕谕，康熙五十年一月二十二日（蒙古文，第 98 页；满文见本册第 92 条第 97 页）………… 98
47. (95) 康熙帝以青海多罗贝勒额尔德尼那木扎尔病故，准其子罗卜臧察罕袭爵之敕谕，康熙五十年一月二十四日（蒙古文，第 98 页；满文见本册第 94 条第 98 页）………… 98
48. (97) 康熙帝以因父病故，准其长子阿穆尔楞桂世袭头等台吉达尔罕之爵并免除驿站舒思之敕谕，康熙四十九年十月二十五日（蒙古文，第 99 页；满文见本册第 96 条第 99 页）………… 99
49. (99) 康熙帝以因父病故，准其子巴雅尔达尔罕爵并免除驿站首思之文，康熙五十年二月初八日（蒙古文，第 100 页；满文见本册第 98 条第 100 页）………… 100
50. (101) 康熙帝以因父病故，准其子甘珠尔袭替拖沙喇哈番，阵亡仍袭爵，病故不可袭爵之敕谕，康熙五十年二月初八日（蒙古文，第 101 页；满文见本册第 100 条第 101 页）………… 101
51. (103) 康熙帝以封喀尔喀色楞八刺为辅国公之敕谕，康熙五十年二月二十七日（蒙古文，第 104-105 页；满文见本册第 102 条第 102-103 页）………… 104
52. (105) 康熙帝以封厄鲁特索诺木达西为辅国公之敕谕，康熙五十年三月初一日（蒙古文，第 109-110 页；满文见本册第 104 条第 107-108 页）………… 109
53. (107) 康熙帝以因父病故，准其子巴达噶袭替一等阿思哈哈番之敕谕，康熙四十九年十二月十七日（蒙古文，第 111 页；满文见本册第 106 条第 111 页）………… 111
54. (109) 康熙帝以阿霸哈纳多罗贝勒齐当万舒克病故，准其长子索诺穆喇布坦袭爵之敕谕，康熙四十九年八月十七日（蒙古文，第 112 页；满文见本册第 108 条第 112 页）………… 112
55. (111) 康熙帝以科尔沁多罗郡王代布病故，准其长子拉卜坦袭爵之敕谕，康熙四十九年十二月初五日（蒙古文，第 113 页；满文见本册第 110 条第 112-113 页）………… 113
56. (113) 康熙帝以因父病故，准其长子扎锡那木塔尔袭爵固山台吉之敕谕，康熙五十年七月十八日（蒙古文，第 114 页；满文见本册第 112 条第 114 页）………… 114
57. (115) 康熙帝以缘罪革退喀喇沁多罗杜楞郡王噶尔臧，准其弟塞棱袭爵之敕谕，康熙五十年四月十六日（蒙古文，第 115 页；满文见本册第 114 条第 115 页）………… 115

※公文处理记录（满文） …………………………………………………………… 115
58. （117）康熙帝以因父病故，准其弟鲁木布袭爵固山贝子之敕谕，康熙五十一年八月初八日（蒙古文，第 117 页；满文见本册第 116 条第 117 页） …………………………………………………………… 117
59. （119）康熙帝以因父病故，准其子多尔济阿拉布坦袭爵达尔罕之敕谕，康熙五十一年十一月十八日（蒙古文，第 118 页；满文见本册第 118 条第 117-118 页） …………………………………………………………… 118
※公文处理记录（满文） …………………………………………………………… 119
60. （121）康熙帝以土默特多罗达尔汉贝勒病故，准其子阿喇卜坦袭爵之敕谕，康熙五十二年二月二十一日（蒙古文，第 120 页；满文见本册第 120 条第 120 页） …………………………………………………………… 120
61. （123）康熙帝以因父病故，准其子多尔济袭替拖沙喇哈番，阵亡仍袭爵，病故不可袭爵之敕谕，康熙五十二年一月二十二日（蒙古文，第 121 页；满文见本册第 122 条第 121 页） …………………………………………………………… 121
62. （125）康熙帝以因父病故，准其子阿撒日喇图袭替拖沙喇哈番，阵亡仍袭爵，病故不可袭爵之敕谕，康熙五十二年一月二十九日（蒙古文，第 122 页；满文见本册第 124 条第 122 页） …………………………………………………………… 122
63. （127）康熙帝以因父病故，以其弟察罕乌罕袭爵达尔罕之敕谕，康熙五十二年二月初六日（蒙古文，第 123 页；满文见本册第 126 条第 123 页） …………………………………………………………… 123
64. （129）康熙帝以因父病故，准其子胡尔穆笋袭爵达尔罕之敕谕，康熙五十二年二月十三日（蒙古文，第 124 页；满文见本册第 128 条第 124 页） …………………………………………………………… 124
65. （131）康熙帝以吴喇忒镇国公杜冷病故，准其子诺尔布林臣袭爵之敕谕，康熙五十二年二月十二日（蒙古文，第 125 页；满文见本册第 130 条第 125 页） …………………………………………………………… 125
※公文处理记录（满文） …………………………………………………………… 125
66. （133）康熙帝以封丹济拉为辅国公爵之敕谕，康熙四十四年十一月初一日（蒙古文，第 131-134 页；满文见本册第 132 条第 128-130 页） …………………………………………………………… 131
67. （135）康熙帝以封喀尔喀布达扎布贝子之爵之敕谕，未标年份（蒙古文，第 139-142 页；满文见本册第 134 条第 135-138 页） ………… 139
68. （137）康熙帝以封罗布臧为辅国公之爵之敕谕，康熙五十一年八月二十二日（蒙古文，第 145-146 页；满文见本册第 136 条第 143-144 页） …………………………………………………………… 145

69. (139) 康熙帝以阿霸垓多罗郡王吴尔占噶喇卜病故，准其长子巴特玛滚楚克袭爵之敕谕，康熙五十三年八月十日（蒙古文，第 147 页；满文见本册第 138 条第 147 页） …… 147
70. (141) 康熙帝以封喀尔喀三济扎布为辅国公爵之敕谕，康熙五十五年十一月初六日（蒙古文，第 150-151 页；满文见本册第 140 条第 148-149 页） …… 150
71. (143) 康熙帝以封青海贝勒察罕丹津为多罗郡王之敕谕，康熙五十七年九月十四日（蒙古文，第 153 页；满文见本册第 142 条第 152 页） …… 153
72. (145) 康熙帝以科尔沁多罗郡王阿拉布坦病故，准其弟罗布臧拉锡袭爵之敕谕，康熙五十五年九月二十六日（蒙古文，第 154 页；满文见本册第 144 条第 154 页） …… 154
73. (147) 康熙帝以封青海厄鲁特罗布仓丹津为亲王之敕谕，康熙五十五年十二月二十八日（蒙古文，第 155-156 页；满文见本册第 146 条第 155 页） …… 155
74. (149) 康熙帝以因父病故，准其长子萨克巴袭爵多罗郡王之敕谕，康熙五十七年八月十三日（蒙古文，第 156-157 页；满文见本册第 148 条第 156 页） …… 156
75. (151) 康熙帝以喀尔喀辅国公云敦林臣病故，准其侄子巴苏袭爵之敕谕，康熙五十七年八月二十二日（蒙古文，第 157-158 页；满文见本册第 150 条第 157 页） …… 157
76. (153) 康熙帝以因父病故，准其长子巴特麻袭爵固山贝子之敕谕，康熙五十八年七月二十九日（蒙古文，第 158-159 页；满文见本册第 152 条第 158 页） …… 158
77. (155) 康熙帝以因父病故，准其长子达拉马桑袭替三等阿思哈哈番、达尔罕爵之敕谕，康熙五十八年二月十五日（蒙古文，第 159-160 页；满文见本册第 154 条第 159 页） …… 159
78. (157) 康熙帝以因父病故，准其三子班第噶袭替拖沙喇哈番，阵亡仍袭爵，病故不可袭爵之敕谕，康熙五十八年四月二十二日（蒙古文，第 160 页；满文见本册第 156 条第 160 页） …… 160
79. (159) 康熙帝以因父病故，准其长子巴拉柱袭爵达尔罕之敕谕，康熙五十八年二月十五日（蒙古文，第 161 页；满文见本册第 158 条第 161 页） …… 161
80. (161) 康熙帝以因父病故，准其长子桑袭替拜达喇哈番之敕谕，康熙五十八年四月十三日（蒙古文，第 162 页；满文见本册第 160 条第 161-162 页） …… 162

※公文处理记录（满文）………………………………………………………… 162
81.（163）康熙帝以蒿齐忒辅国公扎木弼故，准其弟达西达尔扎袭爵之敕谕，康熙五十六年八月十七日（蒙古文，第165-167页；满文见本册第162条第163-165页）…………………………………………………… 165
82.（165）康熙帝以封达拉布为达尔罕之敕谕，康熙五十六年十一月（蒙古文，第170-171页；满文见本册第164条第168-169页）………… 170
83.（167）康熙帝以因父病故，准其子弥拉袭替三等精奇尼哈番之敕谕，康熙五十七年十一月二十日（蒙古文，第172页；满文见本册第166条第172页）………………………………………………………………… 172
84.（169）康熙帝以青海多罗贝勒达颜病故，准其子汪楚克阿拉布滩袭爵之敕谕，康熙五十八年二月十三日（蒙古文，第173页；满文见本册第168条第172页）………………………………………………………… 173
85.（171）康熙帝以喀尔喀镇国公巴穆病故，准其子诺尔布袭爵之敕谕，康熙五十六年七月十八日（蒙古文，第173页；满文见本册第170条第173页）………………………………………………………………… 173
86.（173）康熙帝以因父病故，准其长子丹柱袭爵固山贝子之敕谕，康熙五十六年七月十八日（蒙古文，第174页；满文见本册第172条第174页）………………………………………………………………… 174
87.（175）康熙帝以因父病故，准其子巴图袭爵固山台吉之敕谕，康熙五十七年三月十二日（蒙古文，第175页；满文见本册第174条第174页）………………………………………………………………… 175
88.（176）康熙帝以喀尔喀多罗贝勒准对病故，准其子噶尔桑袭爵之敕谕，康熙五十八年四月初九日（满文，第175页）………………………… 175
89.（177）康熙帝以杜尔伯特固山贝子阿金病故，准其子巴图袭爵之敕谕，康熙五十八年四月初九日（蒙古文，第175-176页） ………………… 175
※公文处理记录（满文）………………………………………………………… 176
90.（179）康熙帝以封策旺多尔济为贝子之敕谕，康熙五十八年一月二十九日（蒙古文，第176-177页；满文见本册第178条第176页） ……………… 176
※公文处理记录（满文）………………………………………………………… 177
※赐寺庙名满文档册……………………………………………………………… 178
91.（181）赐寺庙名满文档册，未标年份（满文，178-213页）……………… 178
※康熙四十九年档册……………………………………………………………… 214
92.（191）班禅胡土克图为谢恩及继续一心效忠政教二道之事奏文，康熙四十九年二月初八日（蒙古文，第258-265页；满文见本册第183条第215-222页，亦见第190条第252-257页，残）…………………………… 258

93. （193）班禅胡土克图呈遵达赖喇嘛之例封新立达赖喇嘛之事谢恩，以及应如拉藏汗所请赐封号、印册之事之奏文，康熙四十九年二月十三日（蒙古文，第269-273页；满文见本册第184条第223-226页，亦见第192条第266-269页） …… 269
※公文处理记录（满文） …… 273
94. （195）拉藏汗呈谢恩及恳请赐新立达赖喇嘛封号、印册之事之奏文，康熙四十九年二月二十九日（蒙古文，第283-289页；满文见本册第185条第226-234页，亦见第194条第276-282页） …… 283
95. （197）达赖喇嘛呈谢恩及一心效忠政教二道之事奏文，康熙四十九年二月二十九日（蒙古文，第294-299页；满文见本册第186条第234-239页，亦见本册第196条第290-294页） …… 294
96. （199）甘丹、哲蚌、色拉寺诸喇嘛呈恳请赐新立六世达赖喇嘛封号、印册之事奏文，康熙四十九年二月二十九日（蒙古文，第303-309页；满文见本册第187条第239-243页，亦见本册第198条第299-303页） …… 303
※公文处理记录（满文） …… 307
97. （201）康熙帝以应如所请，赐六世达赖喇嘛封号、印册之事致班禅敕谕，康熙四十九年四月十四日（蒙古文，第314-318页；满文见本册第188条第243-247页，亦见本册第200条第310-314页） …… 314
98. （203）康熙帝以应如所请，赐六世达赖喇嘛封号、印册之事致拉藏汗敕谕，康熙四十九年四月十四日（蒙古文，第323-328页；满文见本册第189条第247-251页，亦见本册第202条第319-323页） …… 323
99. （205）康熙帝为应如班禅、拉藏、甘丹寺、哲蚌寺、色拉寺诸喇嘛所请，封新立达赖喇嘛为六世达赖喇嘛，并赐印册之事致青海王、公、贝子诸台吉敕谕，康熙五十年正月十四日（蒙古文，第332-339页；满文见本册第204条第328-332页） …… 332
※公文处理记录（满文） …… 337
※康熙五十年档册 …… 367
100. （214）达赖喇嘛呈答谢赐封号、印册之恩之事奏文，康熙五十年正月十四日（蒙古文，第375-380页；满文见本册第207条第343-348页，亦见本册第213条第369-374页） …… 343
101. （216）达赖喇嘛呈答谢赐封号、印册之恩之事奏文，康熙五十年正月十四日（蒙古文，第386-391页；满文见本册第208条第349-352页，亦见本册第215条第381-385页） …… 386

102. （218）拉藏汗呈贝勒戴青和硕齐仍未归还掠夺之属民，为此，拉藏汗再次遣使助其索回被掠夺之物之事奏文，康熙五十年正月十四日（蒙古文，第 394-395 页；满文见本册第 209 条第 353-354 页，亦见本册第 217 条第 392-393 页） …… 394
103. （220）拉藏汗呈问安及所献方物清单，康熙五十年正月十四日（蒙古文，第 398-399 页；满文见本册第 210 条第 355-356 页，亦见本册第 219 条第 396-397 页） …… 398
104. （222）拉藏汗呈答谢赐达赖喇嘛封号、印册之事之奏文，康熙五十年正月十四日（蒙古文，第 410-419 页；满文见本册第 211 条第 357-366 页，亦见本册第 221 条第 400-409 页） …… 410
※公文处理记录（满文） …… 419
105. （224）班禅胡土克图呈问安之奏文，康熙五十年四月十九日（蒙古文，第 426-429 页；满文见本册第 223 条第 424-426 页） …… 426
106. （226）班禅胡土克图呈答谢赐达赖喇嘛封号、印册之事之奏文，康熙五十年四月十九日（蒙古文，第 433-435 页；满文见本册第 225 条第 430-433 页） …… 433
107. （228）班禅胡土克图呈问皇太子安之奏文，康熙五十年四月十九日（蒙古文，第 438-439 页；满文见本册第 227 条第 436-437 页） …… 438
※公文处理记录（满文） …… 439
108. （230）康熙帝以策妄阿喇布坦驻扎西北有益于朝廷，否则哈萨克等地可能冒犯其地之事给策妄阿喇布坦敕谕，康熙五十年九月初八日（蒙古文，第 445-450 页；满文见本册第 229 条第 442-444 页，亦见第 11 册第 256 条第 545-548 页） …… 445
※康熙五十一年档 …… 479
109. （242）康熙帝为阿玉奇汗索回其族弟之子阿喇布珠尔一事，特遣使商讨遣归阿喇布珠尔之事致土尔扈特阿玉奇汗之敕谕，康熙五十一年四月二十一日（蒙古文，第 488-495 页；满文见本册第 232 条第 452-458 页，亦见本册第 241 条第 481-487 页） …… 488
※公文处理记录（满文） …… 495
110. （244）达赖喇嘛呈请一如既往支持藏地政教之事之奏文，康熙五十一年六月初八日（蒙古文，第 505-509 页；满文见本册第 233 条第 459-461 页，亦见本册第 243 条第 502-505 页） …… 505
111. （246）拉藏汗呈问安及对支持藏地政教之事谢恩之奏文，康熙五十一年十一月二十三日（蒙古文，第 515-520 页；满文见本册第 234 条第 462-466 页，亦见本册第 245 条第 509-514 页） …… 515

112. （248）拉藏汗为上报所需之物之事呈理藩院之文，康熙五十一年六月初八日（蒙古文，第 521–522 页；满文见本册第 235 条第 466–467 页，亦见本册第 247 条第 520–521 页） …………………………………… 521
※公文处理记录（满文） …………………………………… 523
113. （250）班禅胡土克图呈恳请将扎什伦布各庙宇地方赏与其管理，并颁发金印册之事奏文，康熙五十一年十二月二十六日（蒙古文，第 529–530 页；满文见本册 236 条第 468–469 页，亦见本册第 249 条第 528–529 页） …………………………………… 529
114. （252）班禅胡土克图呈问安之事奏文，康熙五十一年十二月二十六日（蒙古文，第 534–537 页；满文见本册第 237 条第 470–473 页，亦见本册第 251 条第 531–534 页） …………………………………… 534
115. （254）班禅胡土克图呈答谢皇帝赏赐之恩之事奏文，康熙五十一年十二月二十六日（蒙古文，第 540–542 页；满文见本册第 238 条第 474–476 页，亦见本册第 253 条第 537–539 页） …………………………………… 540
※公文处理记录（满文） …………………………………… 542
116. （256）泽卜尊丹巴胡土克图呈叩祝万寿之事康熙帝奏文，康熙五十一年十二月二十七日（蒙古文，第 545–546 页；满文见本册第 255 条第 544–545 页） …………………………………… 256
※公文处理记录（满文） …………………………………… 546

第十九册

※康熙五十二年档册 …… 1
1.（2）记录达赖喇嘛受赏之物之文，康熙五十二年四月初二日（满文，第 2-15 页，页面文字缺失） …… 2
2.（3）康熙帝以准其管理扎什伦布各庙宇地方之事致班禅胡土克图敕谕，康熙五十二年二月初二日（满文，第 16-19 页，页面文字缺失） …… 16
3.（4）康熙帝以将扎什伦布各庙宇地方赏于班禅管理，其他人不得侵占之事致达赖喇嘛敕谕，康熙五十二年二月初二日（满文，第 20-23 页，页面文字缺失） …… 20
4.（5）康熙帝以将扎什伦布各庙宇地方赏于班禅管理，其他人不得侵占之事致拉藏汗敕谕，康熙五十二年二月初二日（满文，第 24-26 页，页面文字缺失） …… 24
5.（6）康熙帝以将扎什伦布各庙宇地方赏于班禅管理，其他人不得侵占之事致青海王公、贝勒、贝子、诸台吉之敕谕，康熙五十二年二月初二日（满文，第 27-29 页，页面文字缺失） …… 27
※康熙五十三年达赖喇嘛、班禅额尔德尼、拉藏汗、青海台吉等奏文及敕谕满文档册 …… 30
※公文处理记录（满文） …… 36
※公文处理记录（满文） …… 78
※公文处理记录（满文） …… 86
6.（19）康熙帝册封格桑嘉措为七世达赖喇嘛之敕谕，康熙五十九年三月初七日（满文，第 88-89 页） …… 88
※公文处理记录（满文） …… 89
※公文处理记录（满文） …… 93
※公文处理记录（满文） …… 97
※公文处理记录（满文） …… 102
※康熙五十三年至康熙五十六年档册 …… 105

7.（25）班禅额尔德尼呈赏庙宇颁发金印册之事谢恩事呈康熙帝奏文，康熙五十三年四月初六日（蒙古文，第 109–112 页；满文见本册第 8 条第 33–36 页，亦见本册第 24 条第 106–108 页） …………………………… 109
※公文处理记录（满文） …………………………………………………………… 112
8.（31）拉藏汗为封衮楚克旺扎勒为第巴事呈康熙帝奏文，康熙五十三年七月十六日（蒙古文，第 131–138 页；满文见本册第 11 条第 46–53 页，亦见本册第 28 条第 121–128 页，页面文字缺失） ……………………………… 131
9.（32）班禅额尔德尼为问安之事呈康熙帝奏文，康熙五十三年七月十六日（蒙古文，第 138–142 页；满文见本册第 9 条第 38–42 页，亦见本册第 26 条第 113–117 页） ……………………………………………………………… 138
10.（33）达赖喇嘛为答谢赏班禅额尔德尼扎什伦布庙宇和颁发金印册之事呈康熙帝奏文，康熙五十三年七月十六日（蒙古文，第 142–146 页；满文见本册第 10 条第 42–46 页，亦见本册第 27 条第 117–120 页） ……… 117
11.（34）班禅额尔德尼之徒舍尔撒喇嘛为未能及时答谢蛇年圣恩之事呈康熙帝奏文，康熙五十三年七月十六日（蒙古文，第 146–148 页；满文见本册第 12 条第 53–56 页，亦见本册第 29 条第 128–130 页） ………… 146
12.（35）拉藏汗所献方物清单，康熙五十三年七月十六日（蒙古文，第 148–152 页；满文见本册第 13 条第 56 页，亦见本册第 30 条第 130–131 页） …… 148
13.（37）康熙帝以拉藏所立达赖喇嘛，既闻之班禅胡土克图，确知真实，应解送理塘新灵童之事致青海右翼贝勒戴青和硕齐等之敕谕，康熙五十三年九月十六日（蒙古文，第 154–156 页；满文见本册第 14 条第 62–64 页，亦见本册第 36 条第 152–154 页） ………………………… 154
※公文处理记录（满文） …………………………………………………………… 157
14.（39）拉藏汗为凭已能力无法确认五世达赖喇嘛化身，已立达赖喇嘛者由班禅、拉穆吹忠所验，自古达赖喇嘛者仅一人，所以，青海右翼贝勒戴青和硕齐等奏称之理塘地方新出化身者应为虚假之事呈康熙帝奏文，康熙五十三年十二月十六日（蒙古文，第 169–175 页；满文见本册第 15 条第 68–75 页，亦见本次侧第 38 条第 163–168 页） ……………… 169
※公文处理记录（满文） …………………………………………………………… 175
15.（41）班禅额尔德尼为青海右翼贝勒戴青和硕齐等奏称之理塘地方新出化身者为虚假，已立达赖喇嘛者实系五世达赖喇嘛化身之事呈康熙帝奏文，康熙五十四年二月二十六日（蒙古文，第 180–184 页；满文见本册第 16 条第 75–78 页，亦见本册第 40 条第 177–180 页）180
※公文处理记录（满文） …………………………………………………………… 184

16. （44）拉藏汗为伪达赖喇嘛送往北京途中去世之事已发文告知青海诸台吉之事呈康熙帝奏文，康熙五十四年三月二十九日（蒙古文，第 192-196 页；满文见本册第 17 条第 79-82 页，亦见第 42 条第 186-188 页，页面文字缺失）…… 192
17. （45）拉藏汗呈新立六世达赖喇嘛者并非专擅，由班禅胡土克图和拉穆吹忠所验之事致青海诸台吉之文，康熙五十四年三月二十九日（蒙古文，第 197-200 页；满文见本册第 18 条第 82-85 页，亦见第 43 条第 189-192 页）…… 197
※公文处理记录（满文）…… 200
18. （47）康熙帝以谴责策妄阿喇布坦入侵哈密等地及会盟处理之事致策妄阿喇布坦敕谕，康熙五十四年六月初八日（蒙古文，第 207-213 页；满文见本册第 46 条第 202-207 页，亦见第 11 册第 257 条第 549-554 页，页面文字缺失）…… 207
※公文处理记录（满文）…… 213
19. （49）拉藏汗为其与戴青和硕齐议立五世达赖喇嘛化身之事存争议，故请妥善调解其二人关系之事呈康熙帝奏文，康熙五十四年十月初九日（蒙古文，第 222-230 页；满文见本册第 48 条第 216-222 页，页面文字缺失）…… 222
※公文处理记录（满文）…… 230
20. （51）康熙帝为谴责青海诸王公台吉相互心存猜忌，晓谕拒绝册封其共推的灵童为达赖喇嘛的缘由，准许拉藏汗遵先祖之例从青海等地征税及会盟和睦相处等事致青海诸贝勒、贝子、王、公、台吉等敕谕，康熙五十四年四月初五日（蒙古文，第 241-251 页；满文见本册第 50 条第 233-241 页，页面文字缺失）…… 241
21. （53）理藩院为准许照例从青海之地征税供给三大寺及诸喇嘛日常开销之事致拉藏汗咨文，康熙五十四年四月初五日（蒙古文，第 254-258 页；满文见本册第 52 条第 251-254 页，页面文字缺失）…… 254
※公文处理记录（满文）…… 258
22. （55）康熙帝以将派大军征讨策妄阿喇布坦，令其严守防备，勿信策妄阿喇布坦之狡猾之人，策妄阿喇布坦大败后必带着属民奔大草滩或尔处避难，时刻留意其动向之事致拉藏汗敕谕，康熙五十六年九月二十三日（蒙古文，第 268-274 页；满文见本册第 54 条第 261-268 页，页面文字缺失）…… 268
※公文处理记录（满文）…… 275
23. （57）康熙帝为大军必定大败策妄阿喇布坦，请勿以羁留其子之事致拉藏汗敕谕，康熙五十七年二月十日（蒙古文，第 286-295 页；满文见本册第 56 条第 278-286 页，页面文字缺失）…… 286

※公文处理记录（满文） …………………………………………………………… 296
24. （59）皇太后以为其发丧之事临终遗诏，康熙五十六年十二月初六日（蒙古文，第306-310，满文见本册第58条第302-305页，页面文字缺失） …………………………………………………………………… 306
25. （61）康熙帝为齐心相助拉藏汗征伐策妄阿喇布坦之事致青海和硕亲王罗布臧丹津、贝勒、贝子、王、公、台吉之敕谕，康熙五十六年十二月初六日（蒙古文，第314-317页；满文见本册第60条第310-313页，页面文字缺失） ……………………………………………………… 314
26. （63）班禅额尔德尼为恳求派两三名喇嘛前去学习易经或派精通藏语者前来讲授之事呈康熙帝奏文，康熙五十七年十月二十三日（蒙古文，第319-322页；满文见本册第62条第317-319页，页面文字缺失） …… 319
27. （65）达赖喇嘛为谢恩之事呈康熙帝奏文，康熙五十七年十月二十三日（蒙古文，第324-326页；满文见本册第64条第322-324页，页面文字缺失） …………………………………………………………………… 324
28. （67）扎勒思赉胡土克图为一心效忠政教二道之事呈康熙帝奏文，康熙五十七年十月二十三日（蒙古文，第328-331页；满文见本册第66条第327-328页，页面文字缺失） ……………………………………… 328
※公文处理记录（满文） …………………………………………………………… 331
29. （69）小活佛之父索南达尔扎为悼念皇太后驾崩之事呈理藩院之文，未标年份（蒙古文，第334页；满文见本册第68条第333-334页，页面文字缺失） …………………………………………………………………… 334
※康熙五十五年、五十六年、五十七年档册 ……………………………………… 335
30. （72）康熙帝为谴责策妄阿喇布坦掠夺哈密、喀尔喀等地，以克什图、保柱系理藩院所派为词，敷衍圣谕，故此，特将其使臣班第钟乃召见于北京，证实二人系钦派，让其如实奏报罪行之事致策妄阿喇布坦之敕谕，康熙五十五年三月二十日（蒙古文，第349-359页；满文见本册第71条第339-349页） ……………………………………………… 349
※公文处理记录（满文） …………………………………………………………… 359
31. （74）喀尔喀诸汗王为辩解策妄阿喇布坦自称效劳喀尔喀二十六年余的谣言，斥责其对喀尔喀从未好意相待之事致策妄阿喇布坦之文，康熙五十五年闰三月二十八日（蒙古文，第369-372页；满文见本册第73条第365-368页） ……………………………………………………………… 369
32. （76）泽卜尊丹巴以劝策妄阿拉布坦忏悔罪行，否则为其求情也于事无补之事给策妄阿拉布坦之文，康熙五十五年闰三月二十八日（蒙古文，第376-380页；满文见本册第75条第372-376页） ………………… 376

※公文处理记录（满文） ………………………………………………………… 380
33. （78）班禅额尔德尼问安事呈康熙帝奏文，康熙五十五年五月十五日（蒙古文，第 383-386 页；满文见本册第 77 条第 381-383 页） ………… 383
34. （80）班禅额尔德尼为策妄阿喇布坦求情之事呈康熙帝奏文，康熙五十五年五月二十日（蒙古文，第 389-393 页；满文见本册第 79 条第 386-389 页） … 389
35. （82）达赖喇嘛呈问安事呈康熙帝奏文，康熙五十五年五月二十日（蒙古文，第 397-401 页；满文见本册第 81 条第 394-397 页） ………… 397
36. （84）达赖喇嘛为策妄阿喇布坦求情之事呈康熙帝奏文，康熙五十五年五月二十日（蒙古文，第 405-409 页；满文见本册第 83 条第 401-405 页） …… 405
37. （86）拉藏汗为交通不便之故则来年派亲信及问安之事呈康熙帝奏文，康熙五十五年五月二十日（蒙古文，第 412-416 页；满文见本册第 85 条第 409-412 页） ………………………………………………… 412
38. （88）拉藏汗为指责戴青和硕齐肆立新达赖喇嘛之事呈康熙帝奏文，康熙五十五年五月二十日（蒙古文，第 419-421 页；满文见本册第 87 条第 416-418 页） ………………………………………………… 419
39. （90）拉藏汗为前来的土默特达尔罕索柱、伊特勒已事毕，遵诏让其二人返回之事呈理藩院之文，康熙五十五年五月二十日（蒙古文，第 423-424 页；满文见本册第 89 条第 421-423） ………………………… 423
※公文处理记录（满文） ………………………………………………………… 425
40. （91）康熙帝以劝策妄阿喇布坦忏悔罪行，从速归顺朝廷之事致策妄阿喇布坦敕谕，康熙五十五年十月十二日（满文，第 429-442 页） …… 429
※公文处理记录（满文） ………………………………………………………… 442
41. （94）康熙帝为劝策妄阿喇布坦忏悔罪行，从速归顺清朝之事致策妄阿喇布坦敕谕，康熙五十五年八月二十四日（蒙古文，第 450-456 页；满文见本册第 92 条第 443-447 页） ………………………………… 450
42. （95）蒙古诸汗王台吉等劝策妄阿喇布坦忏悔罪行，从速归顺朝廷之事致策妄阿喇布坦之文，康熙五十五年八月二十四日（蒙古文，第 456-459 页；满文见本册第 93 条第 448-450 页） ………………………………… 456
※公文处理记录（满文） ………………………………………………………… 459
43. （96）索南达尔扎致理藩院之文，康熙五十六年四月二十八日（满文，第 464-465 页）
※公文处理记录（满文） ………………………………………………………… 465
44. （99）康熙帝以谴责策妄阿喇布坦侵犯哈密等地，劝其从速遣使请罪之事致策妄阿喇布坦敕谕，康熙五十七年五月十三日（蒙古文，第 476-484 页；满文见本册第 97 条第 466-473 页，亦见本册第 20 册第 2 条第 2-8 页） ………………………………………………………… 476

45. （100）康熙帝以谴责策零敦多卜侵犯藏区毁坏寺庙屠杀僧俗之事及朝廷派兵前往缘由之事致准噶尔台吉策零敦多卜敕谕，康熙五十七年五月十三日（蒙古文，第 484-486 页；满文见本册第 98 条第 473-475 页，亦见本册第 20 册第 3 条第 8-9） …… 484
※公文处理记录（满文） …… 486
※太宗皇帝蒙古文实录中以书签形式编贴于满文照实录般补录档 …… 491
46. （102）太宗皇帝蒙古文实录中以书签形式编贴于满文照实录般补录档（蒙古文，491-507 页） …… 491

第二十册

※康熙五十七年至六十年档册 …… 1
※公文处理记录（满文） …… 9
※公文处理记录（满文） …… 16
※公文处理记录（满文） …… 25
※公文处理记录（满文） …… 32
※公文处理记录（满文） …… 32
※公文处理记录（满文） …… 42
※公文处理记录（满文） …… 48
※公文处理记录（满文） …… 62
※公文处理记录（满文） …… 68
※康熙五十七年至六十年年档册 …… 70
1. （14）康熙帝以命策妄阿喇布坦从速归还掠夺青藏之地僧俗之物之事致策妄阿喇布坦敕谕，康熙五十七年六月初九日（蒙古文，第 71-77 页；满文见本册第 4 条第 12-16 页，亦见第 13 条第 72 页，页面文字缺失） …… 71
※公文处理记录（满文） …… 79
2. （16）康熙帝以策妄阿喇布坦前来请罪或与兵戎相见，任由从速决定之事致策妄阿喇布坦敕谕，康熙五十七年闰八月十九日（蒙古文，第 91-104 页；满文见本册第 5 条第 18-28 页，亦见第 15 条第 80-90 页） …… 91
※公文处理记录（满文） …… 105
3. （18）康熙帝以谴责策妄阿喇布坦侵犯藏区，屠杀僧俗，命其查清班禅胡土克图去向和新立达赖喇嘛人选，归还拉藏汗家眷，派亲信前来如实奏报罪行之事致策妄阿喇布坦敕谕，康熙五十八年正月二十七日（蒙古文，第 113-118 页，亦见本册第 21 条第 129-134 页；满文见本册第 6 条第 28-35 页，亦见本册第 8 条第 38-44 页，亦见本册第 17 条第 108-113 页，亦见本册第 20 条第 125-129 页） …… 113
※公文处理记录（满文） …… 119
4. （19）致松迪诺颜之文，康熙五十八年一月二十九日（满文，第 122-123 页，亦见本册第 7 条第 35-36 页） …… 122

※公文处理记录（满文） …………………………………………………………… 123
※公文处理记录（满文） …………………………………………………………… 134
5.（23）康熙帝以从速归还所掠拉藏汗之妻儿属民之事致策妄阿喇布坦敕谕，康熙五十八年十月二十六日（蒙古文，第 141–145 页；满文见本册第 9 条第 44–49 页，亦见本册第 22 条第 137–140 页） …………… 141
※公文处理记录（满文） …………………………………………………………… 145
6.（25）康熙帝以命策妄阿喇布坦从速归还所掠拉藏之妻儿属民，否则派兵征讨之事致策妄阿喇布坦敕谕，康熙五十九年十月十七日（蒙古文，第 157–170 页；满文见本册第 10 条第 50–63 页，亦见本册第 24 条第 147–157 页） …………………………………………………………… 157
※公文处理记录（满文） …………………………………………………………… 170
7.（27）康熙帝以谴责策妄阿喇布坦屠杀掠夺之行为，命亲自前来与清朝会盟请罪之事致策妄阿喇布坦敕谕，康熙六十年正月十九日（蒙古文，第 175–178 页；满文见本册第 11 条第 64–70 页，亦见本册第 26 条第 172–175 页） …………………………………………………………… 175
※公文处理记录（满文） …………………………………………………………… 179
8.（29）康熙帝以从班禅处获闻策妄阿喇布坦所谓虔诚于黄教和班禅之事纯属胡言，因此，蒙古译藏地奏文，与敕谕一并送往之事致策妄阿喇布坦敕谕，康熙六十年二月初四日（蒙古文，第 181–182 页；满文见本册第 28 条第 181 页） …………………………………………………………… 181
9.（31）抚远大将军胤祯疏奏已安置班禅胡土克图和达赖喇嘛，其二人感激圣主再造弘恩，班禅胡土克图遣使问安及奏文内容等文，康熙六十年二月初四日（蒙古文，第 197–214 页；满文见本册第 30 条第 182–196 页） …………………………………………………………… 197
※公文处理记录（满文） …………………………………………………………… 214
10.（33）康熙帝以谴责策妄阿喇布坦侵犯青藏之地，命其从速归还所掠夺人物并请罪之事致策妄阿喇布坦敕谕，康熙六十年二月二十四日（蒙古文，第 233–255 页；满文见本册第 32 条第 216–232 页） ………… 233
※公文处理记录（满文） …………………………………………………………… 255
※册封蒙古诸福晋档册（第 259–406 页） ……………………………………… 259
11.（35）册封蒙古诸福晋档册，康熙五十五年十二月十六日（蒙古文、满文，第 260–279 页） …………………………………………………………… 260
※公文处理记录（满文） …………………………………………………………… 264
12.（37）康熙帝以颁发委任状之敕谕，康熙五十五年十二月十九日（蒙古文，第 280–283 页；满文见本册第 36 条第 279–280 页，页面文字缺失） …… 280

13.（39）康熙帝以台吉达颜，系达赖巴图尔之孙，为人诚实，感朕深恩，实心办事，甚属勤劳，著封为贝勒之敕谕，康熙五十五年十二月十九日（蒙古文，第 285-287 页；满文见本册第 38 条第 283-285 页） ………… 285
※公文处理记录（满文） …………………………………………………… 287
14.（41）康熙帝以封喀尔喀固噜什喜之妻为多罗大福晋之敕谕，康熙五十五年九月初八日（蒙古文，第 290-292 页；满文见本册第 40 条第 289-290 页，页面文字缺失） ………………………………………… 290
15.（43）康熙帝以封博罗郡王第五女为和硕格格之敕谕，康熙五十九年七月十一日（蒙古文，第 293-295 页；满文见本册第 42 条第 292-293 页，页面文字缺失） …………………………………………………… 293
16.（45）康熙帝以封多罗诺颜仓噶台之女为多罗格格之敕谕，康熙五十九年七月十一日（蒙古文，第 296-298 页；满文见本册第 44 条第 295-296 页，页面文字缺失） …………………………………………………… 296
17.（47）康熙帝以封固山贝子允禟第三女为多罗格格之敕谕，康熙五十九年七月十一日（蒙古文，第 300-301 页；满文见本册第 46 条第 298-300 页） … 300
18.（49）康熙帝以封青海台吉班珠尔阿拉布坦为贝子之敕谕，康熙五十五年十二月二十八日（蒙古文，第 303-305 页；满文见本册第 48 条第 301-303 页，页面文字缺失） …………………………………………… 303
19.（51）康熙帝以封青海台吉拉扎布为贝子之敕谕，康熙五十五年十二月二十八日（蒙古文，第 307-309 页；满文见本册第 50 条第 305-307） … 307
20.（53）康熙帝以封青海台吉阿拉布坦为贝子之敕谕，康熙五十五年十二月二十八日（蒙古文，第 311-313 页；满文见本册第 52 条第 309-311 页） ……………………………………………………………… 311
21.（55）康熙帝以册封青海台吉丹津为辅国公之敕谕，康熙五十五年十二月二十八日（蒙古文，第 315-317 页；满文见本册第 54 条第 313-315 页） ……………………………………………………… 315
22.（57）康熙帝以封青海丹津阿拉布坦为扎萨克头等台吉之敕谕，康熙五十五年十二月二十八日（蒙古文，第 319-321 页；满文见本册第 56 条第 317-319 页） …………………………………………… 319
23.（58）康熙帝以阿霸哈纳多罗贝勒索诺穆喇布坦病故，准其叔纳木扎袭爵之敕谕，康熙五十九年九月二十四日（蒙古文、满文，第 321-322 页） ……………………………………………………………… 321
24.（59）康熙帝以承袭色楞南吉拉为扎萨克固山贝子之文，康熙五十六年三月二十八日（蒙古文、满文，第 322 页） ………………………… 322

25. （60）康熙帝以科尔沁和硕土谢图亲王鄂尔斋图病故，准其子阿拉卜昙袭爵之敕谕，康熙五十九年七月初八日（蒙古文、满文，第 322 页）…… 322
※公文处理记录（满文）…… 323
26. （61）康熙帝以科尔沁多罗贝勒巴克什古尔病故，准其子阿腊布坦袭爵之敕谕，康熙五十九年十二月十日（蒙古文、满文，第 324-325 页）… 324
27. （62）康熙帝以鄂尔多斯固山贝子色冷纳木扎病故，准其长子齐妄班珠尔袭爵之敕谕，康熙五十六年十月三十日（蒙古文、满文，第 325 页）… 325
28. （63）康熙帝以奈曼多罗达尔汉郡王垂忠著革去王爵，准其弟阿杂拉著封袭多罗达尔汉郡王之敕谕，康熙六十年二月初二日（蒙古文、满文，第 325-326 页）…… 325
29. （65）康熙帝以授西藏康济鼐为贝子之文，康熙六十年三月二十日（蒙古文，第 329-332 页；满文见本册第 64 条第 326-329 页，藏文见本册第 66 条第 332-334 页）…… 329
30. （68）康熙帝以授西藏阿尔布巴为贝子之文，康熙六十年三月二十日（蒙古文，第 336-340 页；满文见本册第 67 条第 334-336 页）…… 336
31. （70）康熙帝以授西藏隆布奈为辅国公之文，康熙六十年三月二十日（蒙古文，第 342-346 页；满文见本册第 69 条第 340-342 页，藏文见本册第 71 条第 346-348 页）…… 342
32. （72）康熙帝以授卓达西为三等副品官之文，康熙五十九年十二月十六日（蒙古文，第 349-350 页）…… 349
33. （73）康熙帝以授鄂齐尔图为达尔罕爵之文，康熙六十年二月初四日（蒙古文、满文，第 350-351 页）…… 350
34. （75）康熙帝以授达赖喇嘛之徒却克图为头等台吉之文，康熙六十年四月初六日（蒙古文，第 354-358 页；满文见本册第 74 条第 351-354 页）…… 354
35. （77）康熙帝以授西藏达赖喇嘛之徒卿衮却吉为头等台吉之文，康熙六十年四月初六日（蒙古文，第 361-365 页；满文见本册第 76 条第 358-361 页，藏文见本册第 98 条第 403-407 页）…… 361
36. （79）康熙帝以封青海台吉阿拉布坦为辅国公之敕谕，康熙五十九年一月初五日（蒙古文，第 367-368 页；满文见本册第 78 条第 365-367 页）…… 367
37. （81）康熙帝以授丹津为三等正品官之敕谕，康熙五十九年七月初四日（蒙古文，第 370-371 页；满文见本册第 80 条第 369-370 页）…… 370
38. （82）康熙帝以喀尔喀多罗郡王纳木扎尔厄尔德尼病故，准其子达玛林多尔济袭爵之敕谕，康熙六十年七月二十九日（蒙古文、满文，第 371-372 页）…… 371

39. （83）康熙帝以乌珠穆秦多罗厄尔德尼贝勒布木布病故，准其子策卜登袭爵之敕谕，康熙六十年七月二十九日（蒙古文、满文，第372-373页）…… 372
40. （84）康熙帝以厄鲁特辅国公罗卜臧达尔济病故，准其弟沙毕多尔济袭爵之敕谕，康熙六十年八月初四日（蒙古文、满文，第373页）…… 373
41. （86）康熙帝以赐予大喇嘛印册之事致绰尔吉台亚拉木咱巴之敕谕，康熙六十一年一月二十二日（蒙古文，第375-376页；满文见本册第85条第373-375页）…… 375
※公文处理记录（满文）…… 376
42. （87）康熙帝以苏尼特章京进达克阵亡，准其子噶尔马授为辅国公之敕谕，雍正元年一月二十九日（满文，第378-380页）…… 378
43. （88）康熙帝以封苏尼特章京进达克阵亡，准其子孙多布授为辅国公之敕谕，雍正元年一月二十九日（蒙古文，第380-383页）…… 380
44. （90）康熙帝以封公毛海为贝子之敕谕，雍正元年十月二十日（蒙古文，第384-385页；满文见本册第89条第383-384页）…… 384
45. （91）康熙帝以封噶日台达尔罕爵之敕谕，雍正元年九月二十二日（蒙古文、满文，第385-386页）…… 385
46. （93）康熙帝以为坚守边疆之事给喀尔喀郡王丹津多尔济之敕谕，未标年份（蒙古文，第389-392页；满文见本册第92条第386-389页）…… 389
47. （94）皇帝授唐兀特台吉为扎萨克头等台吉之敕谕，雍正二年七月二十七日（蒙古文，第392-395页）…… 392
48. （95）康熙帝以封扎尔乃为头等台吉之敕谕，雍正二年七月（蒙古文，第395-398页）…… 395
49. （96）康熙帝以致贝子康济鼐之敕谕，雍正三年十二月（满文，第398-400页）…… 398
50. （97）康熙帝以致贝子阿尔布巴之敕谕，雍正三年十二月（满文，第400-401页）…… 400
51. （98）封西藏达赖喇嘛之属卿衮乔吉为头等台吉之文，未标年份（藏文，第403-407页）…… 403
※祭文档（雍正元年至七年）…… 407
52. （101）额尔德尼郡王阿尔咔你思打祭文，雍正九年三月（蒙古文，第408页；满文见本册第100条第407页）…… 408
53. （103）蒙古贝勒宝贝追封郡王祭文，雍正八年六月（蒙古文，第411-412页；满文见本册第102条第409-410页）…… 411
54. （105）青海扎萨克多罗郡王色白占祭文，雍正八年五月（蒙古文，第414-415页；满文见本册第104条第412-413页）…… 414

55. （106）喀尔喀扎萨克辅国公根敦祭文，雍正八年五月（蒙古文，第 415-416 页） …… 415
56. （108）喀尔喀扎萨克辅国公敦多布阿灵臣祭文，雍正八年二月（蒙古文，第 418 页；满文见本册第 107 条第 417 页） …… 418
57. （110）辉发头等台吉吹木柱尔祭文，雍正八年二月（蒙古文，第 420 页；满文见本册第 109 条第 419 页） …… 420
58. （112）喀尔喀车臣汗辅国公山儿渣祭文，雍正七年闰七月（蒙古文，第 422 页；满文见本册第 111 条第 421 页） …… 421
59. （114）青海扎萨克多罗郡王蒲刿孙王渣尔之妻福晋祭文，雍正七年闰七月初八日（蒙古文，第 424 页；满文见本册第 113 条第 423 页） …… 424
60. （117）祭拉端敏固伦公主之祭文，雍正七年七月初十日（蒙古文，第 427-428 页；满文见本册第 115 条第 425 页、第 118 条第 429-430 页，汉文见本册第 116 条第 426 页） …… 428
61. （119）巴林扎萨克头等台吉更东扎布祭文，雍正七年六月十三日（蒙古文，第 431 页；满文见本册第 120 条第 432 页） …… 431
62. （121）青海扎萨克辅国公达赐班主祭文，雍正七年五月初十日（蒙古文，第 433-434 页） …… 433
63. （123）青海扎萨克多罗郡王色布丹吉勒之妻福晋祭文，未标年份（蒙古文，第 435 页；满文见本册第 122 条第 435 页） …… 435
64. （125）卫拉特扎萨克辅国公策灵祭文，雍正七年三月十九日（蒙古文，第 437 页；满文见本册第 124 条第 436 页） …… 437
65. （127）苏尼特扎萨克多罗郡王达尔查祭文，雍正七年三月十九日（蒙古文，第 439-440 页；满文见本册第 126 条第 438 页） …… 439
66. （128）多罗郡王雅慕品之母福晋祭文，雍正七年三月十九日（蒙古文，第 441 页） …… 441
67. （129）喀喇沁旗贝子僧衮扎布之妻和硕格格祭文，雍正七年三月十九日（蒙古文，第 442-443 页） …… 442
68. （131）喀尔喀扎萨克多罗郡王彭苏格祭文，雍正六年十二月（蒙古文，第 447-448 页；满文见本册第 130 条第 445-446 页） …… 447
69. （133）喀尔喀车册汗浑成祭文，雍正六年十一月（蒙古文，第 451 页；满文见本册第 132 条第 449-450 页） …… 451
70. （134）和硕亲王阿拉腾葛日勒之妻福晋祭文，未标年份（蒙古文，第 452 页） …… 452
71. （135）和硕亲王喇嘛扎布之母福晋祭文，未标年份（蒙古文，第 453 页） …… 453

72. （136）喀喇沁亲王福晋多罗公主祭文，雍正六年七月（满文、汉文，第 454-456 页）……………………………………………… 454
73. （137）喀尔喀扎萨克旗达己祭文，雍正六年四月（蒙古文，第 457 页；满文见本册第 138 条第 458 页）…………………………… 457
74. （139）科尔沁头等大台吉额尔得白兔祭文，雍正六年三月（蒙古文，第 459-460 页）……………………………………………… 459
75. （140）卫拉特扎萨克旗贝子噶尔丹戴青祭文，未标年份（满文，第 461 页）………………………………………………………… 461
76. （141）喀尔喀头等台吉西拉渣布祭文，雍正五年四月二十二日（满文，第 462-463 页）……………………………………………… 462
77. （143）和硕亲王色登多如布之母福晋祭文，雍正五年四月初六日（蒙古文，第 467 页；满文见本册第 142 条第 466 页）………… 467
78. （145）达尔罕贝子策灵多如布祭文，雍正五年闰三月初九日（蒙古文，第 469 页；满文见本册第 144 条第 468 页）……………… 469
79. （147）科尔沁多罗贝勒王渣儿祭文，雍正五年二月（蒙古文，第 471 页；满文见本册第 146 条第 470 页）……………………… 471
80. （149）科尔沁额驸班第祭文，雍正四年十月十四日（蒙古文，第 473 页；满文见本册第 148 条第 472 页）……………………… 473
81. （150）郭尔罗斯辅国公罗尔布祭文，雍正四年八月初十日（蒙古文，第 474 页）………………………………………………………… 474
82. （152）科尔沁多罗郡王罗布桑拉西之母福晋祭文，雍正四年七月初八日（蒙古文，第 475 页；满文见本册第 151 条第 475 页）………… 475
83. （154）和硕卓日克图亲王巴达玛之妻福晋祭文，雍正四年七月初八日（蒙古文，第 476 页；满文见本册第 153 条第 476 页）………… 476
84. （156）土默特头等台吉和他剌祭文，雍正四年五月初九日（蒙古文，第 478 页；满文见本册第 155 条第 477 页）……………… 478
85. （158）喀喇沁头等塔布囊阿毕达祭文，雍正四年五月初九日（蒙古文，第 480 页；满文见本册第 157 条第 479 页）……………… 480
86. （160）卫拉特扎萨克辅国公罗尔布彭松可祭文，雍正四年四月二十二日（蒙古文，第 482-483 页；满文见本册第 159 条第 481-482 页）………… 482
87. （162）固山贝子德木吟祭文，雍正四年四月初九日（蒙古文，第 485 页；满文见本册第 161 条第 484 页）……………………… 485
88. （164）青海贝子策井敦朵祭文，雍正三年五月（蒙古文，第 488 页；满文见本册第 163 条第 486-487 页）……………………… 488
89. （166）敖汉多罗郡王乌力吉图之妻福晋祭文，未标年份（蒙古文，第 489-490 页；满文见本册第 165 条第 489 页）……………… 489

90. （168）追封青海贝子等柱郡王祭文，雍正元年三月十七日（蒙古文，第 492-493 页；满文见本册第 167 条第 491-492 页）…………………………… 492
91. （170）喀尔喀多罗达尔罕贝勒詹达古米之母和硕亲王诺诺之妻福晋祭文，雍正元年五月十八日（蒙古文，第 494 页；满文见本册第 169 条第 494 页）…………………………………………………………………………… 494
92. （172）追封金大可公祭文，雍正元年五月十九日（蒙古文，第 497-498 页；满文见本册第 171 条第 495-496 页）……………………………… 497
93. （174）衣尔西达恭峩孙祭文，雍正元年五月十九日（蒙古文，第 500-501 页；满文见本册第 173 条第 499 页）………………………………… 500
94. （176）喀尔喀多罗贝勒固山额驸共额拉蒲坦祭文，雍正元年六月二十三日（蒙古文，第 503 页；满文见本册第 175 条第 502 页）…………………… 503
95. （178）科尔沁和硕额驸策妄道儿吉之妻和硕格格祭文，雍正元年七月初五日（蒙古文，第 505 页；满文见本册第 177 条第 504 页）……………… 505
96. （180）喀喇沁多罗额驸门都之妻多罗格格祭文，雍正元年八月初一日（蒙古文，第 507 页；满文见本册第 179 条第 506 页）…………………… 507
97. （182）扎萨克头等台吉渣木样祭文，雍正元年八月初一日（蒙古文，第 509 页；满文见本册第 181 条第 508 页）…………………………………… 509
98. （184）喀尔喀头等台吉且扎栏章京胡日勒台祭文，雍正元年十月初二日（蒙古文，第 511 页；满文见本册第 183 条第 510 页）…………………… 510
99. （186）喀尔喀扎萨克多罗贝勒吹伽措祭文，雍正二年二月二十日（蒙古文，第 513 页；满文见本册第 185 条第 512 页）…………………… 513
100. （188）喀尔喀辅国公策林打使祭文，雍正二年三月二十四日（蒙古文，第 515 页；满文见本册第 187 条第 514 页）………………… 515
101. （189）科尔沁贝勒巴可什固尔之妻福晋祭文，雍正二年三月二十四日（蒙古文、满文，第 516-517 页）…………………………………… 516
102. （190）鄂尔多斯多罗郡王拉西班主之妻福晋祭文，雍正二年三月二十四日（蒙古文，第 518 页；满文见本册第 191 条第 519 页）……… 518
103. （193）喀喇沁头等塔布囊色能祭文，雍正二月四月十七日（蒙古文，第 521 页；满文见本册第 192 条第 520 页）…………………………… 521
104. （195）多罗额尔德尼郡王阿尔咔你思打之母福晋祭文，雍正二年闰四月十七日（蒙古文，第 522 页；满文见本册第 194 条第 522 页）… 522
105. （197）喀喇沁都统孟可祭文，雍正二年闰四月十七日（蒙古文，第 525 页；满文见本册第 196 条第 523-524 页）………………………… 525
106. （199）喀尔喀古木渣布由台吉优封辅国公祭文，雍正二年七月（蒙古文，第 527 页；满文见本册第 198 条第 526 页）…………………… 527

107. （200）喀尔喀郡王王渣之妻祭文，雍正二年八月二十四日（满文，第 528 页） …… 528
108. （202）蒙古乌黑理达诺穆布祭文，雍正二年十月（蒙古文，第 530 页；满文见本册第 201 条第 529 页） …… 530
109. （204）喀尔喀扎萨克头等台吉几拉米打祭文，雍正二年十二月十一日（蒙古文，第 532 页；满文见本册第 203 条第 531 页、第 205 条第 533 页） …… 532
110. （206）镇国公苏礼祭文，未标年份（蒙古文，第 534 页；满文见本册第 207 条第 535 页） …… 534
111. （208）扎萨克头等台吉多几达西祭文，雍正三年二月（蒙古文，第 536 页） …… 536
112. （209）科尔沁和硕卓日克图亲王巴达玛祭文，雍正三年二月二十八日（蒙古文，第 537-539 页） …… 537
113. （211）科尔沁扎萨克镇国公拖鲁曼祭文，雍正三年三月初七日（蒙古文，第 541 页；满文见本册第 210 条第 540 页） …… 541
114. （212）辅国公哈然色楞祭文，雍正三年四月初四日（蒙古文，第 542-543 页） …… 542
115. （213）台吉拉木几祭文，雍正三年七月三十日（蒙古文，第 544 页；满文见本册第 214 条第 545 页） …… 544
116. （216）卫拉特扎萨克固山贝子噶尔丹戴青祭文，未标年份（蒙古文，第 547 页；满文见本册第 215 条第 546 页） …… 547
117. （217）喀尔喀扎萨克头等台吉达尔及亚祭文，雍正六年四月（蒙古文，第 548 页） …… 548
118. （218）科尔沁郡王诺门额尔和图之妻福晋祭文，未标年份（蒙古文，第 549 页） …… 549
119. （219）扎萨克多罗达尔罕贝勒詹达古密祭文，雍正六年九月（蒙古文，第 550-551 页） …… 550
120. （220）科尔沁多罗扎萨克图郡王萨呼拉克祭文，雍正九年一月（蒙古文，第 552 页；满文见本册第 221 条第 553 页） …… 552
121. （222）科尔沁固山额驸三等台吉班第祭文，未标年份（满文，第 555 页） …… 555

第二十一册

※雍正元年至十三年诏档 …… 2
1. （3）雍正帝以太庙祭奠母后之事诏书，雍正元年九月初四日（蒙古文，第 16-30 页；满文见本册第 2 条第 2-15 页） …… 16
2. （5）雍正帝以祭天地太庙之事之诏书，雍正元年十一月二十六日（蒙古文，第 44-59 页；满文见本册第 4 条第 31-44 页） …… 44
3. （7）雍正帝以封那拉氏为皇后之事之诏书，雍正元年十二月二十二日（蒙古文，第 65-72 页；满文见本册第 6 条第 58-65 页） …… 65
4. （9）雍正帝为追封皇后之事致礼部敕谕，雍正九年十二月十八日（蒙古文，第 77-80 页；满文见本册第 8 条第 73-76 页） …… 77
5. （11）雍正帝以载先帝功绩之事之诏书，未标年份（蒙古文，第 87-93 页；满文见本册第 10 条第 81-86 页） …… 87
6. （13）康熙帝以皇位传授于雍亲王四阿哥之事之诏书，康熙六十一年十一月十三日（蒙古文，第 100-105 页；满文见本册第 12 条第 94-99 页，藏文见本册第 14 条第 106-111 页） …… 100
7. （16）雍正帝以即位之事之诏书，康熙六十一年十一月二十日（蒙古文，第 122-131 页；满文见本册第 15 条第 112-121 页，藏文见本册第 17 条第 133-140 页） …… 122
8. （19）雍正帝以为康熙帝封庙号之事之诏书，雍正元年二月二十日（蒙古文，第 149-155 页；满文见本册第 18 条第 141-147 页，藏文见本册第 20 条第 158-168 页） …… 149
※公文处理记录（满文） …… 156
9. （22）为发丧之事孝恭仁皇太后临终懿旨，雍正元年四月二十三日（蒙古文，第 172-175 页；满文见本册第 21 条第 169-171 页） …… 172
10. （24）雍正帝以为孝恭仁皇太后封号之事之诏书，雍正元年八月十三日（蒙古文，第 182-187 页；满文见本册第 23 条第 175-181 页；满文见本册第 25 条第 188-195 页） …… 182

11. （27）雍正帝以遣使进藏熬茶诵经之事致达赖喇嘛敕谕，雍正十三年九月初八日（蒙古文，第200-203页；满文见本册第26条第196-199页） …… 200
※公文处理记录（满文） …… 204
12. （29）雍正帝以遣使进藏熬茶诵经之事致班禅胡土克图敕谕，雍正十三年九月十一日（蒙古文，第210-213页；满文见本册第28条第206-209页） …… 210
※雍正十三年至乾隆十一年诏档 …… 214
13. （32）雍正帝以皇位传授于宝亲王四阿哥之事之遗诏，雍正十三年八月二十三日（蒙古文，第225-236页；满文见本册第31条第215-224页，藏文见本册第33条第240-247页） …… 225
※公文处理记录（满文） …… 237
14. （35）乾隆皇帝即位喜诏，雍正十三年九月初三日（蒙古文，第261-275页；满文见本册第34条第248-260页，藏文见本册第36条第278-289页） …… 261
※公文处理记录（满文） …… 275
15. （38）乾隆帝以为雍正皇帝封尊号之事之敕谕，雍正十三年十一月十四日（蒙古文，第304-319页；满文见本册第37条第290-303页，藏文见本册第39条第320-332页） …… 304
16. （41）乾隆帝以封孝敬皇后尊谥之事之敕谕，雍正十三年十一月二十二日（蒙古文，第341-349页；满文见本册第40条第333-340页） …… 341
※公文处理记录（满文） …… 349
17. （43）乾隆帝封皇太后为崇庆太后尊谥之事之敕谕，雍正十三年十二月十四日（蒙古文，第362-371页；满文见本册第42条第353-361页） …… 362
18. （45）乾隆帝以太庙祭奠世宗皇帝之事诏书，乾隆二年三月初六日（蒙古文，第381-391页；满文见本册第44条第373-381页） …… 381
19. （47）乾隆帝以与天皇并排祭拜世宗皇帝之事诏书，乾隆二年四月十八日（蒙古文，第402-412页；满文见本册第46条第392-401页） …… 402
20. （49）乾隆帝为封富察氏为皇后之事之诏书，乾隆二年十二月初五日（蒙古文，第419-424页；满文见本册第48条第412-418页） …… 419
21. （51）乾隆帝为皇太后加徽号之事之诏书，乾隆二年十二月十二日（蒙古文，第431-436页；满文见本册第50条第425-430页） …… 431
22. （53）乾隆帝为盛京故居祭太陵之事之诏书，乾隆八年九月二十五日（蒙古文，第445-458页；满文见本册第52条第440-444页） …… 445
※载达赖喇嘛超度之事经文 …… 445
23. （56）达赖喇嘛超度之事经文，未标年份（蒙古文，第541-549页；满文见本册第55条第459-540页，蒙古文文书缺页） …… 541

第二十二册

※蒙古人朝贡回赐档 …… 1
1.（2）蒙古人朝贡回赐之文（满文，第1–74页） …… 1
※蒙古人朝贡回赐档 …… 25
2.（4）蒙古人朝贡回赐之文（满文，第25–77页） …… 25
※蒙古人朝贡回赐档 …… 78
3.（6）蒙古人朝贡回赐之文（满文，第78–118页） …… 78
※蒙古人朝贡回赐档 …… 119
4.（8）蒙古人朝贡回赐之文（满文，第119–169页） …… 119
※蒙古人朝贡回赐档 …… 170
5.（10）蒙古人朝贡回赐之文（满文，第170–242页） …… 170
※大清顺治三年丙戌年天文学档 …… 243
6.（12）大清顺治三年丙戌年天文学档（第243–262页） …… 243
※康熙六年在旧律书上增修之律书 …… 263
7.（14）康熙六年在旧律上增修之律书（第264–360页） …… 264
※甲子年档 …… 361
8.（16）甲子年会典（362–549页） …… 362
※蒙古文实录书签 …… 550
9.（18）蒙古文实录书签（汉文、蒙古文）（551–569页） …… 551

《ᠮᠣᠩᠭᠣᠯ ᠬᠡᠯᠡᠨ ᠦ ᠪᠣᠯᠪᠠᠰᠤᠷᠠᠯ ᠤᠨ ᠬᠡᠯᠡ ᠦ ᠰᠤᠳᠤᠯᠭ᠎ᠠ ᠶᠢᠨ

ᠪᠢᠴᠢᠭ ᠤᠨ ᠰᠠᠩ》 ᠶᠢᠨ ᠨᠡᠶᠢᠲᠡᠯᠡᠯ ᠬᠠᠮᠲᠤᠷᠠᠯ ᠤᠨ ᠭᠠᠷᠴᠠᠭ

ᠭᠠᠷᠴᠠᠭ

ᠨᠢᠭᠡᠳᠦᠭᠡᠷ ᠪᠦᠯᠦᠭ …… 165
ᠬᠣᠶᠠᠳᠤᠭᠠᠷ ᠪᠦᠯᠦᠭ …… 185
ᠭᠤᠷᠪᠠᠳᠤᠭᠠᠷ ᠪᠦᠯᠦᠭ …… 193
ᠳᠥᠷᠪᠡᠳᠦᠭᠡᠷ ᠪᠦᠯᠦᠭ …… 205
ᠲᠠᠪᠤᠳᠤᠭᠠᠷ ᠪᠦᠯᠦᠭ …… 220
ᠵᠢᠷᠭᠤᠳᠤᠭᠠᠷ ᠪᠦᠯᠦᠭ …… 221
ᠳᠣᠯᠣᠳᠤᠭᠠᠷ ᠪᠦᠯᠦᠭ …… 232
ᠨᠠᠢᠮᠠᠳᠤᠭᠠᠷ ᠪᠦᠯᠦᠭ …… 234
ᠶᠢᠰᠦᠳᠦᠭᠡᠷ ᠪᠦᠯᠦᠭ …… 246
ᠠᠷᠪᠠᠳᠤᠭᠠᠷ ᠪᠦᠯᠦᠭ …… 262
ᠠᠷᠪᠠᠨ ᠨᠢᠭᠡᠳᠦᠭᠡᠷ ᠪᠦᠯᠦᠭ …… 269
ᠠᠷᠪᠠᠨ ᠬᠣᠶᠠᠳᠤᠭᠠᠷ ᠪᠦᠯᠦᠭ …… 285
ᠠᠷᠪᠠᠨ ᠭᠤᠷᠪᠠᠳᠤᠭᠠᠷ ᠪᠦᠯᠦᠭ …… 293
ᠠᠷᠪᠠᠨ ᠳᠥᠷᠪᠡᠳᠦᠭᠡᠷ ᠪᠦᠯᠦᠭ …… 306
ᠠᠷᠪᠠᠨ ᠲᠠᠪᠤᠳᠤᠭᠠᠷ ᠪᠦᠯᠦᠭ …… 313
ᠠᠷᠪᠠᠨ ᠵᠢᠷᠭᠤᠳᠤᠭᠠᠷ ᠪᠦᠯᠦᠭ …… 321
ᠠᠷᠪᠠᠨ ᠳᠣᠯᠣᠳᠤᠭᠠᠷ ᠪᠦᠯᠦᠭ …… 335
ᠠᠷᠪᠠᠨ ᠨᠠᠢᠮᠠᠳᠤᠭᠠᠷ ᠪᠦᠯᠦᠭ …… 347
ᠠᠷᠪᠠᠨ ᠶᠢᠰᠦᠳᠦᠭᠡᠷ ᠪᠦᠯᠦᠭ …… 364
ᠬᠣᠷᠢᠳᠤᠭᠠᠷ ᠪᠦᠯᠦᠭ …… 372
ᠬᠣᠷᠢᠨ ᠨᠢᠭᠡᠳᠦᠭᠡᠷ ᠪᠦᠯᠦᠭ …… 386
ᠬᠣᠷᠢᠨ ᠬᠣᠶᠠᠳᠤᠭᠠᠷ ᠪᠦᠯᠦᠭ …… 390

ᠬᠠᠪᠰᠤᠷᠤᠯᠲᠠ ᠪᠢᠴᠢᠭ

※ ᠬᠡᠯᠡ ᠰᠤᠳᠤᠯᠤᠯ ᠤᠨ ᠲᠣᠪᠴᠢᠶᠠᠨ ᠤ ᠪ ᠬᠡᠰᠡᠭ ……………………………………3

1. (2) (5) ᠣᠷᠴᠢᠨ ᠪᠣᠯᠤᠨ ᠰᠤᠳᠤᠯᠤᠯ ᠰᠤᠷᠭᠠᠭᠤᠯᠢ ᠪᠢᠴᠢᠭ ᠬᠡᠪᠯᠡᠯ ᠪᠠᠶᠢᠳᠠᠯ · ᠬᠡᠯᠡ ᠰᠤᠳᠤᠯᠤᠯ ᠤᠨ ᠲᠣᠪᠴᠢᠶᠠᠨ ᠤ (ᠳᠡᠪᠲᠡᠷ · 3-10 ᠳᠤᠭᠠᠷ ᠨᠢᠭᠤᠷ · 15 ᠳᠤᠭᠠᠷ ᠨᠢᠭᠤᠷ)……………………………………3

2. (3) ᠬᠡᠯᠡ ᠰᠤᠳᠤᠯᠤᠯ ᠤᠨ ᠲᠣᠪᠴᠢᠶᠠᠨ ᠤ (ᠳᠡᠪᠲᠡᠷ · 11-12 ᠳᠤᠭᠠᠷ ᠨᠢᠭᠤᠷ)……………………………………11

3. (4) (9) ᠬᠡᠯᠡ ᠰᠤᠳᠤᠯᠤᠯ ᠤᠨ ᠲᠣᠪᠴᠢᠶᠠᠨ ᠤ (ᠳᠡᠪᠲᠡᠷ · 12-14 ᠳᠤᠭᠠᠷ ᠨᠢᠭᠤᠷ · 23-32 ᠳᠤᠭᠠᠷ ᠨᠢᠭᠤᠷ)……………………………………12

4. (6) ᠣᠷᠴᠢᠨ ᠪᠣᠯᠤᠨ ᠬᠡᠯᠡ ᠰᠤᠳᠤᠯᠤᠯ ᠤᠨ ᠲᠣᠪᠴᠢᠶᠠᠨ ᠤ (ᠳᠡᠪᠲᠡᠷ · 16-20 ᠳᠤᠭᠠᠷ ᠨᠢᠭᠤᠷ)……………………………………16

5. (7) ᠬᠡᠯᠡ ᠰᠤᠳᠤᠯᠤᠯ ᠤᠨ ᠲᠣᠪᠴᠢᠶᠠᠨ ᠤ (ᠳᠡᠪᠲᠡᠷ · 20-21 ᠳᠤᠭᠠᠷ ᠨᠢᠭᠤᠷ)……………………………………20

6. (8) ᠬᠡᠯᠡ ᠰᠤᠳᠤᠯᠤᠯ ᠤᠨ ᠲᠣᠪᠴᠢᠶᠠᠨ ᠤ (ᠳᠡᠪᠲᠡᠷ · 21-22 ᠳᠤᠭᠠᠷ ᠨᠢᠭᠤᠷ)……………………………………21

7. (10) ᠬᠡᠯᠡ ᠰᠤᠳᠤᠯᠤᠯ ᠤᠨ ᠲᠣᠪᠴᠢᠶᠠᠨ ᠤ (ᠳᠡᠪᠲᠡᠷ · 35-37 ᠳᠤᠭᠠᠷ ᠨᠢᠭᠤᠷ)……………………………………35

※ ᠬᠡᠯᠡ ᠰᠤᠳᠤᠯᠤᠯ (ᠳᠡᠪᠲᠡᠷ)……………………………………37

8. (11) ᠬᠡᠯᠡ ᠰᠤᠳᠤᠯᠤᠯ ᠤᠨ ᠲᠣᠪᠴᠢᠶᠠᠨ ᠤ

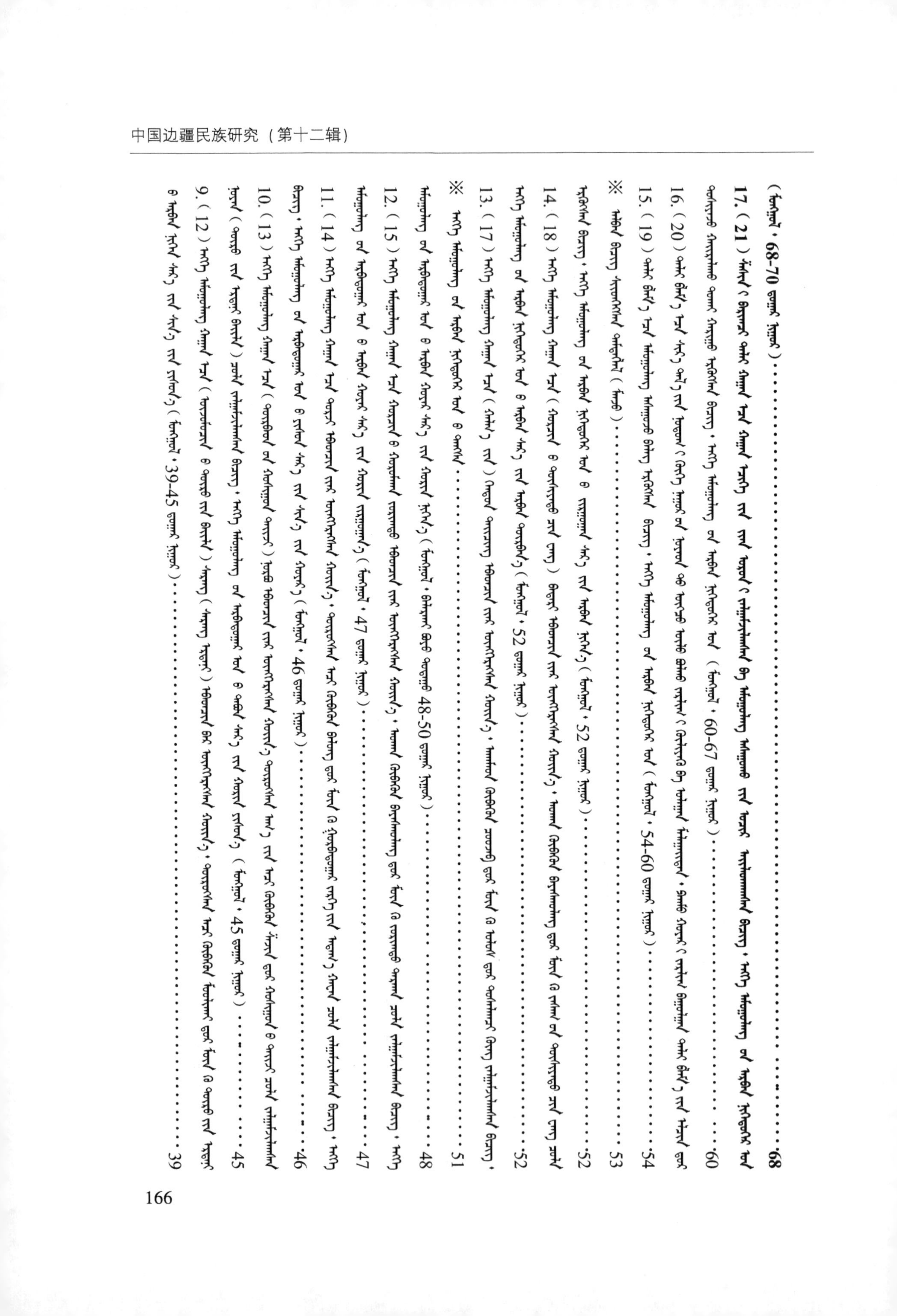

([illegible], 68-70 [illegible]) …… 68

17. (21) [illegible] ([illegible], 60-67 [illegible]) …… 60

16. (20) [illegible]

15. (19) [illegible] ([illegible], 54-60 [illegible]) …… 54

※ [illegible] ([illegible]) …… 53

[illegible] ([illegible], 52 [illegible]) …… 52

14. (18) [illegible] ([illegible], 52 [illegible]) …… 52

13. (17) [illegible]

※ [illegible] …… 51

[illegible] ([illegible], [illegible] 48-50 [illegible]) …… 48

12. (15) [illegible] ([illegible], 47 [illegible]) …… 47

11. (14) [illegible] ([illegible], 46 [illegible]) …… 46

10. (13) [illegible] ([illegible], 45 [illegible]) …… 45

9. (12) [illegible] ([illegible], 39-45 [illegible]) …… 39

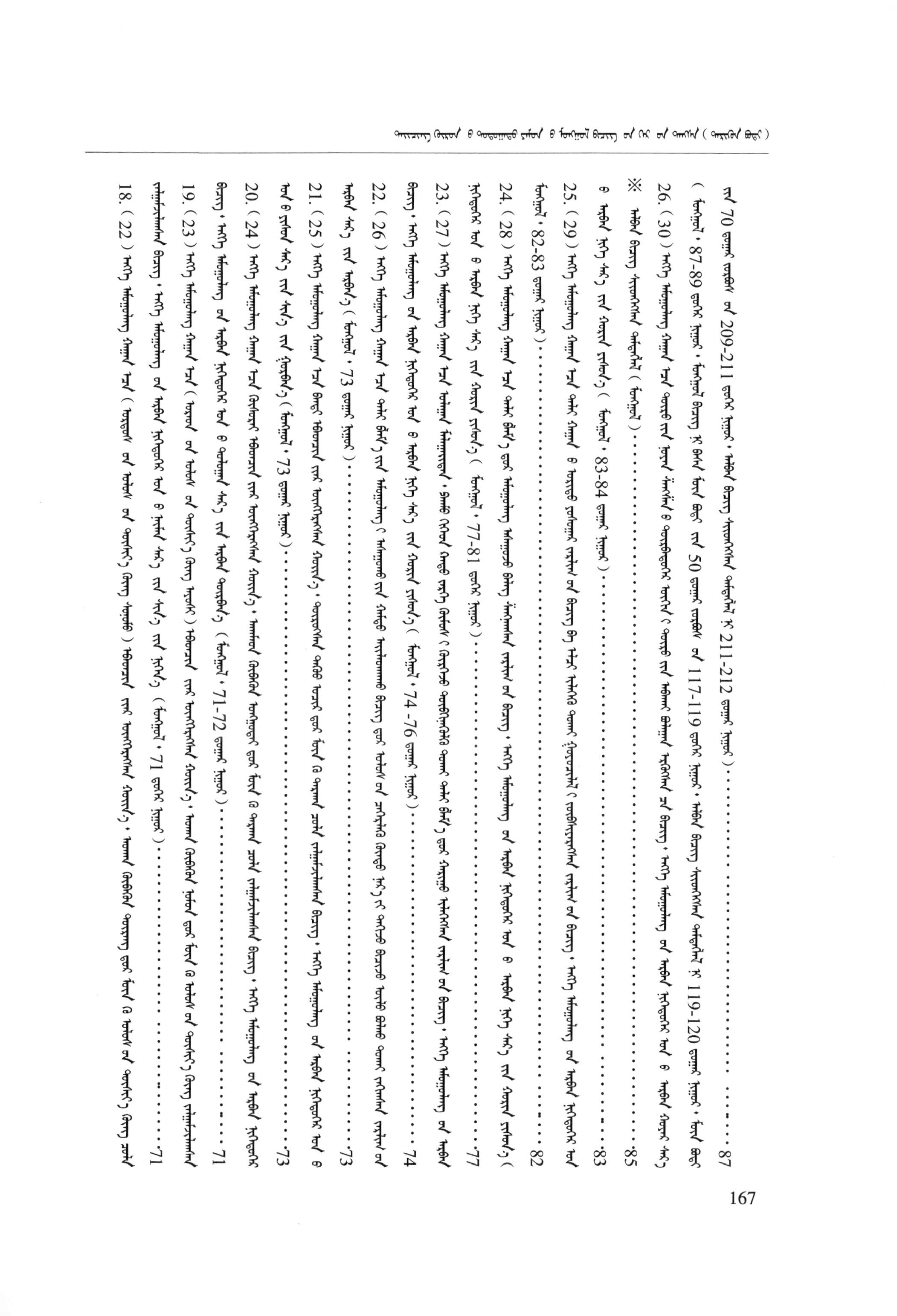

[illegible] 70 [illegible] 209-211 [illegible] · [illegible] 211-212 [illegible])…………………………………… 87
([illegible] · 87-89 [illegible] · [illegible] 50 [illegible] 117-119 [illegible] · [illegible] 119-120 [illegible] · [illegible]
26. (30) [illegible]
※ [illegible] ([illegible])…………………………………… 85
[illegible] ([illegible] · 83-84 [illegible])…………………………………… 83
25. (29) [illegible]
[illegible] · 82-83 [illegible])…………………………………… 82
24. (28) [illegible] (
[illegible] ([illegible] · 77-81 [illegible])…………………………………… 77
23. (27) [illegible]
[illegible] ([illegible] · 74 -76 [illegible])…………………………………… 74
22. (26) [illegible]
[illegible] ([illegible] · 73 [illegible])…………………………………… 73
21. (25) [illegible]
[illegible] ([illegible] · 73 [illegible])…………………………………… 73
20. (24) [illegible]
[illegible] ([illegible] · 71-72 [illegible])…………………………………… 71
19. (23) [illegible]
[illegible] ([illegible] · 71 [illegible])…………………………………… 71
18. (22) [illegible]

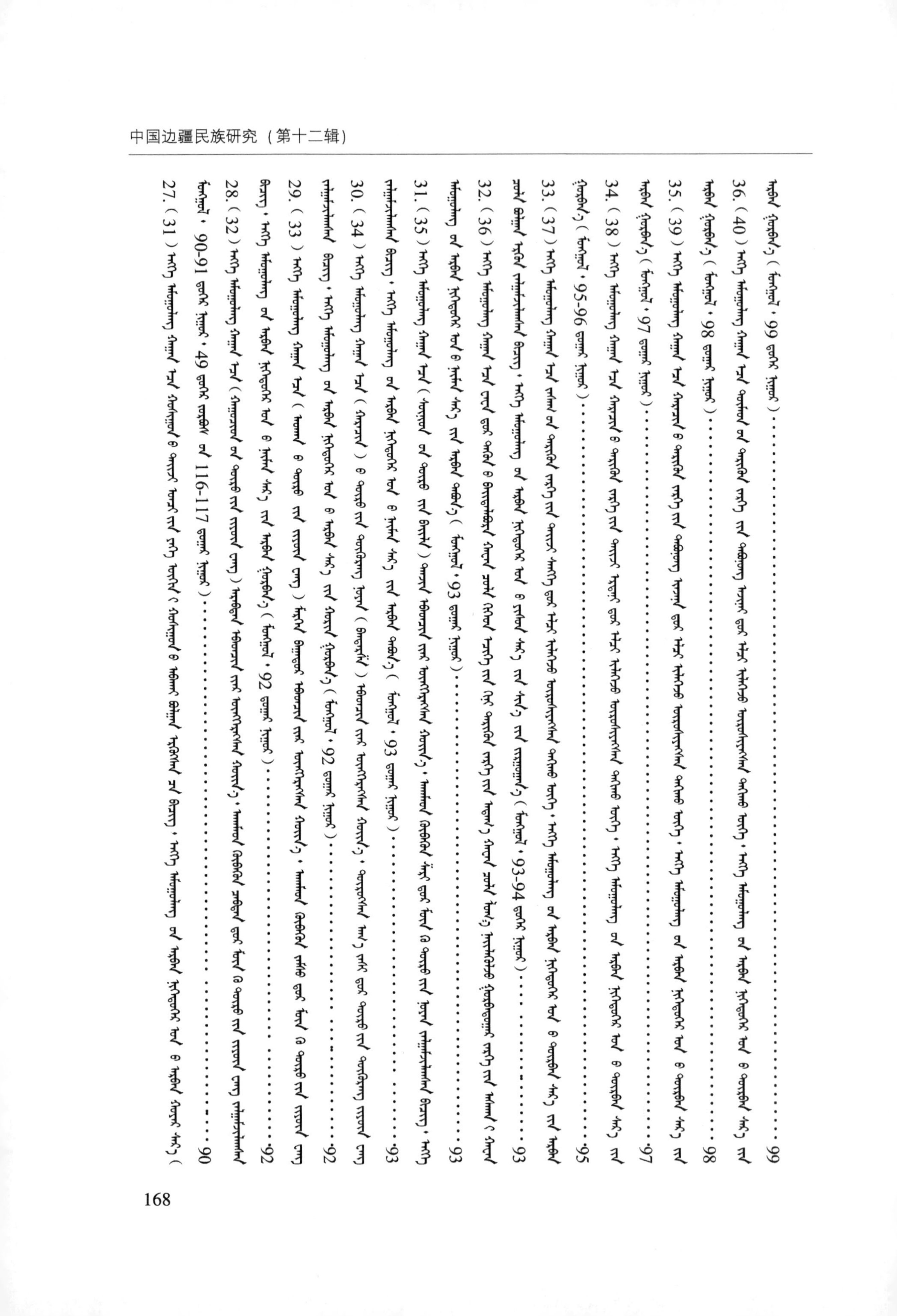

27.（31）[illegible]（[illegible]，90-91 [illegible]，49 [illegible] 116-117 [illegible]）…………90

28.（32）[illegible]（[illegible]）[illegible]（[illegible]，92 [illegible]）…………92

29.（33）[illegible]（[illegible]）[illegible]（[illegible]，92 [illegible]）…………92

30.（34）[illegible]（[illegible]）[illegible]（[illegible]）[illegible]（[illegible]，93 [illegible]）…………93

31.（35）[illegible]（[illegible]）[illegible]（[illegible]，93 [illegible]）…………93

32.（36）[illegible]（[illegible]，93-94 [illegible]）…………93

33.（37）[illegible]（[illegible]，95-96 [illegible]）…………95

34.（38）[illegible]（[illegible]，97 [illegible]）…………97

35.（39）[illegible]（[illegible]，98 [illegible]）…………98

36.（40）[illegible]（[illegible]，99 [illegible]）…………99

44. (51) [illegible] (ᠬᠤᠪᠢ · 121-122
※ ᠬᠠᠮᠲᠤ ᠪᠢᠴᠢᠭ ᠬᠠᠪᠰᠤᠷᠤᠯᠲᠠ ᠮᠠᠲ᠋ᠧᠷᠢᠶᠠᠯ (ᠬᠤᠪᠢ) ········ 113
[illegible] (ᠬᠤᠪᠢ · 111-113 ᠳ᠋ᠤᠭᠠᠷ ᠨᠢᠭᠤᠷ) ········ 111
43. (48) [illegible]
[illegible] (ᠬᠤᠪᠢ · 110-111 ᠳ᠋ᠤᠭᠠᠷ ᠨᠢᠭᠤᠷ) ········ 110
42. (47) [illegible]
※ [illegible] ········ 108
ᠳ᠋ᠤᠭᠠᠷ ᠨᠢᠭᠤᠷ) ········ 107
41. (45) [illegible] ([illegible] · 107
[illegible] (ᠬᠤᠪᠢ · 106 ᠳ᠋ᠤᠭᠠᠷ ᠨᠢᠭᠤᠷ) ········ 106
40. (44) [illegible]
※ ᠬᠠᠮᠲᠤ ᠪᠢᠴᠢᠭ ᠬᠠᠪᠰᠤᠷᠤᠯᠲᠠ ᠮᠠᠲ᠋ᠧᠷᠢᠶᠠᠯ (ᠬᠤᠪᠢ) ········ 105
[illegible] (ᠬᠤᠪᠢ · 104 ᠳ᠋ᠤᠭᠠᠷ ᠨᠢᠭᠤᠷ) ········ 104
39. (43) [illegible]
※ ᠬᠠᠮᠲᠤ ᠪᠢᠴᠢᠭ ᠬᠠᠪᠰᠤᠷᠤᠯᠲᠠ ᠮᠠᠲ᠋ᠧᠷᠢᠶᠠᠯ (ᠬᠤᠪᠢ) ········ 103
[illegible] (ᠬᠤᠪᠢ · 102 ᠳ᠋ᠤᠭᠠᠷ ᠨᠢᠭᠤᠷ) ········ 102
38. (42) [illegible]
※ ᠬᠠᠮᠲᠤ ᠪᠢᠴᠢᠭ ᠬᠠᠪᠰᠤᠷᠤᠯᠲᠠ ᠮᠠᠲ᠋ᠧᠷᠢᠶᠠᠯ (ᠬᠤᠪᠢ) ········ 101
[illegible] (ᠬᠤᠪᠢ · 100 ᠳ᠋ᠤᠭᠠᠷ ᠨᠢᠭᠤᠷ) ········ 100
37. (41) [illegible]

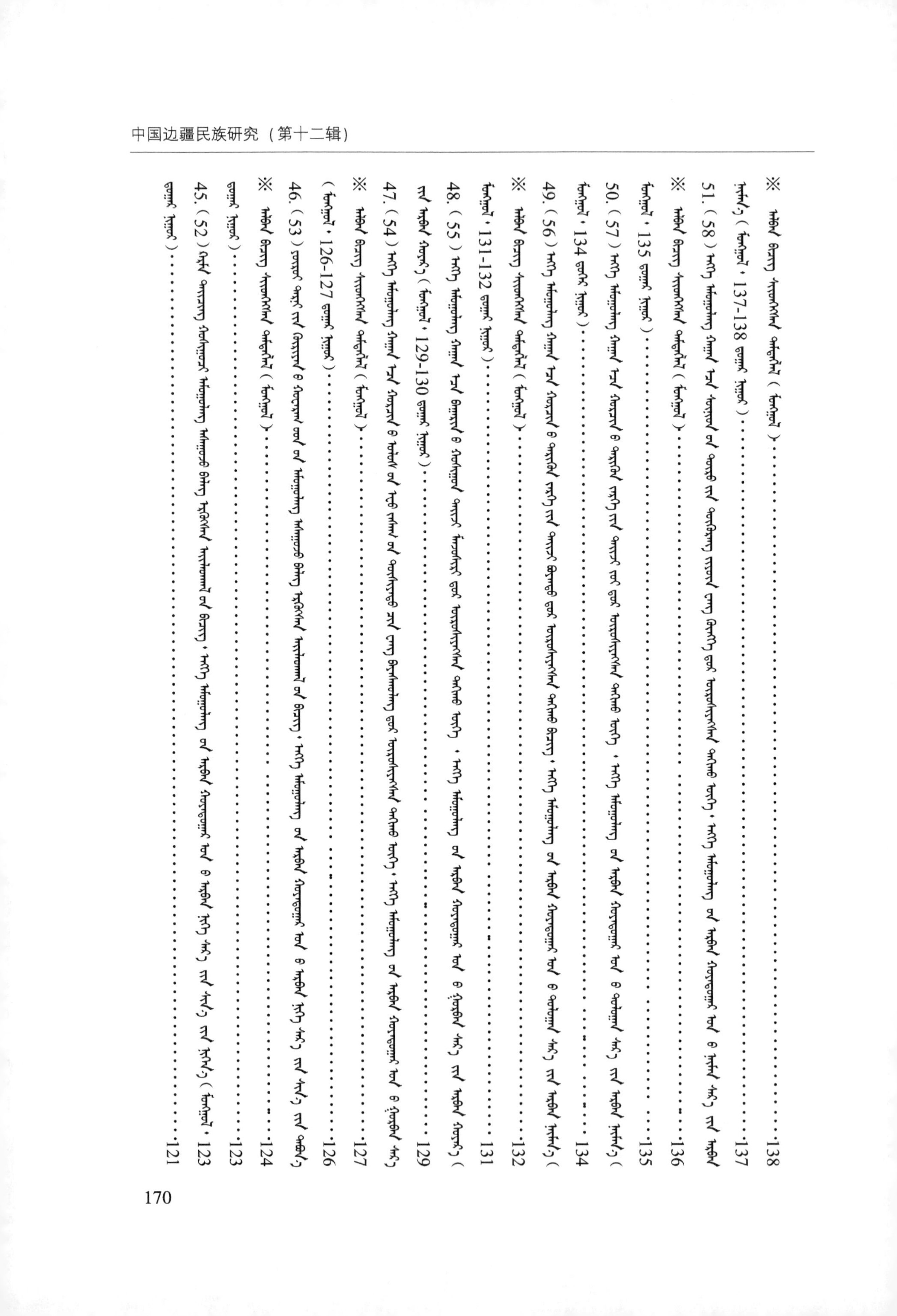

[illegible]) …………………………………… 121
45.（52）[illegible]（[illegible]，123 [illegible] ）…………………………………… 123
※ [illegible]（[illegible]）…………………………………… 124
46.（53）[illegible]（[illegible]，126-127 [illegible] ）…………………………………… 126
※ [illegible]（[illegible]）…………………………………… 127
47.（54）[illegible]（[illegible]，129-130 [illegible] ）…………………………………… 129
48.（55）[illegible]（[illegible]，131-132 [illegible] ）…………………………………… 131
※ [illegible]（[illegible]）…………………………………… 132
49.（56）[illegible]（[illegible]，134 [illegible] ）…………………………………… 134
50.（57）[illegible]（[illegible]，135 [illegible] ）…………………………………… 135
※ [illegible]（[illegible]）…………………………………… 136
51.（58）[illegible]（[illegible]，137-138 [illegible] ）…………………………………… 137
※ [illegible]（[illegible]）…………………………………… 138

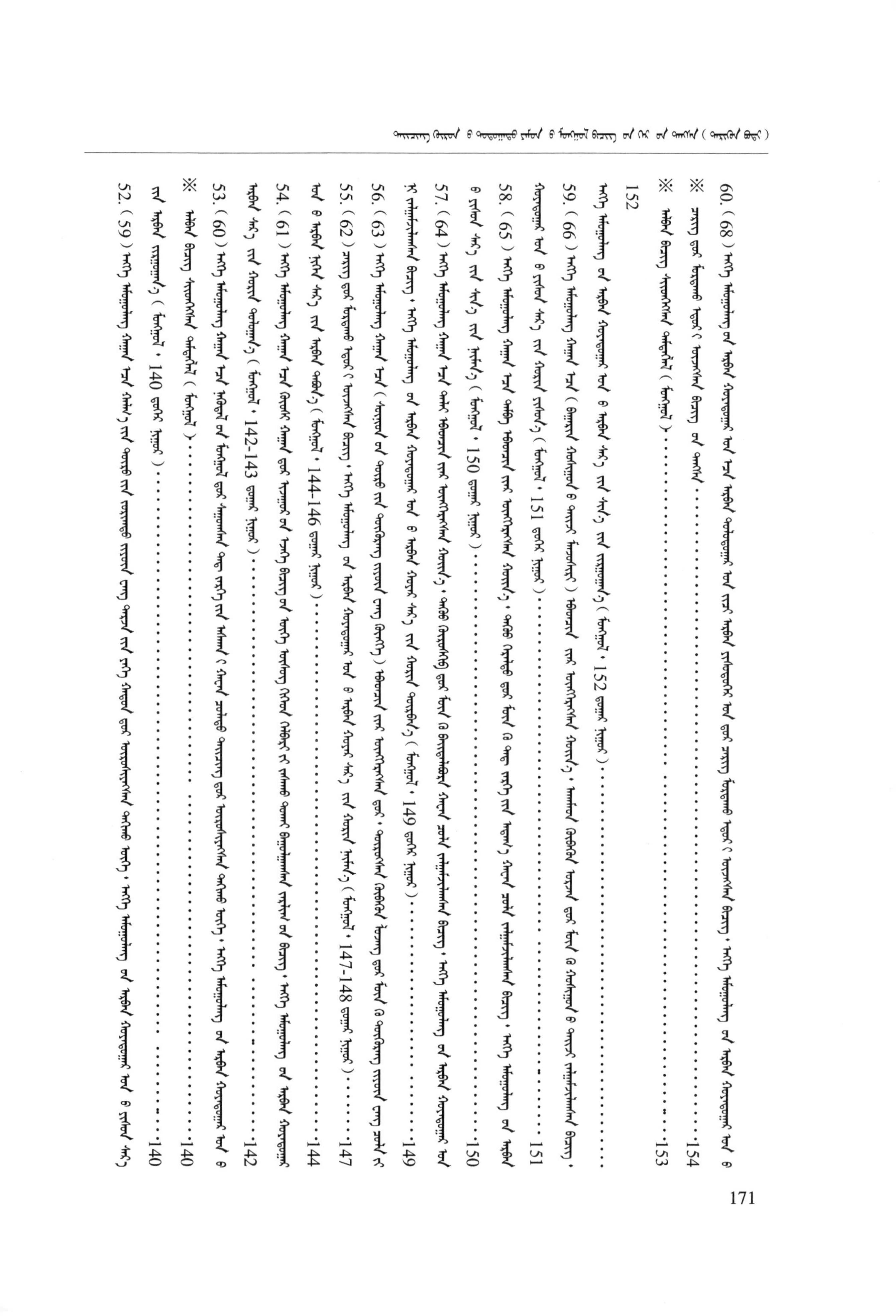

60. (68) [illegible]

※ [illegible] ……………………………154

※ [illegible] ([illegible]) ……………………………153

152

[illegible] ([illegible] · 152 [illegible]) ……………………………

59. (66) [illegible] ([illegible]) [illegible] · [illegible]

[illegible] ([illegible] · 151 [illegible]) ……………………………151

58. (65) [illegible] · [illegible] · [illegible]

[illegible] ([illegible] · 150 [illegible]) ……………………………150

57. (64) [illegible] · [illegible] · [illegible]

[illegible] · [illegible] ([illegible] · 149 [illegible]) ……………………………149

56. (63) [illegible] ([illegible]) [illegible] · [illegible]

55. (62) [illegible] · [illegible] ([illegible] · 147-148 [illegible]) ………147

[illegible] ([illegible] · 144-146 [illegible]) ……………………………144

54. (61) [illegible] · [illegible]

[illegible] ([illegible] · 142-143 [illegible]) ……………………………142

53. (60) [illegible] · [illegible]

※ [illegible] ([illegible]) ……………………………140

[illegible] ([illegible] · 140 [illegible]) ……………………………140

52. (59) [illegible] · [illegible]

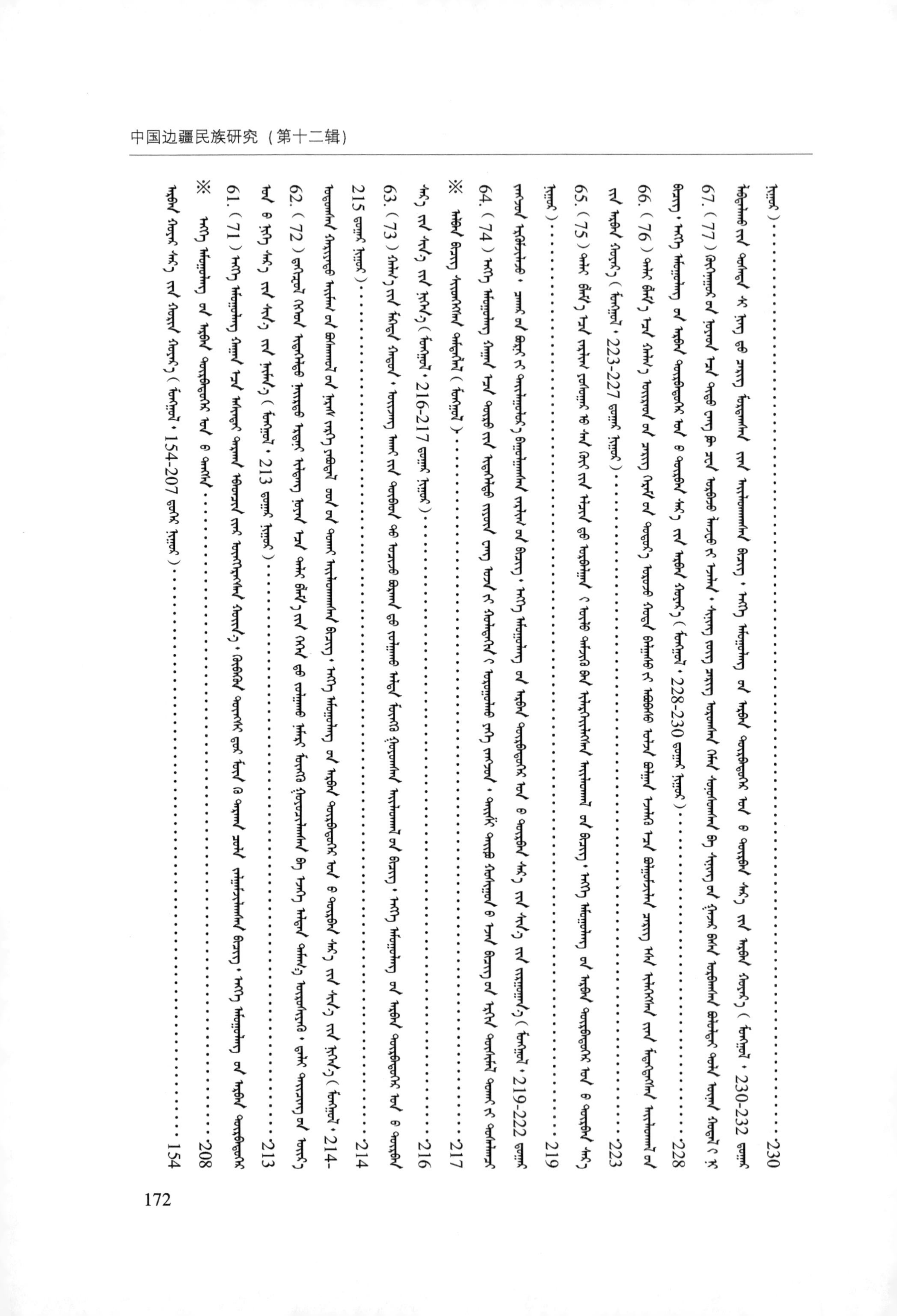

※ [illegible]（[illegible]，154-207 [illegible]）……154

※ [illegible]……208

61.（71）[illegible]（[illegible]，213 [illegible]）……213

62.（72）[illegible]（[illegible]，214-215 [illegible]）……214

63.（73）[illegible]（[illegible]，216-217 [illegible]）……216

※ [illegible]（[illegible]）……217

64.（74）[illegible]（[illegible]，219-222 [illegible]）……219

65.（75）[illegible]（[illegible]，223-227 [illegible]）……223

66.（76）[illegible]（[illegible]，228-230 [illegible]）……228

67.（77）[illegible]（[illegible]，230-232 [illegible]）……230

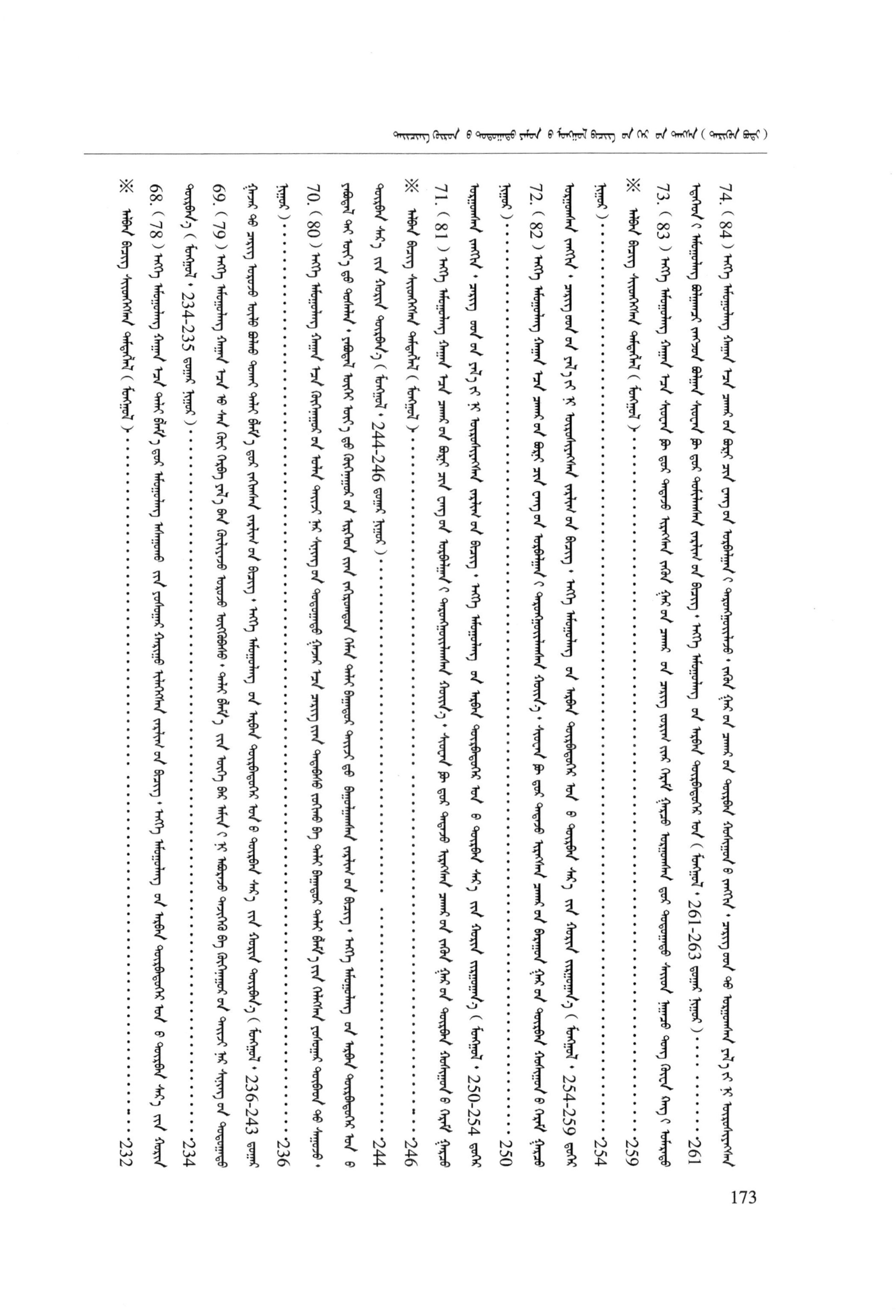

※ [illegible] ([illegible]) …………………… 232

68. (78) [illegible] ([illegible] · 234-235 [illegible]) …………………… 234

69. (79) [illegible] ([illegible] · 236-243 [illegible]) …………………… 236

70. (80) [illegible] ([illegible] · 244-246 [illegible]) …………………… 244

※ [illegible] ([illegible]) …………………… 246

71. (81) [illegible] ([illegible] · 250-254 [illegible]) …………………… 250

72. (82) [illegible] ([illegible] · 254-259 [illegible]) …………………… 254

※ [illegible] ([illegible]) …………………… 259

73. (83) [illegible] ([illegible] · 261-263 [illegible]) …………………… 261

74. (84) [illegible]

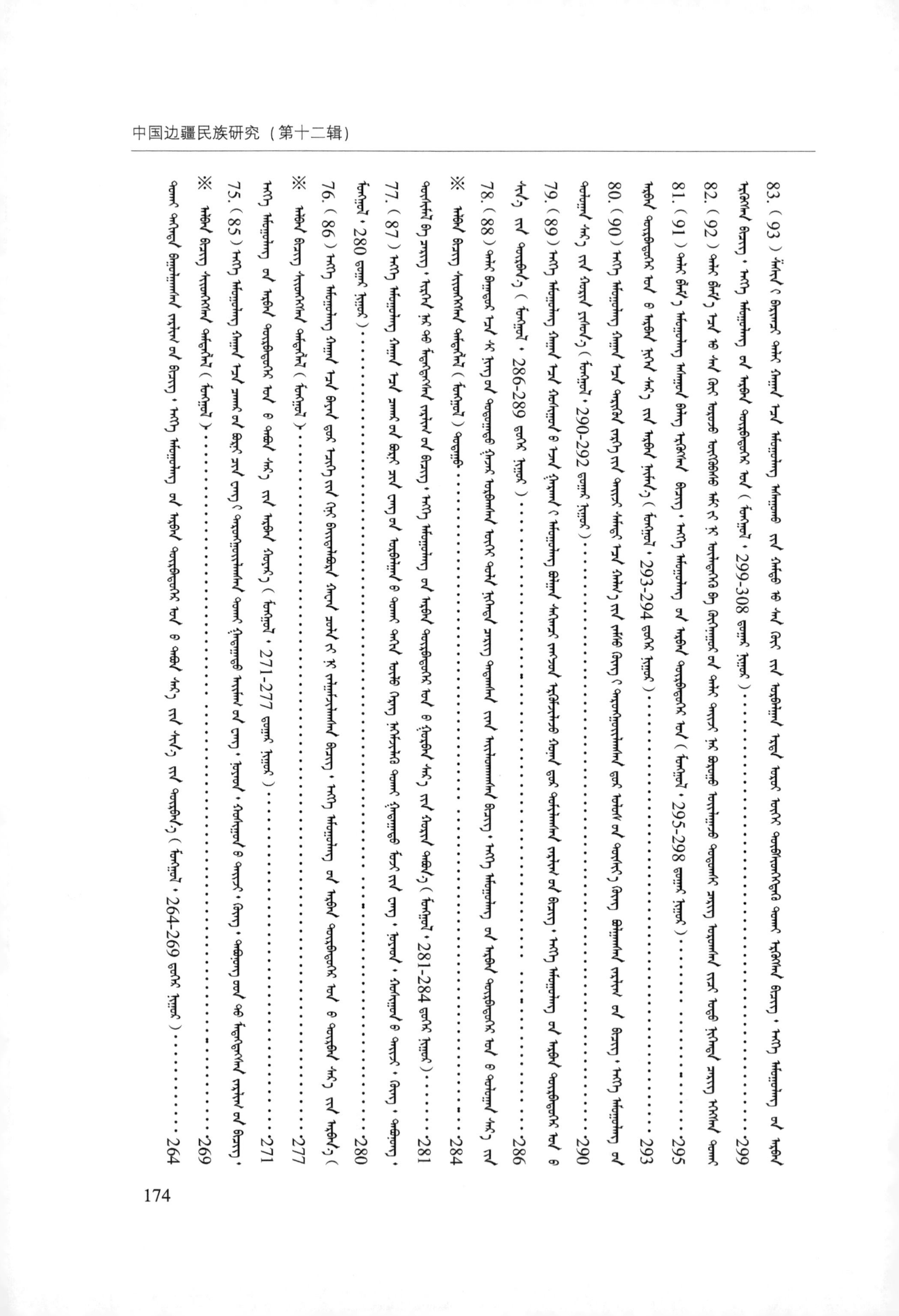

83.（93）[illegible]（[illegible]，299-308 [illegible]）……299

82.（92）[illegible]（[illegible]，295-298 [illegible]）……295

81.（91）[illegible]（[illegible]，293-294 [illegible]）……293

80.（90）[illegible]（[illegible]，290-292 [illegible]）……290

79.（89）[illegible]（[illegible]，286-289 [illegible]）……286

78.（88）[illegible]

※ [illegible]（[illegible]）[illegible]……284

[illegible]（[illegible]，281-284 [illegible]）……281

77.（87）[illegible]（[illegible]，280 [illegible]）……280

76.（86）[illegible]

※ [illegible]（[illegible]）……277

[illegible]（[illegible]，271-277 [illegible]）……271

75.（85）[illegible]

※ [illegible]（[illegible]）……269

[illegible]（[illegible]，264-269 [illegible]）……264

342-343 ᠨᠢᠭᠤᠷ) ………………………………………………342

ᠡᠵᠡᠨ ᠤ ᠵᠠᠷᠯᠢᠭ ᠢ ᠪᠠᠷᠢᠮᠲᠠᠯᠠᠨ ᠪᠢᠴᠢᠭ ᠦᠨ ᠪᠠᠷᠢᠮᠲᠠ (ᠪᠠᠷᠢᠮᠲᠠ ·

92. (102) ᠵᠠᠰᠠᠭ ᠲᠤᠰᠢᠶᠠᠯᠲᠠᠨ ᠤ ᠶᠠᠮᠤᠨ ᠤ ᠪᠢᠴᠢᠭ ………………………………………………324

ᠪᠠᠷᠢᠮᠲᠠ ᠪᠢᠴᠢᠭ (ᠪᠠᠷᠢᠮᠲᠠ · 324-341 ᠨᠢᠭᠤᠷ) ………………………………………………324

91. (101) ᠵᠠᠰᠠᠭ ᠲᠤᠰᠢᠶᠠᠯᠲᠠᠨ ᠤ ᠶᠠᠮᠤᠨ ᠤ ᠪᠢᠴᠢᠭ (ᠪᠠᠷᠢᠮᠲᠠ · 322-323 ᠨᠢᠭᠤᠷ) ………………………………………………322

90. (100) ᠵᠠᠰᠠᠭ ᠲᠤᠰᠢᠶᠠᠯᠲᠠᠨ ᠤ ᠶᠠᠮᠤᠨ ᠤ ᠪᠢᠴᠢᠭ (ᠪᠠᠷᠢᠮᠲᠠ · 320-321 ᠨᠢᠭᠤᠷ) ………………………………………………320

89. (99) ᠵᠠᠰᠠᠭ ᠲᠤᠰᠢᠶᠠᠯᠲᠠᠨ ᠤ ᠶᠠᠮᠤᠨ ᠤ ᠪᠢᠴᠢᠭ (ᠪᠠᠷᠢᠮᠲᠠ · 317-319 ᠨᠢᠭᠤᠷ) ………………………………………………317

88. (98) ᠵᠠᠰᠠᠭ ᠲᠤᠰᠢᠶᠠᠯᠲᠠᠨ ᠤ ᠶᠠᠮᠤᠨ ᠤ ᠪᠢᠴᠢᠭ (ᠪᠠᠷᠢᠮᠲᠠ · 315-316 ᠨᠢᠭᠤᠷ) ………………………………………………315

87. (97) ᠵᠠᠰᠠᠭ ᠲᠤᠰᠢᠶᠠᠯᠲᠠᠨ ᠤ ᠶᠠᠮᠤᠨ ᠤ ᠪᠢᠴᠢᠭ (ᠪᠠᠷᠢᠮᠲᠠ · 314 ᠨᠢᠭᠤᠷ) ………………………………………………314

86. (96) ᠵᠠᠰᠠᠭ ᠲᠤᠰᠢᠶᠠᠯᠲᠠᠨ ᠤ ᠶᠠᠮᠤᠨ ᠤ ᠪᠢᠴᠢᠭ (ᠪᠠᠷᠢᠮᠲᠠ · 313 ᠨᠢᠭᠤᠷ) ………………………………………………313

85. (95) ᠵᠠᠰᠠᠭ ᠲᠤᠰᠢᠶᠠᠯᠲᠠᠨ ᠤ ᠶᠠᠮᠤᠨ ᠤ ᠪᠢᠴᠢᠭ (ᠪᠠᠷᠢᠮᠲᠠ · 311-312 ᠨᠢᠭᠤᠷ) ………………………………………………311

84. (94) ᠵᠠᠰᠠᠭ ᠲᠤᠰᠢᠶᠠᠯᠲᠠᠨ ᠤ ᠶᠠᠮᠤᠨ ᠤ ᠪᠢᠴᠢᠭ (ᠪᠠᠷᠢᠮᠲᠠ · 309-310 ᠨᠢᠭᠤᠷ) ………………………………………………309

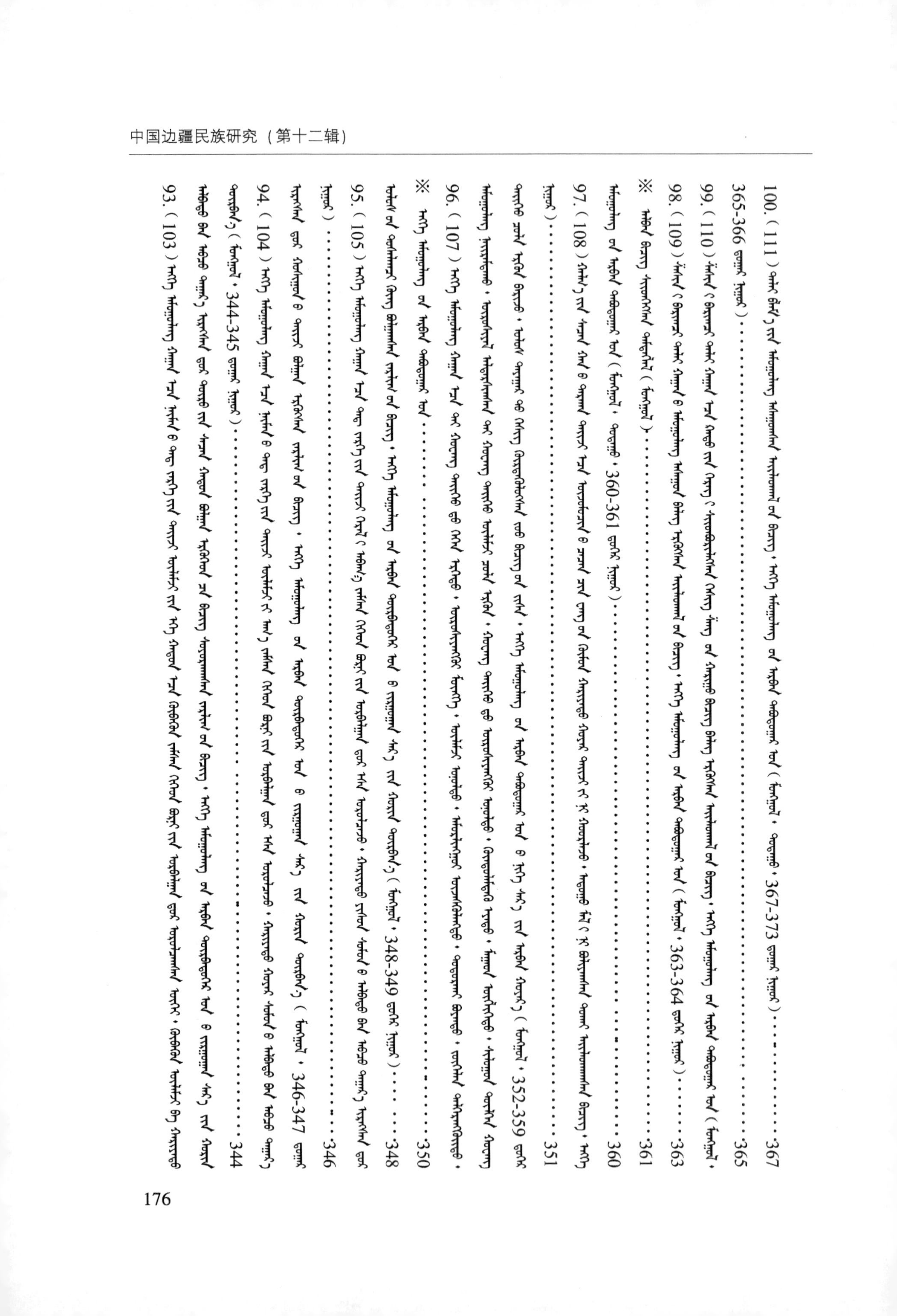

93.（103）[illegible]（[illegible]，344-345 [illegible]）……344
94.（104）[illegible]（[illegible]，346-347 [illegible]）……346
95.（105）[illegible]（[illegible]，348-349 [illegible]）……348
※ [illegible]……350
96.（107）[illegible]（[illegible]，352-359 [illegible]）……351
97.（108）[illegible]（[illegible]，[illegible]，360-361 [illegible]）……360
※ [illegible]（[illegible]）……361
98.（109）[illegible]（[illegible]，363-364 [illegible]）……363
99.（110）[illegible]（[illegible]，365-366 [illegible]）……365
100.（111）[illegible]（[illegible]，[illegible]，367-373 [illegible]）……367

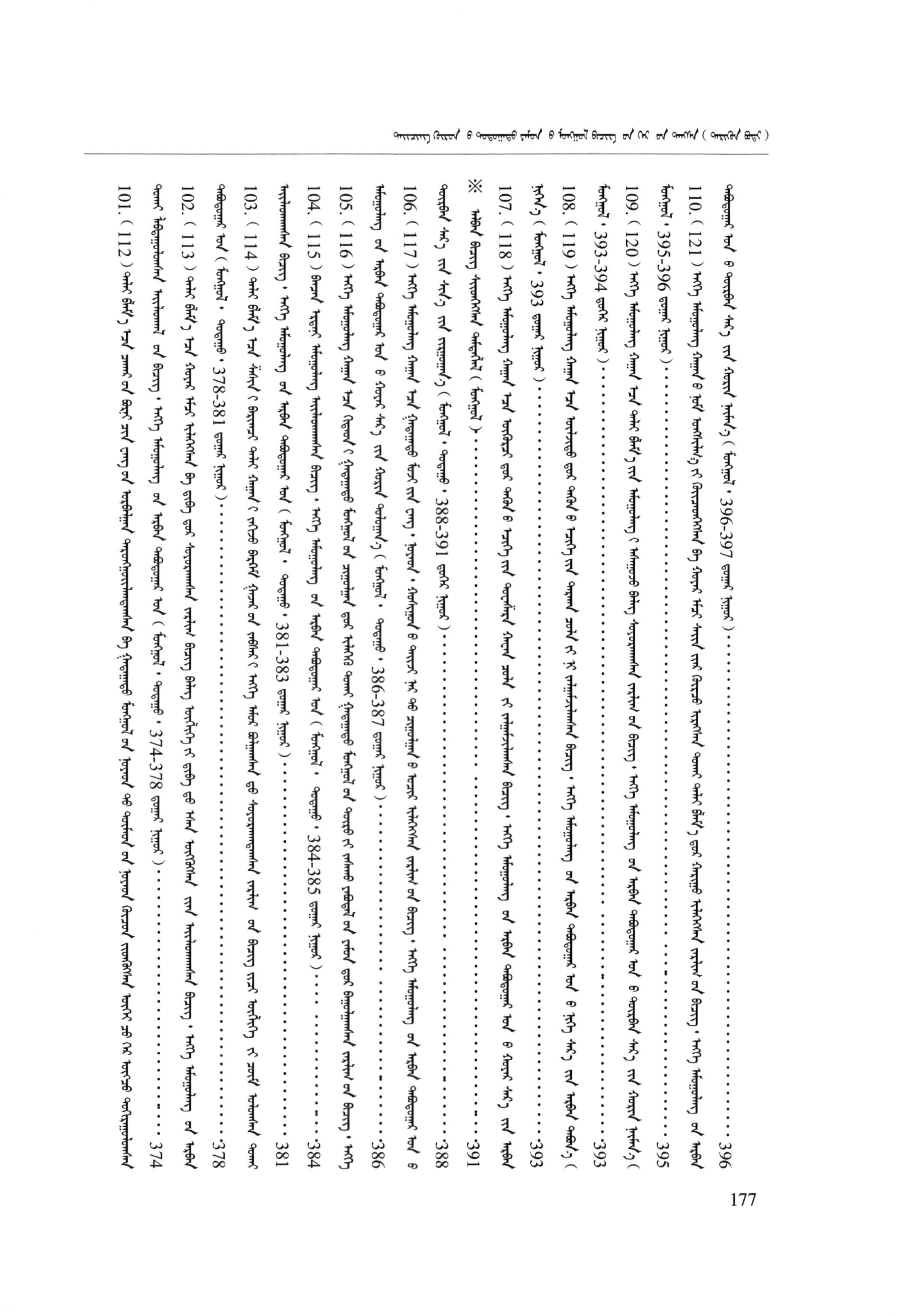

[illegible] ([illegible] · 396-397 [illegible]) …… 396
110. (121) [illegible]
[illegible] · 395-396 [illegible]) …… 395
109. (120) [illegible] (
[illegible] · 393-394 [illegible]) …… 393
108. (119) [illegible] (
[illegible] ([illegible] · 393 [illegible]) …… 393
107. (118) [illegible]
※ [illegible] ([illegible]) …… 391
[illegible] ([illegible] · 388-391 [illegible]) …… 388
106. (117) [illegible]
[illegible] ([illegible] · 386-387 [illegible]) …… 386
105. (116) [illegible]
104. (115) [illegible] ([illegible] · 384-385 [illegible]) …… 384
[illegible] ([illegible] · 381-383 [illegible]) …… 381
103. (114) [illegible]
[illegible] ([illegible] · 378-381 [illegible]) …… 378
102. (113) [illegible]
[illegible] ([illegible] · 374-378 [illegible]) …… 374
101. (112) [illegible]

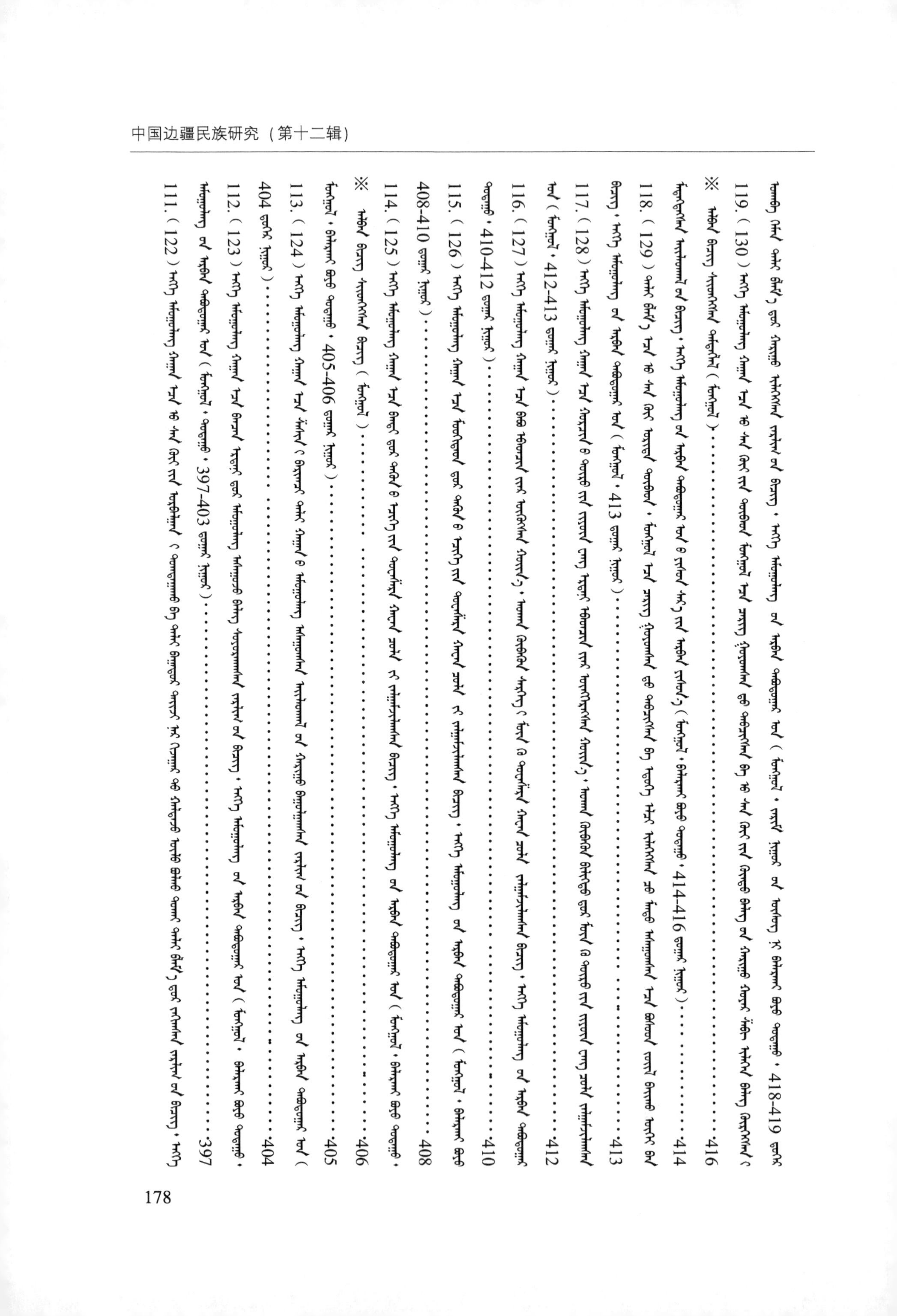

111.（122）[illegible] 397-403 [illegible]）…………397

112.（123）[illegible] 404 [illegible]）…………404

113.（124）[illegible] 405-406 [illegible]）…………405

※ [illegible]）…………406

114.（125）[illegible] 408-410 [illegible]）…………408

115.（126）[illegible] 410-412 [illegible]）…………410

116.（127）[illegible] 412-413 [illegible]）…………412

117.（128）[illegible] 413 [illegible]）…………413

118.（129）[illegible] 414-416 [illegible]）…………414

※ [illegible]）…………416

119.（130）[illegible] 418-419 [illegible]

127. (139) [illegible] ([illegible] · 436 [illegible]) ········ 436
126. (138) [illegible] ([illegible] · 435 [illegible]) ········ 435
125. (137) [illegible]) ········ 433
124. (136) [illegible] ([illegible] · 433-434 [illegible]
※ [illegible] ········ 430
[illegible] · 425-429 [illegible]) ········ 425
[illegible]
123. (134) [illegible] ([illegible] · 424 [illegible]) ········ 424
122. (133) [illegible] ([illegible] · 423 [illegible]) ········ 423
121. (132) [illegible]
※ [illegible] ([illegible]) ········ 422
422 [illegible]) ········ 421
120. (131) [illegible] ([illegible] · 421-
※ [illegible] ([illegible]) ········ 419
[illegible]) ········ 418

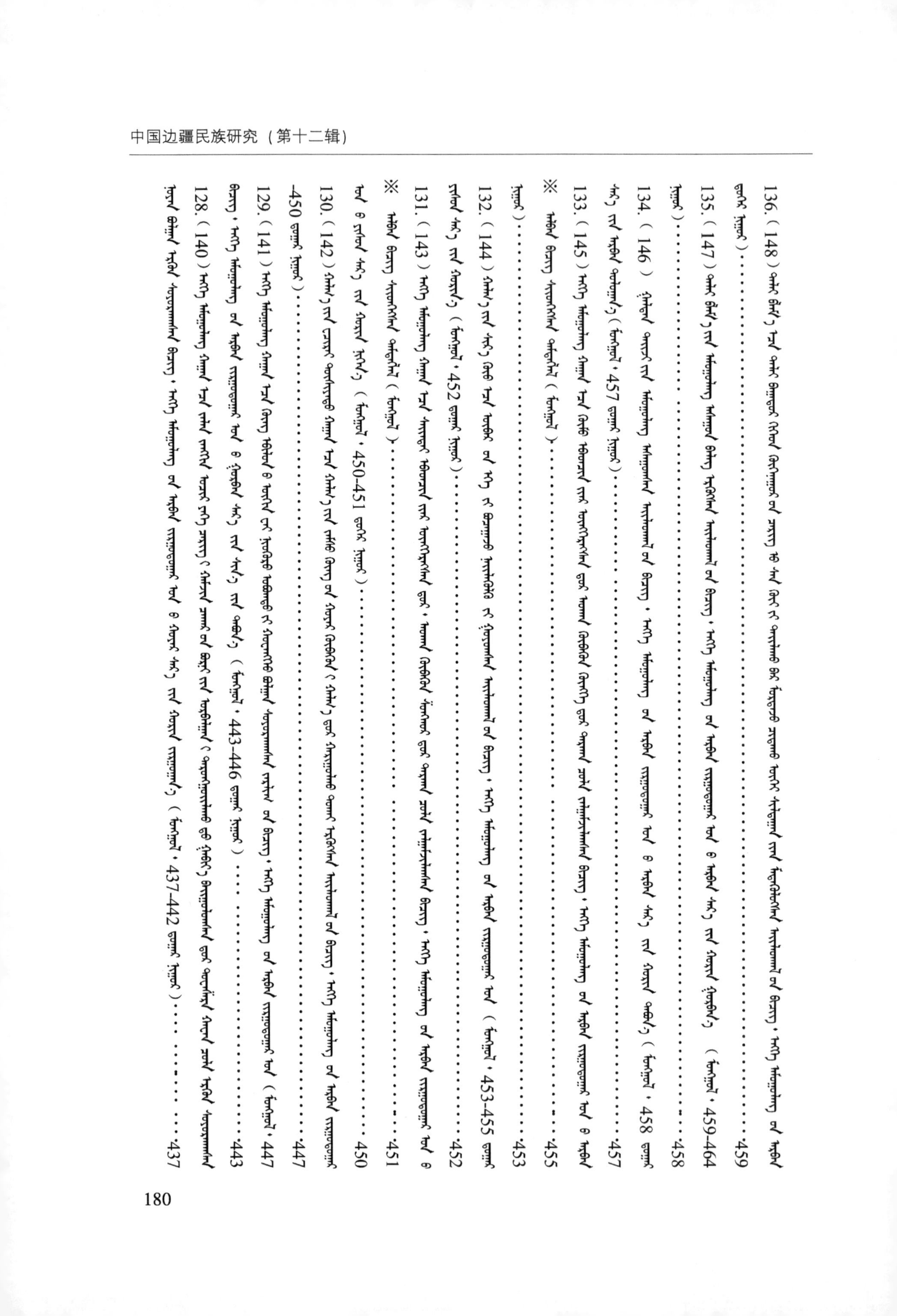

136.（148）[illegible]
[illegible]）……459
135.（147）[illegible]（[illegible]，459-464
[illegible]）……458
134.（146）[illegible]（[illegible]，458 [illegible]
[illegible]，457 [illegible]）……457
133.（145）[illegible]
※ [illegible]（[illegible]）……455
[illegible]）……453
132.（144）[illegible]（[illegible]，453-455 [illegible]
[illegible]（[illegible]，452 [illegible]）……452
131.（143）[illegible]
※ [illegible]（[illegible]）……451
[illegible]（[illegible]，450-451 [illegible]）……450
130.（142）[illegible]
-450 [illegible]）……447
129.（141）[illegible]（[illegible]，447
[illegible]（[illegible]，443-446 [illegible]）……443
128.（140）[illegible]
[illegible]（[illegible]，437-442 [illegible]）……437

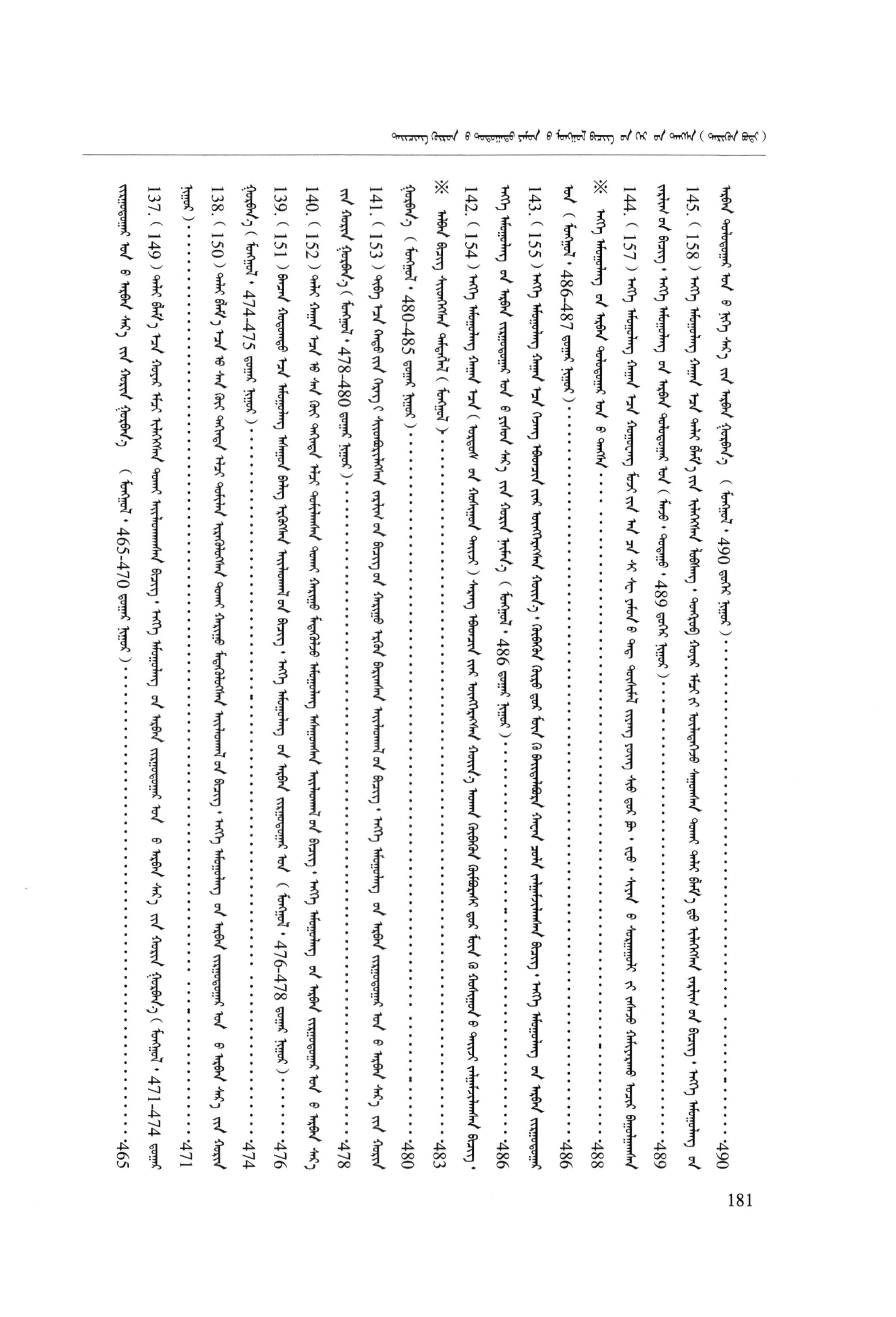

[illegible] ([illegible] · 490 [illegible]) ·····490

145. (158) [illegible] ([illegible] · 489 [illegible]) ·····489

144. (157) [illegible] ·····488

※ [illegible] ([illegible] · 486-487 [illegible]) ·····486

143. (155) [illegible] ([illegible] · 486 [illegible]) ·····486

142. (154) [illegible] ([illegible]) ·····483

※ [illegible] ([illegible] · 480-485 [illegible]) ·····480

141. (153) [illegible] ([illegible] · 478-480 [illegible]) ·····478

140. (152) [illegible] ([illegible] · 476-478 [illegible]) ·····476

139. (151) [illegible] ([illegible] · 474-475 [illegible]) ·····474

138. (150) [illegible]) ·····471

137. (149) [illegible] ([illegible] · 471-474 [illegible] ([illegible] · 465-470 [illegible]) ·····465

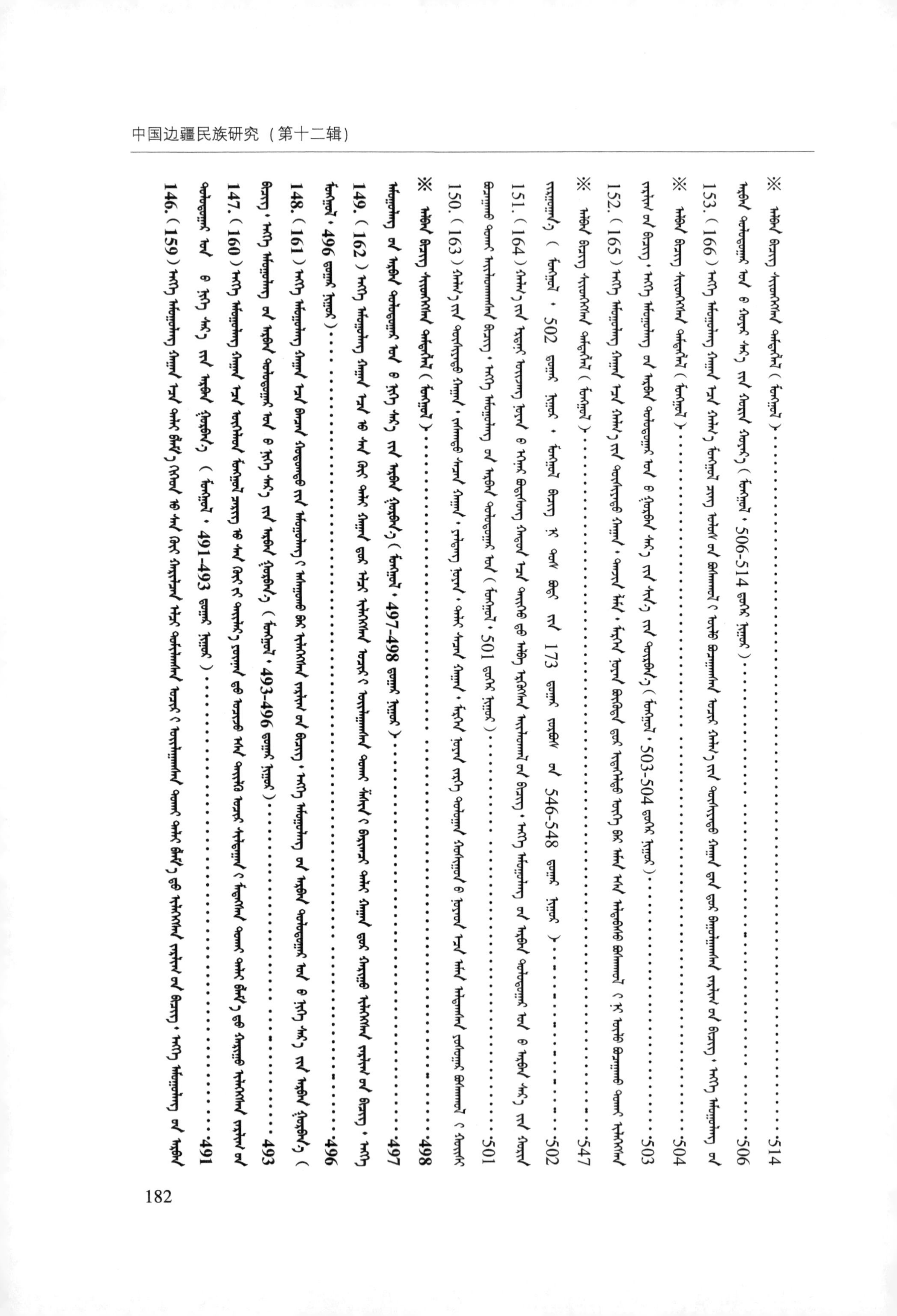

146.（159）[illegible] [illegible]（[illegible]，491-493 [illegible]）…………491
147.（160）[illegible] [illegible]（[illegible]，493-496 [illegible]）…………493
148.（161）[illegible] [illegible]（[illegible]，496 [illegible]）…………496
149.（162）[illegible] [illegible]（[illegible]，497-498 [illegible]）…………497
※ [illegible]（[illegible]）…………498
150.（163）[illegible] [illegible]（[illegible]，501 [illegible]）…………501
151.（164）[illegible] [illegible]（[illegible]，502 [illegible]，[illegible] 173 [illegible] 546-548 [illegible]）…………502
※ [illegible]（[illegible]）…………547
152.（165）[illegible] [illegible]（[illegible]，503-504 [illegible]）…………503
※ [illegible]（[illegible]）…………504
153.（166）[illegible] [illegible]（[illegible]，506-514 [illegible]）…………506
※ [illegible]（[illegible]）…………514

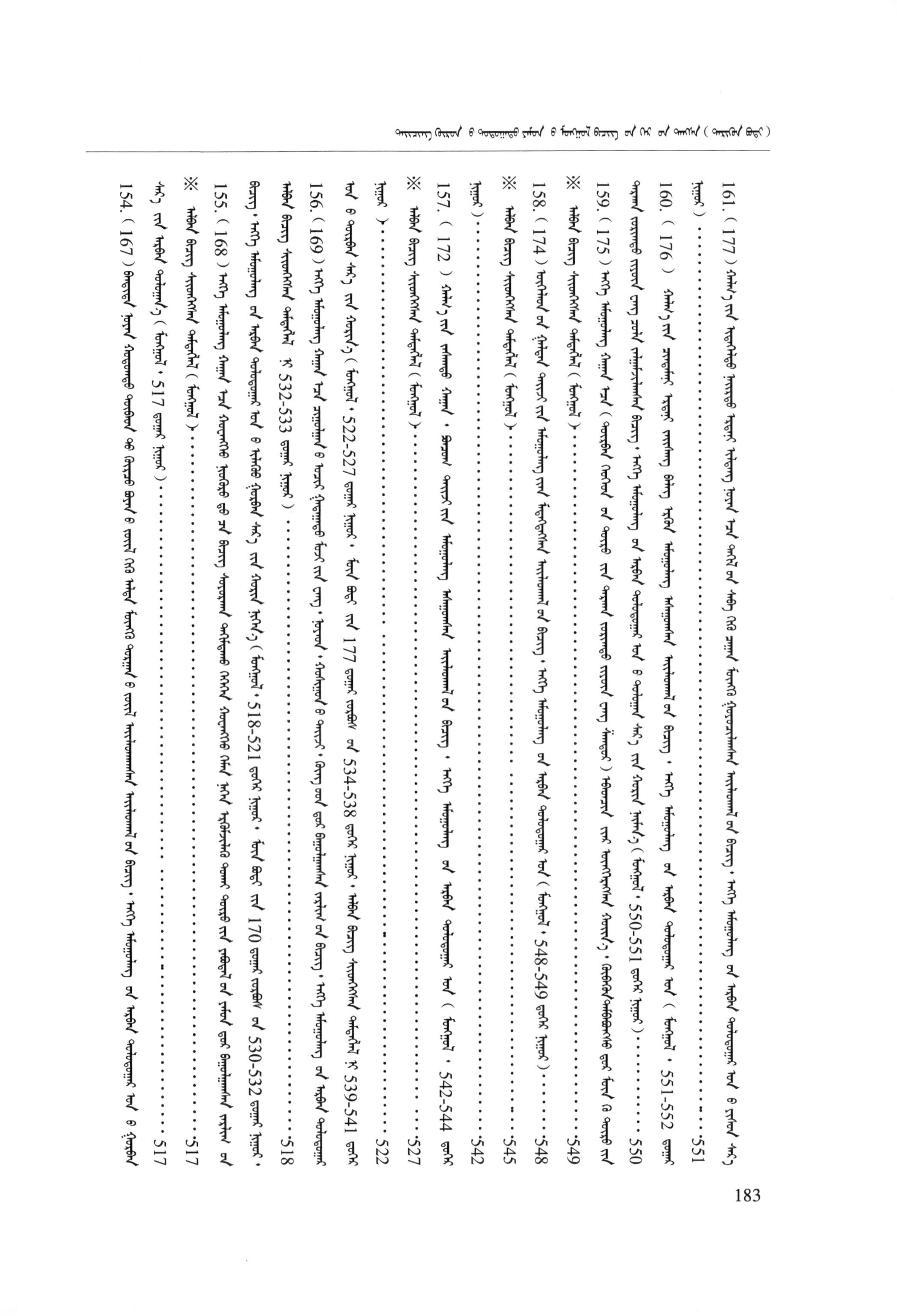

161. (177) [illegible] ([illegible]) ………… 551

160. (176) [illegible] ([illegible] , 551-552 [illegible]) ………… 551

159. (175) [illegible] ([illegible] , 550-551 [illegible]) ………… 550

※ [illegible] ([illegible]) ………… 549

158. (174) [illegible] ([illegible] , 548-549 [illegible]) ………… 548

※ [illegible] ([illegible]) ………… 545

157. (172) [illegible] ([illegible] , 542-544 [illegible]) ………… 542

※ [illegible] ([illegible]) ………… 527

156. (169) [illegible] ([illegible] , 522-527 [illegible] , [illegible] 177 [illegible] 534-538 [illegible] , [illegible] 539-541 [illegible]) ………… 522

155. (168) [illegible] 532-533 [illegible]) ………… 518

[illegible] ([illegible] , 518-521 [illegible] , [illegible] 170 [illegible] 530-532 [illegible]) ………… 517

※ [illegible] ([illegible]) ………… 517

154. (167) [illegible] ([illegible] , 517 [illegible]) ………… 517

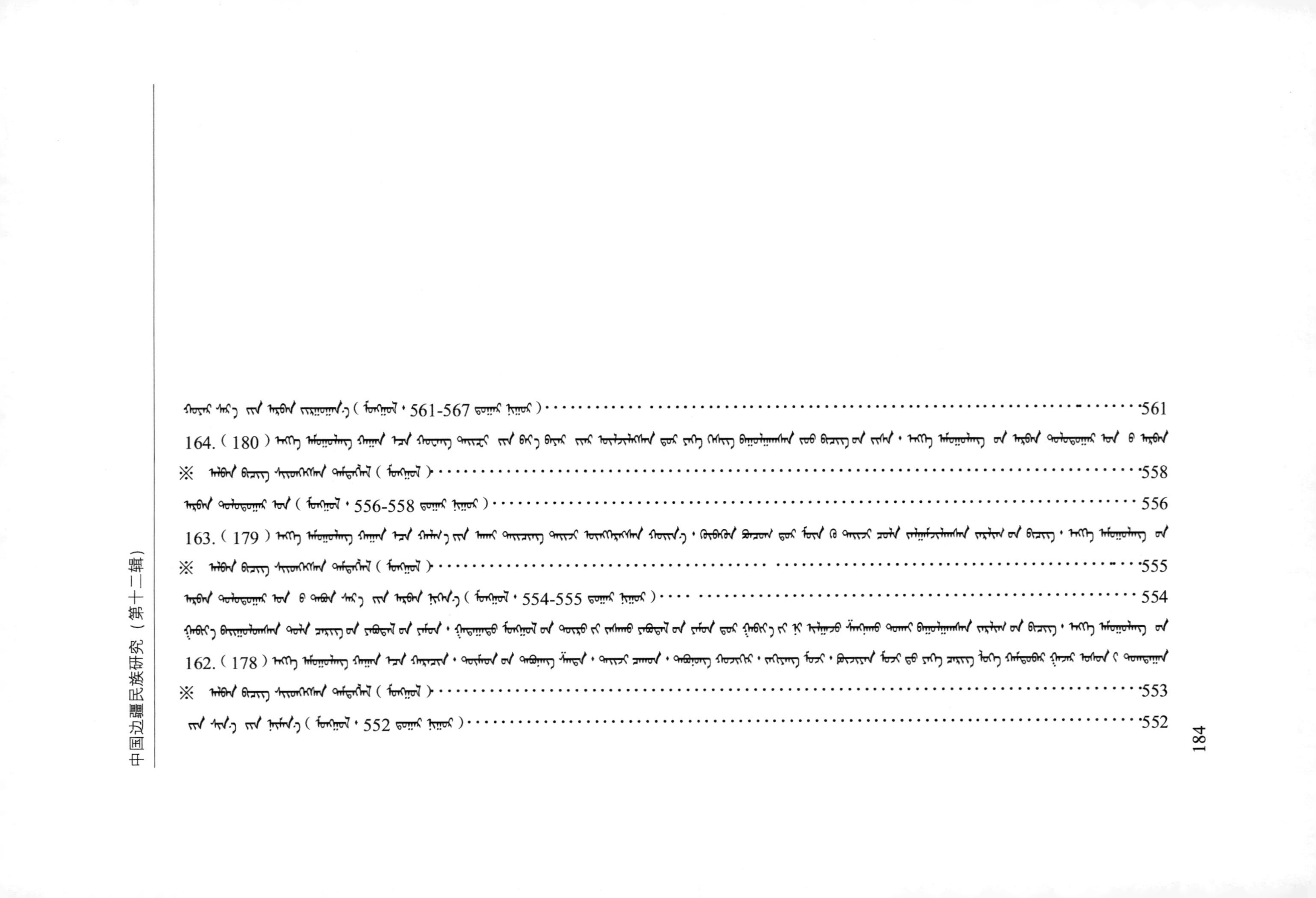

[illegible] ([illegible] · 552 [illegible]) ······························ 552

※ [illegible] ([illegible]) ······························ 553

162.（178）[illegible] [illegible] ([illegible] · 554-555 [illegible]) ······························ 554

※ [illegible] ([illegible]) ······························ 555

163.（179）[illegible] [illegible] ([illegible] · 556-558 [illegible]) ······························ 556

※ [illegible] ([illegible]) ······························ 558

164.（180）[illegible] [illegible] ([illegible] · 561-567 [illegible]) ······························ 561

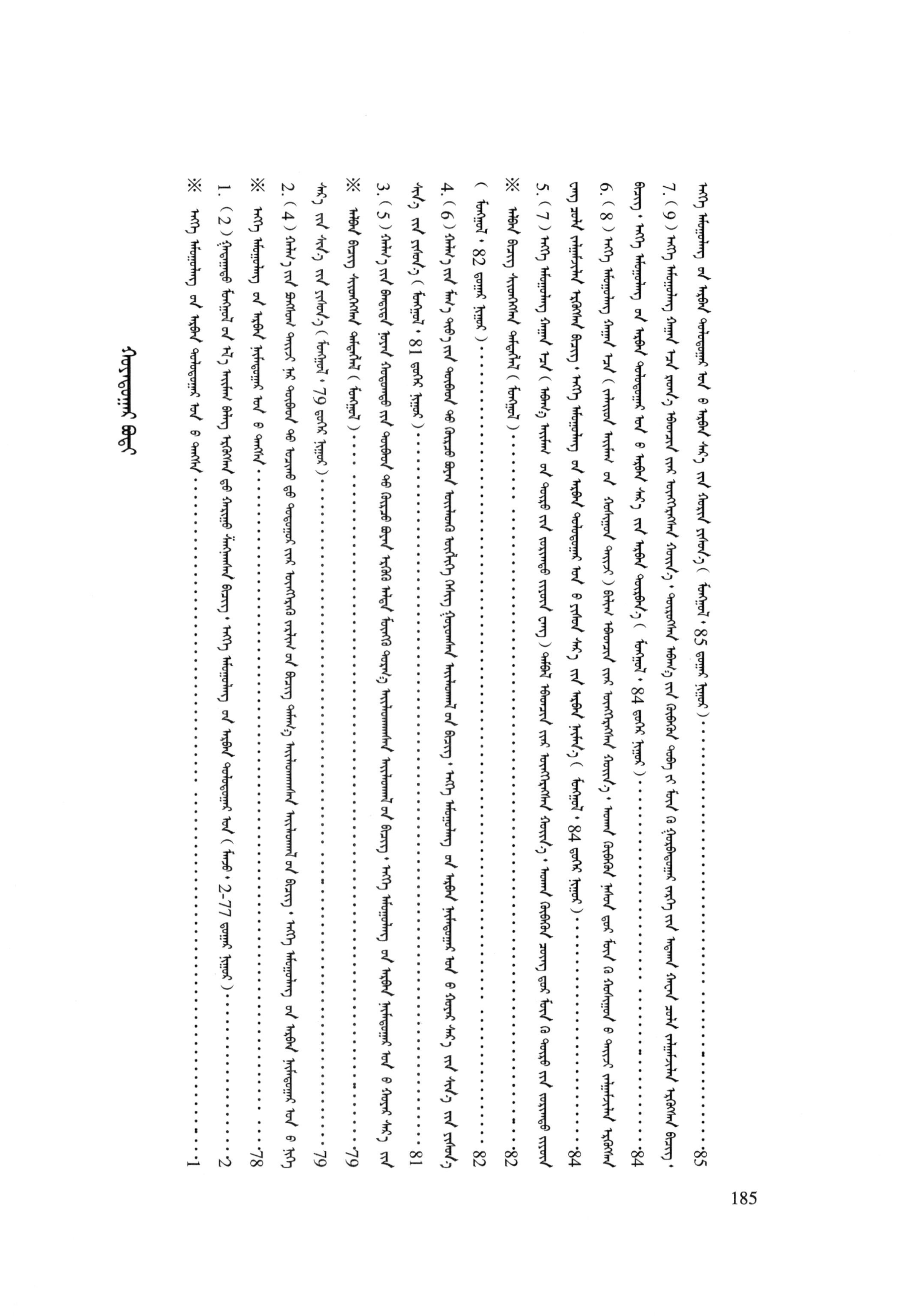

[illegible]

※ [illegible] …………………………………… 1

1. (2) [illegible] ([illegible] · 2-77 [illegible]) ………… 2

※ [illegible] …………………………………… 78

2. (4) [illegible] ([illegible] · 79 [illegible]) ………… 79

※ [illegible] ([illegible]) …………………… 79

3. (5) [illegible] ([illegible] · 81 [illegible]) ………… 81

4. (6) [illegible] ([illegible] · 82 [illegible]) ………… 82

※ [illegible] ([illegible]) …………………… 82

5. (7) [illegible] ([illegible] · 84 [illegible]) ………… 84

6. (8) [illegible] ([illegible] · 84 [illegible]) ………… 84

7. (9) [illegible] ([illegible] · 85 [illegible]) ………… 85

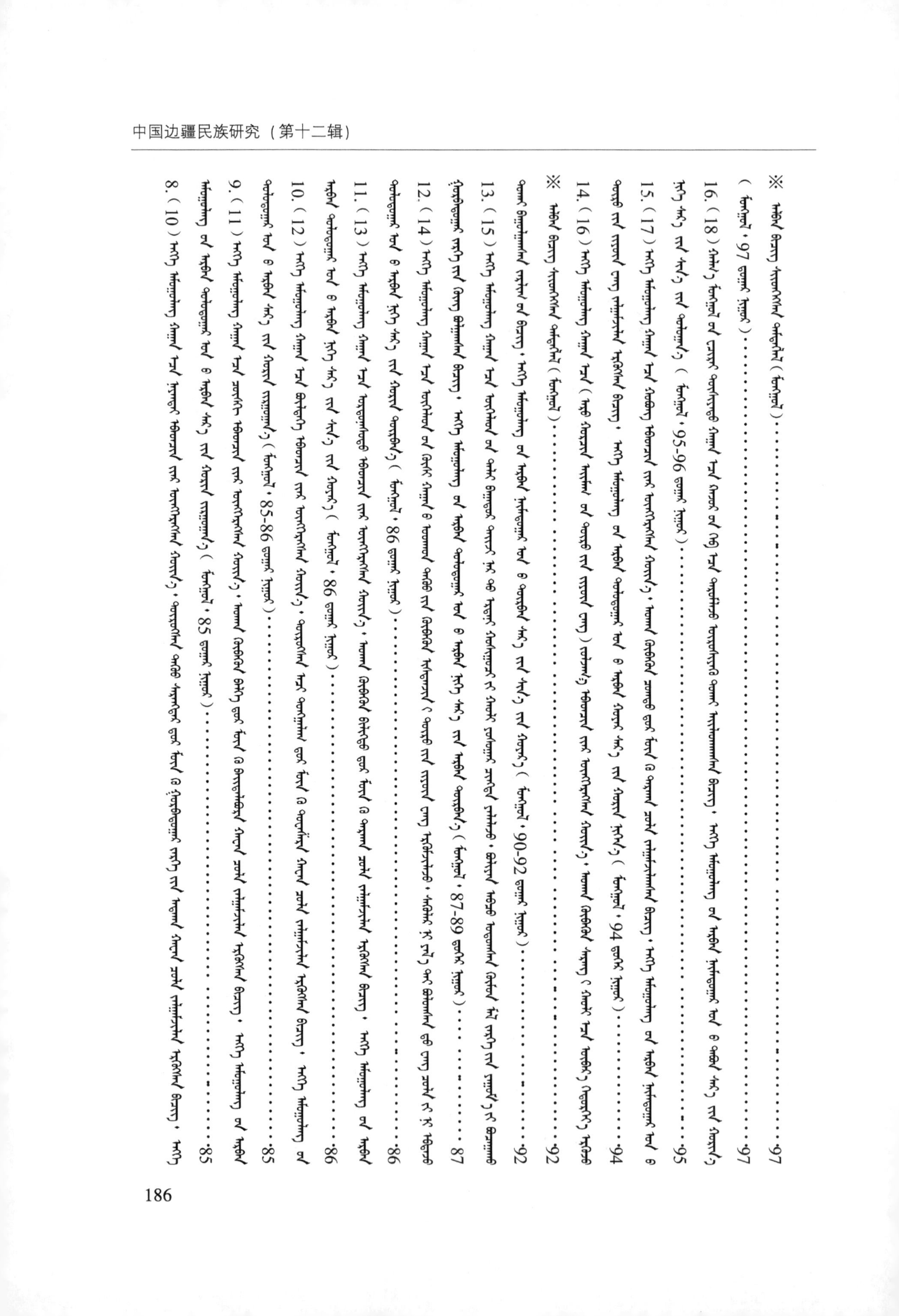

※ [illegible] ([illegible]) ……………………………… 97
([illegible] · 97 [illegible]) ……………………………… 97
16.（18）[illegible] ([illegible] · 95-96 [illegible]) ……………………………… 95
15.（17）[illegible] ([illegible] · 94 [illegible]) ……………………………… 94
14.（16）[illegible]
※ [illegible] ([illegible]) ……………………………… 92
[illegible] ([illegible] · 90-92 [illegible]) ……………………………… 92
13.（15）[illegible] ([illegible] · 87-89 [illegible]) ……………………………… 87
12.（14）[illegible] ([illegible] · 86 [illegible]) ……………………………… 86
11.（13）[illegible] ([illegible] · 86 [illegible]) ……………………………… 86
10.（12）[illegible] ([illegible] · 85-86 [illegible]) ……………………………… 85
9.（11）[illegible] ([illegible] · 85 [illegible]) ……………………………… 85
8.（10）[illegible]

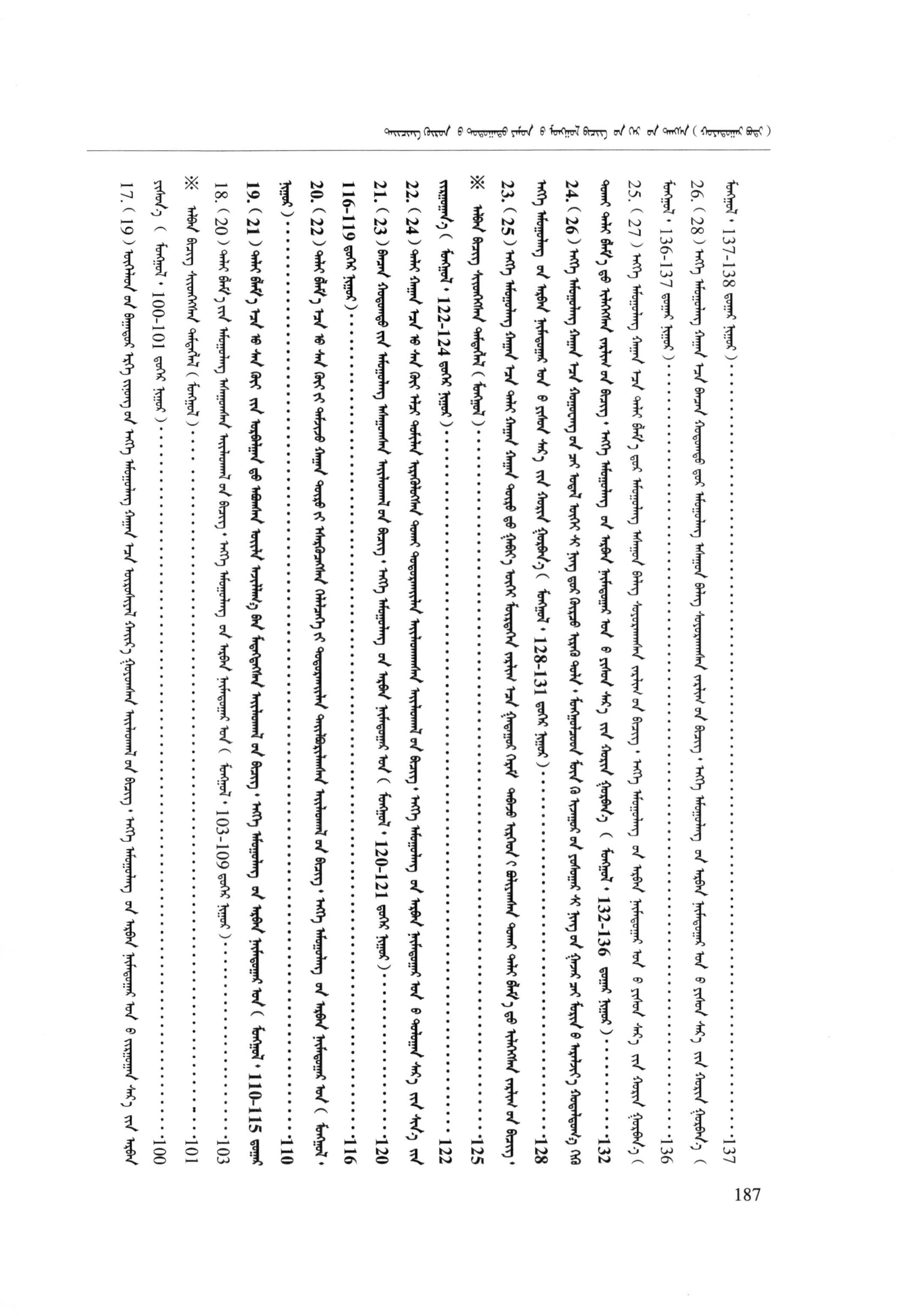

17. (19) [illegible]
[illegible] ([illegible] · 100-101 [illegible]) ……………………………………100
※ [illegible] ([illegible]) ……………………………………101
18. (20) [illegible] ([illegible] · 103-109 [illegible]) ……………………………………103
19. (21) [illegible] ([illegible] · **110-115** [illegible]
[illegible]) ……………………………………**110**
20. (22) [illegible] ([illegible] ·
116-119 [illegible]) ……………………………………**116**
21. (23) [illegible] ([illegible] · **120-121** [illegible]) ……………………………………**120**
22. (24) [illegible]
[illegible] ([illegible] · **122-124** [illegible]) ……………………………………**122**
※ [illegible] ([illegible]) ……………………………………**125**
23. (25) [illegible]
[illegible] ([illegible] · **128-131** [illegible]) ……………………………………**128**
24. (26) [illegible]
[illegible] ([illegible] · **132-136** [illegible]) ……………………………………**132**
25. (27) [illegible] (
[illegible] · 136-137 [illegible]) ……………………………………136
26. (28) [illegible] (
[illegible] · 137-138 [illegible]) ……………………………………137

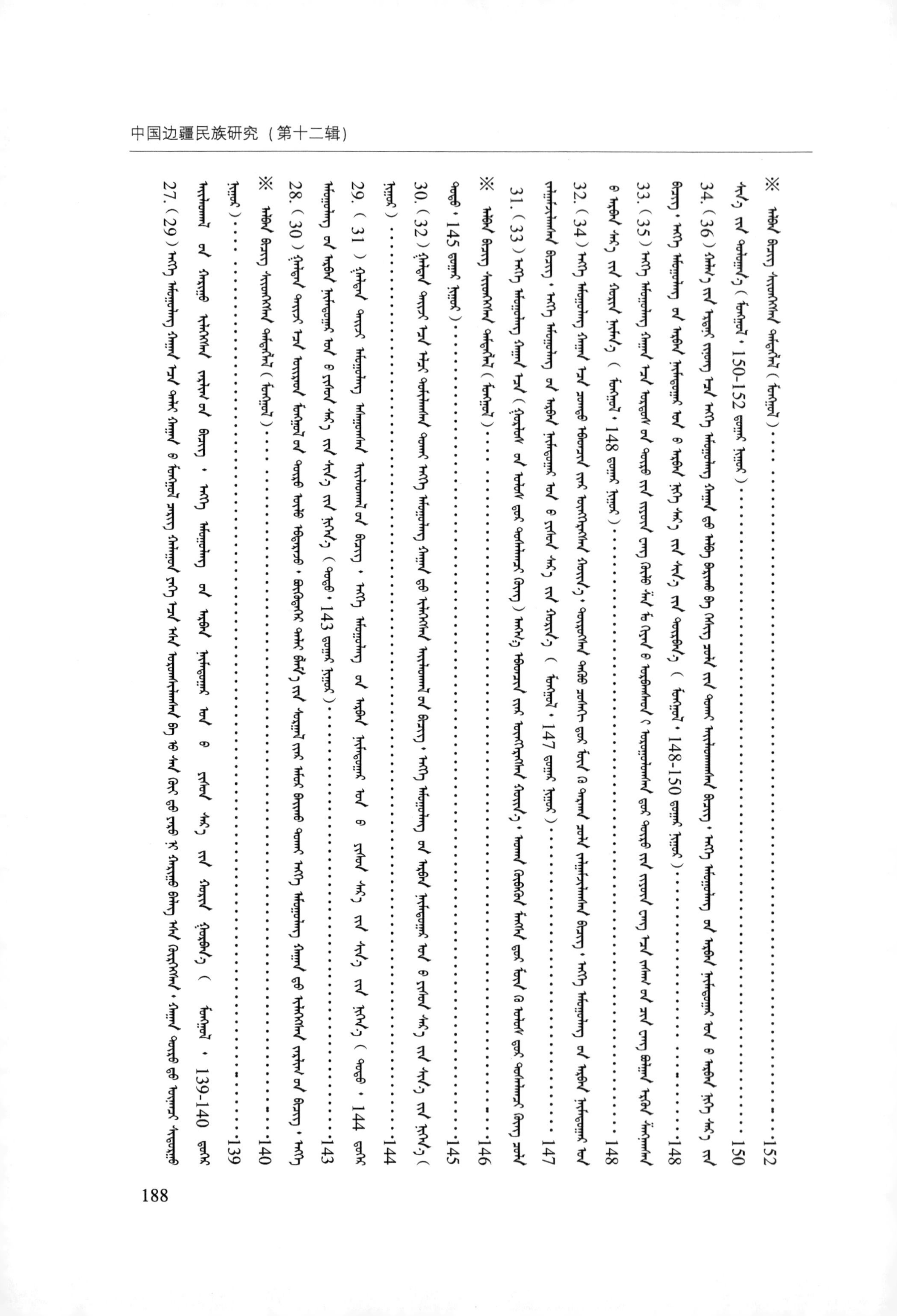

27.（29）[illegible]（[illegible]，139-140 [illegible]）…… 139
※ [illegible]（[illegible]）…… 140
28.（30）[illegible]（[illegible]，143 [illegible]）…… 143
29.（31）[illegible]（[illegible]，144 [illegible]）…… 144
30.（32）[illegible]（[illegible]，145 [illegible]）…… 145
※ [illegible]（[illegible]）…… 146
31.（33）[illegible]（[illegible]，147 [illegible]）…… 147
32.（34）[illegible]（[illegible]，148 [illegible]）…… 148
33.（35）[illegible]（[illegible]，148-150 [illegible]）…… 148
34.（36）[illegible]（[illegible]，150-152 [illegible]）…… 150
※ [illegible]（[illegible]）…… 152

35. (37) [illegible] (
ᠲᠣᠪᠴᠢᠶᠠ · 154 ᠳᠦᠭᠡᠷ ᠨᠢᠭᠤᠷ) …… 154
※ [illegible] (ᠲᠣᠪᠴᠢᠶᠠ) …… 154
36. (38) [illegible] ·
[illegible] (ᠲᠣᠪᠴᠢᠶᠠ · 156-169 ᠳᠦᠭᠡᠷ ᠨᠢᠭᠤᠷ) …… 156
37. (39) [illegible]
[illegible] (ᠲᠣᠪᠴᠢᠶᠠ · 169-170 ᠳᠤᠭᠠᠷ ᠨᠢᠭᠤᠷ) …… 169
※ [illegible] (ᠲᠣᠪᠴᠢᠶᠠ) …… 170
※ [illegible] (ᠡᠬᠡ) …… 173
38. (41) [illegible] (ᠡᠬᠡ · 174-236 ᠳᠤᠭᠠᠷ ᠨᠢᠭᠤᠷ) …… 174
39. (43) [illegible] (ᠡᠬᠡ · 237-251 ᠳᠦᠭᠡᠷ ᠨᠢᠭᠤᠷ) …… 237
※ [illegible] (ᠡᠬᠡ) …… 252
40. (45) [illegible]
[illegible] (ᠡᠬᠡ · **254-259** ᠳᠦᠭᠡᠷ ᠨᠢᠭᠤᠷ) …… **254**
41. (46) [illegible]
[illegible] (ᠡᠬᠡ · **260-263** ᠳᠤᠭᠠᠷ ᠨᠢᠭᠤᠷ) …… **260**
※ [illegible] (ᠲᠣᠪᠴᠢᠶᠠ) …… **264**
42. (47) [illegible] (ᠡᠬᠡ · **266-277** ᠳᠤᠭᠠᠷ
ᠨᠢᠭᠤᠷ) …… **266**
43. (48) [illegible]

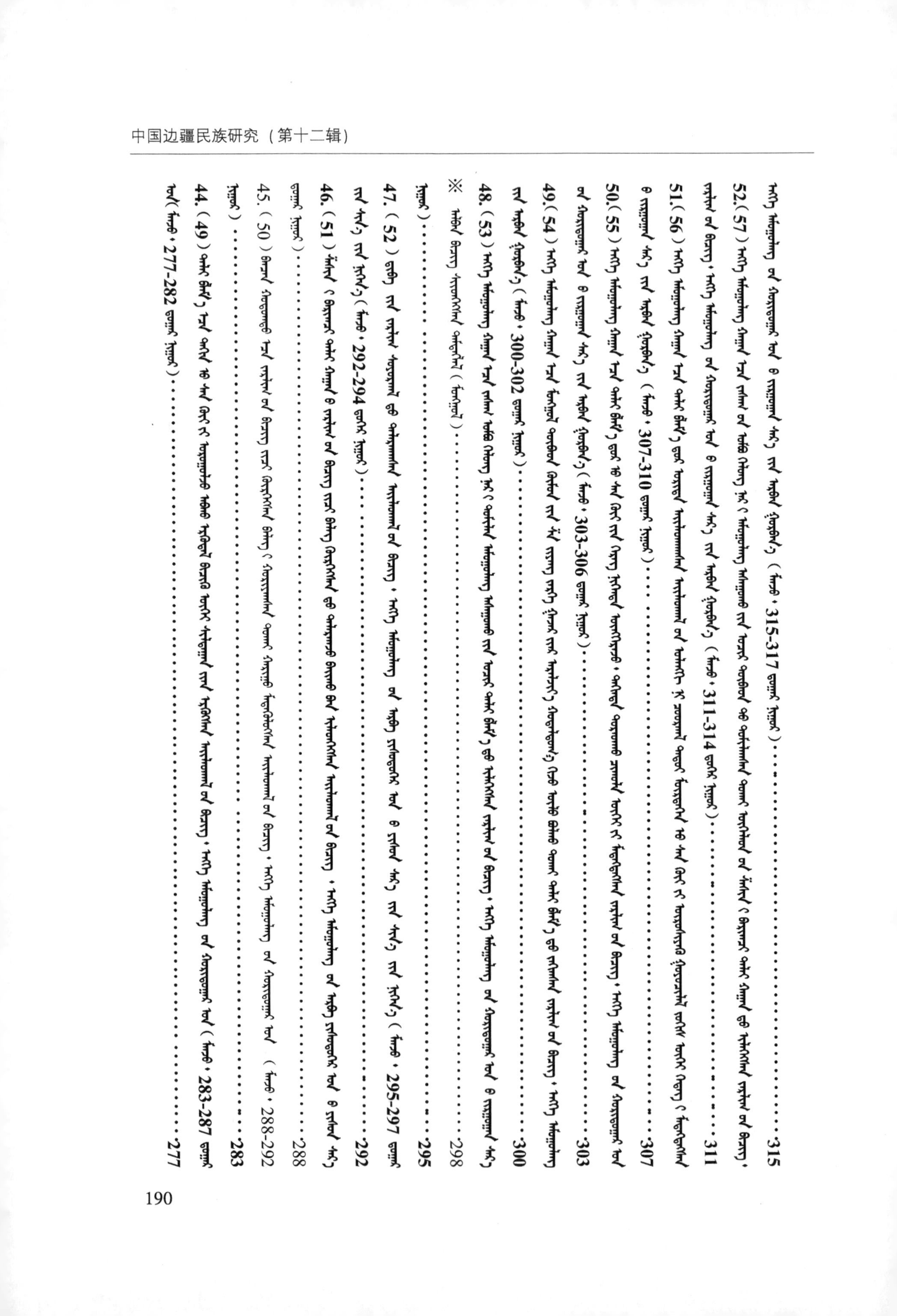

[illegible] ([illegible] · 277-282 [illegible]) …………………………………… 277
44.（49）[illegible] ([illegible] · 283-287 [illegible]
[illegible]) …………………………………… 283
45.（50）[illegible] （ [illegible] · 288-292
[illegible]) …………………………………… 288
46.（51）[illegible]
[illegible] ([illegible] · 292-294 [illegible]) …………………………………… 292
47.（52）[illegible] ([illegible] · 295-297 [illegible]
[illegible]) …………………………………… 295
※ [illegible] ([illegible]) …………………………………… 298
48.（53）[illegible]
[illegible] ([illegible] · 300-302 [illegible]) …………………………………… 300
49.（54）[illegible]
[illegible] ([illegible] · 303-306 [illegible]) …………………………………… 303
50.（55）[illegible]
[illegible] ([illegible] · 307-310 [illegible]) …………………………………… 307
51.（56）[illegible]
[illegible] ([illegible] · 311-314 [illegible]) …………………………………… 311
52.（57）[illegible]
[illegible] ([illegible] · 315-317 [illegible]) …………………………………… 315

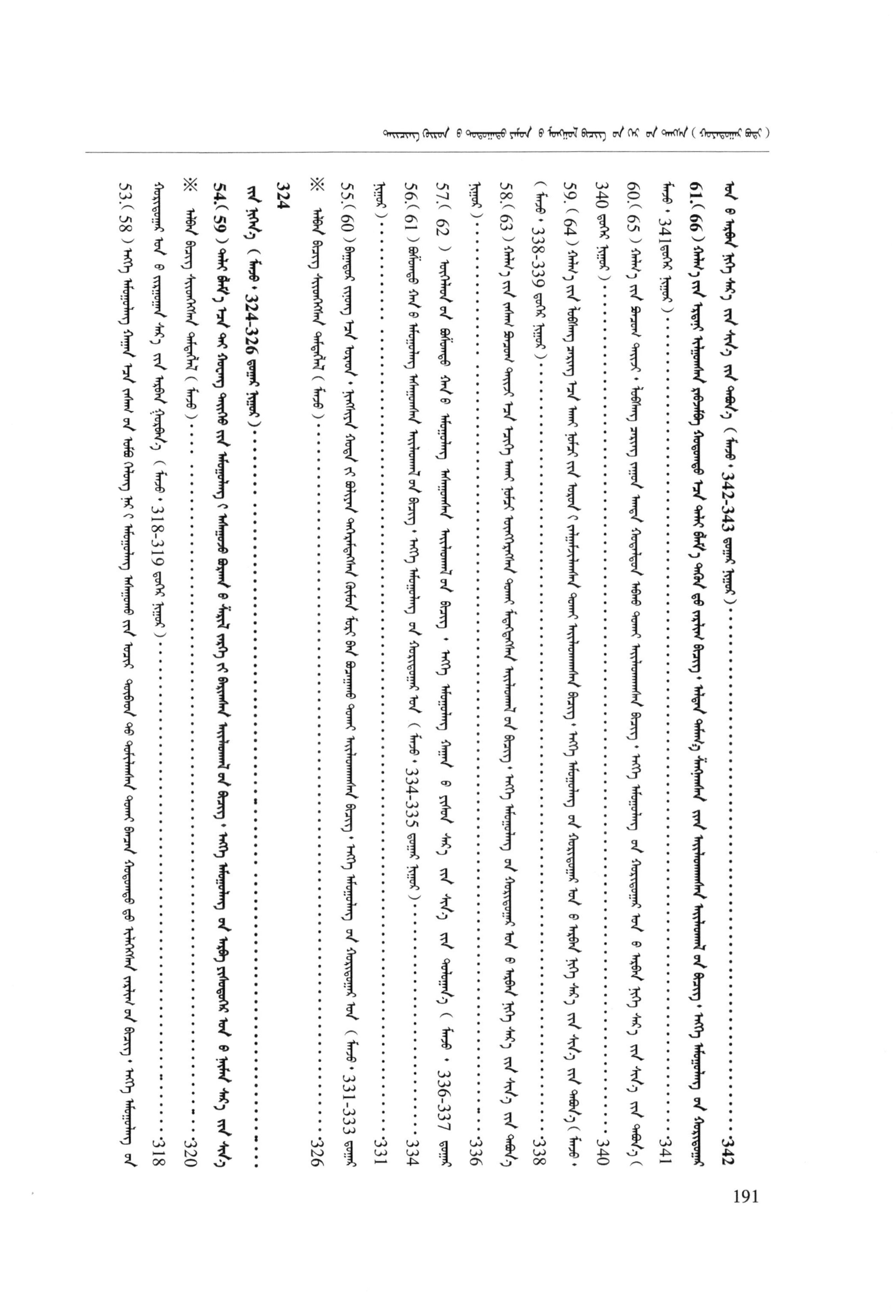

[illegible] ([illegible] · 342-343 [illegible]) ……………… 342
61.(66) [illegible] ([illegible] · 341 [illegible]) ……………… 341
60.(65) [illegible] ([illegible] · 340 [illegible]) ……………… 340
59.(64) [illegible] ([illegible] · 338-339 [illegible]) ……………… 338
58.(63) [illegible] ……………… 336
57.(62) [illegible] ([illegible] · 336-337 [illegible]) ……………… 331
56.(61) [illegible] ([illegible] · 334-335 [illegible]) ……………… 334
55.(60) [illegible] ([illegible] · 331-333 [illegible]) ……………… 331
※ [illegible] ([illegible]) ……………… 326

324

[illegible] ([illegible] · 324-326 [illegible]) ………………
54.(59) [illegible] ………………
※ [illegible] ([illegible]) ……………… 320
[illegible] ([illegible] · 318-319 [illegible]) ……………… 318
53.(58) [illegible]

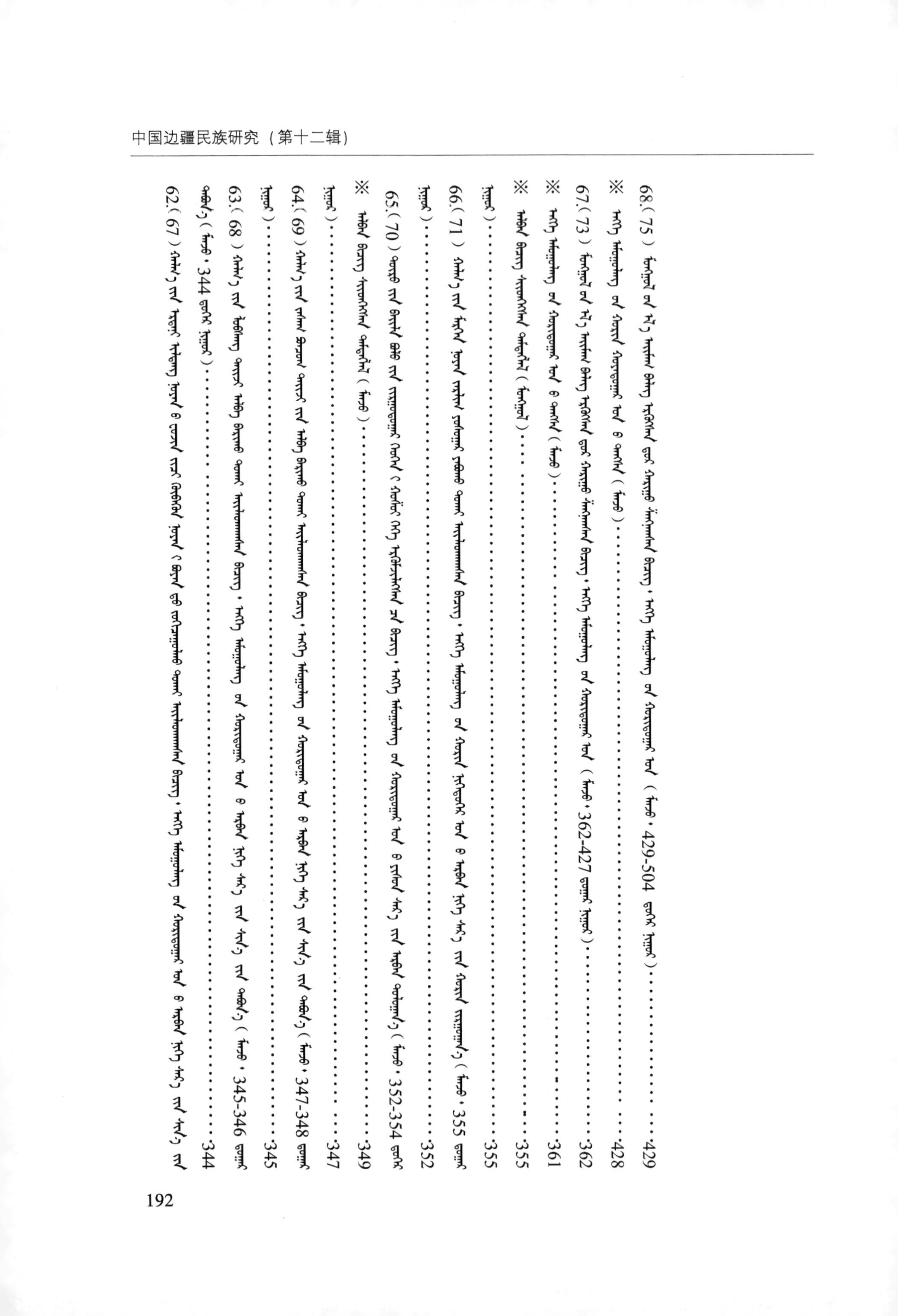

62.（67）[illegible]
[illegible]（[illegible] · 344 [illegible]）……344
63.（68）[illegible]（[illegible] · 345-346 [illegible]
[illegible]）……345
64.（69）[illegible]（[illegible] · 347-348 [illegible]
[illegible]）……347
※ [illegible]（[illegible]）……349
65.（70）[illegible]（[illegible] · 352-354 [illegible]
[illegible]）……352
66.（71）[illegible]（[illegible] · 355 [illegible]
[illegible]）……355
※ [illegible]（[illegible]）……355
※ [illegible]（[illegible]）……361
67.（73）[illegible]（[illegible] · 362-427 [illegible]）……362
※ [illegible]（[illegible]）……428
68.（75）[illegible]（[illegible] · 429-504 [illegible]）……429

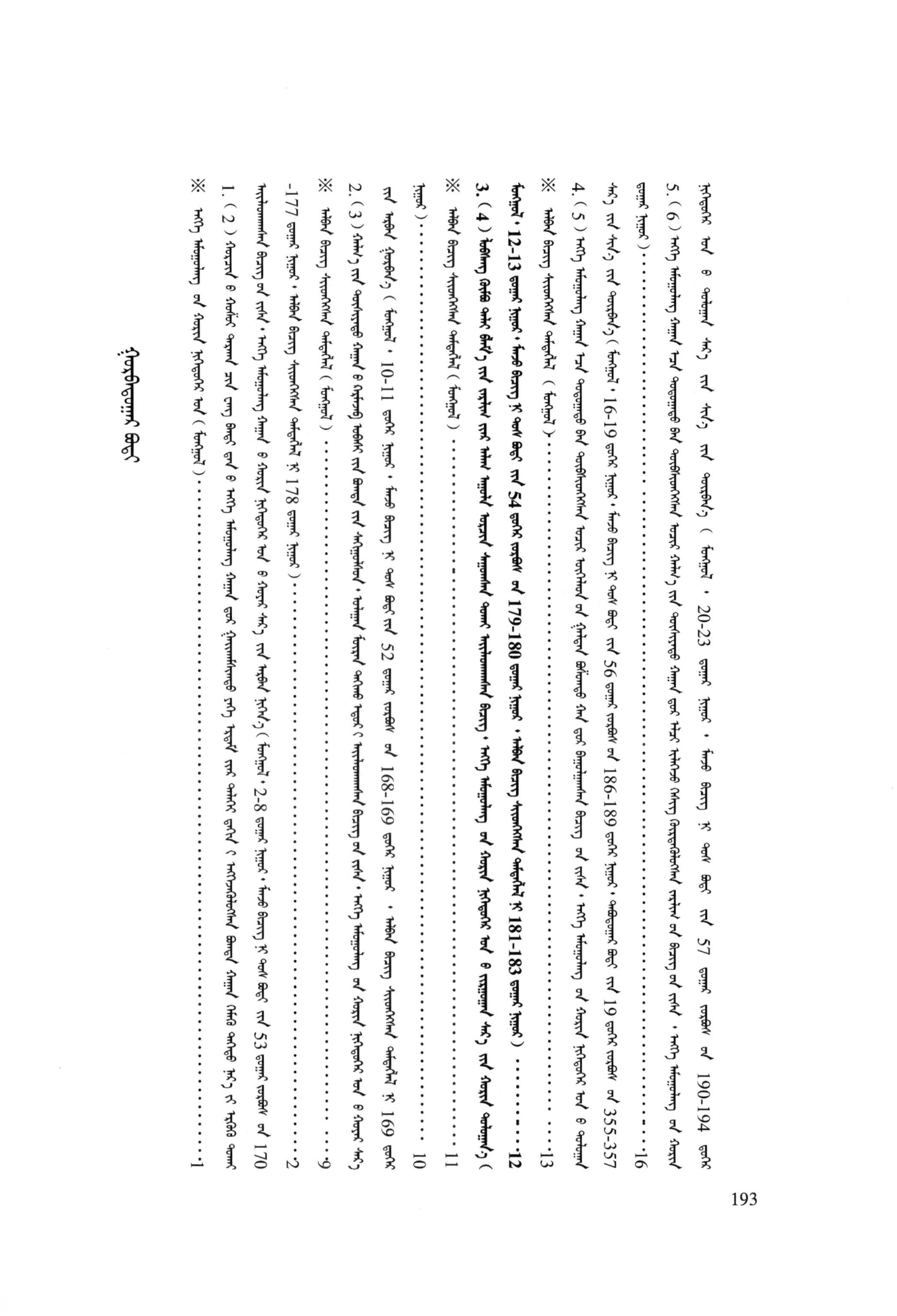

[illegible] ([illegible] , 20-23 [illegible] , [illegible] 57 [illegible] 190-194 [illegible]

5. (6) [illegible] ([illegible] , 16-19 [illegible] , [illegible] 56 [illegible] 186-189 [illegible] , [illegible] 19 [illegible] 355-357 [illegible]) …………16

4. (5) [illegible] ([illegible]) …………13

※ [illegible] , 12-13 [illegible] , [illegible] 54 [illegible] 179-180 [illegible] , [illegible] 181-183 [illegible]) …………12

3. (4) [illegible] (

※ [illegible] ([illegible]) …………11

[illegible] ([illegible] , 10-11 [illegible] , [illegible] 52 [illegible] 168-169 [illegible] , [illegible] 169 [illegible]) …………10

2. (3) [illegible]

※ [illegible] ([illegible]) …………9

-177 [illegible] , [illegible] 178 [illegible]) …………2

1. (2) [illegible] ([illegible] , 2-8 [illegible] , [illegible] 53 [illegible] 170 [illegible]

※ [illegible] ([illegible]) …………1

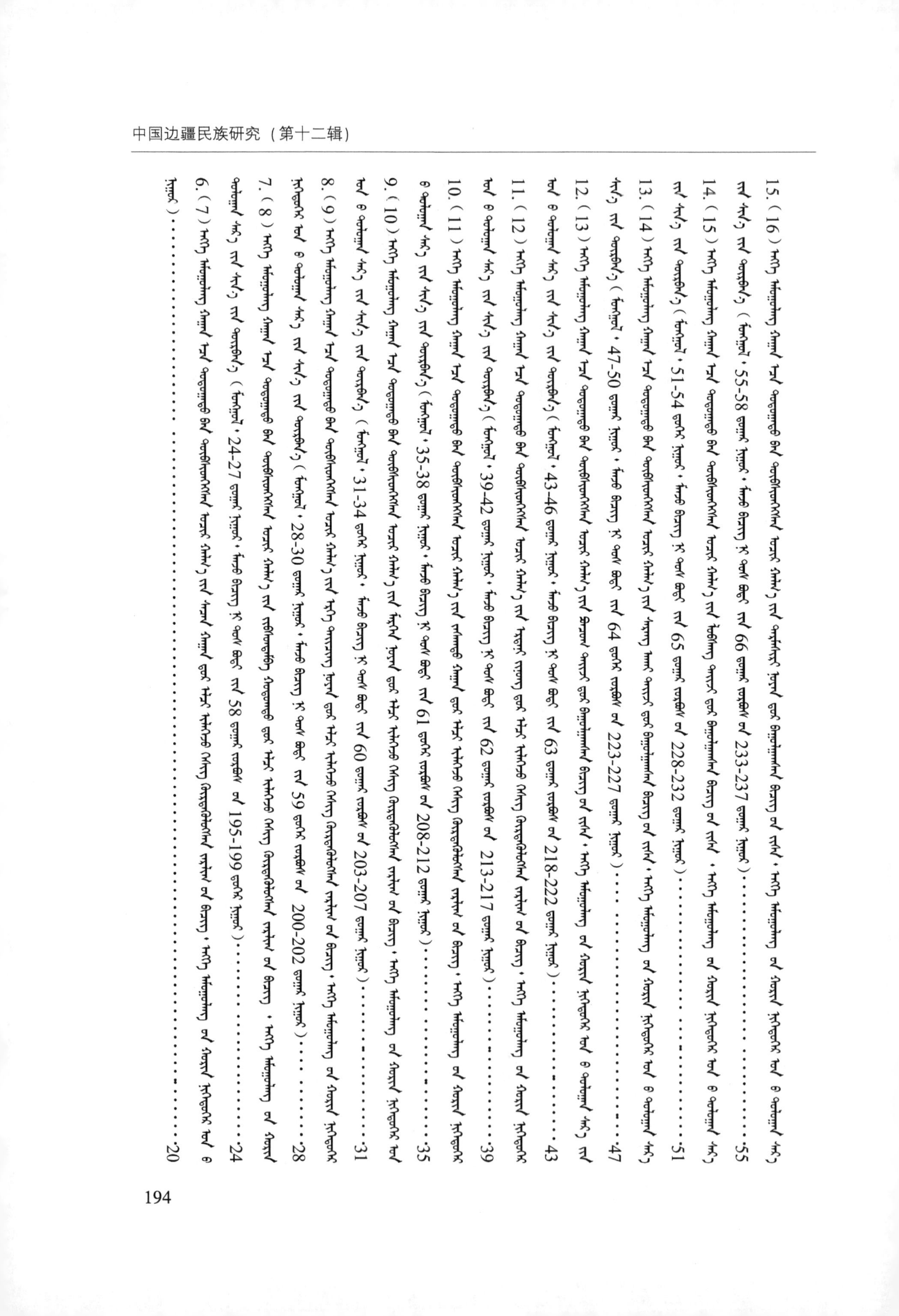

15.（16）[illegible] 55-58 [illegible] 66 [illegible] 233-237 [illegible] ……55

14.（15）[illegible] 51-54 [illegible] 65 [illegible] 228-232 [illegible] ……51

13.（14）[illegible] 47-50 [illegible] 64 [illegible] 223-227 [illegible] ……47

12.（13）[illegible] 43-46 [illegible] 63 [illegible] 218-222 [illegible] ……43

11.（12）[illegible] 39-42 [illegible] 62 [illegible] 213-217 [illegible] ……39

10.（11）[illegible] 35-38 [illegible] 61 [illegible] 208-212 [illegible] ……35

9.（10）[illegible] 31-34 [illegible] 60 [illegible] 203-207 [illegible] ……31

8.（9）[illegible] 28-30 [illegible] 59 [illegible] 200-202 [illegible] ……28

7.（8）[illegible] 24-27 [illegible] 58 [illegible] 195-199 [illegible] ……24

6.（7）[illegible] ……20

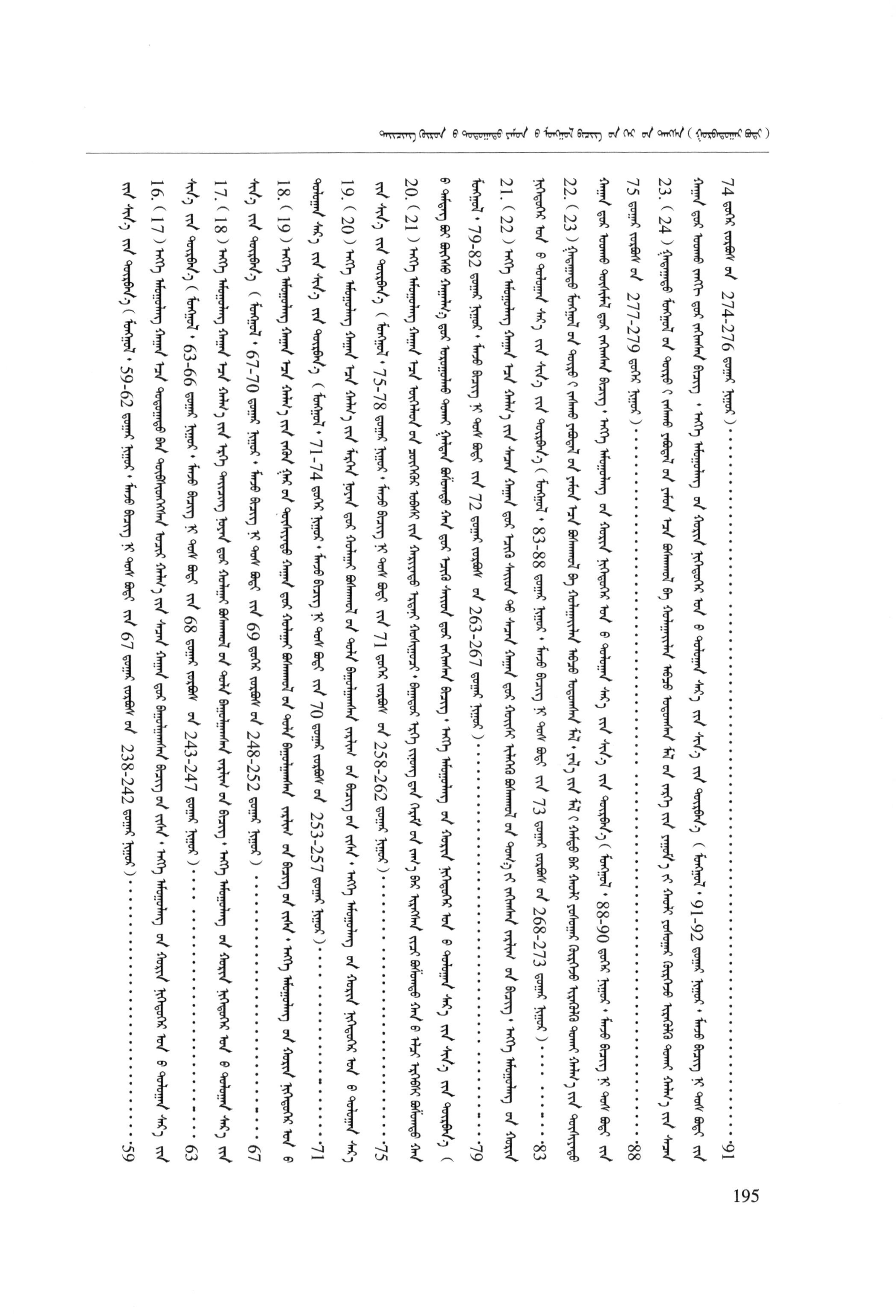

[illegible] ([illegible] · 59-62 [illegible] · [illegible] 67 [illegible] 238-242 [illegible]) ································59
16. (17) [illegible]
[illegible] ([illegible] · 63-66 [illegible] · [illegible] 68 [illegible] 243-247 [illegible]) ································63
17. (18) [illegible]
[illegible] ([illegible] · 67-70 [illegible] · [illegible] 69 [illegible] 248-252 [illegible]) ································67
18. (19) [illegible]
[illegible] ([illegible] · 71-74 [illegible] · [illegible] 70 [illegible] 253-257 [illegible]) ································71
19. (20) [illegible]
[illegible] ([illegible] · 75-78 [illegible] · [illegible] 71 [illegible] 258-262 [illegible]) ································75
20. (21) [illegible]
[illegible] (
[illegible] · 79-82 [illegible] · [illegible] 72 [illegible] 263-267 [illegible]) ································79
21. (22) [illegible]
[illegible] ([illegible] · 83-88 [illegible] · [illegible] 73 [illegible] 268-273 [illegible]) ································83
22. (23) [illegible]
[illegible] ([illegible] · 88-90 [illegible] · [illegible]
75 [illegible] 277-279 [illegible]) ································88
23. (24) [illegible]
[illegible] ([illegible] · 91-92 [illegible] · [illegible]
74 [illegible] 274-276 [illegible]) ································91

24.（25）ᠰᠢᠨᠵᠢᠯᠡᠬᠦ ᠤᠬᠠᠭᠠᠨ ᠤ ᠬᠦᠷᠢᠶᠡᠯᠡᠩ ᠦᠨ ᠲᠡᠦᠬᠡ ᠶᠢᠨ ᠰᠤᠷᠪᠤᠯᠵᠢ ᠶᠢᠨ ᠠᠷᠬᠢᠸ ᠲᠤ ᠬᠠᠳᠠᠭᠠᠯᠠᠭᠳᠠᠵᠤ ᠪᠠᠢᠭ᠎ᠠ ᠮᠣᠩᠭᠣᠯ ᠤᠨ ᠲᠥᠷᠦ ᠶᠢᠨ ᠬᠠᠮᠢᠶ᠎ᠠ ᠲᠠᠢ ᠠᠯᠪᠠᠨ ᠪᠢᠴᠢᠭ ᠤᠨ ᠡᠮᠬᠢᠳᠬᠡᠯ ᠦᠨ ᠳᠠᠩᠰᠠ ᠳᠤ ᠪᠠᠭᠤᠯᠭᠠᠭᠰᠠᠨ ᠲᠠᠢ ᠬᠠᠮᠢᠶ᠎ᠠ ᠲᠠᠢ ᠬᠡᠪᠯᠡᠯ ᠦᠨ ᠲᠠᠢ ᠪᠠᠷ ᠠᠯᠪᠠᠨ ᠪᠢᠴᠢᠭ ᠤᠨ 6 ᠳᠤᠭᠠᠷ ᠬᠡᠰᠡᠭ ᠲᠦ ᠨᠡᠶ᠋ᠢᠲᠡᠯᠡᠭᠰᠡᠨ ᠪᠣᠯᠤᠨ ᠤᠯᠠᠭᠠᠨᠪᠠᠭᠠᠲᠤᠷ ᠪᠡᠷ ᠤᠯᠤᠰ ᠤᠨ ᠬᠡᠪᠯᠡᠯ ᠦᠨ ᠬᠣᠷᠢᠶ᠎ᠠ ᠪᠠᠷ ᠠᠯᠪᠠᠨ ᠪᠢᠴᠢᠭ（ᠬᠡᠪᠯᠡᠯ · 93-94 ᠳᠦᠭᠡᠷ ᠨᠢᠭᠤᠷ · ᠨᠢᠭᠤᠷ ᠮᠣᠩᠭᠣᠯ ᠤᠨ ᠪᠢᠴᠢᠭ ᠤᠨ ᠳᠡᠭᠡᠳᠦ ᠶᠢᠨ 76 ᠳᠤᠭᠠᠷ ᠳᠡᠪᠲᠡᠷ ᠦᠨ 280-281 ᠳᠦᠭᠡᠷ ᠨᠢᠭᠤᠷ）………………………………93

25.（26）ᠰᠢᠨᠵᠢᠯᠡᠬᠦ ᠤᠬᠠᠭᠠᠨ ᠤ ᠬᠦᠷᠢᠶᠡᠯᠡᠩ ᠦᠨ ᠲᠡᠦᠬᠡ ᠶᠢᠨ ᠰᠤᠷᠪᠤᠯᠵᠢ ᠶᠢᠨ ᠠᠷᠬᠢᠸ ᠲᠤ ᠬᠠᠳᠠᠭᠠᠯᠠᠭᠳᠠᠵᠤ ᠪᠠᠢᠭ᠎ᠠ ᠮᠣᠩᠭᠣᠯ ᠤᠨ ᠲᠥᠷᠦ ᠶᠢᠨ ᠬᠠᠮᠢᠶ᠎ᠠ ᠲᠠᠢ ᠠᠯᠪᠠᠨ ᠪᠢᠴᠢᠭ ᠤᠨ ᠡᠮᠬᠢᠳᠬᠡᠯ ᠦᠨ ᠳᠠᠩᠰᠠ ᠳᠤ ᠪᠠᠭᠤᠯᠭᠠᠭᠰᠠᠨ ᠲᠠᠢ ᠬᠠᠮᠢᠶ᠎ᠠ ᠲᠠᠢ ᠬᠡᠪᠯᠡᠯ ᠦᠨ ᠲᠠᠢ ᠪᠠᠷ ᠠᠯᠪᠠᠨ ᠪᠢᠴᠢᠭ ᠤᠨ 6 ᠳᠤᠭᠠᠷ ᠬᠡᠰᠡᠭ ᠲᠦ ᠨᠡᠶ᠋ᠢᠲᠡᠯᠡᠭᠰᠡᠨ ᠪᠣᠯᠤᠨ ᠤᠯᠠᠭᠠᠨᠪᠠᠭᠠᠲᠤᠷ ᠪᠡᠷ ᠤᠯᠤᠰ ᠤᠨ ᠬᠡᠪᠯᠡᠯ ᠦᠨ ᠬᠣᠷᠢᠶ᠎ᠠ ᠪᠠᠷ ᠠᠯᠪᠠᠨ ᠪᠢᠴᠢᠭ（ᠬᠡᠪᠯᠡᠯ · 95 ᠳᠤᠭᠠᠷ ᠨᠢᠭᠤᠷ · ᠨᠢᠭᠤᠷ ᠮᠣᠩᠭᠣᠯ ᠤᠨ ᠪᠢᠴᠢᠭ ᠤᠨ ᠳᠡᠭᠡᠳᠦ · ᠨᠢᠭᠤᠷ ᠮᠣᠩᠭᠣᠯ ᠤᠨ ᠪᠢᠴᠢᠭ ᠤᠨ ᠳᠡᠭᠡᠳᠦ ᠶᠢᠨ 77 ᠳᠤᠭᠠᠷ ᠳᠡᠪᠲᠡᠷ ᠦᠨ 282-283 ᠳᠤᠭᠠᠷ ᠨᠢᠭᠤᠷ）………………………………95

26.（27）ᠠᠯᠪᠠᠨ ᠤ ᠮᠡᠳᠡᠭᠳᠡᠯ ᠠᠯᠪᠠ ᠪᠠᠷ ᠮᠣᠩᠭᠣᠯ ᠬᠢᠲᠠᠳ ᠤᠨ ᠬᠠᠷᠢᠯᠴᠠᠭ᠎ᠠ ᠶᠢᠨ ᠲᠤᠬᠠᠢ · ᠪᠣᠯᠤᠨ ᠤᠯᠠᠭᠠᠨᠪᠠᠭᠠᠲᠤᠷ ᠪᠡᠷ ᠤᠯᠤᠰ ᠤᠨ ᠬᠡᠪᠯᠡᠯ ᠦᠨ ᠬᠣᠷᠢᠶ᠎ᠠ ᠪᠠᠷ ᠠᠯᠪᠠᠨ ᠪᠢᠴᠢᠭ（ᠬᠡᠪᠯᠡᠯ · 96-97 ᠳᠤᠭᠠᠷ ᠨᠢᠭᠤᠷ · ᠨᠢᠭᠤᠷ ᠮᠣᠩᠭᠣᠯ ᠤᠨ ᠪᠢᠴᠢᠭ ᠤᠨ ᠳᠡᠭᠡᠳᠦ ᠶᠢᠨ 78 ᠳᠤᠭᠠᠷ ᠳᠡᠪᠲᠡᠷ ᠦᠨ 284-285 ᠳᠤᠭᠠᠷ ᠨᠢᠭᠤᠷ）………………………………96

27.（28）ᠠᠯᠪᠠᠨ ᠤ ᠬᠦᠮᠦᠨ ᠨᠢᠭᠤᠷ ᠮᠣᠩᠭᠣᠯ ᠤᠨ ᠬᠦᠮᠦᠨ ᠤ ᠵᠠᠰᠠᠭ ᠤᠨ ᠬᠡᠷᠡᠭ ᠡᠷᠬᠢᠯᠡᠭᠴᠢ ᠪᠠᠷ ᠬᠣᠷᠢᠶ᠎ᠠ ᠪᠣᠯᠤᠨ ᠪᠢᠴᠢᠭ · ᠠᠯᠪᠠ ᠶᠢᠨ ᠤᠯᠤᠰ · ᠬᠣᠶᠠᠳᠤᠭᠠᠷ ᠪᠣᠳᠢ ᠶᠢᠨ ᠡᠷᠬᠢᠯᠡᠭᠴᠢ ᠶᠢᠨ ᠠᠯᠪᠠᠨ ᠪᠢᠴᠢᠭ · ᠪᠣᠯᠤᠨ ᠤᠯᠠᠭᠠᠨᠪᠠᠭᠠᠲᠤᠷ ᠪᠡᠷ ᠤᠯᠤᠰ ᠤᠨ ᠬᠡᠪᠯᠡᠯ ᠦᠨ ᠬᠣᠷᠢᠶ᠎ᠠ ᠪᠠᠷ ᠠᠯᠪᠠᠨ ᠪᠢᠴᠢᠭ（ᠬᠡᠪᠯᠡᠯ · 98-101 ᠳᠦᠭᠡᠷ ᠨᠢᠭᠤᠷ · ᠨᠢᠭᠤᠷ ᠮᠣᠩᠭᠣᠯ ᠤᠨ ᠪᠢᠴᠢᠭ ᠤᠨ ᠳᠡᠭᠡᠳᠦ ᠶᠢᠨ 80 ᠳᠤᠭᠠᠷ ᠳᠡᠪᠲᠡᠷ ᠦᠨ 290-293 ᠳᠤᠭᠠᠷ ᠨᠢᠭᠤᠷ）………………………………98

28.（29）ᠬᠠᠮᠢᠶ᠎ᠠ · ᠠᠯᠪᠠᠨ ᠪᠠᠷ ᠬᠣᠷᠢᠶ᠎ᠠ ᠬᠡᠷᠡᠭ ᠬᠡᠷᠡᠭᠰᠡᠨ ᠨᠣᠮᠣᠭᠳᠠᠭᠰᠠᠨ ᠬᠣᠷᠢᠶᠠᠯᠠᠯ ᠤᠨ ᠪᠢᠴᠢᠭ · ᠪᠣᠯᠤᠨ ᠤᠯᠠᠭᠠᠨᠪᠠᠭᠠᠲᠤᠷ ᠪᠡᠷ ᠤᠯᠤᠰ ᠤᠨ ᠬᠡᠪᠯᠡᠯ ᠦᠨ ᠬᠣᠷᠢᠶ᠎ᠠ ᠪᠠᠷ ᠠᠯᠪᠠᠨ ᠪᠢᠴᠢᠭ（ᠬᠡᠪᠯᠡᠯ · 102-110 ᠳᠤᠭᠠᠷ ᠨᠢᠭᠤᠷ · ᠨᠢᠭᠤᠷ ᠮᠣᠩᠭᠣᠯ ᠤᠨ ᠪᠢᠴᠢᠭ ᠤᠨ ᠳᠡᠭᠡᠳᠦ ᠶᠢᠨ 81 ᠳᠦᠭᠡᠷ ᠳᠡᠪᠲᠡᠷ ᠦᠨ 294-303 ᠳᠤᠭᠠᠷ ᠨᠢᠭᠤᠷ）………………………………102

29.（30）ᠬᠠᠮᠢᠶ᠎ᠠ ᠶᠢᠨ ᠰᠢᠯᠢᠭᠳᠡᠯ ᠪᠢᠴᠢᠭ ᠪᠠᠷ ᠬᠣᠷᠢᠶ᠎ᠠ ᠬᠡᠷᠡᠭ ᠬᠡᠷᠡᠭᠰᠡᠨ ᠬᠠᠮᠢᠶ᠎ᠠ ᠶᠢᠨ ᠬᠤᠷᠠᠯ ᠨᠢᠭᠡᠳᠦᠭᠡᠷ · ᠪᠣᠭᠳᠠ ᠬᠠᠭᠠᠨ ᠤ ᠵᠠᠷᠯᠢᠭ ᠪᠠᠷ 6 ᠠᠶᠢᠮᠠᠭ ᠤᠨ ᠲᠠᠮᠠᠭ᠎ᠠ ᠲᠠᠢ ᠠᠯᠪᠠᠨ ᠪᠢᠴᠢᠭ ᠨᠣᠮᠣᠭᠳᠠᠭᠰᠠᠨ ᠬᠣᠷᠢᠶᠠᠯᠠᠯ ᠤᠨ ᠪᠢᠴᠢᠭ · ᠪᠣᠯᠤᠨ ᠤᠯᠠᠭᠠᠨᠪᠠᠭᠠᠲᠤᠷ ᠪᠡᠷ ᠤᠯᠤᠰ ᠤᠨ ᠬᠡᠪᠯᠡᠯ ᠦᠨ ᠬᠣᠷᠢᠶ᠎ᠠ ᠪᠠᠷ ᠠᠯᠪᠠᠨ ᠪᠢᠴᠢᠭ（ᠬᠡᠪᠯᠡᠯ · 111-114 ᠳᠦᠭᠡᠷ ᠨᠢᠭᠤᠷ · ᠨᠢᠭᠤᠷ ᠮᠣᠩᠭᠣᠯ ᠤᠨ ᠪᠢᠴᠢᠭ ᠤᠨ ᠳᠡᠭᠡᠳᠦ ᠶᠢᠨ 79 ᠳᠦᠭᠡᠷ ᠳᠡᠪᠲᠡᠷ ᠦᠨ 286-289 ᠳᠦᠭᠡᠷ ᠨᠢᠭᠤᠷ）………………………………111

30.（31）ᠬᠠᠮᠢᠶ᠎ᠠ ᠶᠢᠨ ᠰᠢᠯᠢᠭᠳᠡᠯ ᠪᠢᠴᠢᠭ ᠪᠠᠷ ᠬᠡᠷᠡᠭ · ᠠᠯᠪᠠᠨ ᠤ ᠮᠡᠳᠡᠭᠳᠡᠯ ᠬᠡᠷᠡᠭ · ᠬᠠᠭᠠᠨ ᠬᠡᠷᠡᠭ ᠪᠠᠷ ᠪᠠᠷ ᠬᠣᠷᠢᠶᠠᠯᠠᠯ ᠬᠡᠷᠡᠭ ᠤᠨ ᠪᠣᠯᠤᠨ 6 ᠪᠢᠴᠢᠭ ᠤᠨ ᠠᠯᠪᠠ · ᠪᠣᠯᠤᠨ ᠤᠯᠠᠭᠠᠨᠪᠠᠭᠠᠲᠤᠷ ᠤᠨ ᠤᠯᠤᠰ ᠤᠨ ᠬᠡᠪᠯᠡᠯ ᠦᠨ（ᠬᠡᠪᠯᠡᠯ · 115-117 ᠳᠤᠭᠠᠷ ᠨᠢᠭᠤᠷ · ᠨᠢᠭᠤᠷ ᠮᠣᠩᠭᠣᠯ ᠤᠨ ᠪᠢᠴᠢᠭ ᠤᠨ ᠳᠡᠭᠡᠳᠦ ᠶᠢᠨ 83 ᠳᠤᠭᠠᠷ ᠳᠡᠪᠲᠡᠷ ᠦᠨ 307-311 ᠳᠦᠭᠡᠷ ᠨᠢᠭᠤᠷ · ᠬᠠᠮᠢᠶ᠎ᠠ ᠪᠢᠴᠢᠭ ᠰᠤᠷᠪᠤᠯᠵᠢ ᠶᠢᠨ ᠪᠢᠴᠢᠭ ᠤᠨ 84 ᠳᠦᠭᠡᠷ ᠳᠡᠪᠲᠡᠷ ᠦᠨ 312-319 ᠳᠦᠭᠡᠷ ᠨᠢᠭᠤᠷ）………………………………115

※ ᠬᠠᠮᠢᠶ᠎ᠠ ᠪᠢᠴᠢᠭ ᠰᠤᠷᠪᠤᠯᠵᠢ ᠶᠢᠨ ᠵᠢᠭᠰᠠᠭᠠᠯᠲᠠ（ᠬᠡᠪᠯᠡᠯ）………………………………118

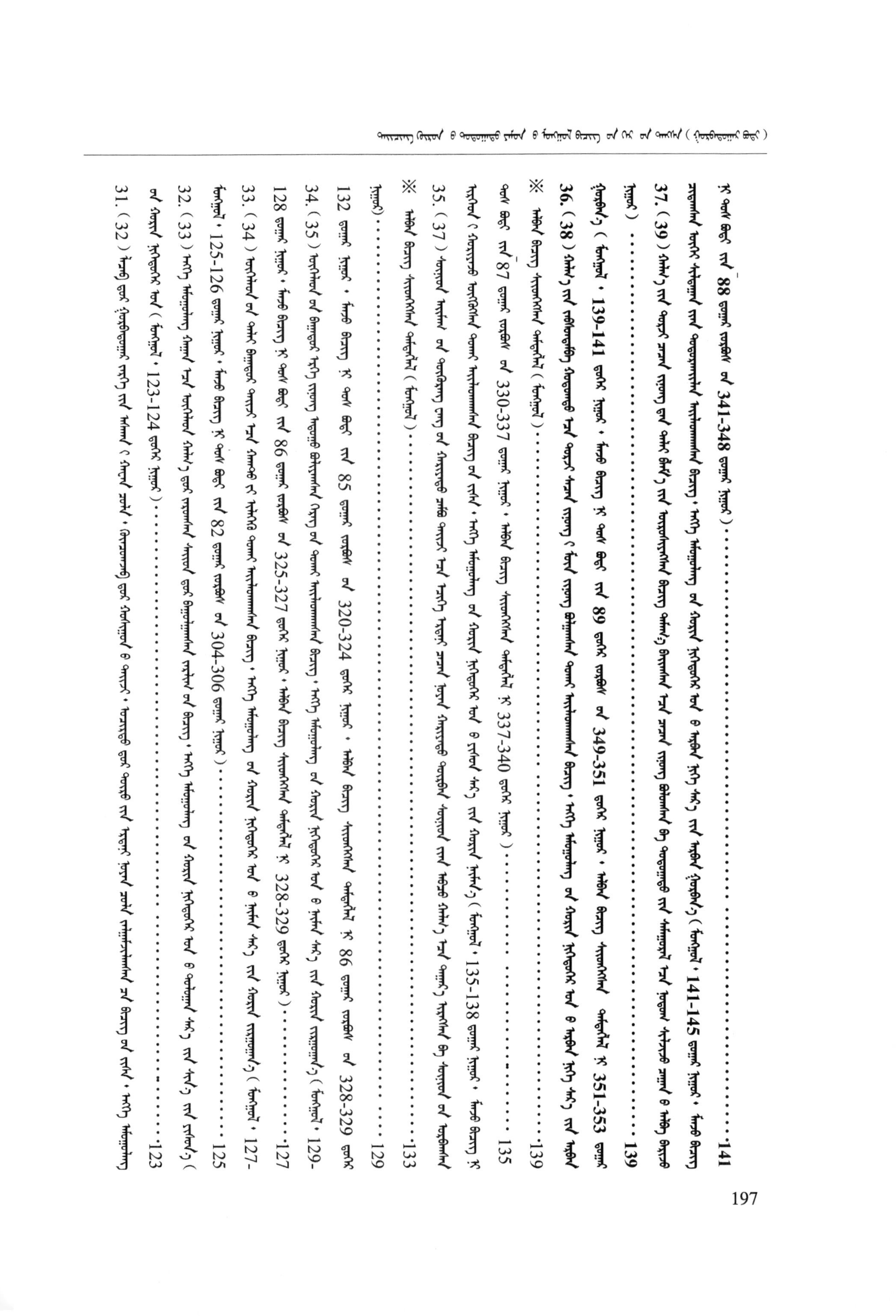

31. (32) [illegible]
[illegible] ([illegible] · 123-124 [illegible]) ……123
32. (33) [illegible] (
[illegible] · 125-126 [illegible] 82 [illegible] 304-306 [illegible]) ……125
33. (34) [illegible] ([illegible] · 127-
128 [illegible] 86 [illegible] 325-327 [illegible] 328-329 [illegible]) ……127
34. (35) [illegible] ([illegible] · 129-
132 [illegible] 85 [illegible] 320-324 [illegible] 86 [illegible] 328-329 [illegible]
[illegible]) ……129
※ [illegible] ([illegible]) ……133
35. (37) [illegible]
[illegible] ([illegible] · 135-138 [illegible]
[illegible] 87 [illegible] 330-337 [illegible] 337-340 [illegible]) ……135
※ [illegible] ([illegible]) ……139
36. (38) [illegible]
[illegible] ([illegible] · 139-141 [illegible] 89 [illegible] 349-351 [illegible] 351-353 [illegible]
[illegible]) ……139
37. (39) [illegible]
[illegible] ([illegible] · 141-145 [illegible]
[illegible] 88 [illegible] 341-348 [illegible]) ……141

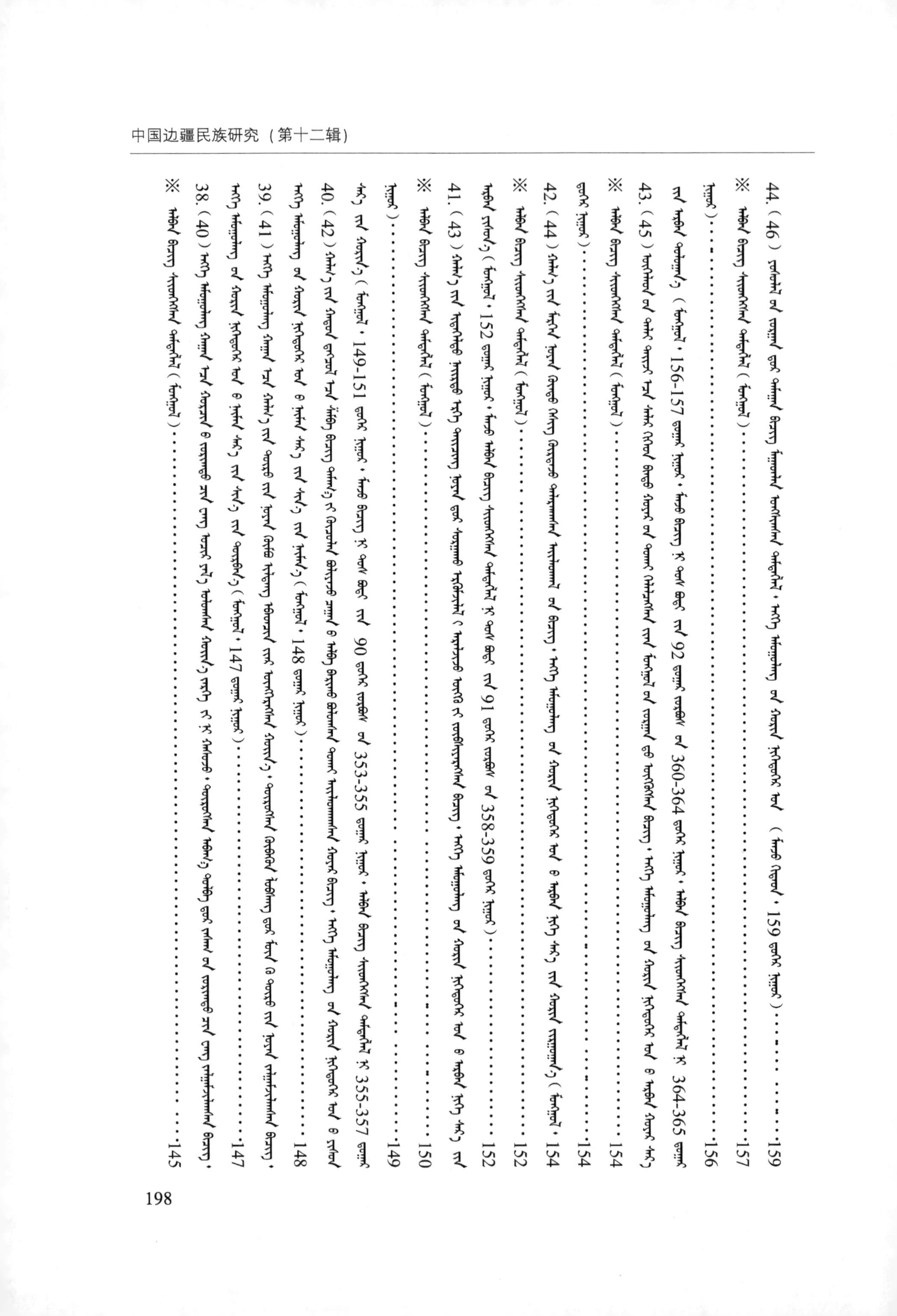

※ [illegible]（[illegible]）……145
38.（40）[illegible]
[illegible]（[illegible]，147 [illegible]）……147
39.（41）[illegible]
[illegible]（[illegible]，148 [illegible]）……148
40.（42）[illegible]
[illegible]（[illegible]，149-151 [illegible] 90 [illegible] 353-355 [illegible] 355-357 [illegible]
[illegible]）……149
※ [illegible]（[illegible]）……150
41.（43）[illegible] 91 [illegible] 358-359 [illegible]）……152
[illegible]（[illegible]，152 [illegible]）……152
※ [illegible]（[illegible]）……152
42.（44）[illegible]（[illegible]，154
[illegible]）……154
※ [illegible]（[illegible]）……154
43.（45）[illegible] 364-365 [illegible]
[illegible]（[illegible]，156-157 [illegible] 92 [illegible] 360-364 [illegible]
[illegible]）……156
※ [illegible]（[illegible]）……157
44.（46）[illegible]（[illegible]，159 [illegible]）……159

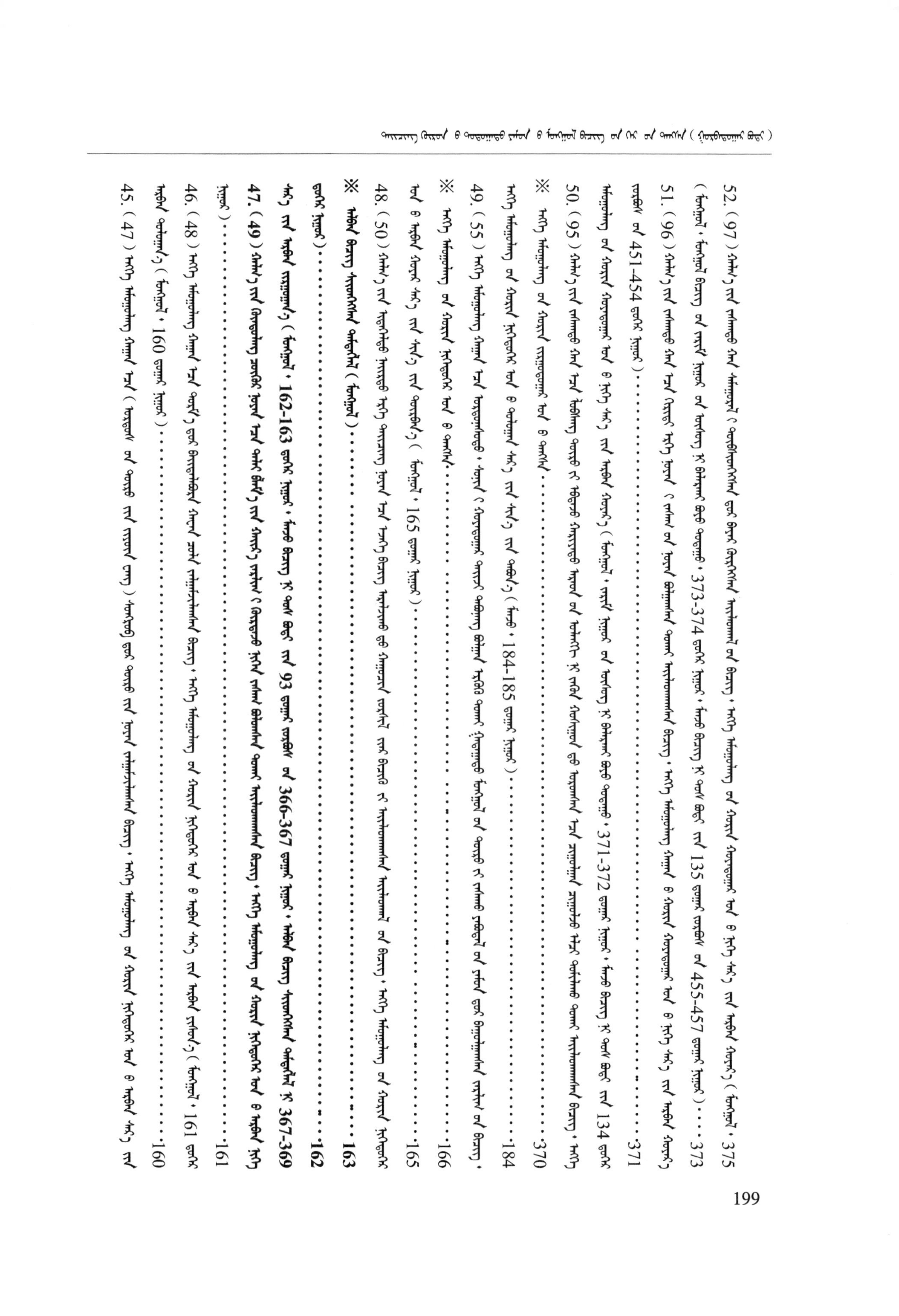

45. (47) [illegible] 160
46. (48) [illegible] 161 [illegible] 160 [illegible]) ……161
47. (49) [illegible] 367-369 [illegible] 162-163 [illegible] 93 [illegible] 366-367 [illegible]) ……162
※ [illegible] ([illegible]) ……163
48. (50) [illegible] 165 [illegible]) ……165
※ [illegible] ……166
49. (55) [illegible] 184-185 [illegible]) ……184
※ [illegible] ……370
50. (95) [illegible] 134 [illegible] 371-372 [illegible]) ……371
51. (96) [illegible] 135 [illegible] 455-457 [illegible]) ……373
52. (97) [illegible] 375 [illegible] 373-374 [illegible] 451-454 [illegible]) ……373

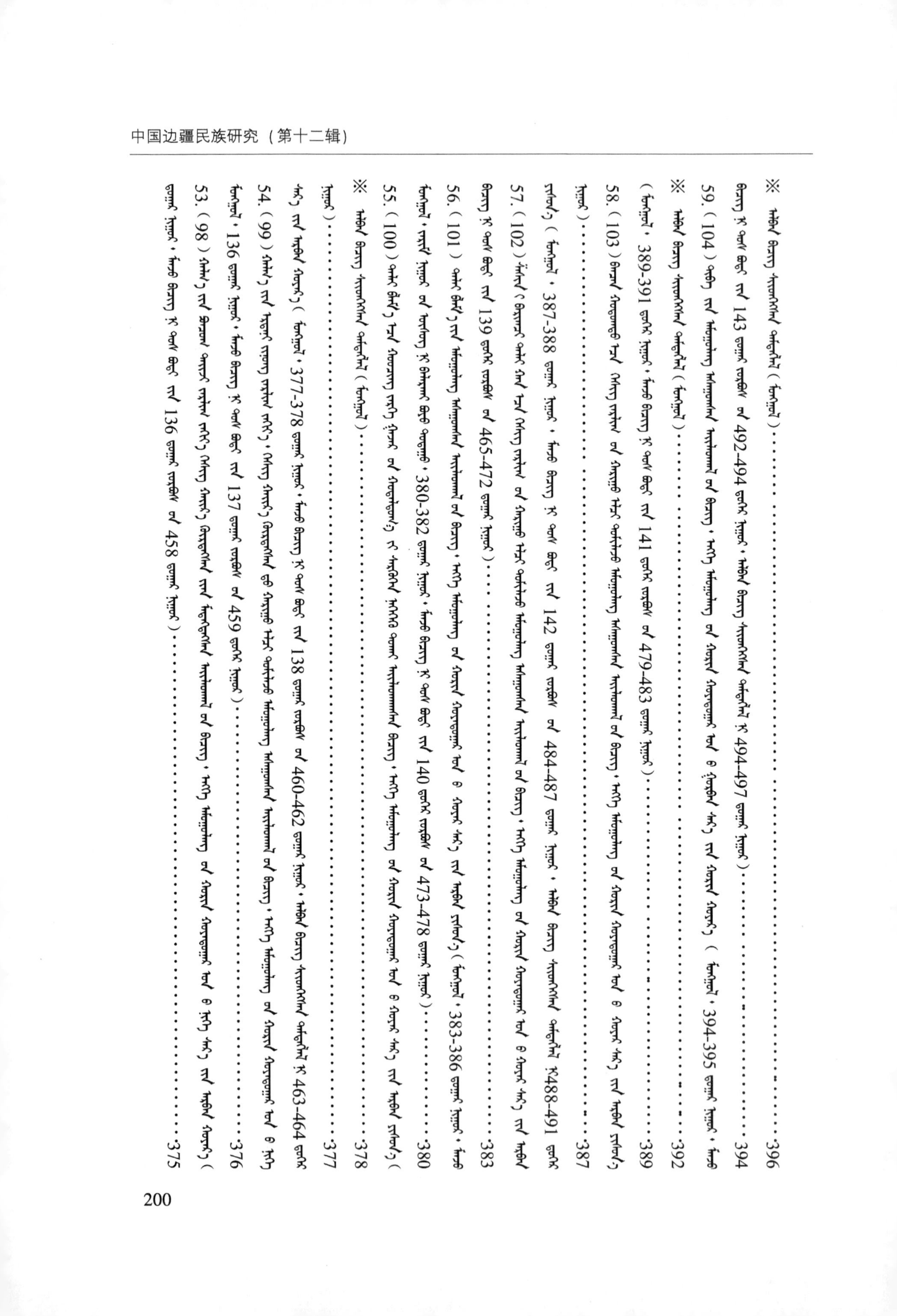

[illegible]，[illegible] 136 [illegible] 458 [illegible]）……375

53.（98）[illegible]（[illegible]，136 [illegible]，[illegible] 137 [illegible] 459 [illegible]）……376

54.（99）[illegible]（[illegible]，377-378 [illegible]，[illegible] 138 [illegible] 460-462 [illegible]，[illegible] 463-464 [illegible]）……377

※ [illegible]（[illegible]）……378

55.（100）[illegible]（[illegible]，380-382 [illegible]，[illegible] 140 [illegible] 473-478 [illegible]）……380

56.（101）[illegible]（[illegible]，383-386 [illegible]，[illegible] 139 [illegible] 465-472 [illegible]）……383

57.（102）[illegible]（[illegible]，387-388 [illegible]，[illegible] 142 [illegible] 484-487 [illegible]，[illegible] 488-491 [illegible]）……387

58.（103）[illegible]（[illegible]，389-391 [illegible]，[illegible] 141 [illegible] 479-483 [illegible]）……389

※ [illegible]（[illegible]）……392

59.（104）[illegible]（[illegible]，394-395 [illegible]，[illegible] 143 [illegible] 492-494 [illegible]，[illegible] 494-497 [illegible]）……394

※ [illegible]（[illegible]）……396

ᠶᠠᠪᠤᠭᠤᠯᠤᠭᠰᠠᠨ ᠢ (ᠬᠠᠭᠤᠯᠪᠤᠷᠢ · 413-414 ᠳᠤᠭᠠᠷ ᠨᠢᠭᠤᠷ · ᠮᠠᠨᠵᠤ ᠪᠢᠴᠢᠭ ᠦᠨ ᠡᠬᠢ ᠪᠢᠴᠢᠭ ᠦᠨ 149 ᠳᠤᠭᠠᠷ ᠳᠡᠪᠲᠡᠷ ᠦᠨ 514-516 ᠳᠤᠭᠠᠷ ᠨᠢᠭᠤᠷ) ……………… 413

67. (112) ᠬᠠᠯᠬ᠎ᠠ ᠲᠦᠰᠢᠶᠡᠲᠦ ᠬᠠᠨ ᠠᠶᠢᠮᠠᠭ ᠤᠨ ᠴᠢᠭᠤᠯᠭᠠᠨ ᠤ ᠳᠠᠷᠤᠭ᠎ᠠ ᠶᠢᠨ ᠠᠯᠪᠠᠨ ᠪᠢᠴᠢᠭ ᠢ ᠬᠠᠷᠢᠭᠤᠴᠠᠯᠠᠭᠰᠠᠨ ᠨᠢ ᠪᠢᠴᠢᠭ ᠦᠨ ᠵᠦᠢᠯ · ᠬᠠᠯᠬ᠎ᠠ ᠲᠦᠰᠢᠶᠡᠲᠦ ᠬᠠᠨ ᠤ ᠠᠯᠪᠠᠨ ᠳᠤ ᠶᠠᠪᠤᠭᠤᠯᠤᠭᠰᠠᠨ ᠢ ᠮᠡᠳᠡᠭᠦᠯᠦᠭᠰᠡᠨ ᠪᠢᠴᠢᠭ ᠦᠨ ᠬᠠᠷᠢᠭᠤ

※ ᠮᠣᠩᠭᠣᠯ ᠪᠢᠴᠢᠭ ᠬᠠᠪᠰᠤᠷᠤᠭᠤᠯᠤᠭᠰᠠᠨ ᠵᠢᠭᠰᠠᠭᠠᠯᠲᠠ (ᠬᠠᠭᠤᠯᠪᠤᠷᠢ) ……………… 410

ᠳᠤᠭᠠᠷ ᠨᠢᠭᠤᠷ) ……………… 408

ᠦᠨ ᠵᠦᠢᠯ ᠦᠨ ᠶᠠᠪᠤᠭᠤᠯᠤᠭᠰᠠᠨ ᠢ (ᠬᠠᠭᠤᠯᠪᠤᠷᠢ · 408-409 ᠳᠤᠭᠠᠷ ᠨᠢᠭᠤᠷ · ᠮᠠᠨᠵᠤ ᠪᠢᠴᠢᠭ ᠦᠨ ᠡᠬᠢ ᠪᠢᠴᠢᠭ ᠦᠨ 148 ᠳᠤᠭᠠᠷ ᠳᠡᠪᠲᠡᠷ ᠦᠨ 509-510 ᠳᠤᠭᠠᠷ ᠨᠢᠭᠤᠷ · ᠮᠣᠩᠭᠣᠯ ᠪᠢᠴᠢᠭ ᠬᠠᠪᠰᠤᠷᠤᠭᠤᠯᠤᠭᠰᠠᠨ ᠵᠢᠭᠰᠠᠭᠠᠯᠲᠠ ᠶᠢᠨ 511-513

66. (111) ᠬᠠᠯᠬ᠎ᠠ ᠲᠦᠰᠢᠶᠡᠲᠦ ᠬᠠᠨ ᠠᠶᠢᠮᠠᠭ ᠤᠨ ᠴᠢᠭᠤᠯᠭᠠᠨ ᠤ ᠳᠠᠷᠤᠭ᠎ᠠ ᠶᠢᠨ ᠠᠯᠪᠠᠨ ᠪᠢᠴᠢᠭ · ᠬᠠᠯᠬ᠎ᠠ ᠲᠦᠰᠢᠶᠡᠲᠦ ᠬᠠᠨ ᠤ ᠠᠯᠪᠠᠨ ᠳᠤ ᠮᠡᠳᠡᠭᠦᠯᠦᠭᠰᠡᠨ ᠪᠢᠴᠢᠭ ᠦᠨ ᠬᠠᠷᠢᠭᠤ (ᠬᠠᠭᠤᠯᠪᠤᠷᠢ · ᠡᠬᠢ ᠨᠢᠭᠤᠷ ᠤᠨ ᠬᠠᠭᠤᠯᠪᠤᠷᠢ ᠶᠢᠨ ᠪᠢᠴᠢᠭᠯᠡᠯ ᠦᠨ ᠬᠠᠭᠤᠯᠪᠤᠷᠢ · 407 ᠳᠤᠭᠠᠷ ᠨᠢᠭᠤᠷ · ᠮᠠᠨᠵᠤ ᠪᠢᠴᠢᠭ ᠦᠨ ᠡᠬᠢ ᠪᠢᠴᠢᠭ ᠦᠨ 147 ᠳᠤᠭᠠᠷ ᠳᠡᠪᠲᠡᠷ ᠦᠨ 507-508 ᠳᠤᠭᠠᠷ ᠨᠢᠭᠤᠷ) ……………… 407

65. (110) ᠬᠠᠯᠬ᠎ᠠ ᠲᠦᠰᠢᠶᠡᠲᠦ ᠬᠠᠨ ᠠᠶᠢᠮᠠᠭ ᠤᠨ ᠴᠢᠭᠤᠯᠭᠠᠨ ᠤ ᠳᠠᠷᠤᠭ᠎ᠠ ᠶᠢᠨ ᠠᠯᠪᠠᠨ ᠪᠢᠴᠢᠭ · ᠬᠠᠯᠬ᠎ᠠ ᠲᠦᠰᠢᠶᠡᠲᠦ ᠬᠠᠨ ᠤ ᠠᠯᠪᠠᠨ ᠳᠤ ᠮᠡᠳᠡᠭᠦᠯᠦᠭᠰᠡᠨ ᠪᠢᠴᠢᠭ ᠦᠨ ᠵᠦᠢᠯ ᠦᠨ ᠶᠠᠪᠤᠭᠤᠯᠤᠭᠰᠠᠨ ᠢ (ᠬᠠᠭᠤᠯᠪᠤᠷᠢ · 404-406 ᠳᠤᠭᠠᠷ ᠨᠢᠭᠤᠷ · ᠮᠠᠨᠵᠤ ᠪᠢᠴᠢᠭ ᠦᠨ ᠡᠬᠢ ᠪᠢᠴᠢᠭ ᠦᠨ 146 ᠳᠤᠭᠠᠷ ᠳᠡᠪᠲᠡᠷ ᠦᠨ 504-506 ᠳᠤᠭᠠᠷ ᠨᠢᠭᠤᠷ) ……………… 404

64. (109) ᠬᠠᠯᠬ᠎ᠠ ᠲᠦᠰᠢᠶᠡᠲᠦ ᠬᠠᠨ ᠠᠶᠢᠮᠠᠭ ᠤᠨ ᠴᠢᠭᠤᠯᠭᠠᠨ ᠤ ᠳᠠᠷᠤᠭ᠎ᠠ ᠶᠢᠨ ᠠᠯᠪᠠᠨ ᠪᠢᠴᠢᠭ · ᠬᠠᠯᠬ᠎ᠠ ᠲᠦᠰᠢᠶᠡᠲᠦ ᠬᠠᠨ ᠤ ᠠᠯᠪᠠᠨ ᠳᠤ ᠮᠡᠳᠡᠭᠦᠯᠦᠭᠰᠡᠨ ᠪᠢᠴᠢᠭ ᠦᠨ ᠶᠢᠨ ᠪᠢᠴᠢᠭᠯᠡᠯ ᠦᠨ ᠬᠠᠭᠤᠯᠪᠤᠷᠢ · 403-404 ᠳᠤᠭᠠᠷ ᠨᠢᠭᠤᠷ · ᠮᠠᠨᠵᠤ ᠪᠢᠴᠢᠭ ᠦᠨ ᠡᠬᠢ ᠪᠢᠴᠢᠭ ᠦᠨ 145 ᠳᠤᠭᠠᠷ ᠳᠡᠪᠲᠡᠷ ᠦᠨ 501-503 ᠳᠤᠭᠠᠷ ᠨᠢᠭᠤᠷ) ……………… 403

63. (108) ᠬᠠᠯᠬ᠎ᠠ ᠲᠦᠰᠢᠶᠡᠲᠦ ᠬᠠᠨ ᠠᠶᠢᠮᠠᠭ ᠤᠨ ᠴᠢᠭᠤᠯᠭᠠᠨ ᠤ ᠳᠠᠷᠤᠭ᠎ᠠ ᠶᠢᠨ ᠠᠯᠪᠠᠨ ᠪᠢᠴᠢᠭ · ᠬᠠᠯᠬ᠎ᠠ ᠲᠦᠰᠢᠶᠡᠲᠦ ᠬᠠᠨ ᠤ ᠠᠯᠪᠠᠨ ᠳᠤ ᠮᠡᠳᠡᠭᠦᠯᠦᠭᠰᠡᠨ ᠪᠢᠴᠢᠭ ᠦᠨ ᠵᠦᠢᠯ ᠦᠨ ᠶᠠᠪᠤᠭᠤᠯᠤᠭᠰᠠᠨ ᠢ (ᠬᠠᠭᠤᠯᠪᠤᠷᠢ · ᠡᠬᠢ ᠨᠢᠭᠤᠷ ᠤᠨ ᠬᠠᠭᠤᠯᠪᠤᠷᠢ · 401-402 ᠳᠤᠭᠠᠷ ᠨᠢᠭᠤᠷ) ……………… 401

62. (107) ᠬᠠᠯᠬ᠎ᠠ ᠲᠦᠰᠢᠶᠡᠲᠦ ᠬᠠᠨ ᠠᠶᠢᠮᠠᠭ ᠤᠨ ᠴᠢᠭᠤᠯᠭᠠᠨ ᠤ ᠳᠠᠷᠤᠭ᠎ᠠ ᠶᠢᠨ ᠠᠯᠪᠠᠨ ᠪᠢᠴᠢᠭ · ᠬᠠᠯᠬ᠎ᠠ ᠲᠦᠰᠢᠶᠡᠲᠦ ᠬᠠᠨ ᠤ ᠠᠯᠪᠠᠨ ᠳᠤ ᠮᠡᠳᠡᠭᠦᠯᠦᠭᠰᠡᠨ ᠪᠢᠴᠢᠭ ᠦᠨ ᠵᠦᠢᠯ ᠢ (ᠨᠢᠭᠤᠷ) ……………… 400

61. (106) ᠬᠠᠯᠬ᠎ᠠ ᠲᠦᠰᠢᠶᠡᠲᠦ ᠬᠠᠨ ᠠᠶᠢᠮᠠᠭ ᠤᠨ ᠴᠢᠭᠤᠯᠭᠠᠨ ᠤ ᠳᠠᠷᠤᠭ᠎ᠠ ᠶᠢᠨ ᠠᠯᠪᠠᠨ ᠪᠢᠴᠢᠭ · ᠬᠠᠯᠬ᠎ᠠ ᠲᠦᠰᠢᠶᠡᠲᠦ ᠬᠠᠨ ᠤ ᠠᠯᠪᠠᠨ ᠳᠤ ᠮᠡᠳᠡᠭᠦᠯᠦᠭᠰᠡᠨ ᠪᠢᠴᠢᠭ ᠦᠨ ᠵᠦᠢᠯ ᠢ (ᠬᠠᠭᠤᠯᠪᠤᠷᠢ · 400 ᠳᠤᠭᠠᠷ ᠨᠢᠭᠤᠷ)

※ ᠮᠣᠩᠭᠣᠯ ᠪᠢᠴᠢᠭ ᠬᠠᠪᠰᠤᠷᠤᠭᠤᠯᠤᠭᠰᠠᠨ ᠵᠢᠭᠰᠠᠭᠠᠯᠲᠠ (ᠬᠠᠭᠤᠯᠪᠤᠷᠢ) ……………… 398

ᠨᠢᠭᠤᠷ) ……………… 398

ᠦᠨ ᠮᠡᠳᠡᠭᠦᠯᠦᠭᠰᠡᠨ ᠢ (ᠬᠠᠭᠤᠯᠪᠤᠷᠢ · 398 ᠳᠤᠭᠠᠷ ᠨᠢᠭᠤᠷ · ᠮᠠᠨᠵᠤ ᠪᠢᠴᠢᠭ ᠦᠨ ᠡᠬᠢ ᠪᠢᠴᠢᠭ ᠦᠨ 144 ᠳᠤᠭᠠᠷ ᠳᠡᠪᠲᠡᠷ ᠦᠨ 498 ᠳᠤᠭᠠᠷ ᠨᠢᠭᠤᠷ · ᠮᠣᠩᠭᠣᠯ ᠪᠢᠴᠢᠭ ᠬᠠᠪᠰᠤᠷᠤᠭᠤᠯᠤᠭᠰᠠᠨ ᠵᠢᠭᠰᠠᠭᠠᠯᠲᠠ ᠶᠢᠨ 498-500 ᠳᠤᠭᠠᠷ

60. (105) ᠰᠠᠶᠢᠨ ᠨᠤᠶᠠᠨ ᠬᠠᠨ ᠤ ᠠᠶᠢᠮᠠᠭ ᠤᠨ ᠴᠢᠭᠤᠯᠭᠠᠨ ᠤ ᠳᠠᠷᠤᠭ᠎ᠠ ᠶᠢᠨ ᠰᠠᠶᠢᠨ ᠨᠤᠶᠠᠨ ᠬᠠᠨ ᠤ ᠠᠯᠪᠠᠨ ᠳᠤ ᠬᠠᠯᠬ᠎ᠠ ᠲᠦᠰᠢᠶᠡᠲᠦ ᠬᠠᠨ ᠤ ᠠᠯᠪᠠᠨ ᠳᠤ ᠮᠡᠳᠡᠭᠦᠯᠦᠭᠰᠡᠨ ᠪᠢᠴᠢᠭ · ᠬᠠᠯᠬ᠎ᠠ ᠲᠦᠰᠢᠶᠡᠲᠦ ᠬᠠᠨ ᠤ ᠠᠯᠪᠠᠨ ᠳᠤ ᠮᠡᠳᠡᠭᠦᠯᠦᠭᠰᠡᠨ ᠪᠢᠴᠢᠭ ᠦᠨ ᠵᠦᠢᠯ

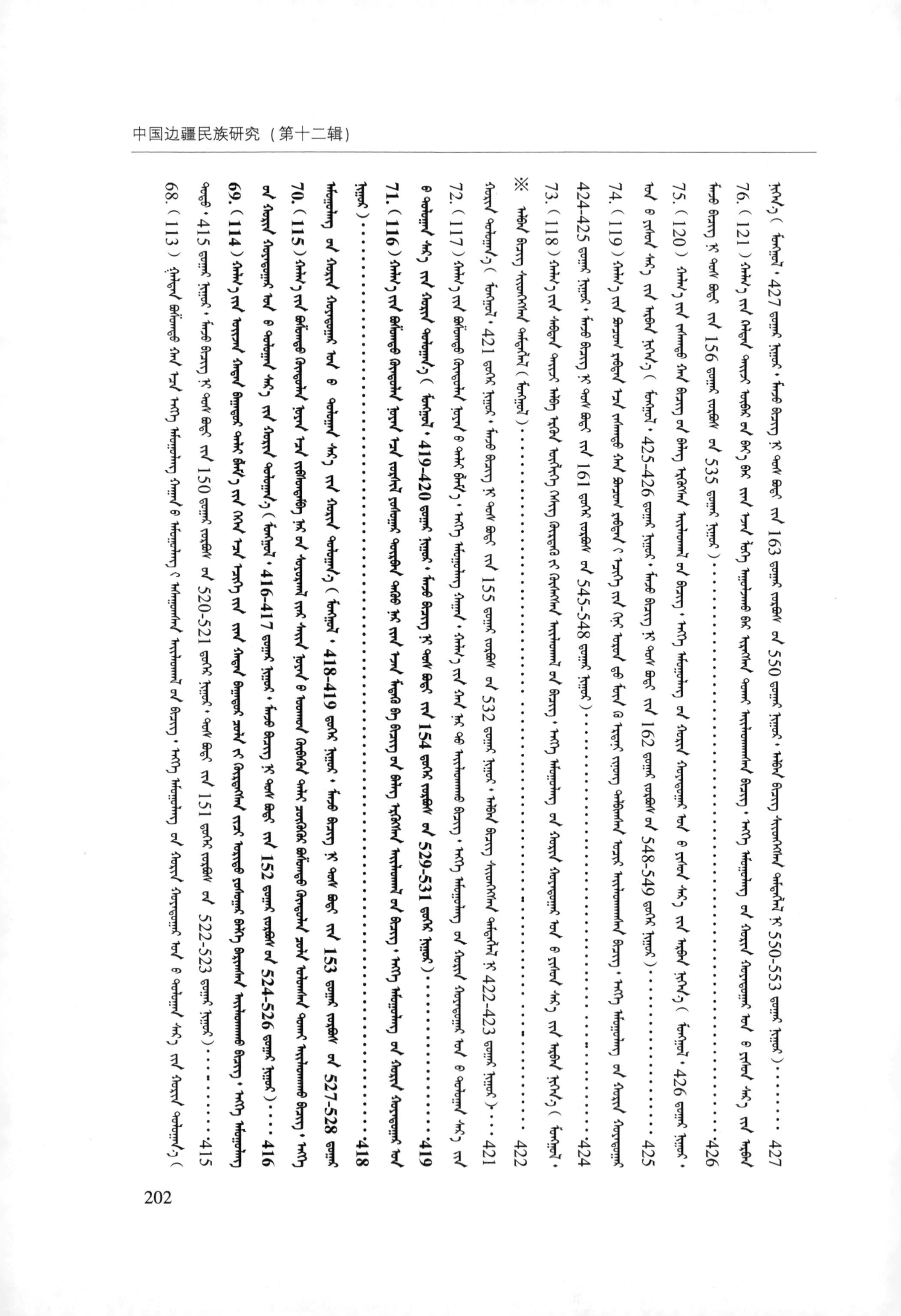

[illegible] ([illegible] , 427 [illegible] , [illegible] 550-553 [illegible]) ········ 427

76. (121) [illegible] 163 [illegible] 550 [illegible] , [illegible] 156 [illegible] 535 [illegible]) ······························ 426

75. (120) [illegible] ([illegible] , 426 [illegible] , [illegible] , 425-426 [illegible] , [illegible] 162 [illegible] 548-549 [illegible]) ························ 425

74. (119) [illegible] , 424-425 [illegible] , [illegible] 161 [illegible] 545-548 [illegible]) ······························ 424

73. (118) [illegible] ([illegible] , 421 [illegible] , [illegible] 155 [illegible] 532 [illegible] , [illegible] 422-423 [illegible]) ··· 421

※ [illegible] ([illegible]) ·· 422

72. (117) [illegible] ([illegible] , **419-420** [illegible] , [illegible] **154** [illegible] **529-531** [illegible]) ························ **419**

71. (116) [illegible] ([illegible] , **418-419** [illegible] , [illegible] **153** [illegible] **527-528** [illegible]) ··· **418**

70. (115) [illegible] ([illegible] , **416-417** [illegible] , [illegible] **152** [illegible] **524-526** [illegible]) ···· **416**

69. (114) [illegible] , 415 [illegible] , [illegible] 150 [illegible] 520-521 [illegible] , [illegible] 151 [illegible] 522-523 [illegible]) ········ 415

68. (113) [illegible] (

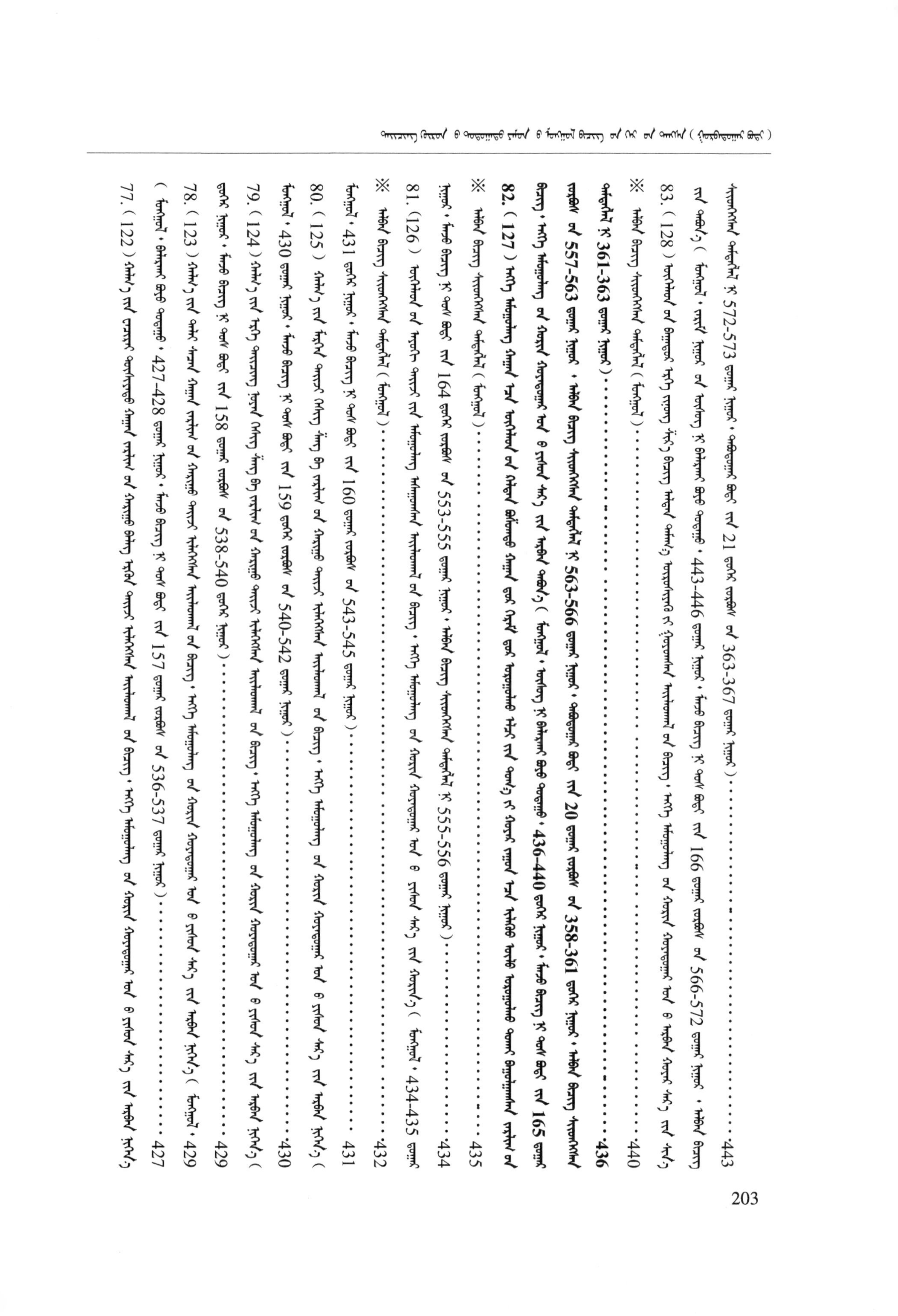

77. (122) [illegible]
([illegible] · 427-428 [illegible]) …………………………… 427
78. (123) [illegible] ([illegible] · 429
[illegible] 538-540 [illegible]) …………………………… 429
79. (124) [illegible] (
[illegible] · 430 [illegible] 159 [illegible] 540-542 [illegible]) …………………………… 430
80. (125) [illegible] (
[illegible] · 431 [illegible] 160 [illegible] 543-545 [illegible]) …………………………… 431
※ [illegible] ([illegible]) …………………………… 432
81. (126) [illegible] ([illegible] · 434-435 [illegible]
[illegible] 164 [illegible] 553-555 [illegible] 555-556 [illegible]) …………………………… 434
※ [illegible] ([illegible]) …………………………… 435
82. (127) [illegible]
[illegible] · 436-440 [illegible] 165 [illegible]
[illegible] 557-563 [illegible] 563-566 [illegible] 20 [illegible] 358-361 [illegible]
[illegible] 361-363 [illegible]) …………………………… 436
※ [illegible] ([illegible]) …………………………… 440
83. (128) [illegible]
[illegible] ([illegible] · 443-446 [illegible] 166 [illegible] 566-572 [illegible]
[illegible] 572-573 [illegible] 21 [illegible] 363-367 [illegible]) …………………………… 443

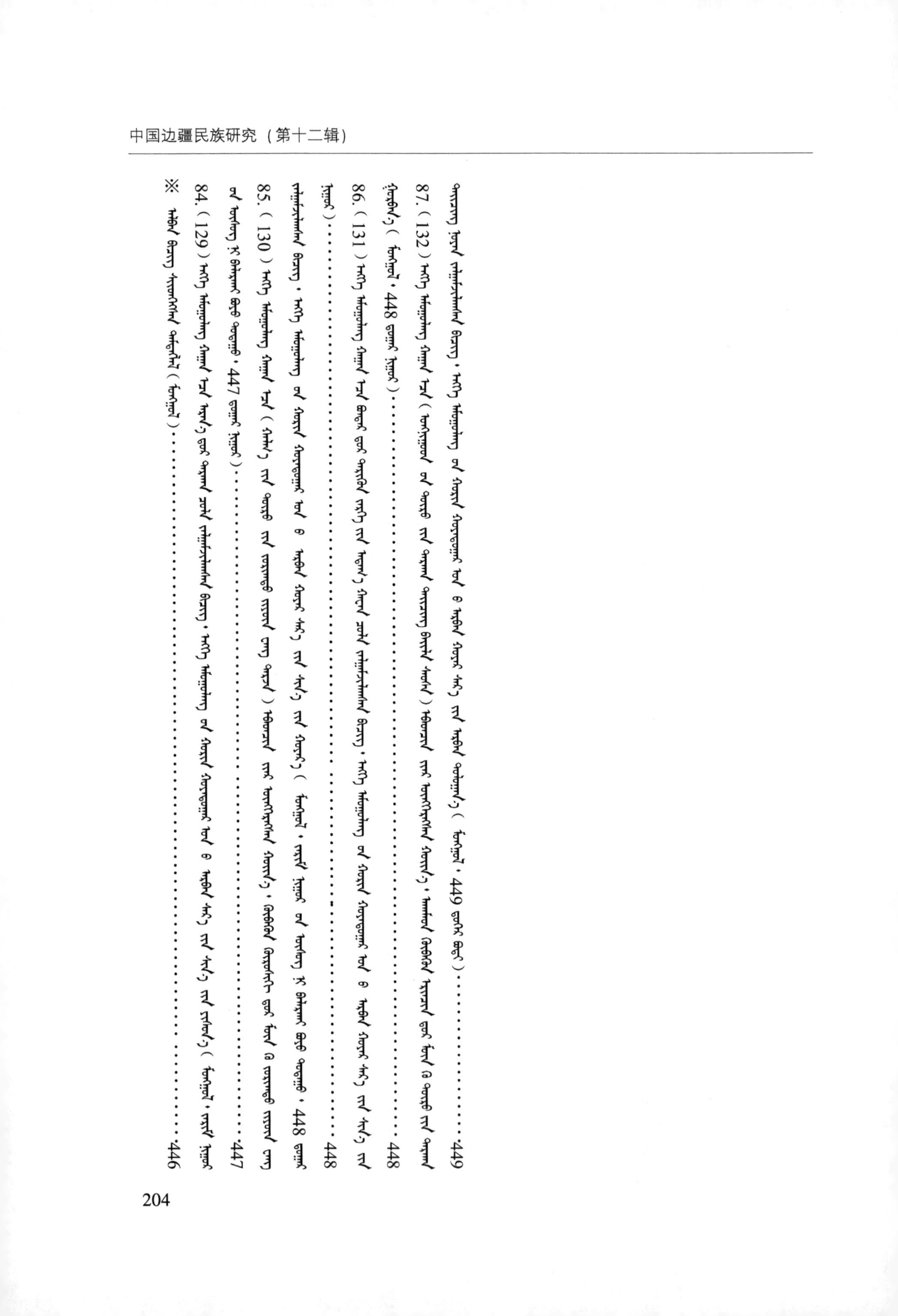

※ [illegible]（[illegible]）……446

84.（129）[illegible]（[illegible]，[illegible] · 447 [illegible]）……447

85.（130）[illegible]（[illegible]）[illegible] · 448 [illegible]（[illegible]）……448

86.（131）[illegible]）……448

87.（132）[illegible]（[illegible]）[illegible]（[illegible] · 448 [illegible]）……448

[illegible]（[illegible] · 449 [illegible]）……449

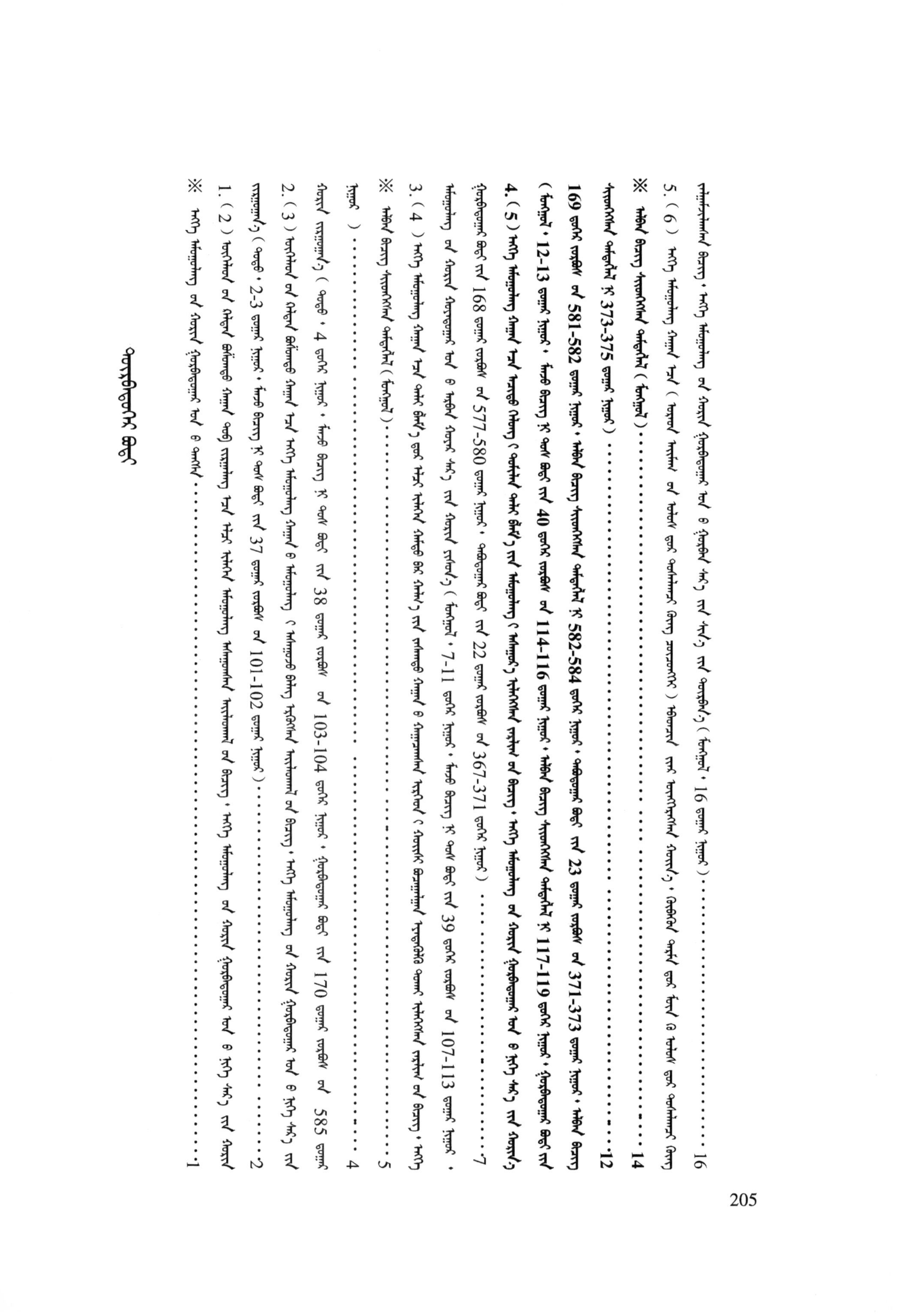

[illegible]

※ [illegible] ······ 1

1.（2）[illegible]（[illegible]・2-3 [illegible]・[illegible] 37 [illegible] 101-102 [illegible]）······ 2

2.（3）[illegible]（[illegible]・4 [illegible]・[illegible] 38 [illegible] 103-104 [illegible]・[illegible] 170 [illegible] 585 [illegible]）······ 4

※ [illegible]（[illegible]）······ 5

3.（4）[illegible]（[illegible]・7-11 [illegible]・[illegible] 39 [illegible] 107-113 [illegible]・[illegible] 168 [illegible] 577-580 [illegible]・[illegible] 22 [illegible] 367-371 [illegible]）······ 7

4.（5）[illegible]（[illegible]・12-13 [illegible]・[illegible] 40 [illegible] 114-116 [illegible]・[illegible] 117-119 [illegible]・[illegible] 169 [illegible] 581-582 [illegible]・[illegible] 582-584 [illegible]・[illegible] 23 [illegible] 371-373 [illegible]・[illegible] 373-375 [illegible]）······ **12**

※ [illegible]（[illegible]）······ **14**

5.（6）[illegible]（[illegible]・16 [illegible]）······ 16

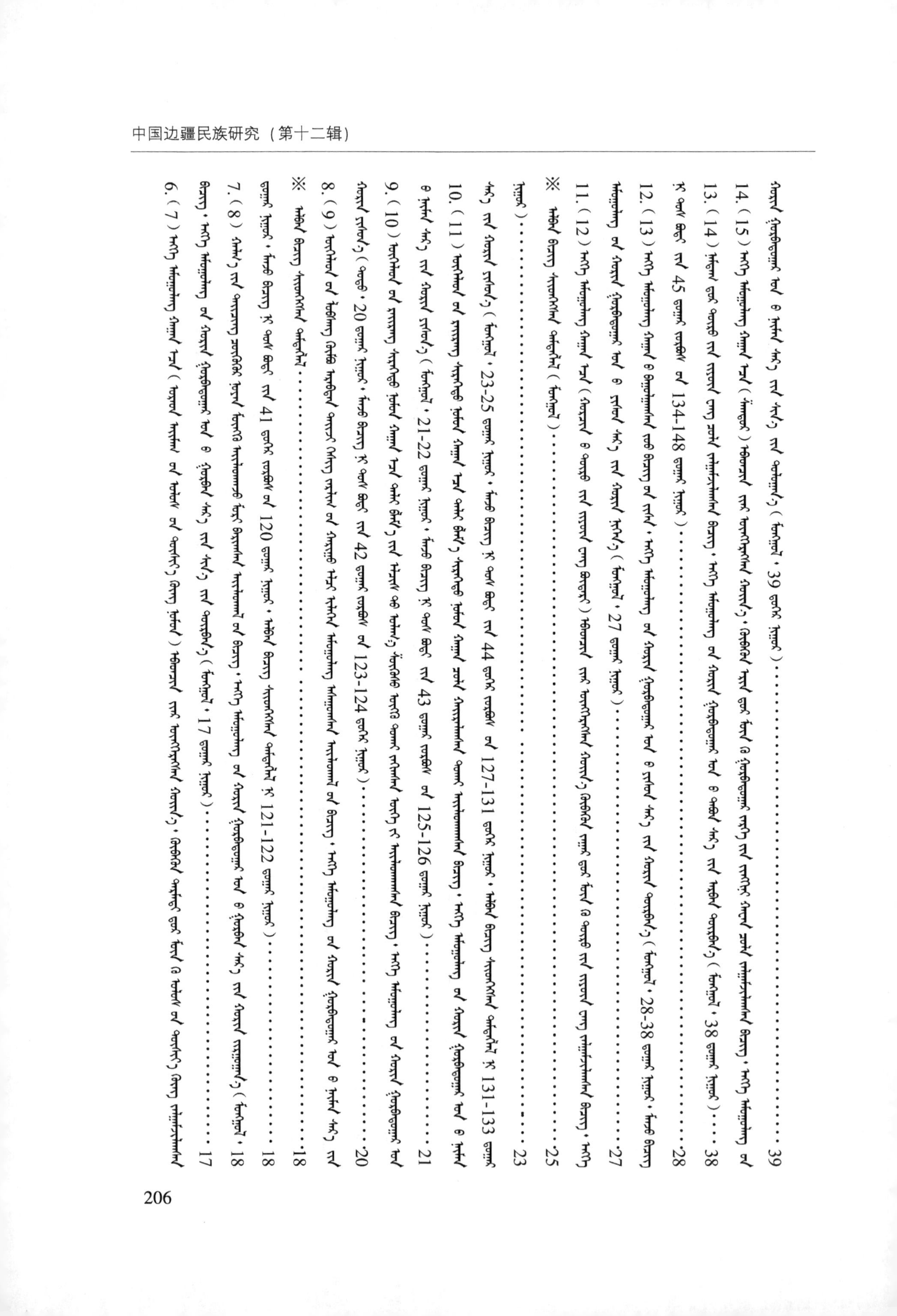

[illegible]（[illegible]，39 [illegible]）……39
14.（15）[illegible]（[illegible]）[illegible]
13.（14）[illegible]（[illegible]，38 [illegible]）……38
[illegible] 45 [illegible] 134-148 [illegible]）……28
12.（13）[illegible]（[illegible]，28-38 [illegible]，[illegible]
[illegible]（[illegible]，27 [illegible]）……27
11.（12）[illegible]（[illegible]）[illegible]
※ [illegible]（[illegible]）……25
[illegible]）……23
[illegible]（[illegible]，23-25 [illegible] 44 [illegible] 127-131 [illegible] 131-133 [illegible]
10.（11）[illegible]
[illegible]（[illegible]，21-22 [illegible] 43 [illegible] 125-126 [illegible]）……21
9.（10）[illegible]
[illegible]（[illegible]，20 [illegible] 42 [illegible] 123-124 [illegible]）……20
8.（9）[illegible]
※ [illegible]……18
[illegible] 41 [illegible] 120 [illegible] 121-122 [illegible]）……18
7.（8）[illegible]（[illegible]，18
[illegible]（[illegible]，17 [illegible]）……17
6.（7）[illegible]（[illegible]）[illegible]

23. (24) ᠭᠠᠳᠠᠭᠠᠳᠤ ᠮᠣᠩᠭᠣᠯ ᠤᠨ ᠬᠣᠰᠢᠭᠤᠨ ᠠᠶᠢᠮᠠᠭ ᠤᠨ ᠪᠢᠴᠢᠭ᠂ ᠮᠠᠨᠵᠤ ᠬᠣᠰᠢᠭᠤᠨ ᠤ ᠪᠠᠶᠢᠴᠠᠭᠠᠨ ᠵᠠᠰᠠᠭᠯᠠᠬᠤ ᠶᠠᠮᠤᠨ ᠤ ᠮᠣᠩᠭᠣᠯ ᠬᠡᠯᠡ ᠶᠢᠨ ᠮᠣᠩᠭᠣᠯ ᠳᠠᠩᠰᠠ (ᠳᠡᠪᠲᠡᠷ᠂ 63-69 ᠳᠤᠭᠠᠷ ᠨᠢᠭᠤᠷ᠂ ᠮᠠᠨᠵᠤ ᠪᠢᠴᠢᠭ ᠦᠨ ᠭᠠᠷ ᠬᠡᠪ ᠦᠨ 54 ᠳᠦᠭᠡᠷ ᠳᠡᠪᠲᠡᠷ ᠦᠨ 197-201 ᠳᠦᠭᠡᠷ ᠨᠢᠭᠤᠷ)……59

22. (23) ᠪᠠᠷᠠᠭᠤᠨ ᠬᠣᠷᠢᠨ ᠬᠣᠰᠢᠭᠤᠨ ᠤ ᠵᠠᠰᠠᠭ ᠤᠨ ᠪᠢᠴᠢᠭ᠂ ᠮᠠᠨᠵᠤ ᠬᠣᠰᠢᠭᠤᠨ ᠤ ᠪᠠᠶᠢᠴᠠᠭᠠᠨ ᠵᠠᠰᠠᠭᠯᠠᠬᠤ ᠶᠠᠮᠤᠨ ᠤ ᠮᠣᠩᠭᠣᠯ ᠬᠡᠯᠡ ᠶᠢᠨ ᠮᠣᠩᠭᠣᠯ ᠳᠠᠩᠰᠠ (ᠳᠡᠪᠲᠡᠷ᠂ 59-62 ᠨᠢᠭᠤᠷ)……57

ᠮᠣᠩᠭᠣᠯ ᠳᠠᠩᠰᠠ (ᠳᠡᠪᠲᠡᠷ᠂ 57-59 ᠳᠤᠭᠠᠷ ᠨᠢᠭᠤᠷ᠂ ᠮᠠᠨᠵᠤ ᠪᠢᠴᠢᠭ ᠦᠨ ᠭᠠᠷ ᠬᠡᠪ ᠦᠨ 50 ᠳᠤᠭᠠᠷ ᠳᠡᠪᠲᠡᠷ ᠦᠨ 174-176 ᠳᠤᠭᠠᠷ ᠨᠢᠭᠤᠷ᠂ ᠮᠣᠩᠭᠣᠯ ᠪᠢᠴᠢᠭ ᠦᠨ ᠬᠠᠷᠢᠭᠤᠯᠲᠠ ᠶᠢᠨ ᠡᠬᠡ ᠪᠢᠴᠢᠭ 176-177 ᠳᠤᠭᠠᠷ

21. (22) ᠰᠡᠴᠡᠨ ᠬᠠᠨ ᠤ ᠠᠶᠢᠮᠠᠭ ᠤᠨ ᠵᠠᠰᠠᠭ ᠤᠨ ᠪᠢᠴᠢᠭ ᠢ ᠳᠠᠭᠠᠯᠳᠤᠭᠤᠯᠬᠤ ᠲᠤᠬᠠᠢ ᠵᠠᠰᠠᠭᠯᠠᠬᠤ ᠶᠠᠮᠤᠨ ᠤ ᠪᠢᠴᠢᠭ᠂ ᠮᠠᠨᠵᠤ ᠬᠣᠰᠢᠭᠤᠨ ᠤ ᠪᠠᠶᠢᠴᠠᠭᠠᠨ ᠵᠠᠰᠠᠭᠯᠠᠬᠤ ᠶᠠᠮᠤᠨ ᠤ ᠮᠣᠩᠭᠣᠯ ᠬᠡᠯᠡ ᠶᠢᠨ ᠮᠣᠩᠭᠣᠯ ᠪᠢᠴᠢᠭ ᠦᠨ ᠬᠠᠷᠢᠭᠤᠯᠲᠠ ᠶᠢᠨ

※ ᠮᠣᠩᠭᠣᠯ ᠪᠢᠴᠢᠭ ᠦᠨ ᠬᠠᠷᠢᠭᠤᠯᠲᠠ (ᠳᠡᠪᠲᠡᠷ)……55

ᠨᠢᠭᠤᠷ)……55

20. (21) ᠮᠠᠨᠵᠤ ᠬᠣᠰᠢᠭᠤᠨ ᠤ ᠪᠠᠶᠢᠴᠠᠭᠠᠨ ᠵᠠᠰᠠᠭᠯᠠᠬᠤ ᠶᠠᠮᠤᠨ ᠤ ᠡᠷᠬᠢᠮ ᠲᠦᠰᠢᠮᠡᠯ ᠲᠤ ᠢᠯᠡᠭᠡᠭᠰᠡᠨ ᠪᠢᠴᠢᠭ᠂ ᠮᠠᠨᠵᠤ ᠬᠣᠰᠢᠭᠤᠨ ᠤ ᠪᠠᠶᠢᠴᠠᠭᠠᠨ ᠵᠠᠰᠠᠭᠯᠠᠬᠤ ᠶᠠᠮᠤᠨ ᠤ ᠮᠣᠩᠭᠣᠯ ᠬᠡᠯᠡ ᠶᠢᠨ ᠪᠢᠴᠢᠭ ᠦᠨ (ᠳᠡᠪᠲᠡᠷ᠂ 55 ᠳᠤᠭᠠᠷ ᠨᠢᠭᠤᠷ᠂ ᠮᠠᠨᠵᠤ ᠪᠢᠴᠢᠭ ᠦᠨ ᠭᠠᠷ ᠬᠡᠪ ᠦᠨ 48 ᠳᠤᠭᠠᠷ ᠳᠡᠪᠲᠡᠷ ᠦᠨ 162-166 ᠳᠤᠭᠠᠷ ᠨᠢᠭᠤᠷ᠂ ᠬᠠᠳᠠᠭᠠᠯᠠᠮᠵᠢ ᠶᠢᠨ 172 ᠳᠤᠭᠠᠷ ᠳᠡᠪᠲᠡᠷ ᠦᠨ 592-594 ᠳᠦᠭᠡᠷ ᠨᠢᠭᠤᠷ)……52

19. (20) ᠬᠠᠯᠬᠠ ᠶᠢᠨ ᠰᠢᠨ᠎ᠡ ᠠᠶᠢᠮᠠᠭ ᠤᠨ ᠴᠢᠭᠤᠯᠭᠠᠨ ᠤ ᠳᠠᠷᠤᠭ᠎ᠠ ᠶᠢᠨ ᠪᠢᠴᠢᠭ᠂ ᠮᠠᠨᠵᠤ ᠬᠣᠰᠢᠭᠤᠨ ᠤ ᠮᠣᠩᠭᠣᠯ ᠬᠡᠯᠡ ᠶᠢᠨ ᠮᠣᠩᠭᠣᠯ ᠪᠢᠴᠢᠭ ᠦᠨ ᠳᠠᠩᠰᠠ (ᠳᠡᠪᠲᠡᠷ᠂ 52-55 ᠳᠤᠭᠠᠷ ᠨᠢᠭᠤᠷ᠂ ᠮᠠᠨᠵᠤ ᠪᠢᠴᠢᠭ ᠦᠨ ᠭᠠᠷ ᠬᠡᠪ ᠦᠨ 49 ᠳᠦᠭᠡᠷ ᠳᠡᠪᠲᠡᠷ ᠦᠨ 167-172 ᠳᠤᠭᠠᠷ ᠨᠢᠭᠤᠷ᠂ ᠮᠣᠩᠭᠣᠯ ᠪᠢᠴᠢᠭ ᠦᠨ ᠬᠠᠷᠢᠭᠤᠯᠲᠠ ᠶᠢᠨ ᠡᠬᠡ ᠪᠢᠴᠢᠭ 172-174 ᠳᠦᠭᠡᠷ ᠨᠢᠭᠤᠷ)……49

18. (19) ᠬᠠᠯᠬᠠ ᠶᠢᠨ ᠳᠤᠷᠪᠡᠨ ᠠᠶᠢᠮᠠᠭ ᠤᠨ ᠴᠢᠭᠤᠯᠭᠠᠨ ᠤ ᠪᠢᠴᠢᠭ᠂ ᠮᠠᠨᠵᠤ ᠬᠣᠰᠢᠭᠤᠨ ᠤ ᠮᠣᠩᠭᠣᠯ ᠬᠡᠯᠡ ᠶᠢᠨ ᠮᠣᠩᠭᠣᠯ ᠳᠠᠩᠰᠠ (ᠳᠡᠪᠲᠡᠷ᠂ 49-52 ᠳᠤᠭᠠᠷ ᠨᠢᠭᠤᠷ᠂ ᠳᠡᠪᠲᠡᠷ᠂ 43-49 ᠳᠦᠭᠡᠷ ᠨᠢᠭᠤᠷ᠂ ᠮᠠᠨᠵᠤ ᠪᠢᠴᠢᠭ ᠦᠨ ᠭᠠᠷ ᠬᠡᠪ ᠦᠨ 47 ᠳᠤᠭᠠᠷ ᠳᠡᠪᠲᠡᠷ ᠦᠨ 152-162 ᠳᠤᠭᠠᠷ ᠨᠢᠭᠤᠷ᠂ ᠬᠠᠳᠠᠭᠠᠯᠠᠮᠵᠢ ᠶᠢᠨ 171 ᠳᠦᠭᠡᠷ ᠳᠡᠪᠲᠡᠷ ᠦᠨ 586-591 ᠳᠦᠭᠡᠷ ᠨᠢᠭᠤᠷ)……43

17. (18) ᠪᠠᠷᠤᠭᠤᠨ ᠭᠠᠷ ᠤᠨ ᠵᠢᠨ ᠶᠤᠨ ᠤ ᠬᠡᠷᠡᠭ ᠦᠨ ᠲᠤᠬᠠᠢ ᠵᠠᠰᠠᠭᠯᠠᠬᠤ ᠶᠠᠮᠤᠨ ᠤ ᠪᠢᠴᠢᠭ᠂ ᠮᠠᠨᠵᠤ ᠬᠣᠰᠢᠭᠤᠨ ᠤ ᠮᠣᠩᠭᠣᠯ ᠬᠡᠯᠡ ᠶᠢᠨ ᠮᠣᠩᠭᠣᠯ ᠳᠠᠩᠰᠠ (

ᠳᠠᠩᠰᠠ (ᠳᠡᠪᠲᠡᠷ᠂ 40-42 ᠳᠤᠭᠠᠷ ᠨᠢᠭᠤᠷ᠂ ᠮᠠᠨᠵᠤ ᠪᠢᠴᠢᠭ ᠦᠨ ᠭᠠᠷ ᠬᠡᠪ ᠦᠨ 46 ᠳᠤᠭᠠᠷ ᠳᠡᠪᠲᠡᠷ ᠦᠨ 149-151 ᠳᠦᠭᠡᠷ ᠨᠢᠭᠤᠷ᠂ ᠮᠣᠩᠭᠣᠯ ᠪᠢᠴᠢᠭ ᠦᠨ ᠬᠠᠷᠢᠭᠤᠯᠲᠠ ᠶᠢᠨ ᠡᠬᠡ ᠪᠢᠴᠢᠭ 151-152 ᠳᠤᠭᠠᠷ ᠨᠢᠭᠤᠷ)……40

※ ᠮᠣᠩᠭᠣᠯ ᠪᠢᠴᠢᠭ ᠦᠨ ᠬᠠᠷᠢᠭᠤᠯᠲᠠ ᠶᠢᠨ ᠡᠬᠡ ᠪᠢᠴᠢᠭ……42

16. (17) ᠰᠡᠴᠡᠨ ᠬᠠᠨ ᠤ ᠠᠶᠢᠮᠠᠭ ᠤᠨ ᠬᠣᠰᠢᠭᠤᠨ ᠤ ᠵᠠᠰᠠᠭ ᠤᠨ ᠲᠠᠮᠠᠭ᠎ᠠ ᠶᠢᠨ ᠪᠢᠴᠢᠭ᠂ ᠮᠠᠨᠵᠤ ᠬᠣᠰᠢᠭᠤᠨ ᠤ ᠮᠣᠩᠭᠣᠯ ᠬᠡᠯᠡ ᠶᠢᠨ ᠮᠣᠩᠭᠣᠯ ᠬᠡᠯᠡ ᠶᠢᠨ

ᠮᠣᠩᠭᠣᠯ ᠬᠡᠯᠡ ᠶᠢᠨ ᠮᠣᠩᠭᠣᠯ ᠳᠠᠩᠰᠠ (ᠳᠡᠪᠲᠡᠷ᠂ 39 ᠳᠤᠭᠠᠷ ᠨᠢᠭᠤᠷ)……39

15. (16) ᠮᠠᠨᠵᠤ ᠬᠣᠰᠢᠭᠤᠨ ᠤ ᠰᠠᠶᠢᠳ ᠤᠨ (ᠮᠣᠩᠭᠣᠯ ᠠᠶᠢᠮᠠᠭ) ᠬᠣᠰᠢᠭᠤᠨ ᠤ ᠬᠠᠯᠬᠠ ᠶᠢᠨ ᠰᠢᠨ᠎ᠡ ᠠᠶᠢᠮᠠᠭ᠂ ᠴᠢᠭᠤᠯᠭᠠᠨ ᠤ ᠳᠠᠷᠤᠭ᠎ᠠ ᠶᠢᠨ ᠮᠣᠩᠭᠣᠯ ᠤᠨ ᠡᠷᠬᠢᠮ ᠲᠦᠰᠢᠮᠡᠯ ᠲᠤ ᠢᠯᠡᠭᠡᠭᠰᠡᠨ ᠪᠢᠴᠢᠭ᠂ ᠮᠠᠨᠵᠤ ᠬᠣᠰᠢᠭᠤᠨ ᠤ ᠮᠣᠩᠭᠣᠯ ᠬᠡᠯᠡ ᠶᠢᠨ

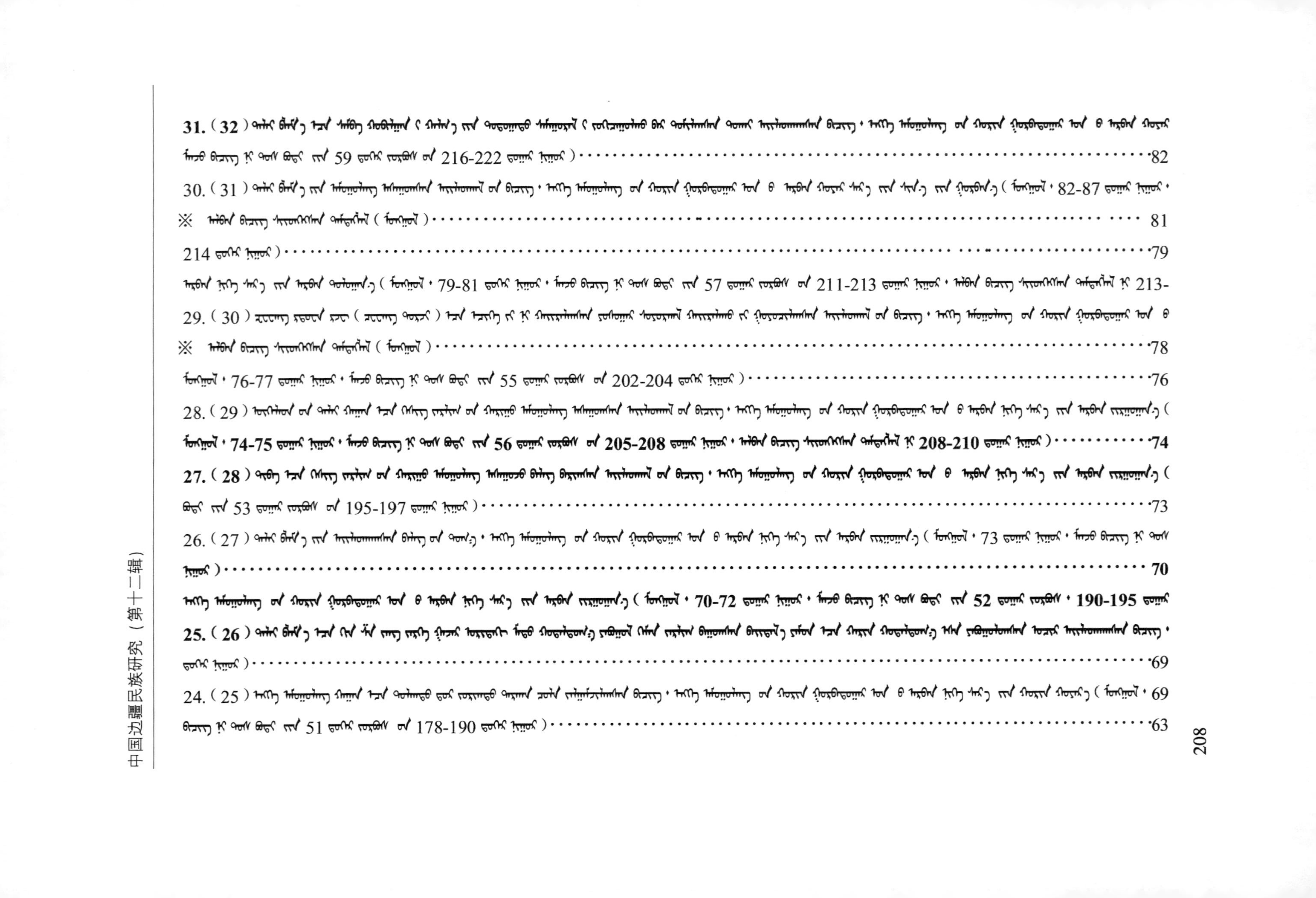

31.（**32**）[illegible] [illegible] 59 [illegible] 216-222 [illegible]）··························82
30.（31）[illegible]（[illegible]，82-87 [illegible]，
※ [illegible]（[illegible]）··························81
214 [illegible]）··························79
[illegible]（[illegible]，79-81 [illegible]，[illegible] 57 [illegible] 211-213 [illegible]，[illegible] 213-
29.（30）[illegible]（[illegible]）[illegible]
※ [illegible]（[illegible]）··························78
[illegible]，76-77 [illegible]，[illegible] 55 [illegible] 202-204 [illegible]）··························76
28.（29）[illegible]（
[illegible]，74-75 [illegible]，[illegible] 56 [illegible] 205-208 [illegible]，[illegible] 208-210 [illegible]）··························74
27.（**28**）[illegible]（
[illegible] 53 [illegible] 195-197 [illegible]）··························73
26.（27）[illegible]（[illegible]，73 [illegible]，[illegible]
[illegible]）··························**70**
[illegible]（[illegible]，70-72 [illegible]，[illegible] 52 [illegible]，190-195 [illegible]
25.（**26**）[illegible]，
[illegible]）··························69
24.（25）[illegible]（[illegible]，69
[illegible] 51 [illegible] 178-190 [illegible]）··························63

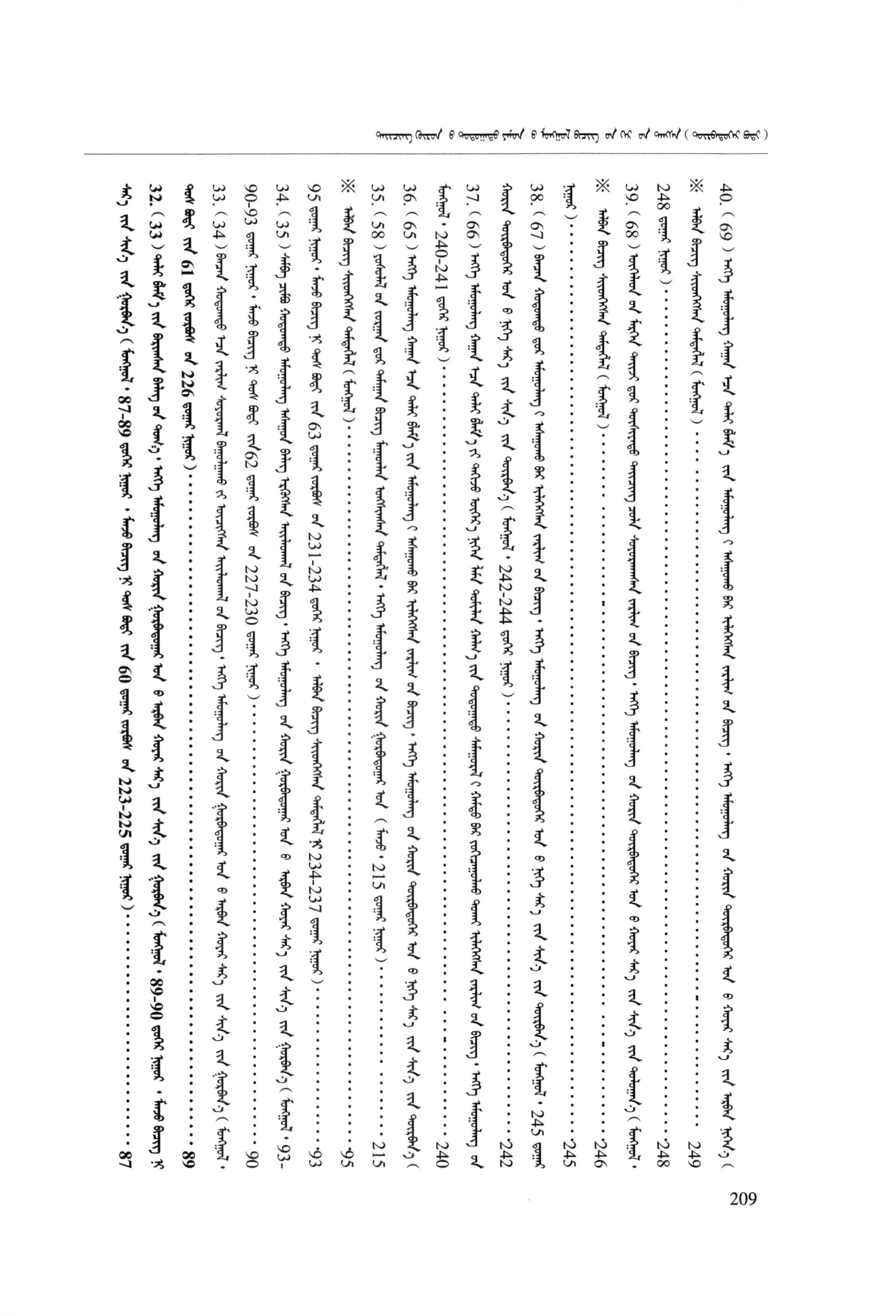

40.（69）[illegible]（
※ [illegible]（[illegible]）…… 249
248 [illegible]）…… 248
39.（68）[illegible]（[illegible]・
※ [illegible]（[illegible]）…… 246
[illegible]）…… 245
38.（67）[illegible]（[illegible]・245 [illegible]
[illegible]（[illegible]・242-244 [illegible]）…… 242
37.（66）[illegible]
[illegible]・240-241 [illegible]）…… 240
36.（65）[illegible]（
35.（58）[illegible]（[illegible]・215 [illegible]）…… 215
※ [illegible]（[illegible]）…… 95
95 [illegible] 63 [illegible] 231-234 [illegible] 234-237 [illegible]）…… 93
34.（35）[illegible]（[illegible]・93-
90-93 [illegible] 62 [illegible] 227-230 [illegible]）…… 90
33.（34）[illegible]（[illegible]・
[illegible] 61 [illegible] 226 [illegible]）…… 89
32.（33）[illegible]（[illegible]・89-90 [illegible]
[illegible]（[illegible]・87-89 [illegible] 60 [illegible] 223-225 [illegible]）…… 87

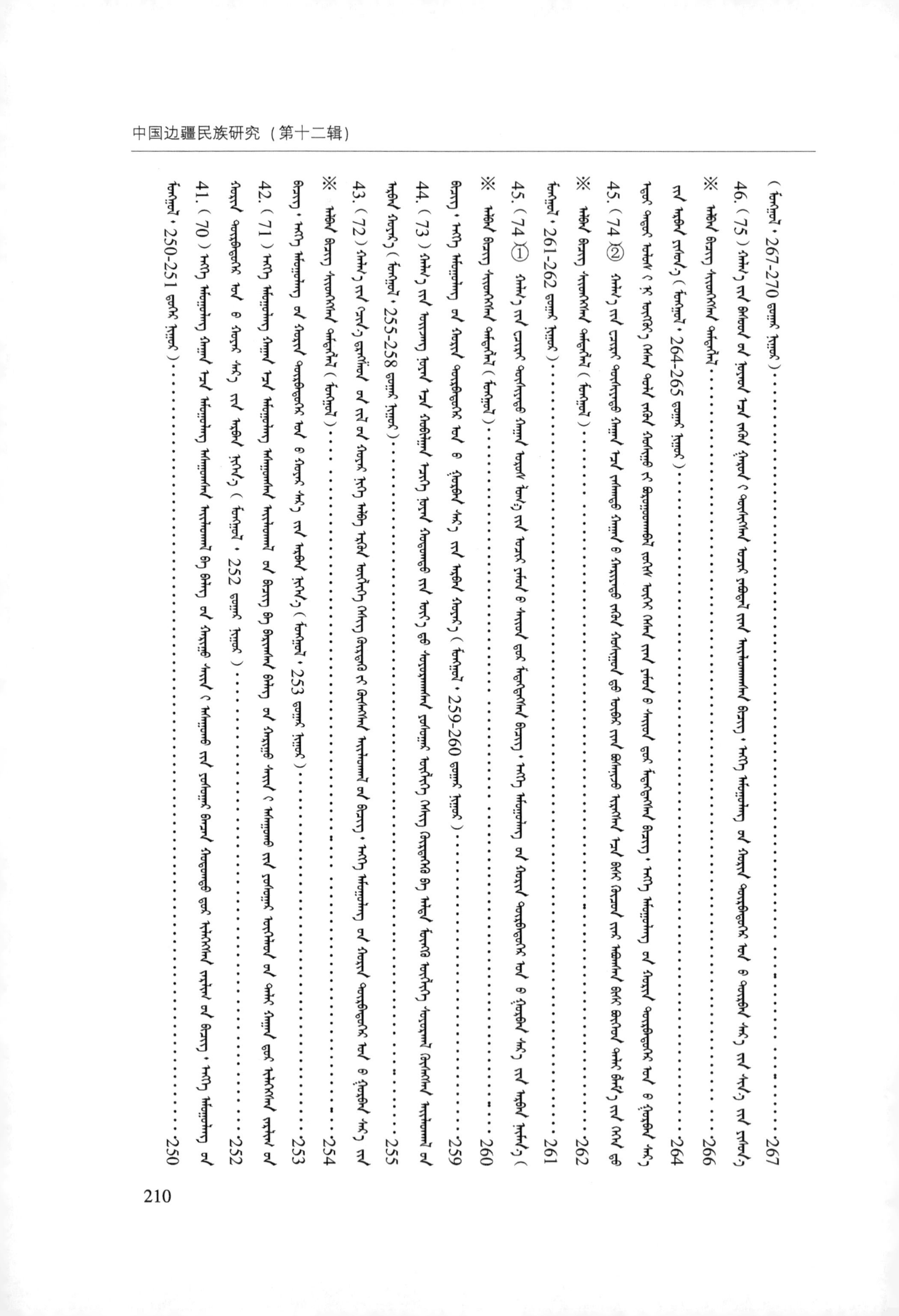

（[illegible]，267-270 [illegible]）……267

46.（75）[illegible]

※ [illegible]……266

[illegible]（[illegible]，264-265 [illegible]）……264

[illegible]

45.（74）② [illegible]（

※ [illegible]（[illegible]）……262

[illegible]，261-262 [illegible]）……261

45.（74）① [illegible]

※ [illegible]（[illegible]）……260

[illegible]（[illegible]，259-260 [illegible]）……259

44.（73）[illegible]

[illegible]（[illegible]，255-258 [illegible]）……255

43.（72）[illegible]

※ [illegible]（[illegible]）……254

[illegible]（[illegible]，253 [illegible]）……253

42.（71）[illegible]

[illegible]（[illegible]，252 [illegible]）……252

41.（70）[illegible]

[illegible]，250-251 [illegible]）……250

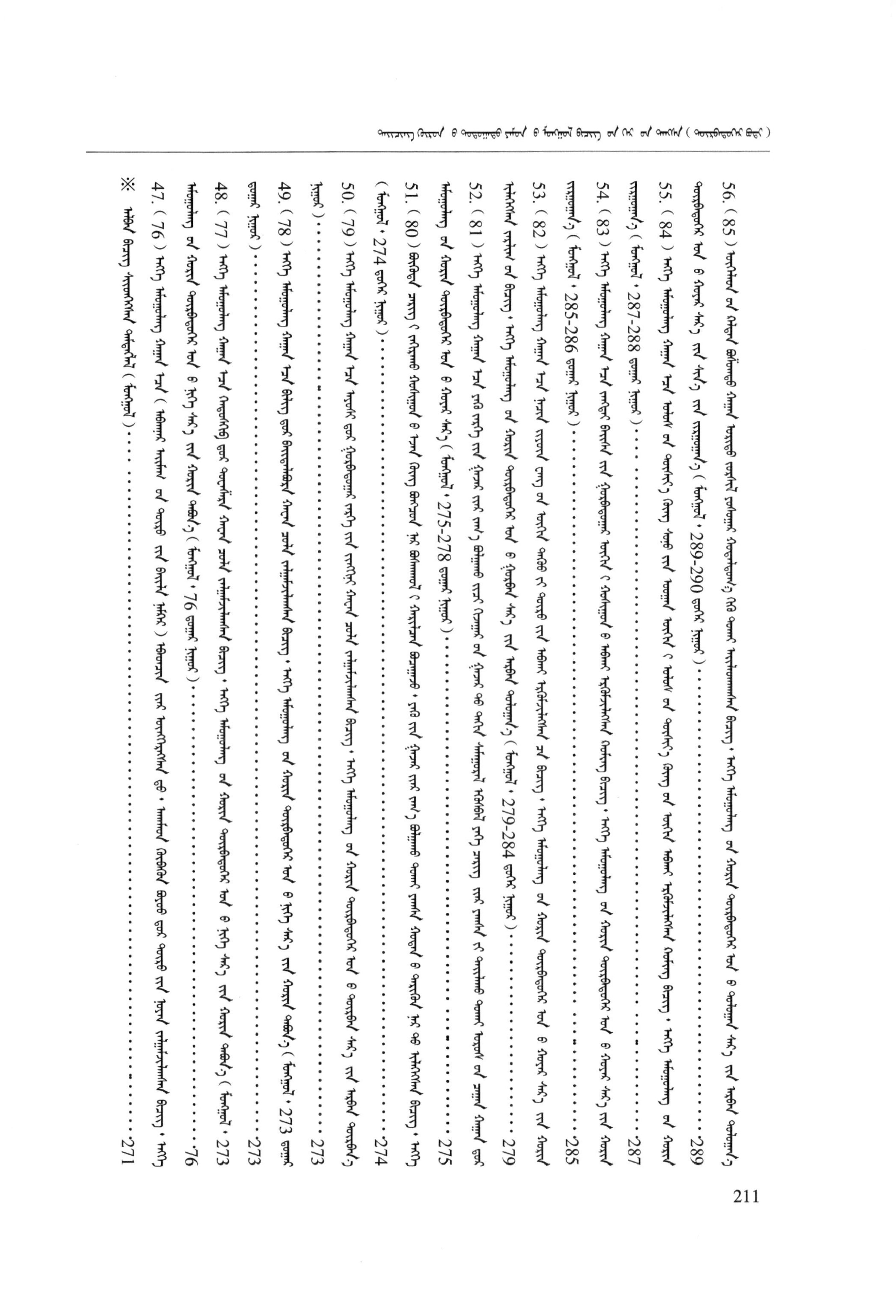

56.（85）[illegible]（[illegible]，289-290 [illegible]）……289

55.（84）[illegible]（[illegible]，287-288 [illegible]）……287

54.（83）[illegible]（[illegible]，285-286 [illegible]）……285

53.（82）[illegible]（[illegible]，279-284 [illegible]）……279

52.（81）[illegible]（[illegible]，275-278 [illegible]）……275

51.（80）[illegible]（[illegible]，274 [illegible]）……274

50.（79）[illegible]）……273

49.（78）[illegible]（[illegible]，273 [illegible]）……273

48.（77）[illegible]（[illegible]，76 [illegible]）……76

47.（76）[illegible]（[illegible]，273 [illegible]）

※ [illegible]（[illegible]）……271

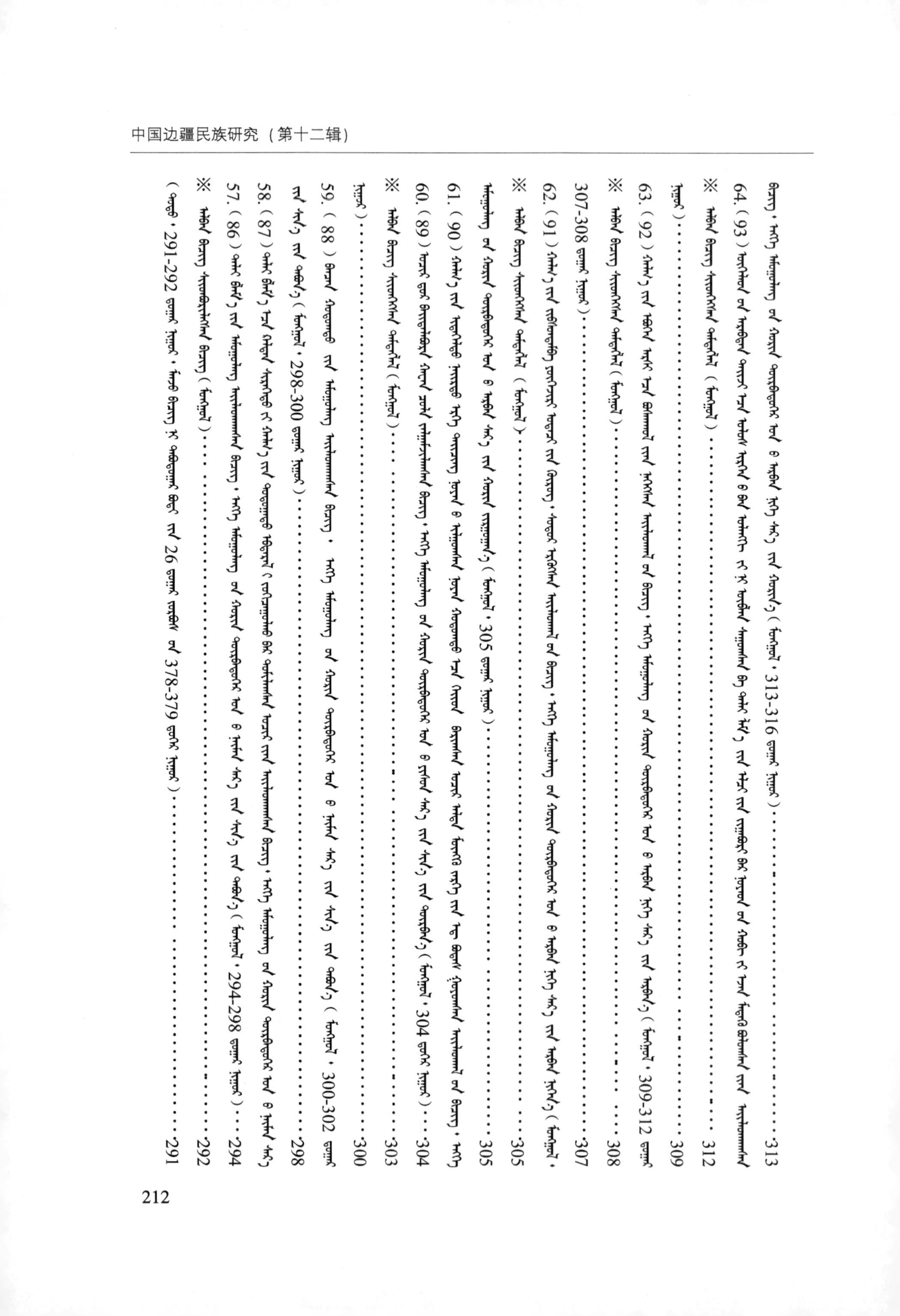

[illegible]，[illegible]（[illegible]，313-316 [illegible]）……313

64.（93）[illegible]（[illegible]）……312

※ [illegible]（[illegible]）……309

63.（92）[illegible]（[illegible]，309-312 [illegible]）……308

※ [illegible]（[illegible]）……307

307-308 [illegible]）……307

62.（91）[illegible]（[illegible]，305 [illegible]）……305

※ [illegible]（[illegible]）……305

61.（90）[illegible]……305

60.（89）[illegible]（[illegible]，304 [illegible]）……304

※ [illegible]（[illegible]）……303

[illegible]）……300

59.（88）[illegible]（[illegible]，300-302 [illegible]）……300

[illegible]（[illegible]，298-300 [illegible]）……298

58.（87）[illegible]（[illegible]，294-298 [illegible]）……294

57.（86）[illegible]……294

※ [illegible]（[illegible]）……292

（[illegible]，291-292 [illegible]，[illegible] 26 [illegible] 378-379 [illegible]）……291

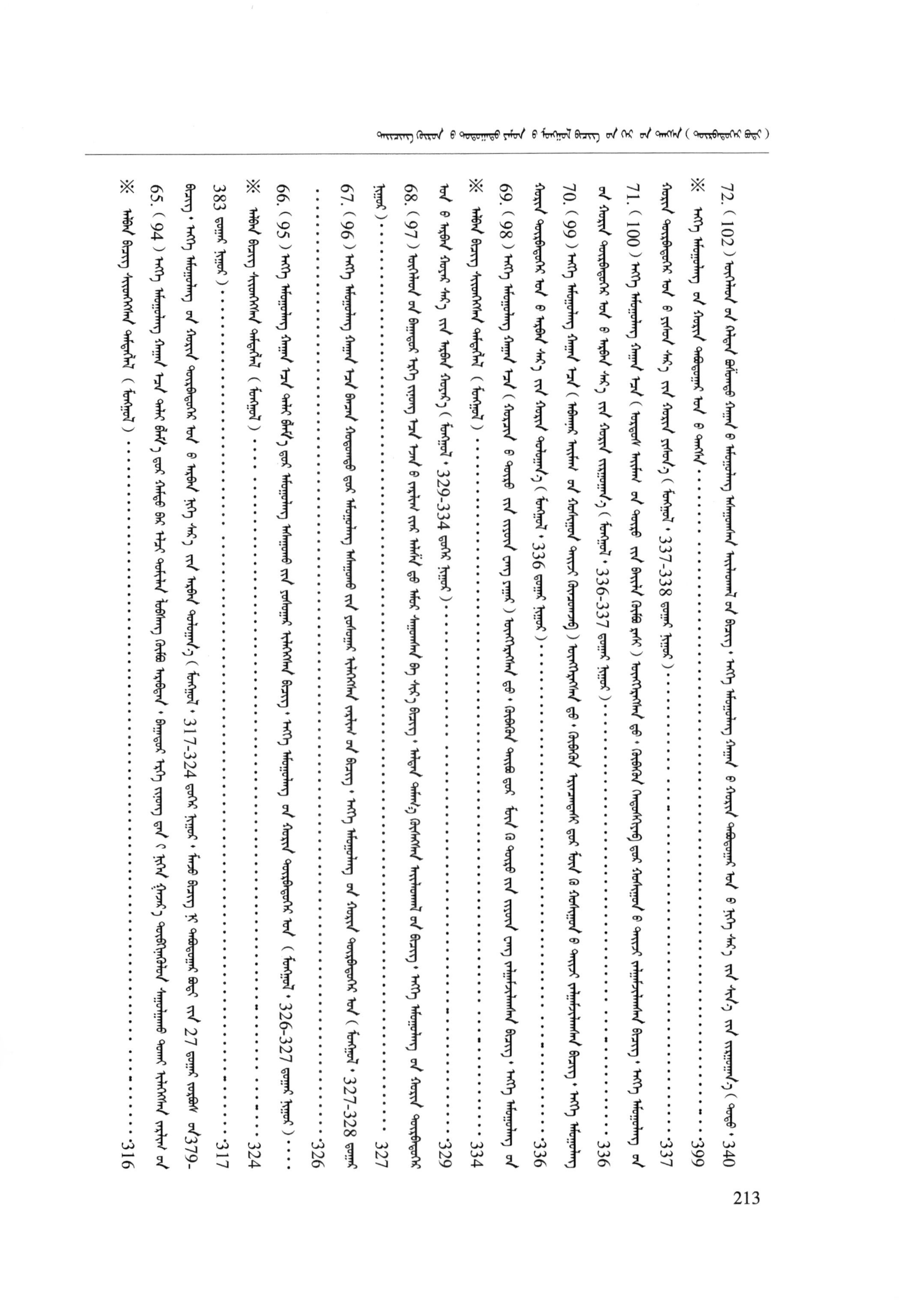

※ [illegible] ([illegible]) ……316
65. (94) [illegible]
[illegible] ([illegible] , 317-324 [illegible] , [illegible] 27 [illegible] 379-
383 [illegible]) ……317
※ [illegible] ([illegible]) ……324
66. (95) [illegible] ([illegible] , 326-327 [illegible]) ……
……326
67. (96) [illegible] ([illegible] , 327-328 [illegible]
[illegible]) ……327
68. (97) [illegible]
[illegible] ([illegible] , 329-334 [illegible]) ……329
※ [illegible] ([illegible]) ……334
69. (98) [illegible] ([illegible]) [illegible]
[illegible] ([illegible] , 336 [illegible]) ……336
70. (99) [illegible] ([illegible]) [illegible]
[illegible] ([illegible] , 336-337 [illegible]) ……336
71. (100) [illegible] ([illegible]) [illegible]
[illegible] ([illegible] , 337-338 [illegible]) ……337
※ [illegible] ……399
72. (102) [illegible] ([illegible] , 340

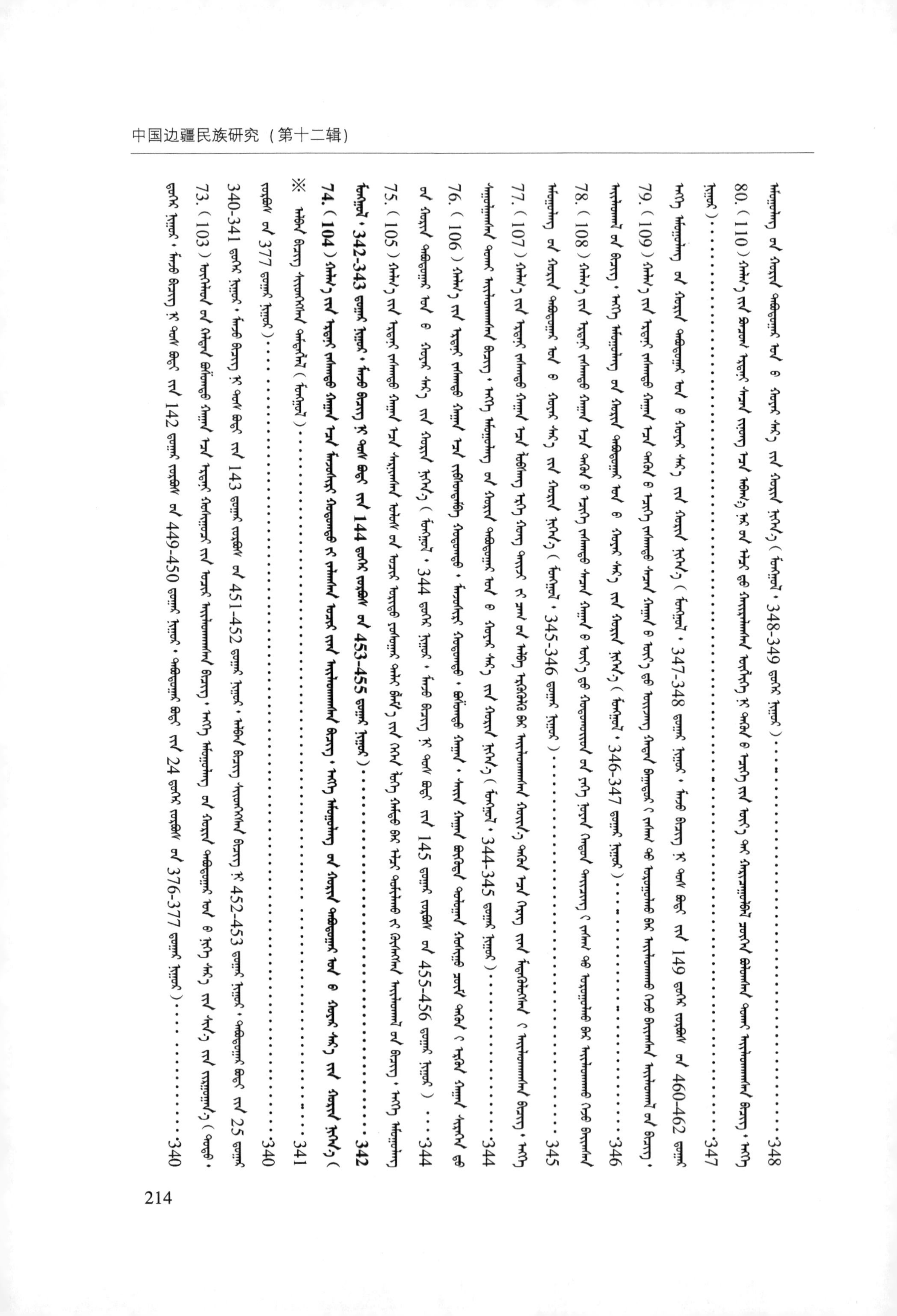

[illegible]（[illegible]，348-349 [illegible]）……………………………………348
80.（110）[illegible]
[illegible]）……………………………………347
[illegible]（[illegible]，347-348 [illegible]，[illegible] 149 [illegible] 460-462 [illegible]
79.（109）[illegible]
[illegible]（[illegible]，346-347 [illegible]）……………………………………346
78.（108）[illegible]
[illegible]（[illegible]，345-346 [illegible]）……………………………………345
77.（107）[illegible]
[illegible]（[illegible]，344-345 [illegible]）……………………………………344
76.（106）[illegible]
[illegible]（[illegible]，344 [illegible]，[illegible] 145 [illegible] 455-456 [illegible]）……344
75.（105）[illegible]
[illegible]，342-343 [illegible]，[illegible] 144 [illegible] 453-455 [illegible]）……………………………………342
74.（104）[illegible]（
※ [illegible]（[illegible]）……………………………………341
[illegible] 377 [illegible]）……………………………………340
340-341 [illegible]，[illegible] 143 [illegible] 451-452 [illegible]，[illegible] 452-453 [illegible]，[illegible] 25 [illegible]
73.（103）[illegible]（[illegible]，
[illegible]，[illegible] 142 [illegible] 449-450 [illegible]，[illegible] 24 [illegible] 376-377 [illegible]）……………………340

81. (111) ᠬᠠᠭᠠᠨ ᠤ ᠵᠠᠷᠯᠢᠭ ᠮᠠᠨᠵᠤ ᠪᠢᠴᠢᠭ ᠤᠨ ᠮᠣᠩᠭᠣᠯ ᠪᠢᠴᠢᠭ ᠤᠨ ᠬᠠᠭᠤᠯᠢ (ᠬᠠᠭᠤᠯᠪᠤᠷᠢ ᠂ 349-350 ᠳᠤᠭᠠᠷ ᠨᠢᠭᠤᠷ) ………… 349

82. (112) ᠬᠠᠭᠠᠨ ᠤ ᠵᠠᠷᠯᠢᠭ ᠮᠠᠨᠵᠤ ᠪᠢᠴᠢᠭ ᠤᠨ ᠮᠣᠩᠭᠣᠯ ᠪᠢᠴᠢᠭ ᠤᠨ ᠬᠠᠭᠤᠯᠢ (ᠬᠠᠭᠤᠯᠪᠤᠷᠢ ᠂ 350 ᠳᠤᠭᠠᠷ ᠨᠢᠭᠤᠷ) ………… 350

※ ᠮᠠᠨᠵᠤ ᠪᠢᠴᠢᠭ ᠣᠷᠴᠢᠭᠤᠯᠤᠯ ᠬᠠᠪᠰᠤᠷᠤᠯᠲᠠ (ᠬᠠᠭᠤᠯᠪᠤᠷᠢ) ………… 350

83. (113) ᠬᠠᠭᠠᠨ ᠤ ᠵᠠᠷᠯᠢᠭ (ᠬᠠᠭᠤᠯᠪᠤᠷᠢ ᠂ 352-356 ᠳᠤᠭᠠᠷ ᠨᠢᠭᠤᠷ ᠂ ᠮᠠᠨᠵᠤ ᠪᠢᠴᠢᠭ ᠤᠨ 153 ᠳᠤᠭᠠᠷ ᠳᠡᠪᠲᠡᠷ ᠦᠨ 468-475 ᠳᠤᠭᠠᠷ ᠨᠢᠭᠤᠷ ᠂ ᠮᠠᠨᠵᠤ ᠪᠢᠴᠢᠭ ᠣᠷᠴᠢᠭᠤᠯᠤᠯ ᠬᠠᠪᠰᠤᠷᠤᠯᠲᠠ ᠳᠤ 475-476 ᠳᠤᠭᠠᠷ ᠨᠢᠭᠤᠷ ᠂ ᠬᠠᠶᠢᠷᠴᠠᠭ ᠤᠨ 28 ᠤᠨ 2 ᠳᠤᠭᠠᠷ ᠳᠡᠪᠲᠡᠷ ᠦᠨ 2-8 ᠳᠤᠭᠠᠷ ᠨᠢᠭᠤᠷ ᠂ ᠬᠠᠶᠢᠷᠴᠠᠭ ᠤᠨ 11 ᠳᠦᠭᠡᠷ ᠳᠡᠪᠲᠡᠷ ᠦᠨ 73-78 ᠳᠤᠭᠠᠷ ᠨᠢᠭᠤᠷ ᠂ ᠮᠠᠨᠵᠤ ᠪᠢᠴᠢᠭ ᠣᠷᠴᠢᠭᠤᠯᠤᠯ ᠬᠠᠪᠰᠤᠷᠤᠯᠲᠠ ᠳᠤ 78-79 ᠳᠦᠭᠡᠷ ᠨᠢᠭᠤᠷ ᠂ ᠬᠠᠶᠢᠷᠴᠠᠭ ᠤᠨ 28 ᠳᠤᠭᠠᠷ ᠳᠡᠪᠲᠡᠷ ᠦᠨ 384-388 ᠳᠤᠭᠠᠷ ᠨᠢᠭᠤᠷ) ………… 352

※ ᠮᠠᠨᠵᠤ ᠪᠢᠴᠢᠭ ᠣᠷᠴᠢᠭᠤᠯᠤᠯ ᠬᠠᠪᠰᠤᠷᠤᠯᠲᠠ (ᠬᠠᠭᠤᠯᠪᠤᠷᠢ) ………… 356

84. (114) ᠬᠠᠭᠠᠨ ᠤ ᠵᠠᠷᠯᠢᠭ ᠮᠠᠨᠵᠤ ᠪᠢᠴᠢᠭ ᠤᠨ ᠮᠣᠩᠭᠣᠯ ᠪᠢᠴᠢᠭ ᠤᠨ ᠬᠠᠭᠤᠯᠢ (ᠬᠠᠭᠤᠯᠪᠤᠷᠢ ᠂ 358-362 ᠳᠤᠭᠠᠷ ᠨᠢᠭᠤᠷ ᠂ ᠮᠠᠨᠵᠤ ᠪᠢᠴᠢᠭ ᠤᠨ 155 ᠳᠤᠭᠠᠷ ᠳᠡᠪᠲᠡᠷ ᠦᠨ 478-484 ᠳᠦᠭᠡᠷ ᠨᠢᠭᠤᠷ) ………… 358

85. (115) ᠬᠠᠭᠠᠨ ᠤ ᠵᠠᠷᠯᠢᠭ ᠮᠠᠨᠵᠤ ᠪᠢᠴᠢᠭ ᠤᠨ ᠮᠣᠩᠭᠣᠯ ᠪᠢᠴᠢᠭ ᠤᠨ ᠬᠠᠭᠤᠯᠢ (ᠬᠠᠭᠤᠯᠪᠤᠷᠢ ᠂ 362-363 ᠳᠤᠭᠠᠷ ᠨᠢᠭᠤᠷ ᠂ ᠮᠠᠨᠵᠤ ᠪᠢᠴᠢᠭ ᠤᠨ 154 ᠳᠦᠭᠡᠷ ᠳᠡᠪᠲᠡᠷ ᠦᠨ 476-478 ᠳᠤᠭᠠᠷ ᠨᠢᠭᠤᠷ) ………… 362

86. (116) ᠬᠠᠭᠠᠨ ᠤ ᠵᠠᠷᠯᠢᠭ ᠮᠠᠨᠵᠤ ᠪᠢᠴᠢᠭ ᠤᠨ ᠮᠣᠩᠭᠣᠯ ᠪᠢᠴᠢᠭ ᠤᠨ ᠬᠠᠭᠤᠯᠢ (ᠬᠠᠭᠤᠯᠪᠤᠷᠢ ᠂ 363-366 ᠳᠤᠭᠠᠷ ᠨᠢᠭᠤᠷ ᠂ ᠮᠠᠨᠵᠤ ᠪᠢᠴᠢᠭ ᠤᠨ 156 ᠳᠤᠭᠠᠷ ᠳᠡᠪᠲᠡᠷ ᠦᠨ 484-488 ᠳᠤᠭᠠᠷ ᠨᠢᠭᠤᠷ) ………… 363

87. (117) ᠬᠠᠭᠠᠨ ᠤ ᠵᠠᠷᠯᠢᠭ ᠮᠠᠨᠵᠤ ᠪᠢᠴᠢᠭ ᠤᠨ ᠮᠣᠩᠭᠣᠯ ᠪᠢᠴᠢᠭ ᠤᠨ ᠬᠠᠭᠤᠯᠢ (ᠬᠠᠭᠤᠯᠪᠤᠷᠢ ᠂ 366-368 ᠳᠤᠭᠠᠷ ᠨᠢᠭᠤᠷ ᠂ ᠮᠠᠨᠵᠤ ᠪᠢᠴᠢᠭ ᠤᠨ 157 ᠳᠤᠭᠠᠷ ᠳᠡᠪᠲᠡᠷ ᠦᠨ 488-491 ᠳᠦᠭᠡᠷ ᠨᠢᠭᠤᠷ) ………… 366

88. (118) ᠬᠠᠭᠠᠨ ᠤ ᠵᠠᠷᠯᠢᠭ ᠮᠠᠨᠵᠤ ᠪᠢᠴᠢᠭ ᠤᠨ ᠮᠣᠩᠭᠣᠯ ᠪᠢᠴᠢᠭ ᠤᠨ ᠬᠠᠭᠤᠯᠢ (ᠬᠠᠭᠤᠯᠪᠤᠷᠢ ᠂ 368-369 ᠳᠦᠭᠡᠷ ᠨᠢᠭᠤᠷ ᠂ ᠮᠠᠨᠵᠤ ᠪᠢᠴᠢᠭ ᠤᠨ 158 ᠳᠤᠭᠠᠷ ᠳᠡᠪᠲᠡᠷ ᠦᠨ 491-493 ᠳᠤᠭᠠᠷ ᠨᠢᠭᠤᠷ ᠂ ᠮᠠᠨᠵᠤ ᠪᠢᠴᠢᠭ ᠣᠷᠴᠢᠭᠤᠯᠤᠯ ᠬᠠᠪᠰᠤᠷᠤᠯᠲᠠ ᠳᠤ 493-495 ᠳᠤᠭᠠᠷ ᠨᠢᠭᠤᠷ) ………… 368

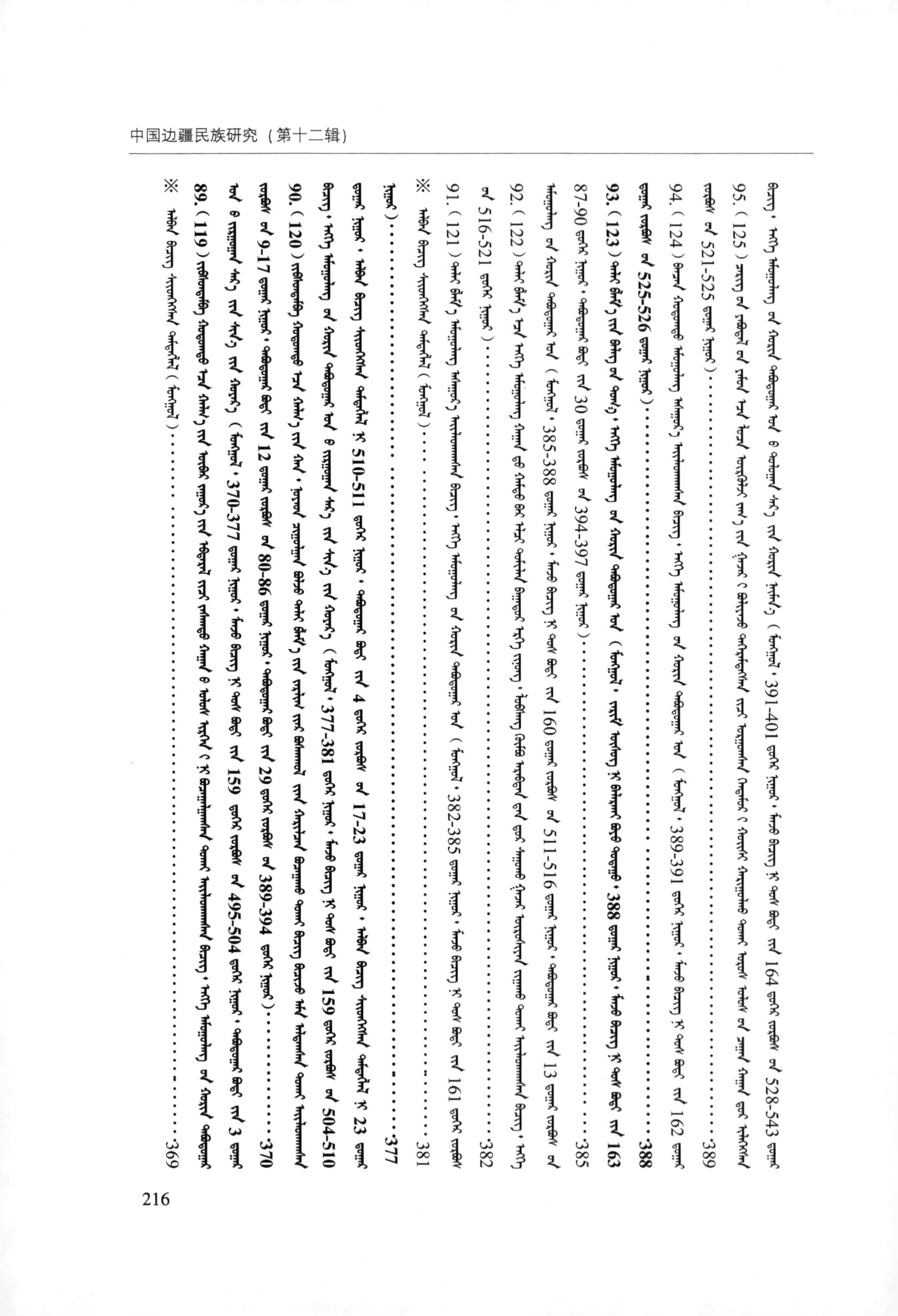

[illegible]（[illegible]，391-401 [illegible] 164 [illegible] 528-543 [illegible]

95.（125）[illegible] 521-525 [illegible]）……………………389

94.（124）[illegible]（[illegible]，389-391 [illegible] 162 [illegible] **525-526** [illegible]）……………………**388**

93.（123）[illegible]，**388** [illegible] **163** [illegible] 87-90 [illegible] 30 [illegible] 394-397 [illegible]）……………………385

92.（122）[illegible]（[illegible]，385-388 [illegible] 160 [illegible] 511-516 [illegible] 13 [illegible] 516-521 [illegible]）……………………382

91.（121）[illegible]（[illegible]，382-385 [illegible] 161 [illegible]

※ [illegible]（[illegible]）……………………381

[illegible]）……………………**377**

90.（120）[illegible] **510-511** [illegible] 4 [illegible] **17-23** [illegible] **23** [illegible]（[illegible]，**377-381** [illegible] **159** [illegible] **504-510** [illegible] **9-17** [illegible] **12** [illegible] **80-86** [illegible] **29** [illegible] **389-394** [illegible]）……………………**370**

89.（119）[illegible]（[illegible]，**370-377** [illegible] **159** [illegible] **495-504** [illegible] **3** [illegible]

※ [illegible]（[illegible]）……………………369

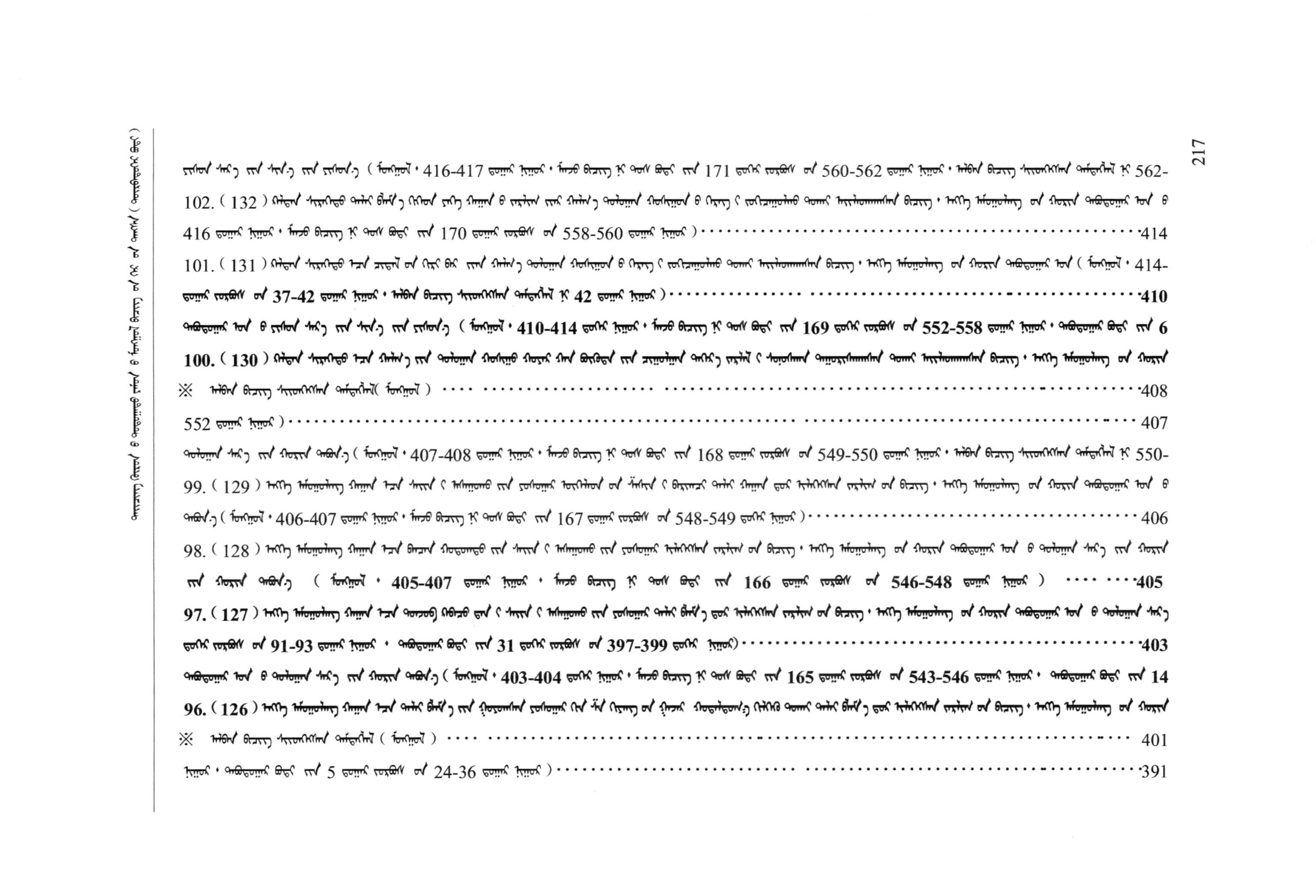

[illegible] ([illegible] · 416-417 [illegible] · [illegible] 171 [illegible] 560-562 [illegible] · [illegible] 562-

102. (132) [illegible]
416 [illegible] · [illegible] 170 [illegible] 558-560 [illegible]) ······ 414

101. (131) [illegible] ([illegible] · 414-
[illegible] **37-42** [illegible] · [illegible] **42** [illegible]) ······ **410**

6 [illegible] ([illegible] · **410-414** [illegible] · [illegible] **169** [illegible] **552-558** [illegible] · [illegible]

100. (130) [illegible]
※ [illegible] ([illegible]) ······ 408
552 [illegible]) ······ 407

[illegible] ([illegible] · 407-408 [illegible] · [illegible] 168 [illegible] 549-550 [illegible] · [illegible] 550-

99. (129) [illegible]
[illegible] ([illegible] · 406-407 [illegible] · [illegible] 167 [illegible] 548-549 [illegible]) ······ 406

98. (128) [illegible]
[illegible] ([illegible] · **405-407** [illegible] · [illegible] **166** [illegible] **546-548** [illegible]) ······ **405**

97. (127) [illegible]
[illegible] **91-93** [illegible] · [illegible] **31** [illegible] **397-399** [illegible]) ······ **403**

[illegible] ([illegible] · **403-404** [illegible] · [illegible] **165** [illegible] **543-546** [illegible] · [illegible] **14**

96. (126) [illegible]
※ [illegible] ([illegible]) ······ 401
[illegible] · [illegible] 5 [illegible] 24-36 [illegible]) ······ 391

563 ᠳᠤᠭᠠᠷ ᠨᠢᠭᠤᠷ）……………………………………………416
※ ᠮᠣᠩᠭᠣᠯ ᠪᠢᠴᠢᠭ ᠣᠷᠴᠢᠭᠤᠯᠤᠯ ᠬᠠᠪᠰᠤᠷᠤᠯᠲᠠ（ᠬᠠᠭᠤᠯᠪᠤᠷᠢ）…… ……………………………417
103.（133）ᠭᠠᠯᠳᠠᠨ ᠤ ᠪᠤᠰᠤᠯᠭᠠ ᠳᠠᠷᠤᠭᠤᠯᠬᠤ ᠴᠡᠷᠢᠭ ᠪᠠᠶᠢᠯᠳᠤᠬᠤ ᠬᠡᠷᠡᠭ，ᠮᠣᠩᠭᠣᠯ ᠪᠢᠴᠢᠭ ᠦᠨ ᠡᠬᠢ ᠳᠠᠩᠰᠠ ᠶᠢᠨ ᠰᠤᠳᠤᠯᠭᠠ ᠶᠢᠨ ᠳᠡᠪᠲᠡᠷ ᠦᠨ
ᠬᠡᠪᠯᠡᠯ ᠬᠡᠪᠲᠡᠯ（ᠬᠠᠭᠤᠯᠪᠤᠷᠢ，418-419 ᠳᠦᠭᠡᠷ ᠨᠢᠭᠤᠷ）……………………………………418
※ ᠮᠣᠩᠭᠣᠯ ᠪᠢᠴᠢᠭ ᠣᠷᠴᠢᠭᠤᠯᠤᠯ ᠬᠠᠪᠰᠤᠷᠤᠯᠲᠠ（ᠬᠠᠭᠤᠯᠪᠤᠷᠢ） ……………………………………419
104.（134）ᠬᠠᠭᠠᠨ ᠤ ᠳᠡᠭᠡᠷ᠎ᠡ ᠳᠤ ᠠᠷᠢᠭᠤᠨ ᠮᠡᠳᠡᠭᠦᠯᠬᠦ ᠮᠣᠩᠭᠣᠯ ᠪᠢᠴᠢᠭ ᠦᠨ ᠡᠬᠢ ᠳᠠᠩᠰᠠ ᠶᠢᠨ ᠪᠢᠴᠢᠭ，ᠮᠣᠩᠭᠣᠯ ᠪᠢᠴᠢᠭ ᠦᠨ ᠰᠤᠳᠤᠯᠭᠠ ᠶᠢᠨ ᠳᠡᠪᠲᠡᠷ ᠦᠨ ᠬᠡᠪᠯᠡᠯ（ᠡᠬᠢ，
420 ᠳᠤᠭᠠᠷ ᠨᠢᠭᠤᠷ，ᠮᠣᠩᠭᠣᠯ ᠪᠢᠴᠢᠭ ᠦᠨ ᠡᠬᠢ ᠳᠠᠩᠰᠠ ᠶᠢᠨ 173 ᠳᠤᠭᠠᠷ ᠳᠡᠪᠲᠡᠷ ᠦᠨ 565-567 ᠳᠤᠭᠠᠷ ᠨᠢᠭᠤᠷ）………………………………………420
105.（135）ᠮᠠᠨᠵᠤ ᠮᠣᠩᠭᠣᠯ ᠤᠨ ᠴᠡᠷᠢᠭ ᠢ ᠬᠤᠷᠢᠶᠠᠨ ᠵᠠᠰᠠᠭ ᠤᠨ ᠪᠠᠶᠢᠳᠠᠯ ᠢ ᠠᠷᠢᠭᠤᠨ ᠮᠡᠳᠡᠭᠦᠯᠬᠦ ᠪᠢᠴᠢᠭ，ᠮᠠᠨᠵᠤ ᠮᠣᠩᠭᠣᠯ ᠤᠨ ᠰᠤᠳᠤᠯᠭᠠ ᠶᠢᠨ ᠮᠣᠩᠭᠣᠯ ᠪᠢᠴᠢᠭ ᠦᠨ 7
ᠮᠣᠩᠭᠣᠯ ᠪᠢᠴᠢᠭ ᠦᠨ ᠪᠠ ᠬᠡᠪᠯᠡᠯ ᠵᠢᠯ ᠦᠨ ᠵᠢᠯ ᠦᠨ ᠬᠡᠪᠯᠡᠯ（ᠬᠠᠭᠤᠯᠪᠤᠷᠢ，421-431 ᠳᠦᠭᠡᠷ ᠨᠢᠭᠤᠷ，ᠮᠣᠩᠭᠣᠯ ᠪᠢᠴᠢᠭ ᠦᠨ ᠡᠬᠢ ᠳᠠᠩᠰᠠ ᠶᠢᠨ 174 ᠳᠦᠭᠡᠷ ᠳᠡᠪᠲᠡᠷ ᠦᠨ 568-582 ᠳᠤᠭᠠᠷ ᠨᠢᠭᠤᠷ，ᠮᠣᠩᠭᠣᠯ ᠪᠢᠴᠢᠭ ᠦᠨ 7
ᠳᠤᠭᠠᠷ ᠳᠡᠪᠲᠡᠷ ᠦᠨ 43-57 ᠳᠤᠭᠠᠷ ᠨᠢᠭᠤᠷ）……………………………………………………421
※ ᠮᠣᠩᠭᠣᠯ ᠪᠢᠴᠢᠭ ᠣᠷᠴᠢᠭᠤᠯᠤᠯ ᠬᠠᠪᠰᠤᠷᠤᠯᠲᠠ（ᠬᠠᠭᠤᠯᠪᠤᠷᠢ）……………………………………431
106.（136）ᠬᠠᠭᠠᠨ ᠤ ᠵᠠᠷᠯᠢᠭ ᠪᠤᠴᠠᠭᠠᠵᠤ ᠢᠷᠡᠭᠰᠡᠨ ᠮᠠᠨᠵᠤ ᠮᠣᠩᠭᠣᠯ ᠤᠨ ᠪᠢᠴᠢᠭ，ᠮᠠᠨᠵᠤ ᠮᠣᠩᠭᠣᠯ ᠤᠨ ᠰᠤᠳᠤᠯᠭᠠ ᠶᠢᠨ ᠮᠣᠩᠭᠣᠯ ᠪᠢᠴᠢᠭ ᠦᠨ ᠪᠠ ᠵᠢᠯ ᠦᠨ ᠵᠢᠯ ᠦᠨ ᠬᠡᠪᠯᠡᠯ（ᠡᠬᠢ，432-
433 ᠳᠤᠭᠠᠷ ᠨᠢᠭᠤᠷ，ᠮᠣᠩᠭᠣᠯ ᠪᠢᠴᠢᠭ ᠦᠨ ᠡᠬᠢ ᠳᠠᠩᠰᠠ ᠶᠢᠨ 175 ᠳᠤᠭᠠᠷ ᠳᠡᠪᠲᠡᠷ ᠦᠨ 582-583 ᠳᠤᠭᠠᠷ ᠨᠢᠭᠤᠷ，ᠮᠣᠩᠭᠣᠯ ᠪᠢᠴᠢᠭ ᠣᠷᠴᠢᠭᠤᠯᠤᠯ ᠬᠠᠪᠰᠤᠷᠤᠯᠲᠠ ᠢ 583-584 ᠳᠦᠭᠡᠷ ᠨᠢᠭᠤᠷ）………………432
※ ᠮᠣᠩᠭᠣᠯ ᠪᠢᠴᠢᠭ ᠣᠷᠴᠢᠭᠤᠯᠤᠯ ᠬᠠᠪᠰᠤᠷᠤᠯᠲᠠ（ᠬᠠᠭᠤᠯᠪᠤᠷᠢ）……………………………………433
107.（137）ᠬᠠᠭᠠᠨ ᠤ ᠵᠠᠷᠯᠢᠭ ᠪᠤᠴᠠᠭᠠᠵᠤ ᠢᠷᠡᠭᠰᠡᠨ ᠪᠡ ᠮᠠᠨᠵᠤ ᠮᠣᠩᠭᠣᠯ ᠤᠨ ᠪᠢᠴᠢᠭ，ᠮᠠᠨᠵᠤ ᠮᠣᠩᠭᠣᠯ ᠤᠨ ᠰᠤᠳᠤᠯᠭᠠ ᠶᠢᠨ ᠮᠣᠩᠭᠣᠯ ᠪᠢᠴᠢᠭ ᠦᠨ ᠪᠠ ᠮᠠᠨᠵᠤ ᠵᠢᠯ ᠦᠨ ᠵᠢᠯ ᠦᠨ ᠬᠡᠪᠯᠡᠯ（ᠡᠬᠢ，434
ᠳᠦᠭᠡᠷ ᠨᠢᠭᠤᠷ，ᠮᠣᠩᠭᠣᠯ ᠪᠢᠴᠢᠭ ᠦᠨ ᠡᠬᠢ ᠳᠠᠩᠰᠠ ᠶᠢᠨ 176 ᠳᠤᠭᠠᠷ ᠳᠡᠪᠲᠡᠷ ᠦᠨ 584-585 ᠳᠤᠭᠠᠷ ᠨᠢᠭᠤᠷ，ᠮᠣᠩᠭᠣᠯ ᠪᠢᠴᠢᠭ ᠣᠷᠴᠢᠭᠤᠯᠤᠯ ᠬᠠᠪᠰᠤᠷᠤᠯᠲᠠ ᠢ 585-586 ᠳᠤᠭᠠᠷ ᠨᠢᠭᠤᠷ，ᠮᠣᠩᠭᠣᠯ ᠪᠢᠴᠢᠭ ᠦᠨ 15 ᠳᠤᠭᠠᠷ ᠳᠡᠪᠲᠡᠷ ᠦᠨ
94 ᠳᠦᠭᠡᠷ ᠨᠢᠭᠤᠷ，ᠮᠣᠩᠭᠣᠯ ᠪᠢᠴᠢᠭ ᠦᠨ ᠡᠬᠢ ᠳᠠᠩᠰᠠ ᠶᠢᠨ 32 ᠳᠤᠭᠠᠷ ᠳᠡᠪᠲᠡᠷ ᠦᠨ 399-400 ᠳᠤᠭᠠᠷ ᠨᠢᠭᠤᠷ，ᠮᠣᠩᠭᠣᠯ ᠪᠢᠴᠢᠭ ᠣᠷᠴᠢᠭᠤᠯᠤᠯ ᠬᠠᠪᠰᠤᠷᠤᠯᠲᠠ ᠢ 400-401 ᠳᠦᠭᠡᠷ ᠨᠢᠭᠤᠷ）………………434
※ ᠮᠣᠩᠭᠣᠯ ᠪᠢᠴᠢᠭ ᠣᠷᠴᠢᠭᠤᠯᠤᠯ ᠬᠠᠪᠰᠤᠷᠤᠯᠲᠠ（ᠬᠠᠭᠤᠯᠪᠤᠷᠢ）……………………………………………434
108.（138）ᠡᠷᠳᠡᠨᠢ ᠵᠤᠤ ᠶᠢᠨ ᠬᠠᠮᠪᠤ ᠯᠠᠮ᠎ᠠ ᠶᠢ ᠬᠠᠮᠪᠤ ᠯᠠᠮ᠎ᠠ ᠪᠡᠷ ᠰᠣᠯᠢᠬᠤ ᠬᠡᠷᠡᠭ ᠢ ᠠᠷᠢᠭᠤᠨ ᠮᠡᠳᠡᠭᠦᠯᠬᠦ ᠪᠢᠴᠢᠭ，ᠮᠠᠨᠵᠤ ᠮᠣᠩᠭᠣᠯ ᠤᠨ ᠰᠤᠳᠤᠯᠭᠠ ᠶᠢᠨ ᠮᠣᠩᠭᠣᠯ ᠪᠢᠴᠢᠭ ᠦᠨ ᠪᠠ ᠮᠣᠩᠭᠣᠯ
ᠵᠢᠯ ᠦᠨ ᠬᠡᠪᠯᠡᠯ ᠬᠡᠪᠲᠡᠯ（ᠬᠠᠭᠤᠯᠪᠤᠷᠢ，435-437 ᠳᠤᠭᠠᠷ ᠨᠢᠭᠤᠷ，ᠮᠣᠩᠭᠣᠯ ᠪᠢᠴᠢᠭ ᠦᠨ ᠡᠬᠢ ᠳᠠᠩᠰᠠ ᠶᠢᠨ 177 ᠳᠤᠭᠠᠷ ᠳᠡᠪᠲᠡᠷ ᠦᠨ 587-590 ᠳᠦᠭᠡᠷ ᠨᠢᠭᠤᠷ，ᠮᠣᠩᠭᠣᠯ ᠪᠢᠴᠢᠭ ᠣᠷᠴᠢᠭᠤᠯᠤᠯ ᠬᠠᠪᠰᠤᠷᠤᠯᠲᠠ ᠢ 591-592

ᠳᠤᠭᠠᠷ ᠨᠢᠭᠤᠷ)……………………………………………………435

※ ᠬᠣᠲᠣᠯ ᠪᠢᠴᠢᠭ ᠰᠤᠷᠪᠤᠯᠵᠢᠯᠠᠯ ᠬᠠᠮᠢᠶ᠎ᠠ (ᠲᠡᠮᠳᠡᠭᠯᠡᠯ)……………………………591

109. (139) ᠵᠠᠰᠠᠭᠯᠠᠭᠰᠠᠨ ᠲᠡᠮᠳᠡᠭᠯᠡᠯ ᠦᠨ ᠬᠤᠪᠢ ᠶᠢ ᠬᠠᠷᠢᠴᠠᠭᠤᠯᠤᠨ ᠰᠢᠯᠭᠠᠬᠤ ᠳᠤ ᠬᠡᠷᠡᠭᠯᠡᠬᠦ ᠪᠢᠴᠢᠭ ᠦᠨ ᠬᠡᠯᠪᠡᠷᠢ ᠶᠢᠨ ᠬᠡᠰᠡᠭ ᠦᠨ ᠪᠠᠷᠢᠮᠲᠠ ᠪᠢᠴᠢᠭ᠂ ᠬᠠᠮᠤᠭ ᠬᠠᠷᠢᠴᠠᠭᠤᠯᠤᠯᠲᠠ ᠶᠢᠨ ᠰᠢᠨᠵᠢᠯᠡᠯ ᠳᠦ ᠪᠠᠢ᠌ᠭ᠎ᠠ ᠶᠢᠨ

ᠰᠢᠨ᠎ᠡ ᠬᠡᠮ᠎ᠡ ᠳᠦ ᠰᠢᠨᠵᠢᠯᠡᠯ ᠬᠠᠮᠤᠭ (ᠲᠡᠮᠳᠡᠭᠯᠡᠯ᠂ 438-443 ᠳᠤᠭᠠᠷ ᠨᠢᠭᠤᠷ᠂ ᠮᠠᠨᠵᠤ ᠪᠢᠴᠢᠭ ᠤᠨ ᠬᠡᠯᠡ ᠳᠦ 178 ᠳᠤᠭᠠᠷ ᠳᠡᠪᠲᠡᠷ ᠦᠨ 592-599 ᠳᠤᠭᠠᠷ ᠨᠢᠭᠤᠷ᠂ ᠬᠠᠮᠤᠭ ᠬᠡᠯᠡ ᠳᠦ 8 ᠳᠤᠭᠠᠷ ᠳᠡᠪᠲᠡᠷ ᠦᠨ 57-65

ᠳᠤᠭᠠᠷ ᠨᠢᠭᠤᠷ)……………………………………………………438

110. (140) ᠵᠠᠰᠠᠭᠯᠠᠭᠰᠠᠨ ᠲᠡᠮᠳᠡᠭᠯᠡᠯ ᠦᠨ ᠬᠤᠪᠢ ᠶᠢ ᠬᠠᠷᠢᠴᠠᠭᠤᠯᠤᠨ ᠰᠢᠯᠭᠠᠬᠤ ᠳᠤ ᠬᠡᠷᠡᠭᠯᠡᠬᠦ ᠪᠢᠴᠢᠭ ᠦᠨ ᠬᠡᠯᠪᠡᠷᠢ ᠶᠢᠨ ᠬᠡᠰᠡᠭ ᠦᠨ ᠪᠠᠷᠢᠮᠲᠠ ᠪᠢᠴᠢᠭ᠂ ᠬᠠᠮᠤᠭ ᠬᠠᠷᠢᠴᠠᠭᠤᠯᠤᠯᠲᠠ

ᠶᠢᠨ ᠰᠢᠨᠵᠢᠯᠡᠯ ᠬᠠᠮᠤᠭ ᠤᠨ ᠪᠠᠢ᠌ᠭ᠎ᠠ ᠰᠢᠨ᠎ᠡ ᠬᠡᠮ᠎ᠡ ᠳᠦ ᠰᠢᠨᠵᠢᠯᠡᠯ ᠬᠠᠮᠤᠭ (ᠲᠡᠮᠳᠡᠭᠯᠡᠯ᠂ 443-446 ᠳᠤᠭᠠᠷ ᠨᠢᠭᠤᠷ᠂ ᠮᠠᠨᠵᠤ ᠪᠢᠴᠢᠭ ᠤᠨ ᠬᠡᠯᠡ ᠳᠦ 179 ᠳᠤᠭᠠᠷ ᠬᠡᠯᠡ ᠳᠦ 599-603 ᠳᠤᠭᠠᠷ ᠨᠢᠭᠤᠷ᠂ ᠬᠠᠮᠤᠭ ᠬᠡᠯᠡ

ᠳᠦ 9 ᠳᠤᠭᠠᠷ ᠳᠡᠪᠲᠡᠷ ᠦᠨ 65-69 ᠳᠤᠭᠠᠷ ᠨᠢᠭᠤᠷ)……………………………………443

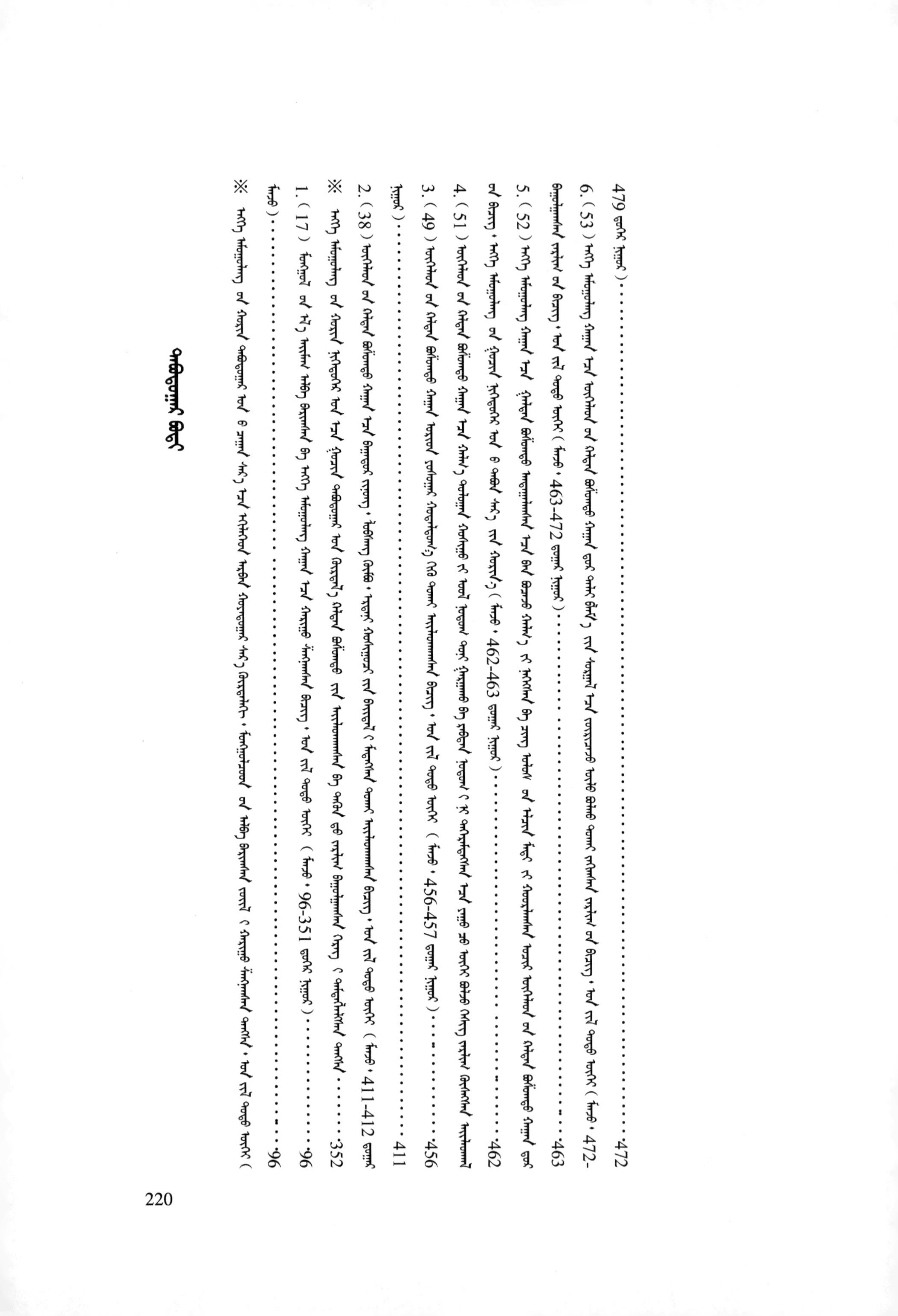

[illegible]

479 [illegible])……………………………………………………………………………………………472
6. (53) [illegible] ([illegible] · 472-[illegible]) ……………………………………………463
5. (52) [illegible] ([illegible] · 463-472 [illegible])……………………………………………463
4. (51) [illegible] ([illegible] · 462-463 [illegible])……………………………………………462
3. (49) [illegible] ([illegible] · 456-457 [illegible])……………………………………………456
[illegible])……………………………………………………………………………………………411
2. (38) [illegible] ([illegible] · 411-412 [illegible])……………………………………………352
※ [illegible]
1. (17) [illegible] ([illegible] · 96-351 [illegible])……………………………………………96
[illegible])……………………………………………………………………………………………96
※ [illegible] (

ᠰᠤᠳᠤᠯᠭᠠᠨ ᠪᠢᠴᠢᠭ

※ ᠮᠣᠩᠭᠣᠯ ᠬᠡᠪᠯᠡᠯᠴᠢᠯᠡᠭᠡ ᠶᠢᠨ ᠲᠡᠦᠬᠡ ᠰᠤᠳᠤᠯᠤᠯ ᠤᠨ ᠲᠣᠪᠴᠢ ……………………………………………… 1

1.（2）ᠪᠢᠴᠢᠭ᠌ ᠦᠨ ᠲᠡᠦᠬᠡ ᠂ ᠬᠡᠯᠡ ᠂ ᠰᠤᠳᠤᠯᠤᠯ ᠤᠨ ᠬᠡᠪᠯᠡᠯ ᠦᠨ ᠲᠤᠬᠠᠢ ᠰᠣᠶᠣᠯ ᠤᠨ ᠰᠣᠨᠢᠨ ᠪᠢᠴᠢᠭ ᠲᠦ ᠨᠡᠢᠲᠡᠯᠡᠭᠰᠡᠨ ᠪᠢᠴᠢᠭ᠌ ᠦᠨ ᠰᠤᠳᠤᠯᠤᠯ ᠤᠨ ᠬᠡᠪᠯᠡᠯ ᠦᠨ ᠬᠣᠷᠢᠶᠠᠩᠭᠤᠢ ᠳᠤ ᠣᠷᠤᠭᠤᠯᠤᠭᠰᠠᠨ ᠪᠠᠶᠢᠳᠠᠯ ᠢ ᠦᠵᠡᠬᠦ ᠨᠢ ᠂ ᠮᠣᠩᠭᠣᠯ ᠬᠡᠪᠯᠡᠯᠴᠢᠯᠡᠭᠡ ᠶᠢᠨ ᠲᠡᠦᠬᠡ ᠰᠤᠳᠤᠯᠤᠯ ᠤᠨ ᠲᠣᠪᠴᠢ ᠶᠢᠨ ᠦᠨᠳᠦᠰᠦ ᠦᠨ ᠬᠡᠪᠯᠡᠯ（ ᠪᠡᠭᠡᠵᠢᠩ ᠂ 3-4 ᠳᠦᠭᠡᠷ ᠨᠢᠭᠤᠷ ᠂ ᠪᠡᠭᠡᠵᠢᠩ ᠦᠨᠳᠦᠰᠦᠲᠡᠨ ᠦ ᠬᠡᠪᠯᠡᠯ ᠦᠨ ᠬᠣᠷᠢᠶ᠎ᠠ ᠂ ᠬᠡᠪᠯᠡᠯᠴᠢᠯᠡᠭᠡ ᠶᠢᠨ 3 ᠳᠤᠭᠠᠷ ᠳᠡᠪᠲᠡᠷ ᠦᠨ 2-5 ᠳᠤᠭᠠᠷ ᠨᠢᠭᠤᠷ ᠂ ᠦᠨᠳᠦᠰᠦᠲᠡᠨ ᠦ ᠬᠡᠪᠯᠡᠯ ᠦᠨ ᠬᠣᠷᠢᠶ᠎ᠠ ᠶᠢᠨ 54 ᠳᠦᠭᠡᠷ ᠳᠡᠪᠲᠡᠷ ᠦᠨ 150-152 ᠳᠤᠭᠠᠷ ᠨᠢᠭᠤᠷ ᠂ ᠬᠣᠷᠢᠶ᠎ᠠ ᠶᠢᠨ 107 ᠳᠤᠭᠠᠷ ᠳᠡᠪᠲᠡᠷ ᠦᠨ 422-423 ᠳᠤᠭᠠᠷ ᠨᠢᠭᠤᠷ ᠂ ᠬᠡᠪᠯᠡᠯᠴᠢᠯᠡᠭᠡ ᠶᠢᠨ 2 ᠳᠤᠭᠠᠷ ᠳᠡᠪᠲᠡᠷ ᠦᠨ 1-2 ᠳᠤᠭᠠᠷ ᠨᠢᠭᠤᠷ ᠄ ᠬᠡᠪᠯᠡᠯ ᠦᠨ ᠬᠡᠪᠯᠡᠯᠴᠢᠯᠡᠭᠡ ᠶᠢᠨ 2 ᠳᠤᠭᠠᠷ ᠳᠡᠪᠲᠡᠷ ᠦᠨ ᠵᠢᠷᠭᠤᠳᠤᠭᠠᠷ ᠨᠢᠭᠤᠷ ᠢ ᠦᠵᠡᠭᠦᠯᠪᠡ ）……………………………… 3

2.（3）ᠪᠢᠴᠢᠭ᠌ ᠦᠨ ᠲᠡᠦᠬᠡ ᠰᠤᠳᠤᠯᠤᠯ ᠤᠨ ᠬᠡᠪᠯᠡᠯ ᠦᠨ ᠲᠤᠬᠠᠢ ᠰᠣᠶᠣᠯ ᠤᠨ ᠪᠦᠲᠦᠭᠡᠯ ᠦᠨ ᠲᠤᠬᠠᠢ ᠬᠡᠪᠯᠡᠯ ᠦᠨ ᠰᠤᠳᠤᠯᠤᠯ ᠤᠨ ᠲᠤᠬᠠᠢ ᠨᠡᠢᠲᠡᠯᠡᠭᠰᠡᠨ ᠪᠢᠴᠢᠭ ᠲᠦ ᠰᠤᠳᠤᠯᠤᠯ ᠤᠨ ᠲᠤᠬᠠᠢ ᠬᠡᠪᠯᠡᠯ ᠦᠨ ᠲᠤᠬᠠᠢ ᠡᠪᠬᠡᠮᠡᠯ ᠪᠠᠶᠢᠳᠠᠯ ᠦᠨ ᠬᠣᠷᠢᠶ᠎ᠠ ᠂ ᠮᠣᠩᠭᠣᠯ ᠬᠡᠪᠯᠡᠯᠴᠢᠯᠡᠭᠡ ᠶᠢᠨ ᠲᠡᠦᠬᠡ ᠰᠤᠳᠤᠯᠤᠯ ᠤᠨ ᠲᠣᠪᠴᠢ ᠶᠢᠨ ᠦᠨᠳᠦᠰᠦ ᠦᠨ ᠬᠡᠪᠯᠡᠯ（ ᠪᠡᠭᠡᠵᠢᠩ ᠂ 4-12 ᠳᠤᠭᠠᠷ ᠨᠢᠭᠤᠷ ᠂ ᠪᠡᠭᠡᠵᠢᠩ ᠦᠨᠳᠦᠰᠦᠲᠡᠨ ᠦ ᠬᠡᠪᠯᠡᠯ ᠦᠨ ᠬᠣᠷᠢᠶ᠎ᠠ ᠶᠢᠨ 5 ᠳᠤᠭᠠᠷ ᠳᠡᠪᠲᠡᠷ ᠦᠨ 22-41 ᠳᠦᠭᠡᠷ ᠨᠢᠭᠤᠷ ᠂ ᠦᠨᠳᠦᠰᠦᠲᠡᠨ ᠦ ᠬᠡᠪᠯᠡᠯ ᠦᠨ ᠬᠣᠷᠢᠶ᠎ᠠ ᠶᠢᠨ 55 ᠳᠤᠭᠠᠷ ᠳᠡᠪᠲᠡᠷ ᠦᠨ 153-169 ᠳᠦᠭᠡᠷ ᠨᠢᠭᠤᠷ ᠂ 108 ᠳᠤᠭᠠᠷ ᠳᠡᠪᠲᠡᠷ ᠦᠨ 423-442 ᠳᠤᠭᠠᠷ ᠨᠢᠭᠤᠷ ᠂ ᠬᠡᠪᠯᠡᠯᠴᠢᠯᠡᠭᠡ ᠶᠢᠨ 4 ᠳᠦᠭᠡᠷ ᠳᠡᠪᠲᠡᠷ ᠦᠨ 5-22 ᠳᠤᠭᠠᠷ ᠨᠢᠭᠤᠷ ）……………………………… 4

3.（4）ᠰᠤᠳᠤᠯᠤᠯ ᠤᠨ ᠬᠡᠪᠯᠡᠯ ᠦᠨ ᠲᠤᠬᠠᠢ ᠰᠣᠶᠣᠯ ᠤᠨ ᠪᠠᠶᠢᠳᠠᠯ ᠤᠨ ᠲᠤᠬᠠᠢ ᠳᠦᠭᠦᠮ ᠨᠡᠢᠲᠡᠯᠡᠭᠰᠡᠨ ᠦ ᠬᠣᠷᠢᠶ᠎ᠠ ᠂ ᠮᠣᠩᠭᠣᠯ ᠬᠡᠪᠯᠡᠯᠴᠢᠯᠡᠭᠡ ᠶᠢᠨ ᠲᠡᠦᠬᠡ ᠰᠤᠳᠤᠯᠤᠯ ᠤᠨ（ ᠪᠡᠭᠡᠵᠢᠩ ᠂ 12-14 ᠳᠦᠭᠡᠷ ᠨᠢᠭᠤᠷ ᠂ ᠪᠡᠭᠡᠵᠢᠩ ᠦᠨᠳᠦᠰᠦᠲᠡᠨ ᠦ ᠬᠡᠪᠯᠡᠯ ᠦᠨ ᠬᠣᠷᠢᠶ᠎ᠠ ᠶᠢᠨ 7 ᠳᠤᠭᠠᠷ ᠳᠡᠪᠲᠡᠷ ᠦᠨ 46-51 ᠳᠦᠭᠡᠷ ᠨᠢᠭᠤᠷ ᠂ ᠦᠨᠳᠦᠰᠦᠲᠡᠨ ᠦ ᠬᠡᠪᠯᠡᠯ ᠦᠨ ᠬᠣᠷᠢᠶ᠎ᠠ ᠶᠢᠨ 56 ᠳᠤᠭᠠᠷ ᠳᠡᠪᠲᠡᠷ ᠦᠨ 170-174 ᠳᠦᠭᠡᠷ ᠨᠢᠭᠤᠷ ᠂ ᠬᠡᠪᠯᠡᠯᠴᠢᠯᠡᠭᠡ ᠶᠢᠨ 6 ᠳᠤᠭᠠᠷ ᠳᠡᠪᠲᠡᠷ ᠦᠨ 41-46 ᠳᠤᠭᠠᠷ ᠨᠢᠭᠤᠷ ）……………………………… 12

4.（5）ᠪᠢᠴᠢᠭ᠌ ᠦᠨ ᠲᠡᠦᠬᠡ ᠰᠤᠳᠤᠯᠤᠯ ᠤᠨ ᠬᠡᠪᠯᠡᠯ ᠦᠨ ᠲᠤᠬᠠᠢ ᠨᠡᠢᠲᠡᠯᠡᠭᠰᠡᠨ ᠪᠢᠴᠢᠭ ᠲᠦ ᠰᠤᠳᠤᠯᠤᠯ ᠤᠨ ᠲᠤᠬᠠᠢ ᠬᠡᠪᠯᠡᠯ ᠦᠨ ᠬᠣᠷᠢᠶ᠎ᠠ ᠂ ᠮᠣᠩᠭᠣᠯ ᠬᠡᠪᠯᠡᠯᠴᠢᠯᠡᠭᠡ ᠶᠢᠨ ᠲᠡᠦᠬᠡ ᠰᠤᠳᠤᠯᠤᠯ ᠤᠨ ᠲᠣᠪᠴᠢ ᠶᠢᠨ ᠦᠨᠳᠦᠰᠦ ᠦᠨ ᠬᠡᠪᠯᠡᠯ（ ᠪᠡᠭᠡᠵᠢᠩ ᠂ 14-18 ᠳᠤᠭᠠᠷ ᠨᠢᠭᠤᠷ ᠂ ᠪᠡᠭᠡᠵᠢᠩ ᠦᠨᠳᠦᠰᠦᠲᠡᠨ ᠦ ᠬᠡᠪᠯᠡᠯ ᠦᠨ ᠬᠣᠷᠢᠶ᠎ᠠ ᠶᠢᠨ 9 ᠳᠦᠭᠡᠷ ᠳᠡᠪᠲᠡᠷ ᠦᠨ 59-67 ᠳᠤᠭᠠᠷ ᠨᠢᠭᠤᠷ ᠂ ᠦᠨᠳᠦᠰᠦᠲᠡᠨ ᠦ ᠬᠡᠪᠯᠡᠯ ᠦᠨ ᠬᠣᠷᠢᠶ᠎ᠠ ᠶᠢᠨ 57 ᠳᠤᠭᠠᠷ ᠳᠡᠪᠲᠡᠷ ᠦᠨ 174-181 ᠳᠦᠭᠡᠷ ᠨᠢᠭᠤᠷ ᠂ ᠬᠣᠷᠢᠶ᠎ᠠ ᠶᠢᠨ 109 ᠳᠦᠭᠡᠷ ᠳᠡᠪᠲᠡᠷ ᠦᠨ 442-451 ᠳᠦᠭᠡᠷ ᠨᠢᠭᠤᠷ ᠂ ᠬᠡᠪᠯᠡᠯᠴᠢᠯᠡᠭᠡ ᠶᠢᠨ 8 ᠳᠤᠭᠠᠷ ᠳᠡᠪᠲᠡᠷ ᠦᠨ 51-59 ᠳᠦᠭᠡᠷ ᠨᠢᠭᠤᠷ ）……………………………… 14

5.（6）ᠰᠤᠳᠤᠯᠤᠯ ᠤᠨ ᠬᠡᠪᠯᠡᠯ ᠦᠨ ᠲᠤᠬᠠᠢ ᠰᠣᠶᠣᠯ ᠤᠨ ᠪᠦᠲᠦᠭᠡᠯ ᠦᠨ ᠲᠤᠬᠠᠢ ᠬᠡᠪᠯᠡᠯ ᠦᠨ ᠰᠤᠳᠤᠯᠤᠯ ᠤᠨ ᠲᠤᠬᠠᠢ ᠨᠡᠢᠲᠡᠯᠡᠭᠰᠡᠨ ᠪᠢᠴᠢᠭ ᠲᠦ ᠪᠠᠶᠢᠳᠠᠯ ᠢ ᠬᠣᠷᠢᠶᠠᠩᠭᠤᠢ ᠳᠤ ᠣᠷᠤᠭᠤᠯᠤᠭᠰᠠᠨ ᠬᠣᠷᠢᠶ᠎ᠠ ᠂ ᠮᠣᠩᠭᠣᠯ ᠬᠡᠪᠯᠡᠯᠴᠢᠯᠡᠭᠡ ᠶᠢᠨ ᠲᠡᠦᠬᠡ ᠰᠤᠳᠤᠯᠤᠯ ᠤᠨ ᠲᠣᠪᠴᠢ ᠶᠢᠨ ᠦᠨᠳᠦᠰᠦ ᠦᠨ ᠬᠡᠪᠯᠡᠯ（ ᠪᠡᠭᠡᠵᠢᠩ ᠂ 18-28 ᠳᠤᠭᠠᠷ ᠨᠢᠭᠤᠷ ᠂ ᠪᠡᠭᠡᠵᠢᠩ ᠦᠨᠳᠦᠰᠦᠲᠡᠨ ᠦ ᠬᠡᠪᠯᠡᠯ ᠦᠨ ᠬᠣᠷᠢᠶ᠎ᠠ ᠶᠢᠨ 11 ᠳᠦᠭᠡᠷ ᠳᠡᠪᠲᠡᠷ ᠦᠨ 91-115 ᠳᠤᠭᠠᠷ ᠨᠢᠭᠤᠷ ᠂ ᠦᠨᠳᠦᠰᠦᠲᠡᠨ ᠦ ᠬᠡᠪᠯᠡᠯ ᠦᠨ ᠬᠣᠷᠢᠶ᠎ᠠ

ᠪᠦᠯᠦᠭ ᠤᠨ 58 ᠳᠤᠭᠠᠷ ᠳᠡᠪᠲᠡᠷ ᠦᠨ 182-199 ᠳᠦᠭᠡᠷ ᠨᠢᠭᠤᠷ᠂ ᠮᠥᠨ ᠪᠦᠯᠦᠭ ᠤᠨ 110 ᠳᠤᠭᠠᠷ ᠳᠡᠪᠲᠡᠷ ᠦᠨ 451-472 ᠳᠤᠭᠠᠷ ᠨᠢᠭᠤᠷ᠂ ᠳᠠᠷᠠᠭᠠᠴᠢᠯᠠᠨ ᠪᠦᠯᠦᠭ ᠤᠨ 10 ᠳᠤᠭᠠᠷ ᠳᠡᠪᠲᠡᠷ ᠦᠨ 68-91 ᠳᠦᠭᠡᠷ
ᠨᠢᠭᠤᠷ）……………………………………………………………18
6.（7）ᠰᠢᠨᠵᠢᠶᠠᠩ ᠤᠨ ᠰᠣᠶᠣᠨ ᠰᠢᠷᠡᠭᠡ᠂ ᠬᠣᠲᠠ᠂ ᠴᠡᠷᠢᠭ ᠦᠨ ᠭᠠᠵᠠᠷ ᠴᠡᠷᠢᠭ ᠪᠠᠢᠭᠤᠯᠬᠤ ᠬᠡᠷᠡᠭ ᠢ ᠬᠡᠯᠡᠯᠴᠡᠭᠰᠡᠨ ᠬᠡᠯᠡᠯᠴᠡᠭᠡᠨ ᠦ ᠪᠢᠴᠢᠭ᠂ ᠵᠠᠷᠯᠢᠭ ᠬᠤᠪᠢᠶᠠᠷᠢᠯᠠᠭᠰᠠᠨ ᠳ᠋ᠤ ᠬᠠᠷᠢᠭᠤᠯᠬᠤ ᠤᠷᠢᠳᠠᠬᠢ ᠬᠠᠭᠠᠨ ᠤ ᠵᠠᠷᠯᠢᠭ（ᠡᠮᠦᠨᠡᠬᠢ᠂ 28-29 ᠳᠦᠭᠡᠷ ᠨᠢᠭᠤᠷ᠂
ᠡᠮᠦᠨᠡᠬᠢ ᠪᠢᠴᠢᠭ ᠦᠨ ᠪᠢᠯᠢᠭ ᠳᠠᠷᠠᠭᠠᠴᠢᠯᠠᠨ ᠪᠦᠯᠦᠭ ᠤᠨ 13 ᠳᠤᠭᠠᠷ ᠳᠡᠪᠲᠡᠷ ᠦᠨ 117-120 ᠳᠤᠭᠠᠷ ᠨᠢᠭᠤᠷ᠂ ᠬᠤᠵᠢᠮ ᠪᠢᠴᠢᠭ ᠦᠨ ᠮᠥᠨ ᠪᠦᠯᠦᠭ ᠤᠨ 59 ᠳᠦᠭᠡᠷ ᠳᠡᠪᠲᠡᠷ ᠦᠨ 200-202 ᠳᠤᠭᠠᠷ ᠨᠢᠭᠤᠷ᠂ ᠳᠠᠷᠠᠭᠠᠴᠢᠯᠠᠨ ᠪᠦᠯᠦᠭ ᠤᠨ 12
ᠳᠤᠭᠠᠷ ᠳᠡᠪᠲᠡᠷ ᠦᠨ 115-117 ᠳᠤᠭᠠᠷ ᠨᠢᠭᠤᠷ）……………………………………………………………28
7.（8）ᠰᠢᠨᠵᠢᠶᠠᠩ ᠤᠨ ᠴᠠᠭᠠᠨ ᠳᠠᠷᠬᠠᠨᠴᠢᠳ ᠰᠢᠨ ᠠᠯᠪᠠᠲᠤ ᠶᠢᠨ ᠰᠠᠯᠠᠭᠠ ᠪ ᠲᠠᠯᠠ ᠰᠢᠨ ᠦᠢᠯᠡ ᠲᠠᠯᠠ ᠪᠠᠷ ᠲᠠᠷᠢᠶᠠ ᠲᠠᠷᠢᠬᠤ ᠤᠨ ᠰᠠᠶᠢᠰᠢᠶᠠᠬᠤ ᠶᠢ ᠬᠡᠯᠡᠯᠴᠡᠭᠰᠡᠨ ᠪᠢᠴᠢᠭ᠂ ᠵᠠᠷᠯᠢᠭ ᠬᠤᠪᠢᠶᠠᠷᠢᠯᠠᠭᠰᠠᠨ ᠳ᠋ᠤ ᠬᠠᠷᠢᠭᠤᠯᠬᠤ ᠤᠷᠢᠳᠠᠬᠢ ᠬᠠᠭᠠᠨ ᠤ ᠵᠠᠷᠯᠢᠭ（ᠡᠮᠦᠨᠡᠬᠢ᠂
29-31 ᠳᠦᠭᠡᠷ ᠨᠢᠭᠤᠷ᠂ ᠡᠮᠦᠨᠡᠬᠢ ᠪᠢᠴᠢᠭ ᠦᠨ ᠪᠢᠯᠢᠭ ᠳᠠᠷᠠᠭᠠᠴᠢᠯᠠᠨ ᠪᠦᠯᠦᠭ ᠤᠨ 15 ᠳᠤᠭᠠᠷ ᠳᠡᠪᠲᠡᠷ ᠦᠨ 124-128 ᠳᠤᠭᠠᠷ ᠨᠢᠭᠤᠷ᠂ ᠬᠤᠵᠢᠮ ᠪᠢᠴᠢᠭ ᠦᠨ ᠮᠥᠨ ᠪᠦᠯᠦᠭ ᠤᠨ 60 ᠳᠤᠭᠠᠷ ᠳᠡᠪᠲᠡᠷ ᠦᠨ 203-206 ᠳᠤᠭᠠᠷ ᠨᠢᠭᠤᠷ᠂
ᠮᠥᠨ ᠪᠦᠯᠦᠭ ᠤᠨ 111 ᠳᠦᠭᠡᠷ ᠳᠡᠪᠲᠡᠷ ᠦᠨ 472-475 ᠳᠤᠭᠠᠷ ᠨᠢᠭᠤᠷ᠂ ᠳᠠᠷᠠᠭᠠᠴᠢᠯᠠᠨ ᠪᠦᠯᠦᠭ ᠤᠨ 14 ᠳᠦᠭᠡᠷ ᠳᠡᠪᠲᠡᠷ ᠦᠨ 120-124 ᠳᠦᠭᠡᠷ ᠨᠢᠭᠤᠷ）……………………………………29
8.（9）ᠰᠢᠨᠵᠢᠶᠠᠩ ᠤᠨ ᠲᠠᠷᠢᠶᠠᠯᠠᠩᠭᠤᠢ ᠰᠠᠯᠠᠭᠠ ᠶᠢ ᠲᠠᠷᠢᠶᠠᠯᠠᠩᠭᠤᠢ ᠪᠢᠴᠢᠭ ᠲᠠᠯᠠᠨ᠎ᠠ ᠬᠠᠮᠢᠶᠠᠷᠤᠯᠬᠤ ᠠᠵᠢᠯ ᠲᠦᠰᠢᠮᠡᠯ ᠲᠠᠯᠠ ᠪᠠᠷ ᠲᠤᠰᠬᠠᠬᠤ ᠶᠢ ᠬᠡᠯᠡᠯᠴᠡᠭᠰᠡᠨ ᠪᠢᠴᠢᠭ᠂ ᠵᠠᠷᠯᠢᠭ ᠬᠤᠪᠢᠶᠠᠷᠢᠯᠠᠭᠰᠠᠨ ᠳ᠋ᠤ ᠬᠠᠷᠢᠭᠤᠯᠬᠤ ᠤᠷᠢᠳᠠᠬᠢ ᠬᠠᠭᠠᠨ ᠤ ᠵᠠᠷᠯᠢᠭ（ᠡᠮᠦᠨᠡᠬᠢ᠂ 31 ᠳᠦᠭᠡᠷ
ᠨᠢᠭᠤᠷ᠂ ᠡᠮᠦᠨᠡᠬᠢ ᠪᠢᠴᠢᠭ ᠦᠨ ᠪᠢᠯᠢᠭ ᠳᠠᠷᠠᠭᠠᠴᠢᠯᠠᠨ ᠪᠦᠯᠦᠭ ᠤᠨ 17 ᠳᠤᠭᠠᠷ ᠳᠡᠪᠲᠡᠷ ᠦᠨ 130-132 ᠳᠤᠭᠠᠷ ᠨᠢᠭᠤᠷ᠂ ᠬᠤᠵᠢᠮ ᠪᠢᠴᠢᠭ ᠦᠨ ᠮᠥᠨ ᠪᠦᠯᠦᠭ ᠤᠨ 61 ᠳᠦᠭᠡᠷ ᠳᠡᠪᠲᠡᠷ ᠦᠨ 206-207 ᠳᠤᠭᠠᠷ ᠨᠢᠭᠤᠷ᠂ ᠮᠥᠨ ᠪᠦᠯᠦᠭ ᠤᠨ 112
ᠳᠤᠭᠠᠷ ᠳᠡᠪᠲᠡᠷ ᠦᠨ 475-476 ᠳᠤᠭᠠᠷ ᠨᠢᠭᠤᠷ᠂ ᠳᠠᠷᠠᠭᠠᠴᠢᠯᠠᠨ ᠪᠦᠯᠦᠭ ᠤᠨ 16 ᠳᠤᠭᠠᠷ ᠳᠡᠪᠲᠡᠷ ᠦᠨ 129-130 ᠳᠤᠭᠠᠷ ᠨᠢᠭᠤᠷ）……………………………………31
9.（10）ᠬᠠᠰᠢᠭᠠᠷ ᠤᠨ ᠰᠢᠯᠢᠭ ᠮᠠᠨᠳᠤᠯ ᠲᠠᠯᠠ ᠮᠣᠩᠭᠣᠯ ᠰᠠᠶᠢᠳ ᠪᠠ ᠬᠤᠪᠢ ᠪᠦᠰᠢ ᠲᠠᠯᠠ ᠰᠡᠷᠡᠮᠵᠢ ᠨᠠᠶᠠᠳ ᠬᠢᠭᠰᠡᠨ ᠪᠠᠢᠳᠠᠯ ᠤᠨ ᠪᠢᠴᠢᠭ᠂ ᠪᠣᠭᠣᠳᠠ ᠬᠠᠭᠠᠨ ᠤ ᠵᠠᠷᠯᠢᠭ ᠢ ᠰᠢᠯᠭᠠᠨ ᠬᠢᠭᠰᠡᠨ ᠲᠦᠰᠢᠮᠡᠯᠳᠡᠭᠡ ᠶᠢ ᠬᠠᠳᠠᠭᠠᠯᠠᠬᠤ᠂ ᠠᠮᠪᠠᠨ ᠲᠠᠯᠠ ᠪᠠᠢᠨ ᠪᠠᠢᠯᠭ᠎ᠠ ᠨᠢᠭᠤᠷ
ᠳᠤᠭᠠᠷ ᠪᠣᠯᠭᠠᠨ ᠬᠦᠷᠭᠡᠵᠦ ᠶᠢᠨ ᠬᠠᠮᠢᠶᠠᠷᠤᠯᠬᠤ ᠠᠯᠪᠠ ᠪᠠᠷ ᠲᠤᠰᠬᠠᠬᠤ ᠶᠢ ᠬᠡᠯᠡᠯᠴᠡᠭᠰᠡᠨ ᠪᠢᠴᠢᠭ᠂ ᠵᠠᠷᠯᠢᠭ ᠬᠤᠪᠢᠶᠠᠷᠢᠯᠠᠭᠰᠠᠨ ᠳ᠋ᠤ ᠬᠠᠷᠢᠭᠤᠯᠬᠤ ᠤᠷᠢᠳᠠᠬᠢ ᠬᠠᠭᠠᠨ ᠤ ᠵᠠᠷᠯᠢᠭ（ᠡᠮᠦᠨᠡᠬᠢ᠂ 32 ᠳᠤᠭᠠᠷ ᠨᠢᠭᠤᠷ᠂
ᠡᠮᠦᠨᠡᠬᠢ ᠪᠢᠴᠢᠭ ᠦᠨ ᠪᠢᠯᠢᠭ ᠳᠠᠷᠠᠭᠠᠴᠢᠯᠠᠨ ᠪᠦᠯᠦᠭ ᠤᠨ 19 ᠳᠦᠭᠡᠷ ᠳᠡᠪᠲᠡᠷ ᠦᠨ 134-136 ᠳᠤᠭᠠᠷ ᠨᠢᠭᠤᠷ᠂ ᠬᠤᠵᠢᠮ ᠪᠢᠴᠢᠭ ᠦᠨ ᠮᠥᠨ ᠪᠦᠯᠦᠭ ᠤᠨ 62 ᠳᠤᠭᠠᠷ ᠳᠡᠪᠲᠡᠷ ᠦᠨ 208-210 ᠳᠤᠭᠠᠷ ᠨᠢᠭᠤᠷ᠂ ᠮᠥᠨ ᠪᠦᠯᠦᠭ ᠤᠨ 113 ᠳᠤᠭᠠᠷ
ᠳᠡᠪᠲᠡᠷ ᠦᠨ 476-478 ᠳᠤᠭᠠᠷ ᠨᠢᠭᠤᠷ᠂ ᠳᠠᠷᠠᠭᠠᠴᠢᠯᠠᠨ ᠪᠦᠯᠦᠭ ᠤᠨ 18 ᠳᠤᠭᠠᠷ ᠳᠡᠪᠲᠡᠷ ᠦᠨ 132-134 ᠳᠦᠭᠡᠷ ᠨᠢᠭᠤᠷ）……………………………………32
10.（11）ᠬᠠᠰᠢᠭᠠᠷ ᠤᠨ ᠰᠢᠪᠠᠭᠤᠨ〈ᠰᠢᠪᠠᠭᠤ ᠤᠨ〉ᠪᠣᠭᠣᠳᠠ ᠬᠠᠭᠠᠨ ᠤ ᠵᠠᠷᠯᠢᠭ ᠢᠶᠠᠷ ᠬᠤᠪᠢᠶᠠᠷᠢᠯᠠᠭᠰᠠᠨ ᠬᠣᠷᠢᠶᠠᠯᠠᠭᠰᠠᠨ ᠤ ᠲᠣᠭᠲᠠᠭᠠᠨ ᠲᠣᠭᠲᠠᠭᠠᠭᠰᠠᠨ ᠳ᠋ᠤ ᠪᠢᠴᠢᠭ᠂ ᠵᠠᠷᠯᠢᠭ ᠬᠤᠪᠢᠶᠠᠷᠢᠯᠠᠭᠰᠠᠨ ᠳ᠋ᠤ ᠬᠠᠷᠢᠭᠤᠯᠬᠤ ᠤᠷᠢᠳᠠᠬᠢ ᠬᠠᠭᠠᠨ ᠤ ᠵᠠᠷᠯᠢᠭ
ᠤᠨ ᠬᠠᠭᠠᠨ ᠤᠨ ᠵᠠᠷᠯᠢᠭ（ᠡᠮᠦᠨᠡᠬᠢ᠂ 33-34 ᠳᠦᠭᠡᠷ ᠨᠢᠭᠤᠷ᠂ ᠡᠮᠦᠨᠡᠬᠢ ᠪᠢᠴᠢᠭ ᠦᠨ ᠪᠢᠯᠢᠭ ᠳᠠᠷᠠᠭᠠᠴᠢᠯᠠᠨ ᠪᠦᠯᠦᠭ ᠤᠨ 21 ᠳᠦᠭᠡᠷ ᠳᠡᠪᠲᠡᠷ ᠦᠨ 139-141 ᠳᠦᠭᠡᠷ ᠨᠢᠭᠤᠷ᠂ ᠬᠤᠵᠢᠮ ᠪᠢᠴᠢᠭ ᠦᠨ ᠮᠥᠨ ᠪᠦᠯᠦᠭ ᠤᠨ 63 ᠳᠤᠭᠠᠷ ᠳᠡᠪᠲᠡᠷ
ᠦᠨ 210-212 ᠳᠤᠭᠠᠷ ᠨᠢᠭᠤᠷ᠂ ᠮᠥᠨ ᠪᠦᠯᠦᠭ ᠤᠨ 114 ᠳᠦᠭᠡᠷ ᠳᠡᠪᠲᠡᠷ ᠦᠨ 478-480 ᠳᠤᠭᠠᠷ ᠨᠢᠭᠤᠷ᠂ ᠳᠠᠷᠠᠭᠠᠴᠢᠯᠠᠨ ᠪᠦᠯᠦᠭ ᠤᠨ 20 ᠳᠤᠭᠠᠷ ᠳᠡᠪᠲᠡᠷ ᠦᠨ 136-138 ᠳᠤᠭᠠᠷ ᠨᠢᠭᠤᠷ）……………33
11.（12）ᠮᠣᠩᠭᠣᠯ ᠪᠠᠨᠢᠷ ᠲᠠᠯᠠ ᠴᠡᠷᠢᠭ ᠲᠣᠭᠲᠠᠭᠠᠨ ᠲᠣᠭᠲᠠᠭᠠᠭᠰᠠᠨ ᠬᠡᠯᠡᠯᠴᠡᠭᠡᠨ ᠦ ᠪᠢᠴᠢᠭ᠂ ᠵᠠᠷᠯᠢᠭ ᠬᠤᠪᠢᠶᠠᠷᠢᠯᠠᠭᠰᠠᠨ ᠳ᠋ᠤ ᠬᠠᠷᠢᠭᠤᠯᠬᠤ ᠤᠷᠢᠳᠠᠬᠢ ᠬᠠᠭᠠᠨ ᠤ ᠵᠠᠷᠯᠢᠭ（ᠡᠮᠦᠨᠡᠬᠢ᠂ 34-35 ᠳᠤᠭᠠᠷ ᠨᠢᠭᠤᠷ᠂
ᠡᠮᠦᠨᠡᠬᠢ ᠪᠢᠴᠢᠭ ᠦᠨ ᠪᠢᠯᠢᠭ ᠳᠠᠷᠠᠭᠠᠴᠢᠯᠠᠨ ᠪᠦᠯᠦᠭ ᠤᠨ 62 ᠳᠤᠭᠠᠷ ᠳᠡᠪᠲᠡᠷ ᠦᠨ 305-309 ᠳᠦᠭᠡᠷ ᠨᠢᠭᠤᠷ᠂ ᠬᠤᠵᠢᠮ ᠪᠢᠴᠢᠭ ᠦᠨ ᠮᠥᠨ ᠪᠦᠯᠦᠭ ᠤᠨ 64 ᠳᠦᠭᠡᠷ ᠳᠡᠪᠲᠡᠷ ᠦᠨ 212-222 ᠳᠤᠭᠠᠷ ᠨᠢᠭᠤᠷ᠂ ᠳᠠᠷᠠᠭᠠᠴᠢᠯᠠᠨ ᠪᠦᠯᠦᠭ ᠤᠨ 22

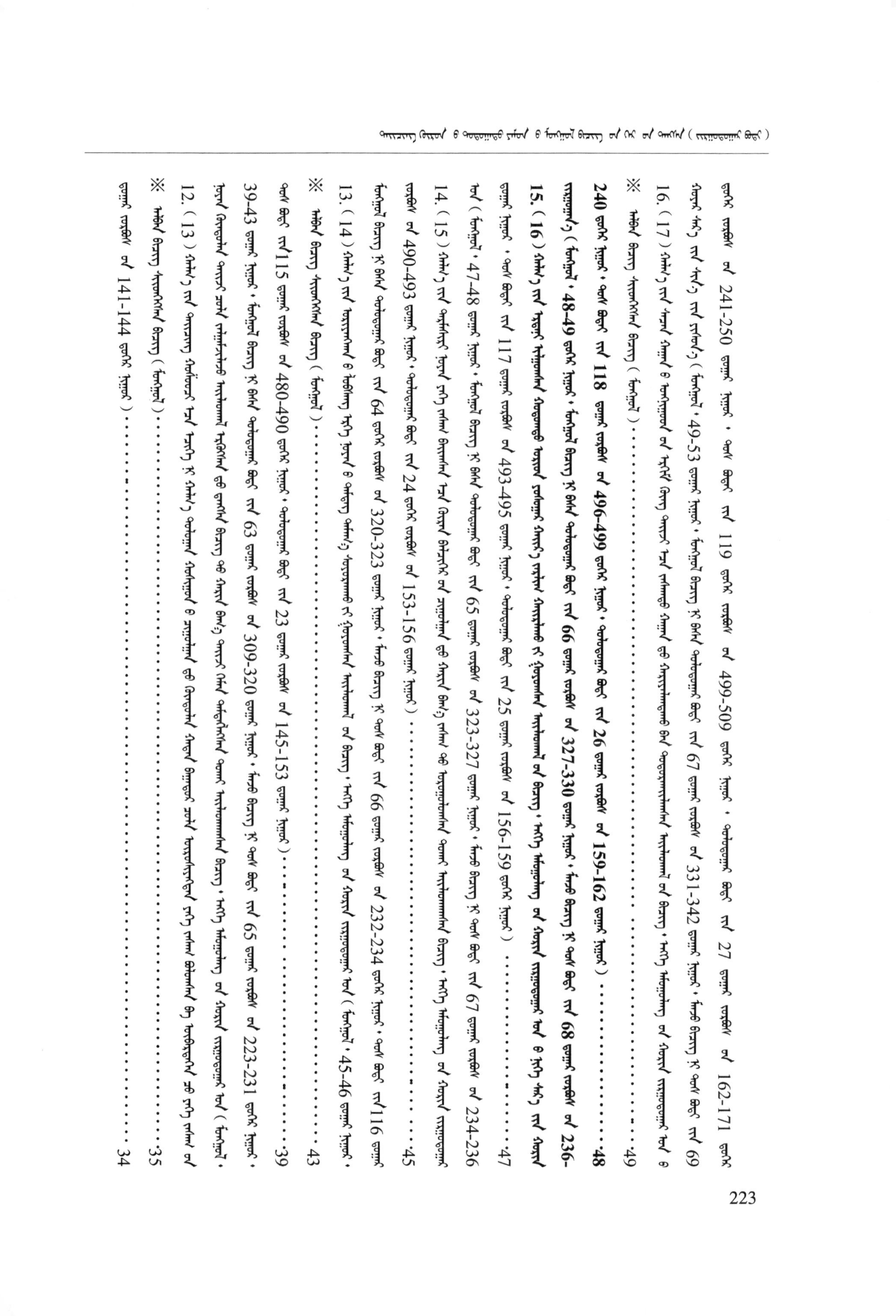

[illegible] 241-250 [illegible] · [illegible] 119 [illegible] 499-509 [illegible] · [illegible] 27 [illegible] 162-171 [illegible] ([illegible] · 49-53 [illegible] · [illegible] 67 [illegible] 331-342 [illegible] · [illegible] 69

16. (17) [illegible] ([illegible])……49

※ [illegible] ([illegible])

240 [illegible] · [illegible] **118** [illegible] **496-499** [illegible] · [illegible] **26** [illegible] **159-162** [illegible])……**48**

[illegible] ([illegible] · **48-49** [illegible] · [illegible] **66** [illegible] **327-330** [illegible] · [illegible] **68** [illegible] **236-**

15. (16) [illegible]

[illegible] · [illegible] 117 [illegible] 493-495 [illegible] · [illegible] 25 [illegible] 156-159 [illegible])……47

[illegible] ([illegible] · 47-48 [illegible] · [illegible] 65 [illegible] 323-327 [illegible] · [illegible] 67 [illegible] 234-236

14. (15) [illegible]

[illegible] 490-493 [illegible] · [illegible] 24 [illegible] 153-156 [illegible])……45

[illegible] 64 [illegible] 320-323 [illegible] · [illegible] 66 [illegible] 232-234 [illegible] · [illegible] 116 [illegible]

13. (14) [illegible] ([illegible] · 45-46 [illegible] ·

※ [illegible] ([illegible])……43

[illegible] 115 [illegible] 480-490 [illegible] · [illegible] 23 [illegible] 145-153 [illegible])……39

39-43 [illegible] · [illegible] 63 [illegible] 309-320 [illegible] · [illegible] 65 [illegible] 223-231 [illegible] ·

[illegible] ([illegible] ·

12. (13) [illegible]

※ [illegible] ([illegible])……35

[illegible] 141-144 [illegible])……34

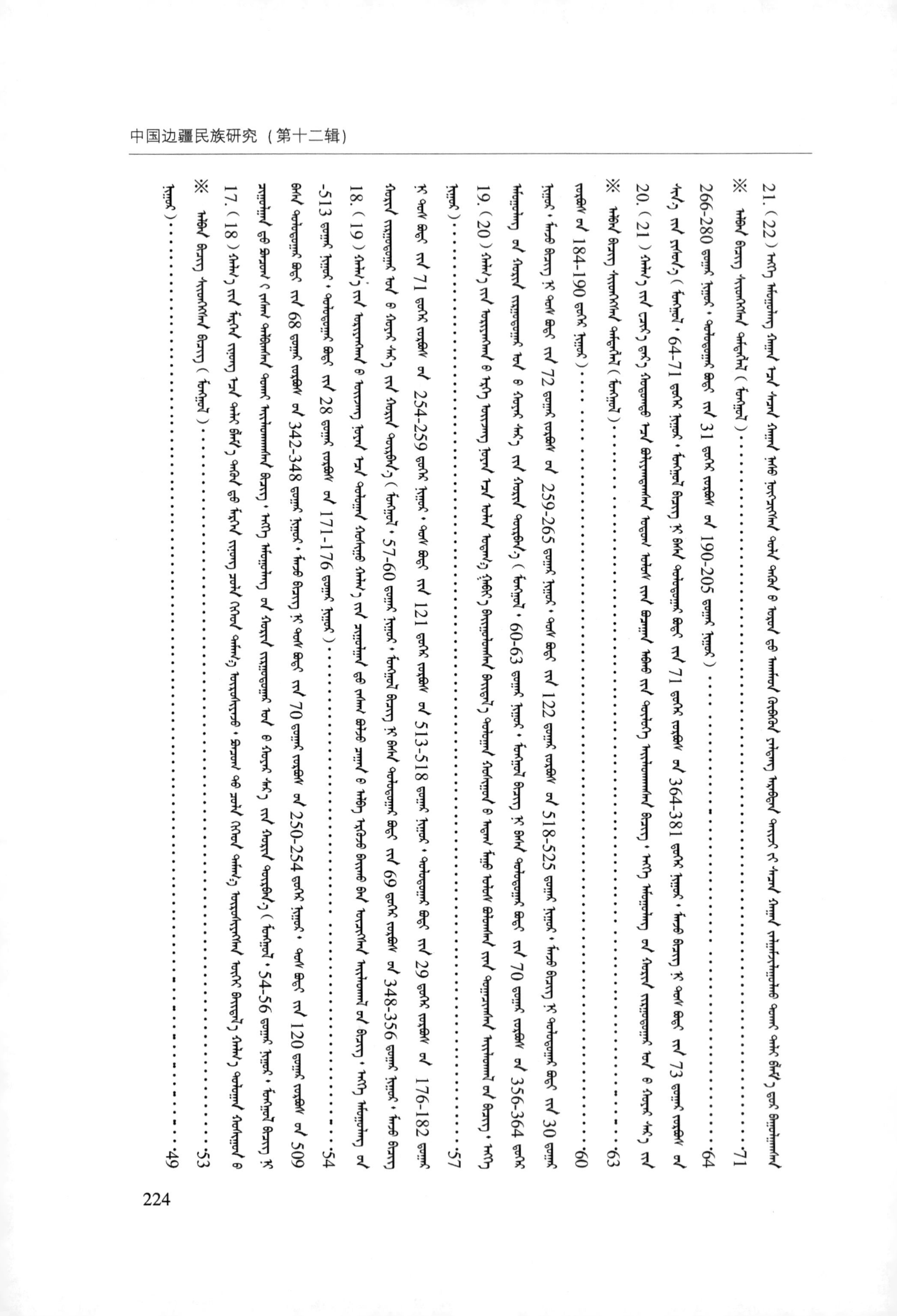

[illegible]）……………………………………………………49
※ [illegible]（[illegible]）……………………………………………53
17.（18）[illegible] [illegible]（[illegible]・54-56 [illegible]・[illegible] 509 [illegible] 120 [illegible] 250-254 [illegible] 70 [illegible] 342-348 [illegible] 68 [illegible]
-513 [illegible] 28 [illegible] 171-176 [illegible]）……………………………………54
18.（19）[illegible] [illegible]（[illegible]・57-60 [illegible] 348-356 [illegible] 69 [illegible] 176-182 [illegible] 29 [illegible] 513-518 [illegible] 121 [illegible] 254-259 [illegible] 71 [illegible]）……………………………………57
19.（20）[illegible] [illegible]（[illegible]・60-63 [illegible] 70 [illegible] 356-364 [illegible] 30 [illegible] 518-525 [illegible] 122 [illegible] 259-265 [illegible] 72 [illegible] 184-190 [illegible]）……………………………………60
※ [illegible]（[illegible]）……………………………………………63
20.（21）[illegible] [illegible]（[illegible]・64-71 [illegible] 71 [illegible] 364-381 [illegible] 73 [illegible] 266-280 [illegible] 31 [illegible] 190-205 [illegible]）……………………………………64
※ [illegible]（[illegible]）……………………………………………71
21.（22）[illegible]

ᠲᠡᠮᠳᠡᠭᠯᠡᠯ ᠦᠨ ᠪᠢᠴᠢᠭ ᠂ ᠬᠠᠭᠠᠨ ᠬᠠᠷᠢᠶᠠᠲᠤ ᠳᠤ ᠮᠡᠳᠡᠭᠦᠯᠦᠭᠰᠡᠨ ᠨᠢ ᠪᠤᠶᠤ ᠮᠡᠳᠡᠭᠡ ᠶᠢ ᠮᠡᠳᠡᠭᠦᠯᠬᠦ ᠲᠤᠬᠠᠢ (ᠮᠠᠨᠵᠤ ᠂ 72-73 ᠳᠤᠭᠠᠷ ᠨᠢᠭᠤᠷ ᠂ ᠮᠠᠨᠵᠤ ᠪᠢᠴᠢᠭ ᠤᠨ ᠬᠡᠪᠯᠡᠭᠰᠡᠨ ᠪᠢᠴᠢᠭ ᠤᠨ 72 ᠳᠤᠭᠠᠷ ᠳᠡᠪᠲᠡᠷ ᠦᠨ
382-384 ᠳᠦᠭᠡᠷ ᠨᠢᠭᠤᠷ ᠂ ᠮᠣᠩᠭᠣᠯ ᠪᠢᠴᠢᠭ ᠤᠨ ᠬᠡᠪᠯᠡᠭᠰᠡᠨ ᠪᠢᠴᠢᠭ ᠤᠨ 74 ᠳᠦᠭᠡᠷ ᠳᠡᠪᠲᠡᠷ ᠦᠨ 280-282 ᠳᠤᠭᠠᠷ ᠨᠢᠭᠤᠷ ᠂ ᠬᠡᠪᠯᠡᠭᠰᠡᠨ ᠪᠢᠴᠢᠭ ᠤᠨ 123 ᠳᠤᠭᠠᠷ ᠳᠡᠪᠲᠡᠷ ᠦᠨ 525-527 ᠳᠤᠭᠠᠷ ᠨᠢᠭᠤᠷ ᠂ ᠬᠢᠲᠠᠳ ᠪᠢᠴᠢᠭ ᠤᠨ 32
ᠳᠤᠭᠠᠷ ᠳᠡᠪᠲᠡᠷ ᠦᠨ 205-207 ᠳᠤᠭᠠᠷ ᠨᠢᠭᠤᠷ) ……………………………………72
22. (23) ᠲᠠᠢᠵᠤ ᠬᠠᠰᠤᠶᠠᠩᠲᠤ ᠬᠠᠭᠠᠨ ᠤ ᠲᠤᠬᠠᠢ ᠪᠡᠷ ᠲᠤᠰᠬᠠᠢ ᠪᠢᠴᠢᠭ ᠤᠨ ᠬᠡᠷᠡᠭ ᠢ ᠬᠠᠮᠢᠶᠠᠷᠤᠭᠰᠠᠨ ᠲᠠᠰᠤᠭ ᠤᠨ ᠨᠠᠢᠮᠠᠨ ᠬᠣᠰᠢᠭᠤ ᠶᠢᠨ ᠲᠤᠰᠠᠯᠠᠭᠴᠢ ᠲᠠᠢᠵᠢ ᠶᠢᠨ ᠭᠠᠷ ᠤᠨ ᠲᠡᠮᠳᠡᠭᠯᠡᠯ ᠦᠨ ᠪᠢᠴᠢᠭ ᠂
ᠲᠠᠢᠵᠤ ᠬᠠᠰᠤᠶᠠᠩᠲᠤ ᠶᠢᠨ ᠮᠡᠳᠡᠭᠡ ᠬᠦᠷᠭᠡᠭᠰᠡᠨ ᠨᠢ ᠪᠤᠶᠤ ᠮᠡᠳᠡᠭᠡ ᠶᠢ ᠮᠡᠳᠡᠭᠦᠯᠬᠦ ᠲᠤᠬᠠᠢ (ᠮᠠᠨᠵᠤ ᠂ 74-75 ᠳᠤᠭᠠᠷ ᠨᠢᠭᠤᠷ ᠂ ᠮᠠᠨᠵᠤ ᠪᠢᠴᠢᠭ ᠤᠨ ᠡᠬᠡ ᠬᠡᠪᠯᠡᠭᠰᠡᠨ ᠪᠢᠴᠢᠭ ᠤᠨ 73 ᠳᠤᠭᠠᠷ ᠳᠡᠪᠲᠡᠷ ᠦᠨ 384-388 ᠳᠤᠭᠠᠷ
ᠨᠢᠭᠤᠷ ᠂ ᠮᠣᠩᠭᠣᠯ ᠪᠢᠴᠢᠭ ᠤᠨ ᠬᠡᠪᠯᠡᠭᠰᠡᠨ ᠪᠢᠴᠢᠭ ᠤᠨ 75 ᠳᠤᠭᠠᠷ ᠳᠡᠪᠲᠡᠷ ᠦᠨ 282-285 ᠳᠤᠭᠠᠷ ᠨᠢᠭᠤᠷ ᠂ ᠬᠡᠪᠯᠡᠭᠰᠡᠨ ᠪᠢᠴᠢᠭ ᠤᠨ 124 ᠳᠦᠭᠡᠷ ᠳᠡᠪᠲᠡᠷ ᠦᠨ 527-529 ᠳᠦᠭᠡᠷ ᠨᠢᠭᠤᠷ ᠂ ᠬᠢᠲᠠᠳ ᠪᠢᠴᠢᠭ ᠤᠨ 33 ᠳᠤᠭᠠᠷ ᠳᠡᠪᠲᠡᠷ ᠦᠨ
207-210 ᠳᠤᠭᠠᠷ ᠨᠢᠭᠤᠷ) ……………………………………74
23. (24) ᠲᠠᠢᠵᠤ ᠬᠠᠰᠤᠶᠠᠩᠲᠤ ᠬᠠᠭᠠᠨ ᠤ ᠲᠤᠬᠠᠢ ᠪᠡᠷ ᠲᠤᠰᠬᠠᠢ ᠪᠢᠴᠢᠭ ᠤᠨ ᠬᠡᠷᠡᠭ ᠢ ᠬᠠᠮᠢᠶᠠᠷᠤᠭᠰᠠᠨ ᠲᠠᠰᠤᠭ ᠤᠨ ᠨᠠᠢᠮᠠᠨ ᠬᠣᠰᠢᠭᠤ ᠶᠢᠨ ᠲᠤᠰᠠᠯᠠᠭᠴᠢ ᠲᠠᠢᠵᠢ ᠶᠢᠨ ᠭᠠᠷ ᠤᠨ ᠲᠡᠮᠳᠡᠭᠯᠡᠯ ᠦᠨ ᠪᠢᠴᠢᠭ ᠂
ᠲᠠᠢᠵᠤ ᠬᠠᠰᠤᠶᠠᠩᠲᠤ ᠶᠢᠨ ᠮᠡᠳᠡᠭᠡ ᠬᠦᠷᠭᠡᠭᠰᠡᠨ ᠨᠢ ᠪᠤᠶᠤ ᠮᠡᠳᠡᠭᠡ ᠶᠢ ᠮᠡᠳᠡᠭᠦᠯᠬᠦ ᠲᠤᠬᠠᠢ (ᠮᠠᠨᠵᠤ ᠂ 75-76 ᠳᠤᠭᠠᠷ ᠨᠢᠭᠤᠷ ᠂ ᠮᠠᠨᠵᠤ ᠪᠢᠴᠢᠭ ᠤᠨ ᠡᠬᠡ ᠬᠡᠪᠯᠡᠭᠰᠡᠨ ᠪᠢᠴᠢᠭ ᠤᠨ 74 ᠳᠦᠭᠡᠷ ᠳᠡᠪᠲᠡᠷ ᠦᠨ 388-391
ᠳᠦᠭᠡᠷ ᠨᠢᠭᠤᠷ ᠂ ᠮᠣᠩᠭᠣᠯ ᠪᠢᠴᠢᠭ ᠤᠨ ᠬᠡᠪᠯᠡᠭᠰᠡᠨ ᠪᠢᠴᠢᠭ ᠤᠨ 76 ᠳᠤᠭᠠᠷ ᠳᠡᠪᠲᠡᠷ ᠦᠨ 285-288 ᠳᠤᠭᠠᠷ ᠨᠢᠭᠤᠷ ᠂ 125 ᠳᠤᠭᠠᠷ ᠳᠡᠪᠲᠡᠷ ᠦᠨ 530-532 ᠳᠤᠭᠠᠷ ᠨᠢᠭᠤᠷ ᠂ ᠬᠢᠲᠠᠳ ᠪᠢᠴᠢᠭ ᠤᠨ 34 ᠳᠦᠭᠡᠷ ᠳᠡᠪᠲᠡᠷ ᠦᠨ 210-
213 ᠳᠤᠭᠠᠷ ᠨᠢᠭᠤᠷ) ……………………………………75
24. (25) ᠲᠠᠢᠵᠤ ᠬᠠᠰᠤᠶᠠᠩᠲᠤ ᠬᠠᠭᠠᠨ ᠤ ᠲᠤᠬᠠᠢ ᠪᠡᠷ ᠲᠤᠰᠬᠠᠢ ᠪᠢᠴᠢᠭ ᠤᠨ ᠬᠡᠷᠡᠭ ᠢ ᠬᠠᠮᠢᠶᠠᠷᠤᠭᠰᠠᠨ ᠲᠠᠰᠤᠭ ᠤᠨ ᠨᠠᠢᠮᠠᠨ ᠬᠣᠰᠢᠭᠤ ᠶᠢᠨ ᠲᠤᠰᠠᠯᠠᠭᠴᠢ ᠲᠠᠢᠵᠢ ᠶᠢᠨ ᠭᠠᠷ ᠤᠨ ᠲᠡᠮᠳᠡᠭᠯᠡᠯ ᠦᠨ ᠪᠢᠴᠢᠭ ᠂
ᠲᠠᠢᠵᠤ ᠬᠠᠰᠤᠶᠠᠩᠲᠤ ᠶᠢᠨ ᠮᠡᠳᠡᠭᠡ ᠬᠦᠷᠭᠡᠭᠰᠡᠨ ᠨᠢ ᠪᠤᠶᠤ ᠮᠡᠳᠡᠭᠡ ᠶᠢ ᠮᠡᠳᠡᠭᠦᠯᠬᠦ ᠲᠤᠬᠠᠢ (ᠮᠠᠨᠵᠤ ᠂ 77-78 ᠳᠤᠭᠠᠷ ᠨᠢᠭᠤᠷ ᠂ ᠮᠠᠨᠵᠤ ᠪᠢᠴᠢᠭ ᠤᠨ ᠡᠬᠡ ᠬᠡᠪᠯᠡᠭᠰᠡᠨ ᠪᠢᠴᠢᠭ ᠤᠨ 75 ᠳᠤᠭᠠᠷ ᠳᠡᠪᠲᠡᠷ ᠦᠨ 391-395
ᠳᠤᠭᠠᠷ ᠨᠢᠭᠤᠷ ᠂ ᠮᠣᠩᠭᠣᠯ ᠪᠢᠴᠢᠭ ᠤᠨ ᠬᠡᠪᠯᠡᠭᠰᠡᠨ ᠪᠢᠴᠢᠭ ᠤᠨ 77 ᠳᠤᠭᠠᠷ ᠳᠡᠪᠲᠡᠷ ᠦᠨ 288-293 ᠳᠤᠭᠠᠷ ᠨᠢᠭᠤᠷ ᠂ ᠬᠡᠪᠯᠡᠭᠰᠡᠨ ᠪᠢᠴᠢᠭ ᠤᠨ 126 ᠳᠤᠭᠠᠷ ᠳᠡᠪᠲᠡᠷ ᠦᠨ 533-535 ᠳᠤᠭᠠᠷ ᠨᠢᠭᠤᠷ ᠂ ᠬᠢᠲᠠᠳ ᠪᠢᠴᠢᠭ ᠤᠨ 35
ᠳᠤᠭᠠᠷ ᠳᠡᠪᠲᠡᠷ ᠦᠨ 213-215 ᠳᠤᠭᠠᠷ ᠨᠢᠭᠤᠷ) ……………………………………77
※ ᠬᠠᠭᠠᠨ ᠤ ᠵᠠᠷᠯᠢᠭ ᠤᠨ ᠪᠢᠴᠢᠭ (ᠮᠠᠨᠵᠤ) ……………………………………78
25. (26) ① ᠬᠠᠭᠠᠨ ᠤ ᠪᠢᠴᠢᠭ ᠮᠡᠳᠡᠭᠡ ᠶᠢᠨ ᠬᠡᠷᠡᠭ ᠢ ᠬᠠᠮᠢᠶᠠᠷᠤᠭᠰᠠᠨ ᠶᠠᠮᠤᠨ ᠤ ᠬᠡᠷᠡᠭ ᠢ ᠬᠠᠮᠢᠶᠠᠷᠤᠭᠰᠠᠨ ᠰᠠᠶᠢᠳ ᠤᠨ ᠲᠡᠮᠳᠡᠭᠯᠡᠯ ᠦᠨ ᠪᠢᠴᠢᠭ ᠂ ᠲᠠᠢᠵᠤ ᠬᠠᠰᠤᠶᠠᠩᠲᠤ ᠶᠢᠨ
ᠬᠠᠭᠠᠨ ᠤ ᠪᠢᠴᠢᠭ ᠮᠡᠳᠡᠭᠡ ᠶᠢ ᠮᠡᠳᠡᠭᠦᠯᠬᠦ ᠲᠤᠬᠠᠢ (ᠮᠠᠨᠵᠤ ᠂ 79-80 ᠳᠤᠭᠠᠷ ᠨᠢᠭᠤᠷ ᠂ ᠮᠠᠨᠵᠤ ᠪᠢᠴᠢᠭ ᠤᠨ ᠬᠡᠪᠯᠡᠭᠰᠡᠨ ᠪᠢᠴᠢᠭ ᠤᠨ 76 ᠳᠤᠭᠠᠷ ᠳᠡᠪᠲᠡᠷ ᠦᠨ 395-396 ᠳᠤᠭᠠᠷ ᠨᠢᠭᠤᠷ ᠂ ᠮᠣᠩᠭᠣᠯ ᠪᠢᠴᠢᠭ ᠤᠨ
ᠬᠡᠪᠯᠡᠭᠰᠡᠨ ᠪᠢᠴᠢᠭ ᠤᠨ 78 ᠳᠤᠭᠠᠷ ᠳᠡᠪᠲᠡᠷ ᠦᠨ 294-295 ᠳᠤᠭᠠᠷ ᠨᠢᠭᠤᠷ ᠂ ᠬᠢᠲᠠᠳ ᠪᠢᠴᠢᠭ ᠤᠨ 36 ᠳᠤᠭᠠᠷ ᠳᠡᠪᠲᠡᠷ ᠦᠨ 216-217 ᠳᠤᠭᠠᠷ ᠨᠢᠭᠤᠷ ᠂ 108 ᠳᠤᠭᠠᠷ ᠳᠡᠪᠲᠡᠷ ᠦᠨ 510-511 ᠳᠦᠭᠡᠷ
ᠨᠢᠭᠤᠷ) ……………………………………79

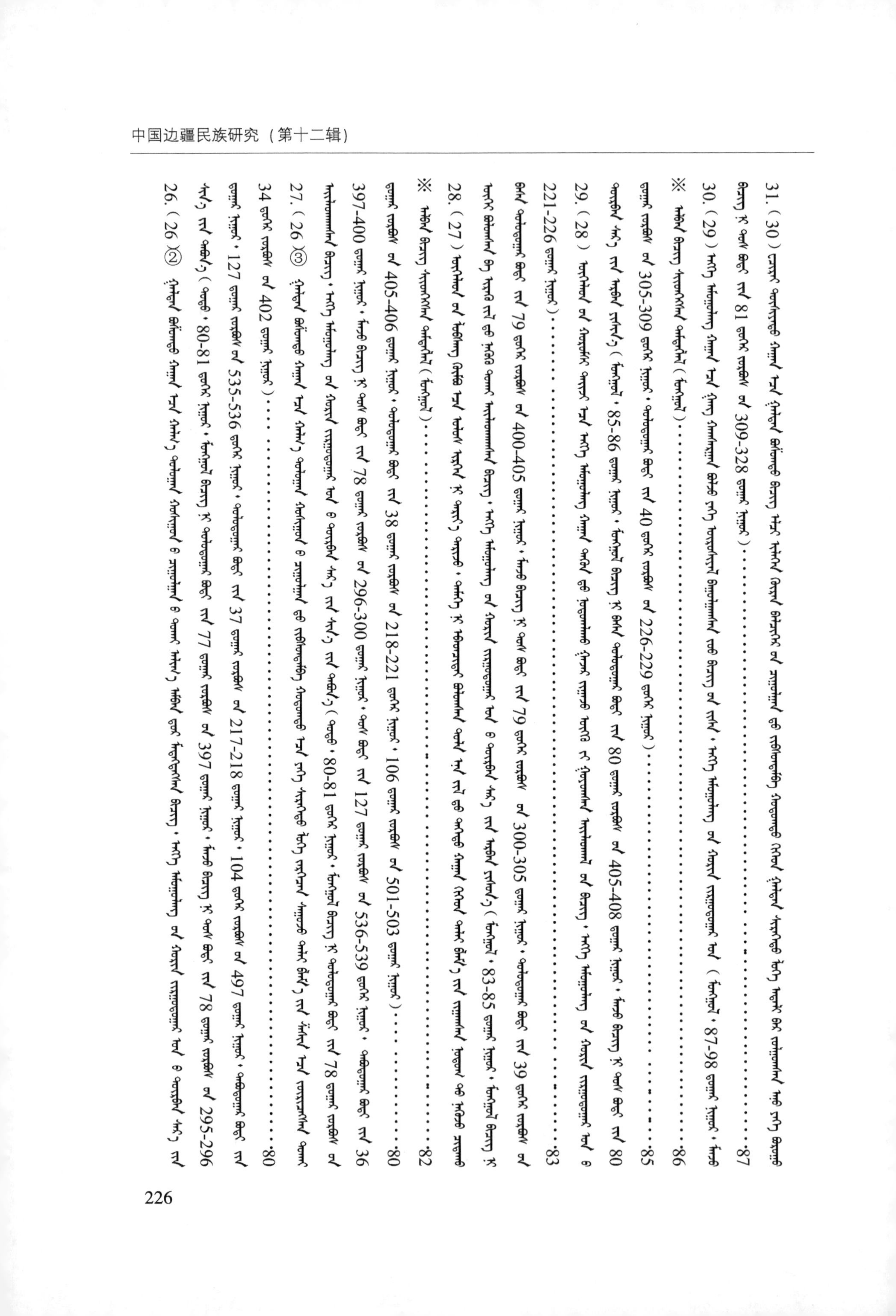

26.（26）② [illegible]
[illegible] 295-296
[illegible] 127 [illegible] 535-536 [illegible] 37 [illegible] 217-218 [illegible] 104 [illegible] 497 [illegible]
34 [illegible] 402 [illegible]）……80
27.（26）③ [illegible]
[illegible]（[illegible] 80-81 [illegible] 78 [illegible]
397-400 [illegible] 78 [illegible] 296-300 [illegible] 127 [illegible] 536-539 [illegible] 36
[illegible] 405-406 [illegible] 38 [illegible] 218-221 [illegible] 106 [illegible] 501-503 [illegible]）……80
※ [illegible]（[illegible]）……82
28.（27）[illegible]
[illegible]（[illegible] 83-85 [illegible]
[illegible] 79 [illegible] 400-405 [illegible] 79 [illegible] 300-305 [illegible] 39 [illegible]
221-226 [illegible]）……83
29.（28）[illegible]
[illegible]（[illegible] 85-86 [illegible] 80 [illegible] 405-408 [illegible] 80
[illegible] 305-309 [illegible] 40 [illegible] 226-229 [illegible]）……85
※ [illegible]（[illegible]）……86
30.（29）[illegible]（[illegible] 87-98 [illegible]
[illegible] 81 [illegible] 309-328 [illegible]）……87
31.（30）[illegible]

ᠬᠠᠭᠠᠨ ᠤ ᠵᠠᠷᠯᠢᠭ ᠢ ᠳᠠᠭᠠᠵᠤ ᠳᠠᠰᠬᠠᠭᠰᠠᠨ (ᠲᠣᠪᠴᠢᠶᠠᠨ · 104-108 ᠳᠤᠭᠠᠷ ᠨᠢᠭᠤᠷ · ᠲᠣᠪᠴᠢᠶᠠᠨ ᠪᠢᠴᠢᠭ ᠦᠨ ᠡᠬᠢ ᠮᠠᠨᠵᠤ ᠪᠢᠴᠢᠭ ᠤ 86 ᠳᠤᠭᠠᠷ ᠳᠡᠪᠲᠡᠷ ᠦᠨ 422-433 ᠳᠤᠭᠠᠷ ᠨᠢᠭᠤᠷ · ᠮᠣᠩᠭᠣᠯ ᠪᠢᠴᠢᠭ ᠦᠨ ᠡᠬᠢ ᠶᠢᠨ 87 ᠳᠤᠭᠠᠷ

36. (34)② ᠠᠯᠪᠠᠲᠤ ᠬᠠᠮᠵᠢᠭᠤᠯ ᠤᠨ ᠤᠯᠤᠰ ᠤ ᠬᠠᠮᠳᠤ ᠤᠨ ᠤᠯᠤᠰ ᠤ ᠨᠢᠭᠤᠷ ᠪᠣᠯᠭᠠᠨ ᠲᠤᠰᠬᠠᠭᠰᠠᠨ ᠳᠤ ᠲᠠᠰᠤᠯᠬᠠᠢ ᠪᠢᠴᠢᠭ · ᠲᠤᠰ ᠬᠡᠪᠡᠷ ᠦᠨ ᠬᠠᠭᠠᠨ ᠤ ᠵᠠᠷᠯᠢᠭ ᠤᠨ ᠤ ᠳᠡᠪᠲᠡᠷ ᠦᠨ 241 ᠳᠤᠭᠠᠷ ᠨᠢᠭᠤᠷ)·· 104

ᠪᠢᠴᠢᠭ ᠦᠨ ᠡᠬᠢ ᠮᠠᠨᠵᠤ ᠪᠢᠴᠢᠭ ᠤ 85 ᠳᠤᠭᠠᠷ ᠳᠡᠪᠲᠡᠷ ᠦᠨ 421-422 ᠳᠤᠭᠠᠷ ᠨᠢᠭᠤᠷ · ᠮᠣᠩᠭᠣᠯ ᠪᠢᠴᠢᠭ ᠦᠨ ᠡᠬᠢ ᠶᠢᠨ 86 ᠳᠤᠭᠠᠷ ᠳᠡᠪᠲᠡᠷ ᠦᠨ 338-339 ᠳᠤᠭᠠᠷ ᠨᠢᠭᠤᠷ · ᠮᠠᠨᠵᠤ ᠪᠢᠴᠢᠭ ᠤ 45 ᠳᠤᠭᠠᠷ

35. (34)① ᠠᠯᠪᠠᠲᠤ ᠬᠠᠮᠵᠢᠭᠤᠯ ᠤᠨ ᠬᠣᠰᠢᠭᠤ ᠨᠤᠲᠤᠭ ᠢ ᠲᠣᠭᠲᠠᠭᠠᠭᠰᠠᠨ ᠲᠤᠰᠬᠠᠭᠰᠠᠨ ᠳᠤ ᠪᠢᠴᠢᠭ · ᠲᠤᠰ ᠬᠡᠪᠡᠷ ᠦᠨ ᠬᠠᠭᠠᠨ ᠤ ᠵᠠᠷᠯᠢᠭ ᠢ ᠳᠠᠭᠠᠵᠤ ᠳᠠᠰᠬᠠᠭᠰᠠᠨ (ᠲᠣᠪᠴᠢᠶᠠᠨ · 104 ᠳᠤᠭᠠᠷ ᠨᠢᠭᠤᠷ · ᠲᠣᠪᠴᠢᠶᠠᠨ ᠨᠢᠭᠤᠷ)·· 103

ᠳᠤᠭᠠᠷ ᠨᠢᠭᠤᠷ · ᠬᠢᠳᠠᠳ ᠪᠢᠴᠢᠭ ᠤ 33 ᠳᠤᠭᠠᠷ ᠳᠡᠪᠲᠡᠷ ᠦᠨ 402 ᠳᠤᠭᠠᠷ ᠨᠢᠭᠤᠷ · ᠮᠠᠨᠵᠤ ᠪᠢᠴᠢᠭ ᠤ 44 ᠳᠤᠭᠠᠷ ᠳᠡᠪᠲᠡᠷ ᠦᠨ 240 ᠳᠤᠭᠠᠷ ᠨᠢᠭᠤᠷ · ᠮᠠᠨᠵᠤ ᠪᠢᠴᠢᠭ ᠤ 103 ᠳᠤᠭᠠᠷ ᠳᠡᠪᠲᠡᠷ ᠦᠨ 497 ᠳᠤᠭᠠᠷ

ᠳᠠᠰᠬᠠᠭᠰᠠᠨ (ᠡᠬᠢ · 103-104 ᠳᠤᠭᠠᠷ ᠨᠢᠭᠤᠷ · ᠲᠣᠪᠴᠢᠶᠠᠨ ᠪᠢᠴᠢᠭ ᠦᠨ ᠡᠬᠢ ᠮᠠᠨᠵᠤ ᠪᠢᠴᠢᠭ ᠤ 84 ᠳᠤᠭᠠᠷ ᠳᠡᠪᠲᠡᠷ ᠦᠨ 420-421 ᠳᠤᠭᠠᠷ ᠨᠢᠭᠤᠷ · ᠮᠣᠩᠭᠣᠯ ᠪᠢᠴᠢᠭ ᠦᠨ ᠡᠬᠢ ᠶᠢᠨ 85 ᠳᠤᠭᠠᠷ ᠳᠡᠪᠲᠡᠷ ᠦᠨ 337-338

34. (33) ᠬᠠᠯᠬ᠎ᠠ ᠶᠢᠨ ᠵᠠᠰᠠᠭ ᠬᠣᠰᠢᠭᠤ ᠨᠤᠲᠤᠭ ᠬᠢᠯᠢ ᠪᠡᠨ ᠰᠢᠢᠳᠪᠦᠷᠢᠯᠡᠬᠦ ᠠᠯᠪᠠᠲᠤ ᠬᠠᠮᠵᠢᠭᠤᠯ ᠤᠨ ᠬᠡᠷᠡᠭ ᠢ ᠰᠢᠭᠲᠭᠡᠭᠰᠡᠨ ᠪᠢᠴᠢᠭ · ᠲᠤᠰ ᠬᠡᠪᠡᠷ ᠦᠨ ᠬᠠᠭᠠᠨ ᠤ ᠵᠠᠷᠯᠢᠭ ᠢ ᠳᠠᠭᠠᠵᠤ ᠳᠠᠰᠬᠠᠭᠰᠠᠨ

43 ᠳᠤᠭᠠᠷ ᠳᠡᠪᠲᠡᠷ ᠦᠨ 238-240 ᠳᠤᠭᠠᠷ ᠨᠢᠭᠤᠷ · ᠮᠠᠨᠵᠤ ᠪᠢᠴᠢᠭ ᠤ 105 ᠳᠤᠭᠠᠷ ᠳᠡᠪᠲᠡᠷ ᠦᠨ 499-500 ᠳᠤᠭᠠᠷ ᠨᠢᠭᠤᠷ)······································ 102

418-420 ᠳᠤᠭᠠᠷ ᠨᠢᠭᠤᠷ · ᠮᠣᠩᠭᠣᠯ ᠪᠢᠴᠢᠭ ᠦᠨ ᠡᠬᠢ ᠶᠢᠨ 84 ᠳᠤᠭᠠᠷ ᠳᠡᠪᠲᠡᠷ ᠦᠨ 335-337 ᠳᠤᠭᠠᠷ ᠨᠢᠭᠤᠷ · ᠬᠢᠳᠠᠳ ᠪᠢᠴᠢᠭ ᠤ 35 ᠳᠤᠭᠠᠷ ᠳᠡᠪᠲᠡᠷ ᠦᠨ 403-405 ᠳᠤᠭᠠᠷ ᠨᠢᠭᠤᠷ · ᠮᠠᠨᠵᠤ ᠪᠢᠴᠢᠭ ᠤ

ᠲᠠᠰᠤᠯᠬᠠᠢ ᠪᠢᠴᠢᠭ · ᠲᠤᠰ ᠬᠡᠪᠡᠷ ᠦᠨ ᠬᠠᠭᠠᠨ ᠤ ᠵᠠᠷᠯᠢᠭ ᠢ ᠳᠠᠭᠠᠵᠤ ᠳᠠᠰᠬᠠᠭᠰᠠᠨ (ᠲᠣᠪᠴᠢᠶᠠᠨ · 102-103 ᠳᠤᠭᠠᠷ ᠨᠢᠭᠤᠷ · ᠲᠣᠪᠴᠢᠶᠠᠨ ᠪᠢᠴᠢᠭ ᠦᠨ ᠡᠬᠢ ᠮᠠᠨᠵᠤ ᠪᠢᠴᠢᠭ ᠤ 83 ᠳᠤᠭᠠᠷ ᠳᠡᠪᠲᠡᠷ ᠦᠨ

33. (32) ᠬᠠᠯᠬ᠎ᠠ ᠶᠢᠨ ᠵᠠᠰᠠᠭ ᠬᠣᠰᠢᠭᠤ ᠨᠤᠲᠤᠭ ᠤᠨ ᠠᠯᠪᠠᠲᠤ ᠬᠠᠮᠵᠢᠭᠤᠯ ᠤᠨ ᠬᠡᠷᠡᠭ ᠲᠤᠬᠠᠢ ᠳᠤ ᠰᠢᠢᠳᠪᠦᠷᠢᠯᠡᠭᠰᠡᠨ ᠢ ᠵᠠᠰᠠᠭᠰᠠᠨ ᠠᠯᠪᠠᠲᠤ ᠬᠠᠮᠵᠢᠭᠤᠯ ᠤᠨ ᠲᠤᠰᠬᠠᠭᠰᠠᠨ

ᠨᠢᠭᠤᠷ · ᠮᠠᠨᠵᠤ ᠪᠢᠴᠢᠭ ᠤ 42 ᠳᠤᠭᠠᠷ ᠳᠡᠪᠲᠡᠷ ᠦᠨ 234-238 ᠳᠤᠭᠠᠷ ᠨᠢᠭᠤᠷ)·· 101

ᠪᠢᠴᠢᠭ ᠤ 82 ᠳᠤᠭᠠᠷ ᠳᠡᠪᠲᠡᠷ ᠦᠨ 414-418 ᠳᠤᠭᠠᠷ ᠨᠢᠭᠤᠷ · ᠮᠣᠩᠭᠣᠯ ᠪᠢᠴᠢᠭ ᠦᠨ ᠡᠬᠢ ᠶᠢᠨ 83 ᠳᠤᠭᠠᠷ ᠳᠡᠪᠲᠡᠷ ᠦᠨ 333-335 ᠳᠤᠭᠠᠷ ᠨᠢᠭᠤᠷ · ᠬᠢᠳᠠᠳ ᠪᠢᠴᠢᠭ ᠤ 129 ᠳᠤᠭᠠᠷ ᠳᠡᠪᠲᠡᠷ ᠦᠨ 544-548 ᠳᠤᠭᠠᠷ

ᠬᠠᠭᠠᠨ ᠤ ᠲᠤᠰᠬᠠᠭᠰᠠᠨ ᠪᠠᠷ ᠲᠠᠰᠤᠯᠬᠠᠢ ᠪᠢᠴᠢᠭ · ᠲᠤᠰ ᠬᠡᠪᠡᠷ ᠦᠨ ᠬᠠᠭᠠᠨ ᠤ ᠵᠠᠷᠯᠢᠭ ᠢ ᠳᠠᠭᠠᠵᠤ ᠳᠠᠰᠬᠠᠭᠰᠠᠨ (ᠲᠣᠪᠴᠢᠶᠠᠨ · 101-102 ᠳᠤᠭᠠᠷ ᠨᠢᠭᠤᠷ · ᠲᠣᠪᠴᠢᠶᠠᠨ ᠪᠢᠴᠢᠭ ᠦᠨ ᠡᠬᠢ ᠮᠠᠨᠵᠤ

32. (31) ᠠᠯᠪᠠᠲᠤ ᠬᠠᠮᠵᠢᠭᠤᠯ ᠤᠨ ᠬᠠᠭᠠᠨ ᠤ ᠵᠠᠰᠠᠭ ᠬᠣᠰᠢᠭᠤ ᠨᠤᠲᠤᠭ ᠪᠢᠴᠢᠭ ᠬᠡᠷᠡᠭ ᠢ ᠰᠢᠢᠳᠪᠦᠷᠢᠯᠡᠭᠰᠡᠨ ᠢ ᠵᠠᠰᠠᠭᠰᠠᠨ ᠪᠠᠷ ᠬᠡᠷᠡᠭ ᠲᠤᠬᠠᠢ ᠳᠤ ᠵᠠᠷᠯᠢᠭ ᠪᠣᠭᠤᠯᠭᠠᠭᠰᠠᠨ ᠪᠢᠴᠢᠭ

ᠮᠠᠨᠵᠤ ᠪᠢᠴᠢᠭ ᠤ 41 ᠳᠤᠭᠠᠷ ᠳᠡᠪᠲᠡᠷ ᠦᠨ 229-234 ᠳᠤᠭᠠᠷ ᠨᠢᠭᠤᠷ)·· 98

ᠶᠢᠨ 81 ᠳᠤᠭᠠᠷ ᠳᠡᠪᠲᠡᠷ ᠦᠨ 408-414 ᠳᠤᠭᠠᠷ ᠨᠢᠭᠤᠷ · ᠮᠣᠩᠭᠣᠯ ᠪᠢᠴᠢᠭ ᠦᠨ ᠡᠬᠢ ᠶᠢᠨ 82 ᠳᠤᠭᠠᠷ ᠳᠡᠪᠲᠡᠷ ᠦᠨ 328-333 ᠳᠤᠭᠠᠷ ᠨᠢᠭᠤᠷ · ᠬᠢᠳᠠᠳ ᠪᠢᠴᠢᠭ ᠤ 128 ᠳᠤᠭᠠᠷ ᠳᠡᠪᠲᠡᠷ ᠦᠨ 540-544 ᠳᠤᠭᠠᠷ ᠨᠢᠭᠤᠷ ·

ᠬᠠᠭᠠᠨ ᠤ ᠲᠤᠰᠬᠠᠭᠰᠠᠨ ᠪᠠᠷ ᠲᠠᠰᠤᠯᠬᠠᠢ ᠪᠢᠴᠢᠭ · ᠲᠤᠰ ᠬᠡᠪᠡᠷ ᠦᠨ ᠬᠠᠭᠠᠨ ᠤ ᠵᠠᠷᠯᠢᠭ ᠢ ᠳᠠᠭᠠᠵᠤ ᠳᠠᠰᠬᠠᠭᠰᠠᠨ (ᠲᠣᠪᠴᠢᠶᠠᠨ · 98-100 ᠳᠤᠭᠠᠷ ᠨᠢᠭᠤᠷ · ᠲᠣᠪᠴᠢᠶᠠᠨ ᠪᠢᠴᠢᠭ ᠦᠨ ᠡᠬᠢ ᠮᠠᠨᠵᠤ ᠪᠢᠴᠢᠭ ᠤ

ᠨᠢ 450-452 ᠳᠤᠭᠠᠷ ᠬᠠᠭᠤᠳᠠᠰᠤ᠂ ᠮᠠᠨᠵᠤ ᠪᠢᠴᠢᠭ ᠦᠨ ᠬᠤᠪᠢ ᠶᠢᠨ 92 ᠳᠤᠭᠠᠷ ᠳᠡᠪᠲᠡᠷ ᠦᠨ 363-365 ᠳᠤᠭᠠᠷ ᠬᠠᠭᠤᠳᠠᠰᠤ᠂ ᠮᠣᠩᠭᠣᠯ ᠬᠤᠪᠢ ᠶᠢᠨ 51 ᠳᠦᠭᠡᠷ ᠳᠡᠪᠲᠡᠷ ᠦᠨ 264-266 ᠳᠤᠭᠠᠷ ᠬᠠᠭᠤᠳᠠᠰᠤ）……117
41.（39）ᠬᠠᠭᠠᠨ ᠤ ᠵᠠᠷᠯᠢᠭ ᠃ ᠮᠠᠨᠵᠤ ᠮᠣᠩᠭᠣᠯ ᠬᠤᠪᠢ ᠶᠢᠨ 91 ᠳᠦᠭᠡᠷ ᠳᠡᠪᠲᠡᠷ ᠦᠨ 359-362 ᠳᠤᠭᠠᠷ ᠬᠠᠭᠤᠳᠠᠰᠤ᠂ ᠮᠣᠩᠭᠣᠯ ᠬᠤᠪᠢ ᠶᠢᠨ 50 ᠳᠤᠭᠠᠷ ᠳᠡᠪᠲᠡᠷ ᠦᠨ 261-264 ᠳᠦᠭᠡᠷ ᠬᠠᠭᠤᠳᠠᠰᠤ）……116
40.（38）ᠬᠠᠭᠠᠨ ᠤ ᠵᠠᠷᠯᠢᠭ ᠃（ᠮᠠᠨᠵᠤ᠂ 116-117 ᠳᠤᠭᠠᠷ ᠬᠠᠭᠤᠳᠠᠰᠤ᠂ ᠮᠠᠨᠵᠤ ᠪᠢᠴᠢᠭ ᠦᠨ ᠬᠤᠪᠢ ᠶᠢᠨ 90 ᠳᠦᠭᠡᠷ ᠳᠡᠪᠲᠡᠷ ᠦᠨ 445-450
※ ᠬᠠᠭᠠᠨ ᠤ ᠵᠠᠷᠯᠢᠭ（ᠮᠠᠨᠵᠤ）……115
445 ᠳᠤᠭᠠᠷ ᠬᠠᠭᠤᠳᠠᠰᠤ᠂ ᠮᠠᠨᠵᠤ ᠪᠢᠴᠢᠭ ᠦᠨ ᠬᠤᠪᠢ ᠶᠢᠨ 90 ᠳᠦᠭᠡᠷ ᠳᠡᠪᠲᠡᠷ ᠦᠨ 356-359 ᠳᠦᠭᠡᠷ ᠬᠠᠭᠤᠳᠠᠰᠤ᠂ ᠮᠣᠩᠭᠣᠯ ᠬᠤᠪᠢ ᠶᠢᠨ 49 ᠳᠦᠭᠡᠷ ᠳᠡᠪᠲᠡᠷ ᠦᠨ 259-261 ᠳᠦᠭᠡᠷ ᠬᠠᠭᠤᠳᠠᠰᠤ）……114
39.（37）ᠬᠠᠭᠠᠨ ᠤ ᠵᠠᠷᠯᠢᠭ ᠃（ᠮᠠᠨᠵᠤ᠂ 114-115 ᠳᠤᠭᠠᠷ ᠬᠠᠭᠤᠳᠠᠰᠤ᠂ ᠮᠠᠨᠵᠤ ᠪᠢᠴᠢᠭ ᠦᠨ ᠬᠤᠪᠢ ᠶᠢᠨ 89 ᠳᠦᠭᠡᠷ ᠳᠡᠪᠲᠡᠷ ᠦᠨ 443-
※ ᠬᠠᠭᠠᠨ ᠤ ᠵᠠᠷᠯᠢᠭ（ᠮᠠᠨᠵᠤ）……113
ᠳᠡᠪᠲᠡᠷ ᠦᠨ 255-259 ᠳᠦᠭᠡᠷ ᠬᠠᠭᠤᠳᠠᠰᠤ）……111
443 ᠳᠤᠭᠠᠷ ᠬᠠᠭᠤᠳᠠᠰᠤ᠂ ᠮᠠᠨᠵᠤ ᠪᠢᠴᠢᠭ ᠦᠨ ᠬᠤᠪᠢ ᠶᠢᠨ 89 ᠳᠦᠭᠡᠷ ᠳᠡᠪᠲᠡᠷ ᠦᠨ 352-356 ᠳᠤᠭᠠᠷ ᠬᠠᠭᠤᠳᠠᠰᠤ᠂ ᠬᠤᠪᠢ ᠶᠢᠨ 131 ᠳᠦᠭᠡᠷ ᠳᠡᠪᠲᠡᠷ ᠦᠨ 551-555 ᠳᠤᠭᠠᠷ ᠬᠠᠭᠤᠳᠠᠰᠤ᠂ ᠮᠣᠩᠭᠣᠯ ᠬᠤᠪᠢ ᠶᠢᠨ 48 ᠳᠤᠭᠠᠷ
38.（36）ᠬᠠᠭᠠᠨ ᠤ ᠵᠠᠷᠯᠢᠭ ᠃（ᠮᠠᠨᠵᠤ᠂ 111-113 ᠳᠤᠭᠠᠷ ᠬᠠᠭᠤᠳᠠᠰᠤ᠂ ᠮᠠᠨᠵᠤ ᠪᠢᠴᠢᠭ ᠦᠨ ᠬᠤᠪᠢ ᠶᠢᠨ 88 ᠳᠤᠭᠠᠷ ᠳᠡᠪᠲᠡᠷ ᠦᠨ 438-
※ ᠬᠠᠭᠠᠨ ᠤ ᠵᠠᠷᠯᠢᠭ（ᠮᠠᠨᠵᠤ）……110
ᠳᠦᠭᠡᠷ ᠬᠠᠭᠤᠳᠠᠰᠤ᠂ ᠬᠤᠪᠢ ᠶᠢᠨ 130 ᠳᠤᠭᠠᠷ ᠳᠡᠪᠲᠡᠷ ᠦᠨ 548-551 ᠳᠦᠭᠡᠷ ᠬᠠᠭᠤᠳᠠᠰᠤ᠂ ᠮᠣᠩᠭᠣᠯ ᠬᠤᠪᠢ ᠶᠢᠨ 47 ᠳᠤᠭᠠᠷ ᠳᠡᠪᠲᠡᠷ ᠦᠨ 251-255 ᠳᠤᠭᠠᠷ ᠬᠠᠭᠤᠳᠠᠰᠤ）……108
37.（35）ᠮᠠᠨᠵᠤ᠂ 108-110 ᠳᠤᠭᠠᠷ ᠬᠠᠭᠤᠳᠠᠰᠤ᠂ ᠮᠠᠨᠵᠤ ᠪᠢᠴᠢᠭ ᠦᠨ ᠬᠤᠪᠢ ᠶᠢᠨ 87 ᠳᠤᠭᠠᠷ ᠳᠡᠪᠲᠡᠷ ᠦᠨ 433-438 ᠳᠤᠭᠠᠷ ᠬᠠᠭᠤᠳᠠᠰᠤ᠂ ᠮᠠᠨᠵᠤ ᠪᠢᠴᠢᠭ ᠦᠨ ᠬᠤᠪᠢ ᠶᠢᠨ 88 ᠳᠤᠭᠠᠷ ᠳᠡᠪᠲᠡᠷ ᠦᠨ 347-351
ᠳᠡᠪᠲᠡᠷ ᠦᠨ 339-347 ᠳᠤᠭᠠᠷ ᠬᠠᠭᠤᠳᠠᠰᠤ᠂ ᠮᠣᠩᠭᠣᠯ ᠬᠤᠪᠢ ᠶᠢᠨ 46 ᠳᠤᠭᠠᠷ ᠳᠡᠪᠲᠡᠷ ᠦᠨ 241-250 ᠳᠤᠭᠠᠷ ᠬᠠᠭᠤᠳᠠᠰᠤ）……104

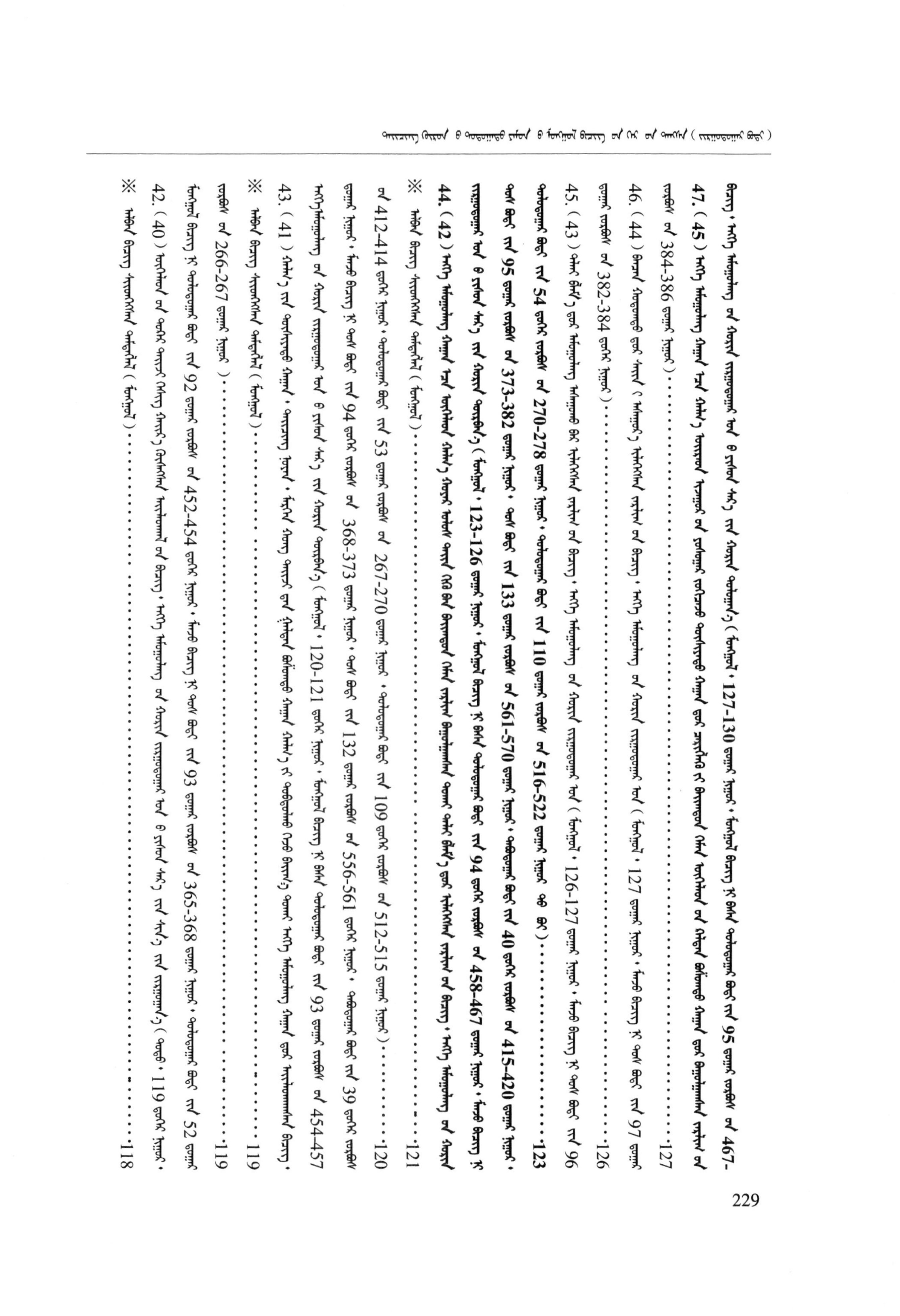

※ [illegible] ([illegible]) ……………………………………118

42. (40) [illegible] ([illegible] · 119 [illegible] · [illegible] 92 [illegible] 452-454 [illegible] · [illegible] 93 [illegible] 365-368 [illegible] · [illegible] 52 [illegible] 266-267 [illegible]) ……………………………………119

※ [illegible] ([illegible]) ……………………………………119

43. (41) [illegible] · [illegible] ([illegible] · 120-121 [illegible] · [illegible] 93 [illegible] 454-457 [illegible] · [illegible] 94 [illegible] 368-373 [illegible] · [illegible] 132 [illegible] 556-561 [illegible] · [illegible] 39 [illegible] 412-414 [illegible] · [illegible] 53 [illegible] 267-270 [illegible] · [illegible] 109 [illegible] 512-515 [illegible]) ……………………………………120

※ [illegible] ([illegible]) ……………………………………121

44. (42) [illegible] · [illegible] ([illegible] · **123-126** [illegible] · [illegible] **94** [illegible] **458-467** [illegible] · [illegible] **95** [illegible] **373-382** [illegible] · [illegible] **133** [illegible] **561-570** [illegible] · [illegible] **40** [illegible] **415-420** [illegible] · [illegible] **54** [illegible] **270-278** [illegible] · [illegible] **110** [illegible] **516-522** [illegible]) ……………………………………**123**

45. (43) [illegible] · [illegible] ([illegible] · 126-127 [illegible] · [illegible] 96 [illegible] 382-384 [illegible]) ……………………………………126

46. (44) [illegible] · [illegible] ([illegible] · 127 [illegible] · [illegible] 97 [illegible] 384-386 [illegible]) ……………………………………127

47. (45) [illegible] · [illegible] ([illegible] · **127-130** [illegible] · [illegible] **95** [illegible] **467-**

475 ᠳᠤᠭᠠᠷ ᠨᠢᠭᠤᠷ · [illegible] 98 ᠳᠤᠭᠠᠷ ᠳᠡᠪᠲᠡᠷ ᠦᠨ 386-393 ᠳᠤᠭᠠᠷ ᠨᠢᠭᠤᠷ · [illegible] 134 ᠳᠦᠭᠡᠷ ᠳᠡᠪᠲᠡᠷ ᠦᠨ 570-578 ᠳᠤᠭᠠᠷ ᠨᠢᠭᠤᠷ · [illegible] 41 ᠳᠦᠭᠡᠷ
ᠳᠡᠪᠲᠡᠷ ᠦᠨ 420-424 ᠳᠦᠭᠡᠷ ᠨᠢᠭᠤᠷ · [illegible] 425-426 ᠳᠤᠭᠠᠷ ᠨᠢᠭᠤᠷ · [illegible] 55 ᠳᠤᠭᠠᠷ ᠳᠡᠪᠲᠡᠷ ᠦᠨ 278-286 ᠳᠤᠭᠠᠷ ᠨᠢᠭᠤᠷ · [illegible] 111
ᠳᠦᠭᠡᠷ ᠳᠡᠪᠲᠡᠷ ᠦᠨ 523-528 ᠳᠤᠭᠠᠷ ᠨᠢᠭᠤᠷ)……127
48.（46）[illegible]
[illegible]（[illegible] · 130-133 ᠳᠤᠭᠠᠷ ᠨᠢᠭᠤᠷ · [illegible] 96 ᠳᠤᠭᠠᠷ ᠳᠡᠪᠲᠡᠷ ᠦᠨ 475-483 ᠳᠤᠭᠠᠷ ᠨᠢᠭᠤᠷ · [illegible] 99
ᠳᠦᠭᠡᠷ ᠳᠡᠪᠲᠡᠷ ᠦᠨ 393-399 ᠳᠦᠭᠡᠷ ᠨᠢᠭᠤᠷ · [illegible] 135 ᠳᠤᠭᠠᠷ ᠳᠡᠪᠲᠡᠷ ᠦᠨ 578-585 ᠳᠤᠭᠠᠷ ᠨᠢᠭᠤᠷ · [illegible] 37 ᠳᠤᠭᠠᠷ ᠳᠡᠪᠲᠡᠷ ᠦᠨ 407-411 ᠳᠦᠭᠡᠷ ᠨᠢᠭᠤᠷ · [illegible]
56 ᠳᠤᠭᠠᠷ ᠳᠡᠪᠲᠡᠷ ᠦᠨ 286-292 ᠳᠤᠭᠠᠷ ᠨᠢᠭᠤᠷ · [illegible] 107 ᠳᠤᠭᠠᠷ ᠳᠡᠪᠲᠡᠷ ᠦᠨ 504-509 ᠳᠦᠭᠡᠷ ᠨᠢᠭᠤᠷ)……130
49.（47）[illegible]（
[illegible] · 134 ᠳᠦᠭᠡᠷ ᠨᠢᠭᠤᠷ · [illegible] 97 ᠳᠤᠭᠠᠷ ᠳᠡᠪᠲᠡᠷ ᠦᠨ 484-486 ᠳᠤᠭᠠᠷ ᠨᠢᠭᠤᠷ · [illegible] 100 ᠳᠤᠭᠠᠷ ᠳᠡᠪᠲᠡᠷ ᠦᠨ 400-403 ᠳᠤᠭᠠᠷ
ᠨᠢᠭᠤᠷ · [illegible] 57 ᠳᠤᠭᠠᠷ ᠳᠡᠪᠲᠡᠷ ᠦᠨ 293-295 ᠳᠤᠭᠠᠷ ᠨᠢᠭᠤᠷ)……134
※ [illegible]（[illegible]）……134
50.（48）[illegible]（[illegible] · 135-136 ᠳᠤᠭᠠᠷ ᠨᠢᠭᠤᠷ · [illegible]
[illegible] 98 ᠳᠤᠭᠠᠷ ᠳᠡᠪᠲᠡᠷ ᠦᠨ 486-488 ᠳᠤᠭᠠᠷ ᠨᠢᠭᠤᠷ · [illegible] 101 ᠳᠦᠭᠡᠷ ᠳᠡᠪᠲᠡᠷ ᠦᠨ 403-405 ᠳᠤᠭᠠᠷ ᠨᠢᠭᠤᠷ · [illegible] 58 ᠳᠤᠭᠠᠷ
ᠳᠡᠪᠲᠡᠷ ᠦᠨ 295-296 ᠳᠤᠭᠠᠷ ᠨᠢᠭᠤᠷ)……135
51.（49）[illegible]（
[illegible] · 137-138 ᠳᠤᠭᠠᠷ ᠨᠢᠭᠤᠷ · [illegible] 99 ᠳᠦᠭᠡᠷ ᠳᠡᠪᠲᠡᠷ ᠦᠨ 488-489 ᠳᠦᠭᠡᠷ ᠨᠢᠭᠤᠷ · [illegible] 102 ᠳᠤᠭᠠᠷ ᠳᠡᠪᠲᠡᠷ ᠦᠨ 405-407
ᠳᠤᠭᠠᠷ ᠨᠢᠭᠤᠷ · [illegible] 59 ᠳᠦᠭᠡᠷ ᠳᠡᠪᠲᠡᠷ ᠦᠨ 296-297 ᠳᠤᠭᠠᠷ ᠨᠢᠭᠤᠷ)……137
※ [illegible]（[illegible]）……137
52.（50）[illegible]
[illegible]（[illegible] · 138-139 ᠳᠦᠭᠡᠷ ᠨᠢᠭᠤᠷ · [illegible] 100 ᠳᠤᠭᠠᠷ ᠳᠡᠪᠲᠡᠷ · 488-491 ᠳᠦᠭᠡᠷ ᠨᠢᠭᠤᠷ · [illegible] 103 ᠳᠤᠭᠠᠷ

ᠬᠠᠭᠤᠳᠠᠰᠤ᠂ ᠦᠨᠳᠦᠰᠦ ᠪᠢᠴᠢᠭ ᠦᠨ ᠬᠡᠪᠯᠡᠯ ᠦᠨ ᠬᠣᠷᠢᠶ᠎ᠠ 105 ᠳᠤᠭᠠᠷ ᠳᠡᠪᠲᠡᠷ ᠦᠨ 414-421 ᠳᠤᠭᠠᠷ ᠬᠠᠭᠤᠳᠠᠰᠤ)……………………………………141

54. (52) ᠬᠠᠨ ᠰᠢᠯᠢᠭᠡᠷ ᠬᠠᠭᠠᠨ ᠤ ᠵᠠᠷᠯᠢᠭ᠂ (ᠬᠣᠷᠢᠶ᠎ᠠ᠂ ᠪᠢᠴᠢᠭ ᠦᠨ ᠬᠡᠪᠯᠡᠯ᠂ ᠳᠡᠯᠭᠡᠷᠡᠭᠦᠯᠦᠭᠰᠡᠨ ᠨᠢ ᠦᠨᠳᠦᠰᠦ ᠪᠢᠴᠢᠭ᠂ ᠬᠡᠪᠯᠡᠯ ᠦᠨ ᠬᠣᠷᠢᠶ᠎ᠠ (ᠬᠣᠷᠢᠶ᠎ᠠ᠂ 141-146 ᠳᠤᠭᠠᠷ 61 ᠳᠤᠭᠠᠷ ᠳᠡᠪᠲᠡᠷ ᠦᠨ 299-303 ᠳᠤᠭᠠᠷ ᠬᠠᠭᠤᠳᠠᠰᠤ)……………………………………139

ᠨᠢ 491-494 ᠳᠤᠭᠠᠷ ᠬᠠᠭᠤᠳᠠᠰᠤ᠂ ᠦᠨᠳᠦᠰᠦ ᠪᠢᠴᠢᠭ ᠦᠨ ᠬᠡᠪᠯᠡᠯ ᠦᠨ ᠬᠣᠷᠢᠶ᠎ᠠ 104 ᠳᠤᠭᠠᠷ ᠳᠡᠪᠲᠡᠷ ᠦᠨ 409-414 ᠳᠤᠭᠠᠷ ᠬᠠᠭᠤᠳᠠᠰᠤ᠂ ᠬᠡᠪᠯᠡᠯ ᠦᠨ ᠬᠣᠷᠢᠶ᠎ᠠ 136 ᠳᠤᠭᠠᠷ ᠳᠡᠪᠲᠡᠷ ᠦᠨ 585-589 ᠳᠤᠭᠠᠷ ᠬᠠᠭᠤᠳᠠᠰᠤ᠂ ᠬᠡᠪᠯᠡᠭᠰᠡᠨ ᠬᠣᠷᠢᠶ᠎ᠠ ᠨᠢ ᠰᠤᠷᠪᠤᠯᠵᠢ ᠪᠢᠴᠢᠭ᠂ ᠦᠨᠳᠦᠰᠦ ᠰᠤᠷᠪᠤᠯᠵᠢ ᠨᠢ ᠰᠤᠳᠤᠯᠤᠯ ᠬᠡᠪᠯᠡᠭᠰᠡᠨ ᠪᠠᠢ ᠤ ᠬᠤᠪᠢ ᠦᠨᠳᠦᠰᠦ ᠬᠡᠯᠡᠨ ᠦᠨ ᠰᠤᠳᠤᠯᠤᠯ (ᠬᠣᠷᠢᠶ᠎ᠠ᠂ 139-141 ᠳᠤᠭᠠᠷ ᠬᠠᠭᠤᠳᠠᠰᠤ᠂ ᠬᠣᠷᠢᠶ᠎ᠠ ᠪᠢᠴᠢᠭ ᠦᠨ ᠬᠡᠪᠯᠡᠭᠰᠡᠨ ᠬᠣᠷᠢᠶ᠎ᠠ ᠦᠨ 101 ᠳᠤᠭᠠᠷ ᠳᠡᠪᠲᠡᠷ

53. (51) ᠰᠢᠯᠢᠭᠡᠨ ᠦ ᠬᠤᠷᠠᠯ ᠬᠤᠷᠠᠯ ᠲᠠᠢ ᠰᠢᠯᠢᠭᠡᠨ ᠬᠤᠷᠠᠯ ᠦᠨ ᠪᠣᠯᠤᠭᠰᠠᠨ ᠰᠤᠷᠤᠯ ᠤᠨ ᠵᠠᠷᠯᠢᠭ ᠪᠢᠴᠢᠭᠯᠡᠯ ᠤᠨ ᠪᠣᠯᠤᠭᠰᠠᠨ ᠰᠤᠷᠤᠯ᠂ ᠬᠤᠷᠠᠯ ᠲᠠᠢ ᠰᠢᠯᠢᠭᠡᠨ ᠬᠤᠷᠠᠯ ᠨᠢ ᠪᠣᠯᠤᠭᠰᠠᠨ ᠰᠤᠷᠤᠯ ᠤᠨ ᠵᠠᠷᠯᠢᠭ ᠬᠤᠷᠠᠯᠳᠠᠢ ᠬᠡᠪᠯᠡᠭᠰᠡᠨ ᠳᠡᠪᠲᠡᠷ ᠦᠨ 407-409 ᠳᠤᠭᠠᠷ ᠬᠠᠭᠤᠳᠠᠰᠤ᠂ ᠬᠡᠪᠯᠡᠭᠰᠡᠨ ᠬᠣᠷᠢᠶ᠎ᠠ ᠦᠨ 60 ᠳᠤᠭᠠᠷ ᠳᠡᠪᠲᠡᠷ ᠦᠨ 296-299 ᠳᠤᠭᠠᠷ ᠬᠠᠭᠤᠳᠠᠰᠤ)……………………………………138

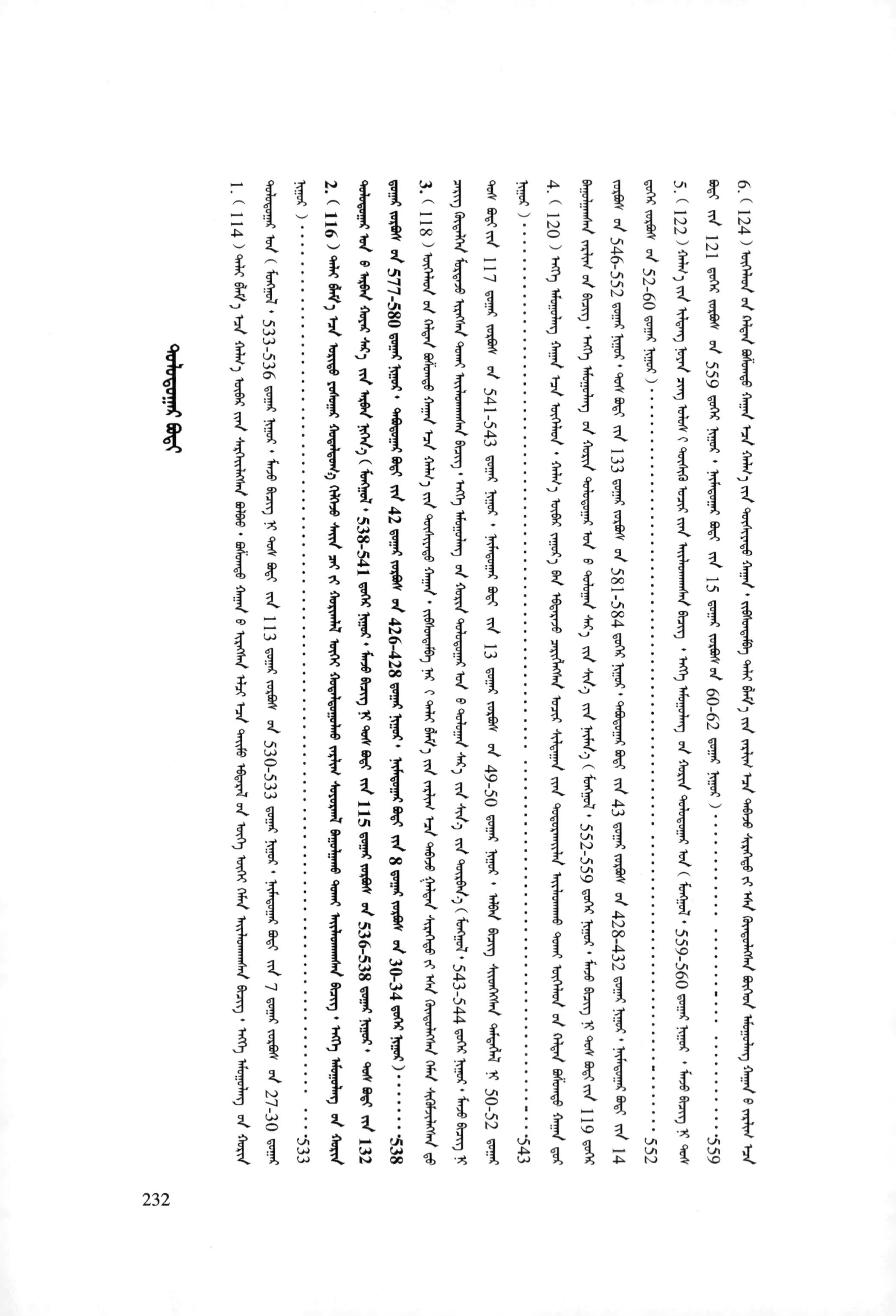

[illegible]

1. (114) [illegible] ([illegible] · 533-536 [illegible] · [illegible] 113 [illegible] 530-533 [illegible] · [illegible] 7 [illegible] 27-30 [illegible]) ………………………………………………………… 533

2. (116) [illegible] **132** [illegible] ([illegible] · **538-541** [illegible] · [illegible] **115** [illegible] **536-538** [illegible] · [illegible] **42** [illegible] **426-428** [illegible] · [illegible] **8** [illegible] **30-34** [illegible]) ……… **538**

3. (118) [illegible] **577-580** [illegible] ([illegible] · 543-544 [illegible] · [illegible] 117 [illegible] 541-543 [illegible] · [illegible] 13 [illegible] 49-50 [illegible] · [illegible] 50-52 [illegible]) ………………………………………………………… 543

4. (120) [illegible] ([illegible] · 552-559 [illegible] · [illegible] 119 [illegible] 14 [illegible] 546-552 [illegible] · [illegible] 133 [illegible] 581-584 [illegible] · [illegible] 43 [illegible] 428-432 [illegible]) ………………………………………………………… 552

5. (122) [illegible] ([illegible] · 559-560 [illegible] · [illegible] 52-60 [illegible]) ………………………………………………………… 552

6. (124) [illegible] 121 [illegible] 559 [illegible] · [illegible] 15 [illegible] 60-62 [illegible]) ………………………………………………………… 559

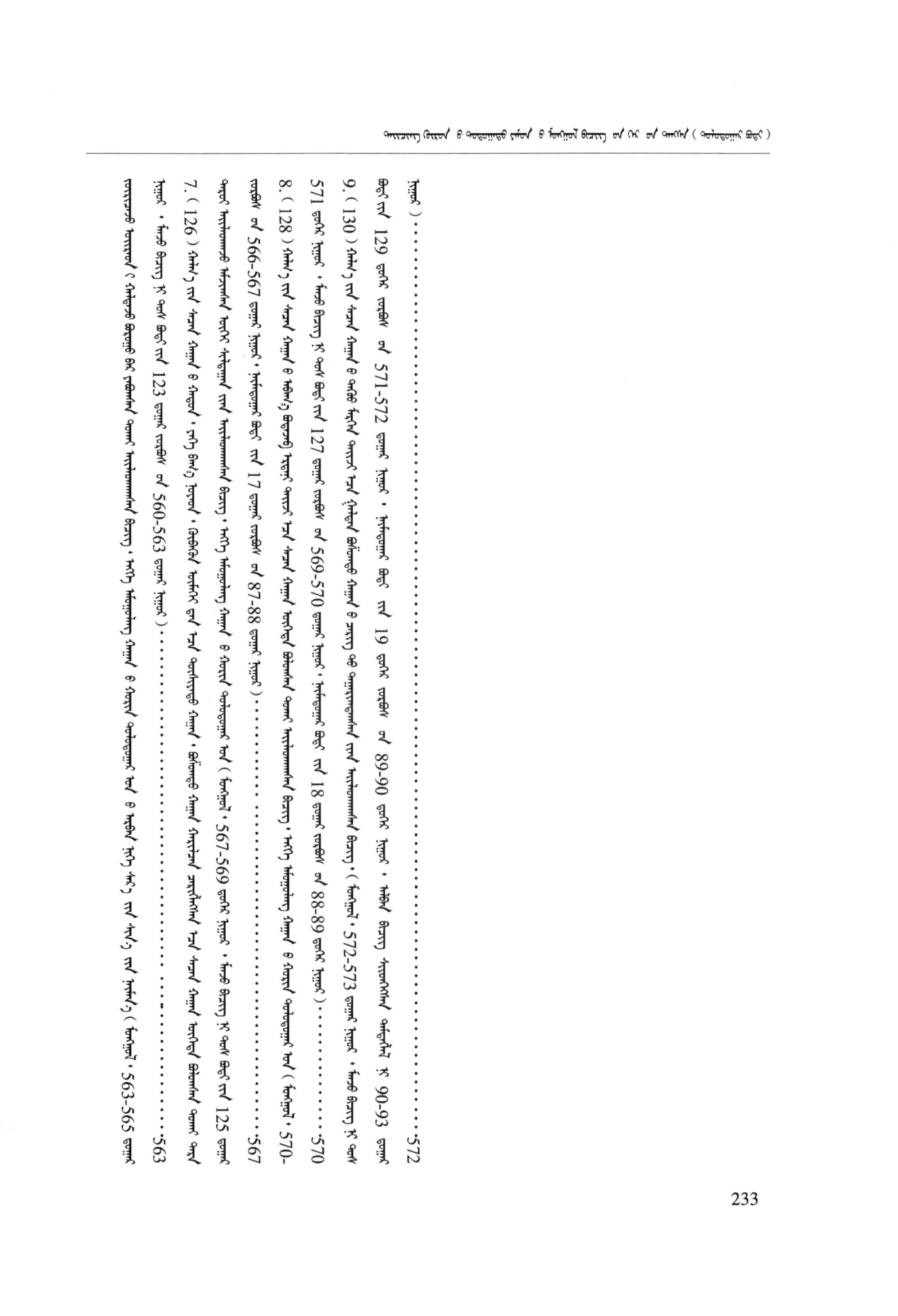

[illegible]) 572
[illegible] 129 [illegible] 571-572 [illegible] · [illegible] 19 [illegible] 89-90 [illegible] · [illegible] 90-93 [illegible]
9. (130) [illegible] · ([illegible] · 572-573 [illegible] · [illegible]
571 [illegible] · [illegible] 127 [illegible] 569-570 [illegible] · [illegible] 18 [illegible] 88-89 [illegible]) 570
8. (128) [illegible] · ([illegible] · 570-
[illegible] 566-567 [illegible] · [illegible] 17 [illegible] 87-88 [illegible]) 567
[illegible] · [illegible] ([illegible] · 567-569 [illegible] · [illegible] 125 [illegible]
7. (126) [illegible]
[illegible] · [illegible] 123 [illegible] 560-563 [illegible]) 563
[illegible] ([illegible] · 563-565 [illegible]

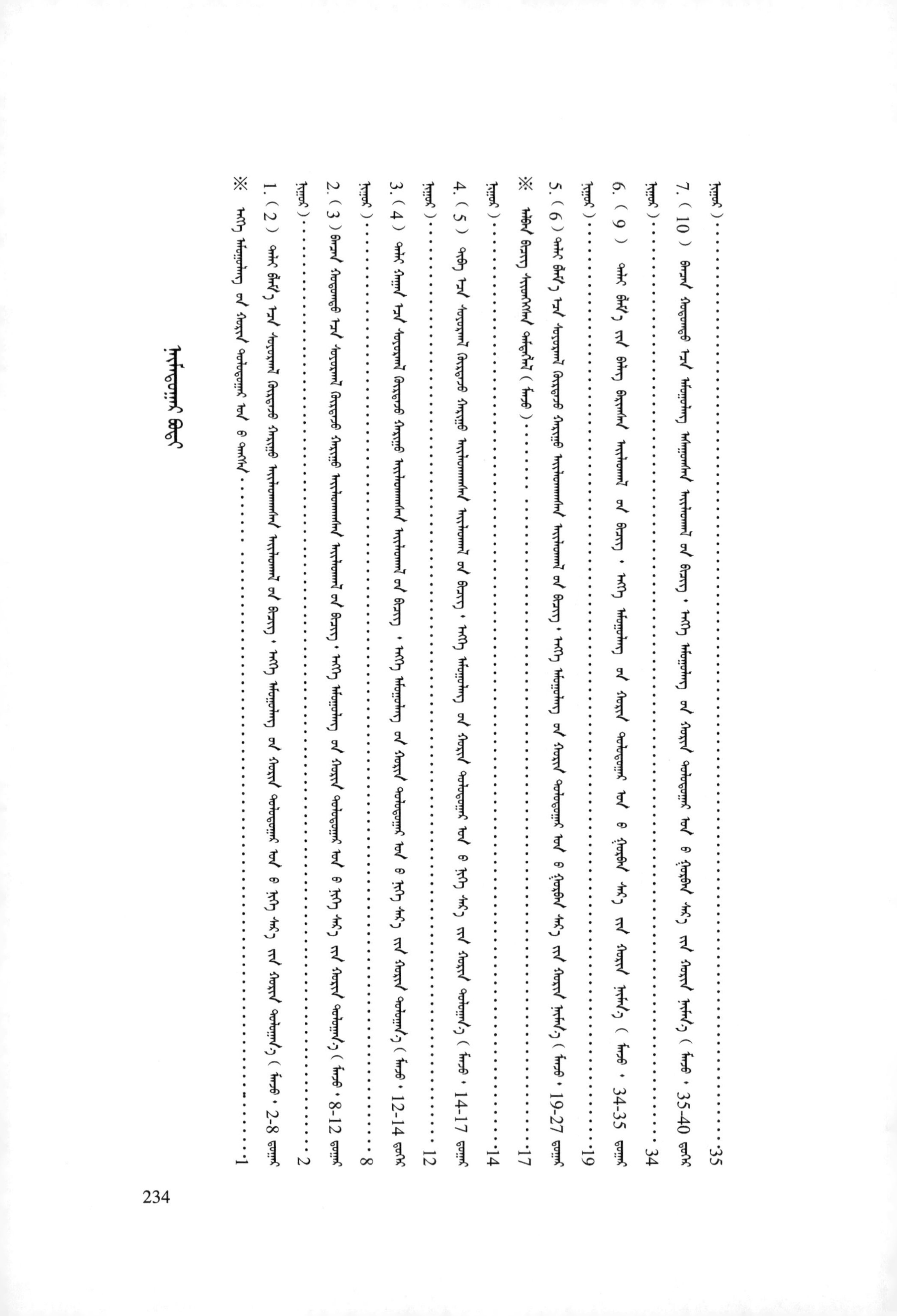

※ [illegible] …………………………1
1.（2）[illegible]（[illegible] · 2-8 [illegible]）…………………………2
2.（3）[illegible]（[illegible] · 8-12 [illegible]）…………………………8
3.（4）[illegible]（[illegible] · 12-14 [illegible]）…………………………12
4.（5）[illegible]（[illegible] · 14-17 [illegible]）…………………………14
※ [illegible]（[illegible]）…………………………17
5.（6）[illegible]（[illegible] · 19-27 [illegible]）…………………………19
6.（9）[illegible]（[illegible] · 34-35 [illegible]）…………………………34
7.（10）[illegible]（[illegible] · 35-40 [illegible]）…………………………35

[illegible]

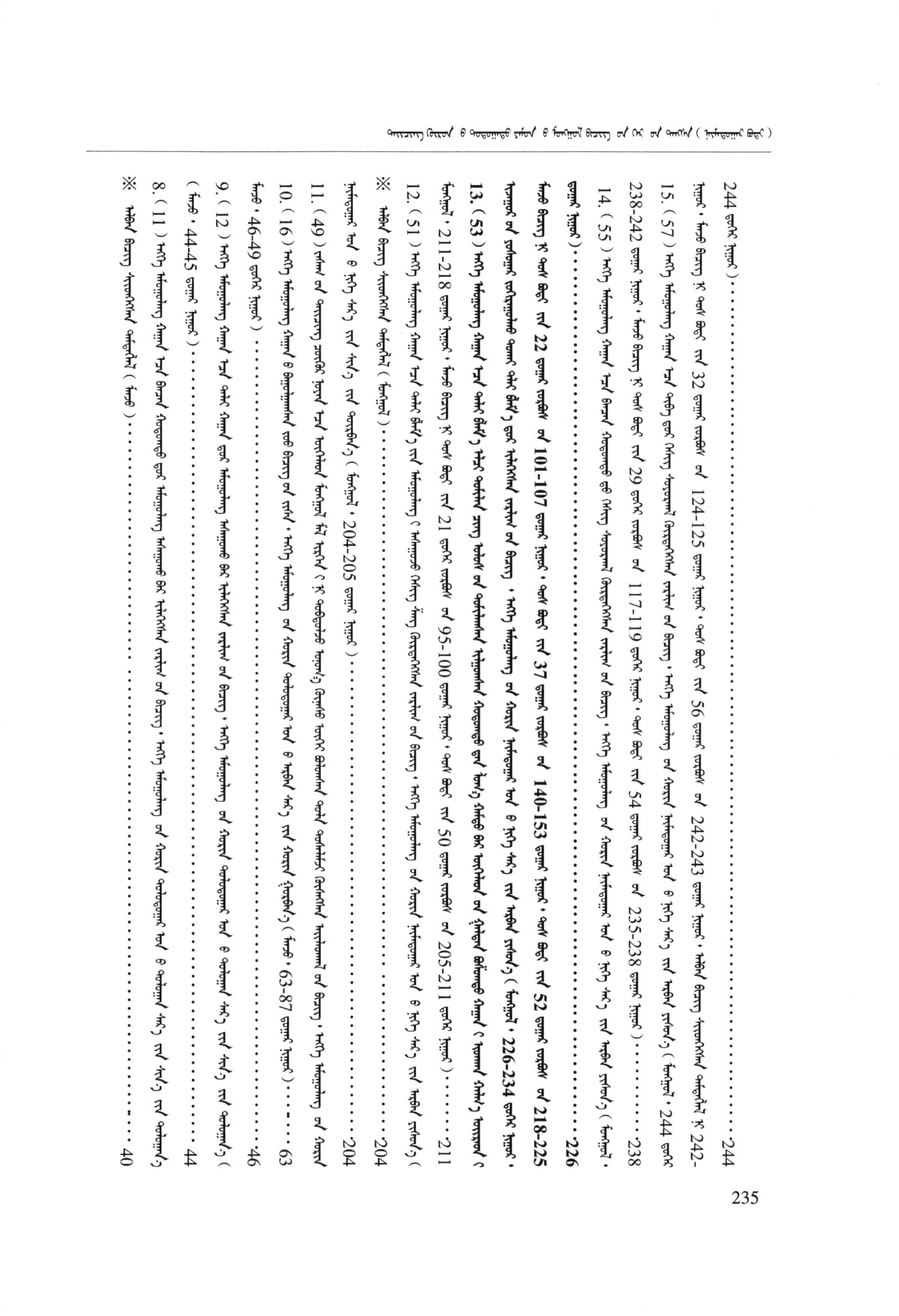

※ [illegible] ([illegible]) ······ 40
8. (11) [illegible] ([illegible] , 44-45 [illegible]) ······ 44
9. (12) [illegible] ([illegible] , 46-49 [illegible]) ······ 46
10. (16) [illegible] ([illegible] , 63-87 [illegible]) ······ 63
11. (49) [illegible] ([illegible] , 204-205 [illegible]) ······ 204
※ [illegible] ([illegible]) ······ 204
12. (51) [illegible] ([illegible] , 211-218 [illegible] , [illegible] 21 [illegible] 95-100 [illegible] , [illegible] 50 [illegible] 205-211 [illegible]) ······ 211
13. (53) [illegible] ([illegible] , 226-234 [illegible] , [illegible] 22 [illegible] 101-107 [illegible] , [illegible] 37 [illegible] 140-153 [illegible] , [illegible] 52 [illegible] 218-225 [illegible]) ······ **226**
14. (55) [illegible] ([illegible] , 238-242 [illegible] , [illegible] 29 [illegible] 117-119 [illegible] , [illegible] 54 [illegible] 235-238 [illegible]) ······ 238
15. (57) [illegible] ([illegible] , 244 [illegible] , [illegible] 32 [illegible] 124-125 [illegible] , [illegible] 56 [illegible] 242-243 [illegible] , [illegible] 242-244 [illegible]) ······ 244

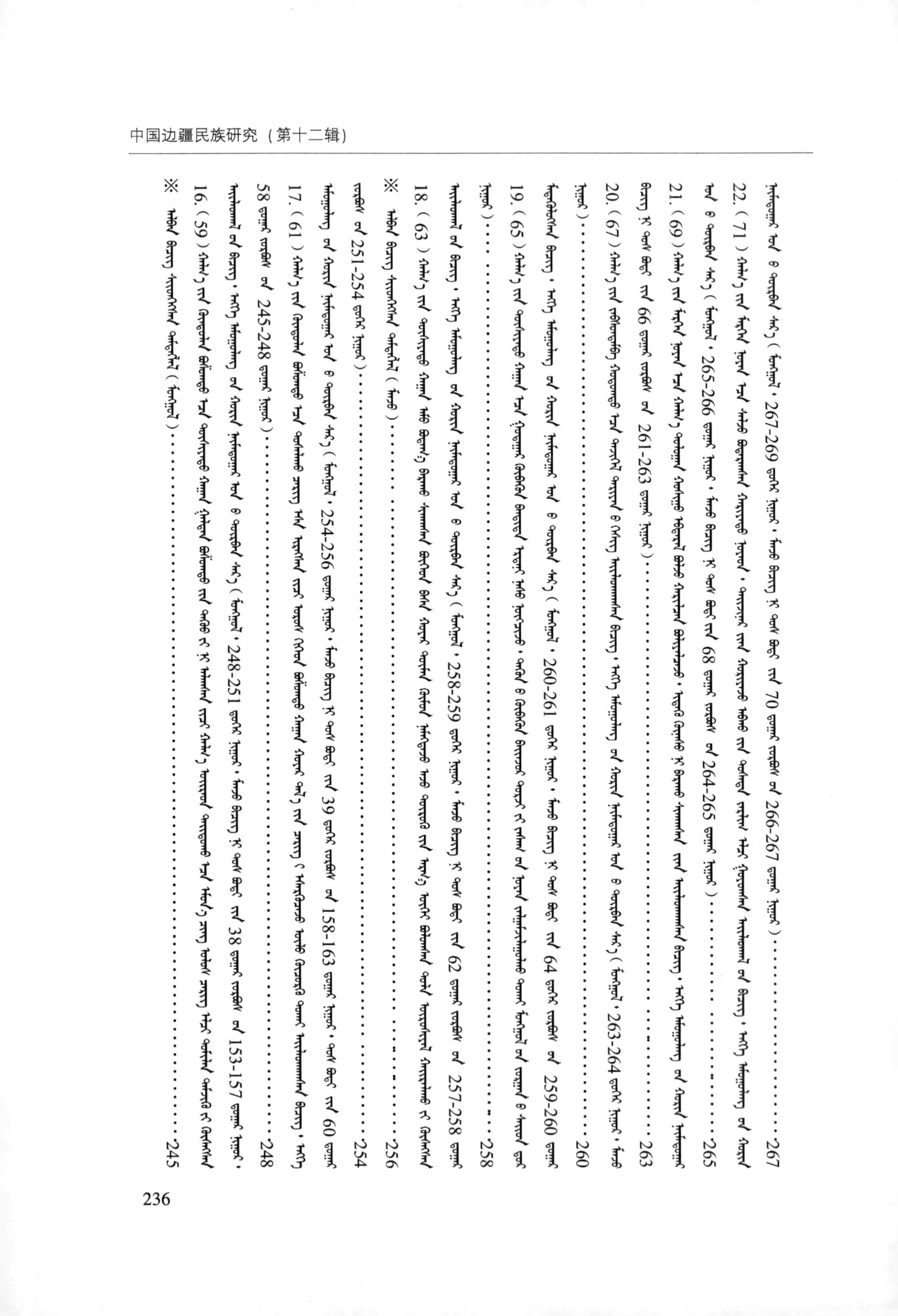

[illegible]（[illegible]，267-269 [illegible]）…………267

22.（71）[illegible] 70 [illegible] 266-267 [illegible]（[illegible]，265-266 [illegible]，[illegible] 68 [illegible] 264-265 [illegible]）…………265

21.（69）[illegible] 66 [illegible] 261-263 [illegible]）…………263

20.（67）[illegible]（[illegible]，263-264 [illegible]）…………260

19.（65）[illegible]（[illegible]，260-261 [illegible] 64 [illegible] 259-260 [illegible]）…………258

18.（63）[illegible]（[illegible]，258-259 [illegible] 62 [illegible] 257-258 [illegible]）…………256

※ [illegible]（[illegible]）…………256

17.（61）[illegible]（[illegible]，254-256 [illegible] 60 [illegible] 251-254 [illegible]）…………254

16.（59）[illegible] 39 [illegible] 158-163 [illegible]（[illegible]，248-251 [illegible] 38 [illegible] 153-157 [illegible] 58 [illegible] 245-248 [illegible]）…………248

※ [illegible]（[illegible]）…………245

30. (87) ᠰᠤᠳᠤᠷ ᠤᠨ ᠲᠤ ... ᠮᠣᠩᠭᠣᠯ ᠬᠡᠯᠡᠨ ᠦ ... ᠪᠢᠴᠢᠭ · ᠬᠠᠮᠲᠤ ᠬᠡᠪᠯᠡᠭᠰᠡᠨ ᠦ ... (ᠬᠡᠪᠯᠡᠯ ·
※ ᠬᠠᠮᠲᠤ ᠪᠢᠴᠢᠭ ᠲᠠᠢᠯᠪᠤᠷᠢᠯᠠᠭᠰᠠᠨ ᠠᠭᠤᠯᠭ᠎ᠠ (ᠳᠡᠭᠡᠷ) ······································306
ᠲᠤ ᠳᠤᠷᠠᠯ (ᠬᠡᠪᠯᠡᠯ · 305-306 ᠨᠢᠭᠤᠷ ᠬᠡᠰᠡᠭ · ᠳᠡᠭᠡᠷ ᠪᠢᠴᠢᠭ ᠦᠨ ᠭᠠᠷ ᠪᠠᠭᠠ ᠲᠤ 84 ᠳᠤᠭᠠᠷ ᠳᠡᠪᠲᠡᠷ ᠦᠨ 305 ᠨᠢᠭᠤᠷ ᠬᠡᠰᠡᠭ) ······························305
29. (85) ᠰᠤᠳᠤᠷ ᠤᠨ ᠲᠤ ... (...) ... ᠪᠢᠴᠢᠭ · ᠬᠠᠮᠲᠤ ... ᠲᠤ ... ᠲᠤ ...
... ᠲᠤ ... ᠲᠤ ᠳᠤᠷᠠᠯ (ᠬᠡᠪᠯᠡᠯ · 304 ᠳᠤᠭᠠᠷ ᠬᠡᠰᠡᠭ · ᠳᠡᠭᠡᠷ ᠪᠢᠴᠢᠭ ᠦᠨ ᠭᠠᠷ ᠪᠠᠭᠠ ᠲᠤ 82 ᠨᠢᠭᠤᠷ ᠳᠡᠪᠲᠡᠷ ᠦᠨ 303-304 ᠳᠤᠭᠠᠷ ᠬᠡᠰᠡᠭ) ······························304
28. (83) ... ᠲᠤ ... ᠪᠢᠴᠢᠭ · ᠬᠠᠮᠲᠤ ... ᠪ
ᠬᠡᠪᠯᠡᠯ · 302-303 ᠨᠢᠭᠤᠷ ᠬᠡᠰᠡᠭ · ᠳᠡᠭᠡᠷ ᠪᠢᠴᠢᠭ ᠦᠨ ᠭᠠᠷ ᠪᠠᠭᠠ ᠲᠤ 80 ᠨᠢᠭᠤᠷ ᠳᠡᠪᠲᠡᠷ ᠦᠨ 301-302 ᠨᠢᠭᠤᠷ ᠬᠡᠰᠡᠭ) ······························302
27. (81) ... ᠪᠢᠴᠢᠭ · ᠬᠠᠮᠲᠤ ... ᠲᠤ ... ᠲᠤ ᠳᠤᠷᠠᠯ (
ᠪ ... ᠲᠤ ... ᠲᠤ ᠳᠤᠷᠠᠯ (ᠬᠡᠪᠯᠡᠯ · 300-301 ᠳᠤᠭᠠᠷ ᠬᠡᠰᠡᠭ · ᠳᠡᠭᠡᠷ ᠪᠢᠴᠢᠭ ᠦᠨ ᠭᠠᠷ ᠪᠠᠭᠠ ᠲᠤ 78 ᠨᠢᠭᠤᠷ ᠳᠡᠪᠲᠡᠷ ᠦᠨ 299-300 ᠨᠢᠭᠤᠷ ᠬᠡᠰᠡᠭ) ······························300
26. (79) ᠰᠤᠳᠤᠷ ᠤᠨ ᠲᠤ ... (...) ... ᠪᠢᠴᠢᠭ · ᠬᠠᠮᠲᠤ ...
293-295 ᠨᠢᠭᠤᠷ ᠬᠡᠰᠡᠭ) ······································295
... ᠪ ... ᠲᠤ ... (ᠬᠡᠪᠯᠡᠯ · 295-298 ᠨᠢᠭᠤᠷ ᠬᠡᠰᠡᠭ · ᠳᠡᠭᠡᠷ ᠪᠢᠴᠢᠭ ᠦᠨ ᠭᠠᠷ ᠪᠠᠭᠠ ᠲᠤ 42 ᠨᠢᠭᠤᠷ ᠳᠡᠪᠲᠡᠷ ᠦᠨ 184-190 ᠨᠢᠭᠤᠷ ᠬᠡᠰᠡᠭ · ᠭᠠᠷ ᠪᠠᠭᠠ ᠲᠤ76 ᠨᠢᠭᠤᠷ ᠳᠡᠪᠲᠡᠷ ᠦᠨ
25. (77) ... ᠪᠢᠴᠢᠭ · ᠬᠠᠮᠲᠤ ... ᠪᠢᠴᠢᠭ · ᠬᠠᠮᠲᠤ ...
ᠪᠢᠴᠢᠭ ᠦᠨ ᠭᠠᠷ ᠪᠠᠭᠠ ᠲᠤ 41 ᠳᠤᠭᠠᠷ ᠳᠡᠪᠲᠡᠷ ᠦᠨ 181-183 ᠨᠢᠭᠤᠷ ᠬᠡᠰᠡᠭ · 74 ᠳᠤᠭᠠᠷ ᠳᠡᠪᠲᠡᠷ ᠦᠨ 290-291 ᠳᠤᠭᠠᠷ ᠬᠡᠰᠡᠭ) ······························291
24. (75) ᠰᠤᠳᠤᠷ ᠤᠨ ᠲᠤ ... (...) ... ᠪᠢᠴᠢᠭ · ... (ᠬᠡᠪᠯᠡᠯ · 291-293 ᠨᠢᠭᠤᠷ ᠬᠡᠰᠡᠭ · ᠳᠡᠭᠡᠷ
ᠬᠡᠰᠡᠭ) ······································**280**
ᠲᠤ 40 ᠳᠤᠭᠠᠷ ᠳᠡᠪᠲᠡᠷ ᠦᠨ 163-181 ᠳᠤᠭᠠᠷ ᠬᠡᠰᠡᠭ · ᠭᠠᠷ ᠪᠠᠭᠠ ᠲᠤ 72 ᠨᠢᠭᠤᠷ ᠳᠡᠪᠲᠡᠷ ᠦᠨ 270-279 ᠳᠤᠭᠠᠷ ᠬᠡᠰᠡᠭ · ... ᠪᠠᠭᠠ ᠲᠤ 44 ᠳᠤᠭᠠᠷ ᠳᠡᠪᠲᠡᠷ ᠦᠨ 433-441 ᠳᠤᠭᠠᠷ
ᠬᠠᠮᠲᠤ ... ᠪ ... ᠲᠤ ... (ᠬᠡᠪᠯᠡᠯ · **280-290** ᠳᠤᠭᠠᠷ ᠬᠡᠰᠡᠭ · ᠳᠡᠭᠡᠷ ᠪᠢᠴᠢᠭ ᠦᠨ ᠭᠠᠷ ᠪᠠᠭᠠ ᠲᠤ **35** ᠨᠢᠭᠤᠷ ᠳᠡᠪᠲᠡᠷ ᠦᠨ **129-139** ᠳᠤᠭᠠᠷ ᠬᠡᠰᠡᠭ · ᠭᠠᠷ ᠪᠠᠭᠠ
23. (**73**) ᠬᠠᠮᠲᠤ ... ᠰᠤᠳᠤᠷ ᠤᠨ ... ᠪᠢᠴᠢᠭ ·
※ ᠬᠠᠮᠲᠤ ᠪᠢᠴᠢᠭ ᠲᠠᠢᠯᠪᠤᠷᠢᠯᠠᠭᠰᠠᠨ ᠠᠭᠤᠯᠭ᠎ᠠ (ᠳᠡᠭᠡᠷ) ······································269

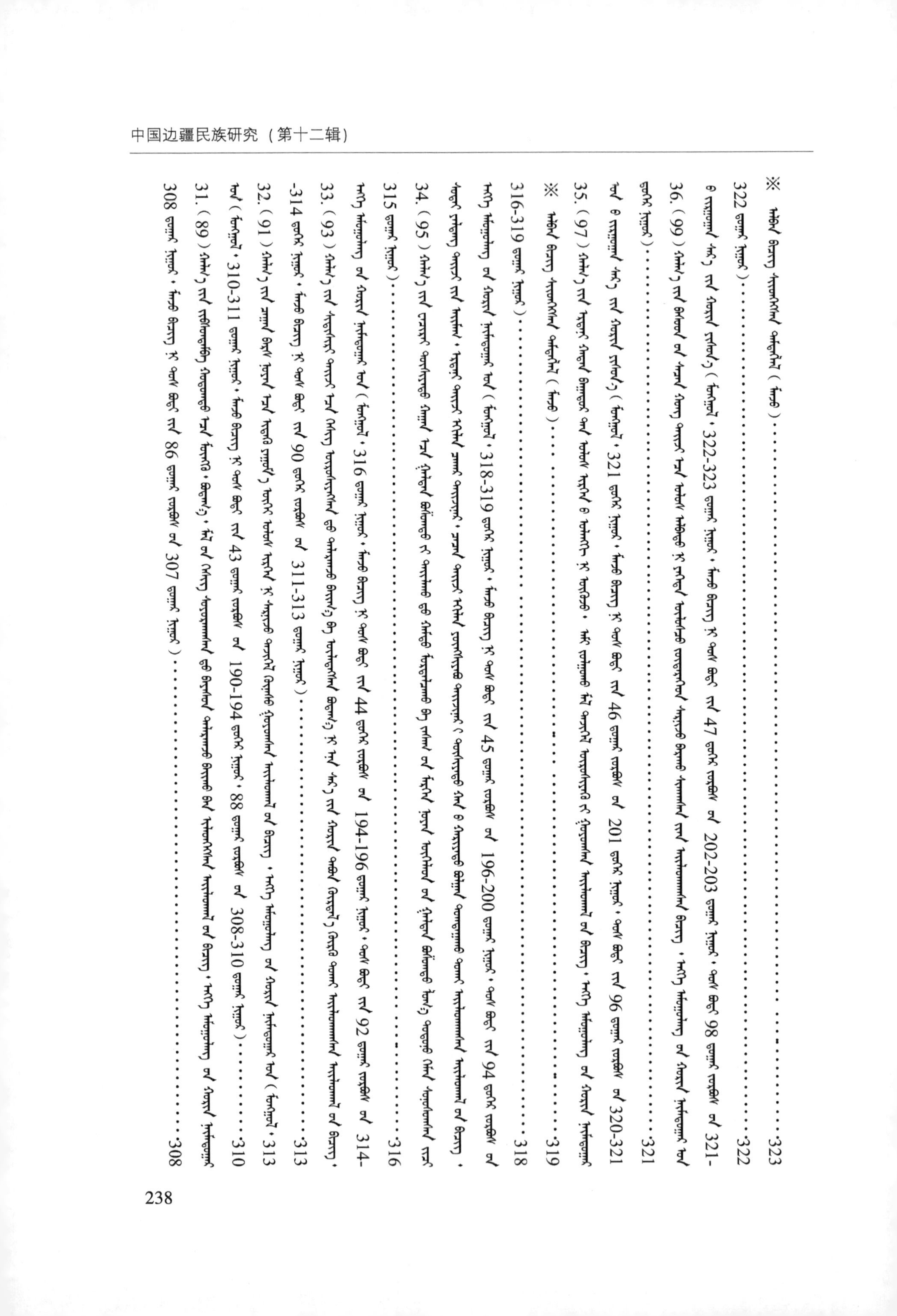

308 [illegible]) ……308

31. (89) [illegible]

[illegible] ([illegible] , 310-311 [illegible] 43 [illegible] 190-194 [illegible] 88 [illegible] 308-310 [illegible]) ……310

32. (91) [illegible] ([illegible] , 313

-314 [illegible] 90 [illegible] 311-313 [illegible]) ……313

33. (93) [illegible]

[illegible] ([illegible] , 316 [illegible] 44 [illegible] 194-196 [illegible] 92 [illegible] 314-

315 [illegible]) ……316

34. (95) [illegible]

[illegible]

[illegible] ([illegible] , 318-319 [illegible] 45 [illegible] 196-200 [illegible] 94 [illegible]

316-319 [illegible]) ……318

※ [illegible] ([illegible]) ……319

35. (97) [illegible]

[illegible] ([illegible] , 321 [illegible] 46 [illegible] 201 [illegible] 96 [illegible] 320-321

[illegible]) ……321

36. (99) [illegible]

[illegible] ([illegible] , 322-323 [illegible] 47 [illegible] 202-203 [illegible] 98 [illegible] 321-

322 [illegible]) ……322

※ [illegible] ([illegible]) ……323

37. (101) [illegible] ᠂
[illegible] ([illegible] ᠂ 330-338 [illegible] ᠂ [illegible] 100 [illegible] 323-330 [illegible]
[illegible] ᠂ [illegible] 330 [illegible]) ······ 330
※ [illegible] ([illegible]) ······ 338
38. (103) [illegible] ᠂ [illegible]
[illegible] ([illegible] ᠂ 341-344 [illegible] ᠂ [illegible] 102 [illegible] 339-341 [illegible]) ······ 341
39. (105) [illegible] ᠂ [illegible]
[illegible] ([illegible] ᠂ 345 [illegible] ᠂ [illegible] 104 [illegible] 344-345 [illegible]) ······ 345
40. (107) [illegible] ᠂ [illegible]
[illegible] ([illegible] ᠂ 347-349 [illegible] ᠂ [illegible] 106 [illegible] 345-347 [illegible]) ······ 347
※ [illegible] ([illegible]) ······ 349
41. (109) [illegible] ᠂ [illegible] (
[illegible] ᠂ 354-358 [illegible] ᠂ [illegible] 23 [illegible] 107-110 [illegible] ᠂ [illegible] 108 [illegible] 350-353 [illegible]) ······ 354
42. (111) [illegible] ᠂ [illegible]
[illegible] ([illegible] ᠂ 359-360 [illegible] ᠂ [illegible] 24 [illegible] 110-111 [illegible] ᠂ [illegible] 110 [illegible] 358-359 [illegible]
[illegible]) ······ 359
43. (113) [illegible] ᠂ [illegible] ([illegible] ᠂ 360 [illegible]
[illegible] ᠂ [illegible] 25 [illegible] 111 [illegible] ᠂ [illegible] 112 [illegible] 360 [illegible]) ······ 360
44. (115) [illegible] ᠂ [illegible] ([illegible] ᠂ 361-362 [illegible] ᠂ [illegible]
[illegible] 26 [illegible] 111-112 [illegible] ᠂ [illegible] 114 [illegible] 361 [illegible]) ······ 361

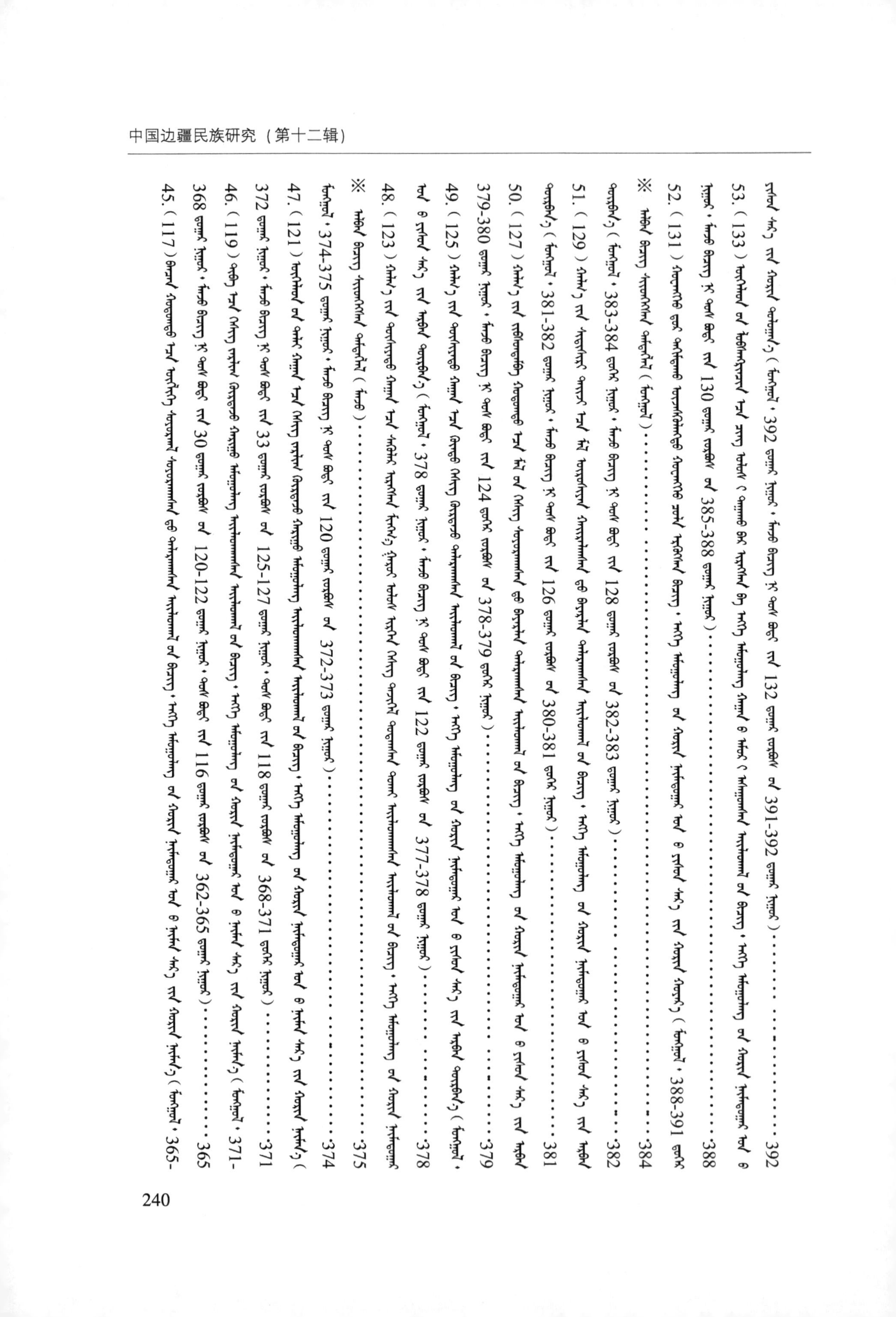

[illegible]（[illegible]，392 [illegible]，[illegible] 132 [illegible] 391-392 [illegible]）……392

53.（133）[illegible]，[illegible]

[illegible]，[illegible] 130 [illegible] 385-388 [illegible]）……388

52.（131）[illegible]，[illegible]（[illegible]，388-391 [illegible]

※ [illegible]（[illegible]）……384

[illegible]（[illegible]，383-384 [illegible]，[illegible] 128 [illegible] 382-383 [illegible]）……382

51.（129）[illegible]，[illegible]

[illegible]（[illegible]，381-382 [illegible]，[illegible] 126 [illegible] 380-381 [illegible]）……381

50.（127）[illegible]，[illegible]

379-380 [illegible]，[illegible] 124 [illegible] 378-379 [illegible]）……379

49.（125）[illegible]，[illegible]（[illegible]，

[illegible]（[illegible]，378 [illegible]，[illegible] 122 [illegible] 377-378 [illegible]）……378

48.（123）[illegible]，[illegible]

※ [illegible]（[illegible]）……375

[illegible]，374-375 [illegible]，[illegible] 120 [illegible] 372-373 [illegible]）……374

47.（121）[illegible]，[illegible]（

372 [illegible]，[illegible] 33 [illegible] 125-127 [illegible]，[illegible] 118 [illegible] 368-371 [illegible]）……371

46.（119）[illegible]，[illegible]（[illegible]，371-

368 [illegible]，[illegible] 30 [illegible] 120-122 [illegible]，[illegible] 116 [illegible] 362-365 [illegible]）……365

45.（117）[illegible]，[illegible]（[illegible]，365-

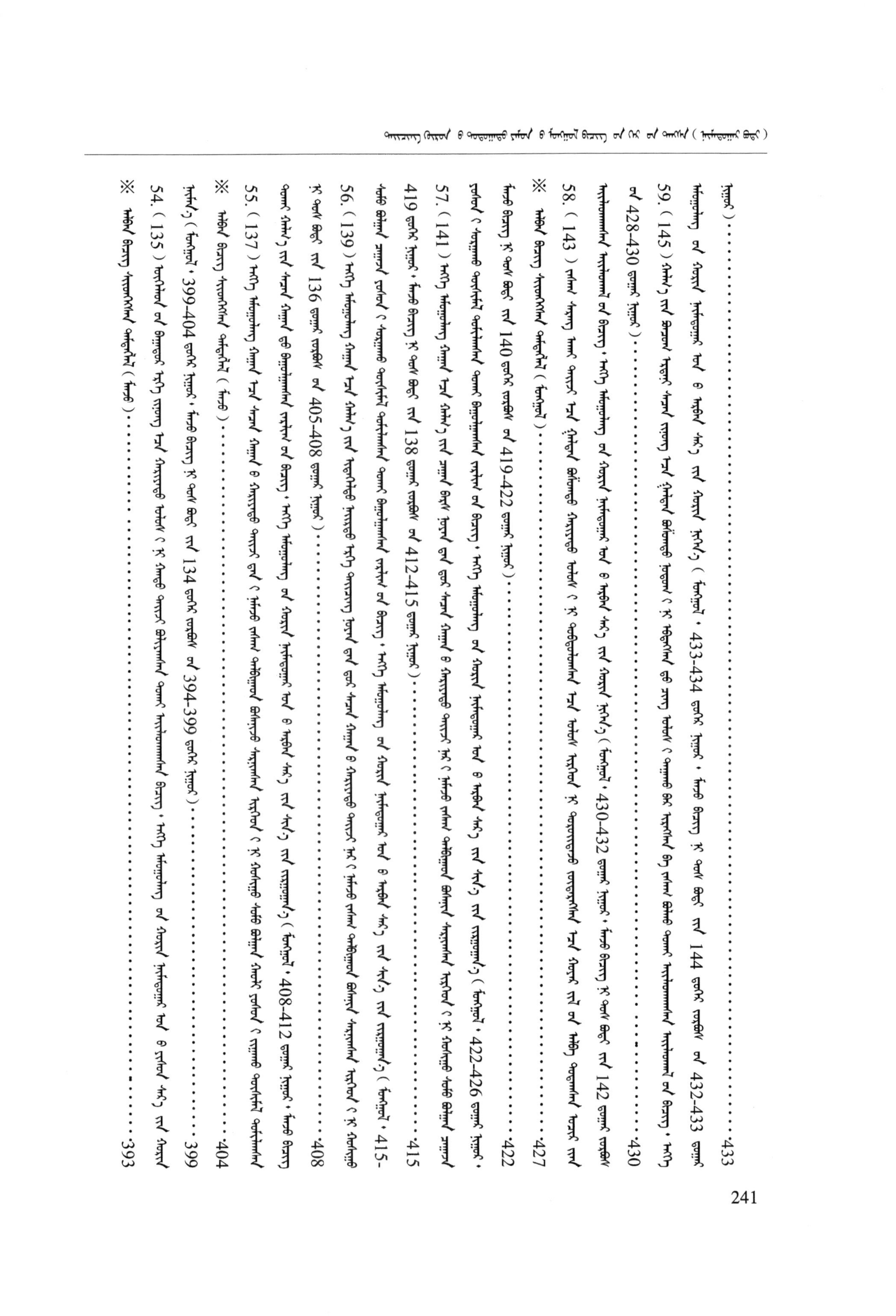

[illegible]) ……………………………………………………………… 433
[illegible] 144 [illegible] 432-433 [illegible] ([illegible] · 433-434 [illegible] · [illegible]
59. (145) [illegible] · [illegible] 142 [illegible]
[illegible] 428-430 [illegible]) ……………………………………………………………… 430
[illegible] · [illegible] ([illegible] · 430-432 [illegible] · [illegible]
58. (143) [illegible] 140 [illegible] 419-422 [illegible]) ……………………………………………………………… 422
※ [illegible] ([illegible]) ……………………………………………………………… 427
[illegible] · [illegible] ([illegible] · 422-426 [illegible] ·
57. (141) [illegible] 138 [illegible] 412-415 [illegible]) ……………………………………………………………… 415
419 [illegible] · [illegible]
[illegible] · [illegible] ([illegible] · 415-
56. (139) [illegible] 136 [illegible] 405-408 [illegible]) ……………………………………………………………… 408
[illegible] ([illegible] · 408-412 [illegible] · [illegible]
55. (137) [illegible]
※ [illegible] ([illegible]) ……………………………………………………………… 404
[illegible] ([illegible] · 399-404 [illegible] · [illegible] 134 [illegible] 394-399 [illegible]) ……………………………………………………………… 399
54. (135) [illegible]
※ [illegible] ([illegible]) ……………………………………………………………… 393

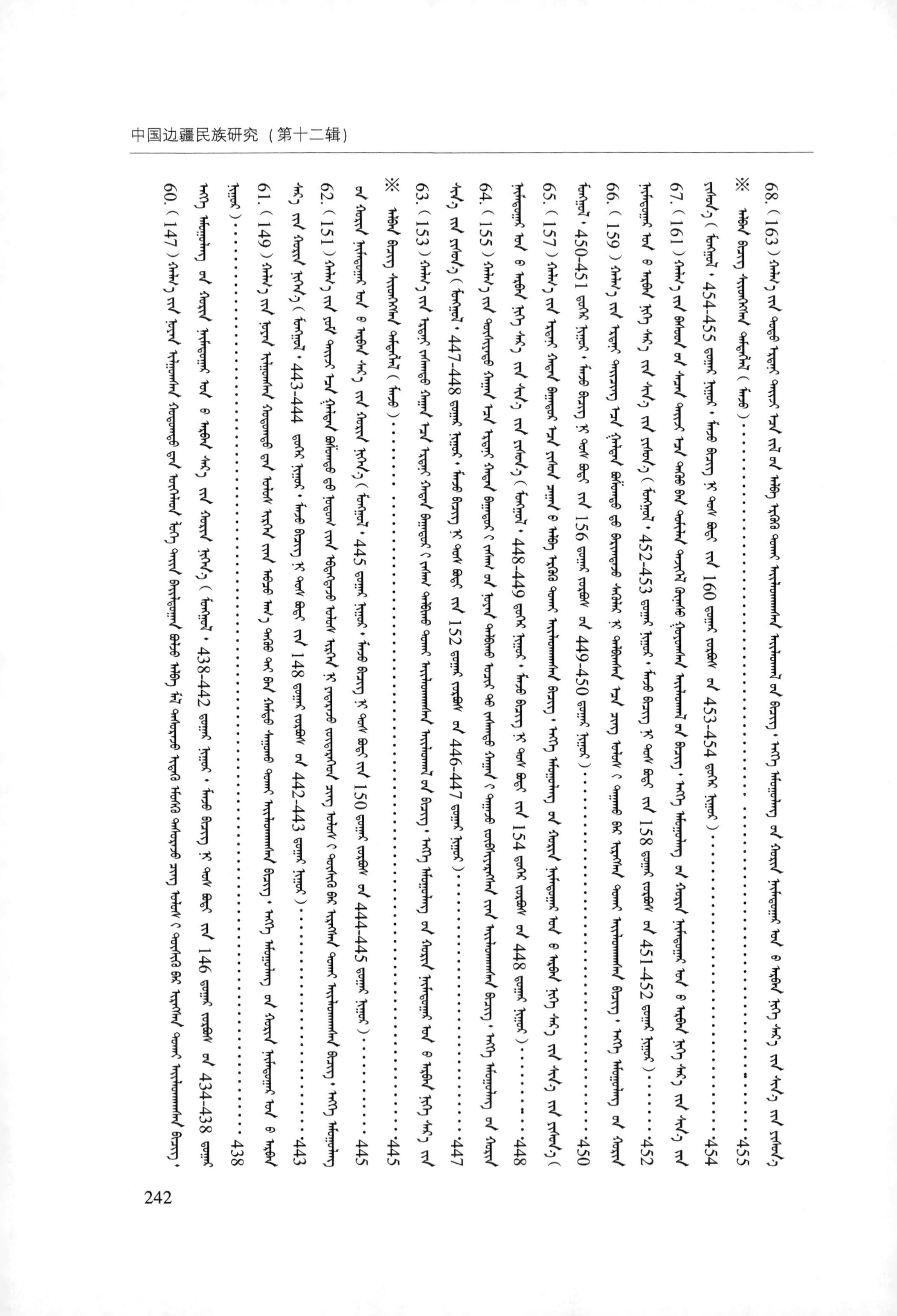

60.（147）[illegible]（[illegible]，438-442 [illegible] 146 [illegible] 434-438 [illegible]）……438

61.（149）[illegible]（[illegible]，443-444 [illegible] 148 [illegible] 442-443 [illegible]）……443

62.（151）[illegible]（[illegible]，445 [illegible] 150 [illegible] 444-445 [illegible]）……445

※ [illegible]（[illegible]）……445

63.（153）[illegible]（[illegible]，447-448 [illegible] 152 [illegible] 446-447 [illegible]）……447

64.（155）[illegible]（[illegible]，448-449 [illegible] 154 [illegible] 448 [illegible]）……448

65.（157）[illegible]（[illegible]，450-451 [illegible] 156 [illegible] 449-450 [illegible]）……450

66.（159）[illegible]（[illegible]，452-453 [illegible] 158 [illegible] 451-452 [illegible]）……452

67.（161）[illegible]（[illegible]，454-455 [illegible] 160 [illegible] 453-454 [illegible]）……454

※ [illegible]（[illegible]）……455

68.（163）[illegible]

(ᠳᠡᠪᠲᠡᠷ · 456 ᠨᠢᠭᠤᠷ · ᠳᠡᠪᠲᠡᠷ ᠪᠢᠴᠢᠭ ᠦᠨ ... 162 ᠨᠢᠭᠤᠷ ... 455-456 ᠨᠢᠭᠤᠷ) ······456
※ ᠬᠣᠶᠠᠷ ᠪᠢᠴᠢᠭ ... (ᠳᠡᠪᠲᠡᠷ) ······457
69. (165) ... ᠪᠢᠴᠢᠭ · ...
... (ᠳᠡᠪᠲᠡᠷ · 460-463 ᠨᠢᠭᠤᠷ · ᠳᠡᠪᠲᠡᠷ ᠪᠢᠴᠢᠭ ... 164 ᠨᠢᠭᠤᠷ ... 457-460 ᠨᠢᠭᠤᠷ) ······460
70. (167) ... ᠪᠢᠴᠢᠭ · ... (
ᠳᠡᠪᠲᠡᠷ · 466-469 ᠨᠢᠭᠤᠷ · ᠳᠡᠪᠲᠡᠷ ᠪᠢᠴᠢᠭ ... 166 ᠨᠢᠭᠤᠷ ... 463-466 ᠨᠢᠭᠤᠷ) ······466
※ ᠬᠣᠶᠠᠷ ᠪᠢᠴᠢᠭ ... (ᠳᠡᠪᠲᠡᠷ) ······469
71. (169) ... 470-473 ᠨᠢᠭᠤᠷ
ᠪᠢᠴᠢᠭ · ... (ᠳᠡᠪᠲᠡᠷ · 473-475 ᠨᠢᠭᠤᠷ · ᠳᠡᠪᠲᠡᠷ ᠪᠢᠴᠢᠭ ... 168 ᠨᠢᠭᠤᠷ ... 470-473 ᠨᠢᠭᠤᠷ) ······473
72. (171) ... ᠪᠢᠴᠢᠭ · ... (ᠳᠡᠪᠲᠡᠷ · 476-477 ᠨᠢᠭᠤᠷ) ······473
73. (173) ... ᠪᠢᠴᠢᠭ · ... (ᠳᠡᠪᠲᠡᠷ · 478 ᠨᠢᠭᠤᠷ · ᠳᠡᠪᠲᠡᠷ ᠪᠢᠴᠢᠭ ... 170 ᠨᠢᠭᠤᠷ ... 475-476 ᠨᠢᠭᠤᠷ) ······476
74. (175) ... ᠪᠢᠴᠢᠭ · ... (ᠳᠡᠪᠲᠡᠷ · 479-ᠨᠢᠭᠤᠷ · ᠳᠡᠪᠲᠡᠷ ᠪᠢᠴᠢᠭ ... 172 ᠨᠢᠭᠤᠷ ... 477-478 ᠨᠢᠭᠤᠷ) ······478
75. (177) ... ᠪᠢᠴᠢᠭ · ...
480 ᠨᠢᠭᠤᠷ · ᠳᠡᠪᠲᠡᠷ ᠪᠢᠴᠢᠭ ... 174 ᠨᠢᠭᠤᠷ ... 478-479 ᠨᠢᠭᠤᠷ) ······479
... (ᠳᠡᠪᠲᠡᠷ · 482-483 ᠨᠢᠭᠤᠷ · ᠳᠡᠪᠲᠡᠷ ᠪᠢᠴᠢᠭ ... 176 ᠨᠢᠭᠤᠷ ... 480-482 ᠨᠢᠭᠤᠷ) ······482
※ ᠬᠣᠶᠠᠷ ᠪᠢᠴᠢᠭ ... (ᠳᠡᠪᠲᠡᠷ) ······483

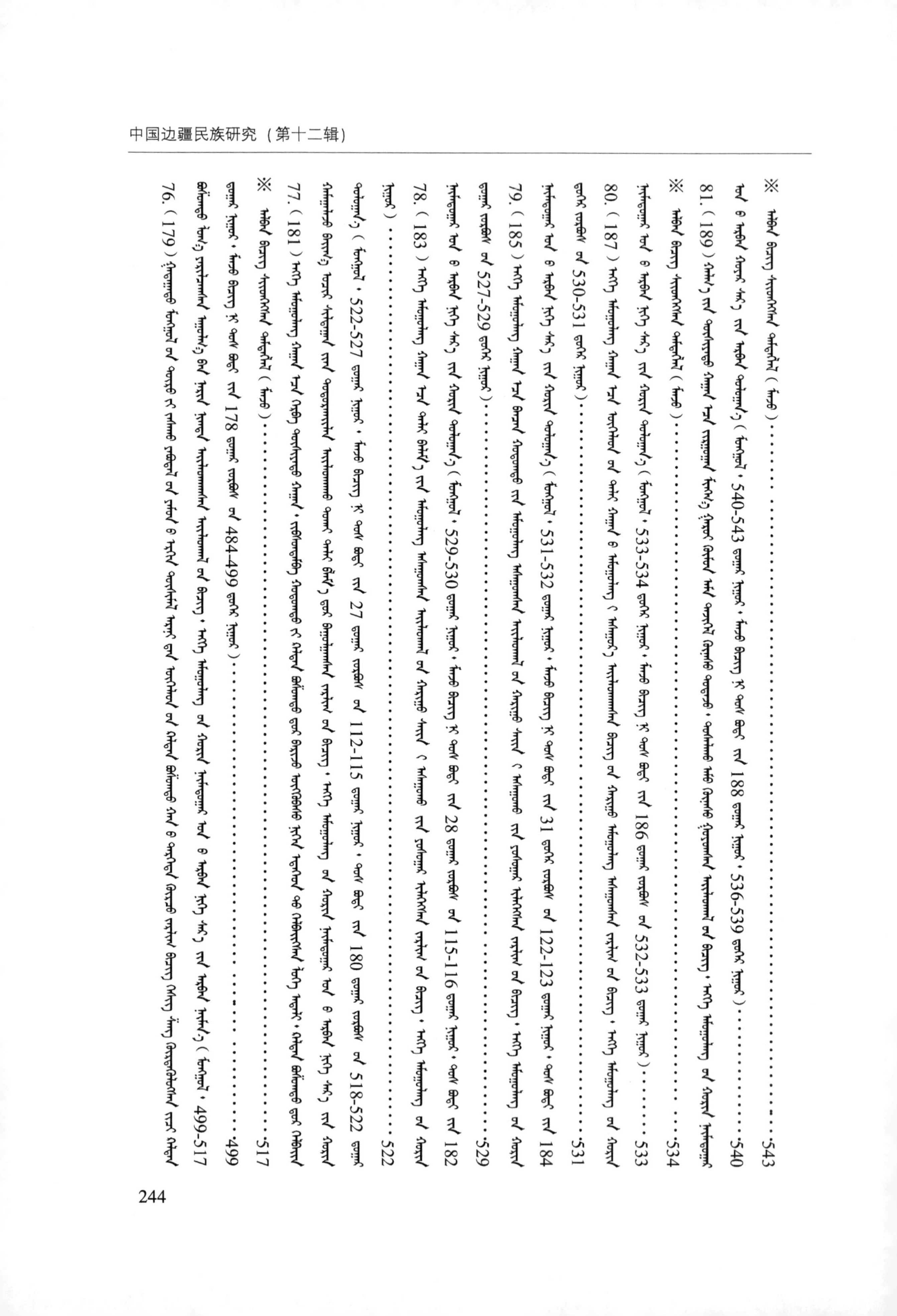

※ [illegible] ([illegible]) ……543
[illegible] ([illegible] · 540-543 [illegible] · [illegible] 188 [illegible] · 536-539 [illegible]) ……540
81.（189）[illegible] ……534
※ [illegible] ([illegible]) ……534
[illegible] ([illegible] · 533-534 [illegible] · [illegible] 186 [illegible] 532-533 [illegible]) ……533
80.（187）[illegible] 530-531 [illegible]) ……531
[illegible] ([illegible] · 531-532 [illegible] · [illegible] 31 [illegible] 122-123 [illegible] · [illegible] 184
79.（185）[illegible] 527-529 [illegible]) ……529
[illegible] ([illegible] · 529-530 [illegible] · [illegible] 28 [illegible] 115-116 [illegible] · [illegible] 182
78.（183）[illegible]) ……522
[illegible] ([illegible] · 522-527 [illegible] · [illegible] 27 [illegible] 112-115 [illegible] · [illegible] 180 [illegible] 518-522 [illegible]
77.（181）[illegible]
※ [illegible] ([illegible]) ……517
[illegible] · [illegible] 178 [illegible] 484-499 [illegible]) ……499
[illegible] ([illegible] · 499-517
76.（179）[illegible]

82. (191) ᠰᠢᠯᠢ ᠶᠢᠨ [illegible] ᠂ [illegible]
[illegible] ([illegible] ᠂ 550-554 ᠳᠤᠭᠠᠷ ᠨᠢᠭᠤᠷ ᠂ [illegible] 190 ᠳᠤᠭᠠᠷ [illegible] 544-549 ᠳᠤᠭᠠᠷ ᠨᠢᠭᠤᠷ) …………………………… 550
※ [illegible] ([illegible]) …………………………… 554
※ [illegible] …………………………… 557
83. (198) [illegible] ([illegible] ᠂ [illegible] ᠂ 576-577 ᠳᠤᠭᠠᠷ ᠨᠢᠭᠤᠷ) …………………………… 576

※ ᠮᠠᠨᠵᠤ ᠮᠣᠩᠭᠣᠯᠴᠤᠳ ᠤᠨ ᠬᠠᠷᠢᠴᠠᠭ᠎ᠠ ᠬᠠᠪᠰᠤᠷᠤᠯᠲᠠ ᠳᠤ ᠪ ᠪᠦᠯᠦᠭ …………………………………………………………1

1. (11) ᠲᠡᠦᠬᠡᠨ ᠦ ᠮᠠᠲᠧᠷᠢᠶᠠᠯ ᠳᠤ ᠲᠤᠯᠭᠠᠭᠰᠠᠨ ᠮᠠᠨᠵᠤ ᠮᠣᠩᠭᠣᠯᠴᠤᠳ ᠤᠨ ᠬᠠᠷᠢᠴᠠᠭ᠎ᠠ ᠬᠠᠪᠰᠤᠷᠤᠯᠲᠠ ᠳᠤ ᠪ ᠪᠦᠯᠦᠭ ᠤᠨ ᠬᠠᠷᠢᠴᠠᠭ᠎ᠠ (ᠲᠡᠦᠬᠡ , 29-30 ᠳ᠋ᠤᠭᠠᠷ ᠨᠢᠭᠤᠷ , ᠲᠡᠦᠬᠡ ᠪᠢᠴᠢᠭ ᠦᠨ ᠭᠠᠷ ᠪᠡᠷ ᠦᠨ 221 ᠳ᠋ᠤᠭᠠᠷ ᠳᠡᠪᠲᠡᠷ ᠦᠨ 426-427 ᠳ᠋ᠤᠭᠠᠷ ᠨᠢᠭᠤᠷ , ᠪᠡᠷ ᠦᠨ 222 ᠳ᠋ᠤᠭᠠᠷ ᠳᠡᠪᠲᠡᠷ ᠦᠨ 427-428 ᠳ᠋ᠤᠭᠠᠷ ᠨᠢᠭᠤᠷ) …………………………………………………………29

2. (14) ᠮᠠᠨᠵᠤ ᠮᠣᠩᠭᠣᠯᠴᠤᠳ ᠤᠨ ᠬᠠᠷᠢᠴᠠᠭ᠎ᠠ ᠬᠠᠪᠰᠤᠷᠤᠯᠲᠠ ᠳᠤ ᠪ ᠪᠦᠯᠦᠭ ᠤᠨ ᠬᠠᠷᠢᠴᠠᠭ᠎ᠠ (ᠲᠡᠦᠬᠡᠨ , 34-35 ᠳ᠋ᠤᠭᠠᠷ ᠨᠢᠭᠤᠷ , ᠲᠡᠦᠬᠡ ᠪᠢᠴᠢᠭ ᠦᠨ ᠭᠠᠷ ᠪᠡᠷ ᠦᠨ 13 ᠳ᠋ᠤᠭᠠᠷ ᠳᠡᠪᠲᠡᠷ ᠦᠨ 32-33 ᠳ᠋ᠤᠭᠠᠷ ᠨᠢᠭᠤᠷ) ……………………………………………………34

3. (16) ᠮᠠᠨᠵᠤ ᠮᠣᠩᠭᠣᠯᠴᠤᠳ ᠤᠨ ᠬᠠᠷᠢᠴᠠᠭ᠎ᠠ ᠬᠠᠪᠰᠤᠷᠤᠯᠲᠠ ᠳᠤ ᠪ ᠪᠦᠯᠦᠭ ᠤᠨ ᠬᠠᠷᠢᠴᠠᠭ᠎ᠠ (ᠲᠡᠦᠬᠡᠨ , 38-41 ᠳ᠋ᠤᠭᠠᠷ ᠨᠢᠭᠤᠷ , ᠲᠡᠦᠬᠡ ᠪᠢᠴᠢᠭ ᠦᠨ ᠭᠠᠷ ᠪᠡᠷ ᠦᠨ 15 ᠳ᠋ᠤᠭᠠᠷ ᠳᠡᠪᠲᠡᠷ ᠦᠨ 36-38 ᠳ᠋ᠤᠭᠠᠷ ᠨᠢᠭᠤᠷ) ……………………………………………………38

※ ᠮᠠᠨᠵᠤ ᠮᠣᠩᠭᠣᠯᠴᠤᠳ ᠤᠨ ᠬᠠᠷᠢᠴᠠᠭ᠎ᠠ (ᠲᠡᠦᠬᠡ) ……………………………………………………41

4. (18) ᠲᠡᠦᠬᠡᠨ ᠦ ᠮᠠᠲᠧᠷᠢᠶᠠᠯ ᠳᠤ ᠲᠤᠯᠭᠠᠭᠰᠠᠨ ᠮᠠᠨᠵᠤ ᠮᠣᠩᠭᠣᠯᠴᠤᠳ ᠤᠨ ᠬᠠᠷᠢᠴᠠᠭ᠎ᠠ ᠬᠠᠪᠰᠤᠷᠤᠯᠲᠠ ᠳᠤ ᠪ ᠪᠦᠯᠦᠭ ᠤᠨ ᠬᠠᠷᠢᠴᠠᠭ᠎ᠠ (ᠲᠡᠦᠬᠡᠨ , 42-43 ᠳ᠋ᠤᠭᠠᠷ ᠨᠢᠭᠤᠷ , ᠲᠡᠦᠬᠡ ᠪᠢᠴᠢᠭ ᠦᠨ ᠭᠠᠷ ᠪᠡᠷ ᠦᠨ 17 ᠳ᠋ᠤᠭᠠᠷ ᠳᠡᠪᠲᠡᠷ ᠦᠨ 42 ᠳ᠋ᠤᠭᠠᠷ ᠨᠢᠭᠤᠷ , ᠪᠡᠷ ᠦᠨ 45 ᠳ᠋ᠤᠭᠠᠷ ᠳᠡᠪᠲᠡᠷ ᠦᠨ 442 ᠳ᠋ᠤᠭᠠᠷ ᠨᠢᠭᠤᠷ , ᠪᠡᠷ ᠦᠨ 193 ᠳ᠋ᠤᠭᠠᠷ ᠳᠡᠪᠲᠡᠷ ᠦᠨ 558 ᠳ᠋ᠤᠭᠠᠷ ᠨᠢᠭᠤᠷ) ……………………………………………………42

5. (20) ᠮᠠᠨᠵᠤ ᠮᠣᠩᠭᠣᠯᠴᠤᠳ ᠤᠨ ᠬᠠᠷᠢᠴᠠᠭ᠎ᠠ ᠬᠠᠪᠰᠤᠷᠤᠯᠲᠠ ᠳᠤ ᠪ ᠪᠦᠯᠦᠭ ᠤᠨ ᠬᠠᠷᠢᠴᠠᠭ᠎ᠠ (ᠲᠡᠦᠬᠡᠨ , 44 ᠳ᠋ᠤᠭᠠᠷ ᠨᠢᠭᠤᠷ , ᠲᠡᠦᠬᠡ ᠪᠢᠴᠢᠭ ᠦᠨ ᠭᠠᠷ ᠪᠡᠷ ᠦᠨ 19 ᠳ᠋ᠤᠭᠠᠷ ᠳᠡᠪᠲᠡᠷ ᠦᠨ 43-44 ᠳ᠋ᠤᠭᠠᠷ ᠨᠢᠭᠤᠷ) ……………………………………………………44

6. (22) ᠮᠠᠨᠵᠤ ᠮᠣᠩᠭᠣᠯᠴᠤᠳ ᠤᠨ ᠬᠠᠷᠢᠴᠠᠭ᠎ᠠ ᠬᠠᠪᠰᠤᠷᠤᠯᠲᠠ ᠳᠤ ᠪ ᠪᠦᠯᠦᠭ ᠤᠨ ᠬᠠᠷᠢᠴᠠᠭ᠎ᠠ (ᠲᠡᠦᠬᠡᠨ , ᠲᠡᠦᠬᠡ ᠪᠢᠴᠢᠭ ᠦᠨ ᠭᠠᠷ ᠪᠡᠷ ᠦᠨ 46-47 ᠳ᠋ᠤᠭᠠᠷ ᠨᠢᠭᠤᠷ , 21 ᠳ᠋ᠤᠭᠠᠷ ᠳᠡᠪᠲᠡᠷ ᠦᠨ 44-46 ᠳ᠋ᠤᠭᠠᠷ ᠨᠢᠭᠤᠷ) ……………………………………………………46

7. (24) ᠮᠠᠨᠵᠤ ᠮᠣᠩᠭᠣᠯᠴᠤᠳ ᠤᠨ ᠬᠠᠷᠢᠴᠠᠭ᠎ᠠ ᠬᠠᠪᠰᠤᠷᠤᠯᠲᠠ

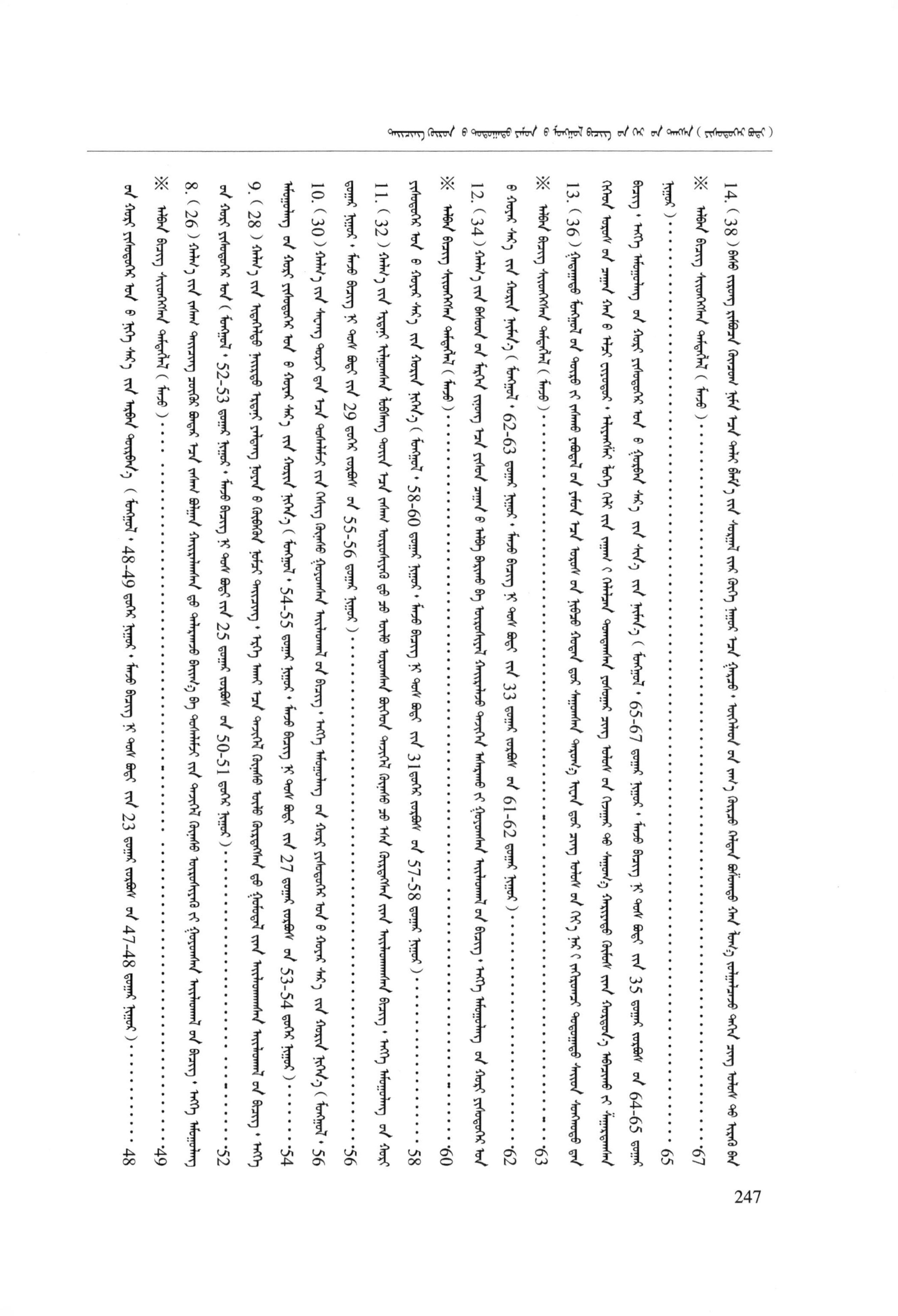

[illegible] ([illegible] · 48-49 [illegible] · [illegible] 23 [illegible] 47-48 [illegible]) ············ 48

※ [illegible] ([illegible]) ························ 49

8. (26) [illegible]
[illegible] ([illegible] · 52-53 [illegible] · [illegible] 25 [illegible] 50-51 [illegible]) ························ 52

9. (28) [illegible]
[illegible] ([illegible] · 54-55 [illegible] · [illegible] 27 [illegible] 53-54 [illegible]) ········ 54

10. (30) [illegible] ([illegible] · 56
[illegible] · [illegible] 29 [illegible] 55-56 [illegible]) ························ 56

11. (32) [illegible]
[illegible] ([illegible] · 58-60 [illegible] · [illegible] 31 [illegible] 57-58 [illegible]) ························ 58

※ [illegible] ([illegible]) ························ 60

12. (34) [illegible]
[illegible] ([illegible] · 62-63 [illegible] · [illegible] 33 [illegible] 61-62 [illegible]) ························ 62

※ [illegible] ([illegible]) ························ 63

13. (36) [illegible]
[illegible]
[illegible] ([illegible] · 65-67 [illegible] · [illegible] 35 [illegible] 64-65 [illegible]
[illegible]) ························ 65

※ [illegible] ([illegible]) ························ 67

14. (38) [illegible]

ᠨᠢ 213 ᠳᠤᠭᠠᠷ ᠳᠡᠪᠲᠡᠷ ᠦᠨ 403-404 ᠳᠦᠭᠡᠷ ᠨᠢᠭᠤᠷ᠂ ᠬᠠᠮᠤᠭ ᠬᠤᠷᠢᠶᠠᠩᠭᠤᠢ ᠶᠢᠨ 235 ᠳᠤᠭᠠᠷ ᠳᠡᠪᠲᠡᠷ ᠦᠨ 454-455 ᠳᠤᠭᠠᠷ ᠨᠢᠭᠤᠷ）……128
ᠳᠡᠪᠲᠡᠷ ᠦᠨ 404-405 ᠳᠤᠭᠠᠷ ᠨᠢᠭᠤᠷ᠂ ᠮᠠᠨᠵᠤ ᠪᠢᠴᠢᠭ ᠤᠨ ᠬᠠᠮᠤᠭ ᠶᠢᠨ 10 ᠳᠤᠭᠠᠷ ᠳᠡᠪᠲᠡᠷ ᠦᠨ 27-28 ᠳᠤᠭᠠᠷ ᠨᠢᠭᠤᠷ᠂ ᠬᠠᠮᠤᠭ ᠶᠢᠨ 49 ᠳᠦᠭᠡᠷ ᠳᠡᠪᠲᠡᠷ ᠦᠨ 127-128 ᠳᠤᠭᠠᠷ ᠨᠢᠭᠤᠷ᠂ ᠬᠠᠮᠤᠭ ᠬᠤᠷᠢᠶᠠᠩᠭᠤᠢ ᠶᠢᠨ
ᠤᠨ ᠪᠢᠴᠢᠭ᠂ ᠬᠠᠭᠠᠨ ᠳᠤ ᠮᠡᠳᠡᠭᠦᠯᠦᠭᠰᠡᠨ ᠦ ᠵᠢᠭᠠᠭᠠᠰᠤ ᠶᠢ ᠪᠠᠷᠢᠬᠤ ᠶᠢᠨ ᠬᠡᠷᠡᠭ ᠢ ᠵᠠᠰᠠᠬᠤ ᠶᠢᠨ ᠲᠤᠬᠠᠢ（ᠮᠤᠩᠭᠤᠯ᠂ 128-129 ᠳᠤᠭᠠᠷ ᠨᠢᠭᠤᠷ᠂ ᠮᠤᠩᠭᠤᠯ ᠪᠢᠴᠢᠭ ᠤᠨ ᠬᠡᠪ ᠬᠠᠮᠤᠭ ᠬᠤᠷᠢᠶᠠᠩᠭᠤᠢ ᠶᠢᠨ 214 ᠳᠦᠭᠡᠷ
20.（50）ᠬᠠᠭᠠᠨ ᠳᠤ ᠮᠡᠳᠡᠭᠦᠯᠦᠭᠰᠡᠨ ᠰᠢᠨᠵᠢᠯᠡᠬᠦ ᠶᠠᠮᠤᠨ ᠤ ᠬᠡᠷᠡᠭ ᠢ ᠬᠠᠷᠢᠭᠤᠴᠠᠬᠤ ᠰᠠᠶᠢᠳ ᠤᠨ ᠪᠢᠴᠢᠭ ᠢᠶᠡᠷ ᠮᠡᠳᠡᠭᠦᠯᠬᠦ ᠶᠢᠨ ᠲᠤᠬᠠᠢ
※ ᠬᠣᠶᠠᠷ ᠪᠢᠴᠢᠭ ᠮᠡᠳᠡᠭᠦᠯᠦᠭᠰᠡᠨ ᠠᠯᠪᠠᠨ ᠪᠢᠴᠢᠭ（ᠬᠢᠲᠠᠳ）……126
ᠳᠡᠪᠲᠡᠷ ᠦᠨ 86-107 ᠳᠤᠭᠠᠷ ᠨᠢᠭᠤᠷ）……107
ᠬᠡᠷᠡᠭ ᠢ ᠰᠢᠭᠦᠨ ᠲᠠᠰᠤᠯᠬᠤ ᠪᠢᠴᠢᠭ᠂ ᠬᠠᠭᠠᠨ ᠳᠤ ᠮᠡᠳᠡᠭᠦᠯᠦᠭᠰᠡᠨ ᠦ ᠵᠢᠭᠠᠭᠠᠰᠤ ᠶᠢ ᠪᠠᠷᠢᠬᠤ ᠶᠢᠨ ᠲᠤᠬᠠᠢ（ᠮᠤᠩᠭᠤᠯ᠂ 107-126 ᠳᠤᠭᠠᠷ ᠨᠢᠭᠤᠷ᠂ ᠮᠠᠨᠵᠤ ᠪᠢᠴᠢᠭ ᠤᠨ ᠬᠠᠮᠤᠭ ᠶᠢᠨ 47 ᠳᠤᠭᠠᠷ
19.（48）ᠵᠠᠷᠯᠢᠭ ᠤᠨ ᠳᠠᠭᠤ ᠦᠨ ᠪᠢᠴᠢᠭ ᠢᠶᠡᠷ ᠬᠠᠷᠢᠭᠤᠴᠠᠬᠤ ᠶᠠᠮᠤᠨ ᠤ ᠬᠡᠷᠡᠭ ᠢ ᠵᠠᠰᠠᠬᠤ᠂ ᠬᠡᠷᠡᠭ ᠢ ᠰᠢᠭᠦᠨ ᠲᠠᠰᠤᠯᠬᠤ ᠶᠢᠨ
ᠲᠤᠬᠠᠢ（ᠮᠤᠩᠭᠤᠯ᠂ 84-86 ᠳᠤᠭᠠᠷ ᠨᠢᠭᠤᠷ᠂ ᠮᠠᠨᠵᠤ ᠪᠢᠴᠢᠭ ᠤᠨ ᠬᠠᠮᠤᠭ ᠶᠢᠨ 45 ᠳᠤᠭᠠᠷ ᠳᠡᠪᠲᠡᠷ ᠦᠨ 83-84 ᠳᠦᠭᠡᠷ ᠨᠢᠭᠤᠷ）……84
18.（46）ᠵᠠᠷᠯᠢᠭ ᠤᠨ ᠳᠠᠭᠤ ᠦᠨ ᠪᠢᠴᠢᠭ ᠢᠶᠡᠷ ᠬᠠᠷᠢᠭᠤᠴᠠᠬᠤ ᠶᠠᠮᠤᠨ ᠤ ᠬᠡᠷᠡᠭ ᠢ ᠰᠢᠭᠦᠨ ᠲᠠᠰᠤᠯᠬᠤ ᠪᠢᠴᠢᠭ᠂ ᠬᠠᠭᠠᠨ ᠳᠤ ᠮᠡᠳᠡᠭᠦᠯᠦᠭᠰᠡᠨ ᠦ ᠵᠢᠭᠠᠭᠠᠰᠤ ᠶᠢ ᠪᠠᠷᠢᠬᠤ ᠶᠢᠨ
ᠲᠤᠬᠠᠢ（ᠮᠤᠩᠭᠤᠯ᠂ 81-83 ᠳᠤᠭᠠᠷ ᠨᠢᠭᠤᠷ᠂ ᠮᠠᠨᠵᠤ ᠪᠢᠴᠢᠭ ᠤᠨ ᠬᠠᠮᠤᠭ ᠶᠢᠨ 43 ᠳᠤᠭᠠᠷ ᠳᠡᠪᠲᠡᠷ ᠦᠨ 79-81 ᠳᠦᠭᠡᠷ ᠨᠢᠭᠤᠷ）……81
17.（44）ᠵᠠᠷᠯᠢᠭ ᠤᠨ ᠳᠠᠭᠤ ᠦᠨ ᠪᠢᠴᠢᠭ ᠢᠶᠡᠷ ᠬᠠᠷᠢᠭᠤᠴᠠᠬᠤ ᠶᠠᠮᠤᠨ ᠤ ᠬᠡᠷᠡᠭ ᠢ ᠰᠢᠭᠦᠨ ᠲᠠᠰᠤᠯᠬᠤ ᠪᠢᠴᠢᠭ᠂ ᠬᠠᠭᠠᠨ ᠳᠤ ᠮᠡᠳᠡᠭᠦᠯᠦᠭᠰᠡᠨ ᠦ ᠵᠢᠭᠠᠭᠠᠰᠤ ᠶᠢ ᠪᠠᠷᠢᠬᠤ ᠶᠢᠨ
※ ᠬᠣᠶᠠᠷ ᠪᠢᠴᠢᠭ ᠮᠡᠳᠡᠭᠦᠯᠦᠭᠰᠡᠨ ᠠᠯᠪᠠᠨ ᠪᠢᠴᠢᠭ（ᠬᠢᠲᠠᠳ）……78
ᠮᠤᠩᠭᠤᠯ᠂ 77-78 ᠳᠤᠭᠠᠷ ᠨᠢᠭᠤᠷ᠂ ᠮᠠᠨᠵᠤ ᠪᠢᠴᠢᠭ ᠤᠨ ᠬᠠᠮᠤᠭ ᠶᠢᠨ 41 ᠳᠦᠭᠡᠷ ᠳᠡᠪᠲᠡᠷ ᠦᠨ 77 ᠳᠤᠭᠠᠷ ᠨᠢᠭᠤᠷ）……77
16.（42）ᠵᠠᠷᠯᠢᠭ ᠤᠨ ᠳᠠᠭᠤ ᠦᠨ ᠪᠢᠴᠢᠭ ᠢᠶᠡᠷ ᠬᠠᠷᠢᠭᠤᠴᠠᠬᠤ ᠶᠠᠮᠤᠨ ᠤ ᠬᠡᠷᠡᠭ ᠢ ᠰᠢᠭᠦᠨ ᠲᠠᠰᠤᠯᠬᠤ ᠪᠢᠴᠢᠭ᠂ ᠬᠠᠭᠠᠨ ᠳᠤ ᠮᠡᠳᠡᠭᠦᠯᠦᠭᠰᠡᠨ ᠦ ᠵᠢᠭᠠᠭᠠᠰᠤ ᠶᠢ ᠪᠠᠷᠢᠬᠤ ᠶᠢᠨ ᠲᠤᠬᠠᠢ（
ᠮᠤᠩᠭᠤᠯ᠂ 75-77 ᠳᠤᠭᠠᠷ ᠨᠢᠭᠤᠷ᠂ ᠮᠠᠨᠵᠤ ᠪᠢᠴᠢᠭ ᠤᠨ ᠬᠠᠮᠤᠭ ᠶᠢᠨ 39 ᠳᠦᠭᠡᠷ ᠳᠡᠪᠲᠡᠷ ᠦᠨ 74-75 ᠳᠤᠭᠠᠷ ᠨᠢᠭᠤᠷ）……75
15.（40）ᠵᠠᠷᠯᠢᠭ ᠤᠨ ᠳᠠᠭᠤ ᠦᠨ ᠪᠢᠴᠢᠭ ᠢᠶᠡᠷ ᠬᠠᠷᠢᠭᠤᠴᠠᠬᠤ ᠶᠠᠮᠤᠨ ᠤ ᠬᠡᠷᠡᠭ ᠢ ᠰᠢᠭᠦᠨ ᠲᠠᠰᠤᠯᠬᠤ ᠪᠢᠴᠢᠭ᠂ ᠬᠠᠭᠠᠨ ᠳᠤ ᠮᠡᠳᠡᠭᠦᠯᠦᠭᠰᠡᠨ ᠦ ᠵᠢᠭᠠᠭᠠᠰᠤ ᠶᠢ ᠪᠠᠷᠢᠬᠤ ᠶᠢᠨ ᠲᠤᠬᠠᠢ（
※ ᠬᠣᠶᠠᠷ ᠪᠢᠴᠢᠭ ᠮᠡᠳᠡᠭᠦᠯᠦᠭᠰᠡᠨ ᠠᠯᠪᠠᠨ ᠪᠢᠴᠢᠭ（ᠬᠢᠲᠠᠳ）……73
67-70 ᠳᠤᠭᠠᠷ ᠨᠢᠭᠤᠷ）……70
ᠬᠡᠷᠡᠭ ᠢ ᠰᠢᠭᠦᠨ ᠲᠠᠰᠤᠯᠬᠤ ᠪᠢᠴᠢᠭ᠂ ᠬᠠᠭᠠᠨ ᠳᠤ ᠮᠡᠳᠡᠭᠦᠯᠦᠭᠰᠡᠨ ᠦ ᠵᠢᠭᠠᠭᠠᠰᠤ ᠶᠢ ᠪᠠᠷᠢᠬᠤ ᠶᠢᠨ ᠲᠤᠬᠠᠢ（ᠮᠤᠩᠭᠤᠯ᠂ 70-73 ᠳᠤᠭᠠᠷ ᠨᠢᠭᠤᠷ᠂ ᠮᠠᠨᠵᠤ ᠪᠢᠴᠢᠭ ᠤᠨ ᠬᠠᠮᠤᠭ ᠶᠢᠨ 37 ᠳᠤᠭᠠᠷ ᠳᠡᠪᠲᠡᠷ ᠦᠨ

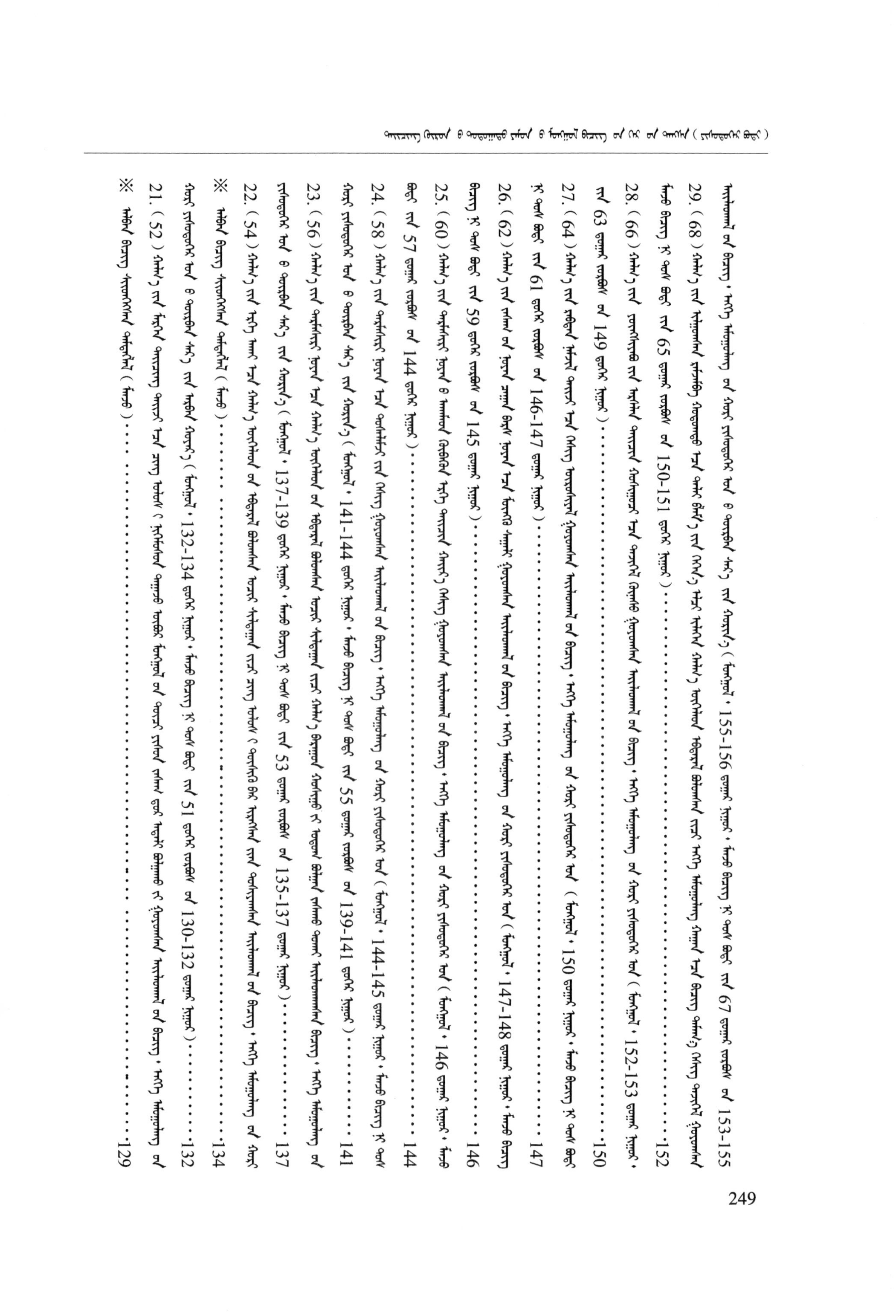

※ [illegible] ([illegible])······································129
21. (52) [illegible]
[illegible] ([illegible] · 132-134 [illegible] · [illegible] 51 [illegible] 130-132 [illegible])············132
※ [illegible] ([illegible])······································134
22. (54) [illegible]
[illegible] ([illegible] · 137-139 [illegible] · [illegible] 53 [illegible] 135-137 [illegible])················137
23. (56) [illegible]
[illegible] ([illegible] · 141-144 [illegible] · [illegible] 55 [illegible] 139-141 [illegible])············141
24. (58) [illegible] ([illegible] · 144-145 [illegible] · [illegible]
[illegible] 57 [illegible] 144 [illegible])······································144
25. (60) [illegible] ([illegible] · 146 [illegible] · [illegible]
[illegible] 59 [illegible] 145 [illegible])······································146
26. (62) [illegible] ([illegible] · 147-148 [illegible] · [illegible]
[illegible] 61 [illegible] 146-147 [illegible])······································147
27. (64) [illegible] ([illegible] · 150 [illegible] · [illegible]
[illegible] 63 [illegible] 149 [illegible])······································150
28. (66) [illegible] ([illegible] · 152-153 [illegible] ·
[illegible] 65 [illegible] 150-151 [illegible])······································152
29. (68) [illegible]
[illegible] ([illegible] · 155-156 [illegible] · [illegible] 67 [illegible] 153-155

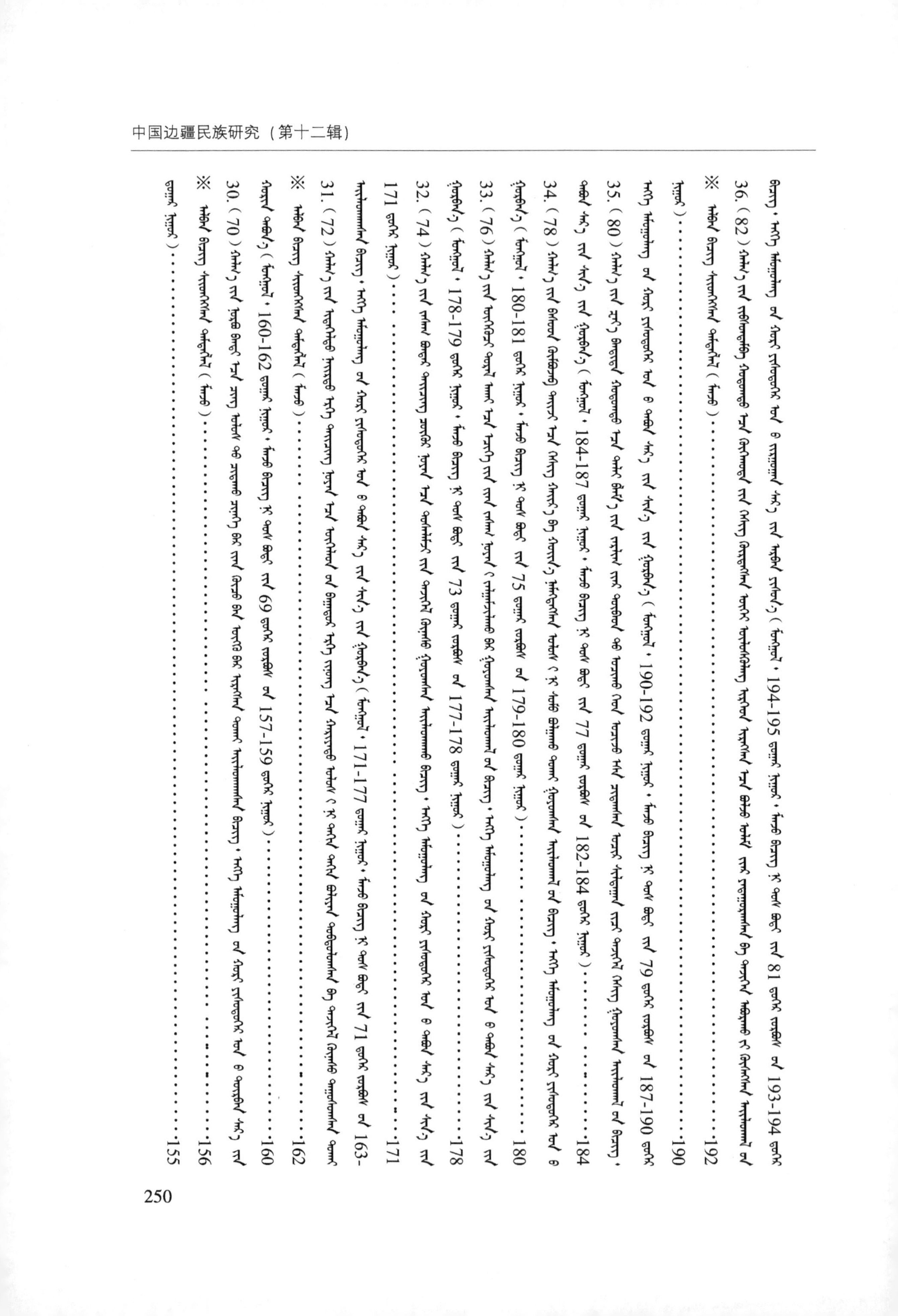

[illegible] ……155
※ [illegible] （[illegible]）……156
30.（70）[illegible]
[illegible]（[illegible]，160-162 [illegible] 69 [illegible] 157-159 [illegible]）……160
※ [illegible] （[illegible]）……162
31.（72）[illegible]（[illegible]，171-177 [illegible] 71 [illegible] 163-
[illegible]
171 [illegible]）……171
32.（74）[illegible]
[illegible]（[illegible]，178-179 [illegible] 73 [illegible] 177-178 [illegible]）……178
33.（76）[illegible]
[illegible]（[illegible]，180-181 [illegible] 75 [illegible] 179-180 [illegible]）……180
34.（78）[illegible]
[illegible]（[illegible]，184-187 [illegible] 77 [illegible] 182-184 [illegible]）……184
35.（80）[illegible]
[illegible]（[illegible]，190-192 [illegible] 79 [illegible] 187-190 [illegible]
[illegible]）……190
※ [illegible] （[illegible]）……192
36.（82）[illegible]
[illegible]（[illegible]，194-195 [illegible] 81 [illegible] 193-194 [illegible]

※ ᠬᠢᠲᠠᠳ ᠪᠢᠴᠢᠭ [illegible] ᠣᠷᠴᠢᠭᠤᠯᠭ᠎ᠠ (ᠬᠡᠰᠡᠭ) …………………………………………… 225
[illegible] ᠤᠨ [illegible] ([illegible] ᠂ 224-225 ᠳᠤᠭᠠᠷ ᠨᠢᠭᠤᠷ ᠂ ᠬᠢᠲᠠᠳ ᠪᠢᠴᠢᠭ [illegible] 93 ᠳᠤᠭᠠᠷ ᠳᠡᠪᠲᠡᠷ ᠦᠨ 223-224 ᠳᠤᠭᠠᠷ ᠨᠢᠭᠤᠷ) ………………… 224
42. (94) [illegible]
※ ᠬᠢᠲᠠᠳ ᠪᠢᠴᠢᠭ [illegible] ᠣᠷᠴᠢᠭᠤᠯᠭ᠎ᠠ (ᠬᠡᠰᠡᠭ) …………………………………………… 222
ᠳᠤᠭᠠᠷ ᠳᠡᠪᠲᠡᠷ ᠦᠨ **442-446** ᠳᠤᠭᠠᠷ ᠨᠢᠭᠤᠷ) …………………………………………… **218**
41. (92) [illegible] ([illegible] ᠂ **218** **-222** ᠳᠤᠭᠠᠷ ᠨᠢᠭᠤᠷ ᠂ ᠬᠢᠲᠠᠳ ᠪᠢᠴᠢᠭ [illegible] **91** ᠳᠤᠭᠠᠷ ᠳᠡᠪᠲᠡᠷ ᠦᠨ **216-218** ᠳᠤᠭᠠᠷ ᠨᠢᠭᠤᠷ ᠂ [illegible] **194** ᠳᠤᠭᠠᠷ ᠳᠡᠪᠲᠡᠷ ᠦᠨ **558-563** ᠳᠤᠭᠠᠷ ᠨᠢᠭᠤᠷ ᠂ [illegible] **46**
※ ᠬᠢᠲᠠᠳ ᠪᠢᠴᠢᠭ [illegible] ᠣᠷᠴᠢᠭᠤᠯᠭ᠎ᠠ (ᠬᠡᠰᠡᠭ) …………………………………………… 214
214-215 ᠳᠤᠭᠠᠷ ᠨᠢᠭᠤᠷ ᠂ ᠬᠢᠲᠠᠳ ᠪᠢᠴᠢᠭ [illegible] 89 ᠳᠤᠭᠠᠷ ᠳᠡᠪᠲᠡᠷ ᠦᠨ 214 ᠳᠤᠭᠠᠷ ᠨᠢᠭᠤᠷ) …………………………………………… 214
40. (90) [illegible] ([illegible] ᠂
[illegible] 87 ᠳᠤᠭᠠᠷ ᠳᠡᠪᠲᠡᠷ ᠦᠨ 211-212 ᠳᠤᠭᠠᠷ ᠨᠢᠭᠤᠷ) …………………………………………… 212
39. (88) [illegible] ([illegible] ᠂ 212-214 ᠳᠤᠭᠠᠷ ᠨᠢᠭᠤᠷ ᠂ ᠬᠢᠲᠠᠳ ᠪᠢᠴᠢᠭ [illegible]
※ ᠬᠢᠲᠠᠳ ᠪᠢᠴᠢᠭ [illegible] ᠣᠷᠴᠢᠭᠤᠯᠭ᠎ᠠ (ᠬᠡᠰᠡᠭ) …………………………………………… 210
[illegible] ([illegible] ᠂ 207-210 ᠳᠤᠭᠠᠷ ᠨᠢᠭᠤᠷ ᠂ ᠬᠢᠲᠠᠳ ᠪᠢᠴᠢᠭ [illegible] 85 ᠳᠤᠭᠠᠷ ᠳᠡᠪᠲᠡᠷ ᠦᠨ 205-207 ᠳᠤᠭᠠᠷ ᠨᠢᠭᠤᠷ) …………………… 207
38. (86) [illegible]
[illegible] ([illegible] ᠂ 200-205 ᠳᠤᠭᠠᠷ ᠨᠢᠭᠤᠷ ᠂ ᠬᠢᠲᠠᠳ ᠪᠢᠴᠢᠭ [illegible] 83 ᠳᠤᠭᠠᠷ ᠳᠡᠪᠲᠡᠷ ᠦᠨ 195-200 ᠳᠤᠭᠠᠷ ᠨᠢᠭᠤᠷ) …………………… 200
37. (84) [illegible]
ᠨᠢᠭᠤᠷ) …………………………………………… 194

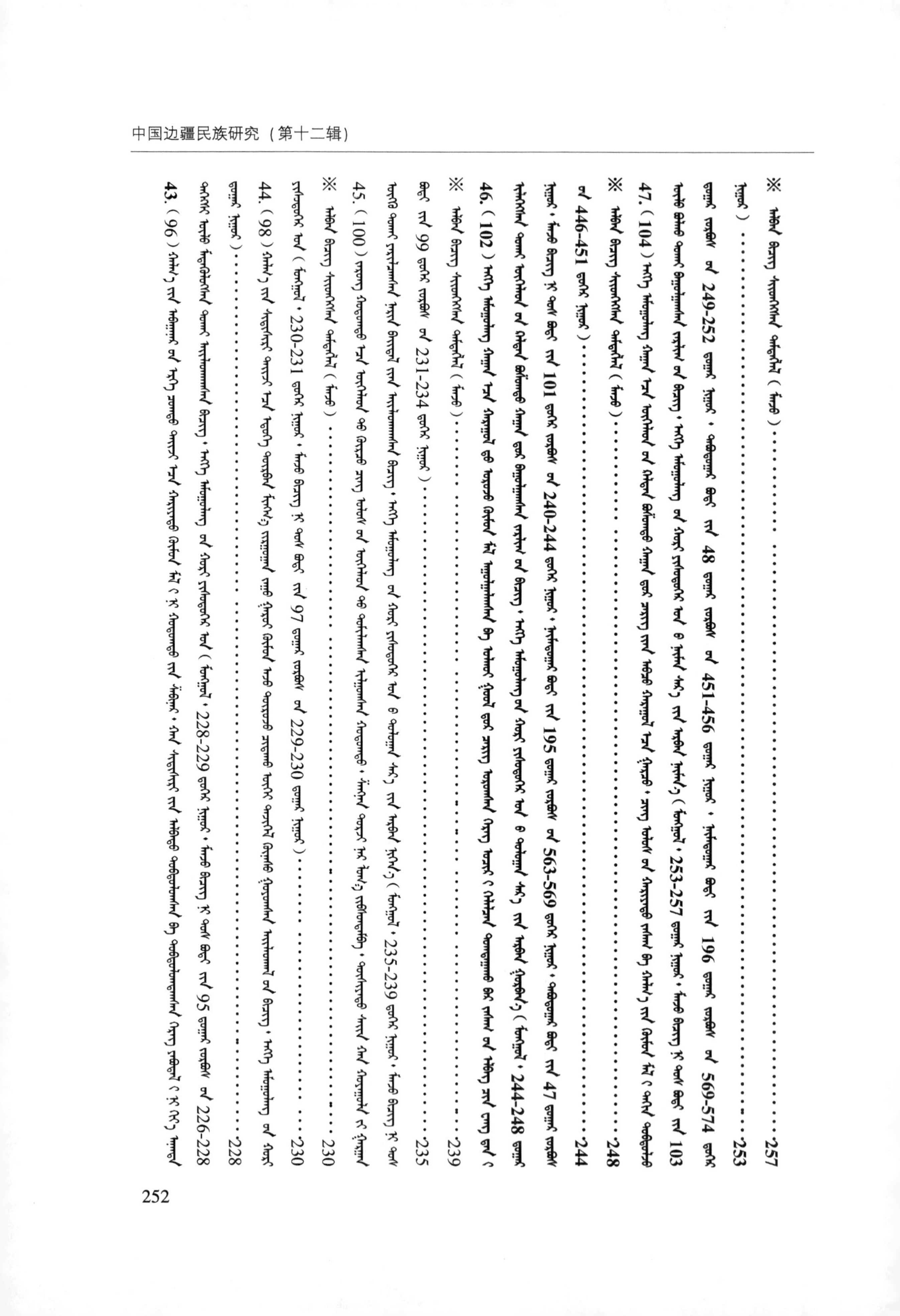

43.（96）[illegible] 228-229 [illegible] 95 [illegible] 226-228
[illegible]）……………… 228

44.（98）[illegible] 97 [illegible] 229-230 [illegible]（[illegible]，230-231 [illegible]）……………… 230

※ [illegible]（[illegible]）……………… 230

45.（100）[illegible]（[illegible]，235-239 [illegible] 99 [illegible] 231-234 [illegible]）……………… 235

※ [illegible]（[illegible]）……………… 239

46.（102）[illegible]（[illegible]，244-248 [illegible] 195 [illegible] 563-569 [illegible] 101 [illegible] 240-244 [illegible] 47 [illegible] 446-451 [illegible]）……………… 244

※ [illegible]（[illegible]）……………… 248

47.（104）[illegible] 196 [illegible] 569-574 [illegible]（[illegible]，253-257 [illegible] 103 [illegible] 249-252 [illegible] 48 [illegible] 451-456 [illegible]）……………… 253

※ [illegible]（[illegible]）……………… 257

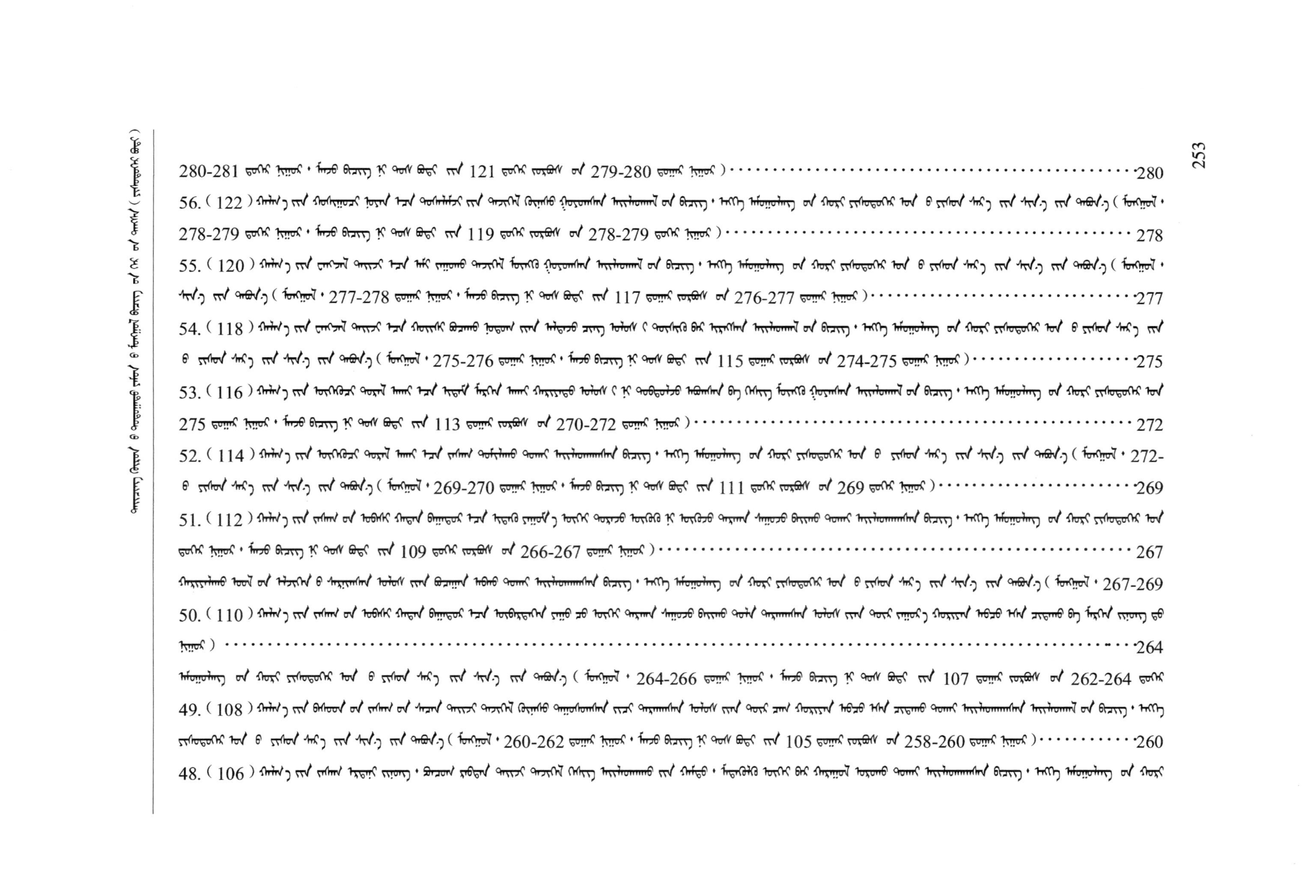

280-281 [illegible] 121 [illegible] 279-280 [illegible]) ··············· 280

56. (122) [illegible] ([illegible] ·
278-279 [illegible] 119 [illegible] 278-279 [illegible]) ··············· 278

55. (120) [illegible] ([illegible] ·
[illegible] ([illegible] · 277-278 [illegible] 117 [illegible] 276-277 [illegible]) ··············· 277

54. (118) [illegible]
[illegible] ([illegible] · 275-276 [illegible] 115 [illegible] 274-275 [illegible]) ··············· 275

53. (116) [illegible]
275 [illegible] 113 [illegible] 270-272 [illegible]) ··············· 272

52. (114) [illegible] ([illegible] · 272-
[illegible] ([illegible] · 269-270 [illegible] 111 [illegible] 269 [illegible]) ··············· 269

51. (112) [illegible]
[illegible] 109 [illegible] 266-267 [illegible]) ··············· 267

[illegible] ([illegible] · 267-269

50. (110) [illegible]
[illegible]) ··············· 264

[illegible] ([illegible] · 264-266 [illegible] 107 [illegible] 262-264 [illegible]

49. (108) [illegible]
[illegible] ([illegible] · 260-262 [illegible] 105 [illegible] 258-260 [illegible]) ··············· 260

48. (106) [illegible]

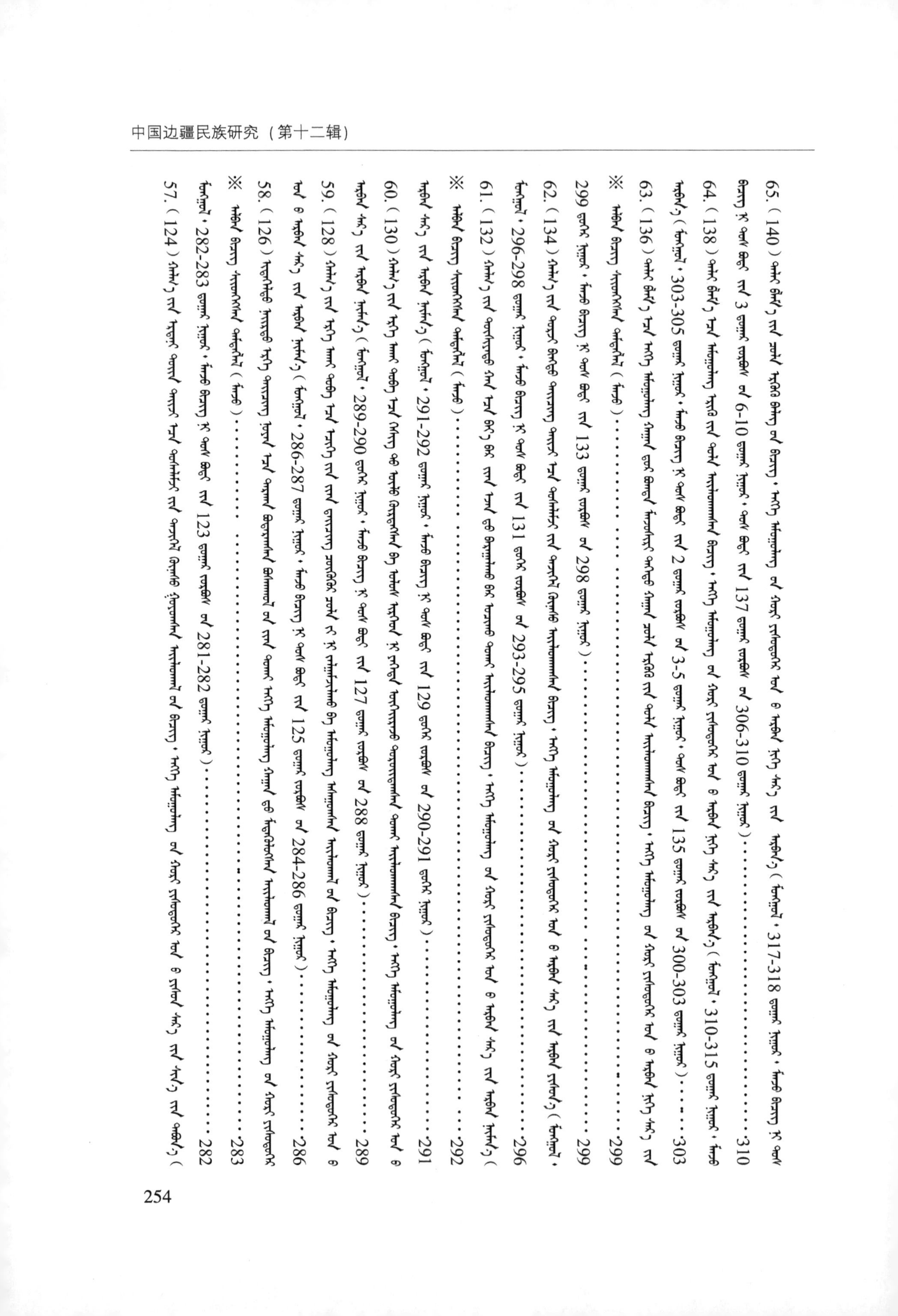

65.（140）[illegible]，317-318 [illegible]
[illegible] 3 [illegible] 6-10 [illegible] 137 [illegible] 306-310 [illegible]）······310
64.（138）[illegible]（[illegible]，310-315 [illegible]
[illegible]（[illegible]，303-305 [illegible] 2 [illegible] 3-5 [illegible] 135 [illegible] 300-303 [illegible]）······303
63.（136）[illegible]
※ [illegible]（[illegible]）······299
299 [illegible] 133 [illegible] 298 [illegible]）······299
62.（134）[illegible]
[illegible]，296-298 [illegible] 131 [illegible] 293-295 [illegible]）······296
61.（132）[illegible]（
※ [illegible]（[illegible]）······292
[illegible]（[illegible]，291-292 [illegible] 129 [illegible] 290-291 [illegible]）······291
60.（130）[illegible]
[illegible]（[illegible]，289-290 [illegible] 127 [illegible] 288 [illegible]）······289
59.（128）[illegible]
[illegible]（[illegible]，286-287 [illegible] 125 [illegible] 284-286 [illegible]）······286
58.（126）[illegible]
※ [illegible]（[illegible]）······283
[illegible]，282-283 [illegible] 123 [illegible] 281-282 [illegible]）······282
57.（124）[illegible]（

ᠨᠢᠭᠤᠷ) ··· 340
ᠴᠢᠩᠭᠢᠰ ᠬᠠᠭᠠᠨ ᠤ ᠨᠠᠢᠮᠠᠨ ᠴᠠᠭᠠᠨ ᠭᠡᠷ ᠦᠨ ᠲᠠᠬᠢᠯᠭ᠎ᠠ ᠶᠢᠨ ᠲᠠᠬᠢᠯᠭ᠎ᠠ ᠶᠢᠨ ᠲᠠᠭᠠᠯᠠᠯ (ᠲᠣᠳᠣᠷᠬᠠᠢ · 340-341 ᠳᠦᠭᠡᠷ ᠨᠢᠭᠤᠷ · ᠬᠠᠭᠤᠯᠪᠤᠷᠢ ᠪᠢᠴᠢᠭ ᠦᠨ ᠳᠡᠪᠲᠡᠷ ᠦᠨ 153 ᠳᠤᠭᠠᠷ ᠬᠠᠭᠤᠳᠠᠰᠤ ᠤᠨ 338-340 ᠳᠦᠭᠡᠷ
72. (154) ᠰᠠᠴᠤᠯᠢ ᠶᠢᠨ ᠪᠠᠷᠢᠮᠲᠠ ᠶᠢᠨ ᠲᠠᠪᠠᠨ ᠬᠤᠪᠢ ᠶᠢᠨ ᠲᠠᠬᠢᠯᠭ᠎ᠠ ᠶᠢᠨ ᠲᠠᠭᠠᠯᠠᠯ ᠢ ᠭᠤᠶᠤᠬᠤ ᠪᠢᠴᠢᠭ ᠪᠣᠯᠤᠨ ᠰᠠᠴᠤᠯᠢ ᠶᠢᠨ ᠲᠠᠬᠢᠯᠭ᠎ᠠ ᠶᠢᠨ ᠲᠠᠭᠠᠯᠠᠯ ᠤᠨ ᠪᠢᠴᠢᠭ ·
※ ᠬᠤᠪᠢ ᠪᠢᠴᠢᠭ ᠲᠠᠬᠢᠯᠭ᠎ᠠ ᠶᠢᠨ ᠬᠡᠰᠡᠭ (ᠲᠠᠯ᠎ᠠ) ························· 337
ᠨᠢᠭᠤᠷ · ᠬᠠᠭᠤᠯᠪᠤᠷᠢ ᠪᠢᠴᠢᠭ ᠦᠨ ᠳᠡᠪᠲᠡᠷ ᠦᠨ 7 ᠳᠤᠭᠠᠷ ᠬᠠᠭᠤᠳᠠᠰᠤ ᠤᠨ 19-22 ᠳᠤᠭᠠᠷ ᠨᠢᠭᠤᠷ · ᠳᠡᠪᠲᠡᠷ ᠦᠨ 151 ᠳᠦᠭᠡᠷ ᠬᠠᠭᠤᠳᠠᠰᠤ ᠤᠨ 330-333 ᠳᠤᠭᠠᠷ ᠨᠢᠭᠤᠷ) ························ 334
71. (152) ᠪᠢᠴᠢᠭ ᠰᠣᠨᠤᠰᠬᠠᠯ ᠤᠨ ᠲᠠᠬᠢᠯᠭ᠎ᠠ ᠶᠢᠨ ᠪᠢᠴᠢᠭ ᠪᠠᠶᠢᠭᠤᠯᠤᠭᠰᠠᠨ ᠲᠠᠭᠠᠯᠠᠯ ᠤᠨ ᠪᠢᠴᠢᠭ · ᠴᠢᠩᠭᠢᠰ ᠬᠠᠭᠠᠨ ᠤ ᠨᠠᠢᠮᠠᠨ ᠴᠠᠭᠠᠨ ᠭᠡᠷ ᠦᠨ ᠲᠠᠬᠢᠯᠭ᠎ᠠ ᠶᠢᠨ ᠰᠣᠨᠤᠰᠬᠠᠯ (ᠲᠣᠪᠴᠢ · 334-337 ᠳᠤᠭᠠᠷ
※ ᠬᠤᠪᠢ ᠪᠢᠴᠢᠭ ᠲᠠᠬᠢᠯᠭ᠎ᠠ ᠶᠢᠨ ᠬᠡᠰᠡᠭ (ᠲᠠᠯ᠎ᠠ) ························· 329
(ᠲᠣᠪᠴᠢ · 329 ᠳᠦᠭᠡᠷ ᠨᠢᠭᠤᠷ · ᠬᠠᠭᠤᠯᠪᠤᠷᠢ ᠪᠢᠴᠢᠭ ᠦᠨ ᠳᠡᠪᠲᠡᠷ ᠦᠨ 149 ᠳᠦᠭᠡᠷ ᠬᠠᠭᠤᠳᠠᠰᠤ ᠤᠨ 328-329 ᠳᠦᠭᠡᠷ ᠨᠢᠭᠤᠷ · ᠲᠣᠭᠤᠷᠢᠭᠤᠯ ᠳᠡᠪᠲᠡᠷ ᠦᠨ 197 ᠳᠤᠭᠠᠷ ᠬᠠᠭᠤᠳᠠᠰᠤ ᠤᠨ 574-575 ᠳᠤᠭᠠᠷ ᠨᠢᠭᠤᠷ) ···· 329
70. (150) ᠲᠠᠬᠢᠯᠭ᠎ᠠ ᠶᠢᠨ ᠰᠠᠴᠤᠯᠢ ᠪᠠᠷᠢᠮᠲᠠ ᠶᠢᠨ ᠲᠠᠪᠠᠨ ᠬᠤᠪᠢ ᠰᠠᠳᠤ ᠶᠢᠨ ᠬᠡᠷᠡᠭᠯᠡᠬᠦ ᠶᠢ ᠲᠣᠭᠲᠠᠭᠠᠭᠰᠠᠨ ᠲᠠᠭᠠᠯᠠᠯ ᠤᠨ ᠪᠢᠴᠢᠭ · ᠴᠢᠩᠭᠢᠰ ᠬᠠᠭᠠᠨ ᠤ ᠨᠠᠢᠮᠠᠨ ᠴᠠᠭᠠᠨ ᠭᠡᠷ ᠦᠨ ᠲᠠᠬᠢᠯᠭ᠎ᠠ ᠶᠢᠨ ᠲᠠᠭᠠᠯᠠᠯ
ᠤᠨ ᠨᠠᠢᠮᠠᠨ ᠴᠠᠭᠠᠨ ᠭᠡᠷ ᠦᠨ ᠲᠠᠬᠢᠯᠭ᠎ᠠ ᠶᠢᠨ ᠲᠠᠭᠠᠯᠠᠯ (ᠲᠣᠪᠴᠢ · 326-328 ᠳᠤᠭᠠᠷ ᠨᠢᠭᠤᠷ · ᠬᠠᠭᠤᠯᠪᠤᠷᠢ ᠪᠢᠴᠢᠭ ᠦᠨ ᠳᠡᠪᠲᠡᠷ ᠦᠨ 147 ᠳᠤᠭᠠᠷ ᠬᠠᠭᠤᠳᠠᠰᠤ ᠤᠨ 324-326 ᠳᠤᠭᠠᠷ ᠨᠢᠭᠤᠷ) ···· 326
69. (148) ᠲᠠᠬᠢᠯᠭ᠎ᠠ ᠶᠢᠨ ᠰᠠᠴᠤᠯᠢ ᠪᠠᠷᠢᠮᠲᠠ ᠶᠢᠨ ᠲᠠᠪᠠᠨ ᠬᠤᠪᠢ ᠲᠣᠭᠲᠠᠭᠠᠭᠰᠠᠨ ᠰᠣᠨᠤᠰᠬᠠᠯ ᠪᠠ ᠪᠤᠰᠤᠳ ᠲᠣᠭᠲᠠᠭᠠᠯ ᠢ ᠲᠠᠭᠠᠯᠠᠭᠰᠠᠨ ᠲᠠᠭᠠᠯᠠᠯ ᠤᠨ ᠪᠢᠴᠢᠭ ᠢ ᠲᠣᠭᠲᠠᠭᠠᠭᠰᠠᠨ ᠲᠠᠭᠠᠯᠠᠯ ᠤᠨ ᠪᠢᠴᠢᠭ · ᠴᠢᠩᠭᠢᠰ ᠬᠠᠭᠠᠨ ᠤ
※ ᠬᠤᠪᠢ ᠪᠢᠴᠢᠭ ᠲᠠᠬᠢᠯᠭ᠎ᠠ ᠶᠢᠨ ᠬᠡᠰᠡᠭ (ᠲᠠᠯ᠎ᠠ) ························· 323
ᠬᠠᠭᠤᠳᠠᠰᠤ ᠤᠨ 25-26 ᠳᠤᠭᠠᠷ ᠨᠢᠭᠤᠷ · ᠳᠡᠪᠲᠡᠷ ᠦᠨ 145 ᠳᠤᠭᠠᠷ ᠬᠠᠭᠤᠳᠠᠰᠤ ᠤᠨ 322 ᠳᠤᠭᠠᠷ ᠨᠢᠭᠤᠷ) ························ 323
68. (146) ᠲᠠᠬᠢᠯ ᠤᠨ ᠪᠠᠶᠢᠷᠢ ᠪᠣᠯᠤᠨ ᠤᠨ ᠲᠠᠯ᠎ᠠ · ᠴᠢᠩᠭᠢᠰ ᠬᠠᠭᠠᠨ ᠤ ᠨᠠᠢᠮᠠᠨ ᠴᠠᠭᠠᠨ ᠭᠡᠷ ᠦᠨ ᠲᠠᠬᠢᠯᠭ᠎ᠠ ᠶᠢᠨ ᠲᠠᠭᠠᠯᠠᠯ (ᠲᠣᠳᠣᠷᠬᠠᠢ · 323 ᠳᠤᠭᠠᠷ ᠨᠢᠭᠤᠷ · ᠬᠠᠭᠤᠯᠪᠤᠷᠢ ᠪᠢᠴᠢᠭ ᠦᠨ ᠳᠡᠪᠲᠡᠷ ᠦᠨ 9 ᠳᠦᠭᠡᠷ
ᠨᠢᠭᠤᠷ) ··· 321
ᠲᠣᠳᠣᠷᠬᠠᠢ · 321-322 ᠳᠤᠭᠠᠷ ᠨᠢᠭᠤᠷ · ᠬᠠᠭᠤᠯᠪᠤᠷᠢ ᠪᠢᠴᠢᠭ ᠦᠨ ᠳᠡᠪᠲᠡᠷ ᠦᠨ 8 ᠳᠤᠭᠠᠷ ᠬᠠᠭᠤᠳᠠᠰᠤ ᠤᠨ 23-24 ᠳᠦᠭᠡᠷ ᠨᠢᠭᠤᠷ · ᠳᠡᠪᠲᠡᠷ ᠦᠨ 143 ᠳᠤᠭᠠᠷ ᠬᠠᠭᠤᠳᠠᠰᠤ ᠤᠨ 319-321 ᠳᠦᠭᠡᠷ
67. (144) ᠲᠠᠬᠢᠯ ᠤᠨ ᠰᠠᠴᠤᠯᠢ ᠲᠠᠭᠠᠯᠠᠯ ᠤᠨ ᠲᠠᠯ᠎ᠠ ᠶᠢ ᠬᠡᠯᠡᠬᠦ ᠶᠢᠨ ᠲᠠᠭᠠᠯ ᠴᠢᠩᠭᠢᠰ ᠬᠠᠭᠠᠨ ᠤ ᠲᠠᠬᠢᠯᠭ᠎ᠠ ᠶᠢᠨ ᠲᠠᠭᠠᠯᠠᠯ ᠤᠨ ᠪᠢᠴᠢᠭ · ᠴᠢᠩᠭᠢᠰ ᠬᠠᠭᠠᠨ ᠤ ᠨᠠᠢᠮᠠᠨ ᠴᠠᠭᠠᠨ ᠭᠡᠷ ᠦᠨ ᠲᠠᠬᠢᠯᠭ᠎ᠠ (
ᠬᠠᠭᠤᠯᠪᠤᠷᠢ ᠪᠢᠴᠢᠭ ᠦᠨ ᠳᠡᠪᠲᠡᠷ ᠦᠨ 5 ᠳᠤᠭᠠᠷ ᠬᠠᠭᠤᠳᠠᠰᠤ ᠤᠨ 12 ᠳᠤᠭᠠᠷ ᠨᠢᠭᠤᠷ · ᠳᠡᠪᠲᠡᠷ ᠦᠨ 141 ᠳᠦᠭᠡᠷ ᠬᠠᠭᠤᠳᠠᠰᠤ ᠤᠨ 318 ᠳᠤᠭᠠᠷ ᠨᠢᠭᠤᠷ) ························ 318
66. (142) ᠲᠠᠬᠢᠯ ᠪᠣᠯᠤᠨ ᠤᠨ ᠲᠠᠬᠢᠯᠭ᠎ᠠ ᠶᠢᠨ ᠪᠢᠴᠢᠭ ᠪᠣᠯᠤᠨ ᠤᠨ ᠪᠢᠴᠢᠭ ᠲᠣᠭᠲᠠᠭᠠᠯ ᠪᠣᠯᠤᠨ ᠤᠨ ᠲᠠᠯ᠎ᠠ · ᠴᠢᠩᠭᠢᠰ ᠬᠠᠭᠠᠨ ᠤ ᠨᠠᠢᠮᠠᠨ ᠴᠠᠭᠠᠨ ᠭᠡᠷ ᠦᠨ ᠲᠠᠬᠢᠯᠭ᠎ᠠ (ᠲᠣᠳᠣᠷᠬᠠᠢ · 318-319 ᠳᠦᠭᠡᠷ ᠨᠢᠭᠤᠷ ·
ᠳᠡᠪᠲᠡᠷ ᠦᠨ 4 ᠳᠦᠭᠡᠷ ᠬᠠᠭᠤᠳᠠᠰᠤ ᠤᠨ 11 ᠳᠦᠭᠡᠷ ᠨᠢᠭᠤᠷ · ᠳᠡᠪᠲᠡᠷ ᠦᠨ 139 ᠳᠦᠭᠡᠷ ᠬᠠᠭᠤᠳᠠᠰᠤ ᠤᠨ 315-316 ᠳᠤᠭᠠᠷ ᠨᠢᠭᠤᠷ) ························ 317

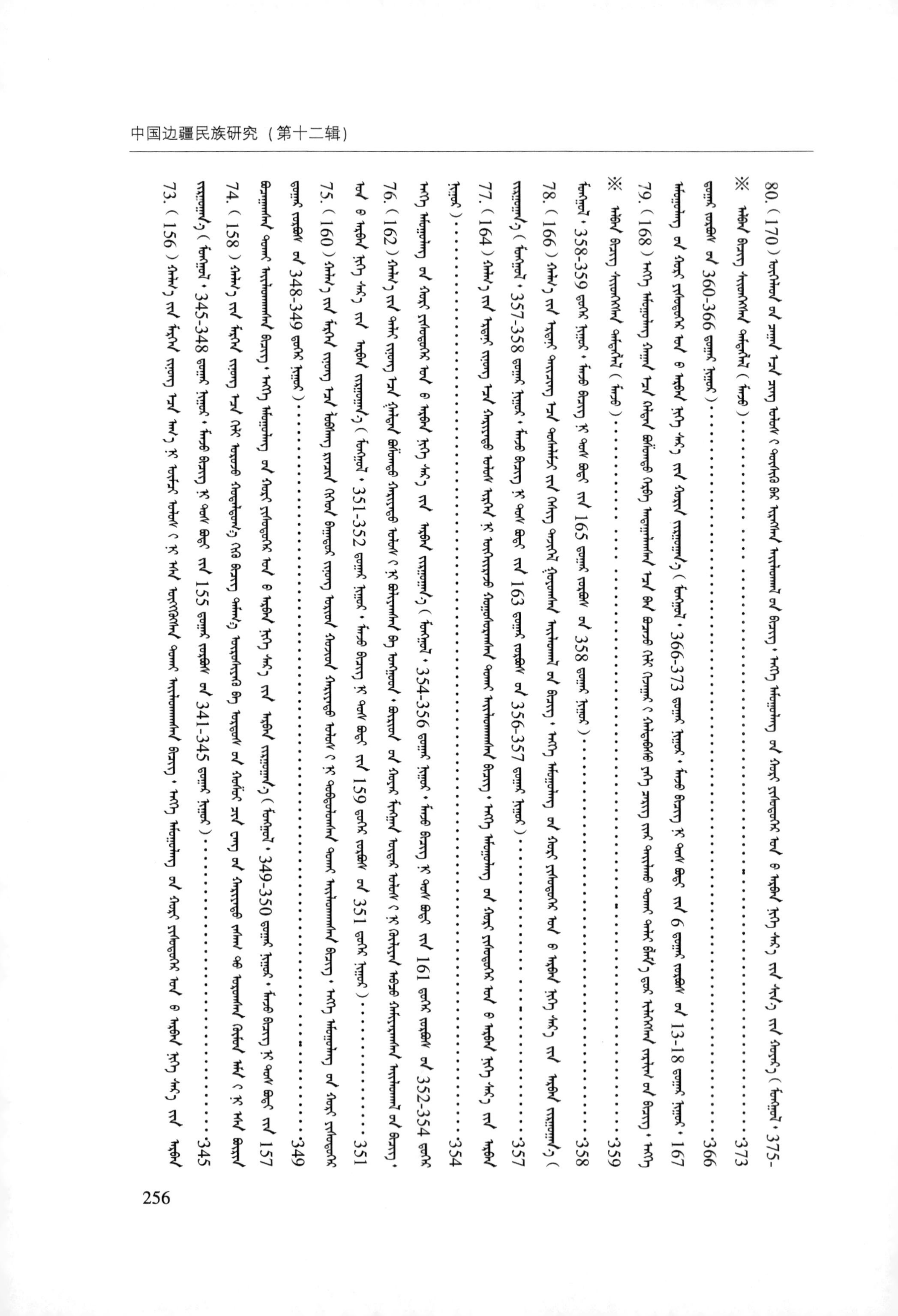

73.（156）[illegible]（[illegible] · 345-348 [illegible] · [illegible] 155 [illegible] 341-345 [illegible]）……345

74.（158）[illegible]（[illegible] · 349-350 [illegible] · [illegible] 157 [illegible] 348-349 [illegible]）……349

75.（160）[illegible]（[illegible] · 351-352 [illegible] · [illegible] 159 [illegible] 351 [illegible]）……351

76.（162）[illegible]（[illegible] · 354-356 [illegible] · [illegible] 161 [illegible] 352-354 [illegible]）……354

77.（164）[illegible]（[illegible] · 357-358 [illegible] · [illegible] 163 [illegible] 356-357 [illegible]）……357

78.（166）[illegible]（[illegible] · 358-359 [illegible] · [illegible] 165 [illegible] 358 [illegible]）……358

※ [illegible]（[illegible]）……359

79.（168）[illegible]（[illegible] · 366-373 [illegible] · [illegible] 6 [illegible] 13-18 [illegible] · 167 [illegible] 360-366 [illegible]）……366

※ [illegible]（[illegible]）……373

80.（170）[illegible]（[illegible] · 375-

376 ᠳᠤᠭᠠᠷ ᠨᠢᠭᠤᠷ · ᠬᠢᠲᠠᠳ ᠣᠷᠴᠢᠭᠤᠯᠭ᠎ᠠ ᠶᠢᠨ ᠡᠬᠡ ᠪᠢᠴᠢᠭ ᠲᠦ 169 ᠳᠤᠭᠠᠷ ᠬᠡᠰᠡᠭ ᠦᠨ 374-375 ᠳᠤᠭᠠᠷ ᠨᠢᠭᠤᠷ) ······························ 375

81. (172) ᠬᠤᠪᠢᠯᠠᠢ ᠶᠢᠨ ᠵᠠᠷᠯᠢᠭ ᠪᠣᠯᠤᠨ ᠬᠠᠭᠠᠨ ᠤ ᠵᠠᠷᠯᠢᠭ ᠪᠢᠴᠢᠭ ᠤᠨ ᠬᠡᠯᠪᠡᠷᠢ ᠶᠢᠨ ᠲᠤᠬᠠᠢ ᠬᠢᠲᠠᠳ ᠣᠷᠴᠢᠭᠤᠯᠭ᠎ᠠ ᠳᠠᠬᠢ ᠪᠤᠷᠤᠭᠤ ᠣᠷᠴᠢᠭᠤᠯᠤᠯᠲᠠ ᠶᠢᠨ ᠲᠤᠬᠠᠢ · ᠮᠣᠩᠭᠣᠯ ᠬᠡᠯᠡᠨ ᠦ ᠳᠦᠷᠢᠮ ᠦᠨ ᠦᠭᠡ ᠶᠢᠨ ᠵᠠᠩ ᠬᠤᠪᠢᠷᠠᠯ ᠤᠨ ᠲᠤᠬᠠᠢ (ᠲᠡᠦᠬᠡ · 378-379 ᠳᠤᠭᠠᠷ ᠨᠢᠭᠤᠷ · ᠬᠢᠲᠠᠳ ᠣᠷᠴᠢᠭᠤᠯᠭ᠎ᠠ ᠶᠢᠨ ᠡᠬᠡ ᠪᠢᠴᠢᠭ ᠲᠦ 171 ᠳᠤᠭᠠᠷ ᠬᠡᠰᠡᠭ ᠦᠨ 377-378 ᠳᠤᠭᠠᠷ ᠨᠢᠭᠤᠷ) ······························ 378

82. (174) ᠬᠤᠪᠢᠯᠠᠢ ᠶᠢᠨ ᠬᠡᠯᠡᠭᠰᠡᠨ ᠦᠭᠡ ᠶᠢᠨ ᠤᠳᠬ᠎ᠠ ᠶᠢᠨ ᠲᠤᠬᠠᠢ · ᠮᠣᠩᠭᠣᠯ ᠬᠡᠯᠡᠨ ᠦ ᠳᠦᠷᠢᠮ ᠦᠨ ᠦᠭᠡ ᠶᠢᠨ ᠵᠠᠩ ᠬᠤᠪᠢᠷᠠᠯ ᠤᠨ ᠲᠤᠬᠠᠢ (ᠲᠡᠦᠬᠡ · 381-383 ᠳᠤᠭᠠᠷ ᠨᠢᠭᠤᠷ · ᠬᠢᠲᠠᠳ ᠣᠷᠴᠢᠭᠤᠯᠭ᠎ᠠ ᠶᠢᠨ ᠡᠬᠡ ᠪᠢᠴᠢᠭ ᠲᠦ 173 ᠳᠤᠭᠠᠷ ᠬᠡᠰᠡᠭ ᠦᠨ 379-381 ᠳᠤᠭᠠᠷ ᠨᠢᠭᠤᠷ) ······························ 381

83. (176) ᠬᠤᠪᠢᠯᠠᠢ ᠶᠢᠨ ᠬᠡᠯᠡᠭᠰᠡᠨ ᠦᠭᠡ ᠶᠢᠨ ᠤᠳᠬ᠎ᠠ ᠶᠢᠨ ᠲᠤᠬᠠᠢ · ᠮᠣᠩᠭᠣᠯ ᠬᠡᠯᠡᠨ ᠦ ᠳᠦᠷᠢᠮ ᠦᠨ ᠦᠭᠡ ᠶᠢᠨ ᠵᠠᠩ ᠬᠤᠪᠢᠷᠠᠯ ᠤᠨ ᠲᠤᠬᠠᠢ (ᠲᠡᠦᠬᠡ · 385-387 ᠳᠤᠭᠠᠷ ᠨᠢᠭᠤᠷ · ᠬᠢᠲᠠᠳ ᠣᠷᠴᠢᠭᠤᠯᠭ᠎ᠠ ᠶᠢᠨ ᠡᠬᠡ ᠪᠢᠴᠢᠭ ᠲᠦ 175 ᠳᠤᠭᠠᠷ ᠬᠡᠰᠡᠭ ᠦᠨ 383-385 ᠳᠤᠭᠠᠷ ᠨᠢᠭᠤᠷ) ······························ 385

※ ᠬᠢᠲᠠᠳ ᠣᠷᠴᠢᠭᠤᠯᠭ᠎ᠠ ᠶᠢᠨ ᠬᠡᠰᠡᠭ (ᠲᠡᠦᠬᠡ) ······························ 387

84. (178) ᠵᠠᠷᠯᠢᠭ ᠤᠨ ᠦᠭᠡ ᠶᠢᠨ ᠲᠤᠬᠠᠢ ᠬᠢᠲᠠᠳ ᠣᠷᠴᠢᠭᠤᠯᠭ᠎ᠠ ᠳᠠᠬᠢ ᠪᠤᠷᠤᠭᠤ ᠣᠷᠴᠢᠭᠤᠯᠤᠯᠲᠠ ᠶᠢᠨ ᠲᠤᠬᠠᠢ · ᠮᠣᠩᠭᠣᠯ ᠬᠡᠯᠡᠨ ᠦ ᠳᠦᠷᠢᠮ ᠦᠨ ᠦᠭᠡ ᠶᠢᠨ ᠵᠠᠩ ᠬᠤᠪᠢᠷᠠᠯ ᠤᠨ ᠲᠤᠬᠠᠢ (ᠲᠡᠦᠬᠡ · 390-392 ᠳᠤᠭᠠᠷ ᠨᠢᠭᠤᠷ · ᠬᠢᠲᠠᠳ ᠣᠷᠴᠢᠭᠤᠯᠭ᠎ᠠ ᠶᠢᠨ ᠡᠬᠡ ᠪᠢᠴᠢᠭ ᠲᠦ 177 ᠳᠤᠭᠠᠷ ᠬᠡᠰᠡᠭ ᠦᠨ 388-390 ᠳᠤᠭᠠᠷ ᠨᠢᠭᠤᠷ) ······························ 390

85. (180) ᠵᠠᠷᠯᠢᠭ ᠤᠨ ᠦᠭᠡ ᠶᠢᠨ ᠲᠤᠬᠠᠢ ᠬᠢᠲᠠᠳ ᠣᠷᠴᠢᠭᠤᠯᠭ᠎ᠠ ᠳᠠᠬᠢ ᠪᠤᠷᠤᠭᠤ ᠣᠷᠴᠢᠭᠤᠯᠤᠯᠲᠠ ᠶᠢᠨ ᠲᠤᠬᠠᠢ · ᠮᠣᠩᠭᠣᠯ ᠬᠡᠯᠡᠨ ᠦ ᠳᠦᠷᠢᠮ ᠦᠨ ᠦᠭᠡ ᠶᠢᠨ ᠵᠠᠩ ᠬᠤᠪᠢᠷᠠᠯ ᠤᠨ ᠲᠤᠬᠠᠢ (ᠲᠡᠦᠬᠡ · 394-396 ᠳᠤᠭᠠᠷ ᠨᠢᠭᠤᠷ · ᠬᠢᠲᠠᠳ ᠣᠷᠴᠢᠭᠤᠯᠭ᠎ᠠ ᠶᠢᠨ ᠡᠬᠡ ᠪᠢᠴᠢᠭ ᠲᠦ 179 ᠳᠤᠭᠠᠷ ᠬᠡᠰᠡᠭ ᠦᠨ 392-394 ᠳᠤᠭᠠᠷ ᠨᠢᠭᠤᠷ) ······························ 394

86. (182) ᠵᠠᠷᠯᠢᠭ ᠤᠨ ᠦᠭᠡ ᠶᠢᠨ ᠲᠤᠬᠠᠢ ᠬᠢᠲᠠᠳ ᠣᠷᠴᠢᠭᠤᠯᠭ᠎ᠠ ᠳᠠᠬᠢ ᠪᠤᠷᠤᠭᠤ ᠣᠷᠴᠢᠭᠤᠯᠤᠯᠲᠠ ᠶᠢᠨ ᠲᠤᠬᠠᠢ · ᠮᠣᠩᠭᠣᠯ ᠬᠡᠯᠡᠨ ᠦ ᠳᠦᠷᠢᠮ ᠦᠨ ᠦᠭᠡ ᠶᠢᠨ ᠵᠠᠩ ᠬᠤᠪᠢᠷᠠᠯ ᠤᠨ ᠲᠤᠬᠠᠢ (ᠲᠡᠦᠬᠡ · 398-400 ᠳᠤᠭᠠᠷ ᠨᠢᠭᠤᠷ · ᠬᠢᠲᠠᠳ ᠣᠷᠴᠢᠭᠤᠯᠭ᠎ᠠ ᠶᠢᠨ ᠡᠬᠡ ᠪᠢᠴᠢᠭ ᠲᠦ 181 ᠳᠤᠭᠠᠷ ᠬᠡᠰᠡᠭ ᠦᠨ 396-398 ᠳᠤᠭᠠᠷ ᠨᠢᠭᠤᠷ) ······························ 398

※ ᠬᠢᠲᠠᠳ ᠣᠷᠴᠢᠭᠤᠯᠭ᠎ᠠ ᠶᠢᠨ ᠬᠡᠰᠡᠭ (ᠲᠡᠦᠬᠡ) ······························ 400

87. (184) ᠬᠤᠪᠢᠯᠠᠢ ᠶᠢᠨ ᠵᠠᠷᠯᠢᠭ ᠪᠣᠯᠤᠨ ᠬᠢᠲᠠᠳ ᠣᠷᠴᠢᠭᠤᠯᠭ᠎ᠠ ᠳᠠᠬᠢ ᠪᠤᠷᠤᠭᠤ ᠣᠷᠴᠢᠭᠤᠯᠤᠯᠲᠠ ᠶᠢᠨ ᠲᠤᠬᠠᠢ · ᠮᠣᠩᠭᠣᠯ ᠬᠡᠯᠡᠨ ᠦ ᠳᠦᠷᠢᠮ ᠦᠨ ᠲᠤᠬᠠᠢ (ᠲᠡᠦᠬᠡ · 403-404 ᠳᠤᠭᠠᠷ ᠨᠢᠭᠤᠷ · ᠬᠢᠲᠠᠳ ᠣᠷᠴᠢᠭᠤᠯᠭ᠎ᠠ ᠶᠢᠨ ᠡᠬᠡ ᠪᠢᠴᠢᠭ ᠲᠦ 183 ᠳᠤᠭᠠᠷ ᠬᠡᠰᠡᠭ ᠦᠨ 401-403 ᠳᠤᠭᠠᠷ ᠨᠢᠭᠤᠷ) ······························ 403

※ ᠮᠣᠩᠭᠣᠯ ᠬᠡᠯᠡᠨ ᠦ ᠳᠦᠷᠢᠮ ᠦᠨ ᠲᠤᠬᠠᠢ ······························ 405

88. (187) ᠡᠨᠡ ᠪᠢᠴᠢᠭ ᠦᠨ ᠬᠢᠲᠠᠳ ᠣᠷᠴᠢᠭᠤᠯᠭ᠎ᠠ ᠶᠢᠨ ᠠᠷᠭ᠎ᠠ ᠪᠠᠷᠢᠯ ᠤᠨ ᠲᠤᠬᠠᠢ ᠮᠣᠩᠭᠣᠯ ᠬᠡᠯᠡᠨ ᠦ ᠳᠦᠷᠢᠮ ᠦᠨ ᠲᠤᠬᠠᠢ ᠬᠢᠲᠠᠳ ᠣᠷᠴᠢᠭᠤᠯᠭ᠎ᠠ ᠶᠢᠨ ᠬᠡᠯᠡ ᠵᠦᠢ ᠶᠢᠨ ᠠᠷᠭ᠎ᠠ ᠪᠠᠷᠢᠯ ᠤᠨ ᠣᠨᠴᠠᠯᠢᠭ ᠤᠨ ᠲᠤᠬᠠᠢ

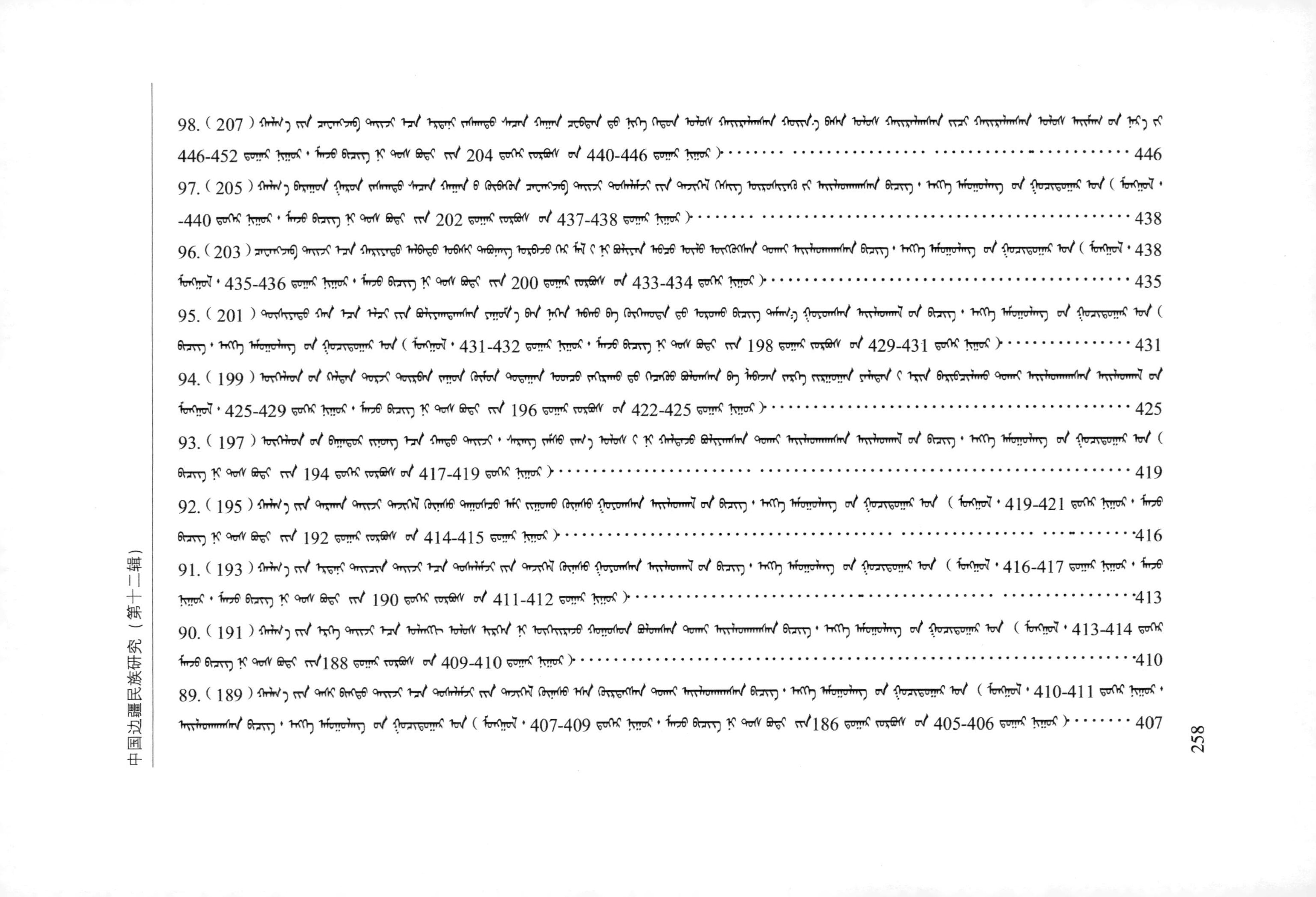

98.（207）[illegible]
446-452 [illegible] 204 [illegible] 440-446 [illegible]）……………… 446

97.（205）[illegible]（[illegible]
-440 [illegible] 202 [illegible] 437-438 [illegible]）……………… 438

96.（203）[illegible]（[illegible] 438
[illegible] 435-436 [illegible] 200 [illegible] 433-434 [illegible]）……………… 435

95.（201）[illegible]（
[illegible]（[illegible] 431-432 [illegible] 198 [illegible] 429-431 [illegible]）……………… 431

94.（199）[illegible]
[illegible] 425-429 [illegible] 196 [illegible] 422-425 [illegible]）……………… 425

93.（197）[illegible]（
[illegible] 194 [illegible] 417-419 [illegible]）……………… 419

92.（195）[illegible]（[illegible] 419-421 [illegible]
[illegible] 192 [illegible] 414-415 [illegible]）……………… 416

91.（193）[illegible]（[illegible] 416-417 [illegible]
[illegible] 190 [illegible] 411-412 [illegible]）……………… 413

90.（191）[illegible]（[illegible] 413-414 [illegible]
[illegible] 188 [illegible] 409-410 [illegible]）……………… 410

89.（189）[illegible]（[illegible] 410-411 [illegible]
[illegible]（[illegible] 407-409 [illegible] 186 [illegible] 405-406 [illegible]）……… 407

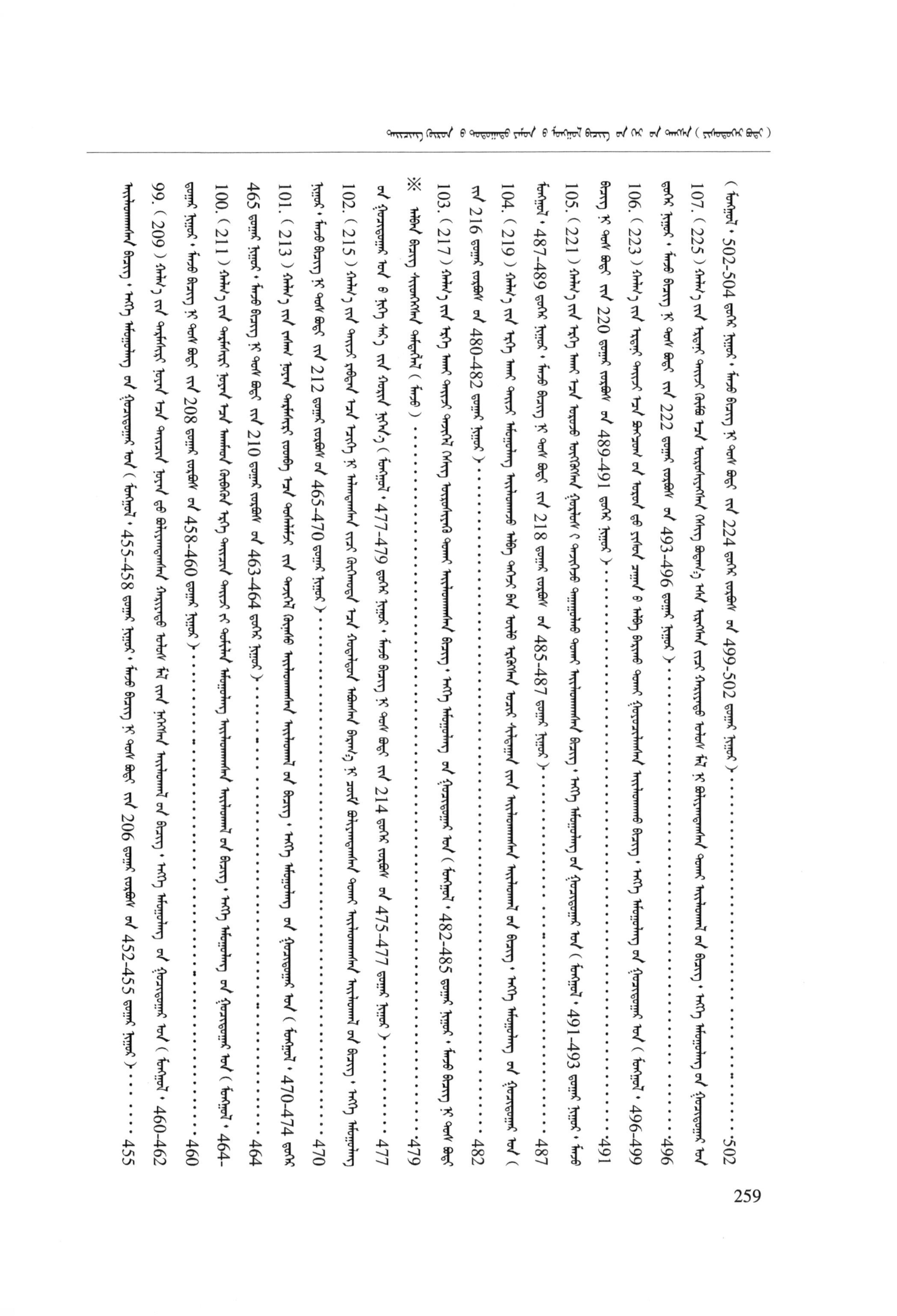

([illegible] · 502-504 [illegible] 224 [illegible] 499-502 [illegible]) ………… 502
107. (225) [illegible]
[illegible] 222 [illegible] 493-496 [illegible]) ………… 496
106. (223) [illegible] ([illegible] · 496-499
[illegible] 220 [illegible] 489-491 [illegible]) ………… 491
105. (221) [illegible] ([illegible] · 491-493 [illegible]
[illegible] · 487-489 [illegible] 218 [illegible] 485-487 [illegible]) ………… 487
104. (219) [illegible] (
[illegible] 216 [illegible] 480-482 [illegible]) ………… 482
103. (217) [illegible] ([illegible] · 482-485 [illegible]
※ [illegible] ([illegible]) ………… 479
[illegible] ([illegible] · 477-479 [illegible] 214 [illegible] 475-477 [illegible]) ………… 477
102. (215) [illegible]
[illegible] 212 [illegible] 465-470 [illegible]) ………… 470
101. (213) [illegible] ([illegible] · 470-474 [illegible]
465 [illegible] 210 [illegible] 463-464 [illegible]) ………… 464
100. (211) [illegible] ([illegible] · 464-
[illegible] 208 [illegible] 458-460 [illegible]) ………… 460
99. (209) [illegible] ([illegible] · 460-462
[illegible] ([illegible] · 455-458 [illegible] 206 [illegible] 452-455 [illegible]) ………… 455

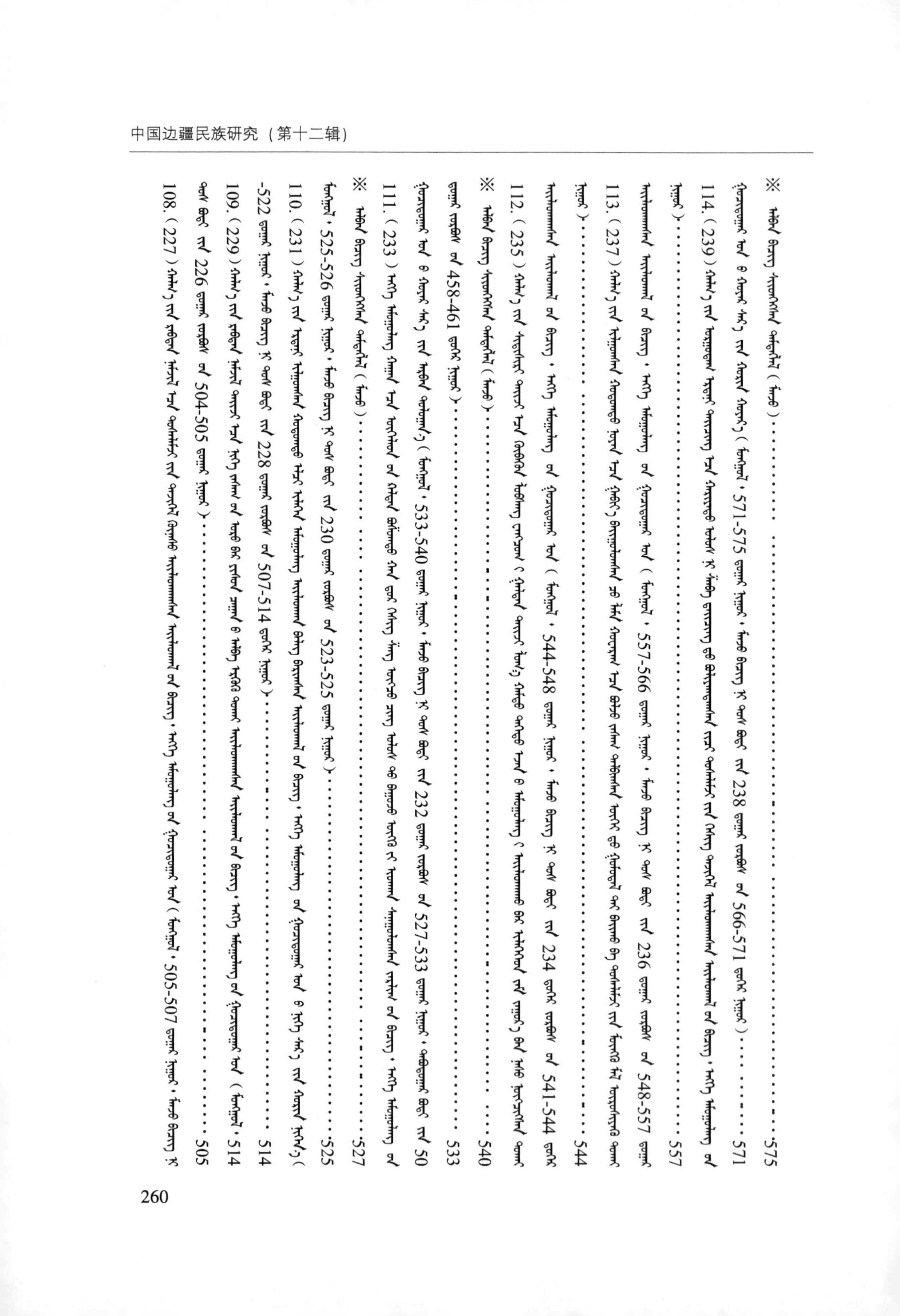

108.（227）[illegible]（[illegible]，505-507 [illegible]，[illegible] 226 [illegible] 504-505 [illegible]）…… 505

109.（229）[illegible]（[illegible]，514-522 [illegible]，[illegible] 228 [illegible] 507-514 [illegible]）…… 514

110.（231）[illegible]（[illegible]，525-526 [illegible]，[illegible] 230 [illegible] 523-525 [illegible]）…… 525

※ [illegible]（[illegible]）…… 527

111.（233）[illegible]（[illegible]，533-540 [illegible]，[illegible] 232 [illegible] 527-533 [illegible]，[illegible] 50 [illegible] 458-461 [illegible]）…… 533

※ [illegible]（[illegible]）…… 540

112.（235）[illegible]（[illegible]，544-548 [illegible]，[illegible] 234 [illegible] 541-544 [illegible]）…… 544

113.（237）[illegible]（[illegible]，557-566 [illegible]，[illegible] 236 [illegible] 548-557 [illegible]）…… 557

114.（239）[illegible]（[illegible]，571-575 [illegible]，[illegible] 238 [illegible] 566-571 [illegible]）…… 571

※ [illegible]（[illegible]）…… 575

115.（241）ᠰᠢᠷᠡᠭᠡ ᠶᠢᠨ [illegible] ᠪᠢᠴᠢᠭ᠌ (ᠲᠡᠷᠢᠭᠦᠨ · 590-603 ᠳᠤᠭᠠᠷ ᠨᠢᠭᠤᠷ · ᠳᠡᠭᠡᠳᠦ ᠪᠢᠴᠢᠭ᠌ ᠦ ᠳᠠᠭᠤ ᠬᠡᠯᠡ ᠶᠢᠨ …… 240

ᠳᠣᠣᠷᠠ ᠬᠡᠰᠡᠭ ᠦᠨ 576-590 ᠳᠤᠭᠠᠷ ᠨᠢᠭᠤᠷ) …… 590

※ ᠬᠣᠶᠠᠷ ᠪᠢᠴᠢᠭ᠌ ᠰᠤᠷᠪᠤᠯᠵᠢᠯᠠᠯ ᠲᠠᠢᠯᠪᠤᠷᠢ (ᠳᠡᠭᠡᠳᠦ) …… 603

※ ᠭᠠᠯᠳᠠᠨ ᠬᠤᠩᠲᠠᠢᠵᠢ ᠶᠢᠨ ᠥᠷᠭᠦᠭᠰᠡᠨ ᠪᠢᠴᠢᠭ ……………………………………………………1
1.(3) ᠪᠣᠰᠣᠭᠲᠤ ᠭᠠᠯᠳᠠᠨ ᠬᠠᠭᠠᠨ ᠤ ᠡᠯᠴᠢ ᠶᠢᠨ ᠥᠷᠭᠦᠭᠰᠡᠨ ᠪᠢᠴᠢᠭ ᠤᠨ ᠲᠡᠦᠬᠡᠨ ᠡᠮᠬᠲᠭᠡᠯ ᠦᠨ ᠬᠠᠭᠠᠨ ᠤ ᠬᠠᠷᠢᠭᠤ ᠪᠢᠴᠢᠭ ᠦᠨ ᠳᠠᠩᠰᠠ᠂ ᠭᠠᠯᠳᠠᠨ ᠬᠤᠩᠲᠠᠢᠵᠢ ᠶᠢᠨ ᠥᠷᠭᠦᠭᠰᠡᠨ ᠪᠢᠴᠢᠭ ᠬᠡᠮᠡᠨ ᠦ ᠵᠠᠷᠯᠢᠭ ……………………6
ᠬᠤᠩᠲᠠᠢᠵᠢ ᠶᠢᠨ ᠥᠷᠭᠦᠭᠰᠡᠨ ᠪᠢᠴᠢᠭ ᠬᠠᠭᠠᠨ ᠤ ᠥᠷᠭᠦᠭᠰᠡᠨ ᠤᠨ ᠥᠷᠭᠦᠭᠰᠡᠨ (ᠲᠠᠰᠤᠷᠬᠠᠢ᠂ 6-7 ᠳᠤᠭᠠᠷ ᠨᠢᠭᠤᠷ᠂ ᠮᠣᠩᠭᠣᠯ ᠪᠢᠴᠢᠭ ᠦᠨ ᠳᠠᠩᠰᠠ ᠶᠢᠨ 2 ᠳᠤᠭᠠᠷ ᠳᠡᠪᠲᠡᠷ ᠦᠨ 3-4 ᠳᠤᠭᠠᠷ ᠨᠢᠭᠤᠷ) ……………………6
2.(5) ᠪᠣᠰᠣᠭᠲᠤ ᠭᠠᠯᠳᠠᠨ ᠬᠠᠭᠠᠨ ᠤ ᠡᠯᠴᠢ ᠶᠢᠨ ᠥᠷᠭᠦᠭᠰᠡᠨ ᠪᠢᠴᠢᠭ ᠤᠨ ᠲᠡᠦᠬᠡᠨ ᠡᠮᠬᠲᠭᠡᠯ ᠦᠨ ᠮᠠᠨᠵᠤ ᠪᠢᠴᠢᠭ᠂ ᠭᠠᠯᠳᠠᠨ ᠬᠤᠩᠲᠠᠢᠵᠢ ᠶᠢᠨ ᠥᠷᠭᠦᠭᠰᠡᠨ ᠪᠢᠴᠢᠭ ᠬᠠᠭᠠᠨ ᠤ ᠥᠷᠭᠦᠭᠰᠡᠨ (ᠲᠠᠰᠤᠷᠬᠠᠢ᠂
10-11 ᠳᠤᠭᠠᠷ ᠨᠢᠭᠤᠷ᠂ ᠮᠣᠩᠭᠣᠯ ᠪᠢᠴᠢᠭ ᠦᠨ ᠳᠠᠩᠰᠠ ᠶᠢᠨ 4 ᠳᠤᠭᠠᠷ ᠳᠡᠪᠲᠡᠷ ᠦᠨ 8-10 ᠳᠤᠭᠠᠷ ᠨᠢᠭᠤᠷ᠂ ᠮᠠᠨᠵᠤ ᠪᠢᠴᠢᠭ ᠲᠡᠦᠬᠡᠨ ᠡᠮᠬᠲᠭᠡᠯ ᠦᠨ 10 ᠳᠤᠭᠠᠷ ᠨᠢᠭᠤᠷ) ……………………10
※ ᠮᠠᠨᠵᠤ ᠪᠢᠴᠢᠭ ᠲᠡᠦᠬᠡᠨ ᠡᠮᠬᠲᠭᠡᠯ (ᠲᠠᠰᠤᠷᠬᠠᠢ) ……………………………………11
3.(7) ᠵᠡᠭᠦᠨ ᠭᠠᠷ ᠤᠨ ᠬᠠᠭᠠᠨ ᠬᠤᠩᠲᠠᠢᠵᠢ ᠶᠢᠨ ᠥᠷᠭᠦᠭᠰᠡᠨ ᠪᠢᠴᠢᠭ᠂ ᠭᠠᠯᠳᠠᠨ ᠬᠤᠩᠲᠠᠢᠵᠢ ᠶᠢᠨ ᠥᠷᠭᠦᠭᠰᠡᠨ ᠪᠢᠴᠢᠭ ᠬᠠᠭᠠᠨ ᠤ ᠥᠷᠭᠦᠭᠰᠡᠨ (ᠲᠠᠰᠤᠷᠬᠠᠢ᠂ 18-22 ᠳᠤᠭᠠᠷ ᠨᠢᠭᠤᠷ᠂ ᠮᠣᠩᠭᠣᠯ ᠪᠢᠴᠢᠭ ᠦᠨ ᠳᠠᠩᠰᠠ
ᠶᠢᠨ 6 ᠳᠤᠭᠠᠷ ᠳᠡᠪᠲᠡᠷ ᠦᠨ 12-16 ᠳᠤᠭᠠᠷ ᠨᠢᠭᠤᠷ᠂ ᠮᠠᠨᠵᠤ ᠪᠢᠴᠢᠭ ᠲᠡᠦᠬᠡᠨ ᠡᠮᠬᠲᠭᠡᠯ ᠦᠨ 16-17 ᠳᠤᠭᠠᠷ ᠨᠢᠭᠤᠷ᠂ ᠮᠣᠩᠭᠣᠯ ᠪᠢᠴᠢᠭ ᠶᠢᠨ 53 ᠳᠤᠭᠠᠷ ᠳᠡᠪᠲᠡᠷ ᠦᠨ 314-318 ᠳᠤᠭᠠᠷ ᠨᠢᠭᠤᠷ᠂ ᠮᠠᠨᠵᠤ ᠪᠢᠴᠢᠭ ᠲᠡᠦᠬᠡᠨ
ᠡᠮᠬᠲᠭᠡᠯ ᠦᠨ 318 ᠳᠤᠭᠠᠷ ᠨᠢᠭᠤᠷ) ……………………………………………18
※ ᠮᠠᠨᠵᠤ ᠪᠢᠴᠢᠭ ᠲᠡᠦᠬᠡᠨ ᠡᠮᠬᠲᠭᠡᠯ (ᠲᠠᠰᠤᠷᠬᠠᠢ) ……………………………………22
4.(9) ᠵᠡᠭᠦᠨ ᠭᠠᠷ ᠤᠨ ᠬᠠᠭᠠᠨ ᠬᠤᠩᠲᠠᠢᠵᠢ ᠶᠢᠨ ᠡᠯᠴᠢ ᠶᠢᠨ ᠬᠡᠯᠡᠭᠰᠡᠨ ᠦᠭᠡ ᠪᠠ ᠪᠣᠰᠣᠭᠲᠤ ᠬᠠᠭᠠᠨ ᠤ ᠵᠠᠷᠯᠢᠭ ᠤᠨ ᠰᠤᠷᠭᠠᠭᠤᠯᠢ᠂ ᠬᠠᠭᠠᠨ ᠤ ᠦᠭᠡ ᠶᠢᠨ ᠵᠠᠷᠯᠢᠭ ᠤᠨ ᠲᠡᠦᠬᠡᠨ ᠢ
ᠶᠢᠨ ᠥᠷᠭᠦᠭᠰᠡᠨ ᠪᠢᠴᠢᠭ ᠬᠠᠭᠠᠨ ᠤ ᠥᠷᠭᠦᠭᠰᠡᠨ ᠮᠠᠨᠵᠤ ᠪᠢᠴᠢᠭ᠂ ᠭᠠᠯᠳᠠᠨ ᠬᠤᠩᠲᠠᠢᠵᠢ ᠶᠢᠨ ᠥᠷᠭᠦᠭᠰᠡᠨ ᠪᠢᠴᠢᠭ ᠬᠠᠭᠠᠨ ᠤ ᠥᠷᠭᠦᠭᠰᠡᠨ (ᠲᠠᠰᠤᠷᠬᠠᠢ᠂ 28-32 ᠳᠤᠭᠠᠷ ᠨᠢᠭᠤᠷ᠂ ᠮᠣᠩᠭᠣᠯ ᠪᠢᠴᠢᠭ ᠦᠨ ᠳᠠᠩᠰᠠ
ᠶᠢᠨ 8 ᠳᠤᠭᠠᠷ ᠳᠡᠪᠲᠡᠷ ᠦᠨ 23-27 ᠳᠤᠭᠠᠷ ᠨᠢᠭᠤᠷ᠂ ᠮᠠᠨᠵᠤ ᠪᠢᠴᠢᠭ ᠲᠡᠦᠬᠡᠨ ᠡᠮᠬᠲᠭᠡᠯ ᠦᠨ 27 ᠳᠤᠭᠠᠷ ᠨᠢᠭᠤᠷ᠂ ᠮᠣᠩᠭᠣᠯ ᠪᠢᠴᠢᠭ ᠶᠢᠨ 54 ᠳᠤᠭᠠᠷ ᠳᠡᠪᠲᠡᠷ ᠦᠨ 319-322 ᠳᠤᠭᠠᠷ ᠨᠢᠭᠤᠷ᠂ ᠮᠠᠨᠵᠤ ᠪᠢᠴᠢᠭ ᠲᠡᠦᠬᠡᠨ
ᠡᠮᠬᠲᠭᠡᠯ ᠦᠨ 322-323 ᠳᠤᠭᠠᠷ ᠨᠢᠭᠤᠷ) ……………………………………………28
※ ᠮᠠᠨᠵᠤ ᠪᠢᠴᠢᠭ ᠲᠡᠦᠬᠡᠨ ᠡᠮᠬᠲᠭᠡᠯ (ᠲᠠᠰᠤᠷᠬᠠᠢ) ……………………………………32
5.(11) ᠵᠡᠭᠦᠨ ᠭᠠᠷ ᠤᠨ ᠭᠠᠯᠳᠠᠨ ᠪᠣᠰᠣᠭᠲᠤ ᠶᠢᠨ ᠡᠯᠴᠢ᠂ ᠭᠠᠯᠳᠠᠨ ᠬᠤᠩᠲᠠᠢᠵᠢ ᠶᠢᠨ ᠥᠷᠭᠦᠭᠰᠡᠨ ᠪᠢᠴᠢᠭ ᠬᠠᠭᠠᠨ ᠤ ᠥᠷᠭᠦᠭᠰᠡᠨ (ᠲᠠᠰᠤᠷᠬᠠᠢ᠂ 35-36 ᠳᠤᠭᠠᠷ ᠨᠢᠭᠤᠷ᠂ ᠮᠣᠩᠭᠣᠯ ᠪᠢᠴᠢᠭ ᠦᠨ ᠳᠠᠩᠰᠠ ᠶᠢᠨ

10 ᠳᠤᠭᠠᠷ ᠳᠡᠪᠲᠡᠷ ᠦᠨ 33-34 ᠳᠤᠭᠠᠷ ᠨᠢᠭᠤᠷ᠂ [illegible] 34-35 ᠳᠤᠭᠠᠷ ᠨᠢᠭᠤᠷ᠂ [illegible] 55 ᠳᠤᠭᠠᠷ ᠳᠡᠪᠲᠡᠷ ᠦᠨ 324 ᠳᠤᠭᠠᠷ ᠨᠢᠭᠤᠷ᠂ [illegible]
324-325 ᠳᠤᠭᠠᠷ ᠨᠢᠭᠤᠷ)……35
※ [illegible] ([illegible])……36
6. (13) [illegible] ([illegible] ᠂ 41-43 ᠳᠤᠭᠠᠷ ᠨᠢᠭᠤᠷ᠂ [illegible]
[illegible] 12 ᠳᠤᠭᠠᠷ ᠳᠡᠪᠲᠡᠷ 37-40 ᠳᠤᠭᠠᠷ ᠨᠢᠭᠤᠷ᠂ [illegible] 40-41 ᠳᠤᠭᠠᠷ ᠨᠢᠭᠤᠷ᠂ [illegible] 61 ᠳᠤᠭᠠᠷ ᠳᠡᠪᠲᠡᠷ ᠦᠨ 357-360 ᠳᠤᠭᠠᠷ ᠨᠢᠭᠤᠷ᠂ [illegible]
[illegible] 360 ᠳᠤᠭᠠᠷ ᠨᠢᠭᠤᠷ)……41
※ [illegible] ([illegible])……43
7. (15) [illegible]
[illegible] ([illegible] ᠂ 48-50 ᠳᠤᠭᠠᠷ ᠨᠢᠭᠤᠷ᠂ [illegible] 14 ᠳᠤᠭᠠᠷ ᠳᠡᠪᠲᠡᠷ ᠦᠨ 45-47 ᠳᠤᠭᠠᠷ ᠨᠢᠭᠤᠷ᠂ [illegible]
47-48 ᠳᠤᠭᠠᠷ ᠨᠢᠭᠤᠷ)……48
※ [illegible] ([illegible])……50
8. (17) [illegible] ([illegible] ᠂ 53-54 ᠳᠤᠭᠠᠷ ᠨᠢᠭᠤᠷ᠂ [illegible]
[illegible] 16 ᠳᠤᠭᠠᠷ ᠳᠡᠪᠲᠡᠷ ᠦᠨ 51-52 ᠳᠤᠭᠠᠷ ᠨᠢᠭᠤᠷ᠂ [illegible] 52-53 ᠳᠤᠭᠠᠷ ᠨᠢᠭᠤᠷ᠂ [illegible] 64 ᠳᠤᠭᠠᠷ ᠳᠡᠪᠲᠡᠷ ᠦᠨ 367-368 ᠳᠤᠭᠠᠷ ᠨᠢᠭᠤᠷ᠂ [illegible]
[illegible] 368-369 ᠳᠤᠭᠠᠷ ᠨᠢᠭᠤᠷ)……53
※ [illegible] ([illegible])……55
9. (19) [illegible]
[illegible] ([illegible] ᠂ 58-59 ᠳᠤᠭᠠᠷ ᠨᠢᠭᠤᠷ᠂ [illegible] 218 ᠳᠤᠭᠠᠷ ᠳᠡᠪᠲᠡᠷ ᠦᠨ 412-
413 ᠳᠤᠭᠠᠷ ᠨᠢᠭᠤᠷ᠂ [illegible] 18 ᠳᠤᠭᠠᠷ ᠳᠡᠪᠲᠡᠷ ᠦᠨ 56-57 ᠳᠤᠭᠠᠷ ᠨᠢᠭᠤᠷ᠂ [illegible] 57 ᠳᠤᠭᠠᠷ ᠨᠢᠭᠤᠷ᠂ [illegible] 67 ᠳᠤᠭᠠᠷ ᠳᠡᠪᠲᠡᠷ ᠦᠨ 401-
402 ᠳᠤᠭᠠᠷ ᠨᠢᠭᠤᠷ᠂ [illegible] 402 ᠳᠤᠭᠠᠷ ᠨᠢᠭᠤᠷ᠂ [illegible] 217 ᠳᠤᠭᠠᠷ ᠳᠡᠪᠲᠡᠷ ᠦᠨ 411-412 ᠳᠤᠭᠠᠷ ᠨᠢᠭᠤᠷ᠂ [illegible] 237 ᠳᠤᠭᠠᠷ ᠳᠡᠪᠲᠡᠷ
ᠦᠨ 458-459 ᠳᠤᠭᠠᠷ ᠨᠢᠭᠤᠷ)……58

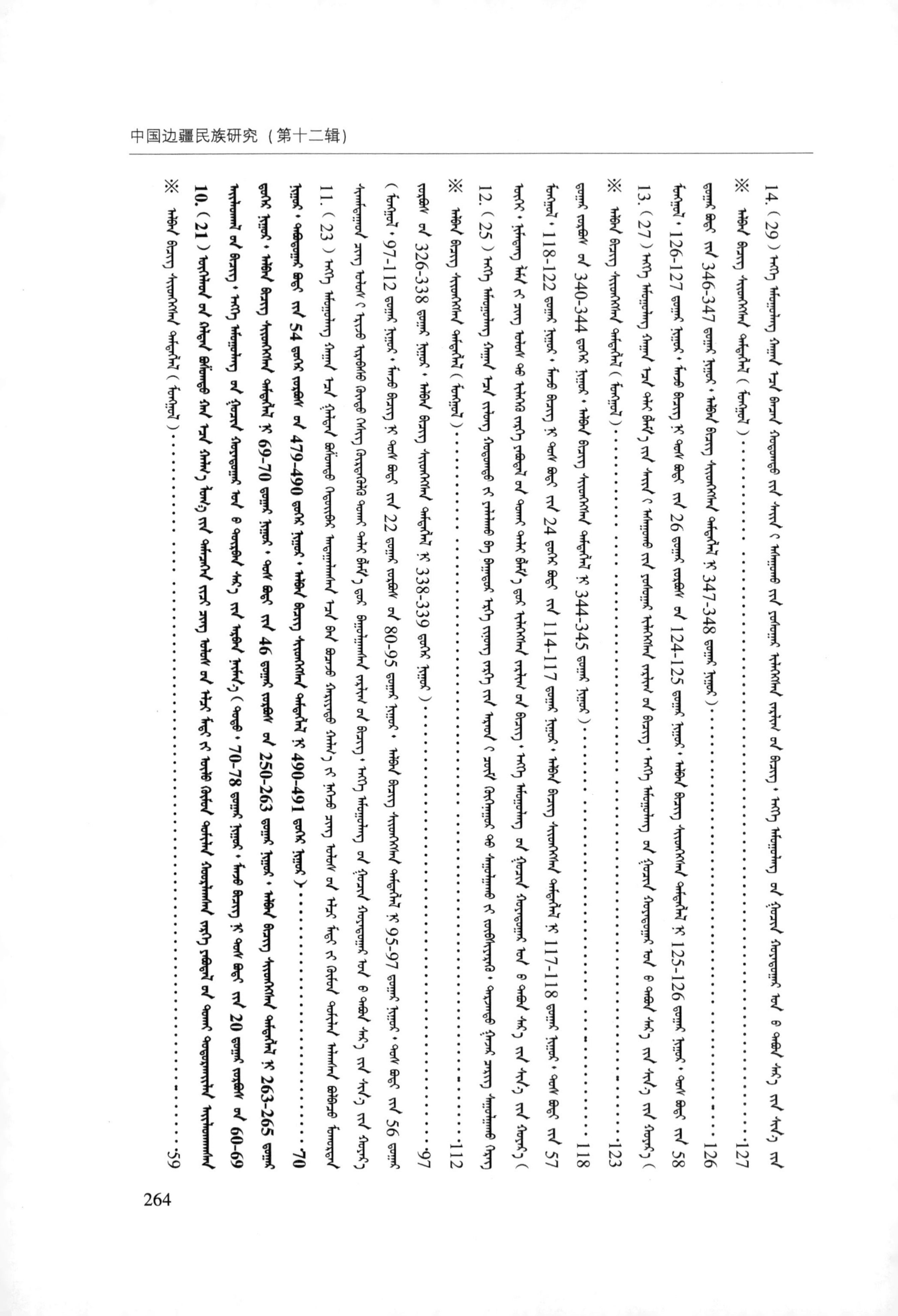

※ [illegible]（[illegible]）……………………………………………59

10.（21）[illegible]

[illegible]（[illegible]·**70-78** [illegible]·[illegible] **20** [illegible] **60-69** [illegible]

[illegible] **69-70** [illegible]·[illegible] **46** [illegible] **250-263** [illegible]·[illegible] **263-265** [illegible]

[illegible]·[illegible] **54** [illegible] **479-490** [illegible]·[illegible] **490-491** [illegible]）……………………**70**

11.（23）[illegible]

[illegible]·[illegible]

（[illegible]·97-112 [illegible] 22 [illegible] 80-95 [illegible]·[illegible] 95-97 [illegible]·[illegible] 56 [illegible]

[illegible] 326-338 [illegible]·[illegible] 338-339 [illegible]）……………………97

※ [illegible]（[illegible]）……………………………………………112

12.（25）[illegible]

[illegible]·[illegible]（

[illegible]·118-122 [illegible]·[illegible] 24 [illegible] 114-117 [illegible]·[illegible] 117-118 [illegible]·[illegible] 57

[illegible] 340-344 [illegible]·[illegible] 344-345 [illegible]）……………………118

※ [illegible]（[illegible]）……………………………………………123

13.（27）[illegible]（

[illegible]·126-127 [illegible]·[illegible] 26 [illegible] 124-125 [illegible]·[illegible] 125-126 [illegible]·[illegible] 58

[illegible] 346-347 [illegible]·[illegible] 347-348 [illegible]）……………………126

※ [illegible]（[illegible]）……………………………………………127

14.（29）[illegible]

[illegible] ([illegible] · 130-131 ᠳ᠋ᠦᠭᠡᠷ ᠨᠢᠭᠤᠷ · [illegible] 28 ᠳ᠋ᠤᠭᠠᠷ ᠳᠡᠪᠲᠡᠷ ᠦᠨ 128-129 ᠳ᠋ᠦᠭᠡᠷ ᠨᠢᠭᠤᠷ · [illegible] 129-130 ᠳ᠋ᠤᠭᠠᠷ ᠨᠢᠭᠤᠷ · [illegible]
[illegible] 62 ᠳ᠋ᠤᠭᠠᠷ ᠳᠡᠪᠲᠡᠷ ᠦᠨ 361 ᠳ᠋ᠦᠭᠡᠷ ᠨᠢᠭᠤᠷ · [illegible] 361-362 ᠳ᠋ᠤᠭᠠᠷ ᠨᠢᠭᠤᠷ)······130
※ [illegible] ([illegible])······131
15. (31) [illegible] (
[illegible] · 134-136 ᠳ᠋ᠤᠭᠠᠷ ᠨᠢᠭᠤᠷ · [illegible] 30 ᠳ᠋ᠤᠭᠠᠷ ᠳᠡᠪᠲᠡᠷ ᠦᠨ 132-133 ᠳ᠋ᠤᠭᠠᠷ ᠨᠢᠭᠤᠷ · [illegible] 133-134 ᠳ᠋ᠦᠭᠡᠷ ᠨᠢᠭᠤᠷ)······134
※ [illegible] ([illegible])······136
16. (33) [illegible]
[illegible] ([illegible] · 139 ᠳ᠋ᠦᠭᠡᠷ ᠨᠢᠭᠤᠷ · [illegible] 32 ᠳ᠋ᠤᠭᠠᠷ ᠳᠡᠪᠲᠡᠷ ᠦᠨ 137-138 ᠳ᠋ᠤᠭᠠᠷ ᠨᠢᠭᠤᠷ · [illegible] 137-138
ᠳ᠋ᠤᠭᠠᠷ ᠨᠢᠭᠤᠷ)······139
※ [illegible] ([illegible])······139
17. (35) [illegible]
[illegible] ([illegible] · 153-166 ᠳ᠋ᠤᠭᠠᠷ ᠨᠢᠭᠤᠷ · [illegible]
[illegible] 34 ᠳ᠋ᠦᠭᠡᠷ [illegible] 142-151 ᠳ᠋ᠦᠭᠡᠷ ᠨᠢᠭᠤᠷ · [illegible] 151-152 ᠳ᠋ᠤᠭᠠᠷ ᠨᠢᠭᠤᠷ · [illegible] 47 ᠳ᠋ᠤᠭᠠᠷ ᠳᠡᠪᠲᠡᠷ ᠦᠨ 266-277 ᠳ᠋ᠤᠭᠠᠷ ᠨᠢᠭᠤᠷ · [illegible]
[illegible] 277-278 ᠳ᠋ᠤᠭᠠᠷ ᠨᠢᠭᠤᠷ · [illegible] 55 ᠳ᠋ᠤᠭᠠᠷ ᠳᠡᠪᠲᠡᠷ ᠦᠨ 492-501 ᠳ᠋ᠦᠭᠡᠷ ᠨᠢᠭᠤᠷ)······153
※ [illegible] ([illegible])······166
18. (37) [illegible]
[illegible] ([illegible] · 172-176 ᠳ᠋ᠤᠭᠠᠷ ᠨᠢᠭᠤᠷ · [illegible] 36 ᠳ᠋ᠤᠭᠠᠷ ᠳᠡᠪᠲᠡᠷ ᠦᠨ 167-171 ᠳ᠋ᠦᠭᠡᠷ ᠨᠢᠭᠤᠷ · [illegible]
[illegible] 171-172 ᠳ᠋ᠤᠭᠠᠷ ᠨᠢᠭᠤᠷ · [illegible] 63 ᠳ᠋ᠤᠭᠠᠷ ᠳᠡᠪᠲᠡᠷ ᠦᠨ 363-365 ᠳ᠋ᠤᠭᠠᠷ ᠨᠢᠭᠤᠷ · [illegible] 365-366 ᠳ᠋ᠤᠭᠠᠷ ᠨᠢᠭᠤᠷ)······172
※ [illegible] ([illegible])······176
19. (39) [illegible]

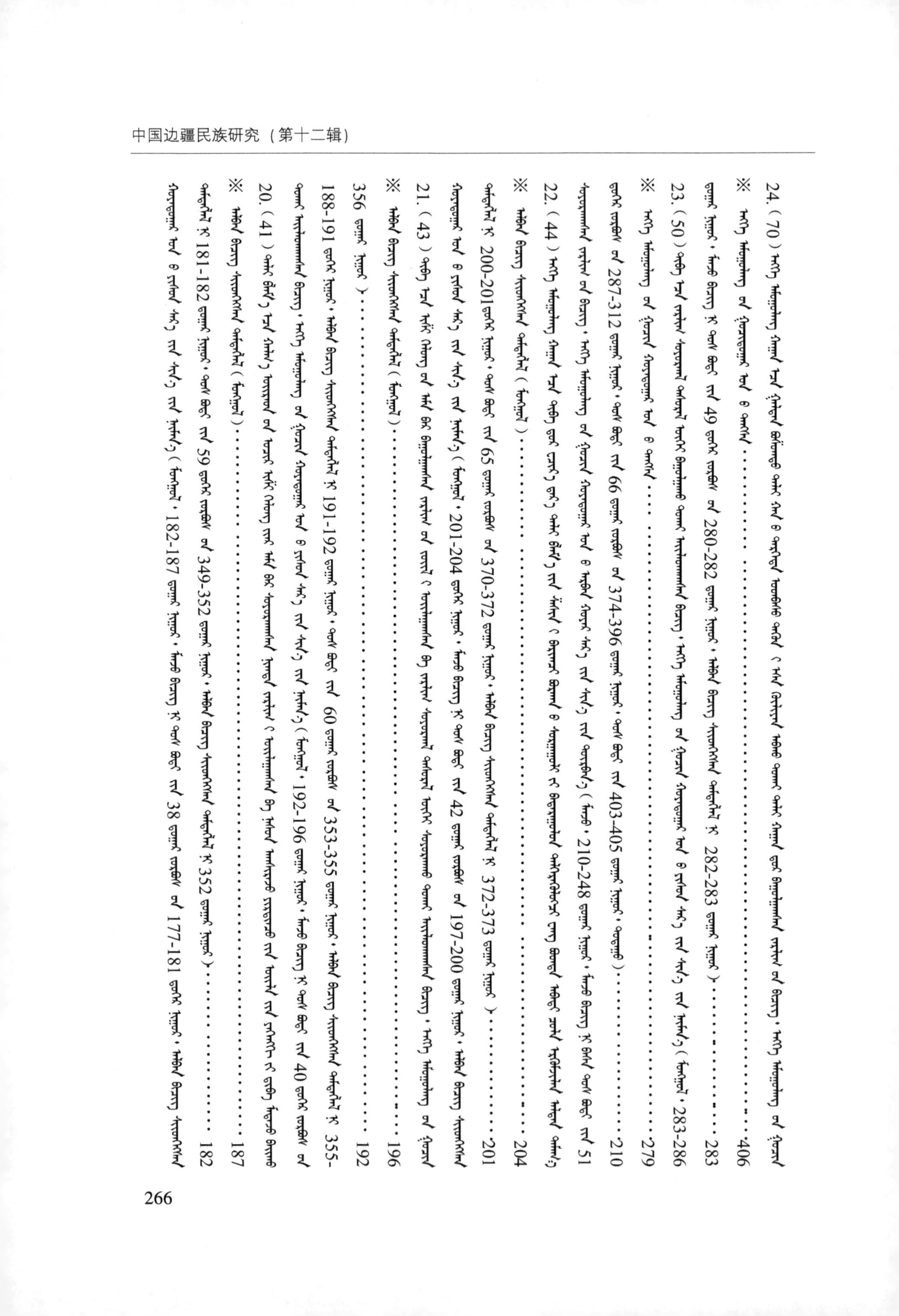

[illegible]（[illegible]·182-187 [illegible]·[illegible] 38 [illegible] 177-181 [illegible]·[illegible]
[illegible] 181-182 [illegible]·[illegible] 59 [illegible] 349-352 [illegible]·[illegible] 352 [illegible]）……………… 182
※ [illegible]（[illegible]）…………………………………… 187
20.（41）[illegible]
[illegible]（[illegible]·192-196 [illegible]·[illegible] 40 [illegible]
188-191 [illegible]·[illegible] 191-192 [illegible]·[illegible] 60 [illegible] 353-355 [illegible]·[illegible] 355-
356 [illegible]）…………………………………… 192
※ [illegible]（[illegible]）…………………………………… 196
21.（43）[illegible]
[illegible]（[illegible]·201-204 [illegible]·[illegible] 42 [illegible] 197-200 [illegible]·[illegible]
[illegible] 200-201 [illegible]·[illegible] 65 [illegible] 370-372 [illegible]·[illegible] 372-373 [illegible]）……………… 201
※ [illegible]（[illegible]）…………………………………… 204
22.（44）[illegible]
[illegible]（[illegible]·210-248 [illegible]·[illegible] 51
[illegible] 287-312 [illegible]·[illegible] 66 [illegible] 374-396 [illegible]·[illegible] 403-405 [illegible]）……………… 210
※ [illegible] …………………………………… 279
23.（50）[illegible]（[illegible]·283-286
[illegible]·[illegible] 49 [illegible] 280-282 [illegible]·[illegible] 282-283 [illegible]）……………… 283
※ [illegible] …………………………………… 406
24.（70）[illegible]

[illegible] (ᠲᠡᠮᠳᠡᠭᠯᠡᠯ · 410-412 ᠳᠤᠭᠠᠷ ᠨᠢᠭᠤᠷ · [illegible] 69 [illegible] 407-409 ᠳᠤᠭᠠᠷ ᠨᠢᠭᠤᠷ · [illegible] ᠶᠢ 409 ᠳᠤᠭᠠᠷ ᠨᠢᠭᠤᠷ) ······ 410

25. (72) [illegible] (ᠲᠡᠮᠳᠡᠭᠯᠡᠯ · 415-417 ᠳᠤᠭᠠᠷ ᠨᠢᠭᠤᠷ · [illegible] 71 [illegible] 412-414 ᠳᠤᠭᠠᠷ ᠨᠢᠭᠤᠷ · [illegible] ᠶᠢ 415 ᠳᠤᠭᠠᠷ ᠨᠢᠭᠤᠷ) ······ 415

26. (74) [illegible] (ᠲᠡᠮᠳᠡᠭᠯᠡᠯ · 424-429 ᠳᠤᠭᠠᠷ ᠨᠢᠭᠤᠷ · [illegible] 73 [illegible] 418-423 ᠳᠤᠭᠠᠷ ᠨᠢᠭᠤᠷ · [illegible] ᠶᠢ 423 ᠳᠤᠭᠠᠷ ᠨᠢᠭᠤᠷ) ······ 424

27. (75) [illegible] (ᠪᠦᠯᠦᠭ · [illegible] · 429-430 ᠳᠤᠭᠠᠷ ᠨᠢᠭᠤᠷ) ······ 429

28. (77) [illegible] (ᠲᠡᠮᠳᠡᠭᠯᠡᠯ · [illegible] · 434-436 ᠳᠤᠭᠠᠷ ᠨᠢᠭᠤᠷ · [illegible] 76 [illegible] 431-433 ᠳᠤᠭᠠᠷ ᠨᠢᠭᠤᠷ · [illegible] ᠶᠢ 433-434 ᠳᠤᠭᠠᠷ ᠨᠢᠭᠤᠷ) ······ 434

※ [illegible] ······ 437

29. (81) [illegible] (ᠪᠦᠯᠦᠭ · **461-462** ᠳᠤᠭᠠᠷ ᠨᠢᠭᠤᠷ · [illegible] **58** [illegible] **521-522** ᠳᠤᠭᠠᠷ ᠨᠢᠭᠤᠷ) ······ **461**

※ [illegible] ······ 463

30. (101) [illegible] (ᠪᠦᠯᠦᠭ · 519 ᠳᠤᠭᠠᠷ ᠨᠢᠭᠤᠷ) ······ 519

※ [illegible] (ᠪᠦᠯᠦᠭ) ······ 519

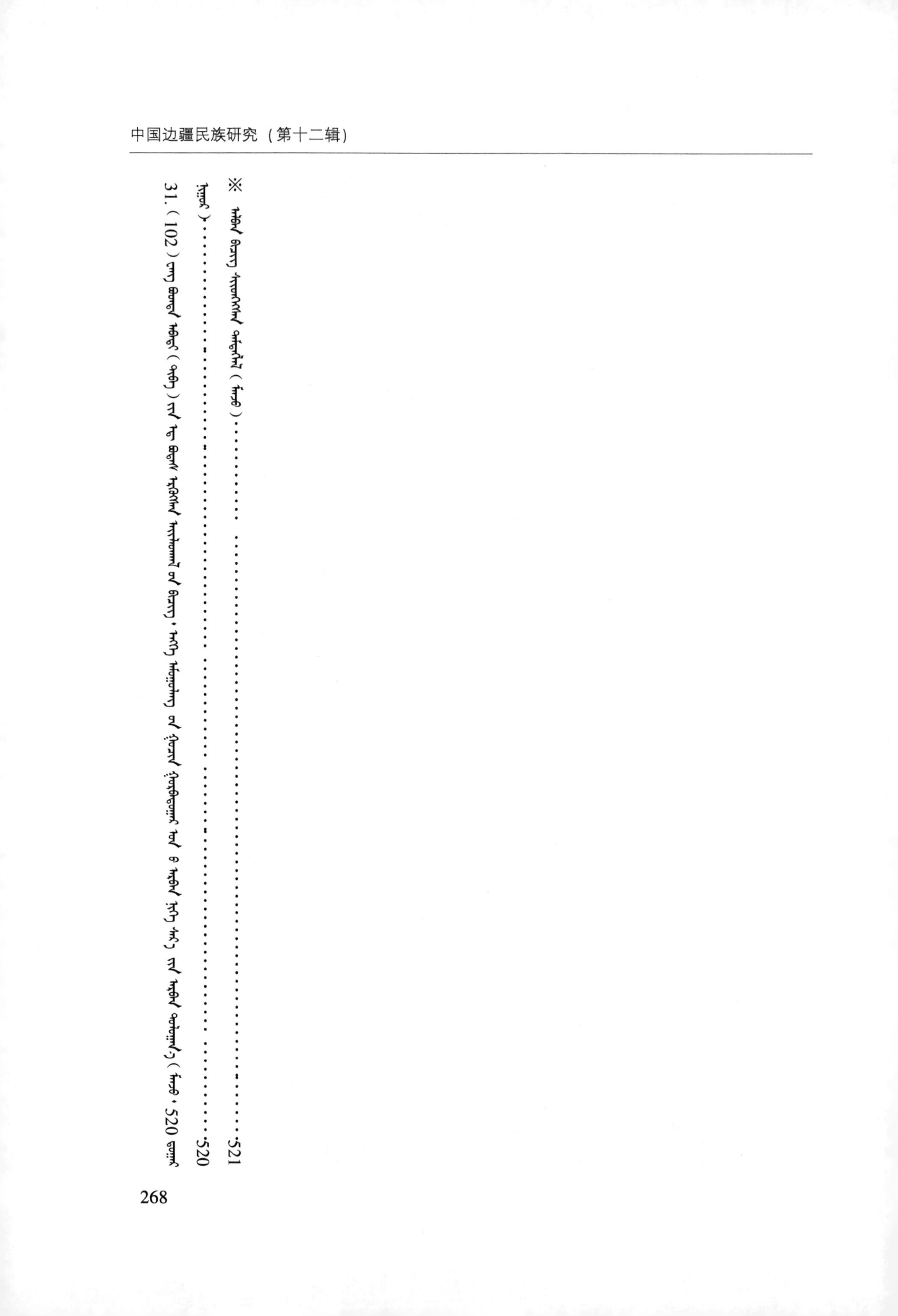

31. (102) [illegible] [illegible] [illegible] ([illegible]) [illegible] [illegible] [illegible] [illegible] [illegible] [illegible] [illegible], [illegible] [illegible] [illegible] [illegible] [illegible] [illegible] [illegible] [illegible] [illegible] [illegible] [illegible] [illegible] ([illegible], 520 [illegible]
[illegible]) ……………………………………………………………………………………………………520
※ [illegible] [illegible] [illegible] [illegible] ([illegible]) ……………………………………………………………………521

[illegible]

※ [illegible] ……1

1.（2）[illegible]（ᠬᠦᠰᠦᠨᠦᠭ · [illegible] ）……1

2.（3）[illegible] · 1 ᠳᠦᠭᠡᠷ ᠨᠢᠭᠤᠷ ）……1

3.（4）[illegible]（ᠬᠦᠰᠦᠨᠦᠭ · 2 ᠳᠤᠭᠠᠷ ᠨᠢᠭᠤᠷ ）……2

4.（5）[illegible]（ᠬᠦᠰᠦᠨᠦᠭ · 3-5 ᠳᠤᠭᠠᠷ ᠨᠢᠭᠤᠷ ）……3

5.（6）[illegible]（ᠬᠦᠰᠦᠨᠦᠭ · 5-6 ᠳᠤᠭᠠᠷ ᠨᠢᠭᠤᠷ ）……5

6.（7）[illegible]（ᠬᠦᠰᠦᠨᠦᠭ · 7 ᠳᠤᠭᠠᠷ ᠨᠢᠭᠤᠷ ）……7

7.（8）[illegible]（ᠬᠦᠰᠦᠨᠦᠭ · 7 ᠳᠤᠭᠠᠷ ᠨᠢᠭᠤᠷ ）……7

8.（10）[illegible]（ᠬᠦᠰᠦᠨᠦᠭ · 7-8 ᠳᠤᠭᠠᠷ ᠨᠢᠭᠤᠷ ）……7

[illegible]（ᠬᠦᠰᠦᠨᠦᠭ · 10 ᠳᠤᠭᠠᠷ ᠨᠢᠭᠤᠷ · [illegible] 9 [illegible] 8-9 ᠳᠦᠭᠡᠷ ᠨᠢᠭᠤᠷ ）……10

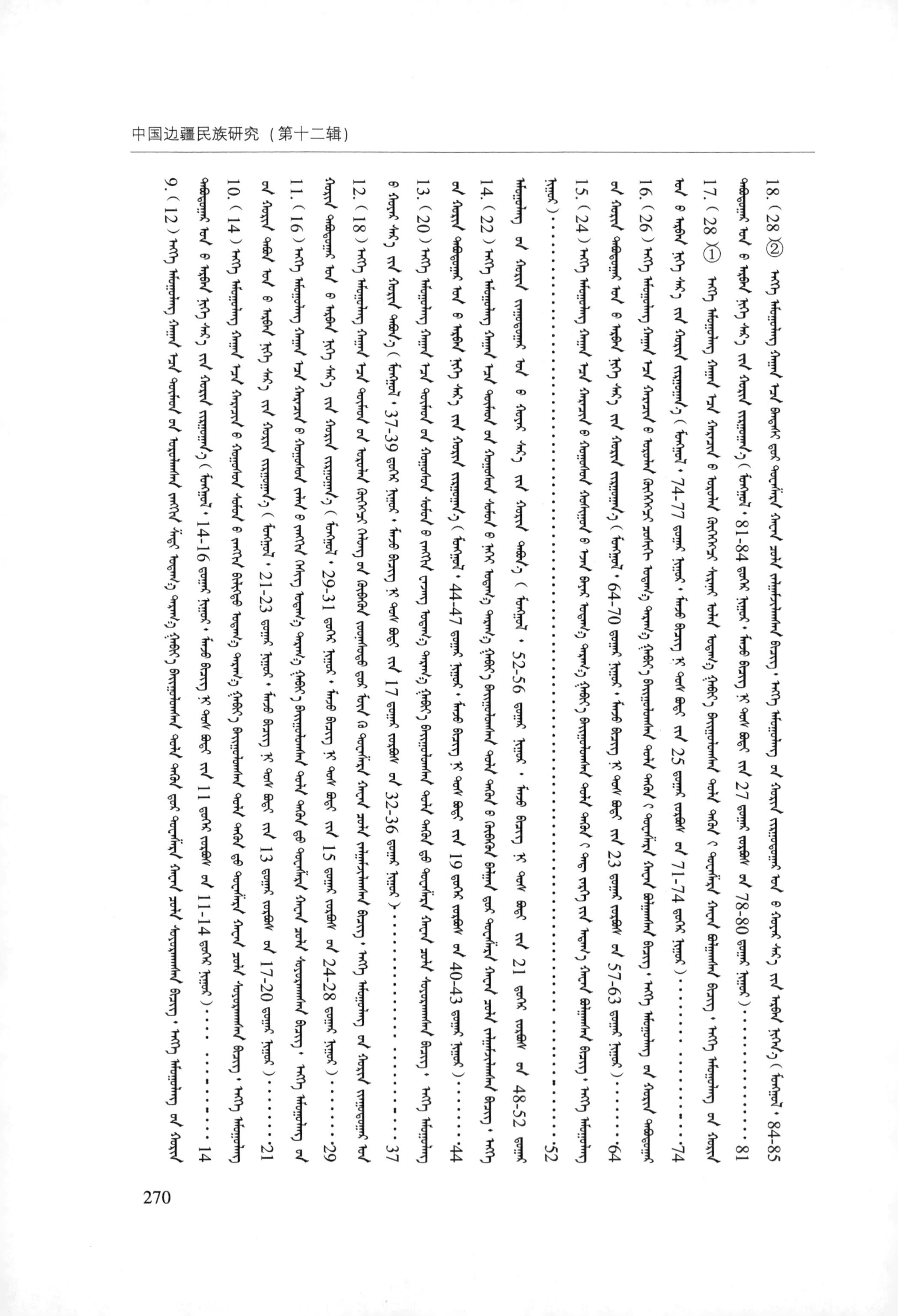

18.（28）② [illegible]（[illegible]，84-85 [illegible]，81-84 [illegible] 27 [illegible] 78-80 [illegible]）……………81

17.（28）① [illegible]（[illegible]，74-77 [illegible] 25 [illegible] 71-74 [illegible]）……………74

16.（26）[illegible]（[illegible]，64-70 [illegible] 23 [illegible] 57-63 [illegible]）……………64

15.（24）[illegible]（[illegible]，52-56 [illegible] 21 [illegible] 48-52 [illegible]）……………52

14.（22）[illegible]（[illegible]，44-47 [illegible] 19 [illegible] 40-43 [illegible]）……………44

13.（20）[illegible]（[illegible]，37-39 [illegible] 17 [illegible] 32-36 [illegible]）……………37

12.（18）[illegible]（[illegible]，29-31 [illegible] 15 [illegible] 24-28 [illegible]）……………29

11.（16）[illegible]（[illegible]，21-23 [illegible] 13 [illegible] 17-20 [illegible]）……………21

10.（14）[illegible]（[illegible]，14-16 [illegible] 11 [illegible] 11-14 [illegible]）……………14

9.（12）[illegible]

26. (44) ᠮᠣᠩᠭᠣᠯ ᠦᠨᠳᠦᠰᠦᠲᠡᠨ ᠤ ... ᠪᠢᠴᠢᠭ ᠃ ᠮᠣᠩᠭᠣᠯ ᠦᠨᠳᠦᠰᠦᠲᠡᠨ ᠦ ... ᠨᠢᠭᠤᠷ) ………………………………………………91

25. (42) ᠮᠣᠩᠭᠣᠯ ᠦᠨᠳᠦᠰᠦᠲᠡᠨ ᠤ ... (... ᠃ 91 ᠳᠦᠭᠡᠷ ᠨᠢᠭᠤᠷ ᠃ ... 41 ᠳᠦᠭᠡᠷ ... 90 ... ᠨᠢᠭᠤᠷ) ………………………………………………89

24. (40) ᠮᠣᠩᠭᠣᠯ ᠦᠨᠳᠦᠰᠦᠲᠡᠨ ᠤ ... (... ᠃ 89 ᠳᠦᠭᠡᠷ ᠨᠢᠭᠤᠷ ᠃ ... 39 ᠳᠦᠭᠡᠷ ... 89 ... ᠨᠢᠭᠤᠷ) ………………………………………………88

23. (38) ᠮᠣᠩᠭᠣᠯ ᠦᠨᠳᠦᠰᠦᠲᠡᠨ ᠤ ... (... ᠃ 88 ᠳᠦᠭᠡᠷ ᠨᠢᠭᠤᠷ ᠃ ... 37 ᠳᠦᠭᠡᠷ ... 88 ᠳᠦᠭᠡᠷ ᠨᠢᠭᠤᠷ) ………………………………………………88

22. (36) ᠮᠣᠩᠭᠣᠯ ᠦᠨᠳᠦᠰᠦᠲᠡᠨ ᠤ ... (... ᠃ 88 ᠳᠦᠭᠡᠷ ᠨᠢᠭᠤᠷ ᠃ ... 35 ᠳᠦᠭᠡᠷ ... 87-88 ᠳᠦᠭᠡᠷ ᠨᠢᠭᠤᠷ ᠃ ... 33 ᠳᠦᠭᠡᠷ ... 87 ᠳᠦᠭᠡᠷ ᠨᠢᠭᠤᠷ) ………………………………………………87

21. (34) ᠮᠣᠩᠭᠣᠯ ᠦᠨᠳᠦᠰᠦᠲᠡᠨ ᠤ ... (... ᠃ 87 ᠳᠦᠭᠡᠷ ... (... ᠃ 86 ᠳᠦᠭᠡᠷ ᠨᠢᠭᠤᠷ ᠃ ... 31 ᠳᠦᠭᠡᠷ ... 86 ᠳᠦᠭᠡᠷ ᠨᠢᠭᠤᠷ) ………………………………………………86

20. (32) ᠮᠣᠩᠭᠣᠯ ᠦᠨᠳᠦᠰᠦᠲᠡᠨ ᠤ ... (...) ... (... ᠃ 85-86 ᠳᠦᠭᠡᠷ ᠨᠢᠭᠤᠷ ᠃ ... 29 ᠳᠦᠭᠡᠷ ... 85 ᠳᠦᠭᠡᠷ ᠨᠢᠭᠤᠷ) ………………………………………………85

19. (30) ᠮᠣᠩᠭᠣᠯ ᠦᠨᠳᠦᠰᠦᠲᠡᠨ ᠤ ... ᠃ ... 27 ᠳᠦᠭᠡᠷ ... 80-81 ᠳᠦᠭᠡᠷ ᠨᠢᠭᠤᠷ) ………………………………………………84

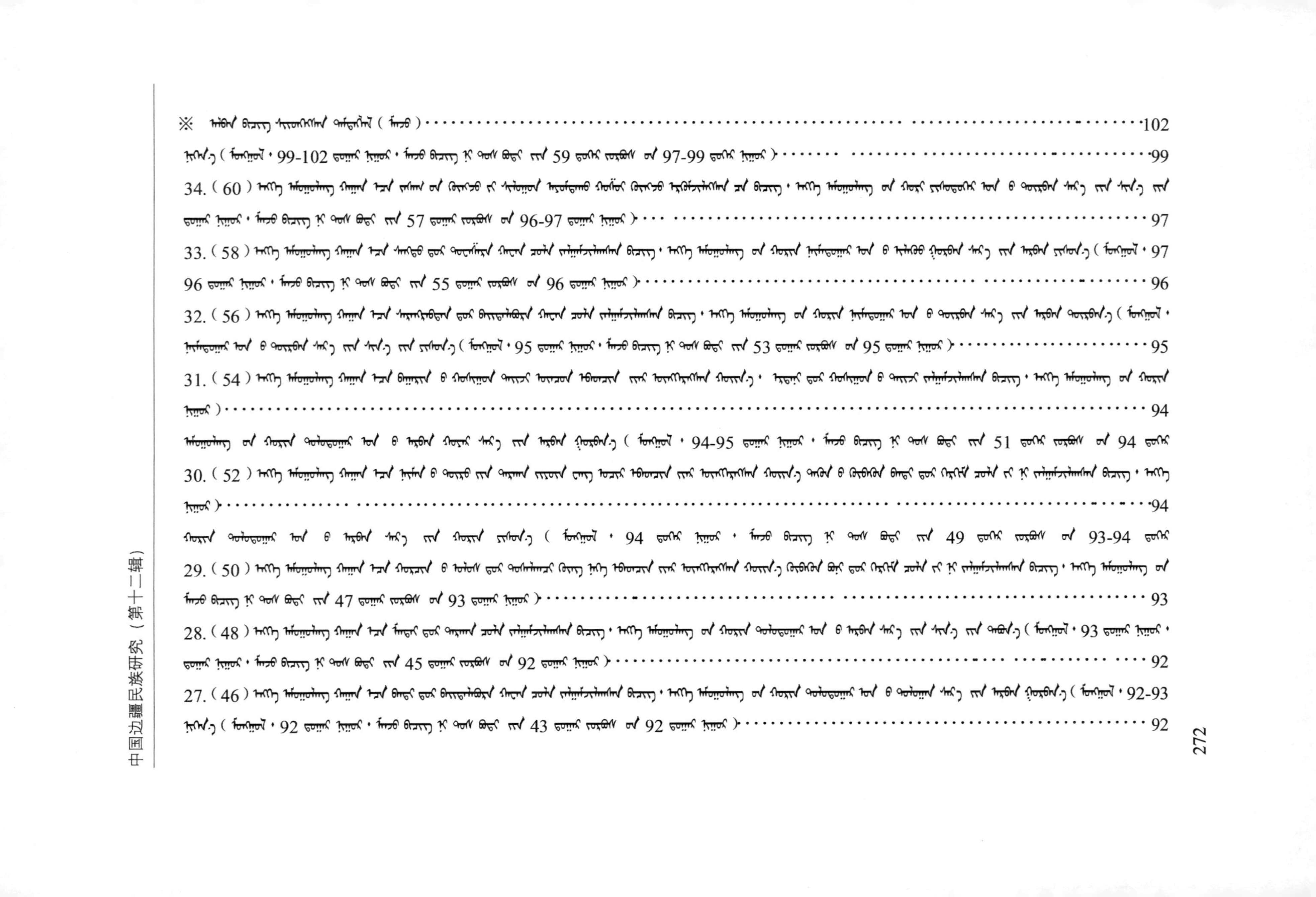

※ [illegible] ([illegible]) ·· 102
[illegible] ([illegible] · 99-102 [illegible] · [illegible] 59 [illegible] 97-99 [illegible]) ·· 99
34. (60) [illegible] 57 [illegible] 96-97 [illegible]) ·· 97
33. (58) [illegible] ([illegible] · 97 96 [illegible] · [illegible] 55 [illegible] 96 [illegible]) ·· 96
32. (56) [illegible] ([illegible] · 95 [illegible] · [illegible] 53 [illegible] 95 [illegible]) ·· 95
31. (54) [illegible]) ·· 94
[illegible] ([illegible] · 94-95 [illegible] · [illegible] 51 [illegible] 94 [illegible]
30. (52) [illegible]) ·· 94
[illegible] ([illegible] · 94 [illegible] · [illegible] 49 [illegible] 93-94 [illegible]
29. (50) [illegible] 47 [illegible] 93 [illegible]) ·· 93
28. (48) [illegible] ([illegible] · 93 [illegible] · [illegible] 45 [illegible] 92 [illegible]) ·· 92
27. (46) [illegible] ([illegible] · 92-93 [illegible] ([illegible] · 92 [illegible] · [illegible] 43 [illegible] 92 [illegible]) ·· 92

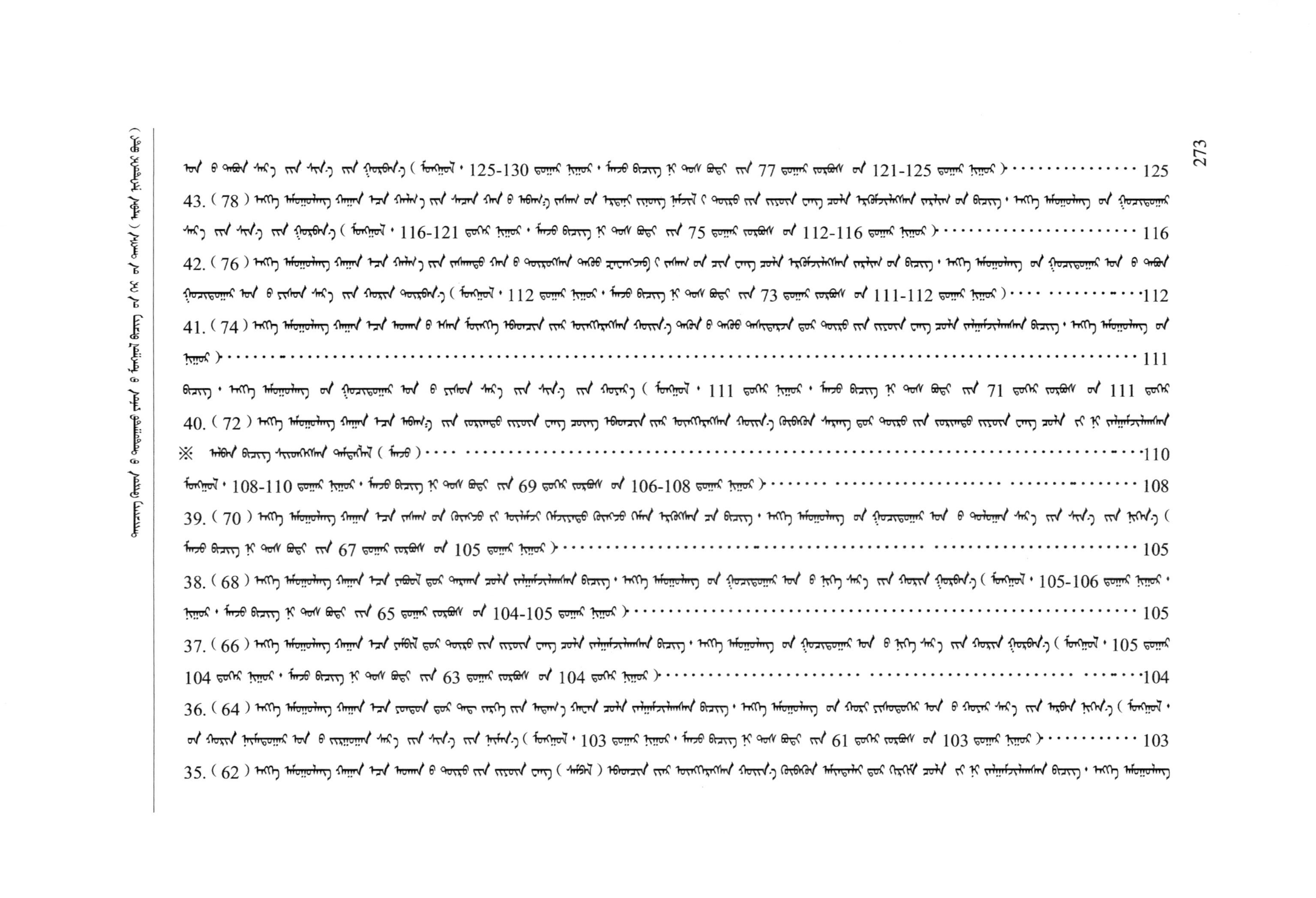

[illegible]（[illegible] · 125-130 [illegible] · [illegible] 77 [illegible] 121-125 [illegible]）………………125
43.（78）[illegible]
[illegible]（[illegible] · 116-121 [illegible] · [illegible] 75 [illegible] 112-116 [illegible]）………………116
42.（76）[illegible]
[illegible]（[illegible] · 112 [illegible] · [illegible] 73 [illegible] 111-112 [illegible]）………………112
41.（74）[illegible]
[illegible]）………………111
[illegible]（[illegible] · 111 [illegible] · [illegible] 71 [illegible] 111 [illegible]
40.（72）[illegible]
※ [illegible]（[illegible]）………………110
[illegible] · 108-110 [illegible] · [illegible] 69 [illegible] 106-108 [illegible]）………………108
39.（70）[illegible]（
[illegible] 67 [illegible] 105 [illegible]）………………105
38.（68）[illegible]（[illegible] · 105-106 [illegible] ·
[illegible] · [illegible] 65 [illegible] 104-105 [illegible]）………………105
37.（66）[illegible]（[illegible] · 105 [illegible]
104 [illegible] · [illegible] 63 [illegible] 104 [illegible]）………………104
36.（64）[illegible]（[illegible] ·
[illegible]（[illegible] · 103 [illegible] · [illegible] 61 [illegible] 103 [illegible]）………………103
35.（62）[illegible]

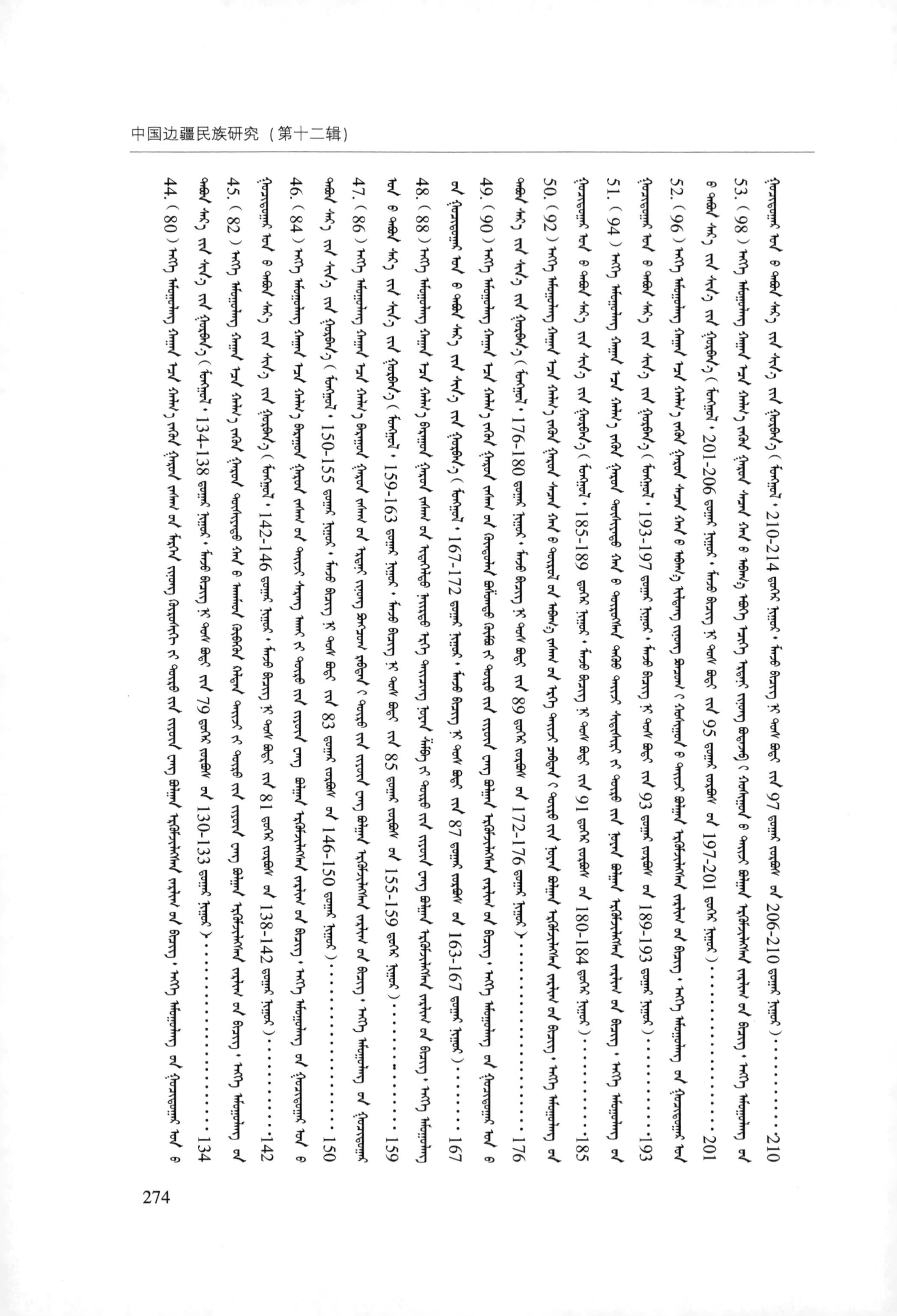

44.（80）[illegible]（[illegible] · 134-138 [illegible] 79 [illegible] 130-133 [illegible]）……134
45.（82）[illegible]（[illegible] · 142-146 [illegible] 81 [illegible] 138-142 [illegible]）……142
46.（84）[illegible]（[illegible] · 150-155 [illegible] 83 [illegible] 146-150 [illegible]）……150
47.（86）[illegible]（[illegible] · 159-163 [illegible] 85 [illegible] 155-159 [illegible]）……159
48.（88）[illegible]（[illegible] · 167-172 [illegible] 87 [illegible] 163-167 [illegible]）……167
49.（90）[illegible]（[illegible] · 176-180 [illegible] 89 [illegible] 172-176 [illegible]）……176
50.（92）[illegible]（[illegible] · 185-189 [illegible] 91 [illegible] 180-184 [illegible]）……185
51.（94）[illegible]（[illegible] · 193-197 [illegible] 93 [illegible] 189-193 [illegible]）……193
52.（96）[illegible]（[illegible] · 201-206 [illegible] 95 [illegible] 197-201 [illegible]）……201
53.（98）[illegible]（[illegible] · 210-214 [illegible] 97 [illegible] 206-210 [illegible]）……210

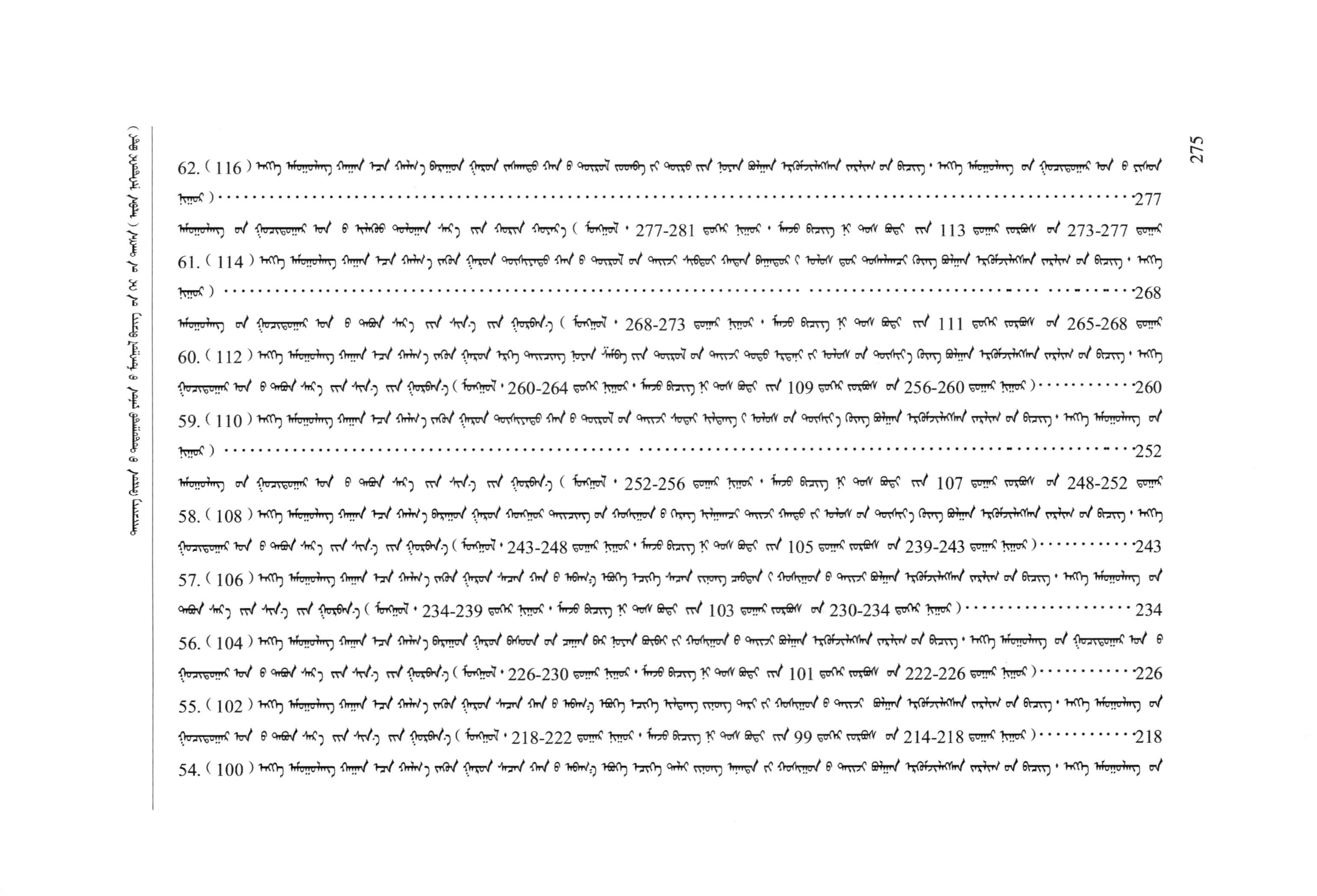

62. (116) [illegible]) ······ 277
[illegible] ([illegible] · 277-281 [illegible] 113 [illegible] 273-277 [illegible]
61. (114) [illegible]) ······ 268
[illegible] ([illegible] · 268-273 [illegible] 111 [illegible] 265-268 [illegible]
60. (112) [illegible]
[illegible] ([illegible] · 260-264 [illegible] 109 [illegible] 256-260 [illegible]) ······ 260
59. (110) [illegible]) ······ 252
[illegible] ([illegible] · 252-256 [illegible] 107 [illegible] 248-252 [illegible]
58. (108) [illegible]
[illegible] ([illegible] · 243-248 [illegible] 105 [illegible] 239-243 [illegible]) ······ 243
57. (106) [illegible]
[illegible] ([illegible] · 234-239 [illegible] 103 [illegible] 230-234 [illegible]) ······ 234
56. (104) [illegible]
[illegible] ([illegible] · 226-230 [illegible] 101 [illegible] 222-226 [illegible]) ······ 226
55. (102) [illegible]
[illegible] ([illegible] · 218-222 [illegible] 99 [illegible] 214-218 [illegible]) ······ 218
54. (100) [illegible]

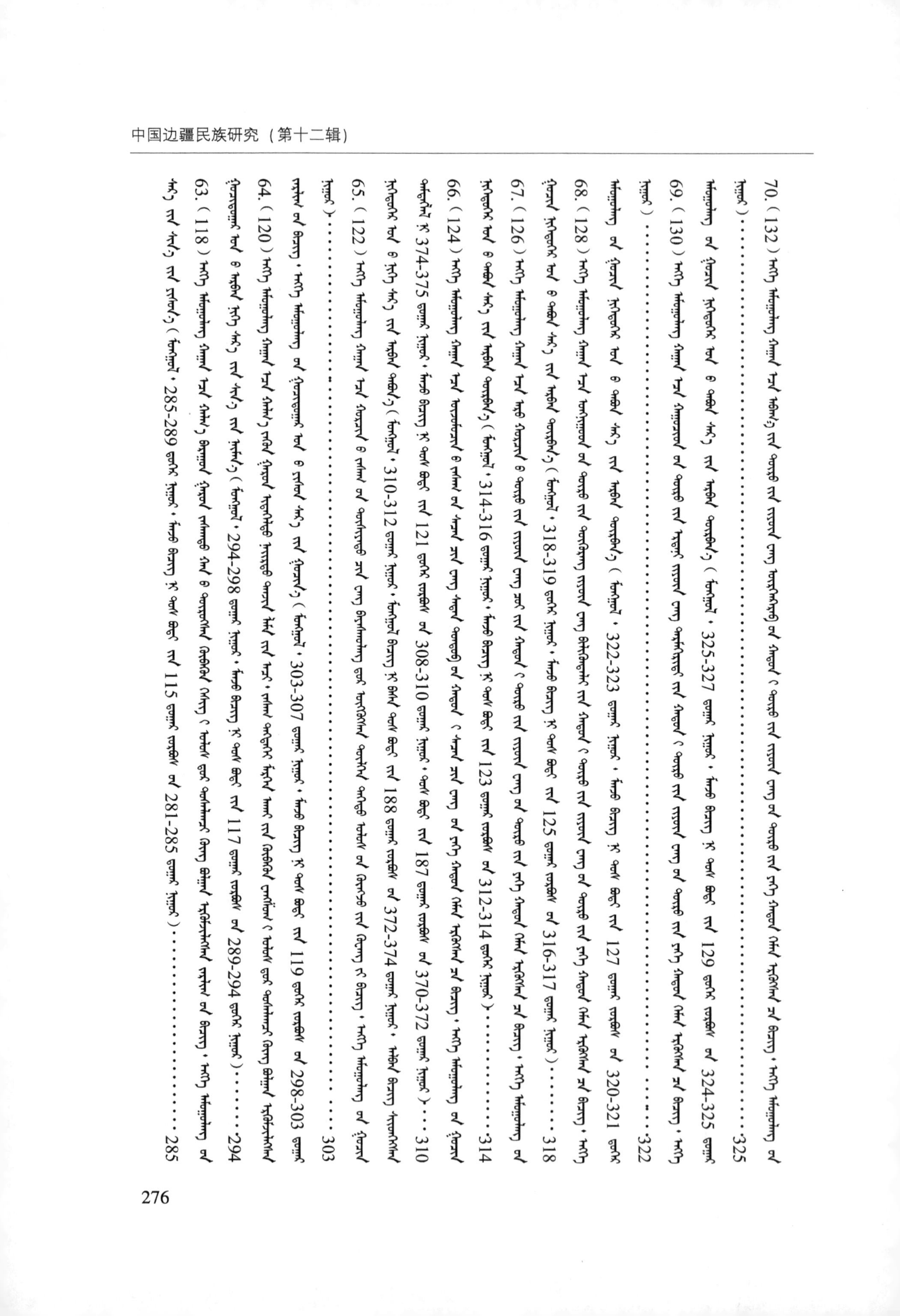

70.（132）[illegible]（[illegible]，325-327 [illegible]，[illegible] 129 [illegible] 324-325 [illegible]）……325

69.（130）[illegible]）……322

[illegible]（[illegible]，322-323 [illegible]，[illegible] 127 [illegible] 320-321 [illegible]

68.（128）[illegible]（[illegible]，318-319 [illegible]，[illegible] 125 [illegible] 316-317 [illegible]）……318

67.（126）[illegible]（[illegible]，314-316 [illegible]，[illegible] 123 [illegible] 312-314 [illegible]）……314

66.（124）[illegible] 374-375 [illegible]，[illegible] 121 [illegible] 308-310 [illegible]，[illegible] 187 [illegible] 370-372 [illegible]）……310

[illegible]（[illegible]，310-312 [illegible]，[illegible] 188 [illegible] 372-374 [illegible]，[illegible]

65.（122）[illegible]）……303

[illegible]（[illegible]，303-307 [illegible]，[illegible] 119 [illegible] 298-303 [illegible]

64.（120）[illegible]（[illegible]，294-298 [illegible]，[illegible] 117 [illegible] 289-294 [illegible]）……294

63.（118）[illegible]（[illegible]，285-289 [illegible]，[illegible] 115 [illegible] 281-285 [illegible]）……285

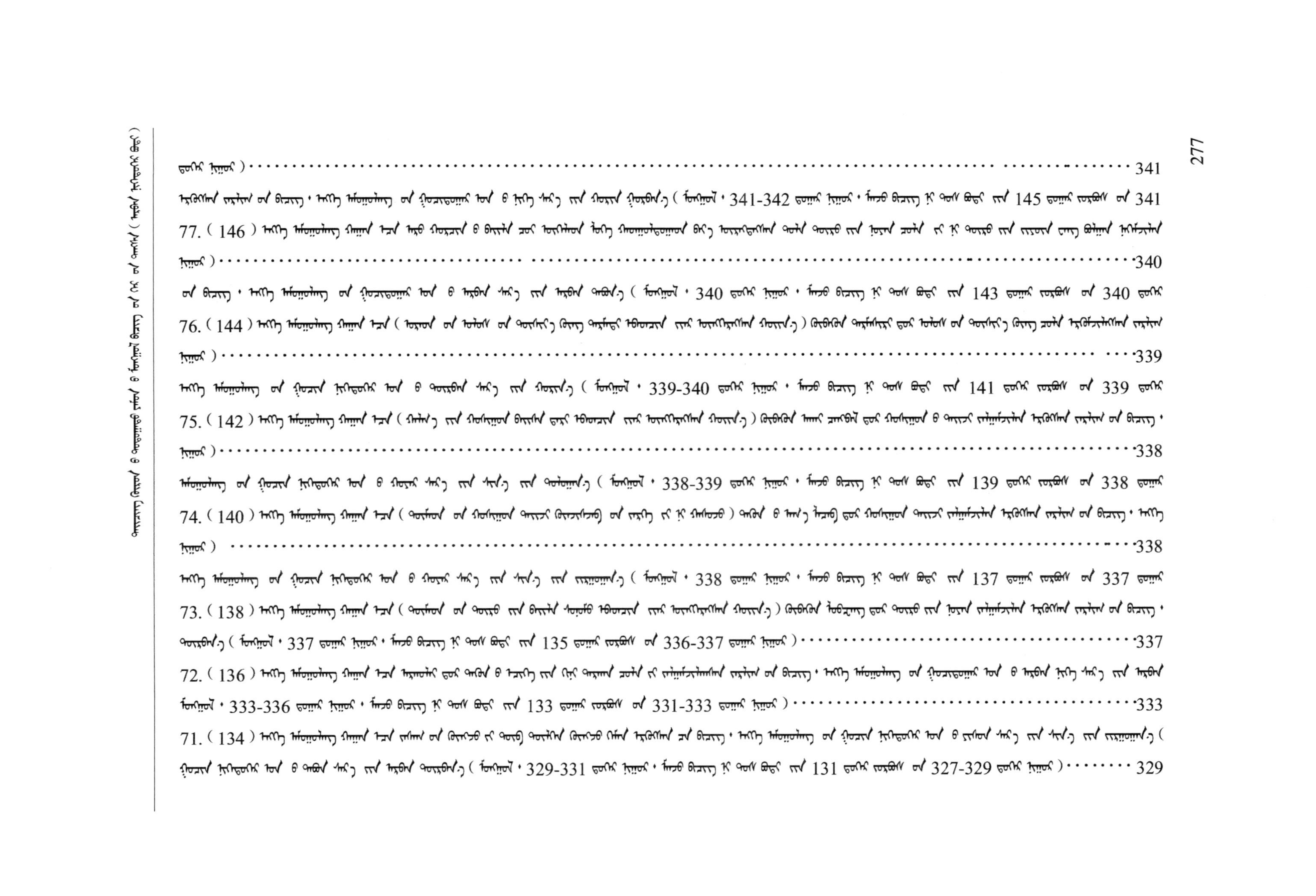

[illegible]) 341

[illegible] ([illegible] · 341-342 [illegible] · [illegible] 145 [illegible] 341 [illegible]

77. (146) [illegible]

[illegible]) 340

[illegible] ([illegible] · 340 [illegible] · [illegible] 143 [illegible] 340 [illegible]

76. (144) [illegible] ([illegible]) [illegible]

[illegible]) 339

[illegible] ([illegible] · 339-340 [illegible] · [illegible] 141 [illegible] 339 [illegible]

75. (142) [illegible] ([illegible]) [illegible] ·

[illegible]) 338

[illegible] ([illegible] · 338-339 [illegible] · [illegible] 139 [illegible] 338 [illegible]

74. (140) [illegible] ([illegible]) [illegible] · [illegible]

[illegible]) 338

[illegible] ([illegible] · 338 [illegible] · [illegible] 137 [illegible] 337 [illegible]

73. (138) [illegible] ([illegible]) [illegible] ·

[illegible] ([illegible] · 337 [illegible] · [illegible] 135 [illegible] 336-337 [illegible]) 337

72. (136) [illegible] · [illegible]

[illegible] · 333-336 [illegible] · [illegible] 133 [illegible] 331-333 [illegible]) 333

71. (134) [illegible] · [illegible] (

[illegible] ([illegible] · 329-331 [illegible] · [illegible] 131 [illegible] 327-329 [illegible]) 329

78.（148）[illegible]（[illegible] 343-345 [illegible]）……343

79.（150）[illegible] 147 [illegible] 342-343 [illegible]）……347

80.（152）[illegible] 149 [illegible] 345-347 [illegible]）……351

81.（154）[illegible] 151 [illegible] 349-351 [illegible]）……353

82.（156）[illegible] 353 [illegible] 153 [illegible] 353 [illegible]）……354

83.（158）[illegible] 354 [illegible] 155 [illegible] 353-354 [illegible]）……354

84.（160）[illegible] 355 [illegible] 159 [illegible] 355-355 [illegible] 157 [illegible] 354 [illegible]）……355

85.（162）[illegible] 356 [illegible] 355 [illegible]

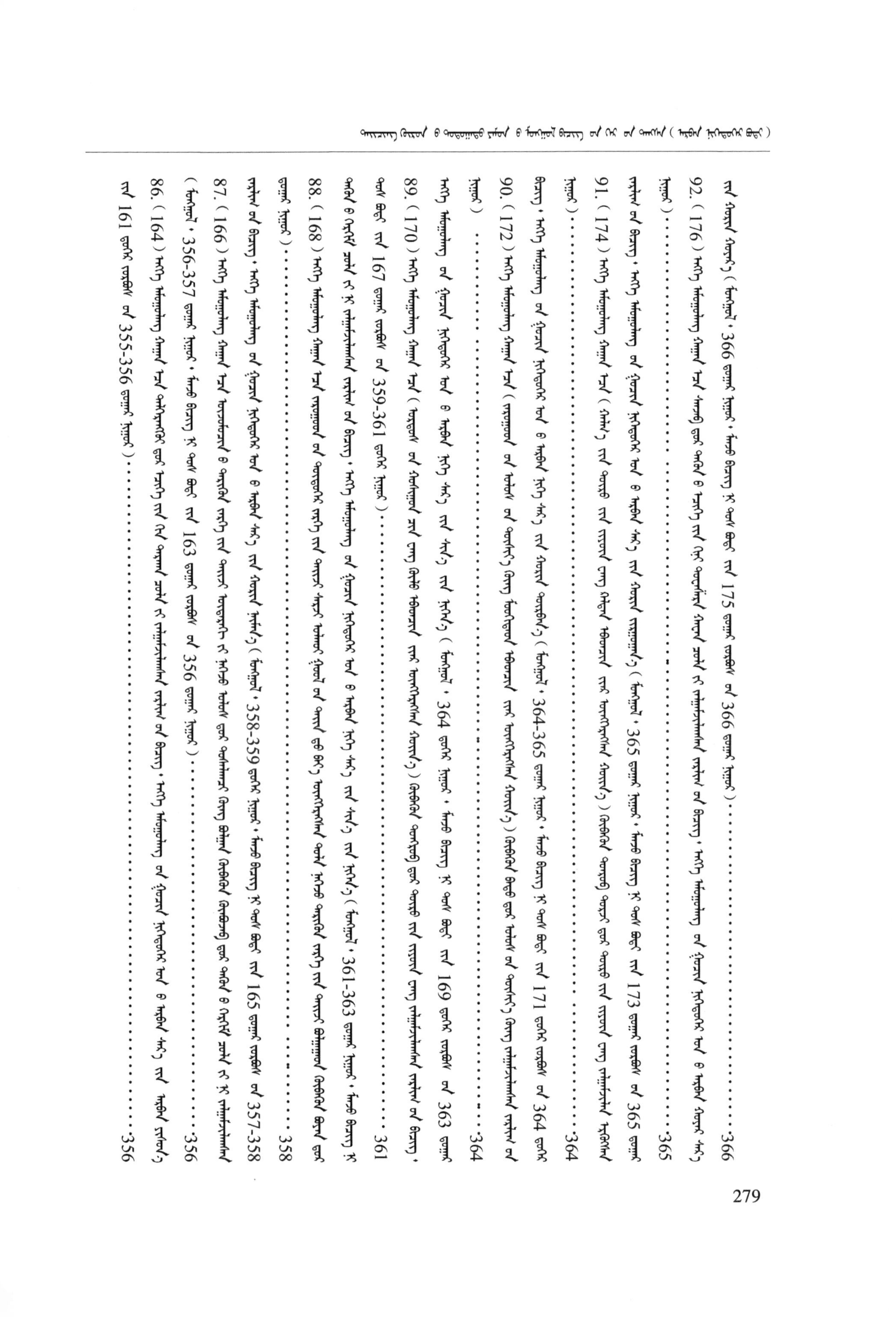

[illegible] 161 [illegible] 355-356 [illegible]) ······························· 356

86. (164) [illegible] ([illegible] · 356-357 [illegible] · [illegible] 163 [illegible] 356 [illegible]) ······························· 356

87. (166) [illegible] ([illegible] · 358-359 [illegible] · [illegible] 165 [illegible] 357-358 [illegible]) ······························· 358

88. (168) [illegible] ([illegible] · 361-363 [illegible] · [illegible] 167 [illegible] 359-361 [illegible]) ······························· 361

89. (170) [illegible] ([illegible]) [illegible] ([illegible] · 364 [illegible] · [illegible] 169 [illegible] 363 [illegible]) ······························· 364

90. (172) [illegible] ([illegible]) [illegible] ([illegible] · 364-365 [illegible] · [illegible] 171 [illegible] 364 [illegible]) ······························· 364

91. (174) [illegible] ([illegible]) [illegible] ([illegible] · 365 [illegible] · [illegible] 173 [illegible] 365 [illegible]) ······························· 365

92. (176) [illegible] ([illegible] · 366 [illegible] · [illegible] 175 [illegible] 366 [illegible]) ······························· 366

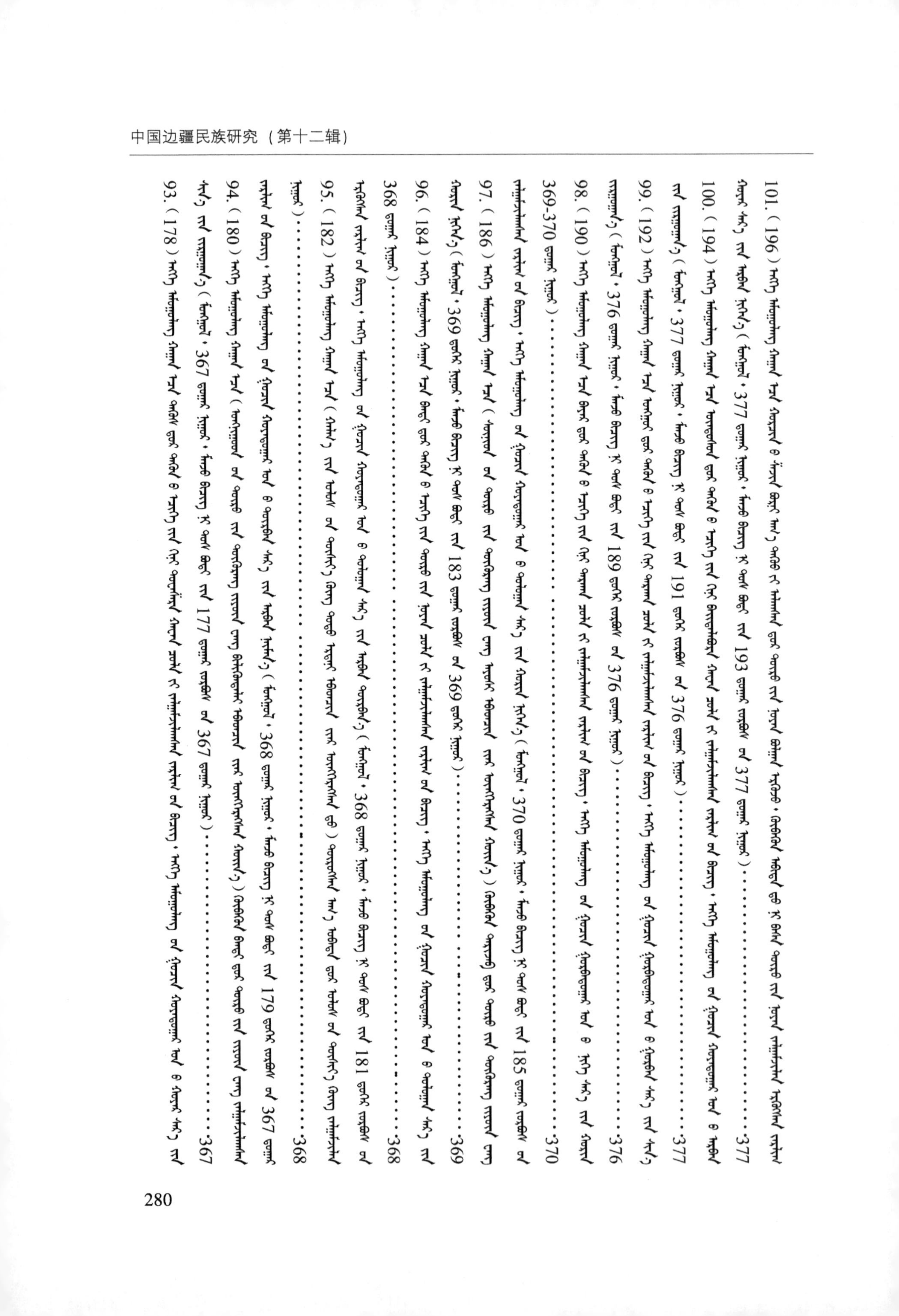

101.（196）[illegible]（[illegible]，377 [illegible] 193 [illegible] 377 [illegible]）…………377

100.（194）[illegible]（[illegible]，377 [illegible] 191 [illegible] 376 [illegible]）…………377

99.（192）[illegible]（[illegible]，376 [illegible] 189 [illegible] 376 [illegible]）…………376

98.（190）[illegible]）…………369-370 [illegible]）…………370

97.（186）[illegible]（[illegible]，370 [illegible] 185 [illegible] 369 [illegible]）…………369

96.（184）[illegible] 183 [illegible] 369 [illegible]）…………368 [illegible]）…………368

95.（182）[illegible]（[illegible]，368 [illegible] 181 [illegible]）…………368

94.（180）[illegible]（[illegible]，368 [illegible] 179 [illegible] 367 [illegible]（[illegible]，367 [illegible] 177 [illegible] 367 [illegible]）…………367

93.（178）[illegible]

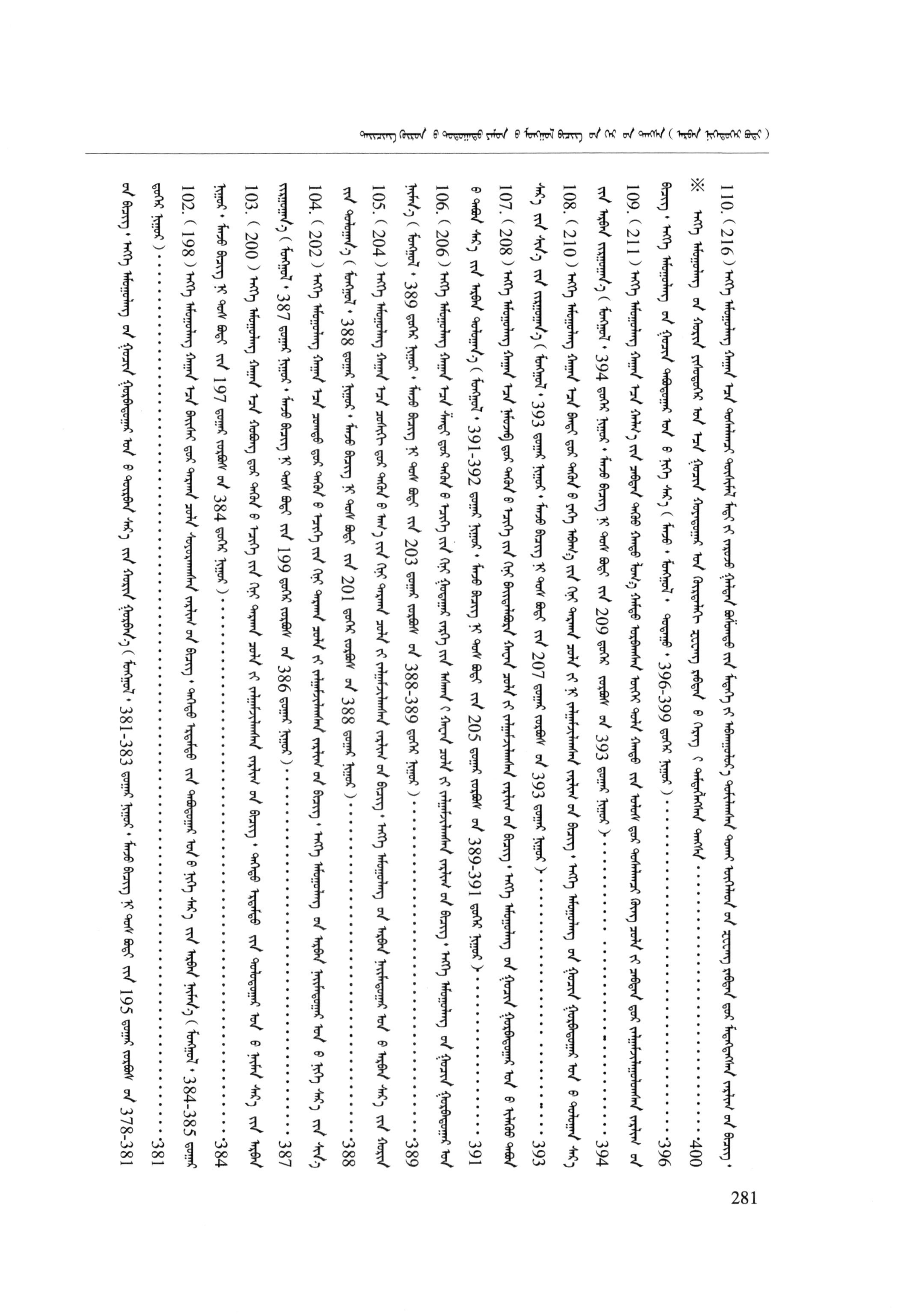

110. (216) [illegible] ·
※ [illegible] ······400
[illegible] , [illegible] ([illegible] , [illegible] , [illegible] , 396-399 [illegible]) ······396
109. (211) [illegible]
[illegible] ([illegible] , 394 [illegible] , [illegible] 209 [illegible] 393 [illegible]) ······394
108. (210) [illegible]
[illegible] ([illegible] , 393 [illegible] , [illegible] 207 [illegible] 393 [illegible]) ······393
107. (208) [illegible]
[illegible] ([illegible] , 391-392 [illegible] , [illegible] 205 [illegible] 389-391 [illegible]) ······391
106. (206) [illegible]
[illegible] ([illegible] , 389 [illegible] , [illegible] 203 [illegible] 388-389 [illegible]) ······389
105. (204) [illegible]
[illegible] ([illegible] , 388 [illegible] , [illegible] 201 [illegible] 388 [illegible]) ······388
104. (202) [illegible]
[illegible] ([illegible] , 387 [illegible] , [illegible] 199 [illegible] 386 [illegible]) ······387
103. (200) [illegible]
[illegible] , [illegible] 197 [illegible] 384 [illegible]) ······384
102. (198) [illegible] ([illegible] , 384-385 [illegible]
[illegible]) ······381
[illegible] ([illegible] , 381-383 [illegible] , [illegible] 195 [illegible] 378-381

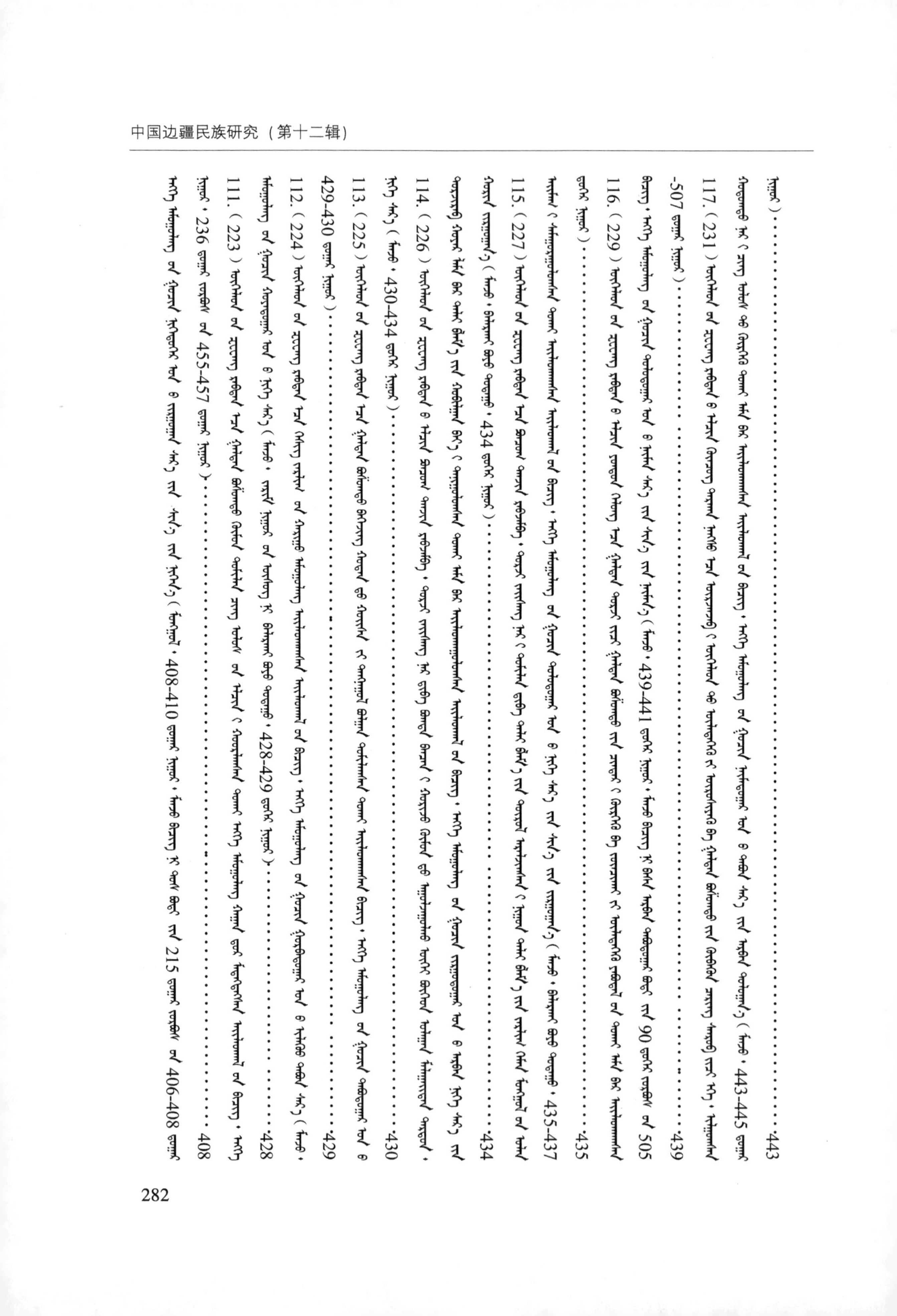

[illegible] ）……………………………………………………………………………………443

[illegible] （ [illegible] ·443-445 [illegible]

117.（231）[illegible] ……………………………………………………………………439

[illegible] （ [illegible] ·439-441 [illegible] 90 [illegible] 505

-507 [illegible] ）…………………………………………………………………………………435

116.（229）[illegible] ……………………………………………………………435

[illegible] ）…………………………………………………………………………………………435

[illegible] （ [illegible] ·435-437

115.（227）[illegible] ·434 [illegible] ）……………………………………………………………434

[illegible] （ [illegible] ·434 [illegible] ）………………………………………………………434

114.（226）[illegible]

[illegible] （ [illegible] ·430-434 [illegible] ）…………………………………………………430

113.（225）[illegible]

429-430 [illegible] ）…………………………………………………………………………………429

112.（224）[illegible] （ [illegible] ·428-429 [illegible] ）……………………………………428

111.（223）[illegible]

[illegible] ·236 [illegible] 455-457 [illegible] ）……………………………………………408

[illegible] （ [illegible] ·408-410 [illegible] 215 [illegible] 406-408 [illegible]

118.（232）ᠬᠠᠷᠢᠶᠠᠲᠤ ᠶᠢᠨ ᠵᠠᠰᠠᠭ ᠤᠨ ᠶᠠᠮᠤᠨ ᠲᠤ ᠲᠠᠮᠠᠭ᠎ᠠ ᠲᠠᠢ ᠪᠢᠴᠢᠭ ᠢ ᠬᠠᠷᠢᠭᠤᠯᠤᠭᠰᠠᠨ ᠤᠨ ᠲᠤᠬᠠᠢ ᠶᠢᠨ ᠲᠤᠰᠠᠯᠠᠭᠴᠢ ᠲᠠᠢᠵᠢ ᠶᠢᠨ ᠪᠢᠴᠢᠭ ᠂ ᠬᠣᠰᠢᠭᠤᠨ ᠤ ᠲᠠᠮᠠᠭ᠎ᠠ ᠶᠢᠨ ᠪᠢᠴᠢᠭ ᠤᠨ ᠬᠠᠭᠤᠯᠪᠤᠷᠢ ᠪᠠᠢᠨ᠎ᠠ ᠤ
ᠪᠢᠴᠢᠭ ᠮᠥᠨ ᠤᠨ ᠪᠢᠴᠢᠭ ᠪᠣᠯᠪᠠ（ ᠬᠤᠪᠢ ᠂ 445-447 ᠬᠤᠭᠤᠳᠠᠰᠤ ᠪᠤᠢ ）……………………………………………………445
119.（233）ᠵᠠᠰᠠᠭ ᠤᠨ ᠶᠠᠮᠤᠨ ᠲᠤ ᠲᠠᠮᠠᠭ᠎ᠠ ᠶᠢᠨ ᠬᠠᠷᠢᠭᠤᠯᠬᠤ ᠪᠢᠴᠢᠭ ᠬᠠᠷᠢᠭᠤᠯᠤᠭᠰᠠᠨ ᠤᠨ ᠪᠢᠴᠢᠭ ᠂ ᠬᠣᠰᠢᠭᠤᠨ ᠤ ᠲᠠᠮᠠᠭ᠎ᠠ ᠶᠢᠨ ᠪᠠᠢᠴᠠᠭᠠᠯᠲᠠ ᠲᠠᠢ（ ᠬᠤᠪᠢ ᠂ ᠪᠢᠴᠢᠭ ᠳᠡᠭᠡᠷᠡ ᠂ 447-450 ᠬᠤᠭᠤᠳᠠᠰᠤ
ᠪᠤᠢ ）……………………………………………………447
120.（239）ᠬᠣᠰᠢᠭᠤᠨ ᠤ ᠲᠠᠮᠠᠭ᠎ᠠ ᠶᠢᠨ ᠬᠡᠷᠡᠭ ᠢ ᠰᠢᠢᠳᠬᠦ ᠭᠠᠵᠠᠷ ᠤᠨ ᠪᠢᠴᠢᠭ ᠤᠨ ᠬᠠᠷᠢᠭᠤ ᠬᠠᠷᠢᠶᠠᠲᠤ ᠶᠢᠨ ᠵᠠᠰᠠᠭ ᠤᠨ ᠶᠠᠮᠤᠨ ᠤ ᠲᠠᠮᠠᠭ᠎ᠠ ᠶᠢᠨ ᠪᠢᠴᠢᠭ ᠂ ᠬᠣᠰᠢᠭᠤᠨ ᠤ ᠲᠠᠮᠠᠭ᠎ᠠ ᠶᠢᠨ ᠪᠠᠢᠴᠠᠭᠠᠯᠲᠠ
ᠶᠢᠨ ᠪᠢᠴᠢᠭ ᠮᠥᠨ ᠤᠨ ᠳᠡᠭᠡᠷᠡ ᠪᠣᠯᠪᠠ（ ᠬᠤᠪᠢ ᠂ 468-471 ᠬᠤᠭᠤᠳᠠᠰᠤ ᠪᠤᠢ ᠂ ᠬᠤᠪᠢ ᠪᠢᠴᠢᠭ ᠤᠨ ᠳᠡᠭᠡᠷᠡ ᠬᠤᠪᠢ ᠶᠢᠨ 69② ᠬᠤᠭᠤᠳᠠᠰᠤ ᠶᠢᠨ 327-330 ᠬᠤᠭᠤᠳᠠᠰᠤ
ᠪᠤᠢ ）……………………………………………………468
121.（243）ᠬᠣᠰᠢᠭᠤᠨ ᠤ ᠲᠠᠮᠠᠭ᠎ᠠ ᠶᠢᠨ ᠬᠡᠷᠡᠭ ᠢ ᠰᠢᠢᠳᠬᠦ ᠭᠠᠵᠠᠷ ᠤᠨ ᠪᠢᠴᠢᠭ ᠢ ᠬᠠᠷᠢᠭᠤᠯᠤᠭᠰᠠᠨ ᠤᠨ ᠬᠠᠷᠢᠶᠠᠲᠤ ᠶᠢᠨ ᠵᠠᠰᠠᠭ ᠤᠨ ᠶᠠᠮᠤᠨ ᠤ ᠲᠠᠮᠠᠭ᠎ᠠ ᠶᠢᠨ ᠪᠢᠴᠢᠭ ᠂
ᠬᠣᠰᠢᠭᠤᠨ ᠤ ᠲᠠᠮᠠᠭ᠎ᠠ ᠶᠢᠨ ᠪᠠᠢᠴᠠᠭᠠᠯᠲᠠ ᠶᠢᠨ ᠪᠢᠴᠢᠭ ᠮᠥᠨ ᠤᠨ ᠳᠡᠭᠡᠷᠡ ᠪᠣᠯᠪᠠ（ ᠬᠤᠪᠢ ᠂ 484-488 ᠬᠤᠭᠤᠳᠠᠰᠤ ᠪᠤᠢ ）……………………………………………………484
122.（247）ᠬᠣᠰᠢᠭᠤᠨ ᠤ ᠲᠠᠮᠠᠭ᠎ᠠ ᠶᠢᠨ ᠬᠡᠷᠡᠭ ᠢ ᠰᠢᠢᠳᠬᠦ ᠭᠠᠵᠠᠷ ᠤᠨ ᠪᠢᠴᠢᠭ ᠤᠨ ᠬᠠᠷᠢᠭᠤ ᠲᠤ ᠬᠠᠷᠢᠭᠤᠯᠤᠭᠰᠠᠨ ᠪᠢᠴᠢᠭ ᠂ ᠬᠣᠰᠢᠭᠤᠨ ᠤ ᠲᠠᠮᠠᠭ᠎ᠠ ᠶᠢᠨ ᠪᠠᠢᠴᠠᠭᠠᠯᠲᠠ ᠶᠢᠨ ᠬᠠᠷᠢᠶᠠᠲᠤ ᠶᠢᠨ ᠵᠠᠰᠠᠭ
ᠤᠨ ᠶᠠᠮᠤᠨ ᠤ ᠲᠠᠮᠠᠭ᠎ᠠ ᠶᠢᠨ ᠪᠢᠴᠢᠭ ᠂ ᠬᠣᠰᠢᠭᠤᠨ ᠤ ᠲᠠᠮᠠᠭ᠎ᠠ ᠶᠢᠨ ᠪᠠᠢᠴᠠᠭᠠᠯᠲᠠ ᠶᠢᠨ ᠪᠢᠴᠢᠭ ᠮᠥᠨ ᠤᠨ ᠳᠡᠭᠡᠷᠡ（ ᠬᠤᠪᠢ ᠂ 497-500 ᠬᠤᠭᠤᠳᠠᠰᠤ ᠪᠤᠢ ）……………………………………………………497
123.（249）① ᠬᠣᠰᠢᠭᠤᠨ ᠤ ᠲᠠᠮᠠᠭ᠎ᠠ ᠶᠢᠨ ᠬᠡᠷᠡᠭ ᠢ ᠰᠢᠢᠳᠬᠦ ᠭᠠᠵᠠᠷ ᠤᠨ ᠬᠠᠷᠢᠶᠠᠲᠤ ᠶᠢᠨ ᠵᠠᠰᠠᠭ ᠤᠨ ᠶᠠᠮᠤᠨ ᠤ ᠲᠠᠮᠠᠭ᠎ᠠ ᠶᠢᠨ ᠪᠢᠴᠢᠭ ᠂ ᠬᠣᠰᠢᠭᠤᠨ ᠤ ᠲᠠᠮᠠᠭ᠎ᠠ ᠶᠢᠨ ᠪᠠᠢᠴᠠᠭᠠᠯᠲᠠ
ᠶᠢᠨ ᠪᠢᠴᠢᠭ ᠂ ᠬᠣᠰᠢᠭᠤᠨ ᠤ ᠲᠠᠮᠠᠭ᠎ᠠ ᠶᠢᠨ ᠪᠠᠢᠴᠠᠭᠠᠯᠲᠠ ᠶᠢᠨ ᠪᠢᠴᠢᠭ ᠮᠥᠨ ᠤᠨ ᠳᠡᠭᠡᠷᠡ（ ᠬᠤᠪᠢ ᠂ 504-518 ᠬᠤᠭᠤᠳᠠᠰᠤ ᠪᠤᠢ ᠂ ᠬᠤᠪᠢ ᠪᠢᠴᠢᠭ ᠤᠨ ᠳᠡᠭᠡᠷᠡ ᠬᠤᠪᠢ ᠶᠢᠨ 89 ᠬᠤᠭᠤᠳᠠᠰᠤ ᠶᠢᠨ 307-310 ᠬᠤᠭᠤᠳᠠᠰᠤ ᠪᠤᠢ ᠂ ᠬᠤᠪᠢ ᠶᠢᠨ 78 ᠬᠤᠭᠤᠳᠠᠰᠤ ᠶᠢᠨ 267-270 ᠬᠤᠭᠤᠳᠠᠰᠤ ᠪᠤᠢ ᠂ ᠬᠤᠪᠢ
ᠬᠤᠭᠤᠳᠠᠰᠤ ᠶᠢᠨ 270-273 ᠬᠤᠭᠤᠳᠠᠰᠤ ᠪᠤᠢ ）……………………………………………………504
124.（249）② ᠬᠣᠰᠢᠭᠤᠨ ᠤ ᠲᠠᠮᠠᠭ᠎ᠠ ᠶᠢᠨ ᠬᠡᠷᠡᠭ ᠢ ᠰᠢᠢᠳᠬᠦ ᠭᠠᠵᠠᠷ ᠤᠨ ᠬᠠᠷᠢᠶᠠᠲᠤ ᠶᠢᠨ ᠵᠠᠰᠠᠭ ᠤᠨ ᠶᠠᠮᠤᠨ ᠤ ᠲᠠᠮᠠᠭ᠎ᠠ ᠶᠢᠨ ᠪᠢᠴᠢᠭ ᠂ ᠬᠣᠰᠢᠭᠤᠨ ᠤ ᠲᠠᠮᠠᠭ᠎ᠠ ᠶᠢᠨ ᠪᠠᠢᠴᠠᠭᠠᠯᠲᠠ
ᠶᠢᠨ ᠪᠢᠴᠢᠭ ᠮᠥᠨ ᠤᠨ ᠳᠡᠭᠡᠷᠡ ᠪᠣᠯᠪᠠ（ ᠬᠤᠪᠢ ᠂ 507-519 ᠬᠤᠭᠤᠳᠠᠰᠤ
ᠪᠤᠢ ）……………………………………………………507
125.（251）ᠬᠣᠰᠢᠭᠤᠨ ᠤ ᠲᠠᠮᠠᠭ᠎ᠠ ᠶᠢᠨ ᠬᠡᠷᠡᠭ ᠢ ᠰᠢᠢᠳᠬᠦ ᠭᠠᠵᠠᠷ ᠤᠨ ᠬᠠᠷᠢᠶᠠᠲᠤ ᠶᠢᠨ ᠵᠠᠰᠠᠭ ᠤᠨ ᠶᠠᠮᠤᠨ ᠤ ᠲᠠᠮᠠᠭ᠎ᠠ ᠶᠢᠨ ᠪᠢᠴᠢᠭ ᠂ ᠬᠣᠰᠢᠭᠤᠨ ᠤ ᠲᠠᠮᠠᠭ᠎ᠠ ᠶᠢᠨ ᠪᠠᠢᠴᠠᠭᠠᠯᠲᠠ ᠶᠢᠨ ᠪᠢᠴᠢᠭ ᠮᠥᠨ ᠤᠨ ᠳᠡᠭᠡᠷᠡ（ ᠬᠤᠪᠢ ᠂

521-529 ᠳᠦᠭᠡᠷ ᠨᠢᠭᠤᠷ ）…………………………………………………………………………… 521

ᠨᠡᠭᠦᠳᠡᠯ ᠰᠢᠯᠵᠢᠯᠲᠡ ᠶᠢᠨ ᠪᠦᠯᠦᠭ

1. (65) ᠡᠩᠬᠡ ᠠᠮᠤᠭᠤᠯᠠᠩ ᠤᠨ ᠬᠣᠷᠢᠨ ᠨᠢᠭᠡᠳᠦᠭᠡᠷ ᠣᠨ ᠤ ᠬᠠᠯᠬ᠎ᠠ ᠶᠢᠨ ᠨᠡᠭᠦᠳᠡᠯᠴᠢᠳ ᠦᠨ ᠲᠤᠬᠠᠢ ᠵᠠᠷᠯᠢᠭ · ᠴᠢᠩ ᠤᠯᠤᠰ ᠤᠨ ᠰᠤᠳᠤᠷ ᠤᠨ ᠡᠬᠡ ᠮᠡᠳᠡᠭᠡᠨ ᠨᠢ ᠲᠤᠬᠠᠢ ᠰᠤᠳᠤᠯᠤᠯ ᠤᠨ ᠬᠡᠰᠡᠭ (ᠮᠣᠩᠭᠣᠯ · 206-208 ᠳᠤᠭᠠᠷ ᠨᠢᠭᠤᠷ · ᠬᠢᠲᠠᠳ ᠪᠢᠴᠢᠭ ᠢ ᠡᠬᠢ ᠨᠢ 64 ᠳᠦᠭᠡᠷ ᠳᠡᠪᠲᠡᠷ ᠦᠨ 204-205 ᠳᠤᠭᠠᠷ ᠨᠢᠭᠤᠷ · ᠮᠠᠨᠵᠤ ᠪᠢᠴᠢᠭ ᠦᠨ ᠣᠷᠴᠢᠭᠤᠯᠭ᠎ᠠ ᠶᠢ 206 ᠳᠤᠭᠠᠷ ᠨᠢᠭᠤᠷ · ᠨᠡᠭᠦᠳᠡᠯ ᠪᠦᠷᠢᠨ ᠲᠤ 96 ᠳᠤᠭᠠᠷ ᠳᠡᠪᠲᠡᠷ ᠦᠨ 509-510 ᠳᠤᠭᠠᠷ ᠨᠢᠭᠤᠷ · ᠮᠠᠨᠵᠤ ᠪᠢᠴᠢᠭ ᠦᠨ ᠣᠷᠴᠢᠭᠤᠯᠭ᠎ᠠ ᠶᠢ 510 ᠳᠤᠭᠠᠷ ᠨᠢᠭᠤᠷ) ···················· 206
※ ᠮᠠᠨᠵᠤ ᠪᠢᠴᠢᠭ ᠦᠨ ᠡᠬᠢ ᠣᠷᠴᠢᠭᠤᠯᠭ᠎ᠠ (ᠮᠣᠩᠭᠣᠯ) ···················· 209
2. (67) ᠡᠩᠬᠡ ᠠᠮᠤᠭᠤᠯᠠᠩ ᠤᠨ ᠵᠢᠷᠭᠤᠳᠤᠭᠠᠷ ᠣᠨ ᠤ ᠬᠠᠪᠤᠷ ᠤᠨ ᠡᠬᠡᠨ ᠰᠠᠷ᠎ᠠ ᠶᠢᠨ ᠬᠣᠷᠢᠨ ᠨᠢᠭᠡᠨ ᠡᠳᠦᠷ ᠲᠦ ᠬᠠᠯᠬ᠎ᠠ ᠶᠢᠨ ᠵᠠᠰᠠᠭ ᠲᠤ ᠪᠠᠢᠭᠠᠭᠰᠠᠨ ᠨᠡᠭᠦᠳᠡᠯᠴᠢᠳ ᠦᠨ ᠲᠤᠬᠠᠢ ᠵᠠᠷᠯᠢᠭ · ᠴᠢᠩ ᠤᠯᠤᠰ ᠤᠨ ᠰᠤᠳᠤᠷ ᠤᠨ ᠡᠬᠡ ᠮᠡᠳᠡᠭᠡᠨ ᠨᠢ ᠲᠤᠬᠠᠢ ᠰᠤᠳᠤᠯᠤᠯ ᠤᠨ ᠬᠡᠰᠡᠭ (ᠮᠣᠩᠭᠣᠯ · 212-214 ᠳᠤᠭᠠᠷ ᠨᠢᠭᠤᠷ · ᠬᠢᠲᠠᠳ ᠪᠢᠴᠢᠭ ᠢ ᠡᠬᠢ ᠨᠢ 66 ᠳᠤᠭᠠᠷ ᠳᠡᠪᠲᠡᠷ ᠦᠨ 209-211 ᠳᠤᠭᠠᠷ ᠨᠢᠭᠤᠷ · ᠮᠠᠨᠵᠤ ᠪᠢᠴᠢᠭ ᠦᠨ ᠣᠷᠴᠢᠭᠤᠯᠭ᠎ᠠ ᠶᠢ 2 ᠳᠤᠭᠠᠷ ᠨᠢᠭᠤᠷ · ᠬᠢᠲᠠᠳ ᠪᠢᠴᠢᠭ ᠢ ᠡᠬᠢ ᠨᠢ 2 ᠳᠤᠭᠠᠷ ᠳᠡᠪᠲᠡᠷ ᠦᠨ 1-2 ᠳᠤᠭᠠᠷ ᠨᠢᠭᠤᠷ · ᠮᠠᠨᠵᠤ ᠪᠢᠴᠢᠭ ᠦᠨ ᠣᠷᠴᠢᠭᠤᠯᠭ᠎ᠠ ᠶᠢ 467-468 ᠳᠦᠭᠡᠷ ᠨᠢᠭᠤᠷ · ᠨᠡᠭᠦᠳᠡᠯ ᠪᠦᠷᠢᠨ ᠲᠤ 83 ᠳᠤᠭᠠᠷ ᠳᠡᠪᠲᠡᠷ ᠦᠨ 466-467 ᠳᠤᠭᠠᠷ ᠨᠢᠭᠤᠷ · ᠮᠠᠨᠵᠤ ᠪᠢᠴᠢᠭ ᠦᠨ ᠣᠷᠴᠢᠭᠤᠯᠭ᠎ᠠ ᠶᠢ 211-212 ᠳᠦᠭᠡᠷ ᠨᠢᠭᠤᠷ · ᠳᠤᠭᠠᠷ ᠨᠢᠭᠤᠷ) ···················· 212
※ ᠮᠠᠨᠵᠤ ᠪᠢᠴᠢᠭ ᠦᠨ ᠡᠬᠢ ᠣᠷᠴᠢᠭᠤᠯᠭ᠎ᠠ (ᠮᠣᠩᠭᠣᠯ) ···················· 212
3. (69) ᠡᠩᠬᠡ ᠠᠮᠤᠭᠤᠯᠠᠩ ᠤᠨ ᠵᠢᠷᠭᠤᠳᠤᠭᠠᠷ ᠣᠨ ᠤ ᠨᠠᠮᠤᠷ ᠤᠨ ᠳᠤᠮᠳᠠᠳᠤ ᠰᠠᠷ᠎ᠠ ᠶᠢᠨ ᠬᠠᠯᠬ᠎ᠠ ᠶᠢᠨ ᠨᠡᠭᠦᠳᠡᠯᠴᠢᠳ ᠦᠨ ᠲᠤᠬᠠᠢ ᠵᠠᠷᠯᠢᠭ · ᠴᠢᠩ ᠤᠯᠤᠰ ᠤᠨ ᠰᠤᠳᠤᠷ ᠤᠨ ᠡᠬᠡ ᠮᠡᠳᠡᠭᠡᠨ ᠨᠢ ᠲᠤᠬᠠᠢ ᠰᠤᠳᠤᠯᠤᠯ ᠤᠨ ᠬᠡᠰᠡᠭ · ᠳᠤᠭᠠᠷ ᠨᠢᠭᠤᠷ · ᠮᠠᠨᠵᠤ ᠪᠢᠴᠢᠭ ᠦᠨ ᠣᠷᠴᠢᠭᠤᠯᠭ᠎ᠠ ᠶᠢ 217-218 ᠳᠤᠭᠠᠷ ᠨᠢᠭᠤᠷ · ᠬᠢᠲᠠᠳ ᠪᠢᠴᠢᠭ ᠢ ᠡᠬᠢ ᠨᠢ 68 ᠳᠤᠭᠠᠷ ᠳᠡᠪᠲᠡᠷ ᠦᠨ 216-217 ᠳᠤᠭᠠᠷ ᠨᠢᠭᠤᠷ · ᠮᠣᠩᠭᠣᠯ · 219-220 ᠳᠤᠭᠠᠷ ᠨᠢᠭᠤᠷ (ᠰᠤᠳᠤᠯᠤᠯ · ᠨᠡᠭᠦᠳᠡᠯ ᠪᠦᠷᠢᠨ ᠲᠤ 84 ᠳᠦᠭᠡᠷ ᠳᠡᠪᠲᠡᠷ ᠦᠨ 468-469 ᠳᠦᠭᠡᠷ ᠨᠢᠭᠤᠷ · ᠮᠠᠨᠵᠤ ᠪᠢᠴᠢᠭ ᠦᠨ ᠣᠷᠴᠢᠭᠤᠯᠭ᠎ᠠ ᠶᠢ 469- 470 ᠳᠤᠭᠠᠷ ᠨᠢᠭᠤᠷ) ···················· 219
※ ᠮᠠᠨᠵᠤ ᠪᠢᠴᠢᠭ ᠦᠨ ᠡᠬᠢ ᠣᠷᠴᠢᠭᠤᠯᠭ᠎ᠠ (ᠮᠣᠩᠭᠣᠯ) ···················· 220
4. (71) ᠡᠩᠬᠡ ᠠᠮᠤᠭᠤᠯᠠᠩ ᠤᠨ ᠵᠢᠷᠭᠤᠳᠤᠭᠠᠷ ᠣᠨ ᠤ ᠬᠠᠪᠤᠷ ᠤᠨ ᠡᠬᠡᠨ ᠰᠠᠷ᠎ᠠ ᠶᠢᠨ ᠬᠣᠷᠢᠨ ᠨᠢᠭᠡᠨ ᠡᠳᠦᠷ ᠲᠦ ᠬᠠᠯᠬ᠎ᠠ ᠶᠢᠨ ᠵᠠᠰᠠᠭ ᠲᠤ ᠪᠠᠢᠭᠠᠭᠰᠠᠨ ᠨᠡᠭᠦᠳᠡᠯᠴᠢᠳ ᠦᠨ ᠲᠤᠬᠠᠢ ᠵᠠᠷᠯᠢᠭ · ᠴᠢᠩ ᠤᠯᠤᠰ ᠤᠨ ᠰᠤᠳᠤᠷ ᠤᠨ ᠡᠬᠡ ᠮᠡᠳᠡᠭᠡᠨ ᠨᠢ ᠲᠤᠬᠠᠢ ᠰᠤᠳᠤᠯᠤᠯ ᠤᠨ ᠬᠡᠰᠡᠭ (ᠮᠣᠩᠭᠣᠯ · 225-226

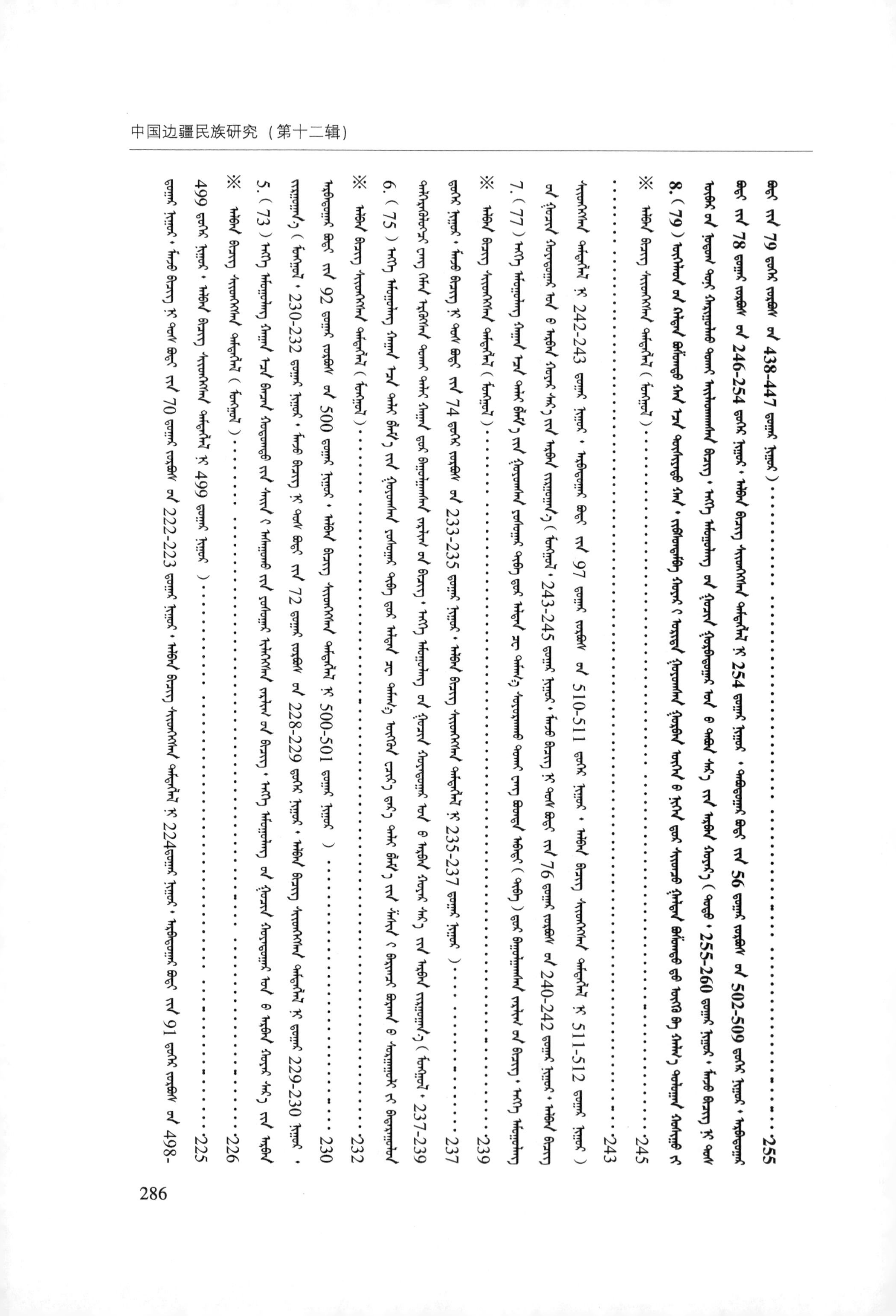

[illegible] 70 [illegible] 222-223 [illegible]，[illegible] 224 [illegible] 91 [illegible] 498-499 [illegible]，[illegible] 499 [illegible]）…… 225

※ [illegible]（[illegible]）…… 226

5.（73）[illegible]（[illegible]，230-232 [illegible]，[illegible] 72 [illegible] 228-229 [illegible] 229-230 [illegible]，[illegible] 92 [illegible] 500 [illegible] 500-501 [illegible]）…… 230

※ [illegible]（[illegible]）…… 232

6.（75）[illegible]（[illegible]，237-239 [illegible] 74 [illegible] 233-235 [illegible]，[illegible] 235-237 [illegible]）…… 237

※ [illegible]（[illegible]）…… 239

7.（77）[illegible]（[illegible]）[illegible]（[illegible]，243-245 [illegible]，[illegible] 76 [illegible] 240-242 [illegible]，[illegible] 242-243 [illegible]，[illegible] 97 [illegible] 510-511 [illegible]，[illegible] 511-512 [illegible]）…… 243

※ [illegible]（[illegible]）…… 245

8.（79）[illegible]（[illegible]，255-260 [illegible]，[illegible] 78 [illegible] 246-254 [illegible]，[illegible] 254 [illegible]，[illegible] 56 [illegible] 502-509 [illegible]，[illegible] 79 [illegible] 438-447 [illegible]）…… 255

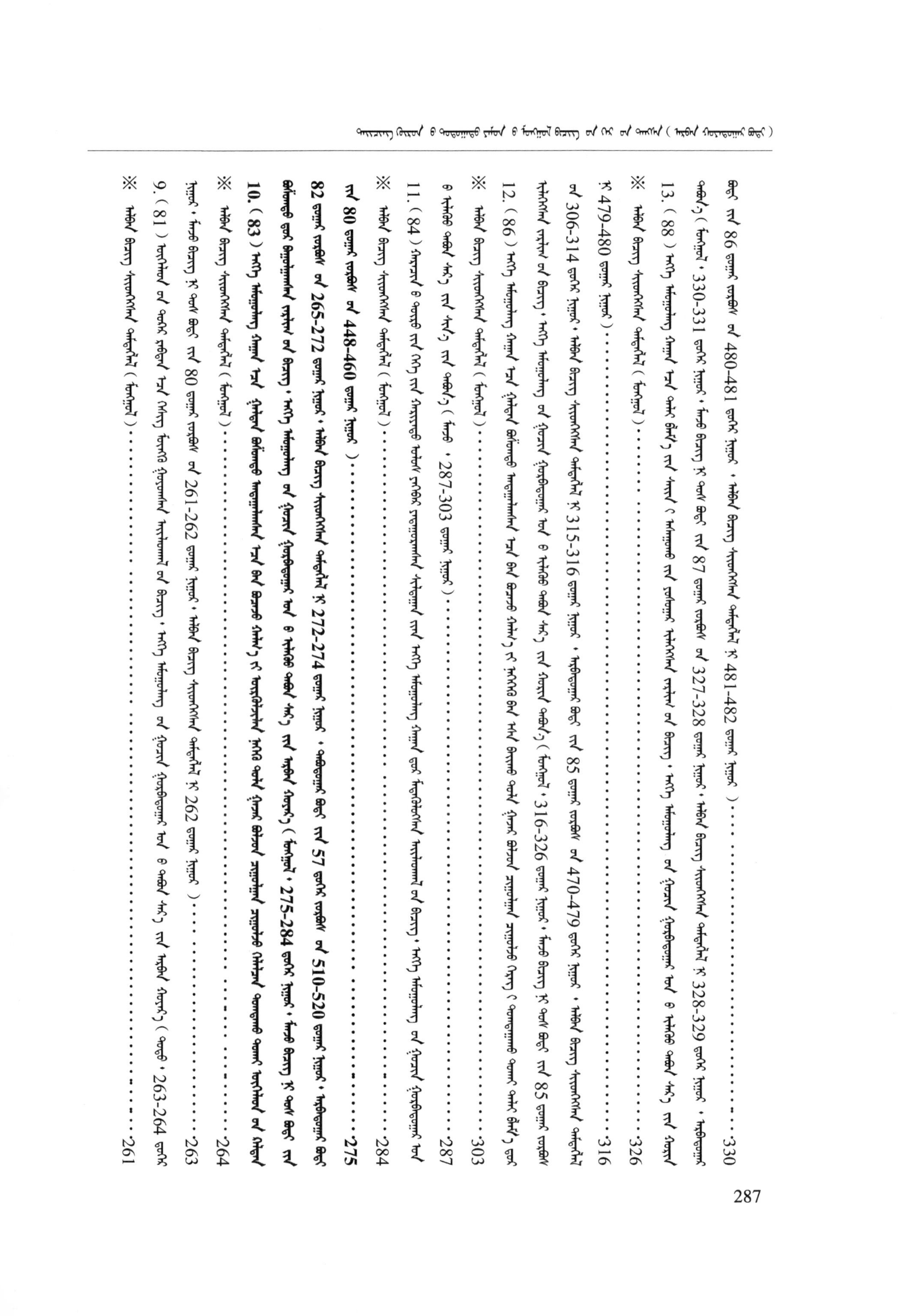

※ [illegible] ([illegible]) ……………………………… 261
9. (81) [illegible] ([illegible] · 263-264 [illegible] · [illegible] 80 [illegible] 261-262 [illegible] · [illegible] 262 [illegible]) ……………… 263
※ [illegible] ([illegible]) ……………………………… 264
10. (83) [illegible] ([illegible] · 275-284 [illegible] · [illegible] 82 [illegible] 265-272 [illegible] · [illegible] 272-274 [illegible] · [illegible] 57 [illegible] 510-520 [illegible] · [illegible] 80 [illegible] 448-460 [illegible]) ……………… 275
※ [illegible] ([illegible]) ……………………………… 284
11. (84) [illegible] ([illegible] · 287-303 [illegible]) ……………… 287
※ [illegible] ([illegible]) ……………………………… 303
12. (86) [illegible] ([illegible] · 316-326 [illegible] · [illegible] 85 [illegible] 306-314 [illegible] · [illegible] 315-316 [illegible] · [illegible] 85 [illegible] 470-479 [illegible] · [illegible] 479-480 [illegible]) ……………… 316
※ [illegible] ([illegible]) ……………………………… 326
13. (88) [illegible] ([illegible] · 330-331 [illegible] · [illegible] 87 [illegible] 327-328 [illegible] · [illegible] 328-329 [illegible] · [illegible] 86 [illegible] 480-481 [illegible] · [illegible] 481-482 [illegible]) ……………… 330

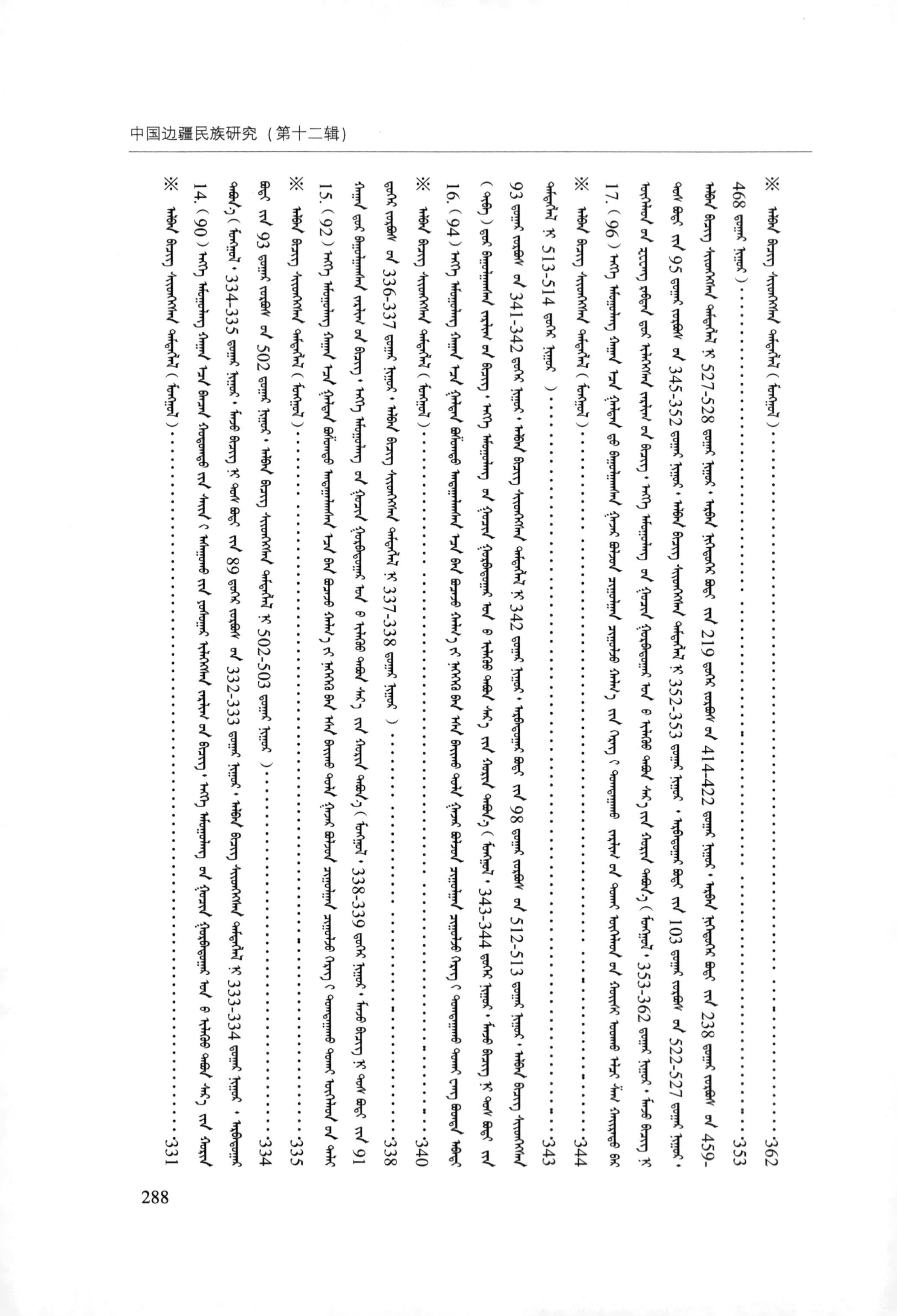

※ [illegible]（[illegible]）……331

14.（90）[illegible]（[illegible]）、334-335 [illegible]、[illegible] 89 [illegible] 332-333 [illegible]、[illegible] 333-334 [illegible]、[illegible] 93 [illegible] 502 [illegible]、[illegible] 502-503 [illegible]）……334

※ [illegible]（[illegible]）……335

15.（92）[illegible]（[illegible]）、338-339 [illegible]、[illegible] 91 [illegible] 336-337 [illegible]、[illegible] 337-338 [illegible]）……338

※ [illegible]（[illegible]）……340

16.（94）[illegible]（[illegible]）[illegible]（[illegible]）、343-344 [illegible]、[illegible] 93 [illegible] 341-342 [illegible]、[illegible] 342 [illegible]、[illegible] 98 [illegible] 512-513 [illegible]、[illegible] 513-514 [illegible]）……343

※ [illegible]（[illegible]）……344

17.（96）[illegible]（[illegible]）、353-362 [illegible]、[illegible] 95 [illegible] 345-352 [illegible]、[illegible] 352-353 [illegible]、[illegible] 103 [illegible] 522-527 [illegible]、[illegible] 527-528 [illegible]、[illegible] 219 [illegible] 414-422 [illegible]、[illegible] 238 [illegible] 459-468 [illegible]）……353

※ [illegible]（[illegible]）……362

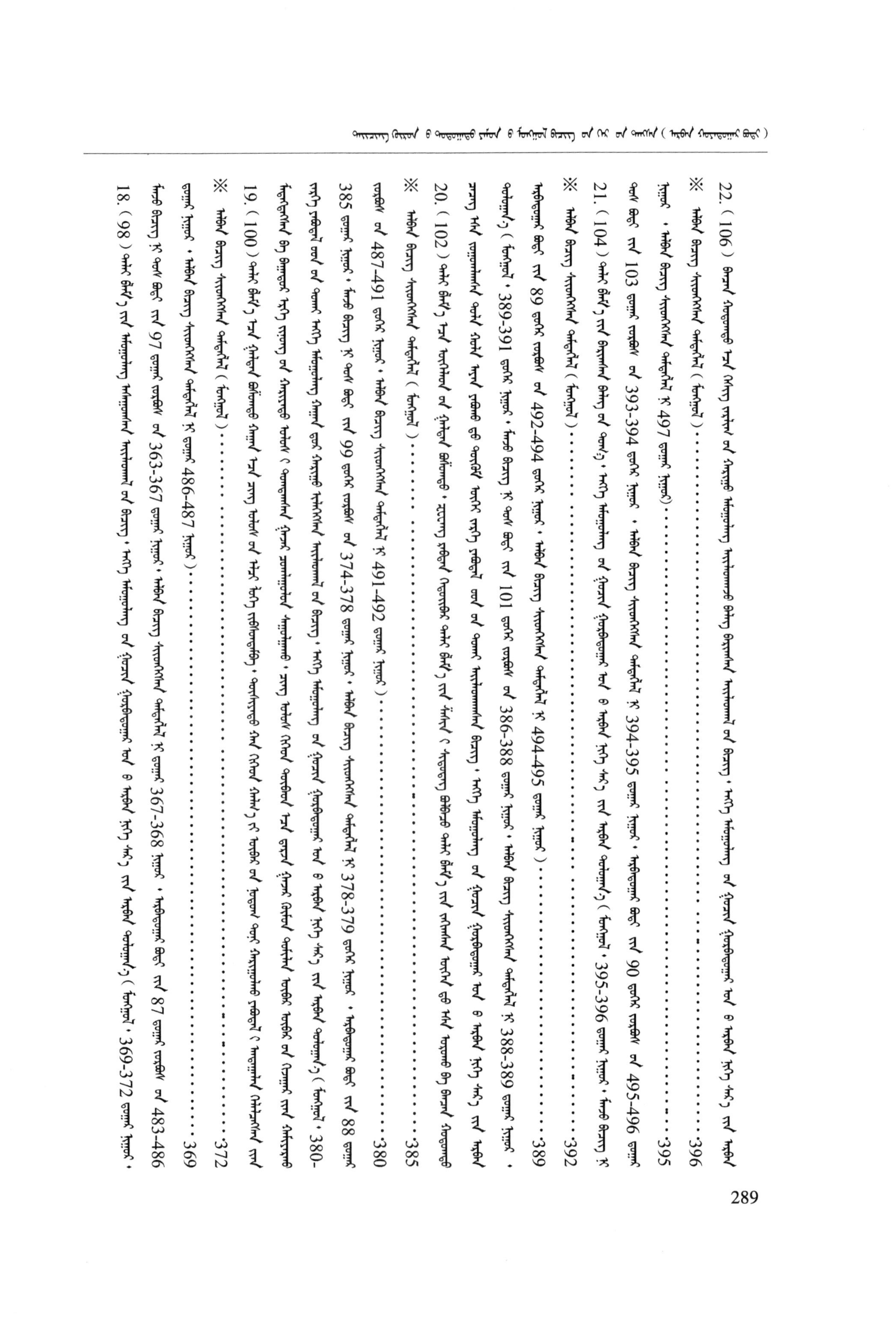

22. (106) [illegible] ([illegible]) ……396
※ [illegible] ([illegible]) ……
[illegible] 497 [illegible]) ……395
[illegible] 103 [illegible] 393-394 [illegible] 394-395 [illegible] 90 [illegible] 495-496 [illegible]
21. (104) [illegible] ([illegible] , 395-396 [illegible]
※ [illegible] ([illegible]) ……392
[illegible] 89 [illegible] 492-494 [illegible] 494-495 [illegible]) ……389
[illegible] ([illegible] , 389-391 [illegible] 101 [illegible] 386-388 [illegible] 388-389 [illegible]
[illegible]
20. (102) [illegible]
※ [illegible] ([illegible]) ……385
[illegible] 487-491 [illegible] 491-492 [illegible]) ……380
385 [illegible] 99 [illegible] 374-378 [illegible] 378-379 [illegible] 88 [illegible]
[illegible] ([illegible] , 380-
[illegible]
19. (100) [illegible]
※ [illegible] ([illegible]) ……372
[illegible] 486-487 [illegible]) ……369
[illegible] 97 [illegible] 363-367 [illegible] 367-368 [illegible] 87 [illegible] 483-486
18. (98) [illegible] ([illegible] , 369-372 [illegible] ,

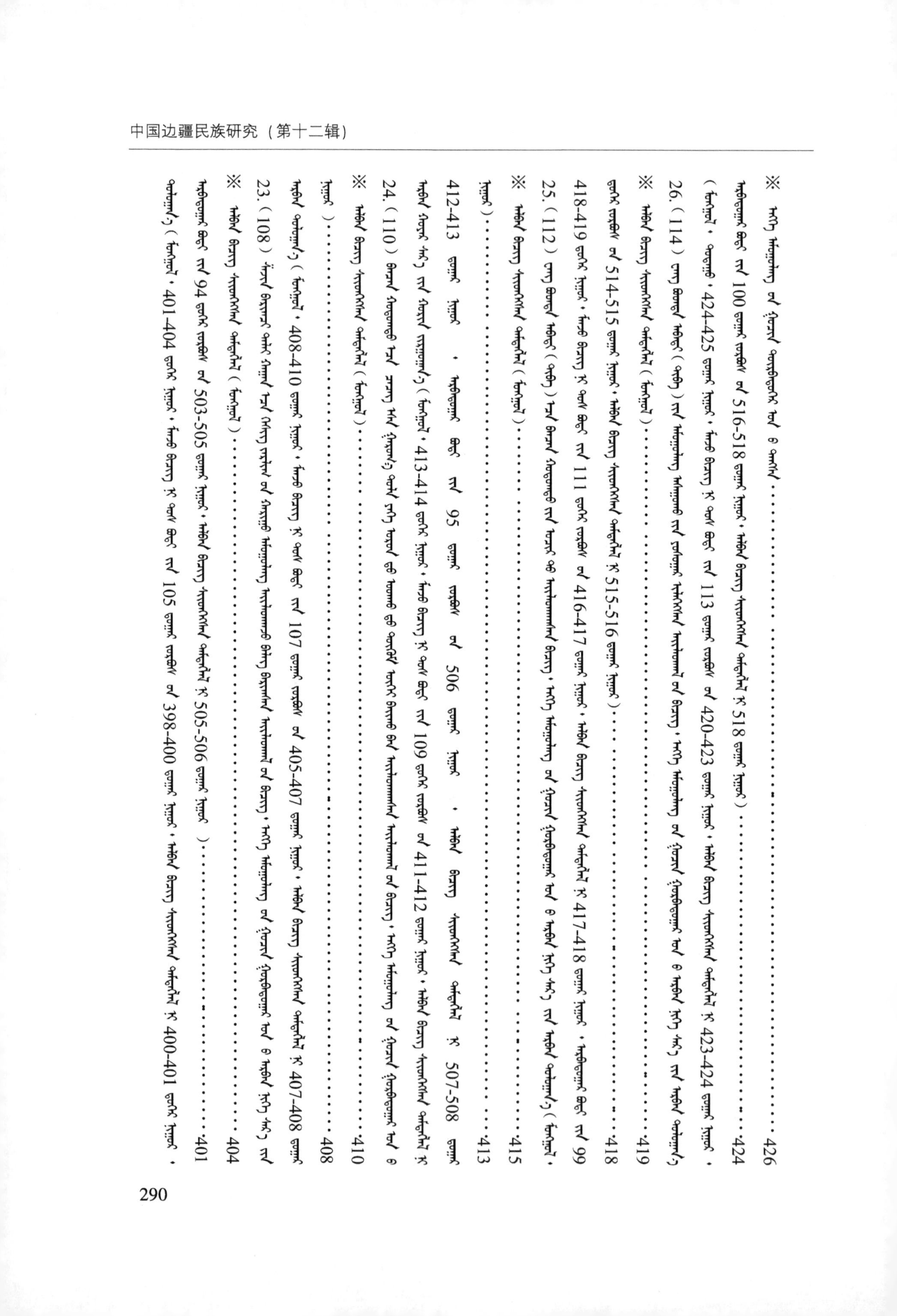

[illegible] ([illegible] · 401-404 [illegible] · [illegible] 105 [illegible] 398-400 [illegible] · [illegible] 400-401 [illegible] ·
[illegible] 94 [illegible] 503-505 [illegible] · [illegible] 505-506 [illegible]) ……401
※ [illegible] ([illegible]) ……404
23. (108) [illegible] · [illegible]
[illegible] ([illegible] · 408-410 [illegible] · [illegible] 107 [illegible] 405-407 [illegible] · [illegible] 407-408 [illegible]
[illegible]) ……408
※ [illegible] ([illegible]) ……410
24. (110) [illegible] · [illegible]
[illegible] ([illegible] · 413-414 [illegible] · [illegible] 109 [illegible] 411-412 [illegible] · [illegible] 507-508 [illegible]
412-413 [illegible] · [illegible] 95 [illegible] 506 [illegible] · [illegible]
[illegible]) ……413
※ [illegible] ([illegible]) ……415
25. (112) [illegible] ([illegible]) [illegible] · [illegible] ([illegible] ·
418-419 [illegible] · [illegible] 111 [illegible] 416-417 [illegible] · [illegible] 417-418 [illegible] · [illegible] 99
[illegible] 514-515 [illegible] · [illegible] 515-516 [illegible]) ……418
※ [illegible] ([illegible]) ……419
26. (114) [illegible] ([illegible]) [illegible] · [illegible] · [illegible]
([illegible] · [illegible] · 424-425 [illegible] · [illegible] 113 [illegible] 420-423 [illegible] · [illegible] 423-424 [illegible] ·
[illegible] 100 [illegible] 516-518 [illegible] · [illegible] 518 [illegible]) ……424
※ [illegible] ……426

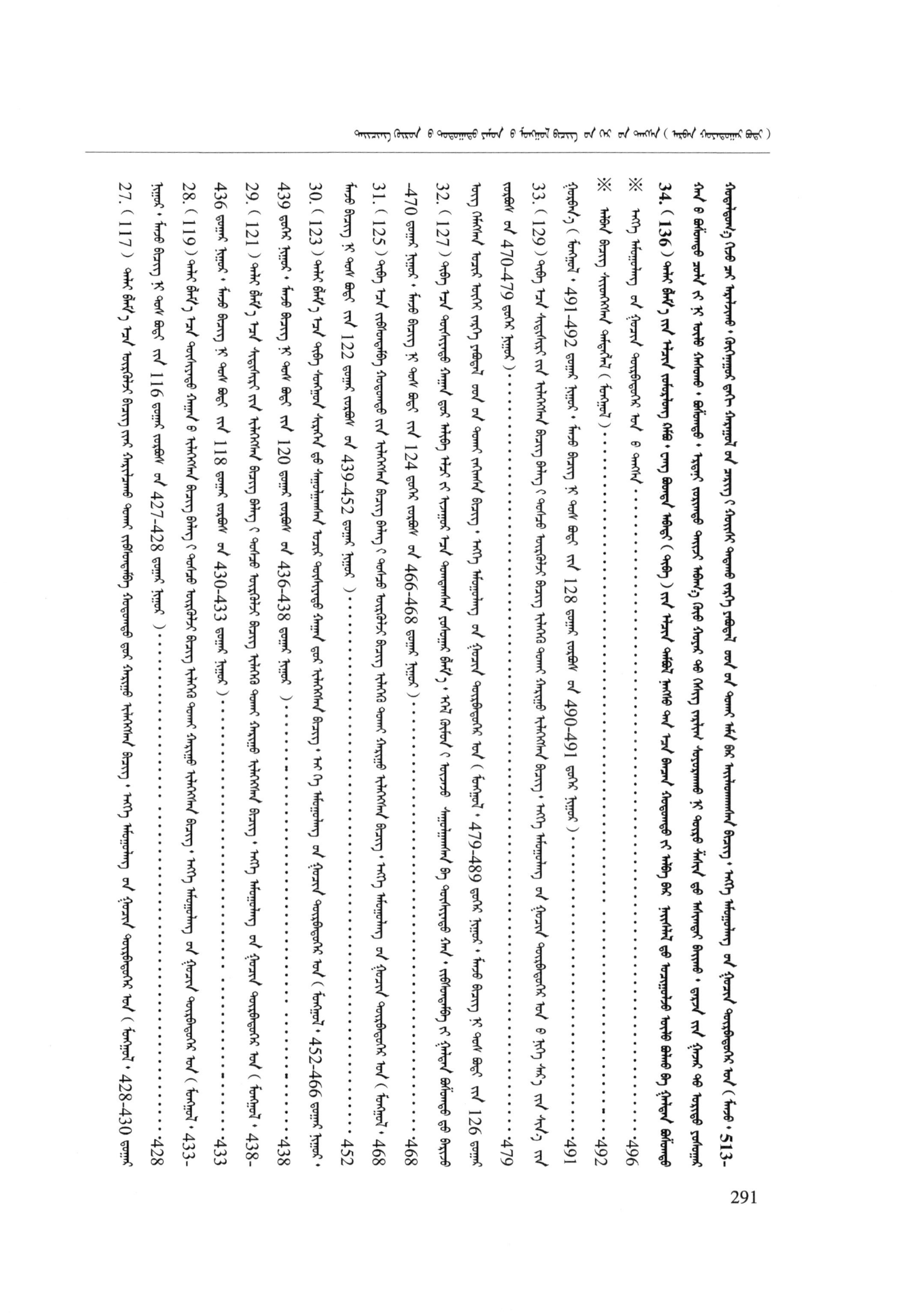

27. (117) [illegible] 428-430 [illegible] [illegible] 116 [illegible] 427-428 [illegible]) ……428

28. (119) [illegible] 433-436 [illegible] 118 [illegible] 430-433 [illegible]) ……433

29. (121) [illegible] 438-439 [illegible] 120 [illegible] 436-438 [illegible]) ……438

30. (123) [illegible] 452-466 [illegible] 122 [illegible] 439-452 [illegible]) ……452

31. (125) [illegible] 468-470 [illegible] 124 [illegible] 466-468 [illegible]) ……468

32. (127) [illegible] 126 [illegible] 470-479 [illegible]) ……479

33. (129) [illegible] 479-489 [illegible] 128 [illegible] 490-491 [illegible] ([illegible] 491-492 [illegible]) ……491

※ [illegible] ([illegible]) ……492

※ [illegible] ……496

34. (136) [illegible] ([illegible] 513-

516 ᠳᠤᠭᠠᠷ ᠨᠢᠭᠤᠷ᠂ ᠨᠡᠶᠢᠭᠡᠮ ᠰᠢᠨᠵᠢᠯᠡᠬᠦ ᠪᠣᠯ ᠣᠨ 32 ᠳᠤᠭᠠᠷ ᠳᠡᠪᠲᠡᠷ ᠤᠨ 121-126 ᠳᠤᠭᠠᠷ ᠨᠢᠭᠤᠷ)……………………………………………………513

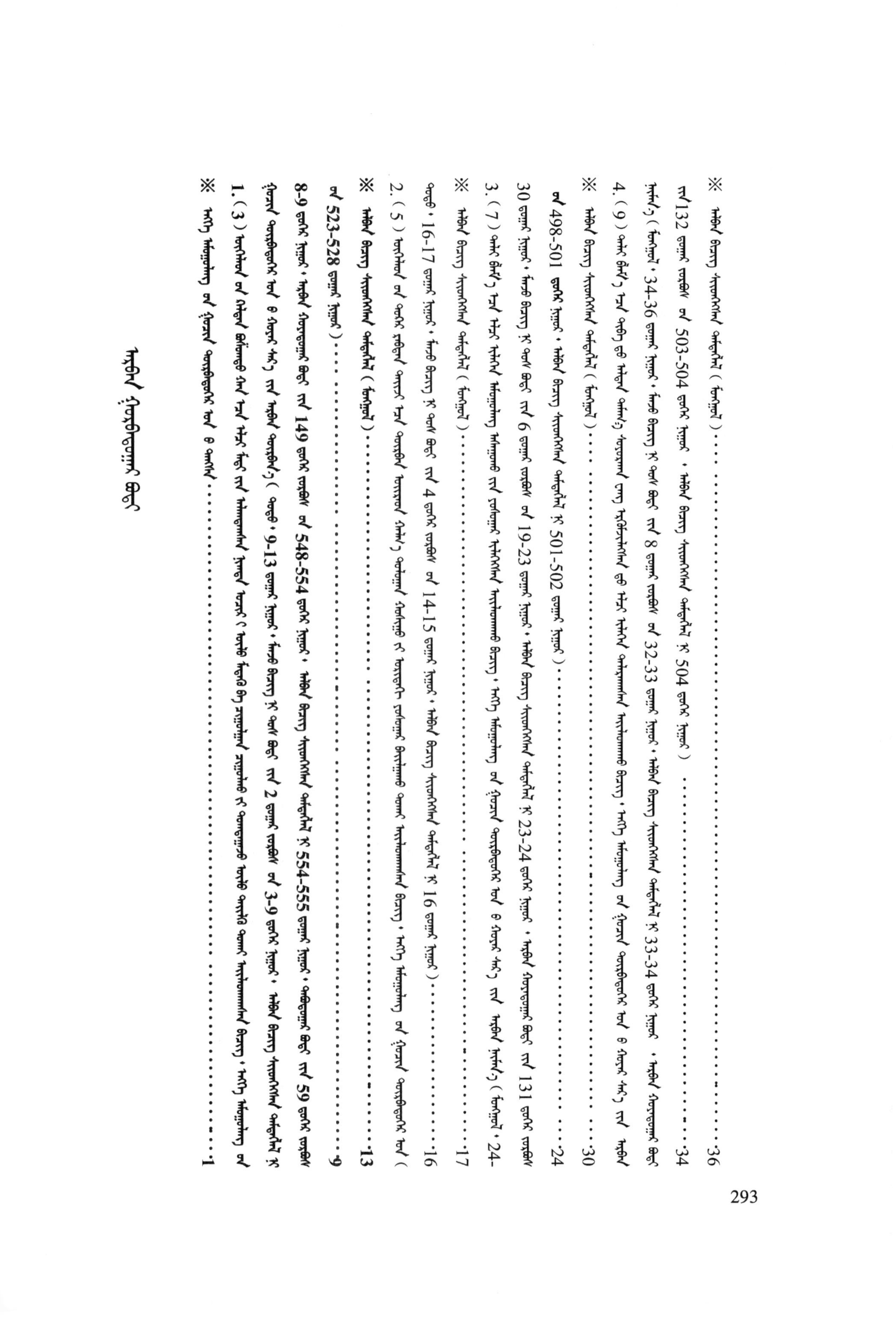

[illegible]

※ [illegible] …………………………………………………… 1

1.（3）[illegible]（[illegible] 9-13 [illegible]，[illegible] 3-9 [illegible] 2 [illegible]
8-9 [illegible] 149 [illegible] 548-554 [illegible] 554-555 [illegible] 59 [illegible]
[illegible] 523-528 [illegible]）………………………………………… 9

※ [illegible]（[illegible]）…………………………………………… 13

2.（5）[illegible] 14-15 [illegible] 4 [illegible] 16-17 [illegible] 16 [illegible]）…………………… 16

※ [illegible]（[illegible]）…………………………………………… 17

3.（7）[illegible]（[illegible]，24-
30 [illegible] 19-23 [illegible] 6 [illegible] 23-24 [illegible] 131 [illegible]
[illegible] 498-501 [illegible] 501-502 [illegible]）………………………… 24

※ [illegible]（[illegible]）…………………………………………… 30

4.（9）[illegible]
[illegible]（[illegible]，34-36 [illegible] 32-33 [illegible] 8 [illegible] 33-34 [illegible]
[illegible] 132 [illegible] 503-504 [illegible] 504 [illegible]）………………………… 34

※ [illegible]（[illegible]）…………………………………………… 36

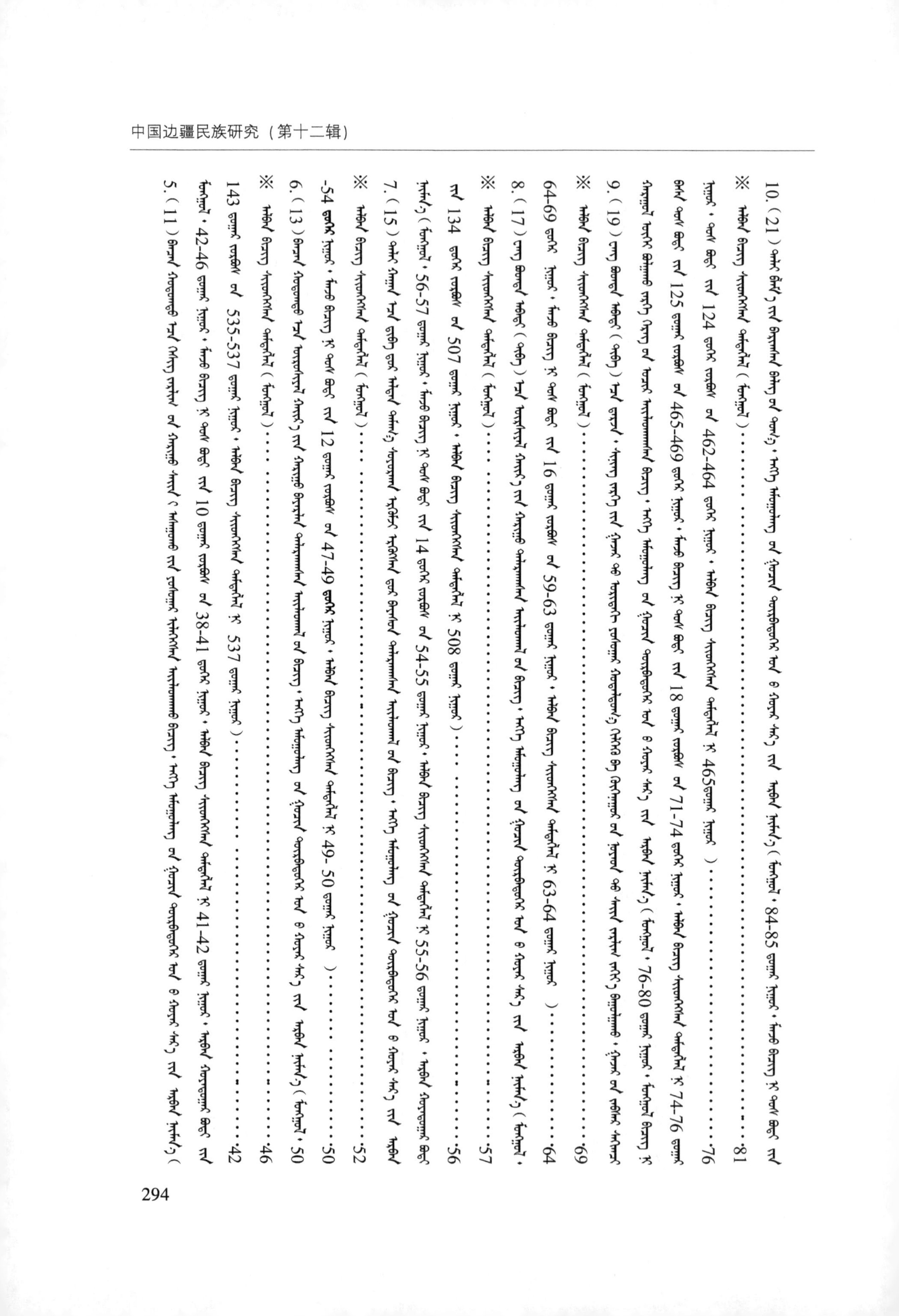

5.（11）[illegible]（

[illegible] · 42-46 [illegible] · [illegible] 10 [illegible] 38-41 [illegible] · [illegible] 41-42 [illegible] · [illegible]

143 [illegible] 535-537 [illegible] · [illegible] 537 [illegible]）…………42

※ [illegible]（[illegible]）…………46

6.（13）[illegible]（[illegible] · 50

-54 [illegible] · [illegible] 12 [illegible] 47-49 [illegible] · [illegible] 49- 50 [illegible]）…………50

※ [illegible]（[illegible]）…………52

7.（15）[illegible]

[illegible]（[illegible] · 56-57 [illegible] · [illegible] 14 [illegible] 54-55 [illegible] · [illegible] 55-56 [illegible] · [illegible]

[illegible] 134 [illegible] 507 [illegible] · [illegible] 508 [illegible]）…………56

※ [illegible]（[illegible]）…………57

8.（17）[illegible]（[illegible]）[illegible]（[illegible] ·

64-69 [illegible] · [illegible] 16 [illegible] 59-63 [illegible] · [illegible] 63-64 [illegible]）…………64

※ [illegible]（[illegible]）…………69

9.（19）[illegible]（[illegible]）[illegible]

[illegible]（[illegible] · 76-80 [illegible] · [illegible]

[illegible] 125 [illegible] 465-469 [illegible] · [illegible] 18 [illegible] 71-74 [illegible] · [illegible] 74-76 [illegible]

[illegible] · [illegible] 124 [illegible] 462-464 [illegible] · [illegible] 465 [illegible]）…………76

※ [illegible]（[illegible]）…………81

10.（21）[illegible]（[illegible] · 84-85 [illegible] · [illegible]

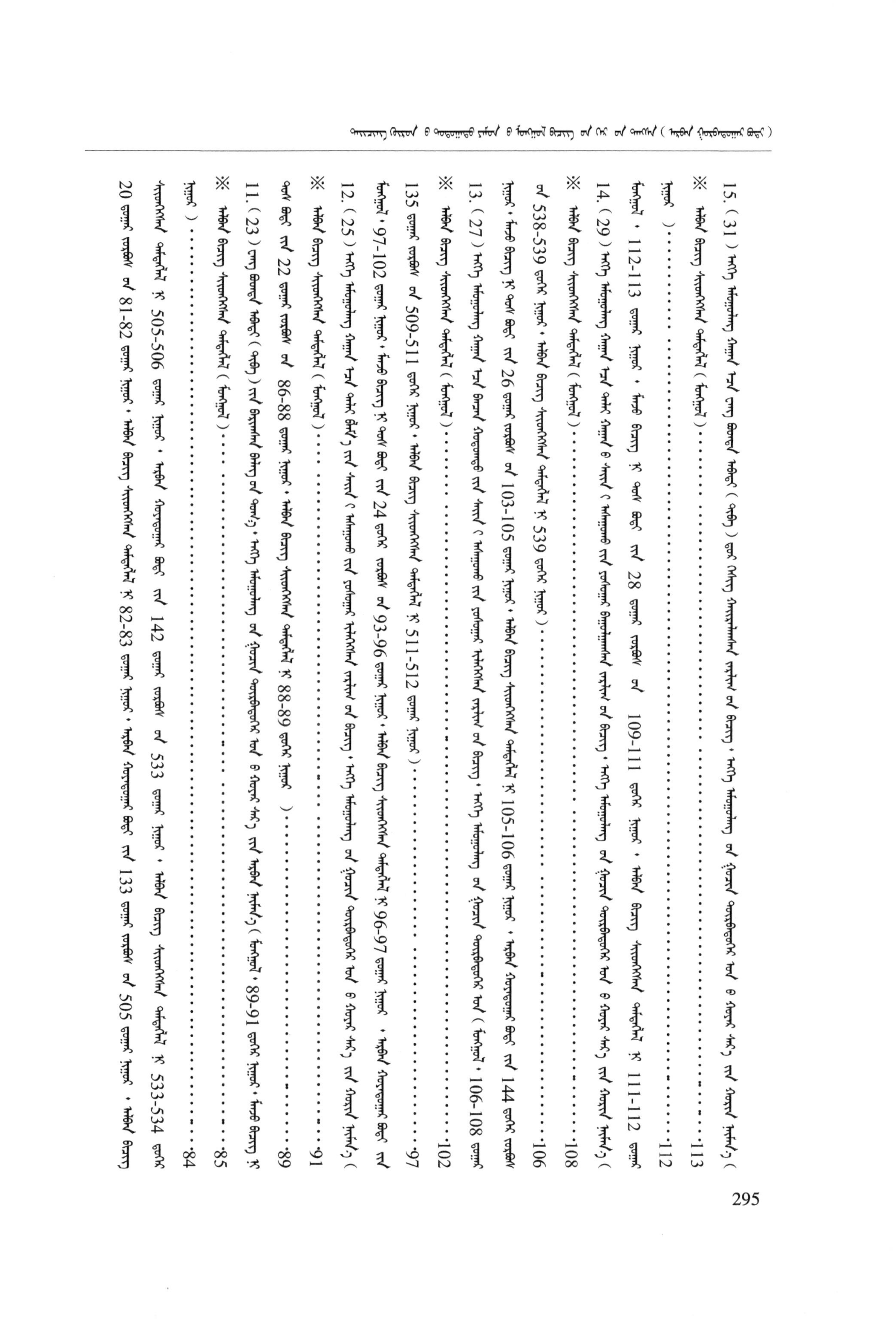

20 [illegible] 81-82 [illegible] 82-83 [illegible] 133 [illegible] 505 [illegible]
[illegible] 505-506 [illegible] 142 [illegible] 533 [illegible] 533-534 [illegible]
[illegible])……84
※ [illegible] ([illegible])……85
11. (23) [illegible] ([illegible]) [illegible] ([illegible] · 89-91 [illegible]
[illegible] 22 [illegible] 86-88 [illegible] 88-89 [illegible])……89
※ [illegible] ([illegible])……91
12. (25) [illegible] (
[illegible] · 97-102 [illegible] 24 [illegible] 93-96 [illegible] 96-97 [illegible]
135 [illegible] 509-511 [illegible] 511-512 [illegible])……97
※ [illegible] ([illegible])……102
13. (27) [illegible] ([illegible] · 106-108 [illegible]
[illegible] 26 [illegible] 103-105 [illegible] 105-106 [illegible] 144 [illegible]
[illegible] 538-539 [illegible] 539 [illegible])……106
※ [illegible] ([illegible])……108
14. (29) [illegible] (
[illegible] · 112-113 [illegible] 28 [illegible] 109-111 [illegible] 111-112 [illegible]
[illegible])……112
※ [illegible] ([illegible])……113
15. (31) [illegible] ([illegible]) [illegible] (

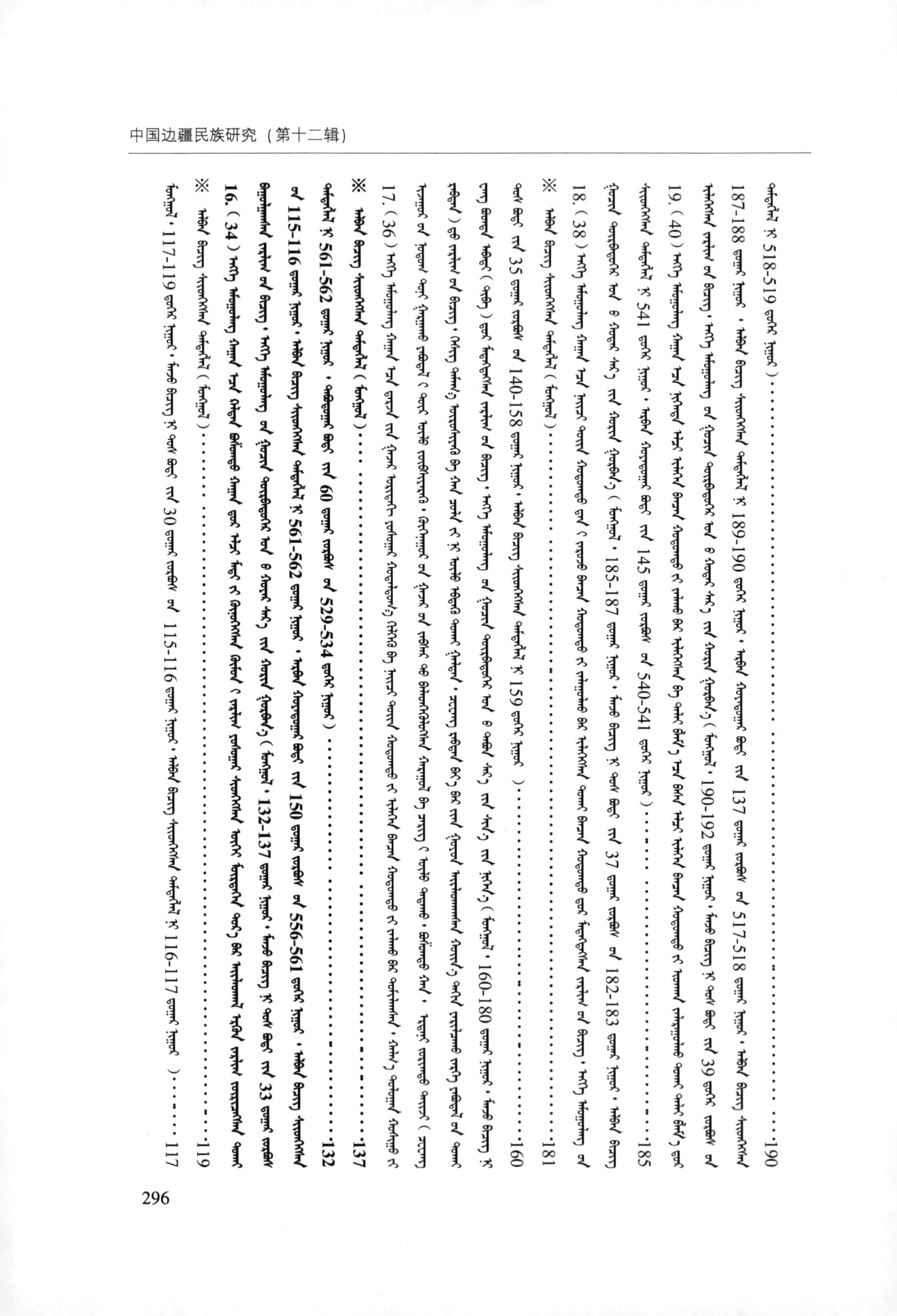

[illegible]・117-119 [illegible]・[illegible] 30 [illegible] 115-116 [illegible]・[illegible] 116-117 [illegible]）……117

※ [illegible]（[illegible]）……119

16.（34）[illegible]（[illegible]・132-137 [illegible]・[illegible] 33 [illegible] 115-116 [illegible]・[illegible] 561-562 [illegible]・[illegible] 150 [illegible] 556-561 [illegible]・[illegible] 561-562 [illegible]・[illegible] 60 [illegible] 529-534 [illegible]）……132

※ [illegible]（[illegible]）……137

17.（36）[illegible]（[illegible]）[illegible]（[illegible]）[illegible]（[illegible]・160-180 [illegible]・[illegible] 35 [illegible] 140-158 [illegible]・[illegible] 159 [illegible]）……160

※ [illegible]（[illegible]）……181

18.（38）[illegible]（[illegible]・185-187 [illegible]・[illegible] 37 [illegible] 182-183 [illegible]・[illegible] 541 [illegible]・[illegible] 145 [illegible] 540-541 [illegible]）……185

19.（40）[illegible]（[illegible]・190-192 [illegible]・[illegible] 39 [illegible] 187-188 [illegible]・[illegible] 189-190 [illegible]・[illegible] 137 [illegible] 517-518 [illegible]・[illegible] 518-519 [illegible]）……190

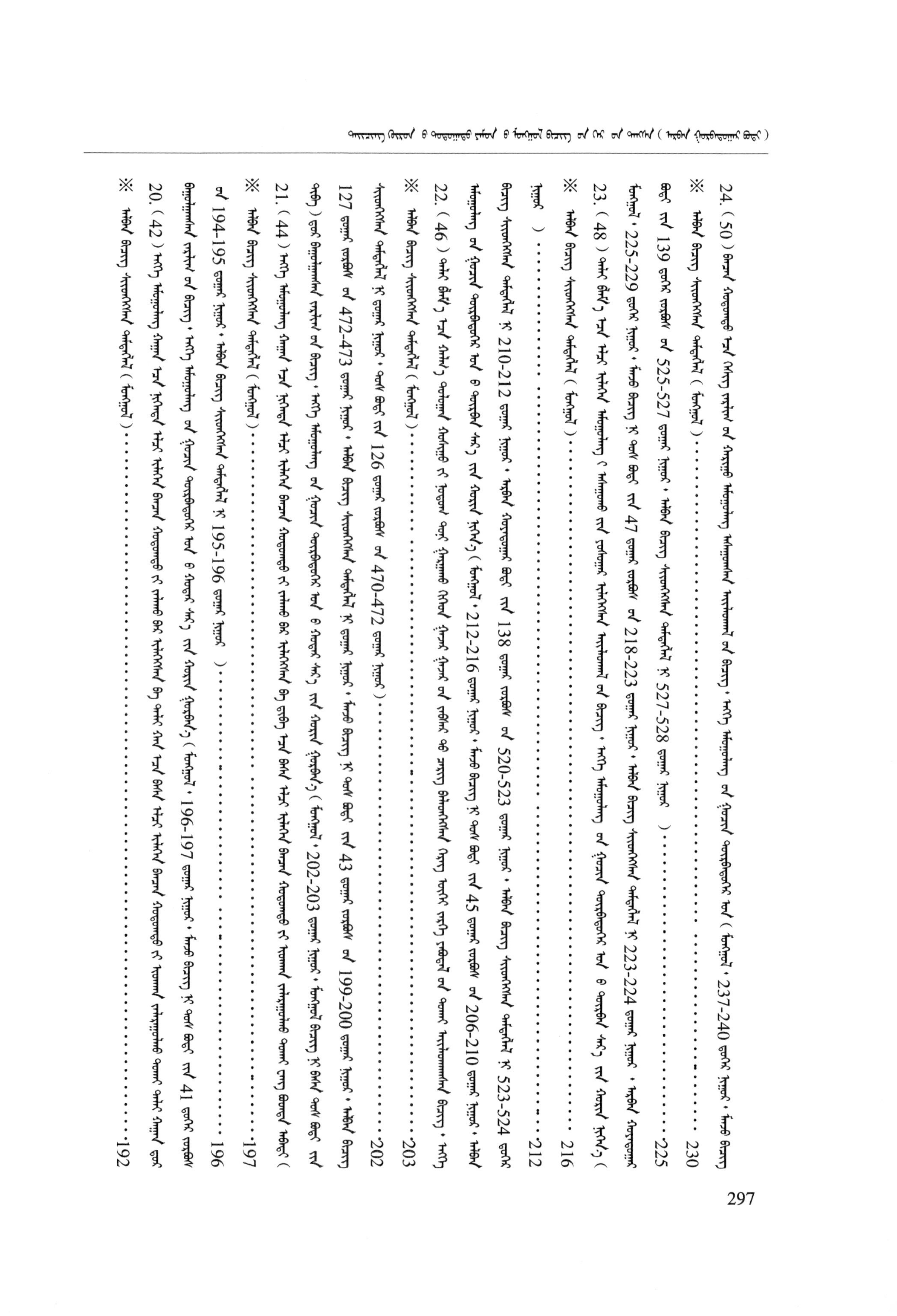

24. (50) [illegible] ([illegible] , 237-240 [illegible] 139 [illegible] 525-527 [illegible] 527-528 [illegible]) …… 230
※ [illegible] …… 225
23. (48) [illegible] 47 [illegible] 218-223 [illegible] 223-224 [illegible] ([illegible] , 225-229 [illegible]) …… 216
※ [illegible] …… 212
22. (46) [illegible] 138 [illegible] 520-523 [illegible] 523-524 [illegible] 210-212 [illegible] ([illegible] , 212-216 [illegible] 45 [illegible] 206-210 [illegible]) …… 203
※ [illegible] 126 [illegible] 470-472 [illegible] …… 202
21. (44) [illegible] 43 [illegible] 199-200 [illegible] 127 [illegible] 472-473 [illegible] ([illegible] , 202-203 [illegible]) …… 197
※ [illegible] 194-195 [illegible] 195-196 [illegible] …… 196
20. (42) [illegible] 41 [illegible] ([illegible] , 196-197 [illegible]) …… 192
※ [illegible] …… 192

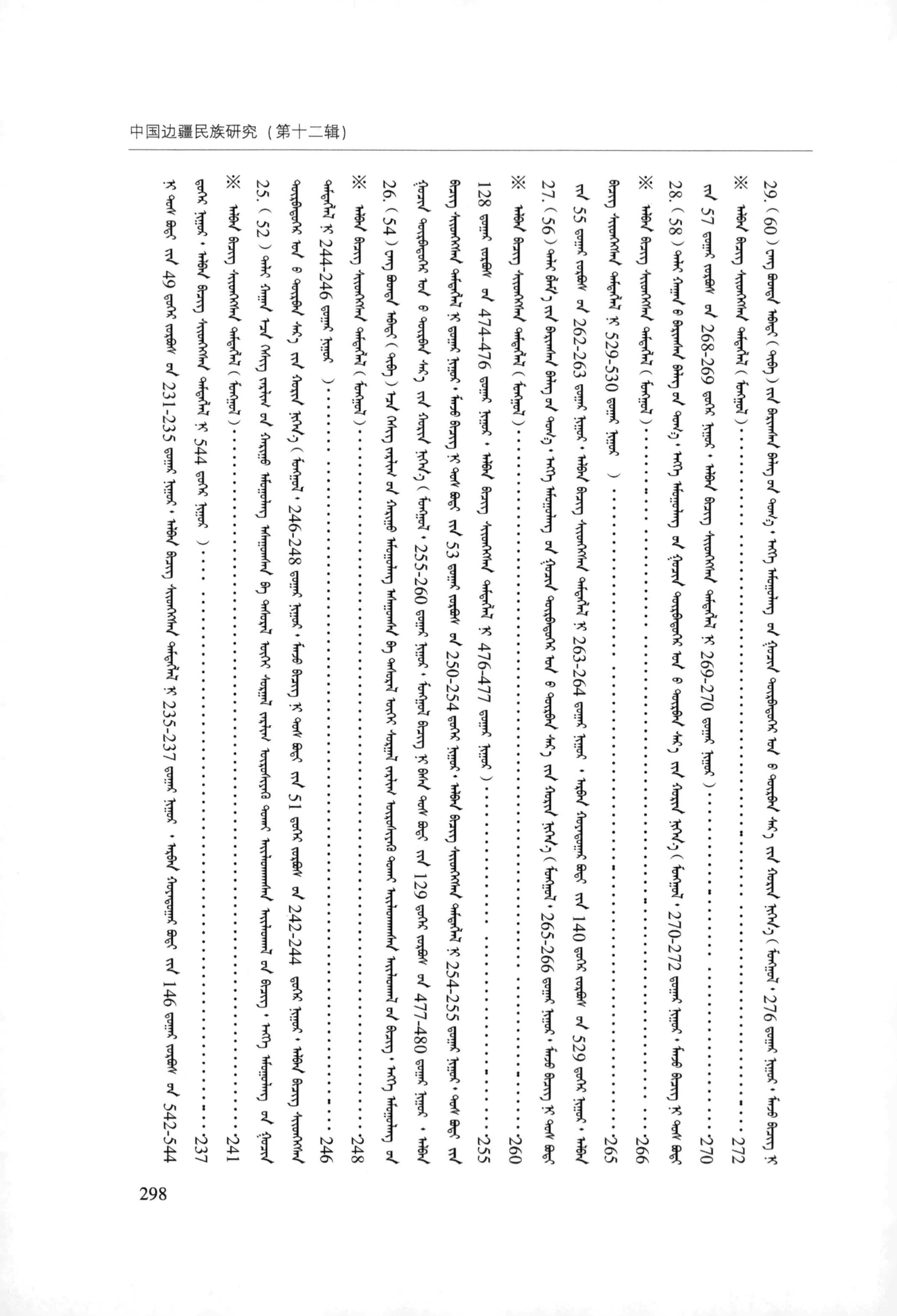

[illegible] 49 [illegible] 231-235 [illegible] 235-237 [illegible] 146 [illegible] 542-544

[illegible] 544 [illegible] ）……237

※ [illegible]（[illegible]）……241

25.（52）[illegible]

[illegible]（[illegible] 246-248 [illegible] 51 [illegible] 242-244 [illegible]

[illegible] 244-246 [illegible] ）……246

※ [illegible]（[illegible]）……248

26.（54）[illegible]（[illegible]）[illegible]

[illegible]（[illegible] 255-260 [illegible] 129 [illegible] 477-480 [illegible]

[illegible] 53 [illegible] 250-254 [illegible] 254-255 [illegible]

128 [illegible] 474-476 [illegible] 476-477 [illegible] ）……255

※ [illegible]（[illegible]）……260

27.（56）[illegible]（[illegible] 265-266 [illegible]

[illegible] 55 [illegible] 262-263 [illegible] 263-264 [illegible] 140 [illegible] 529 [illegible]

[illegible] 529-530 [illegible] ）……265

※ [illegible]（[illegible]）……266

28.（58）[illegible]（[illegible] 270-272 [illegible]

[illegible] 57 [illegible] 268-269 [illegible] 269-270 [illegible] ）……270

※ [illegible]（[illegible]）……272

29.（60）[illegible]（[illegible]）[illegible]（[illegible] 276 [illegible]

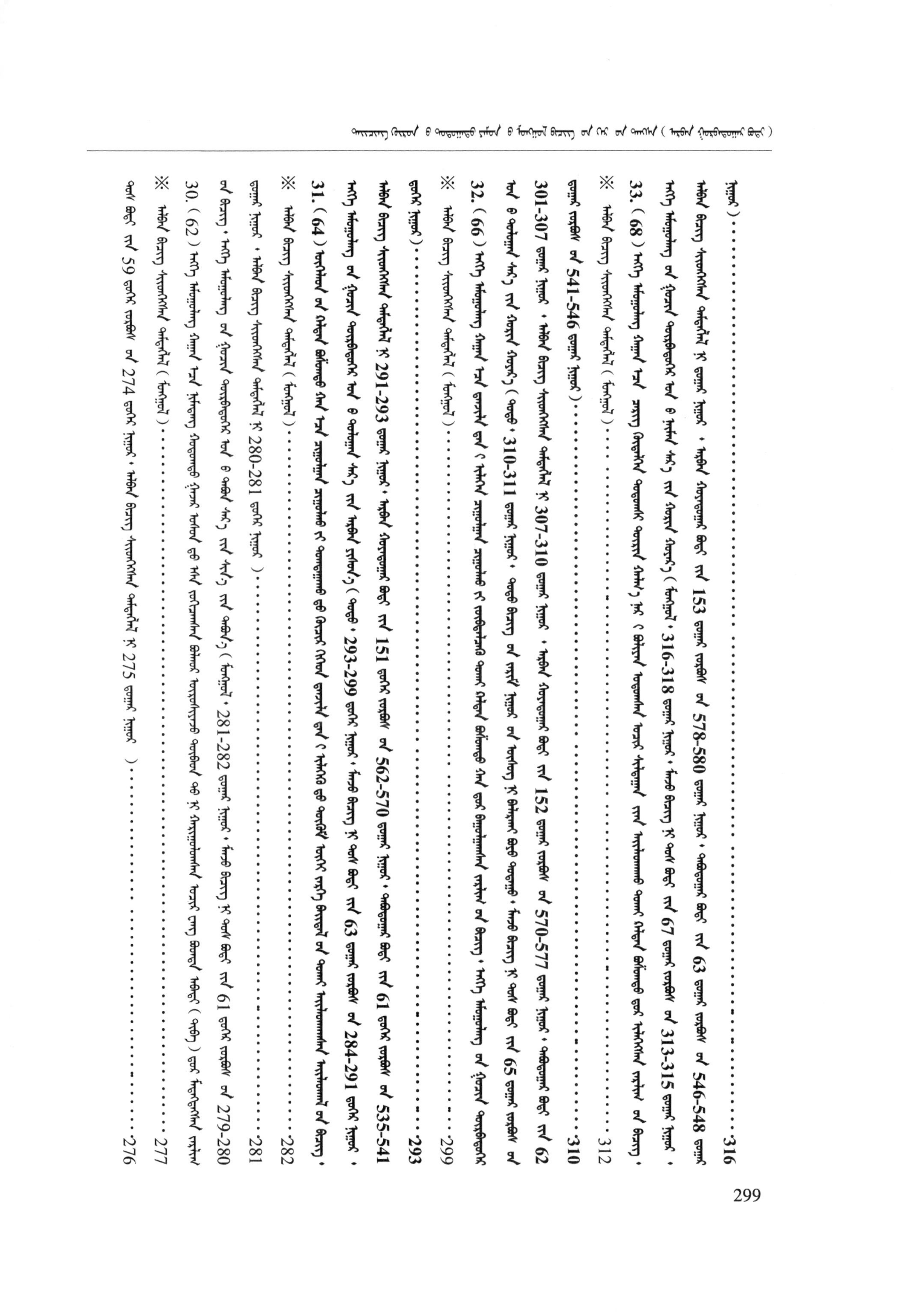

[illegible]) 316
[illegible] 153 [illegible] 578-580 [illegible] 63 [illegible] 546-548 [illegible]
[illegible] ([illegible] 316-318 [illegible] 67 [illegible] 313-315 [illegible]
33. (68) [illegible]
※ [illegible] ([illegible]) 312
[illegible] 541-546 [illegible]) 310
301-307 [illegible] 307-310 [illegible] 152 [illegible] 570-577 [illegible] 62
[illegible] ([illegible] 310-311 [illegible] 65 [illegible]
32. (66) [illegible]
※ [illegible] ([illegible]) 299
[illegible]) 293
[illegible] 291-293 [illegible] 151 [illegible] 562-570 [illegible] 61 [illegible] 535-541
[illegible] ([illegible] 293-299 [illegible] 63 [illegible] 284-291 [illegible]
31. (64) [illegible]
※ [illegible] ([illegible]) 282
[illegible] 280-281 [illegible]) 281
[illegible] ([illegible] 281-282 [illegible] 61 [illegible] 279-280
30. (62) [illegible] ([illegible]) [illegible]
※ [illegible] ([illegible]) 277
[illegible] 59 [illegible] 274 [illegible] 275 [illegible]) 276

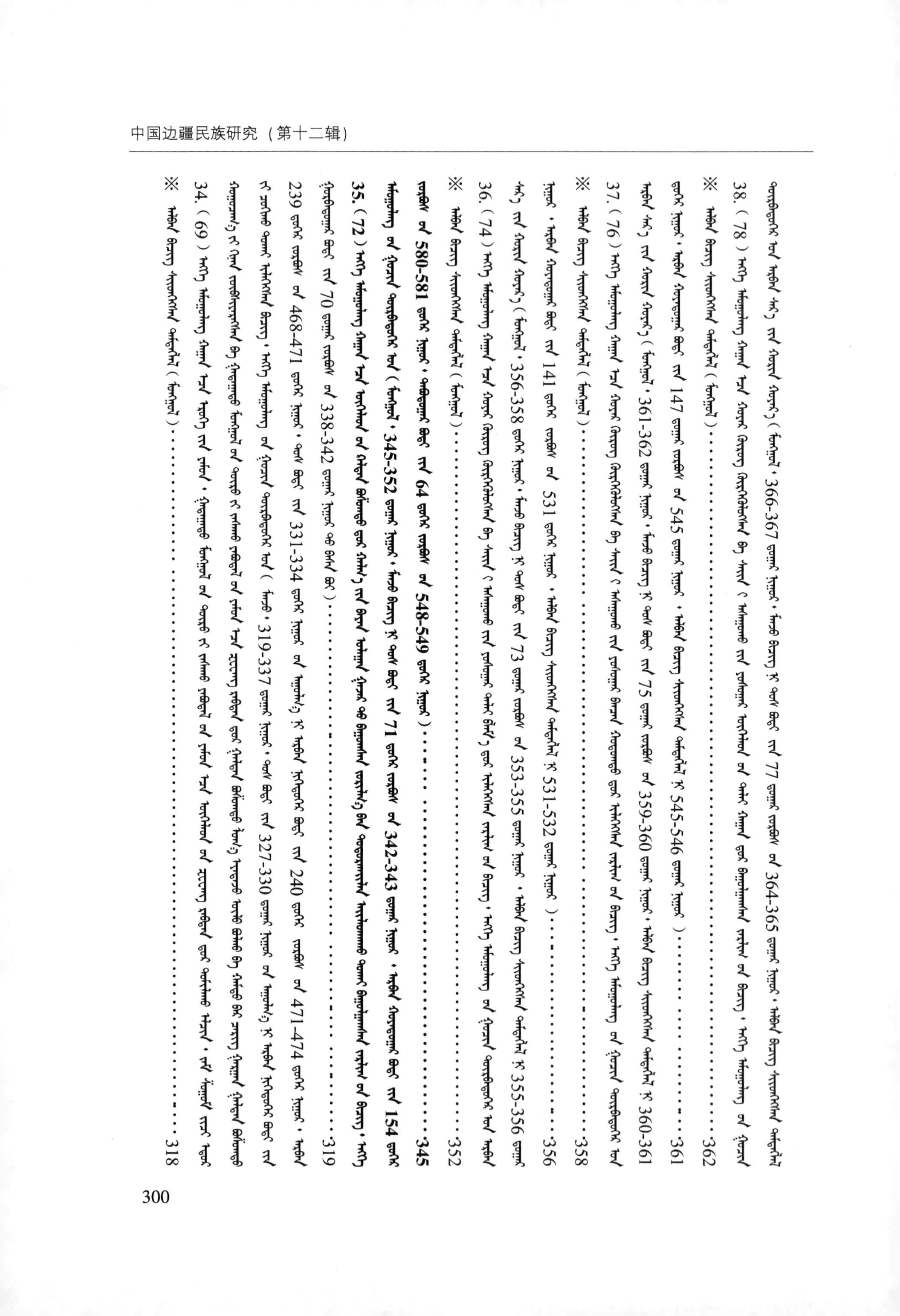

38.（78）[illegible]（[illegible]，366-367 [illegible] 77 [illegible] 364-365 [illegible]

※ [illegible]（[illegible]）…………………………………………………………………………362

[illegible] 147 [illegible] 545 [illegible] 75 [illegible] 545-546 [illegible]）……………361

37.（76）[illegible]（[illegible]，361-362 [illegible] 359-360 [illegible] 360-361

※ [illegible]（[illegible]）…………………………………………………………………………358

[illegible] 141 [illegible] 531 [illegible] 531-532 [illegible]）……………………………356

36.（74）[illegible]（[illegible]，356-358 [illegible] 73 [illegible] 353-355 [illegible] 355-356 [illegible]

※ [illegible]（[illegible]）…………………………………………………………………………352

[illegible] 580-581 [illegible] 64 [illegible] 548-549 [illegible]）…………………………345

35.（72）[illegible]（[illegible]，345-352 [illegible] 71 [illegible] 342-343 [illegible] 154 [illegible]

[illegible] 70 [illegible] 338-342 [illegible]）……………………………………………………319

239 [illegible] 468-471 [illegible] 331-334 [illegible] 240 [illegible] 471-474 [illegible]

[illegible] 319-337 [illegible] 327-330 [illegible]

[illegible]

34.（69）[illegible]

※ [illegible]（[illegible]）…………………………………………………………………………318

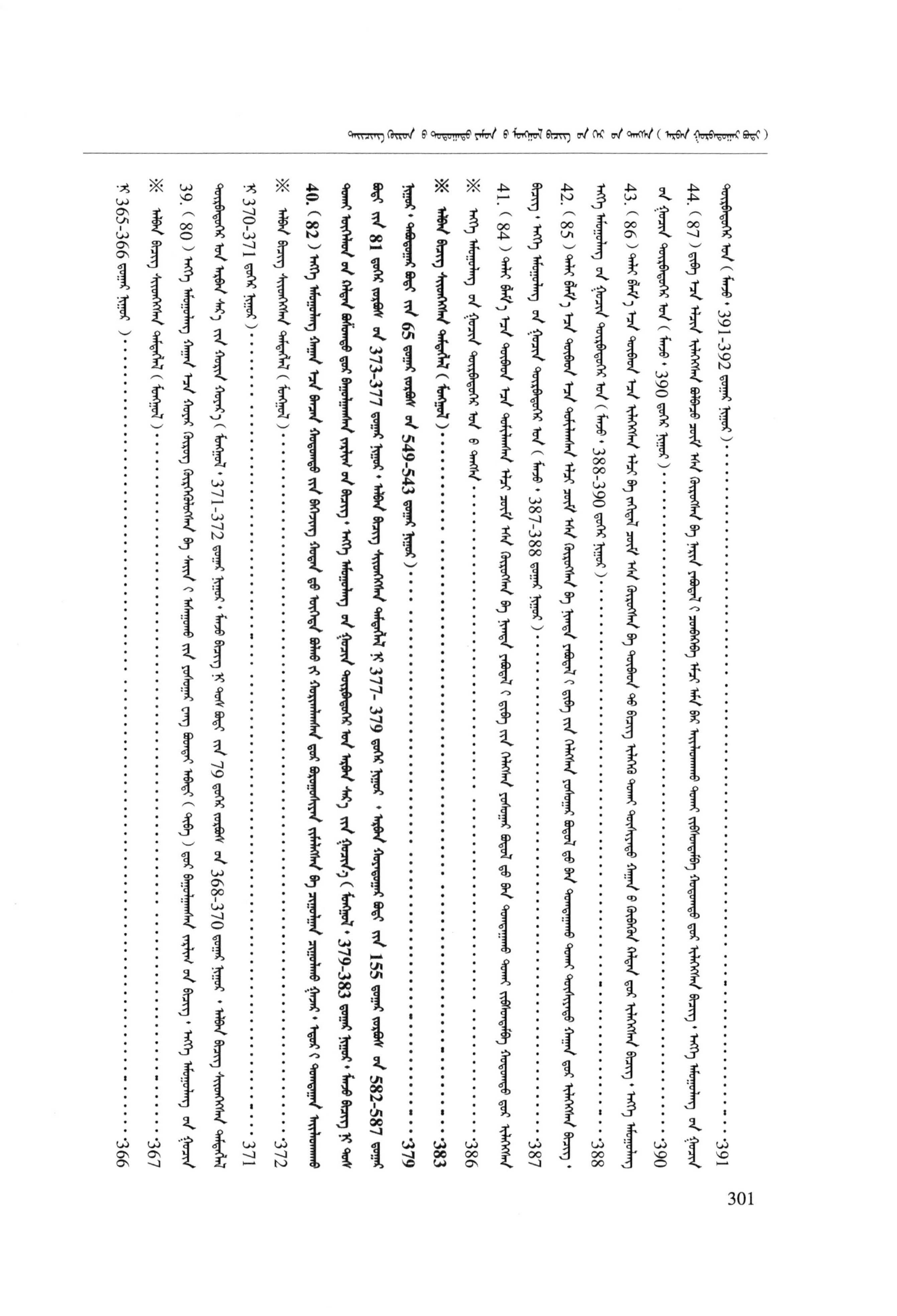

[illegible] ([illegible] · 391-392 [illegible]) ……………… 391
44. (87) [illegible] ([illegible] · 390 [illegible]) ……………… 390
43. (86) [illegible] ([illegible] · 388-390 [illegible]) ……………… 388
42. (85) [illegible] ([illegible] · 387-388 [illegible]) ……………… 387
41. (84) [illegible] ……………… 386
※ [illegible] ([illegible]) ……………… **383**
[illegible] 65 [illegible] 549-543 [illegible]) ……………… **379**
[illegible] 81 [illegible] 373-377 [illegible] 377- 379 [illegible] 155 [illegible] 582-587 [illegible]
[illegible] ([illegible] · **379-383** [illegible])
40. (82) [illegible]
※ [illegible] ([illegible]) ……………… 372
[illegible] 370-371 [illegible]) ……………… 371
[illegible] ([illegible] · 371-372 [illegible] 79 [illegible] 368-370 [illegible]
39. (80) [illegible] ([illegible]) [illegible]
※ [illegible] ([illegible]) ……………… 367
[illegible] 365-366 [illegible]) ……………… 366

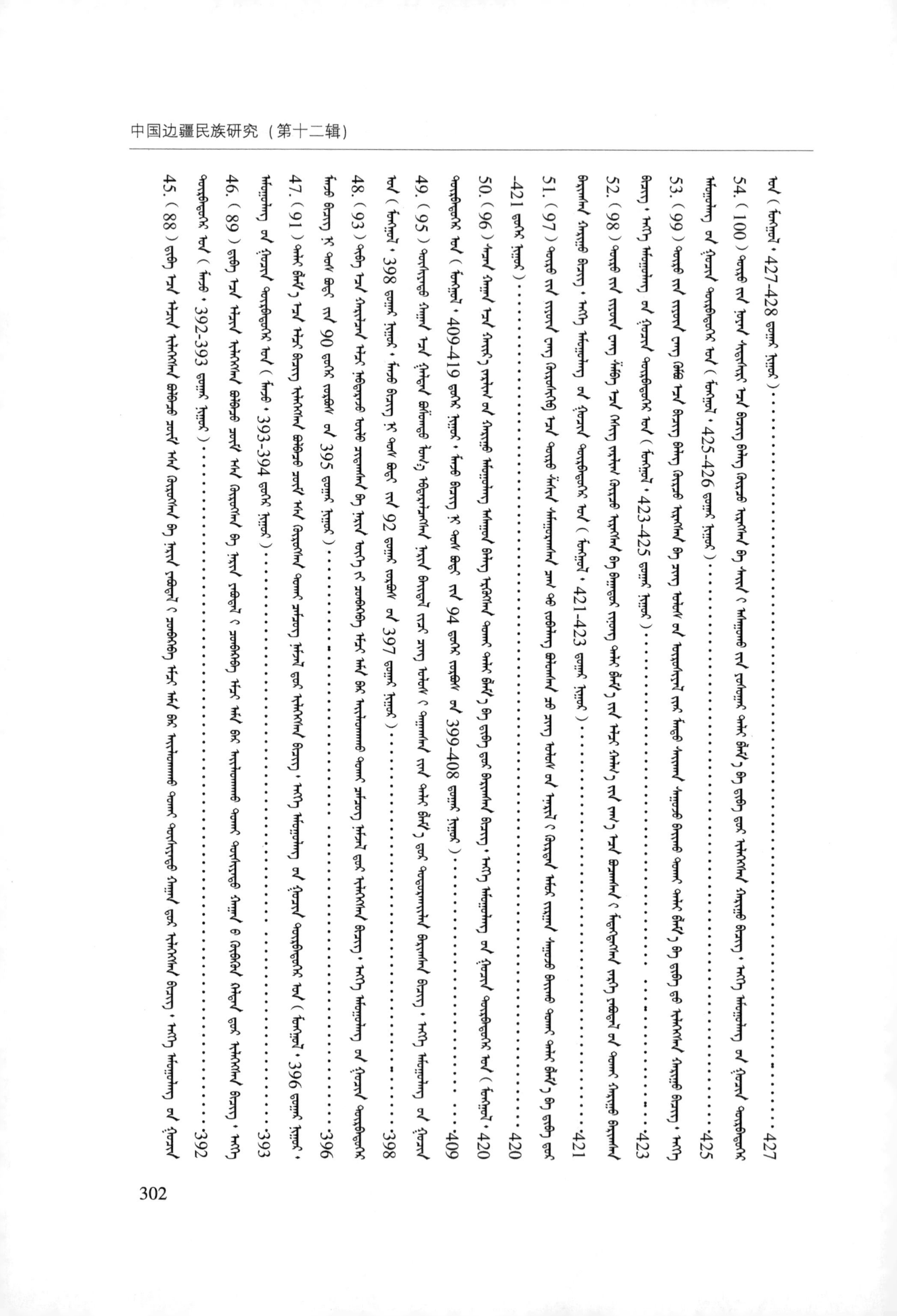

[illegible] ([illegible], 427-428 [illegible])……427

54. (100) [illegible] ([illegible], 425-426 [illegible])……425

53. (99) [illegible] ([illegible], 423-425 [illegible])……423

52. (98) [illegible] ([illegible], 421-423 [illegible])……421

51. (97) [illegible] ([illegible], 420-421 [illegible])……420

50. (96) [illegible] ([illegible], 409-419 [illegible] 94 [illegible] 399-408 [illegible])……409

49. (95) [illegible] ([illegible], 398 [illegible], [illegible] 92 [illegible] 397 [illegible])……398

48. (93) [illegible] 90 [illegible] 395 [illegible])……396

47. (91) [illegible] ([illegible], 396 [illegible], [illegible] ([illegible], 393-394 [illegible])……393

46. (89) [illegible] ([illegible], 392-393 [illegible])……392

45. (88) [illegible]

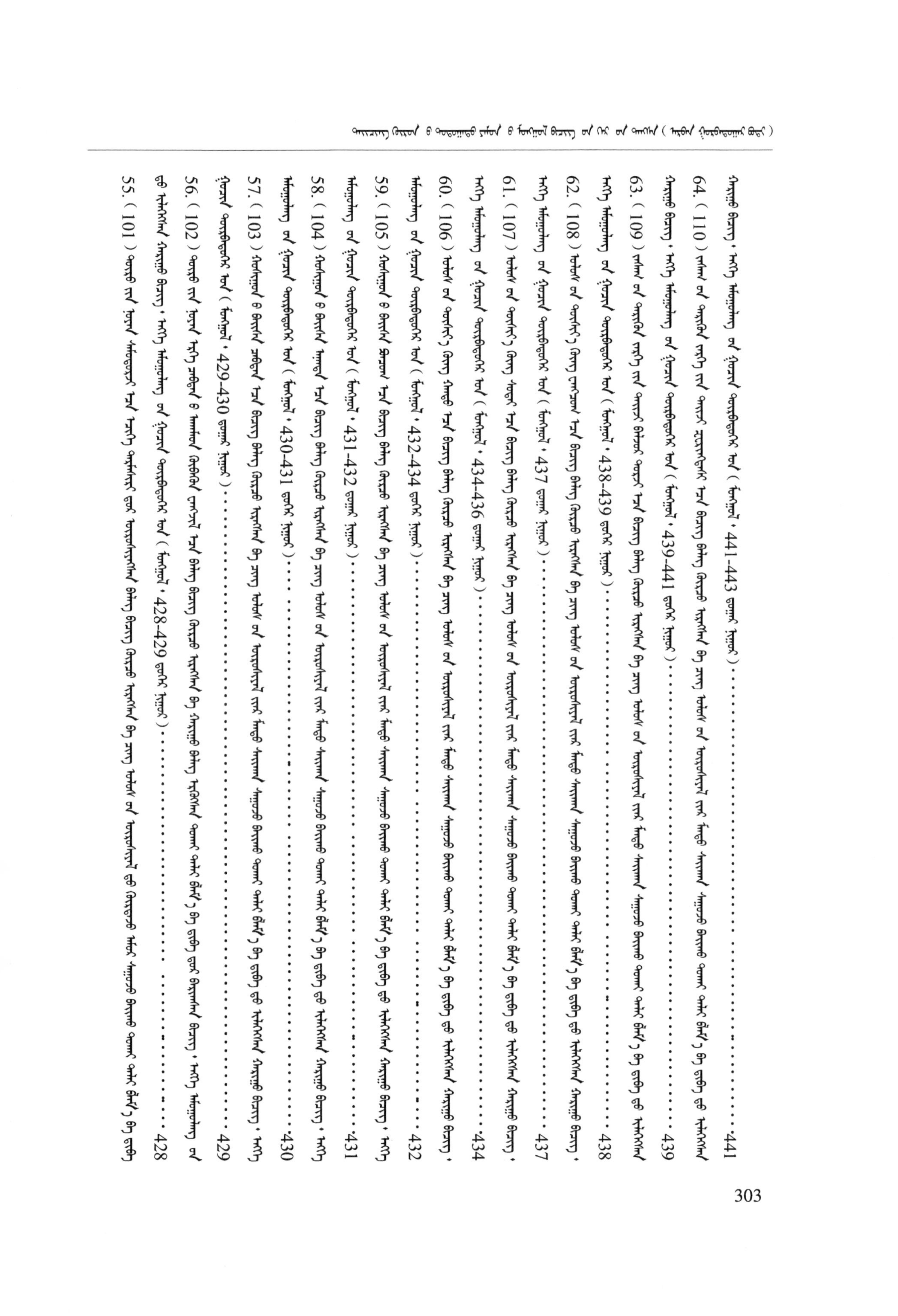

[illegible] ([illegible] ᠂ 441-443 [illegible]) ········· 441
64. (110) [illegible] ([illegible] ᠂ 439-441 [illegible]) ········· 439
63. (109) [illegible] ([illegible] ᠂ 438-439 [illegible]) ········· 438
62. (108) [illegible] ([illegible] ᠂ 437 [illegible]) ········· 437
61. (107) [illegible] ([illegible] ᠂ 434-436 [illegible]) ········· 434
60. (106) [illegible] ([illegible] ᠂ 432-434 [illegible]) ········· 432
59. (105) [illegible] ([illegible] ᠂ 431-432 [illegible]) ········· 431
58. (104) [illegible] ([illegible] ᠂ 430-431 [illegible]) ········· 430
57. (103) [illegible] ([illegible] ᠂ 429-430 [illegible]) ········· 429
56. (102) [illegible] ([illegible] ᠂ 428-429 [illegible]) ········· 428
55. (101) [illegible]

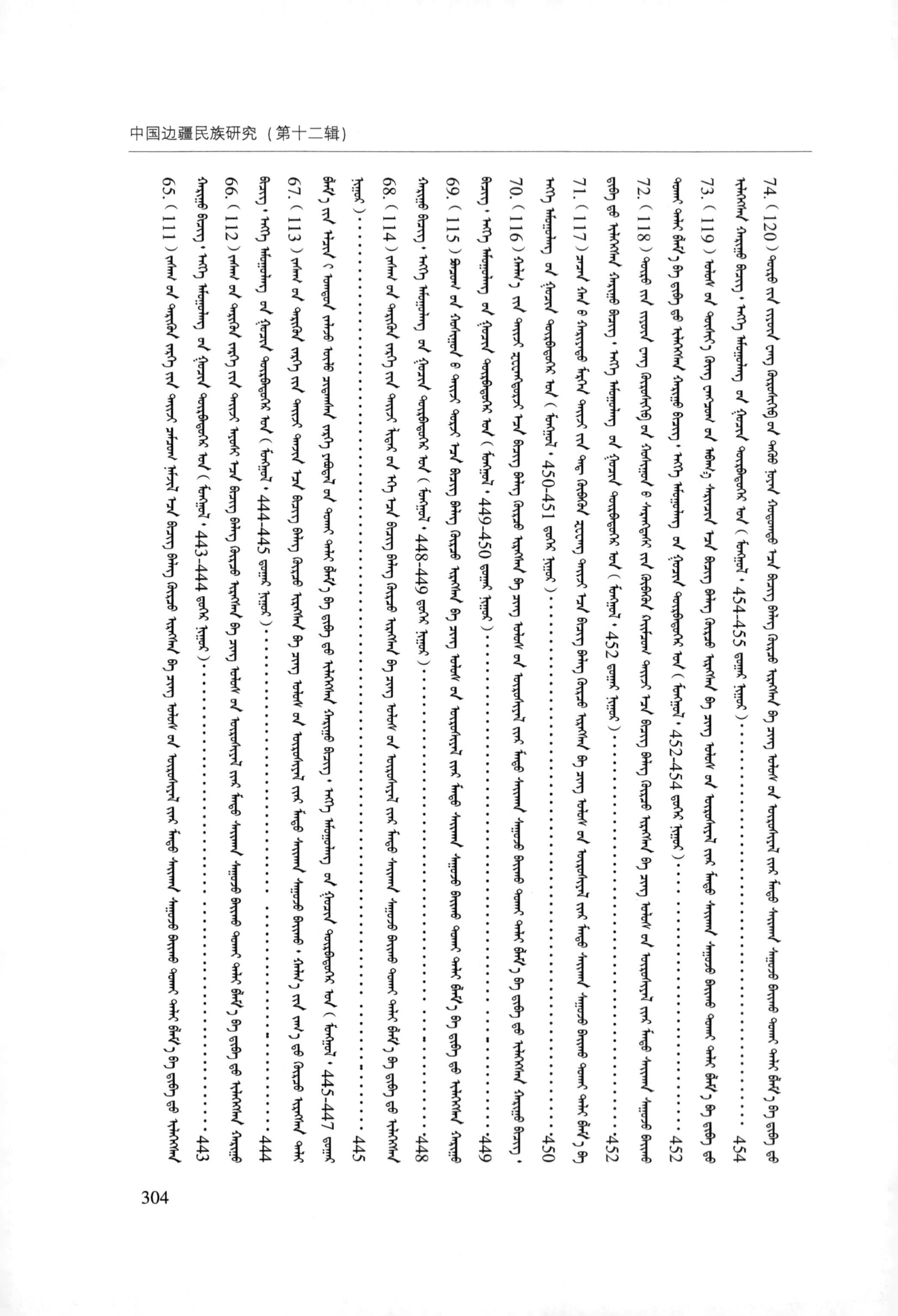

74.（120）[illegible]（[illegible]，454-455 [illegible]）…………454

73.（119）[illegible]（[illegible]，452-454 [illegible]）…………452

72.（118）[illegible]（[illegible]，452 [illegible]）…………452

71.（117）[illegible]（[illegible]，450-451 [illegible]）…………450

70.（116）[illegible]（[illegible]，449-450 [illegible]）…………449

69.（115）[illegible]（[illegible]，448-449 [illegible]）…………448

68.（114）[illegible]（[illegible]，445-447 [illegible]）…………445

67.（113）[illegible]（[illegible]，444-445 [illegible]）…………444

66.（112）[illegible]（[illegible]，443-444 [illegible]）…………443

65.（111）[illegible]

[illegible] 21 [illegible]) …… 482
[illegible] ([illegible] · 482-485 [illegible] · [illegible] 8 [illegible] 17-
77. (130) [illegible]
※ [illegible] ([illegible]) …… 459
[illegible]) …… 458
76. (122) [illegible] ([illegible] · 458 [illegible]
[illegible] ([illegible] · 457-457 [illegible]) …… 457
75. (121) [illegible]
[illegible] ([illegible] · 455-457 [illegible]) …… 455

ᠬᠠᠪᠰᠤᠷᠤᠯᠲᠠ ᠮᠠᠲ᠋ᠧᠷᠢᠶᠠᠯ ᠪᠢᠴᠢᠭ

1. (3) ᠮᠣᠩᠭᠣᠯ ᠦᠨᠳᠦᠰᠦᠲᠡᠨ ᠦ ᠨᠡᠩ ᠡᠷᠲᠡ ᠶᠢᠨ ᠲᠡᠦᠬᠡ ᠪᠢᠴᠢᠭ ᠦᠨ ᠬᠠᠷᠢᠴᠠᠭᠤᠯᠤᠯ ᠰᠤᠳᠤᠯᠤᠯ ᠤᠨ ᠡᠮᠬᠢᠳᠬᠡᠯ ᠦᠨ ᠳᠡᠪᠲᠡᠷ ᠦᠨ ᠨᠢᠭᠡᠳᠦᠭᠡᠷ ᠳᠡᠪᠲᠡᠷ · ᠮᠣᠩᠭᠣᠯ ᠦᠨᠳᠦᠰᠦᠲᠡᠨ ᠦ ᠲᠡᠦᠬᠡ ᠶᠢᠨ ᠬᠤᠪᠢ ᠨᠡᠮᠡᠷ ᠦ ᠰᠤᠳᠤᠯᠤᠯ (ᠬᠡᠪᠯᠡᠯ · 8-12 ᠳᠤᠭᠠᠷ ᠨᠢᠭᠤᠷ · ᠨᠢᠭᠡᠳᠦᠭᠡᠷ ᠳᠡᠪᠲᠡᠷ ᠦᠨ 2 ᠳᠤᠭᠠᠷ ᠪᠦᠯᠦᠭ ᠦᠨ 2-7 ᠳᠤᠭᠠᠷ ᠨᠢᠭᠤᠷ · ᠬᠣᠶᠠᠳᠤᠭᠠᠷ ᠳᠡᠪᠲᠡᠷ ᠦᠨ 133 ᠳᠤᠭᠠᠷ ᠪᠦᠯᠦᠭ ᠦᠨ 493-500 ᠳᠤᠭᠠᠷ ᠨᠢᠭᠤᠷ · ᠭᠤᠷᠪᠠᠳᠤᠭᠠᠷ ᠳᠡᠪᠲᠡᠷ ᠦᠨ 241 ᠳᠤᠭᠠᠷ ᠪᠦᠯᠦᠭ ᠦᠨ 474-479 ᠳᠤᠭᠠᠷ ᠨᠢᠭᠤᠷ · ᠳᠥᠷᠪᠡᠳᠦᠭᠡᠷ ᠳᠡᠪᠲᠡᠷ ᠦᠨ 66 ᠳᠤᠭᠠᠷ ᠪᠦᠯᠦᠭ ᠦᠨ 554-560 ᠳᠤᠭᠠᠷ ᠨᠢᠭᠤᠷ) ………… 8

※ ᠮᠣᠩᠭᠣᠯ ᠪᠢᠴᠢᠭ ᠦᠨ ᠲᠠᠢᠯᠪᠤᠷᠢᠯᠠᠯ (ᠬᠡᠪᠯᠡᠯ) ………… 12

2. (5) ᠮᠣᠩᠭᠣᠯ ᠬᠡᠯᠡ ᠪᠢᠴᠢᠭ ᠦᠨ ᠰᠤᠳᠤᠯᠤᠯ ᠤᠨ ᠪᠢᠴᠢᠭ ᠦᠨ ᠬᠡᠯᠡ ᠶᠢᠨ ᠰᠤᠳᠤᠯᠤᠯ ᠤᠨ ᠬᠤᠪᠢ ᠨᠡᠮᠡᠷ ᠦ ᠡᠮᠬᠢᠳᠬᠡᠯ ᠦᠨ ᠳᠡᠪᠲᠡᠷ ᠦᠨ ᠨᠢᠭᠡᠳᠦᠭᠡᠷ ᠳᠡᠪᠲᠡᠷ · ᠮᠣᠩᠭᠣᠯ ᠦᠨᠳᠦᠰᠦᠲᠡᠨ ᠦ ᠲᠡᠦᠬᠡ ᠶᠢᠨ ᠬᠤᠪᠢ ᠨᠡᠮᠡᠷ ᠦ ᠰᠤᠳᠤᠯᠤᠯ (ᠬᠡᠪᠯᠡᠯ · 19-23 ᠳᠤᠭᠠᠷ ᠨᠢᠭᠤᠷ · ᠨᠢᠭᠡᠳᠦᠭᠡᠷ ᠳᠡᠪᠲᠡᠷ ᠦᠨ 4 ᠳᠤᠭᠠᠷ ᠪᠦᠯᠦᠭ ᠦᠨ 15-18 ᠳᠤᠭᠠᠷ ᠨᠢᠭᠤᠷ · ᠬᠣᠶᠠᠳᠤᠭᠠᠷ ᠳᠡᠪᠲᠡᠷ ᠦᠨ 28 ᠳᠤᠭᠠᠷ ᠪᠦᠯᠦᠭ ᠦᠨ 165-168 ᠳᠤᠭᠠᠷ ᠨᠢᠭᠤᠷ · ᠮᠣᠩᠭᠣᠯ ᠪᠢᠴᠢᠭ ᠦᠨ ᠲᠠᠢᠯᠪᠤᠷᠢᠯᠠᠯ ᠤᠨ 168 ᠳᠤᠭᠠᠷ ᠨᠢᠭᠤᠷ) ………… 19

3. (7) ᠪᠢᠴᠢᠭ ᠦᠨ ᠬᠡᠯᠡ ᠶᠢᠨ ᠰᠤᠳᠤᠯᠤᠯ ᠤᠨ ᠬᠤᠪᠢ ᠨᠡᠮᠡᠷ ᠦ ᠡᠮᠬᠢᠳᠬᠡᠯ ᠦᠨ ᠳᠡᠪᠲᠡᠷ · ᠮᠣᠩᠭᠣᠯ ᠦᠨᠳᠦᠰᠦᠲᠡᠨ ᠦ ᠲᠡᠦᠬᠡ ᠶᠢᠨ ᠬᠤᠪᠢ ᠨᠡᠮᠡᠷ ᠦ ᠰᠤᠳᠤᠯᠤᠯ (ᠬᠡᠪᠯᠡᠯ · 29-36 ᠳᠤᠭᠠᠷ ᠨᠢᠭᠤᠷ · ᠨᠢᠭᠡᠳᠦᠭᠡᠷ ᠳᠡᠪᠲᠡᠷ ᠦᠨ 6 ᠳᠤᠭᠠᠷ ᠪᠦᠯᠦᠭ ᠦᠨ 24-29 ᠳᠤᠭᠠᠷ ᠨᠢᠭᠤᠷ) ………… 29

4. (9) ᠮᠣᠩᠭᠣᠯ ᠬᠡᠯᠡ ᠪᠢᠴᠢᠭ ᠦᠨ ᠰᠤᠳᠤᠯᠤᠯ ᠤᠨ ᠪᠢᠴᠢᠭ ᠦᠨ ᠬᠡᠯᠡ ᠶᠢᠨ ᠰᠤᠳᠤᠯᠤᠯ ᠤᠨ ᠬᠤᠪᠢ ᠨᠡᠮᠡᠷ ᠦ ᠡᠮᠬᠢᠳᠬᠡᠯ ᠦᠨ ᠳᠡᠪᠲᠡᠷ · ᠮᠣᠩᠭᠣᠯ ᠦᠨᠳᠦᠰᠦᠲᠡᠨ ᠦ ᠲᠡᠦᠬᠡ ᠶᠢᠨ ᠬᠤᠪᠢ ᠨᠡᠮᠡᠷ ᠦ ᠰᠤᠳᠤᠯᠤᠯ (ᠬᠡᠪᠯᠡᠯ · 51-65 ᠳᠤᠭᠠᠷ ᠨᠢᠭᠤᠷ · ᠨᠢᠭᠡᠳᠦᠭᠡᠷ ᠳᠡᠪᠲᠡᠷ ᠦᠨ 8 ᠳᠤᠭᠠᠷ ᠪᠦᠯᠦᠭ ᠦᠨ 37-51 ᠳᠤᠭᠠᠷ ᠨᠢᠭᠤᠷ) ………… 51

5. (11) ᠪᠢᠴᠢᠭ ᠦᠨ ᠬᠡᠯᠡ ᠶᠢᠨ ᠰᠤᠳᠤᠯᠤᠯ ᠤᠨ ᠬᠡᠯᠡ ᠶᠢᠨ ᠰᠤᠳᠤᠯᠤᠯ · ᠮᠣᠩᠭᠣᠯ ᠬᠡᠯᠡ ᠪᠢᠴᠢᠭ ᠦᠨ ᠬᠡᠯᠡ ᠰᠤᠳᠤᠯᠤᠯ · ᠮᠣᠩᠭᠣᠯ ᠦᠨᠳᠦᠰᠦᠲᠡᠨ ᠦ ᠡᠷᠲᠡ ᠶᠢᠨ ᠰᠤᠳᠤᠯᠤᠯ · ᠮᠣᠩᠭᠣᠯ ᠦᠨᠳᠦᠰᠦᠲᠡᠨ ᠦ ᠲᠡᠦᠬᠡ ᠶᠢᠨ ᠬᠤᠪᠢ ᠨᠡᠮᠡᠷ ᠦ ᠰᠤᠳᠤᠯᠤᠯ (ᠬᠡᠪᠯᠡᠯ · 95-125 ᠳᠤᠭᠠᠷ ᠨᠢᠭᠤᠷ · ᠨᠢᠭᠡᠳᠦᠭᠡᠷ ᠳᠡᠪᠲᠡᠷ ᠦᠨ 10 ᠳᠤᠭᠠᠷ ᠪᠦᠯᠦᠭ ᠦᠨ 66-95 ᠳᠤᠭᠠᠷ ᠨᠢᠭᠤᠷ) ………… 95

6. (13) ᠮᠣᠩᠭᠣᠯ ᠬᠡᠯᠡ ᠪᠢᠴᠢᠭ ᠦᠨ ᠰᠤᠳᠤᠯᠤᠯ ᠤᠨ ᠪᠢᠴᠢᠭ ᠦᠨ ᠬᠡᠯᠡ ᠶᠢᠨ ᠰᠤᠳᠤᠯᠤᠯ ᠤᠨ ᠬᠤᠪᠢ ᠨᠡᠮᠡᠷ ᠦ ᠡᠮᠬᠢᠳᠬᠡᠯ ᠦᠨ ᠳᠡᠪᠲᠡᠷ · ᠮᠣᠩᠭᠣᠯ ᠦᠨᠳᠦᠰᠦᠲᠡᠨ ᠦ ᠲᠡᠦᠬᠡ ᠶᠢᠨ ᠬᠤᠪᠢ ᠨᠡᠮᠡᠷ ᠦ ᠰᠤᠳᠤᠯᠤᠯ (ᠬᠡᠪᠯᠡᠯ · 130-134 ᠳᠤᠭᠠᠷ ᠨᠢᠭᠤᠷ · ᠨᠢᠭᠡᠳᠦᠭᠡᠷ ᠳᠡᠪᠲᠡᠷ ᠦᠨ 12 ᠳᠤᠭᠠᠷ ᠪᠦᠯᠦᠭ ᠦᠨ 126-129 ᠳᠤᠭᠠᠷ ᠨᠢᠭᠤᠷ · ᠬᠣᠶᠠᠳᠤᠭᠠᠷ ᠳᠡᠪᠲᠡᠷ ᠦᠨ 30 ᠳᠤᠭᠠᠷ ᠪᠦᠯᠦᠭ ᠦᠨ 171-174 ᠳᠤᠭᠠᠷ ᠨᠢᠭᠤᠷ · ᠮᠣᠩᠭᠣᠯ ᠪᠢᠴᠢᠭ ᠦᠨ ᠲᠠᠢᠯᠪᠤᠷᠢᠯᠠᠯ ᠤᠨ 174 ᠳᠤᠭᠠᠷ ᠨᠢᠭᠤᠷ) ………… 130

7. (15) [illegible] ([illegible] · 137-140 [illegible] · [illegible] 14 [illegible] 135-137 [illegible]) ……137

8. (17) [illegible] ([illegible] · 144-146 [illegible] · [illegible] 16 [illegible] 141-143 [illegible]) ……144

9. (19) [illegible] ([illegible] · 148-149 [illegible] · [illegible] 18 [illegible] 147 [illegible]) ……148

10. (21) [illegible] ([illegible] · 151-153 [illegible] · [illegible] 20 [illegible] 149-151 [illegible]) ……151

11. (23) [illegible] ([illegible] · 156-157 [illegible] · [illegible] 22 [illegible] 154-155 [illegible]) ……156

12. (25) [illegible] ([illegible] · 159 [illegible] · [illegible] 24 [illegible] 158 [illegible]) ……159

13. (27) [illegible] ([illegible] · 161-162 [illegible] · [illegible] 26 [illegible] 160-161 [illegible]) ……161

※ [illegible] ([illegible]) ……163

14. (29) [illegible] ([illegible] · 169-170 [illegible]) ……169

15. (32) [illegible] ([illegible] · **183-191** [illegible] · [illegible] **31** [illegible] **175-182** [illegible]) ……**183**

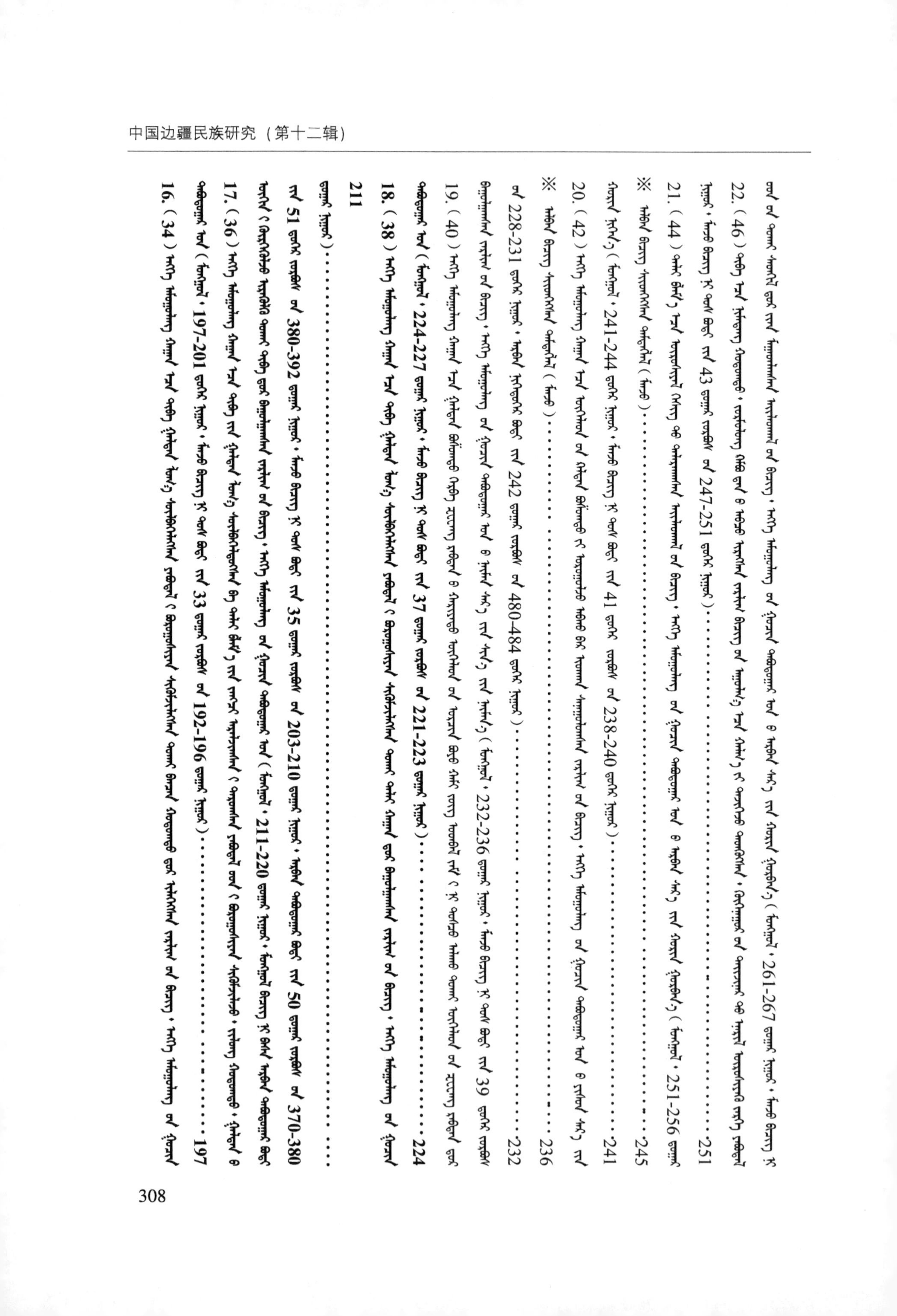

16.（34）[illegible]
[illegible]（[illegible]），197-201 [illegible] 33 [illegible] 192-196 [illegible]）……197
17.（36）[illegible]
[illegible]（[illegible]），211-220 [illegible] 50 [illegible] 370-380
[illegible] 51 [illegible] 380-392 [illegible]，[illegible] 35 [illegible] 203-210 [illegible]
[illegible]）……
211
18.（38）[illegible]
[illegible]（[illegible]），224-227 [illegible] 37 [illegible] 221-223 [illegible]）……224
19.（40）[illegible]（[illegible]），232-236 [illegible] 39 [illegible]
[illegible]
[illegible] 228-231 [illegible] 242 [illegible] 480-484 [illegible]）……232
※ [illegible]（[illegible]）……236
20.（42）[illegible]
[illegible]（[illegible]），241-244 [illegible] 41 [illegible] 238-240 [illegible]）……241
※ [illegible]（[illegible]）……245
21.（44）[illegible]（[illegible]），251-256 [illegible]
[illegible] 43 [illegible] 247-251 [illegible]）……251
22.（46）[illegible]
[illegible]（[illegible]），261-267 [illegible]

[illegible] · [illegible] ([illegible] · 316-319 ᠳᠦᠭᠡᠷ ᠨᠢᠭᠤᠷ · [illegible] ᠬᠣᠶᠠᠷ

30. (62) [illegible]

ᠳᠤᠭᠠᠷ ᠨᠢᠭᠤᠷ ᠠᠴᠠ 528-537 ᠳᠤᠭᠠᠷ ᠨᠢᠭᠤᠷ) ···305

ᠳᠦᠭᠡᠷ ᠨᠢᠭᠤᠷ ᠠᠴᠠ 294-304 ᠳᠦᠭᠡᠷ ᠨᠢᠭᠤᠷ · ᠬᠣᠶᠠᠷ ᠳᠡᠪᠲᠡᠷ ᠦᠨ 89 ᠳᠦᠭᠡᠷ ᠨᠢᠭᠤᠷ ᠠᠴᠠ 425-433 ᠳᠤᠭᠠᠷ ᠨᠢᠭᠤᠷ · ᠬᠣᠶᠠᠷ ᠳᠡᠪᠲᠡᠷ ᠦᠨ 115 ᠳᠤᠭᠠᠷ ᠨᠢᠭᠤᠷ ᠠᠴᠠ 507-516 ᠳᠤᠭᠠᠷ ᠨᠢᠭᠤᠷ · ᠬᠣᠶᠠᠷ ᠳᠡᠪᠲᠡᠷ ᠦᠨ 117

[illegible] ([illegible] · 305-313 ᠳᠤᠭᠠᠷ ᠨᠢᠭᠤᠷ · ᠬᠣᠶᠠᠷ ᠳᠡᠪᠲᠡᠷ ᠦᠨ 90 ᠳᠦᠭᠡᠷ ᠨᠢᠭᠤᠷ ᠠᠴᠠ 433-441ᠳᠦᠭᠡᠷ ᠨᠢᠭᠤᠷ · [illegible] ᠬᠣᠶᠠᠷ ᠳᠡᠪᠲᠡᠷ ᠦᠨ 59

29. (60) [illegible]

※ [illegible] ···292

ᠨᠢᠭᠤᠷ) ···287

28. (57) [illegible] ([illegible] · 287-289 ᠳᠦᠭᠡᠷ

ᠳᠤᠭᠠᠷ ᠨᠢᠭᠤᠷ ᠠᠴᠠ 281 ᠳᠦᠭᠡᠷ ᠨᠢᠭᠤᠷ) ··· 282

27. (56) [illegible] ([illegible] · 282 ᠳᠤᠭᠠᠷ ᠨᠢᠭᠤᠷ · [illegible] ᠬᠣᠶᠠᠷ ᠳᠡᠪᠲᠡᠷ ᠦᠨ 55

ᠳᠤᠭᠠᠷ ᠨᠢᠭᠤᠷ ᠠᠴᠠ 279 ᠳᠦᠭᠡᠷ ᠨᠢᠭᠤᠷ) ···280

26. (54) [illegible] ([illegible] · 280 ᠳᠤᠭᠠᠷ ᠨᠢᠭᠤᠷ · [illegible] ᠬᠣᠶᠠᠷ ᠳᠡᠪᠲᠡᠷ ᠦᠨ 53

ᠦᠨ 51 ᠳᠦᠭᠡᠷ ᠨᠢᠭᠤᠷ ᠠᠴᠠ 276 ᠳᠤᠭᠠᠷ ᠨᠢᠭᠤᠷ) ···277

25. (52) [illegible] ([illegible] · 277-278 ᠳᠤᠭᠠᠷ ᠨᠢᠭᠤᠷ · [illegible] ᠬᠣᠶᠠᠷ ᠳᠡᠪᠲᠡᠷ

ᠨᠢᠭᠤᠷ · [illegible] ᠬᠣᠶᠠᠷ ᠳᠡᠪᠲᠡᠷ ᠦᠨ 49 ᠳᠦᠭᠡᠷ ᠨᠢᠭᠤᠷ ᠠᠴᠠ 273-274 ᠳᠦᠭᠡᠷ ᠨᠢᠭᠤᠷ) ···275

24. (50) [illegible] ([illegible] · 275 ᠳᠤᠭᠠᠷ

270-272 ᠳᠤᠭᠠᠷ ᠨᠢᠭᠤᠷ · [illegible] ᠬᠣᠶᠠᠷ ᠳᠡᠪᠲᠡᠷ ᠦᠨ 47 ᠳᠤᠭᠠᠷ ᠨᠢᠭᠤᠷ ᠠᠴᠠ 268-270 ᠳᠤᠭᠠᠷ ᠨᠢᠭᠤᠷ) ··· 270

23. (48) [illegible] ([illegible]) [illegible] ([illegible] ·

ᠬᠣᠶᠠᠷ ᠳᠡᠪᠲᠡᠷ ᠦᠨ 45 ᠳᠤᠭᠠᠷ ᠨᠢᠭᠤᠷ ᠠᠴᠠ 256-261 ᠳᠦᠭᠡᠷ ᠨᠢᠭᠤᠷ) ···261

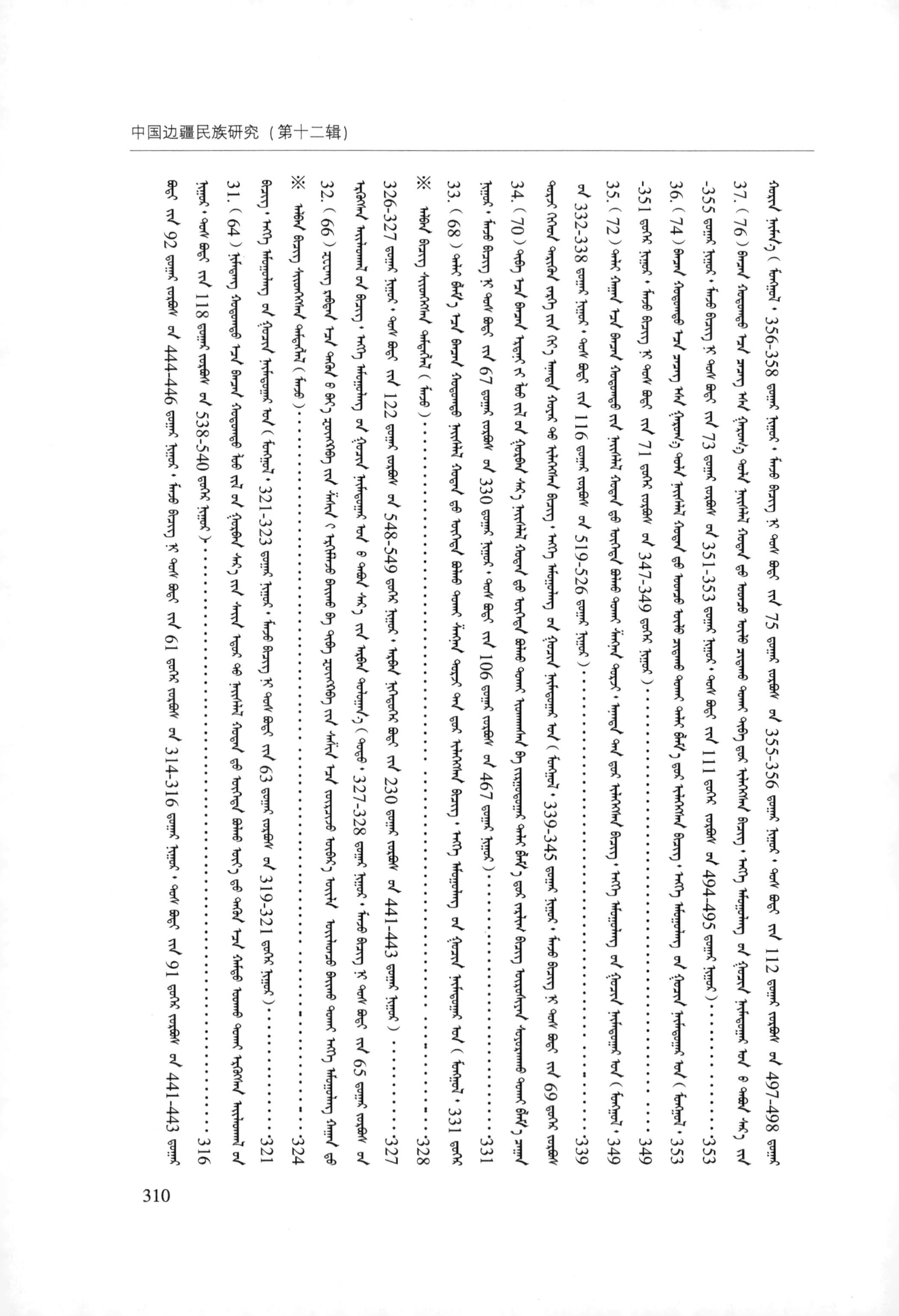

[illegible]（[illegible] · 356-358 [illegible] · [illegible] 75 [illegible] 355-356 [illegible] · [illegible] 112 [illegible] 497-498 [illegible]
37.（76）[illegible]
-355 [illegible] · [illegible] 73 [illegible] 351-353 [illegible] · [illegible] 111 [illegible] 494-495 [illegible]）…………353
36.（74）[illegible]（[illegible] · 353
-351 [illegible] · [illegible] 71 [illegible] 347-349 [illegible]）…………349
35.（72）[illegible]（[illegible] · 349
[illegible] 332-338 [illegible] · [illegible] 116 [illegible] 519-526 [illegible]）…………339
[illegible]（[illegible] · 339-345 [illegible] · [illegible] 69 [illegible]
34.（70）[illegible]
[illegible] · [illegible] 67 [illegible] 330 [illegible] · [illegible] 106 [illegible] 467 [illegible]）…………331
33.（68）[illegible]（[illegible] · 331 [illegible]
※ [illegible]（[illegible]）…………328
326-327 [illegible] · [illegible] 122 [illegible] 548-549 [illegible] · [illegible] 230 [illegible] 441-443 [illegible]）…………327
[illegible]（[illegible] · 327-328 [illegible] · [illegible] 65 [illegible]
32.（66）[illegible]
※ [illegible]（[illegible]）…………324
[illegible]（[illegible] · 321-323 [illegible] · [illegible] 63 [illegible] 319-321 [illegible]）…………321
31.（64）[illegible]
[illegible] · [illegible] 118 [illegible] 538-540 [illegible]）…………316
[illegible] 92 [illegible] 444-446 [illegible] · [illegible] 61 [illegible] 314-316 [illegible] · [illegible] 91 [illegible] 441-443 [illegible]

ᠳᠡᠪᠲᠡᠷ (ᠳᠡᠪᠲᠡᠷ᠂ 408-424 ᠳᠤᠭᠠᠷ ᠨᠢᠭᠤᠷ᠂ ᠮᠣᠩᠭᠣᠯ ᠪᠡᠭᠡᠵᠢᠩ ᠺᠢ ᠬᠡᠪ ᠦᠨ 87 ᠳᠤᠭᠠᠷ ᠳᠡᠪᠲᠡᠷ ᠦᠨ 388-407 ᠳᠤᠭᠠᠷ ᠨᠢᠭᠤᠷ᠂ ᠳᠡᠷᠭᠡ ᠬᠡᠪ ᠦᠨ 109 ᠳᠤᠭᠠᠷ ᠳᠡᠪᠲᠡᠷ ᠦᠨ 474-490 ᠳᠤᠭᠠᠷ

43. (88) ᠪᠠᠷᠠᠭᠤᠨ ᠬᠣᠷᠢᠶᠠᠨ ᠦ ᠬᠠᠭᠠᠨ ᠪᠣᠯᠤᠭᠰᠠᠨ᠂ ᠪᠠᠷᠠᠭᠤᠨ ᠬᠣᠷᠢᠶᠠᠨ ᠤ ᠵᠠᠷᠯᠢᠭ ᠤᠨ ... ᠨᠣᠮ ᠤᠨ ᠬᠠᠭᠠᠨ ᠤ ᠰᠤᠳᠤᠷ᠂ ... ᠤᠨ ... ᠳᠤᠭᠠᠷ ... ᠤᠨ ... ᠤᠨ

502-505 ᠳᠤᠭᠠᠷ ᠨᠢᠭᠤᠷ) ……………………………………… 384

... ᠤᠨ ... ᠤᠨ ᠳᠡᠪᠲᠡᠷ (ᠳᠡᠪᠲᠡᠷ᠂ 384-388 ᠳᠤᠭᠠᠷ ᠨᠢᠭᠤᠷ᠂ ᠮᠣᠩᠭᠣᠯ ᠪᠡᠭᠡᠵᠢᠩ ᠺᠢ ᠬᠡᠪ ᠦᠨ 85 ᠳᠤᠭᠠᠷ ᠳᠡᠪᠲᠡᠷ ᠦᠨ 381-384 ᠳᠤᠭᠠᠷ ᠨᠢᠭᠤᠷ᠂ ᠳᠡᠷᠭᠡ ᠬᠡᠪ ᠦᠨ 114 ᠳᠤᠭᠠᠷ ᠳᠡᠪᠲᠡᠷ ᠦᠨ

42. (86) ᠪᠠᠷᠠᠭᠤᠨ ... ᠤᠨ ... ᠬᠠᠭᠠᠨ ᠤ ᠰᠤᠳᠤᠷ᠂ ... ᠤᠨ ... ᠤᠨ

ᠨᠢᠭᠤᠷ) ……………………………………… 378

ᠳᠡᠪᠲᠡᠷ᠂ 378-380 ᠳᠤᠭᠠᠷ ᠨᠢᠭᠤᠷ᠂ ᠮᠣᠩᠭᠣᠯ ᠪᠡᠭᠡᠵᠢᠩ ᠺᠢ ᠬᠡᠪ ᠦᠨ 83 ᠳᠤᠭᠠᠷ ᠳᠡᠪᠲᠡᠷ ᠦᠨ 376-378 ᠳᠤᠭᠠᠷ ᠨᠢᠭᠤᠷ᠂ ᠳᠡᠷᠭᠡ ᠬᠡᠪ ᠦᠨ 113 ᠳᠤᠭᠠᠷ ᠳᠡᠪᠲᠡᠷ ᠦᠨ 499-501 ᠳᠤᠭᠠᠷ

41. (84) ᠪᠠᠷᠠᠭᠤᠨ ... ᠬᠠᠭᠠᠨ ᠤ ᠰᠤᠳᠤᠷ᠂ ... ᠤᠨ ... ᠤᠨ ᠳᠡᠪᠲᠡᠷ (

ᠨᠢᠭᠤᠷ) ……………………………………… 374

ᠳᠡᠪᠲᠡᠷ (ᠳᠡᠪᠲᠡᠷ᠂ 374-376 ᠳᠤᠭᠠᠷ ᠨᠢᠭᠤᠷ᠂ ᠮᠣᠩᠭᠣᠯ ᠪᠡᠭᠡᠵᠢᠩ ᠺᠢ ᠬᠡᠪ ᠦᠨ 81 ᠳᠤᠭᠠᠷ ᠳᠡᠪᠲᠡᠷ ᠦᠨ 373-374 ᠳᠤᠭᠠᠷ ᠨᠢᠭᠤᠷ᠂ ᠳᠡᠷᠭᠡ ᠬᠡᠪ ᠦᠨ 108 ᠳᠤᠭᠠᠷ ᠳᠡᠪᠲᠡᠷ ᠦᠨ 472-473 ᠳᠤᠭᠠᠷ

40. (82) ... ᠬᠠᠭᠠᠨ ᠤ ᠰᠤᠳᠤᠷ᠂ ... ᠤᠨ ... ᠤᠨ

ᠤᠨ 469-471 ᠳᠤᠭᠠᠷ ᠨᠢᠭᠤᠷ) ……………………………………… 369

... ᠤᠨ ... ᠤᠨ ᠳᠡᠪᠲᠡᠷ (ᠳᠡᠪᠲᠡᠷ᠂ 369-373 ᠳᠤᠭᠠᠷ ᠨᠢᠭᠤᠷ᠂ ᠮᠣᠩᠭᠣᠯ ᠪᠡᠭᠡᠵᠢᠩ ᠺᠢ ᠬᠡᠪ ᠦᠨ 79 ᠳᠤᠭᠠᠷ ᠳᠡᠪᠲᠡᠷ ᠦᠨ 367-369 ᠳᠤᠭᠠᠷ ᠨᠢᠭᠤᠷ᠂ ᠳᠡᠷᠭᠡ ᠬᠡᠪ ᠦᠨ 107 ᠳᠤᠭᠠᠷ ᠳᠡᠪᠲᠡᠷ

39. (80) ... ᠬᠠᠭᠠᠨ ᠤ ᠰᠤᠳᠤᠷ᠂ ... ᠤᠨ ...

※ ... (...) ……………………………………… 364

ᠳᠤᠭᠠᠷ ᠨᠢᠭᠤᠷ᠂ ᠮᠣᠩᠭᠣᠯ ᠪᠡᠭᠡᠵᠢᠩ ᠺᠢ ᠬᠡᠪ ᠦᠨ 77 ᠳᠤᠭᠠᠷ ᠳᠡᠪᠲᠡᠷ ᠦᠨ 360-362 ᠳᠤᠭᠠᠷ ᠨᠢᠭᠤᠷ᠂ ᠳᠡᠷᠭᠡ ᠬᠡᠪ ᠦᠨ 123 ᠳᠤᠭᠠᠷ ᠳᠡᠪᠲᠡᠷ ᠦᠨ 551-553 ᠳᠤᠭᠠᠷ ᠨᠢᠭᠤᠷ) ……………… 362

... ᠬᠠᠭᠠᠨ ᠤ ᠰᠤᠳᠤᠷ᠂ ... ᠤᠨ ... ᠤᠨ ... (ᠳᠡᠪᠲᠡᠷ᠂ 362-364

38. (78) ... ᠤᠨ ... ᠤᠨ ...

※ ... (...) ……………………………………… 358

ᠨᠢᠭᠤᠷ) ……………………………………… 356

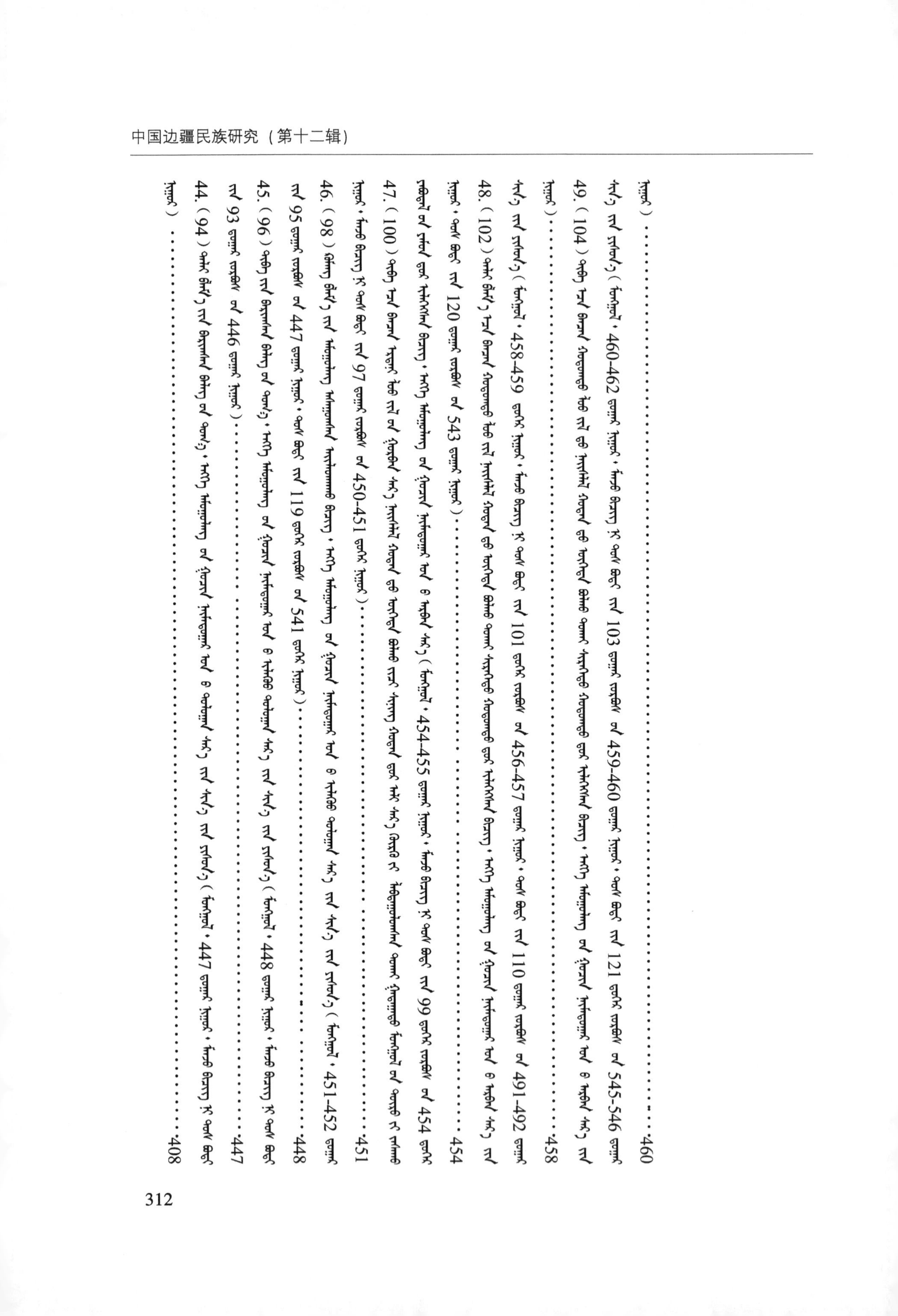

[illegible]）……………………………………………………408

44.（94）[illegible]，[illegible]（[illegible]，447 [illegible]，[illegible]
[illegible] 93 [illegible] 446 [illegible]）………………………………447

45.（96）[illegible]，[illegible]（[illegible]，448 [illegible]，[illegible]
[illegible] 95 [illegible] 447 [illegible]，[illegible] 119 [illegible] 541 [illegible]）……………448

46.（98）[illegible]，[illegible]（[illegible]，451-452 [illegible]
[illegible]，[illegible] 97 [illegible] 450-451 [illegible]）……………451

47.（100）[illegible]
[illegible]，[illegible]（[illegible]，454-455 [illegible]，[illegible] 99 [illegible] 454 [illegible]
[illegible]，[illegible] 120 [illegible] 543 [illegible]）……………454

48.（102）[illegible]，[illegible]
[illegible]（[illegible]，458-459 [illegible]，[illegible] 101 [illegible] 456-457 [illegible]，[illegible] 110 [illegible] 491-492 [illegible]
[illegible]）……………………………………………………458

49.（104）[illegible]，[illegible]
[illegible]（[illegible]，460-462 [illegible]，[illegible] 103 [illegible] 459-460 [illegible]，[illegible] 121 [illegible] 545-546 [illegible]
[illegible]）……………………………………………………460

※ ᠮᠣᠩᠭ᠋ᠤ ᠰᠤᠳᠤᠯᠤᠯ ᠤᠨ ᠲᠡᠦᠬᠡᠨ ᠰᠤᠳᠤᠯᠤᠯ ᠤᠨ ᠲᠣᠶᠢᠮ ᠤᠨ ᠳᠠᠷᠤᠯᠭ᠎ᠠ ᠶᠢᠨ ᠪᠦᠷᠢᠯᠳᠦᠯ ······1
※ ᠮᠣᠩᠭ᠋ᠤ ᠰᠤᠳᠤᠯᠤᠯ ᠤᠨ ᠲᠡᠦᠬᠡᠨ ᠰᠤᠳᠤᠯᠤᠯ ᠤᠨ ᠪᠦᠷᠢᠯᠳᠦᠯ ······1
1.(3) ᠮᠣᠩᠭ᠋ᠤ ᠰᠤᠳᠤᠯᠤᠯ ᠤᠨ ᠲᠡᠦᠬᠡᠨ ᠲᠠᠢ ᠬᠠᠮᠢᠶ᠎ᠠ ᠪᠦᠬᠦᠢ ᠬᠡᠷᠡᠭ ᠦᠨ ᠵᠡᠷᠭᠡ ᠳᠦ ᠬᠠᠮᠢᠶᠠᠷᠠᠬᠤ ᠶᠢ ᠮᠡᠳᠡᠭᠦᠯᠦᠯ ᠦᠨ ᠪᠢᠴᠢᠭ᠌᠂ ᠮᠣᠩᠭ᠋ᠤ ᠰᠤᠳᠤᠯᠤᠯ ᠤᠨ ᠲᠡᠦᠬᠡᠨ ᠰᠤᠳᠤᠯᠤᠯ ᠤᠨ ᠲᠣᠶᠢᠮ ᠤᠨ ᠳᠠᠷᠤᠯᠭ᠎ᠠ ᠶᠢᠨ ᠪᠦᠷᠢᠯᠳᠦᠯ (ᠬᠤᠪᠢ 4-7 ᠨᠢᠭᠤᠷ ᠬᠦᠷᠲᠡᠯᠡ᠂ ᠬᠤᠪᠢᠶ᠎ᠠ ᠪᠢᠴᠢᠭ ᠦᠨ ᠳᠡᠭᠡᠷᠡᠬᠢ ᠳᠤ 2 ᠨᠢᠭᠤᠷ ᠡᠴᠡ ᠡᠬᠢᠯᠡᠨ 2-4 ᠨᠢᠭᠤᠷ ᠬᠦᠷᠲᠡᠯᠡ) ······4
2.(5) ᠮᠣᠩᠭ᠋ᠤ ᠰᠤᠳᠤᠯᠤᠯ ᠤᠨ ᠲᠡᠦᠬᠡᠨ ᠲᠠᠢ ᠬᠠᠮᠢᠶ᠎ᠠ ᠪᠦᠬᠦᠢ ᠬᠡᠷᠡᠭ ᠦᠨ ᠵᠡᠷᠭᠡ ᠳᠦ ᠬᠠᠮᠢᠶᠠᠷᠠᠬᠤ ᠶᠢ ᠮᠡᠳᠡᠭᠦᠯᠦᠯ ᠦᠨ ᠪᠢᠴᠢᠭ᠌᠂ ᠮᠣᠩᠭ᠋ᠤ ᠰᠤᠳᠤᠯᠤᠯ ᠤᠨ ᠲᠡᠦᠬᠡᠨ ᠰᠤᠳᠤᠯᠤᠯ ᠤᠨ ᠲᠣᠶᠢᠮ ᠤᠨ ᠳᠠᠷᠤᠯᠭ᠎ᠠ ᠶᠢᠨ ᠪᠦᠷᠢᠯᠳᠦᠯ (ᠬᠤᠪᠢ 10-12 ᠨᠢᠭᠤᠷ ᠬᠦᠷᠲᠡᠯᠡ᠂ ᠬᠤᠪᠢᠶ᠎ᠠ ᠪᠢᠴᠢᠭ ᠦᠨ ᠳᠡᠭᠡᠷᠡᠬᠢ ᠳᠤ 4 ᠨᠢᠭᠤᠷ ᠡᠴᠡ ᠡᠬᠢᠯᠡᠨ 8-10 ᠨᠢᠭᠤᠷ ᠬᠦᠷᠲᠡᠯᠡ) ······10
3.(7) ᠮᠣᠩᠭ᠋ᠤ ᠰᠤᠳᠤᠯᠤᠯ ᠤᠨ ᠲᠡᠦᠬᠡᠨ ᠲᠠᠢ ᠬᠠᠮᠢᠶ᠎ᠠ ᠪᠦᠬᠦᠢ ᠬᠡᠷᠡᠭ ᠦᠨ ᠵᠡᠷᠭᠡ ᠳᠦ ᠬᠠᠮᠢᠶᠠᠷᠠᠬᠤ ᠶᠢ ᠮᠡᠳᠡᠭᠦᠯᠦᠯ ᠦᠨ ᠪᠢᠴᠢᠭ᠌᠂ ᠮᠣᠩᠭ᠋ᠤ ᠰᠤᠳᠤᠯᠤᠯ ᠤᠨ ᠲᠡᠦᠬᠡᠨ ᠰᠤᠳᠤᠯᠤᠯ ᠤᠨ ᠲᠣᠶᠢᠮ ᠤᠨ ᠳᠠᠷᠤᠯᠭ᠎ᠠ ᠶᠢᠨ ᠪᠦᠷᠢᠯᠳᠦᠯ (ᠬᠤᠪᠢ 15-16 ᠨᠢᠭᠤᠷ ᠬᠦᠷᠲᠡᠯᠡ᠂ ᠬᠤᠪᠢᠶ᠎ᠠ ᠪᠢᠴᠢᠭ ᠦᠨ ᠳᠡᠭᠡᠷᠡᠬᠢ ᠳᠤ 6 ᠨᠢᠭᠤᠷ ᠡᠴᠡ ᠡᠬᠢᠯᠡᠨ 13-14 ᠨᠢᠭᠤᠷ ᠬᠦᠷᠲᠡᠯᠡ) ······15
4.(10) ᠣᠯᠠᠨ ᠤ ᠣᠷᠤᠯᠴᠠᠭᠠ ᠪᠦᠬᠦᠢ ᠬᠡᠷᠡᠭ ᠦᠨ ᠵᠡᠷᠭᠡ ᠳᠦ ᠬᠠᠮᠢᠶᠠᠷᠠᠬᠤ ᠶᠢ ᠮᠡᠳᠡᠭᠦᠯᠦᠯ ᠦᠨ ᠪᠢᠴᠢᠭ᠌᠂ ᠮᠣᠩᠭ᠋ᠤ ᠰᠤᠳᠤᠯᠤᠯ ᠤᠨ ᠲᠡᠦᠬᠡᠨ ᠰᠤᠳᠤᠯᠤᠯ ᠤᠨ ᠲᠣᠶᠢᠮ ᠤᠨ ᠳᠠᠷᠤᠯᠭ᠎ᠠ ᠶᠢᠨ ᠪᠦᠷᠢᠯᠳᠦᠯ (ᠬᠤᠪᠢ 109-203 ᠨᠢᠭᠤᠷ ᠬᠦᠷᠲᠡᠯᠡ᠂ ᠬᠤᠪᠢᠶ᠎ᠠ ᠪᠢᠴᠢᠭ ᠦᠨ ᠳᠡᠭᠡᠷᠡᠬᠢ ᠳᠤ 9 ᠨᠢᠭᠤᠷ ᠡᠴᠡ ᠡᠬᠢᠯᠡᠨ 22-109 ᠨᠢᠭᠤᠷ ᠬᠦᠷᠲᠡᠯᠡ) ······109
※ ᠮᠣᠩᠭ᠋ᠤ ᠪᠢᠴᠢᠭ ᠤᠨ ᠬᠠᠪᠰᠤᠷᠤᠯᠲᠠ (ᠬᠤᠪᠢ) ······204
5.(12) ᠮᠣᠩᠭ᠋ᠤ ᠰᠤᠳᠤᠯᠤᠯ ᠤᠨ ᠲᠡᠦᠬᠡᠨ ᠦ ᠬᠡᠪᠯᠡᠯ ᠦᠨ ᠬᠡᠷᠡᠭ ᠦᠨ ᠲᠠᠯ᠎ᠠ ᠪᠡᠷ ᠮᠣᠩᠭ᠋ᠤ ᠪᠢᠴᠢᠭ ᠦᠨ ᠪᠢᠴᠢᠭ᠌᠂ ᠮᠣᠩᠭ᠋ᠤ ᠰᠤᠳᠤᠯᠤᠯ ᠤᠨ ᠲᠡᠦᠬᠡᠨ ᠰᠤᠳᠤᠯᠤᠯ ᠤᠨ ᠲᠣᠶᠢᠮ ᠤᠨ ᠳᠠᠷᠤᠯᠭ᠎ᠠ (ᠬᠤᠪᠢ 226-250 ᠨᠢᠭᠤᠷ ᠬᠦᠷᠲᠡᠯᠡ᠂ ᠬᠤᠪᠢᠶ᠎ᠠ ᠪᠢᠴᠢᠭ ᠦᠨ ᠳᠡᠭᠡᠷᠡᠬᠢ ᠳᠤ 11 ᠨᠢᠭᠤᠷ ᠡᠴᠡ ᠡᠬᠢᠯᠡᠨ 206-224 ᠨᠢᠭᠤᠷ ᠬᠦᠷᠲᠡᠯᠡ) ······226
6.(14) ᠮᠣᠩᠭ᠋ᠤ ᠰᠤᠳᠤᠯᠤᠯ ᠤᠨ ᠲᠡᠦᠬᠡᠨ ᠲᠠᠢ ᠬᠠᠮᠢᠶ᠎ᠠ ᠪᠦᠬᠦᠢ ᠰᠤᠷᠭᠠᠭᠤᠯᠢ᠂ ᠰᠤᠳᠤᠯᠭᠠᠨ ᠤ ᠭᠠᠵᠠᠷ ᠤᠨ ᠵᠡᠷᠭᠡ ᠳᠦ ᠬᠠᠮᠢᠶᠠᠷᠠᠬᠤ ᠶᠢ ᠮᠡᠳᠡᠭᠦᠯᠦᠯ ᠦᠨ ᠪᠢᠴᠢᠭ᠌᠂ ᠮᠣᠩᠭ᠋ᠤ ᠰᠤᠳᠤᠯᠤᠯ ᠤᠨ ᠲᠡᠦᠬᠡᠨ ᠰᠤᠳᠤᠯᠤᠯ ᠤᠨ ᠲᠣᠶᠢᠮ ᠤᠨ ᠳᠠᠷᠤᠯᠭ᠎ᠠ (ᠬᠤᠪᠢ 255-258 ᠨᠢᠭᠤᠷ ᠬᠦᠷᠲᠡᠯᠡ᠂ ᠬᠤᠪᠢᠶ᠎ᠠ ᠪᠢᠴᠢᠭ ᠦᠨ ᠳᠡᠭᠡᠷᠡᠬᠢ ᠳᠤ 13 ᠨᠢᠭᠤᠷ ᠡᠴᠡ ᠡᠬᠢᠯᠡᠨ 251-254 ᠨᠢᠭᠤᠷ ᠬᠦᠷᠲᠡᠯᠡ᠂ 11 ᠨᠢᠭᠤᠷ ᠤᠨ 244 ᠨᠢᠭᠤᠷ ᠡᠴᠡ ᠡᠬᠢᠯᠡᠨ 488-491 ᠨᠢᠭᠤᠷ ᠬᠦᠷᠲᠡᠯᠡ) ······225

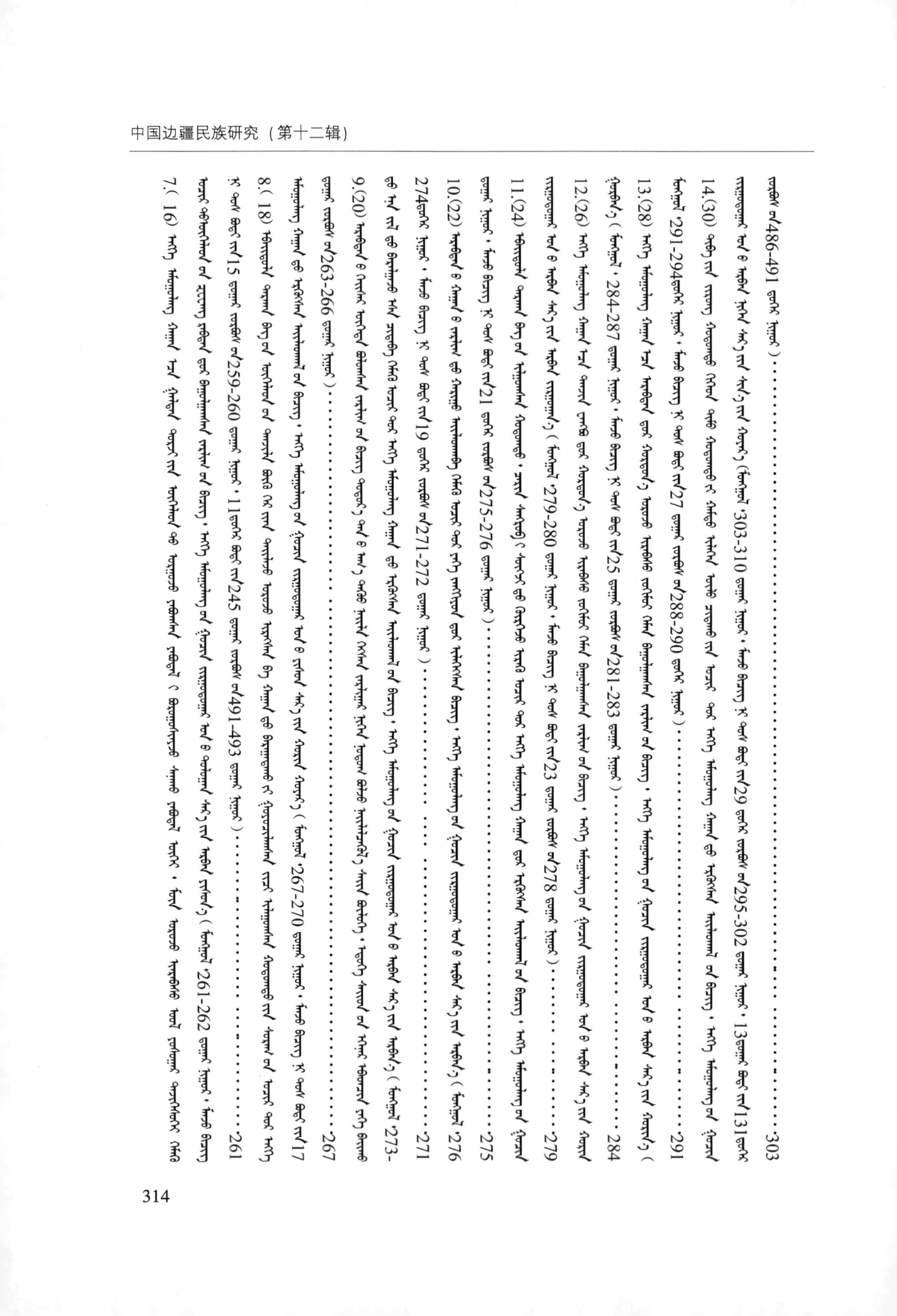

7.(16) [illegible]
[illegible] ([illegible] '261-262 [illegible]
[illegible] 15 [illegible] 245 [illegible] 491-493 [illegible])……261
8.(18) [illegible]
[illegible] ([illegible] '267-270 [illegible] 17
[illegible] 263-266 [illegible])……267
9.(20) [illegible]
[illegible] ([illegible] '273-
274 [illegible] 19 [illegible] 271-272 [illegible])……271
10.(22) [illegible] ([illegible] '276
[illegible] 21 [illegible] 275-276 [illegible])……275
11.(24) [illegible]
[illegible] ([illegible] '279-280 [illegible] 23 [illegible] 278 [illegible])……279
12.(26) [illegible]
[illegible] ([illegible] '284-287 [illegible] 25 [illegible] 281-283 [illegible])……284
13.(28) [illegible]
[illegible] '291-294 [illegible] 27 [illegible] 288-290 [illegible])……291
14.(30) [illegible] 29 [illegible] 295-302 [illegible]
[illegible] ([illegible] '303-310 [illegible] 13 [illegible] 131 [illegible]
[illegible] 486-491 [illegible])……303

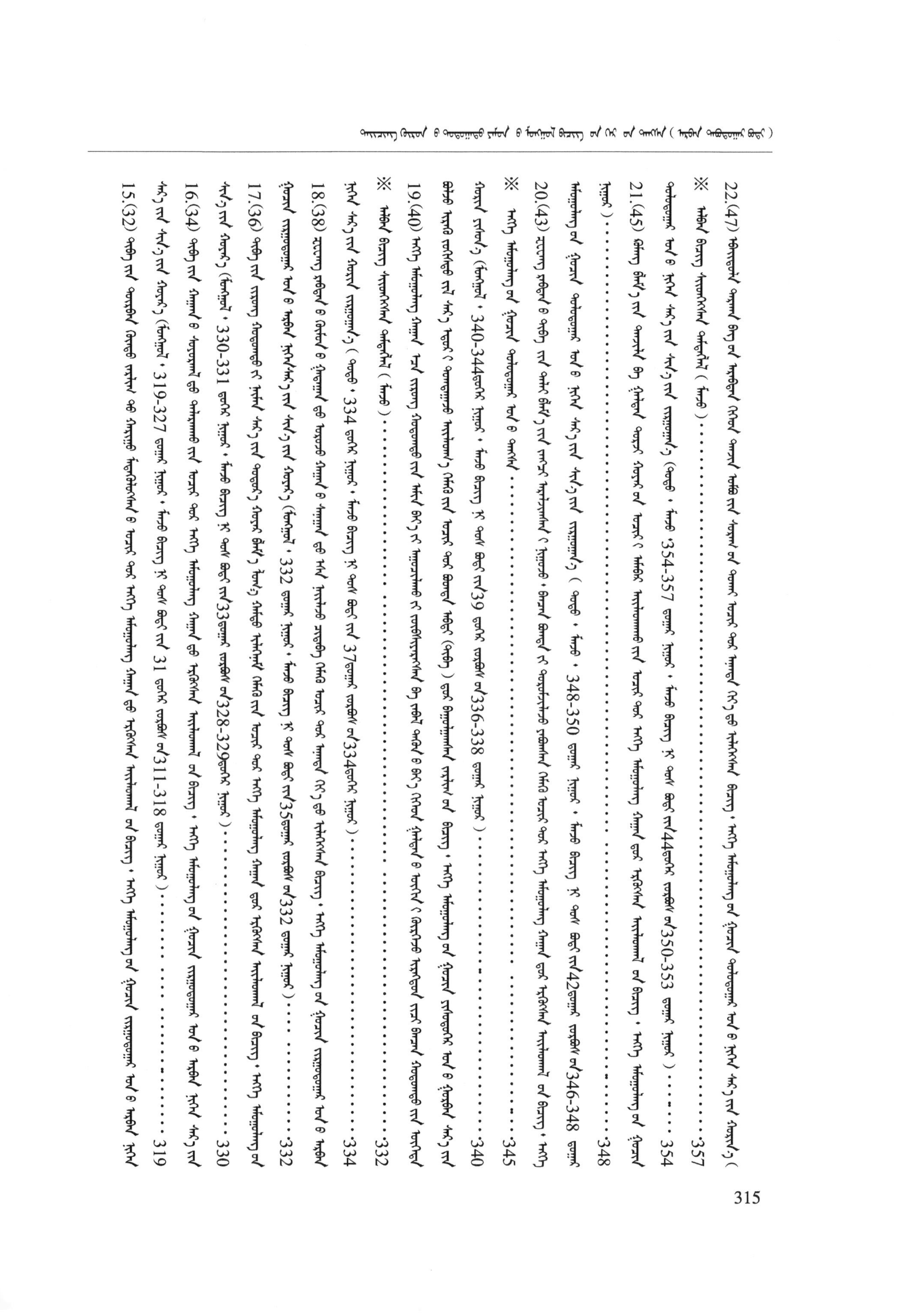

22.(47) [illegible] ([illegible])
※ [illegible] ([illegible])……357
[illegible] ([illegible] 354-357 [illegible] 44 [illegible] 350-353 [illegible])……354
21.(45) [illegible]
[illegible])……348
[illegible] ([illegible] 348-350 [illegible] 42 [illegible] 346-348 [illegible]
20.(43) [illegible]
※ [illegible]……345
[illegible] ([illegible] 340-344 [illegible] 39 [illegible] 336-338 [illegible])……340
[illegible]
19.(40) [illegible]
※ [illegible] ([illegible])……332
[illegible] ([illegible] 334 [illegible] 37 [illegible] 334 [illegible])……334
18.(38) [illegible]
[illegible] ([illegible] 332 [illegible] 35 [illegible] 332 [illegible])……332
17.(36) [illegible]
[illegible] ([illegible] 330-331 [illegible] 33 [illegible] 328-329 [illegible])……330
16.(34) [illegible]
[illegible] ([illegible] 319-327 [illegible] 31 [illegible] 311-318 [illegible])……319
15.(32) [illegible]

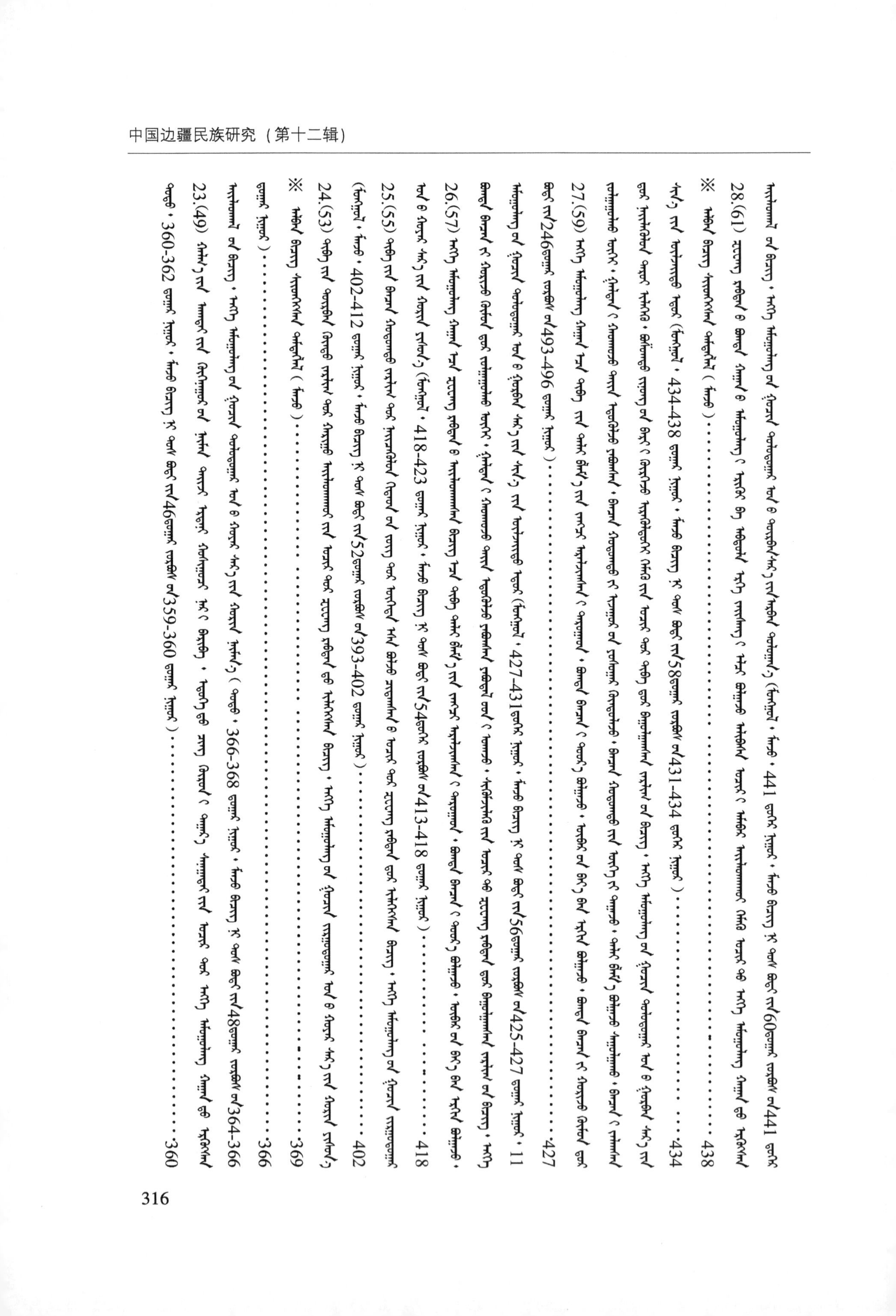

[illegible] (441 [illegible] 60 [illegible] 441 [illegible]

28.(61) [illegible]

※ [illegible] ([illegible]) ······ 438

[illegible] (434-438 [illegible] 58 [illegible] 431-434 [illegible]) ······ 434

[illegible]

[illegible]

27.(59) [illegible]

[illegible] 246 [illegible] 493-496 [illegible]) ······ 427

[illegible] (427-431 [illegible] 56 [illegible] 425-427 [illegible] 11

[illegible]

26.(57) [illegible]

[illegible] (418-423 [illegible] 54 [illegible] 413-418 [illegible]) ······ 418

25.(55) [illegible]

([illegible] 402-412 [illegible] 52 [illegible] 393-402 [illegible]) ······ 402

24.(53) [illegible]

※ [illegible] ([illegible]) ······ 369

[illegible]) ······ 366

[illegible] ([illegible] 366-368 [illegible] 48 [illegible] 364-366

23.(49) [illegible]

[illegible] 360-362 [illegible] 46 [illegible] 359-360 [illegible]) ······ 360

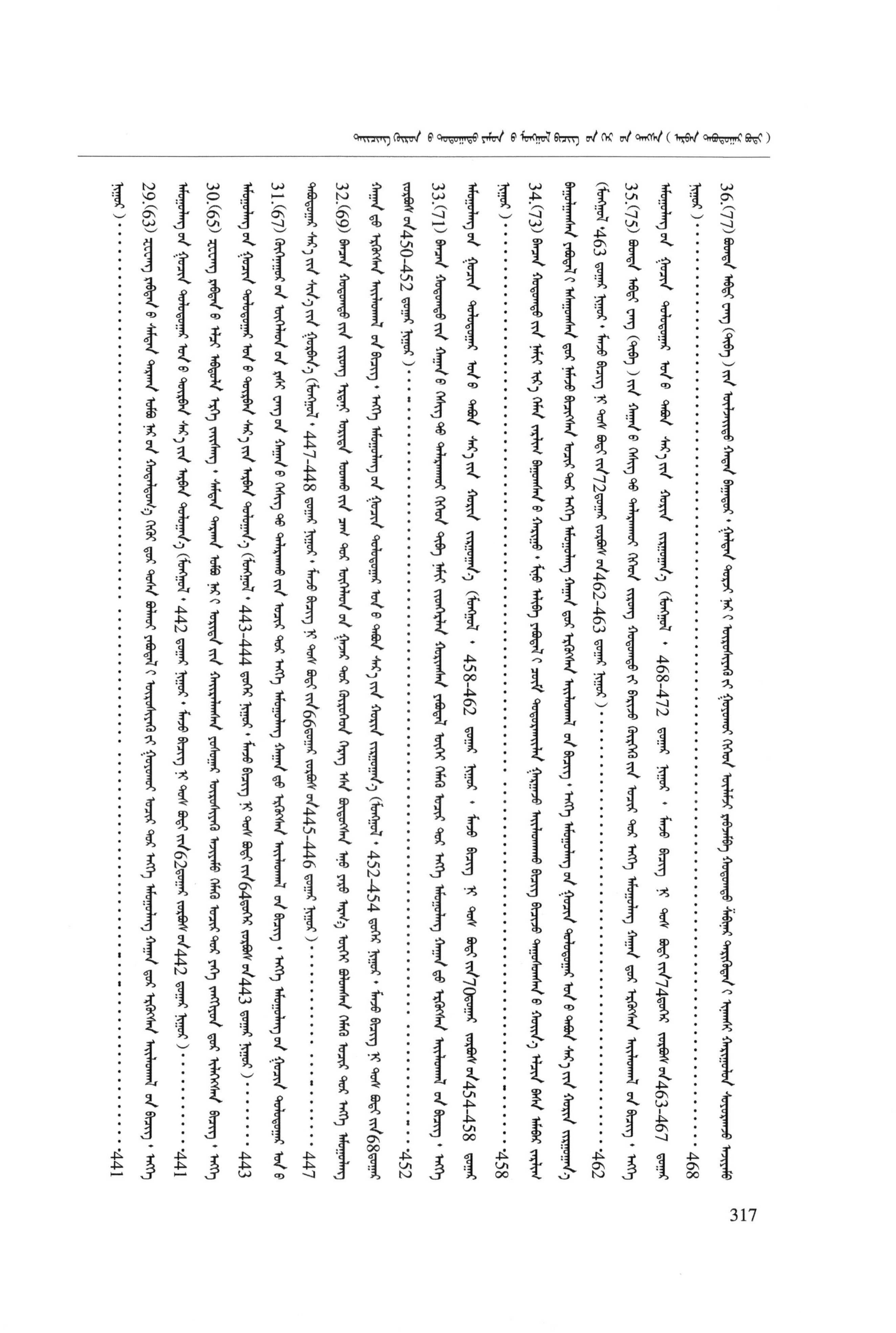

36.(77) [illegible] ([illegible]) [illegible] ([illegible] 468-472 [illegible] 74 [illegible] 463-467 [illegible]) …… 468

35.(75) [illegible] ([illegible]) [illegible] ([illegible] 463 [illegible] 72 [illegible] 462-463 [illegible]) …… 462

34.(73) [illegible] ([illegible] 458-462 [illegible] 70 [illegible] 454-458 [illegible]) …… 458

33.(71) [illegible] 450-452 [illegible]) …… 452

32.(69) [illegible] ([illegible] 452-454 [illegible] 68 [illegible] [illegible] ([illegible] 447-448 [illegible] 66 [illegible] 445-446 [illegible]) …… 447

31.(67) [illegible] ([illegible] 443-444 [illegible] 64 [illegible] 443 [illegible]) …… 443

30.(65) [illegible] ([illegible] 442 [illegible] 62 [illegible] 442 [illegible]) …… 441

29.(63) [illegible]) …… 441

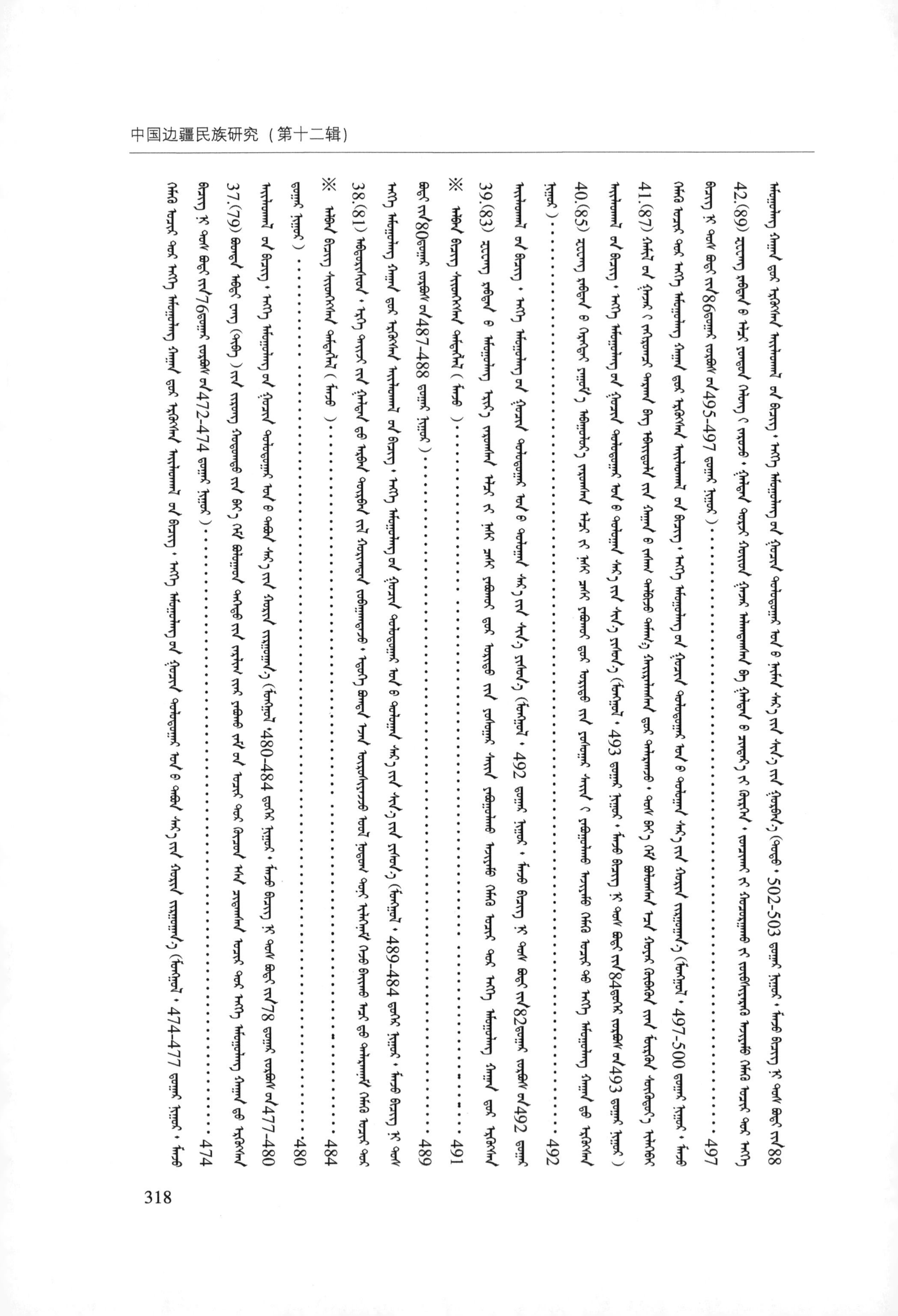

[illegible] 502-503 [illegible]

42.(89) [illegible] 86 [illegible] 495-497 [illegible]) …… 497

41.(87) [illegible] 497-500 [illegible] 84 [illegible] 493 [illegible])

40.(85) [illegible] 493 [illegible]) …… 492

39.(83) [illegible] 492 [illegible] 82 [illegible] 492 [illegible]

※ [illegible] ([illegible]) …… 491

[illegible] 80 [illegible] 487-488 [illegible]) …… 489

38.(81) [illegible] 489-484 [illegible]

※ [illegible] ([illegible]) …… 484

[illegible] 480-484 [illegible] 78 [illegible] 477-480

[illegible]) …… 480

37.(79) [illegible] 76 [illegible] 472-474 [illegible]) …… 474

[illegible] 474-477 [illegible] 474

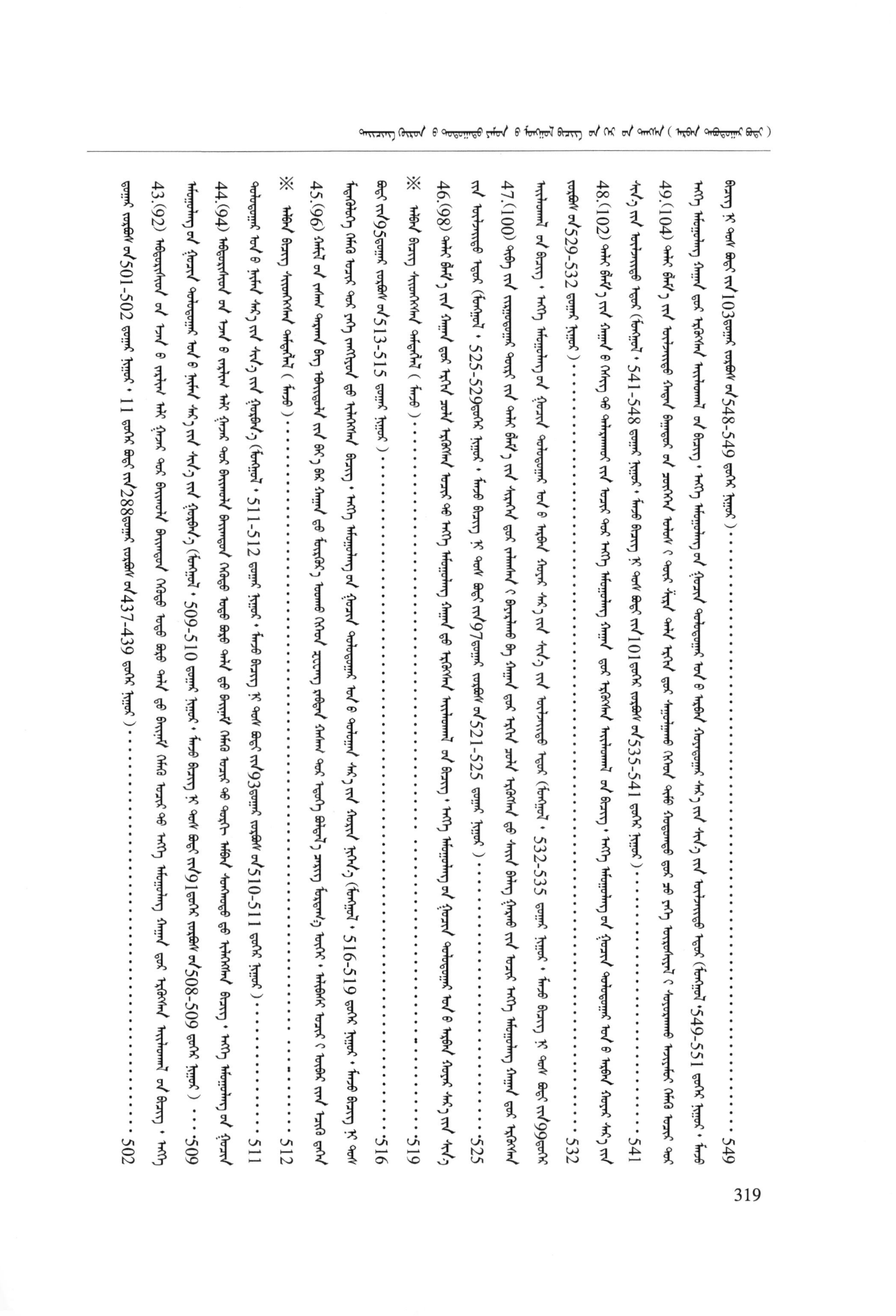

[illegible] 103 [illegible] 548-549 [illegible] ……549

49.(104) [illegible] 549-551 [illegible] 541-548 [illegible] 101 [illegible] 535-541 [illegible] ……541

48.(102) [illegible] 529-532 [illegible] ……532

47.(100) [illegible] 532-535 [illegible] 99 [illegible] 525-529 [illegible] 97 [illegible] 521-525 [illegible] ……525

※ [illegible] ……519

46.(98) [illegible] 95 [illegible] 513-515 [illegible] ……516

45.(96) [illegible] 516-519 [illegible] ……

※ [illegible] ……512

44.(94) [illegible] 511-512 [illegible] 93 [illegible] 510-511 [illegible] ……511

43.(92) [illegible] 509-510 [illegible] 91 [illegible] 508-509 [illegible] ……509

[illegible] 501-502 [illegible] 11 [illegible] 288 [illegible] 437-439 [illegible] ……502

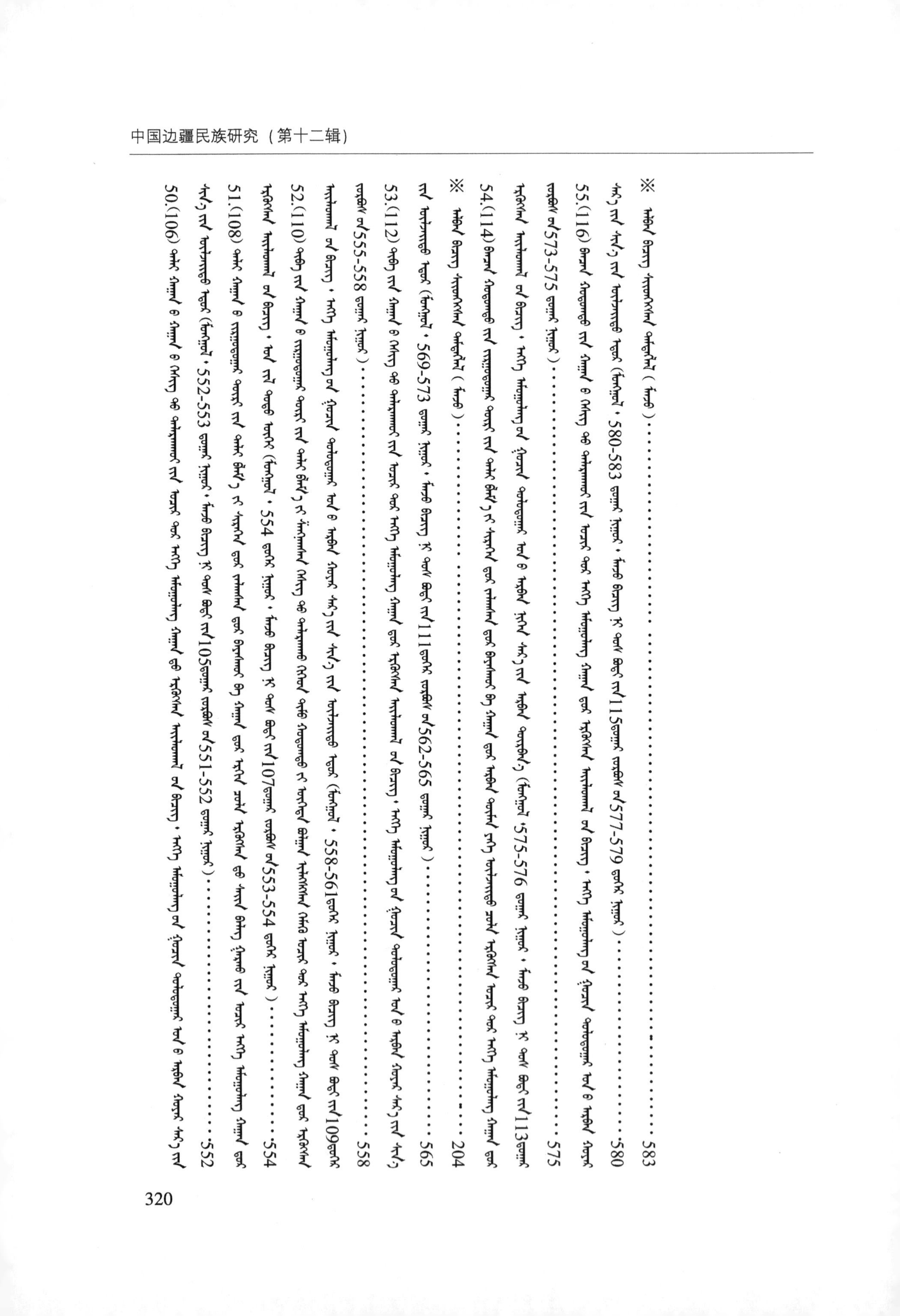

※ [illegible]（[illegible]）…………………………………………………………583
[illegible]（[illegible]，580-583 [illegible]，[illegible] 115[illegible] 577-579 [illegible]）……………………580
55.(116) [illegible]
[illegible] 573-575 [illegible]）…………………………………………………………575
[illegible]（[illegible] 575-576 [illegible]，[illegible] 113[illegible]
54.(114) [illegible]
※ [illegible]（[illegible]）…………………………………………………………204
[illegible]（[illegible]，569-573 [illegible]，[illegible] 111[illegible] 562-565 [illegible]）……………………565
53.(112) [illegible]
[illegible] 555-558 [illegible]）…………………………………………………………558
[illegible]（[illegible]，558-561[illegible]，[illegible] 109[illegible]
52.(110) [illegible]
[illegible]（[illegible]，554 [illegible]，[illegible] 107[illegible] 553-554 [illegible]）……………………554
51.(108) [illegible]
[illegible]（[illegible]，552-553 [illegible]，[illegible] 105[illegible] 551-552 [illegible]）……………………552
50.(106) [illegible]

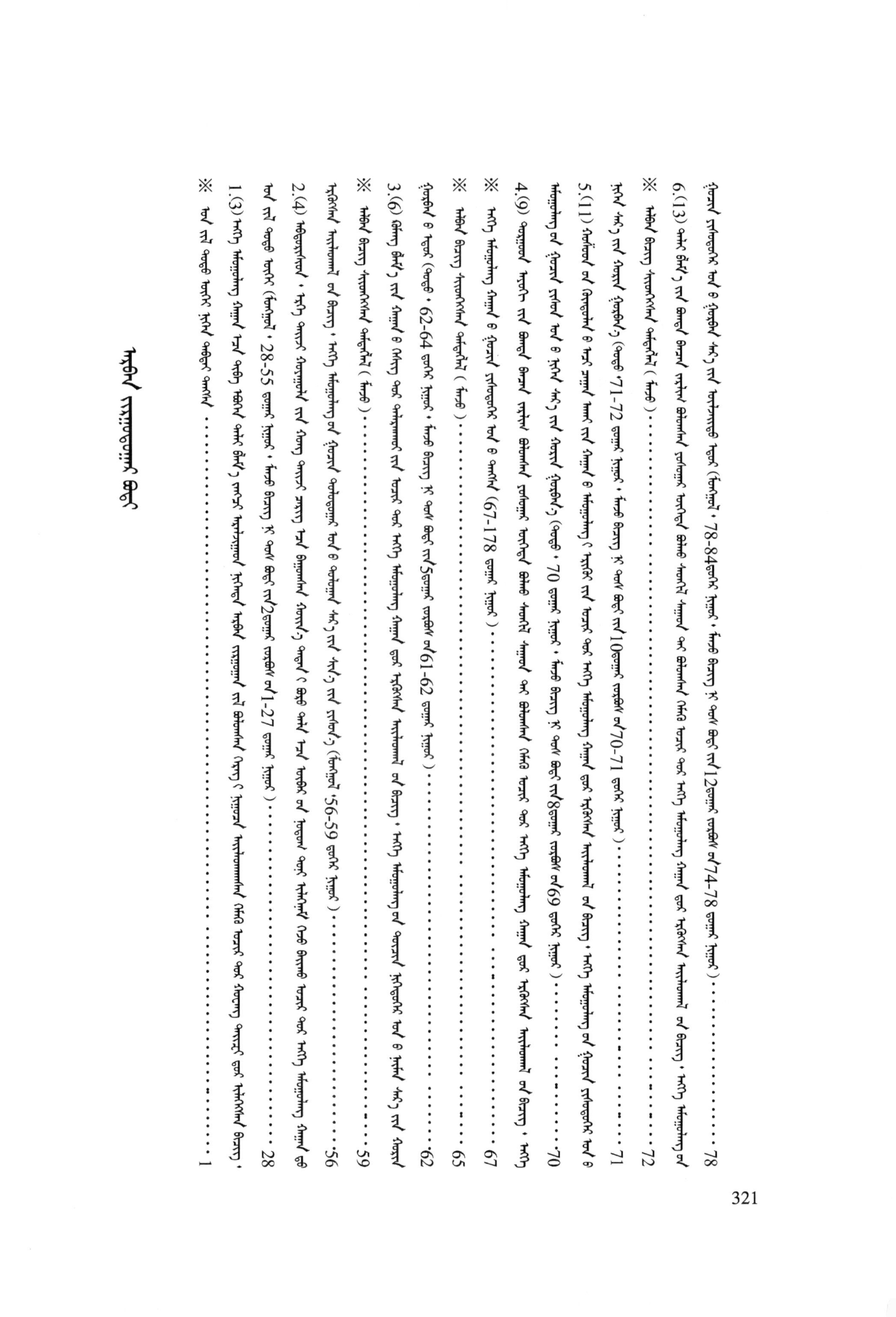

[illegible]

[illegible] (78-84 [illegible] · [illegible] 12 [illegible] 74-78 [illegible]) ······ 78

6.(13) [illegible]

※ [illegible] ([illegible]) ······ 72

[illegible] ('71-72 [illegible] · [illegible] 10 [illegible] 70-71 [illegible]) ······ 71

5.(11) [illegible]

[illegible] (· 70 [illegible] · [illegible] 8 [illegible] 69 [illegible]) ······ 70

4.(9) [illegible]

※ [illegible] (67-178 [illegible]) ······ 67

※ [illegible] ([illegible]) ······ 65

[illegible] (· 62-64 [illegible] · [illegible] 5 [illegible] 61-62 [illegible]) ······ 62

3.(6) [illegible]

※ [illegible] ([illegible]) ······ 59

[illegible] ('56-59 [illegible]) ······ 56

2.(4) [illegible]

[illegible] (· 28-55 [illegible] · [illegible] 2 [illegible] 1-27 [illegible]) ······ 28

1.(3) [illegible]

※ [illegible] ······ 1

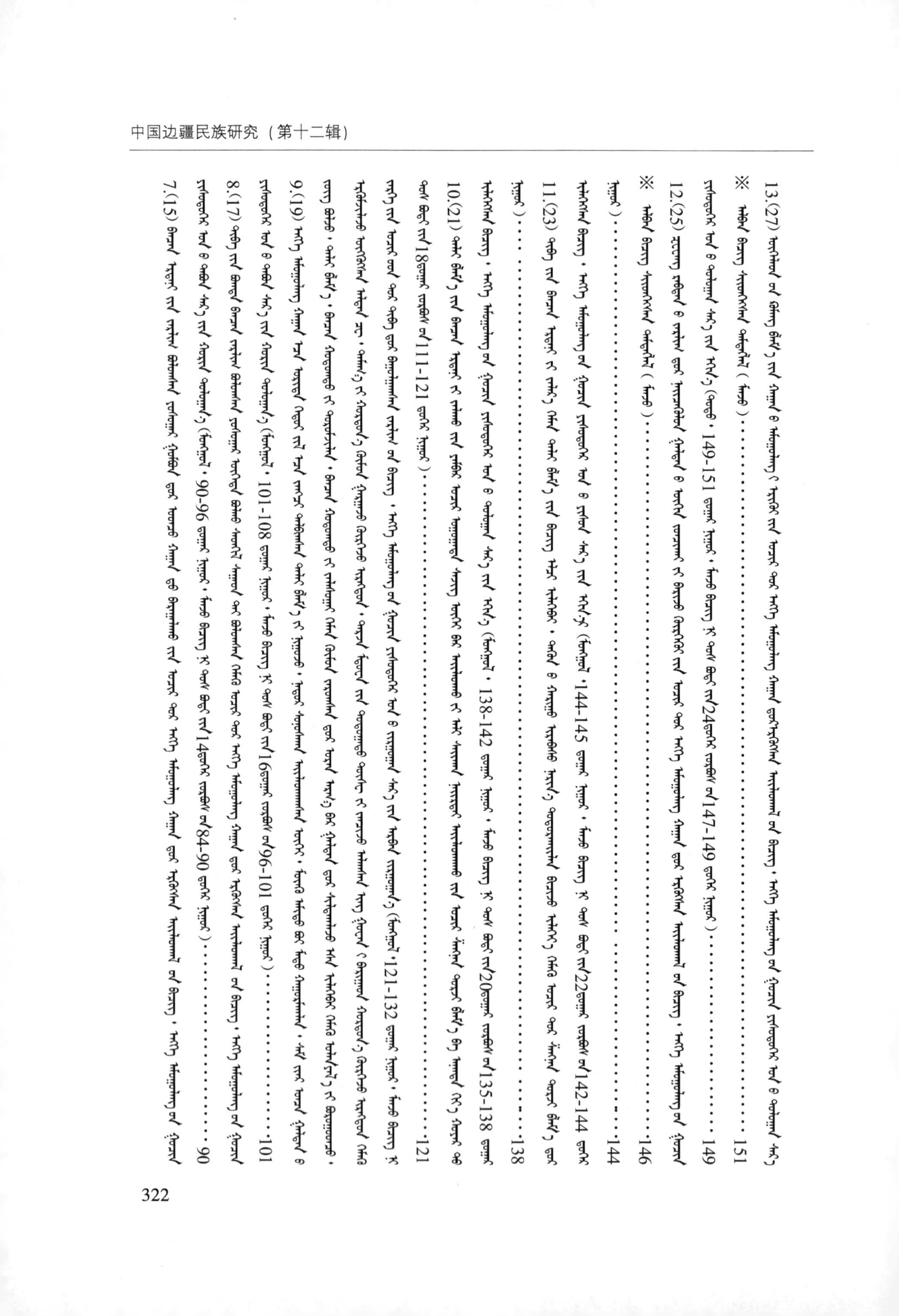

13.(27) [illegible] 24 [illegible] 147-149 [illegible] …… 151

※ [illegible] ([illegible] 149-151 [illegible]) …… 149

12.(25) [illegible] ([illegible]) …… 146

※ [illegible] ([illegible] 144-145 [illegible]) …… 144

11.(23) [illegible] ([illegible] 138-142 [illegible]) …… 138

10.(21) [illegible] 18 [illegible] 111-121 [illegible]) …… 121

9.(19) [illegible] ([illegible] 101-108 [illegible] 16 [illegible] 96-101 [illegible]) …… 101

8.(17) [illegible] ([illegible] 90-96 [illegible] 14 [illegible] 84-90 [illegible]) …… 90

7.(15) [illegible]

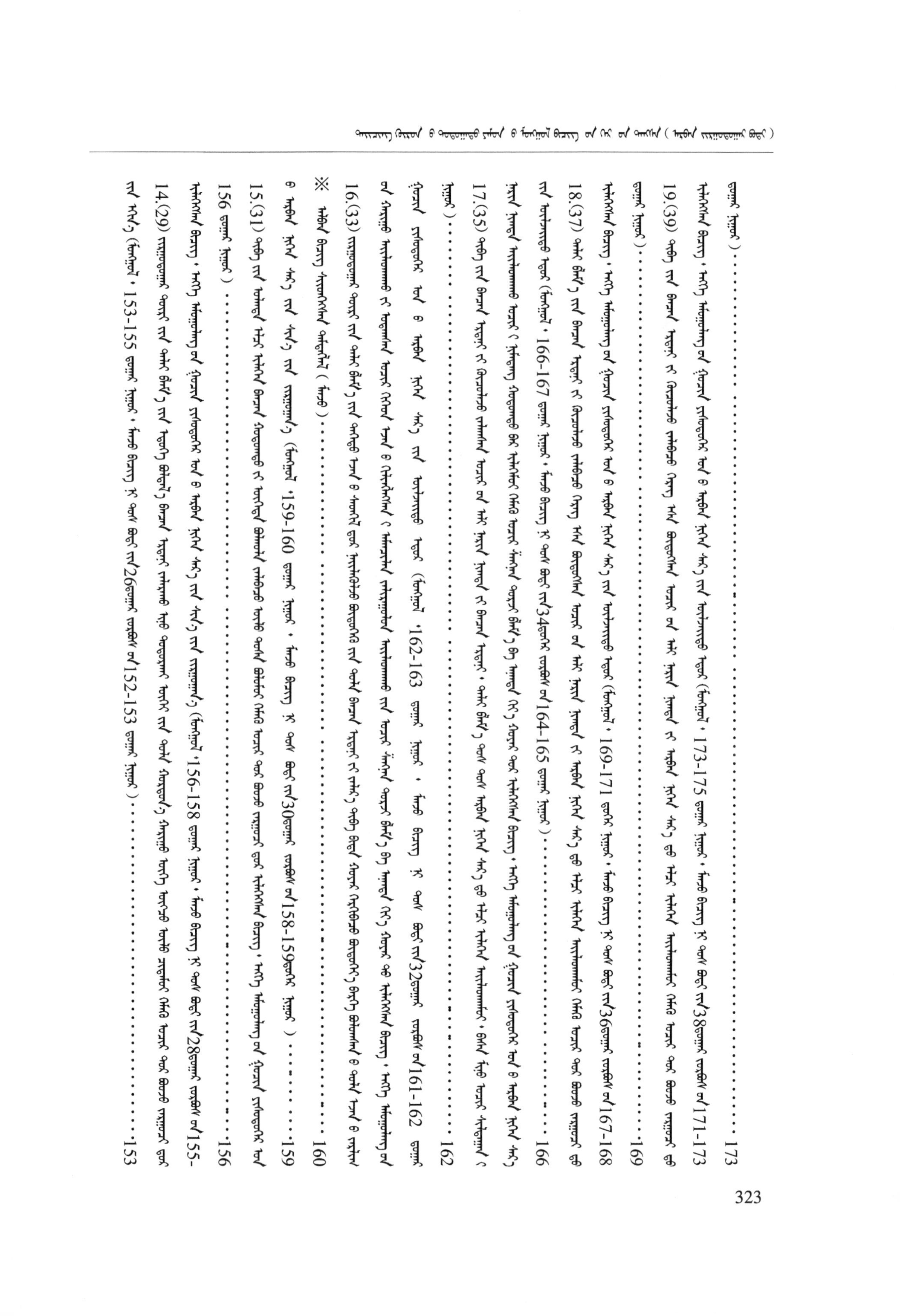

[illegible] 153-155 [illegible] 26[illegible] 152-153 [illegible])……………………153
14.(29) [illegible]
[illegible] 156-158 [illegible] 28[illegible] 155-
156 [illegible])……………………156
15.(31) [illegible]
[illegible] 159-160 [illegible] 30[illegible] 158-159[illegible])……………………159
※ [illegible] ([illegible])……………………160
16.(33) [illegible]
[illegible]
[illegible] 162-163 [illegible] 32[illegible] 161-162 [illegible]
[illegible])……………………162
17.(35) [illegible]
[illegible]
[illegible] 166-167 [illegible] 34[illegible] 164-165 [illegible])……………………166
18.(37) [illegible]
[illegible] 169-171 [illegible] 36[illegible] 167-168
[illegible])……………………169
19.(39) [illegible]
[illegible] 173-175 [illegible] 38[illegible] 171-173
[illegible])……………………173

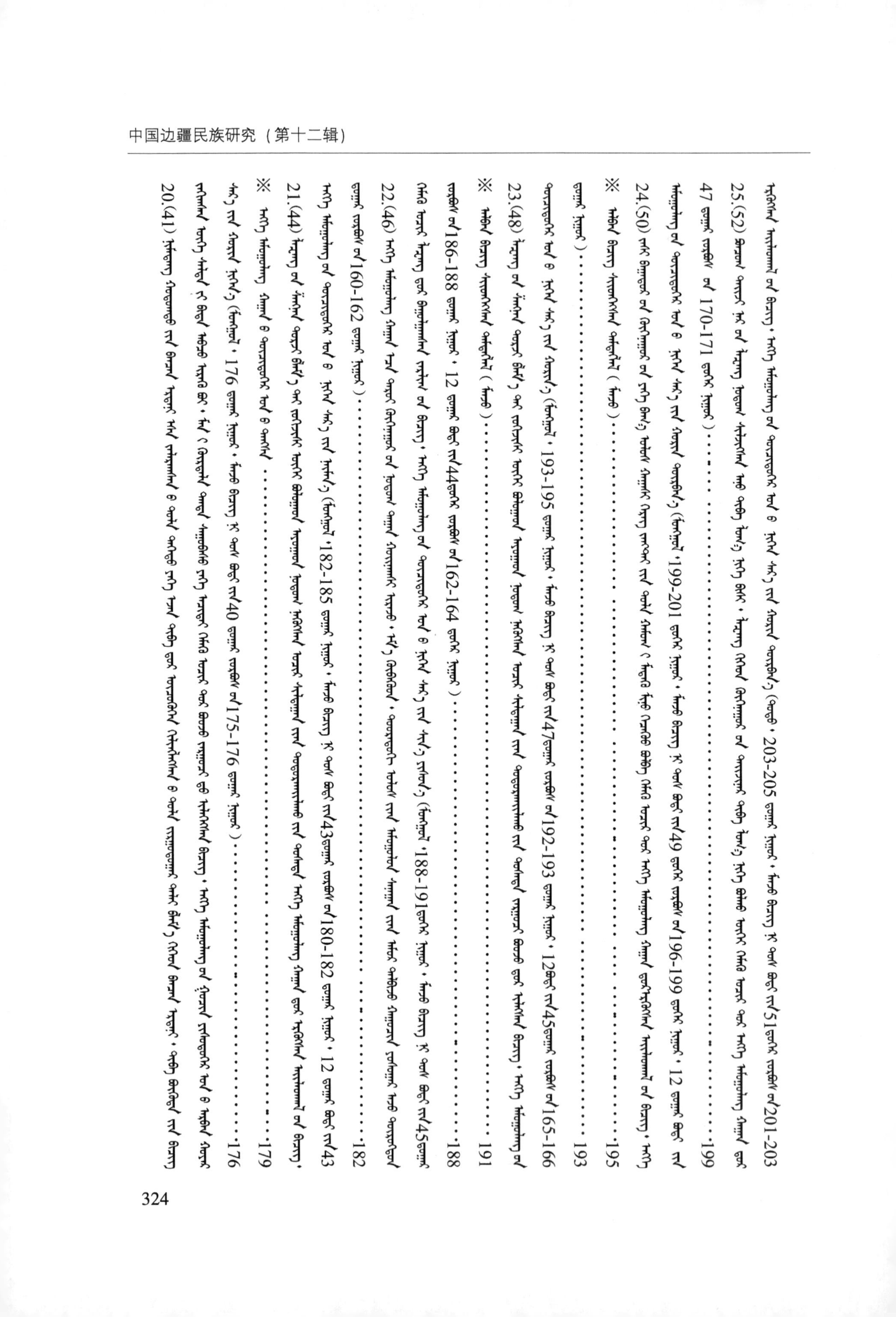

[illegible] 203-205 [illegible] 51 [illegible] 201-203
25.(52) [illegible]
47 [illegible] 170-171 [illegible] ……199
24.(50) [illegible] 49 [illegible] 196-199 [illegible] 12 [illegible]
[illegible] 199-201 [illegible]
※ [illegible] ……195
[illegible] ……193
23.(48) [illegible] 45 [illegible] 165-166
[illegible] 193-195 [illegible] 47 [illegible] 192-193 [illegible] 12 [illegible]
※ [illegible] ……191
[illegible] 186-188 [illegible] 12 [illegible] 44 [illegible] 162-164 [illegible] ……188
[illegible] 45 [illegible]
22.(46) [illegible] 188-191 [illegible]
[illegible] 160-162 [illegible] ……182
21.(44) [illegible]
[illegible] 182-185 [illegible] 43 [illegible] 180-182 [illegible] 12 [illegible] 43
※ [illegible] ……179
[illegible] 176 [illegible] 40 [illegible] 175-176 [illegible] ……176
[illegible]
20.(41) [illegible]

31.(64) [illegible]
※ [illegible] ([illegible]) …………………………………………… 228
(ᠬᠠᠪᠰᠤᠷᠤᠯᠲᠠ ·227-228 ᠳᠤᠭᠠᠷ ᠨᠢᠭᠤᠷ · [illegible] 61 ᠳᠦᠭᠡᠷ ᠳᠡᠪᠲᠡᠷ ᠦᠨ 225-226 ᠳᠤᠭᠠᠷ ᠨᠢᠭᠤᠷ · 12 ᠳᠤᠭᠠᠷ ᠪᠣᠳᠢ ᠶᠢᠨ 46 ᠳᠤᠭᠠᠷ ᠳᠡᠪᠲᠡᠷ ᠦᠨ 167-168 ᠳᠤᠭᠠᠷ ᠨᠢᠭᠤᠷ) ……… 227
30.(62) [illegible]
※ [illegible] ([illegible]) …………………………………………… 224
223 ᠳᠤᠭᠠᠷ ᠨᠢᠭᠤᠷ · 12 ᠳᠤᠭᠠᠷ ᠪᠣᠳᠢ ᠶᠢᠨ 60 ᠳᠤᠭᠠᠷ ᠳᠡᠪᠲᠡᠷ ᠦᠨ 196-197 ᠳᠤᠭᠠᠷ ᠨᠢᠭᠤᠷ) …………………………… 223
[illegible] (ᠬᠠᠪᠰᠤᠷᠤᠯᠲᠠ · 223-224 ᠳᠦᠭᠡᠷ ᠨᠢᠭᠤᠷ · [illegible] 59 ᠳᠦᠭᠡᠷ ᠳᠡᠪᠲᠡᠷ ᠦᠨ 222-
29.(60) [illegible]
※ [illegible] ([illegible]) …………………………………………… 221
ᠳᠡᠪᠲᠡᠷ ᠦᠨ 217-219 ᠳᠦᠭᠡᠷ ᠨᠢᠭᠤᠷ · 12 ᠳᠤᠭᠠᠷ ᠪᠣᠳᠢ ᠶᠢᠨ 59 ᠳᠦᠭᠡᠷ ᠳᠡᠪᠲᠡᠷ ᠦᠨ 194-195 ᠳᠤᠭᠠᠷ ᠨᠢᠭᠤᠷ) …………………… 219
[illegible] (ᠬᠠᠪᠰᠤᠷᠤᠯᠲᠠ · 219-221 ᠳᠦᠭᠡᠷ ᠨᠢᠭᠤᠷ · [illegible] 57 ᠳᠤᠭᠠᠷ
28.(58) [illegible]
※ [illegible] ([illegible]) …………………………………………… 216
58 ᠳᠤᠭᠠᠷ ᠳᠡᠪᠲᠡᠷ ᠦᠨ 191-192 ᠳᠤᠭᠠᠷ ᠨᠢᠭᠤᠷ) …………………………………… 215
[illegible] (ᠬᠠᠪᠰᠤᠷᠤᠯᠲᠠ ·215-216 ᠳᠤᠭᠠᠷ ᠨᠢᠭᠤᠷ · [illegible] 55 ᠳᠤᠭᠠᠷ ᠳᠡᠪᠲᠡᠷ ᠦᠨ 213-214 ᠳᠦᠭᠡᠷ ᠨᠢᠭᠤᠷ · 12 ᠳᠤᠭᠠᠷ ᠪᠣᠳᠢ ᠶᠢᠨ
27.(56) [illegible]
57 ᠳᠤᠭᠠᠷ ᠳᠡᠪᠲᠡᠷ ᠦᠨ 187-189 ᠳᠦᠭᠡᠷ ᠨᠢᠭᠤᠷ) …………………………………… 209
[illegible] (ᠬᠠᠪᠰᠤᠷᠤᠯᠲᠠ ·209-213 ᠳᠤᠭᠠᠷ ᠨᠢᠭᠤᠷ · [illegible] 53 ᠳᠤᠭᠠᠷ ᠳᠡᠪᠲᠡᠷ ᠦᠨ 206-209 ᠳᠦᠭᠡᠷ ᠨᠢᠭᠤᠷ · 12 ᠳᠤᠭᠠᠷ ᠪᠣᠳᠢ ᠶᠢᠨ
26.(54) [illegible]
ᠳᠤᠭᠠᠷ ᠨᠢᠭᠤᠷ · 12 ᠳᠤᠭᠠᠷ ᠪᠣᠳᠢ ᠶᠢᠨ 56 ᠳᠤᠭᠠᠷ ᠳᠡᠪᠲᠡᠷ ᠦᠨ 184-185 ᠳᠤᠭᠠᠷ ᠨᠢᠭᠤᠷ) …………………… 203

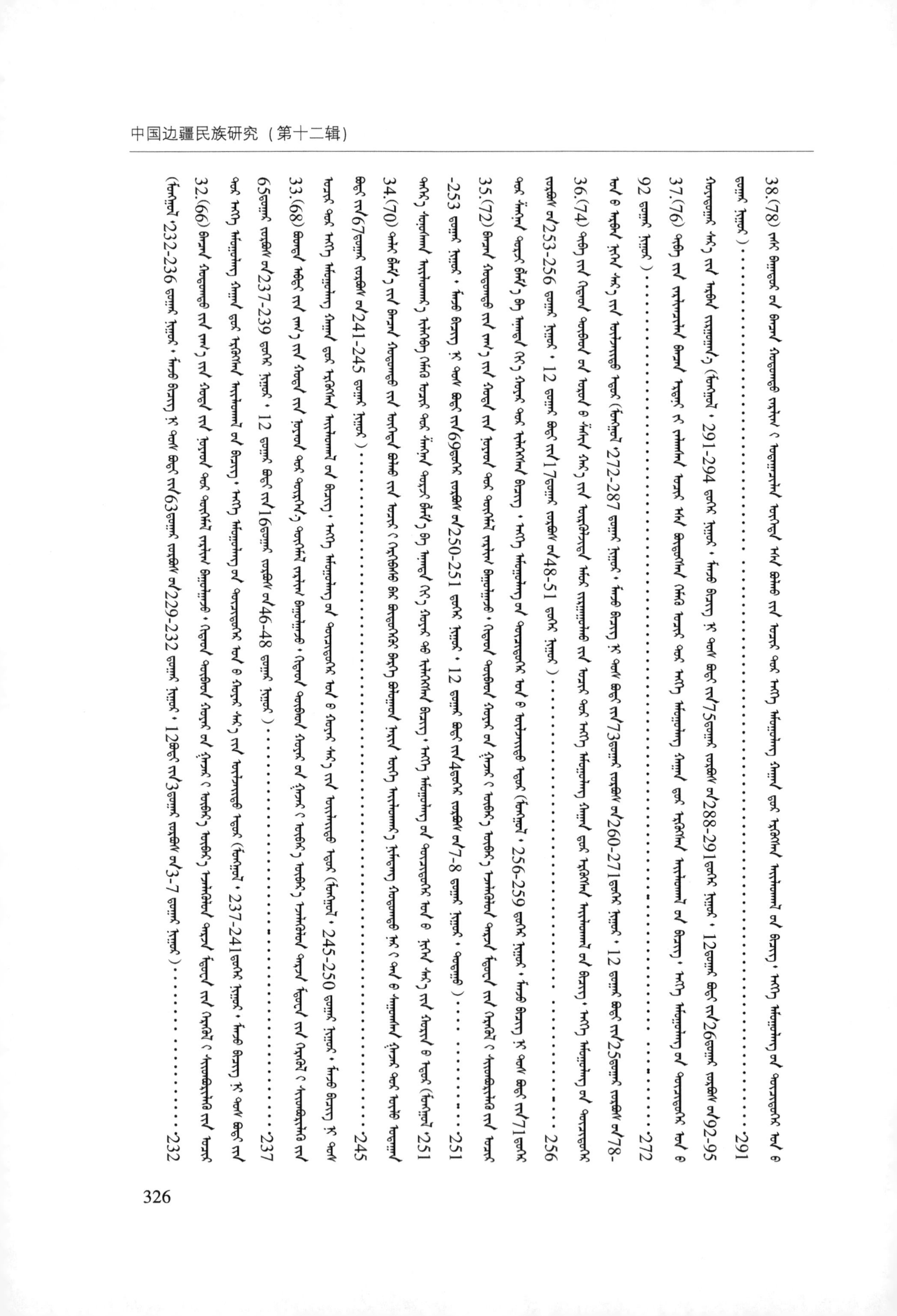

38.(78) [illegible] (291-294 [illegible], 12 [illegible] 26 [illegible] 92-95 [illegible]) …… 291
37.(76) [illegible] (272-287 [illegible], [illegible] 73 [illegible] 260-271 [illegible], 12 [illegible] 25 [illegible] 78-92 [illegible]) …… 272
36.(74) [illegible] (256-259 [illegible], [illegible] 17 [illegible] 253-256 [illegible], 12 [illegible] 17 [illegible] 48-51 [illegible]) …… 256
35.(72) [illegible] (251 [illegible], [illegible] 71 [illegible] 69 [illegible] 250-251 [illegible], 12 [illegible] 4 [illegible] 7-8 [illegible]) …… 251-253 …… 251
34.(70) [illegible] (245-250 [illegible], [illegible] 67 [illegible] 241-245 [illegible]) …… 245
33.(68) [illegible] (237-241 [illegible], [illegible] 65 [illegible] 237-239 [illegible], 12 [illegible] 16 [illegible] 46-48 [illegible]) …… 237
32.(66) [illegible] (232-236 [illegible], [illegible] 63 [illegible] 229-232 [illegible], 12 [illegible] 3 [illegible] 3-7 [illegible]) …… 232

ᠬᠠᠭᠤᠳᠠᠰᠤ) ……………………………………………………………… 319

(ᠰᠢᠨᠵᠢᠯᠡᠯ ·319-326 ᠳ᠋ᠤᠭᠠᠷ ᠬᠠᠭᠤᠳᠠᠰᠤ · ᠡᠬᠡ ᠪᠢᠴᠢᠭ ᠢ ᠨᠢ ᠬᠡᠪᠯᠡᠯ ᠦᠨ 87 ᠳ᠋ᠤᠭᠠᠷ ᠨᠢᠭᠤᠷ ᠲᠤ 312-318 ᠳ᠋ᠤᠭᠠᠷ ᠬᠠᠭᠤᠳᠠᠰᠤ · 12 ᠳ᠋ᠤᠭᠠᠷ ᠪᠦᠯᠦᠭ ᠦᠨ 27 ᠳ᠋ᠤᠭᠠᠷ ᠨᠢᠭᠤᠷ ᠲᠤ 96-102 ᠳ᠋ᠤᠭᠠᠷ ᠬᠠᠭᠤᠳᠠᠰᠤ · ᠰᠢᠨᠵᠢᠯᠡᠬᠦ ᠤᠬᠠᠭᠠᠨ ᠤ ᠰᠤᠷᠪᠤᠯᠵᠢ ᠶᠢᠨ ᠡᠷᠳᠡᠮ ᠰᠢᠨᠵᠢᠯᠡᠭᠡᠨ ᠦ ᠰᠡᠳᠬᠦᠯ ᠳᠦ ᠥᠪᠦᠷ ᠮᠣᠩᠭᠣᠯ ᠤᠨ ᠶᠡᠬᠡ ᠰᠤᠷᠭᠠᠭᠤᠯᠢ ᠶᠢᠨ ᠡᠷᠳᠡᠮ ᠰᠢᠨᠵᠢᠯᠡᠭᠡᠨ ᠦ ᠰᠡᠳᠬᠦᠯ ᠳᠦ ᠬᠡᠪᠯᠡᠭᠳᠡᠭᠰᠡᠨ ᠮᠣᠩᠭᠣᠯ ᠤᠨ ᠨᠢᠭᠤᠴᠠ ᠲᠣᠪᠴᠢᠶᠠᠨ ᠤ ᠰᠤᠳᠤᠯᠤᠯ ᠤᠨ ᠦᠭᠡ ᠨᠢ ᠬᠠᠭᠤᠳᠠᠰᠤ) ……………… 309

43.(88) ᠥᠪᠦᠷ ᠮᠣᠩᠭᠣᠯ ᠤᠨ ᠪᠠᠭᠰᠢ ᠶᠢᠨ ᠶᠡᠬᠡ ᠰᠤᠷᠭᠠᠭᠤᠯᠢ ᠶᠢᠨ ᠡᠷᠳᠡᠮ ᠰᠢᠨᠵᠢᠯᠡᠭᠡᠨ ᠦ ᠰᠡᠳᠬᠦᠯ ᠦᠨ ᠮᠣᠩᠭᠣᠯ ᠤᠨ ᠨᠢᠭᠤᠴᠠ ᠲᠣᠪᠴᠢᠶᠠᠨ ᠤ ᠦᠭᠡ ᠶᠢᠨ ᠰᠤᠳᠤᠯᠤᠯ (ᠰᠢᠨᠵᠢᠯᠡᠯ · 309-310 ᠳ᠋ᠤᠭᠠᠷ ᠬᠠᠭᠤᠳᠠᠰᠤ · ᠡᠬᠡ ᠪᠢᠴᠢᠭ ᠢ ᠨᠢ ᠬᠡᠪᠯᠡᠯ ᠦᠨ 85 ᠳ᠋ᠤᠭᠠᠷ ᠨᠢᠭᠤᠷ ᠲᠤ 308-309 ᠳ᠋ᠤᠭᠠᠷ ᠬᠠᠭᠤᠳᠠᠰᠤ · 12 ᠳ᠋ᠤᠭᠠᠷ ᠪᠦᠯᠦᠭ ᠦᠨ 50 ᠳ᠋ᠤᠭᠠᠷ ᠨᠢᠭᠤᠷ ᠲᠤ 174-175 ᠳ᠋ᠤᠭᠠᠷ ᠬᠠᠭᠤᠳᠠᠰᠤ) ……………… 308

42.(86) ᠮᠣᠩᠭᠣᠯ ᠤᠨ ᠨᠢᠭᠤᠴᠠ ᠲᠣᠪᠴᠢᠶᠠᠨ ᠳᠤ ᠬᠡᠷᠡᠭᠯᠡᠭᠰᠡᠨ ᠦᠭᠡ ᠶᠢᠨ ᠰᠤᠳᠤᠯᠤᠯ (ᠰᠢᠨᠵᠢᠯᠡᠯ ·308 ᠳ᠋ᠤᠭᠠᠷ ᠬᠠᠭᠤᠳᠠᠰᠤ · ᠡᠬᠡ ᠪᠢᠴᠢᠭ ᠢ ᠨᠢ ᠬᠡᠪᠯᠡᠯ ᠦᠨ 83 ᠳ᠋ᠤᠭᠠᠷ ᠨᠢᠭᠤᠷ ᠲᠤ 307 ᠳ᠋ᠤᠭᠠᠷ ᠬᠠᠭᠤᠳᠠᠰᠤ · 12 ᠳ᠋ᠤᠭᠠᠷ ᠪᠦᠯᠦᠭ ᠦᠨ 49 ᠳ᠋ᠦᠭᠡᠷ ᠨᠢᠭᠤᠷ ᠲᠤ 174 ᠳ᠋ᠦᠭᠡᠷ ᠬᠠᠭᠤᠳᠠᠰᠤ) ……………… 305

41.(84) ᠮᠣᠩᠭᠣᠯ ᠤᠨ ᠨᠢᠭᠤᠴᠠ ᠲᠣᠪᠴᠢᠶᠠᠨ ᠤ ᠦᠭᠡ ᠶᠢᠨ ᠰᠤᠳᠤᠯᠤᠯ · ᠰᠢᠨᠵᠢᠯᠡᠯ ᠦᠨ ᠲᠣᠪᠴᠢ ᠬᠠᠭᠤᠳᠠᠰᠤ ᠦᠨ ᠨᠢᠭᠤᠷ ᠲᠤ 198-199 ᠳ᠋ᠦᠭᠡᠷ ᠬᠠᠭᠤᠳᠠᠰᠤ) ……………… 305

(ᠰᠢᠨᠵᠢᠯᠡᠯ · 305-307 ᠳ᠋ᠤᠭᠠᠷ ᠬᠠᠭᠤᠳᠠᠰᠤ · ᠡᠬᠡ ᠪᠢᠴᠢᠭ ᠢ ᠨᠢ ᠬᠡᠪᠯᠡᠯ ᠦᠨ 81 ᠳ᠋ᠦᠭᠡᠷ ᠨᠢᠭᠤᠷ ᠲᠤ 303-305 ᠳ᠋ᠤᠭᠠᠷ ᠬᠠᠭᠤᠳᠠᠰᠤ · 12 ᠳ᠋ᠤᠭᠠᠷ ᠪᠦᠯᠦᠭ ᠦᠨ 61 ᠳ᠋ᠦᠭᠡᠷ ᠨᠢᠭᠤᠷ ᠲᠤ 200-201 ᠳ᠋ᠦᠭᠡᠷ ᠬᠠᠭᠤᠳᠠᠰᠤ) ……………… 301

40.(82) ᠮᠣᠩᠭᠣᠯ ᠤᠨ ᠨᠢᠭᠤᠴᠠ ᠲᠣᠪᠴᠢᠶᠠᠨ ᠤ ᠦᠭᠡ ᠶᠢᠨ ᠰᠤᠳᠤᠯᠤᠯ (ᠰᠢᠨᠵᠢᠯᠡᠯ · 301-302 ᠳ᠋ᠤᠭᠠᠷ ᠬᠠᠭᠤᠳᠠᠰᠤ · ᠡᠬᠡ ᠪᠢᠴᠢᠭ ᠢ ᠨᠢ ᠬᠡᠪᠯᠡᠯ ᠦᠨ 79 ᠳ᠋ᠦᠭᠡᠷ ᠨᠢᠭᠤᠷ ᠲᠤ 298-300 ᠳ᠋ᠤᠭᠠᠷ ᠬᠠᠭᠤᠳᠠᠰᠤ · 12 ᠳ᠋ᠤᠭᠠᠷ ᠪᠦᠯᠦᠭ ᠦᠨ 62 ᠳ᠋ᠤᠭᠠᠷ ᠨᠢᠭᠤᠷ ᠲᠤ ᠬᠠᠭᠤᠳᠠᠰᠤ) ……………… 296

39.(80) ᠮᠣᠩᠭᠣᠯ ᠤᠨ ᠨᠢᠭᠤᠴᠠ ᠲᠣᠪᠴᠢᠶᠠᠨ ᠤ ᠦᠭᠡ ᠶᠢᠨ ᠰᠤᠳᠤᠯᠤᠯ (ᠰᠢᠨᠵᠢᠯᠡᠯ · 296-298 ᠳ᠋ᠤᠭᠠᠷ ᠬᠠᠭᠤᠳᠠᠰᠤ · ᠡᠬᠡ ᠪᠢᠴᠢᠭ ᠢ ᠨᠢ ᠬᠡᠪᠯᠡᠯ ᠦᠨ 77 ᠳ᠋ᠤᠭᠠᠷ ᠨᠢᠭᠤᠷ ᠲᠤ 294-296 ᠳ᠋ᠤᠭᠠᠷ ᠬᠠᠭᠤᠳᠠᠰᠤ · 12 ᠳ᠋ᠤᠭᠠᠷ ᠪᠦᠯᠦᠭ ᠦᠨ 48 ᠳ᠋ᠤᠭᠠᠷ ᠨᠢᠭᠤᠷ ᠲᠤ 172-173

44.(90) ᠶᠢᠷᠦᠩᠭᠡᠢ ᠰᠤᠷᠪᠤᠯᠵᠢ ᠶᠢᠨ ᠬᠤᠷᠢᠶ᠎ᠠ ᠶᠢ ᠨᠡᠢᠲᠡ ᠶᠢᠨ ᠬᠡᠪᠯᠡᠯ ᠦᠨ ᠪᠢᠴᠢᠭ ᠪᠢᠴᠢᠭ ᠦᠨ ᠲᠡᠦᠬᠡ ᠶᠢᠨ ᠪᠦᠲᠦᠭᠡᠯ ᠦᠨ ᠪᠢᠴᠢᠭ ᠤᠨ ᠪᠦᠲᠦᠭᠡᠯ ᠦᠨ ᠲᠤᠬᠠᠢ ᠬᠡᠪᠯᠡᠯ ᠪᠢᠴᠢᠭ ᠲᠤ ᠪᠢᠴᠢᠭ ᠰᠤᠷᠪᠤᠯᠵᠢ ᠳᠤ ᠬᠠᠮᠢᠶᠠᠷᠬᠤ ᠪᠢᠴᠢᠭ᠂ ᠬᠡᠪᠯᠡᠯ ᠦᠨ ᠲᠤᠬᠠᠢ ᠬᠡᠯᠡᠯᠴᠡᠭᠡᠨ ᠦ ᠰᠢᠨᠵᠢ ᠶᠢᠨ ᠬᠡᠪᠯᠡᠯ (ᠰᠤᠷᠪᠤᠯᠵᠢ · 329-331 ᠳᠤᠭᠠᠷ ᠨᠢᠭᠤᠷ · ᠡᠬᠡ ᠪᠢᠴᠢᠭ ᠤᠨ ᠳᠡᠪᠲᠡᠷ ᠦᠨ 89 ᠳᠦᠭᠡᠷ ᠨᠢᠭᠤᠷ ᠤᠨ 327-329 ᠳᠤᠭᠠᠷ ᠨᠢᠭᠤᠷ · 12 ᠳᠤᠭᠠᠷ ᠳᠡᠪᠲᠡᠷ ᠦᠨ 18 ᠳᠤᠭᠠᠷ ᠨᠢᠭᠤᠷ ᠤᠨ 51-53 ᠳᠤᠭᠠᠷ ᠨᠢᠭᠤᠷ)……329

45.(92) ᠮᠤᠩᠭᠤᠯ ᠪᠢᠴᠢᠭ ᠦᠨ ᠬᠡᠪᠯᠡᠯ ᠦᠨ ᠪᠦᠲᠦᠭᠡᠯ ᠦᠨ ᠲᠤᠬᠠᠢ ᠬᠡᠯᠡᠯᠴᠡᠭᠡᠨ ᠦ ᠰᠢᠨᠵᠢ ᠶᠢᠨ ᠬᠡᠪᠯᠡᠯ (ᠰᠤᠷᠪᠤᠯᠵᠢ · 337-341 ᠳᠤᠭᠠᠷ ᠨᠢᠭᠤᠷ · ᠡᠬᠡ ᠪᠢᠴᠢᠭ ᠤᠨ ᠳᠡᠪᠲᠡᠷ ᠦᠨ 91 ᠳᠦᠭᠡᠷ ᠨᠢᠭᠤᠷ ᠤᠨ 333-337 ᠳᠤᠭᠠᠷ ᠨᠢᠭᠤᠷ)……337

※ ᠬᠡᠪᠯᠡᠯ ᠪᠢᠴᠢᠭ ᠦᠨ ᠲᠠᠶᠢᠯᠪᠤᠷᠢ (ᠬᠤᠪᠢ)……341

46.(94) ᠮᠤᠩᠭᠤᠯ ᠪᠢᠴᠢᠭ ᠦᠨ ᠬᠡᠪᠯᠡᠯ ᠦᠨ ᠪᠦᠲᠦᠭᠡᠯ ᠦᠨ ᠲᠤᠬᠠᠢ ᠬᠡᠯᠡᠯᠴᠡᠭᠡᠨ ᠦ ᠰᠢᠨᠵᠢ ᠶᠢᠨ ᠬᠡᠪᠯᠡᠯ (ᠰᠤᠷᠪᠤᠯᠵᠢ · 346-350 ᠳᠤᠭᠠᠷ ᠨᠢᠭᠤᠷ · ᠡᠬᠡ ᠪᠢᠴᠢᠭ ᠤᠨ ᠳᠡᠪᠲᠡᠷ ᠦᠨ 93 ᠳᠤᠭᠠᠷ ᠨᠢᠭᠤᠷ ᠤᠨ 343-346 ᠳᠤᠭᠠᠷ ᠨᠢᠭᠤᠷ · 12 ᠳᠤᠭᠠᠷ ᠳᠡᠪᠲᠡᠷ ᠦᠨ 51 ᠳᠦᠭᠡᠷ ᠨᠢᠭᠤᠷ ᠤᠨ 176-179 ᠳᠦᠭᠡᠷ ᠨᠢᠭᠤᠷ)……346

※ ᠬᠡᠪᠯᠡᠯ ᠪᠢᠴᠢᠭ ᠦᠨ ᠲᠠᠶᠢᠯᠪᠤᠷᠢ (ᠬᠤᠪᠢ)……350

47.(96) ᠮᠤᠩᠭᠤᠯ ᠪᠢᠴᠢᠭ ᠦᠨ ᠬᠡᠪᠯᠡᠯ ᠦᠨ ᠪᠦᠲᠦᠭᠡᠯ ᠦᠨ ᠲᠤᠬᠠᠢ ᠬᠡᠯᠡᠯᠴᠡᠭᠡᠨ ᠦ ᠰᠢᠨᠵᠢ ᠶᠢᠨ ᠬᠡᠪᠯᠡᠯ (ᠰᠤᠷᠪᠤᠯᠵᠢ · 361-372 ᠳᠤᠭᠠᠷ ᠨᠢᠭᠤᠷ · ᠡᠬᠡ ᠪᠢᠴᠢᠭ ᠤᠨ ᠳᠡᠪᠲᠡᠷ ᠦᠨ 95 ᠳᠤᠭᠠᠷ ᠨᠢᠭᠤᠷ ᠤᠨ 352-360 ᠳᠤᠭᠠᠷ ᠨᠢᠭᠤᠷ · 12 ᠳᠤᠭᠠᠷ ᠳᠡᠪᠲᠡᠷ ᠦᠨ 5 ᠳᠤᠭᠠᠷ ᠨᠢᠭᠤᠷ ᠤᠨ 8-16 ᠳᠤᠭᠠᠷ ᠨᠢᠭᠤᠷ)……361

48.(98) ᠮᠤᠩᠭᠤᠯ ᠪᠢᠴᠢᠭ ᠦᠨ ᠬᠡᠪᠯᠡᠯ ᠦᠨ ᠪᠦᠲᠦᠭᠡᠯ ᠦᠨ ᠲᠤᠬᠠᠢ ᠬᠡᠯᠡᠯᠴᠡᠭᠡᠨ ᠦ ᠰᠢᠨᠵᠢ ᠶᠢᠨ ᠬᠡᠪᠯᠡᠯ (ᠰᠤᠷᠪᠤᠯᠵᠢ · 375-378 ᠳᠤᠭᠠᠷ ᠨᠢᠭᠤᠷ · ᠡᠬᠡ ᠪᠢᠴᠢᠭ ᠤᠨ ᠳᠡᠪᠲᠡᠷ ᠦᠨ 97 ᠳᠤᠭᠠᠷ ᠨᠢᠭᠤᠷ ᠤᠨ 373-375 ᠳᠤᠭᠠᠷ ᠨᠢᠭᠤᠷ · 12 ᠳᠡᠪᠲᠡᠷ ᠦᠨ 6 ᠳᠤᠭᠠᠷ ᠨᠢᠭᠤᠷ ᠤᠨ 16-18 ᠳᠤᠭᠠᠷ ᠨᠢᠭᠤᠷ)……375

49.(100) ᠮᠤᠩᠭᠤᠯ ᠪᠢᠴᠢᠭ ᠦᠨ ᠬᠡᠪᠯᠡᠯ ᠦᠨ ᠪᠦᠲᠦᠭᠡᠯ ᠦᠨ ᠲᠤᠬᠠᠢ ᠬᠡᠯᠡᠯᠴᠡᠭᠡᠨ ᠦ ᠰᠢᠨᠵᠢ ᠶᠢᠨ ᠬᠡᠪᠯᠡᠯ (ᠰᠤᠷᠪᠤᠯᠵᠢ · 380-382 ᠳᠤᠭᠠᠷ ᠨᠢᠭᠤᠷ · ᠡᠬᠡ ᠪᠢᠴᠢᠭ ᠤᠨ ᠳᠡᠪᠲᠡᠷ ᠦᠨ 99 ᠳᠦᠭᠡᠷ ᠨᠢᠭᠤᠷ ᠤᠨ 378-380 ᠳᠤᠭᠠᠷ ᠨᠢᠭᠤᠷ · 12 ᠳᠤᠭᠠᠷ ᠳᠡᠪᠲᠡᠷ ᠦᠨ 19 ᠳᠦᠭᠡᠷ ᠨᠢᠭᠤᠷ ᠤᠨ 54-56 ᠳᠤᠭᠠᠷ ᠨᠢᠭᠤᠷ)……380

116ᠳᠤᠭᠠᠷ ᠨᠢᠭᠤᠷ) ……………………………………………………………… 414

ᠦᠨᠳᠦᠰᠦᠲᠡᠨ ᠦ ᠬᠡᠪᠯᠡᠯ ᠦᠨ ᠬᠣᠷᠢᠶ᠎ᠠ (ᠬᠥᠬᠡᠬᠣᠲᠠ, 414-417 ᠳᠤᠭᠠᠷ ᠨᠢᠭᠤᠷ, ᠪᠦᠳᠦᠨ ᠪᠠᠢᠳᠠᠯ ᠤᠨ ᠪᠦᠯᠦᠭ ᠦᠨ 111ᠳᠦᠭᠡᠷ ᠬᠡᠰᠡᠭ ᠲᠦ/412-414ᠳᠦᠭᠡᠷ ᠨᠢᠭᠤᠷ, 12 ᠳᠤᠭᠠᠷ ᠪᠦᠯᠦᠭ ᠦᠨ 31 ᠳᠦᠭᠡᠷ ᠬᠡᠰᠡᠭ ᠲᠦ/114-116ᠳᠤᠭᠠᠷ ᠨᠢᠭᠤᠷ)

55.(112) ᠴᠢᠯᠠᠭᠤᠨ ᠤ ᠪᠠᠶᠢᠳᠠᠯ ᠤᠨ ᠲᠦᠯᠬᠢᠭᠦᠷ ᠲᠠᠢ ᠬᠣᠯᠪᠣᠭᠳᠠᠬᠤ ᠵᠢᠷᠤᠭ ᠤᠨ ᠪᠢᠴᠢᠭ ᠢ ᠬᠡᠷᠬᠢᠨ ᠤᠩᠰᠢᠬᠤ ᠲᠤᠬᠠᠢ (ᠬᠥᠬᠡᠬᠣᠲᠠ, 410-411 ᠳᠦᠭᠡᠷ ᠨᠢᠭᠤᠷ, 12 ᠳᠤᠭᠠᠷ ᠪᠦᠯᠦᠭ ᠦᠨ 30ᠳᠤᠭᠠᠷ ᠬᠡᠰᠡᠭ ᠲᠦ/113-114ᠳᠦᠭᠡᠷ ᠨᠢᠭᠤᠷ) …………………………… 411

54.(110) ᠴᠢᠯᠠᠭᠤᠨ ᠤ ᠪᠠᠶᠢᠳᠠᠯ ᠤᠨ ᠲᠦᠯᠬᠢᠭᠦᠷ ᠲᠠᠢ ᠬᠣᠯᠪᠣᠭᠳᠠᠬᠤ ᠪᠢᠴᠢᠭ ᠦᠨ ᠬᠡᠪ ᠬᠡᠯᠪᠡᠷᠢ (ᠬᠥᠬᠡᠬᠣᠲᠠ, 411-412 ᠳᠤᠭᠠᠷ ᠨᠢᠭᠤᠷ, ᠪᠦᠳᠦᠨ ᠪᠠᠢᠳᠠᠯ ᠤᠨ ᠪᠦᠯᠦᠭ ᠦᠨ 109ᠳᠦᠭᠡᠷ ᠬᠡᠰᠡᠭ ᠲᠦ/408-409 ᠳᠦᠭᠡᠷ ᠨᠢᠭᠤᠷ, 409-410 ᠳᠤᠭᠠᠷ ᠨᠢᠭᠤᠷ, ᠪᠦᠳᠦᠨ ᠪᠠᠢᠳᠠᠯ ᠤᠨ ᠪᠦᠯᠦᠭ ᠦᠨ 107ᠳᠤᠭᠠᠷ ᠬᠡᠰᠡᠭ ᠲᠦ/408-409 ᠳᠦᠭᠡᠷ ᠨᠢᠭᠤᠷ) …………………………… 409

53.(108) ᠴᠢᠯᠠᠭᠤᠨ ᠤ ᠪᠠᠶᠢᠳᠠᠯ ᠤᠨ ᠲᠦᠯᠬᠢᠭᠦᠷ ᠲᠠᠢ ᠬᠣᠯᠪᠣᠭᠳᠠᠬᠤ ᠨᠢᠭᠤᠷ (ᠬᠥᠬᠡᠬᠣᠲᠠ, 404-408 ᠳᠤᠭᠠᠷ ᠨᠢᠭᠤᠷ, ᠪᠦᠳᠦᠨ ᠪᠠᠢᠳᠠᠯ ᠤᠨ ᠪᠦᠯᠦᠭ ᠦᠨ 105ᠳᠤᠭᠠᠷ ᠬᠡᠰᠡᠭ ᠲᠦ/401-404 ᠳᠦᠭᠡᠷ ᠨᠢᠭᠤᠷ, 12ᠳᠤᠭᠠᠷ ᠪᠦᠯᠦᠭ ᠦᠨ 29ᠳᠦᠭᠡᠷ ᠬᠡᠰᠡᠭ ᠲᠦ/110-113ᠳᠤᠭᠠᠷ ᠨᠢᠭᠤᠷ) …………………………… 404

52.(106) ᠴᠢᠯᠠᠭᠤᠨ ᠤ ᠪᠠᠶᠢᠳᠠᠯ ᠤᠨ ᠲᠦᠯᠬᠢᠭᠦᠷ ᠲᠠᠢ ᠬᠣᠯᠪᠣᠭᠳᠠᠬᠤ ᠵᠢᠷᠤᠭ (ᠬᠥᠬᠡᠬᠣᠲᠠ, 393-400 ᠳᠤᠭᠠᠷ ᠨᠢᠭᠤᠷ, ᠪᠦᠳᠦᠨ ᠪᠠᠢᠳᠠᠯ ᠤᠨ ᠪᠦᠯᠦᠭ ᠦᠨ 103ᠳᠤᠭᠠᠷ ᠬᠡᠰᠡᠭ ᠲᠦ/387-393 ᠳᠤᠭᠠᠷ ᠨᠢᠭᠤᠷ, 12ᠳᠤᠭᠠᠷ ᠪᠦᠯᠦᠭ ᠦᠨ 28ᠳᠤᠭᠠᠷ ᠬᠡᠰᠡᠭ ᠲᠦ/104-110ᠳᠤᠭᠠᠷ ᠨᠢᠭᠤᠷ) …………………………… 393

51.(104) ᠴᠢᠯᠠᠭᠤᠨ ᠤ ᠪᠠᠶᠢᠳᠠᠯ ᠤᠨ ᠲᠦᠯᠬᠢᠭᠦᠷ ᠲᠠᠢ ᠬᠣᠯᠪᠣᠭᠳᠠᠬᠤ ᠨᠢᠭᠤᠷ (ᠬᠥᠬᠡᠬᠣᠲᠠ, 384-387 ᠳᠤᠭᠠᠷ ᠨᠢᠭᠤᠷ, ᠪᠦᠳᠦᠨ ᠪᠠᠢᠳᠠᠯ ᠤᠨ ᠪᠦᠯᠦᠭ ᠦᠨ 101ᠳᠦᠭᠡᠷ ᠬᠡᠰᠡᠭ ᠲᠦ/382-384 ᠳᠦᠭᠡᠷ ᠨᠢᠭᠤᠷ, 12 ᠳᠤᠭᠠᠷ ᠪᠦᠯᠦᠭ ᠦᠨ 20ᠳᠤᠭᠠᠷ ᠬᠡᠰᠡᠭ ᠲᠦ/56-59 ᠳᠦᠭᠡᠷ ᠨᠢᠭᠤᠷ) …………………………… 384

50.(102) ᠴᠢᠯᠠᠭᠤᠨ ᠤ ᠪᠠᠶᠢᠳᠠᠯ ᠤᠨ ᠲᠦᠯᠬᠢᠭᠦᠷ ᠲᠠᠢ ᠬᠣᠯᠪᠣᠭᠳᠠᠬᠤ ᠵᠢᠷᠤᠭ ᠤᠨ ᠪᠢᠴᠢᠭ ᠢ ᠬᠡᠷᠬᠢᠨ ᠤᠩᠰᠢᠬᠤ ᠲᠤᠬᠠᠢ

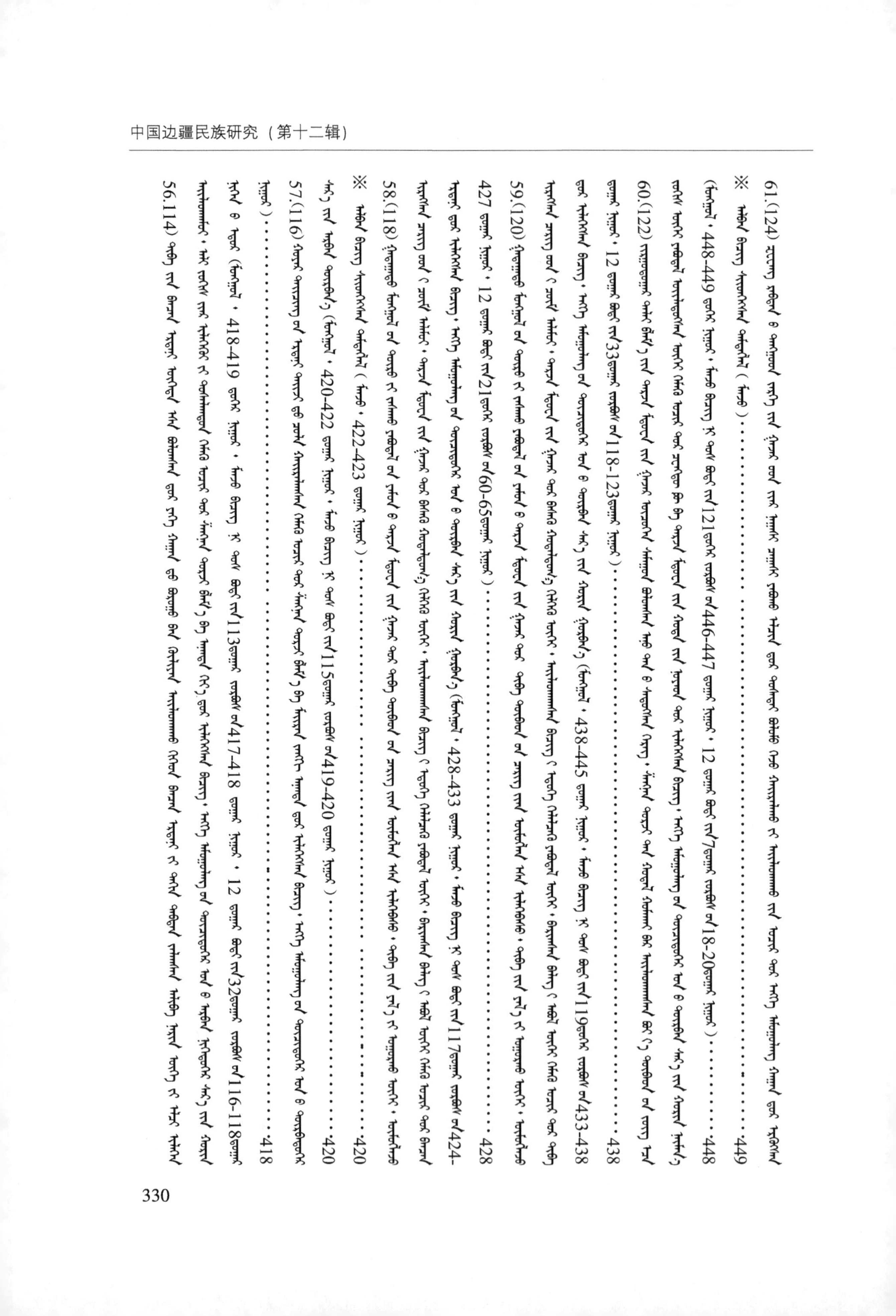

61.(124) [illegible] ……449

※ [illegible]（[illegible]）……449

（[illegible]、448-449 [illegible] 121 [illegible] 446-447 [illegible]、12 [illegible] 7 [illegible] 18-20 [illegible]）……448

60.(122) [illegible] 12 [illegible] 33 [illegible] 118-123 [illegible]）……438

59.(120) [illegible]（[illegible]、438-445 [illegible] 119 [illegible] 433-438 [illegible]

427 [illegible]、12 [illegible] 21 [illegible] 60-65 [illegible]）……428

58.(118) [illegible]（[illegible]、428-433 [illegible] 117 [illegible] 424- [illegible]

※ [illegible]（[illegible]、422-423 [illegible]）……420

[illegible]（[illegible]、420-422 [illegible] 115 [illegible] 419-420 [illegible]）……420

57.(116) [illegible]）……418

[illegible]（[illegible]、418-419 [illegible]、12 [illegible] 113 [illegible] 417-418 [illegible]、12 [illegible] 32 [illegible] 116-118 [illegible]

56.114) [illegible]

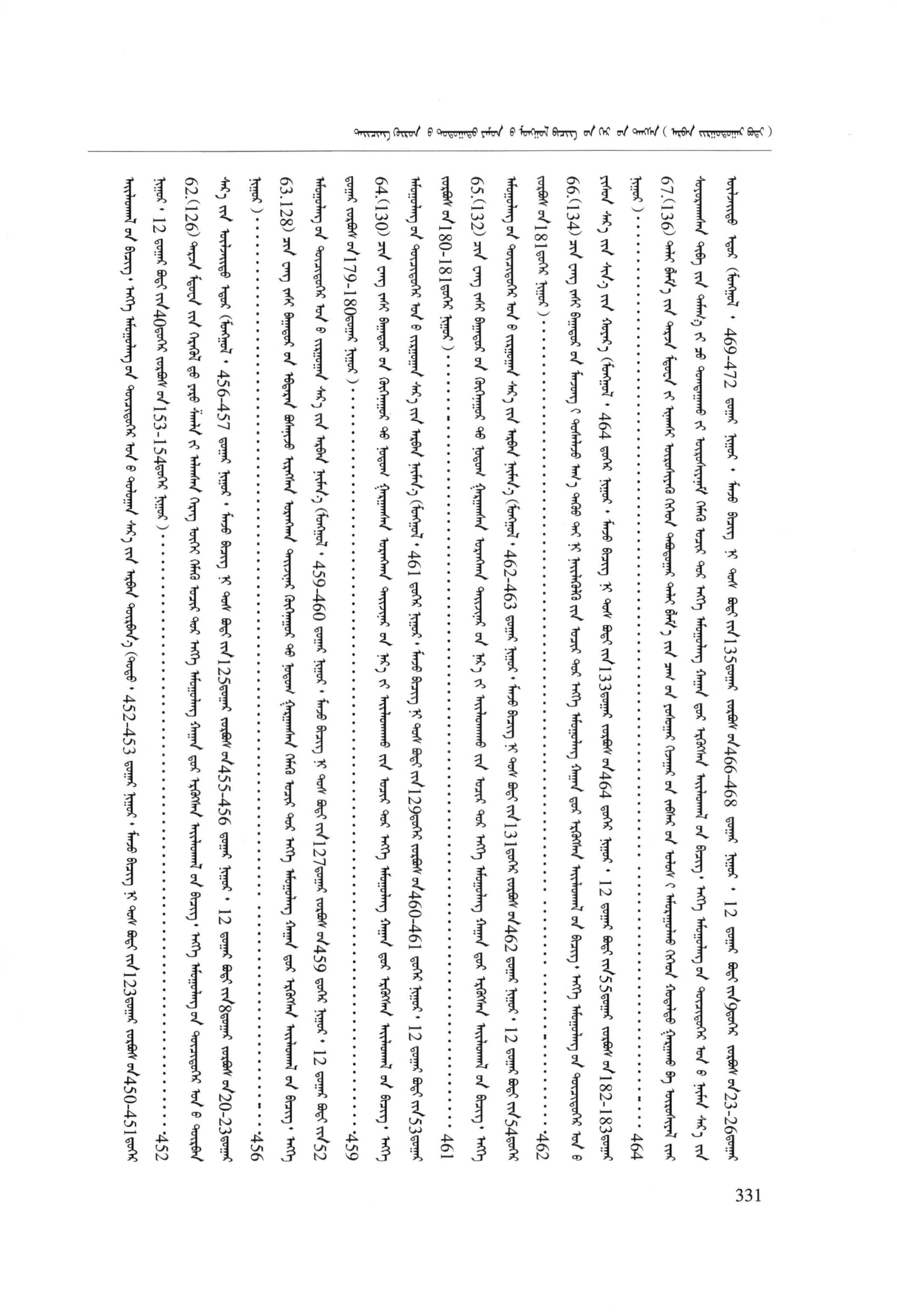

[illegible] ([illegible] · 469-472 [illegible] · [illegible] 135 [illegible] 466-468 [illegible] · 12 [illegible] 9 [illegible] 23-26 [illegible]
[illegible]
67.(136) [illegible]
[illegible])………………………………………………464
[illegible] ([illegible] · 464 [illegible] · [illegible] 133 [illegible] 464 [illegible] · 12 [illegible] 55 [illegible] 182-183 [illegible]
66.(134) [illegible]
[illegible] 181 [illegible])………………………………………………462
[illegible] ([illegible] · 462-463 [illegible] · [illegible] 131 [illegible] 462 [illegible] · 12 [illegible] 54 [illegible]
65.(132) [illegible]
[illegible] 180-181 [illegible])………………………………………………461
[illegible] ([illegible] · 461 [illegible] · [illegible] 129 [illegible] 460-461 [illegible] · 12 [illegible] 53 [illegible]
64.(130) [illegible]
[illegible] 179-180 [illegible])………………………………………………459
[illegible] ([illegible] · 459-460 [illegible] · [illegible] 127 [illegible] 459 [illegible] · 12 [illegible] 52
63.128) [illegible]
[illegible])………………………………………………456
[illegible] ([illegible] · 456-457 [illegible] · [illegible] 125 [illegible] 455-456 [illegible] · 12 [illegible] 8 [illegible] 20-23 [illegible]
62.(126) [illegible]
[illegible] · 12 [illegible] 40 [illegible] 153-154 [illegible])………………………………………………452
[illegible] ([illegible] · 452-453 [illegible] · [illegible] 123 [illegible] 450-451 [illegible]

ᠪᠦᠯᠦᠭ ᠦᠨ 157-158 ᠳᠤᠭᠠᠷ ᠨᠢᠭᠤᠷ) ……507

[illegible] (ᠳᠡᠪᠲᠡᠷ · 507-509 ᠳᠤᠭᠠᠷ ᠨᠢᠭᠤᠷ · [illegible] 147 ᠳᠤᠭᠠᠷ ᠪᠦᠯᠦᠭ ᠦᠨ 506-507 ᠳᠤᠭᠠᠷ ᠨᠢᠭᠤᠷ · 12 ᠳᠤᠭᠠᠷ ᠳᠡᠪᠲᠡᠷ ᠦᠨ 42 ᠳᠤᠭᠠᠷ

73.(148) [illegible]

(ᠳᠡᠪᠲᠡᠷ · 506 ᠳᠤᠭᠠᠷ ᠨᠢᠭᠤᠷ · [illegible] 145 ᠳᠤᠭᠠᠷ ᠪᠦᠯᠦᠭ ᠦᠨ 505 ᠳᠤᠭᠠᠷ ᠨᠢᠭᠤᠷ · 12 ᠳᠤᠭᠠᠷ ᠳᠡᠪᠲᠡᠷ ᠦᠨ 41 ᠳᠤᠭᠠᠷ ᠪᠦᠯᠦᠭ ᠦᠨ 155-156 ᠳᠤᠭᠠᠷ ᠨᠢᠭᠤᠷ) ……506

72.(146) [illegible]

ᠨᠢᠭᠤᠷ) ……495

[illegible] (ᠳᠡᠪᠲᠡᠷ · 495-504 ᠳᠤᠭᠠᠷ ᠨᠢᠭᠤᠷ · [illegible] 143 ᠳᠤᠭᠠᠷ ᠪᠦᠯᠦᠭ ᠦᠨ 488-495 ᠳᠤᠭᠠᠷ ᠨᠢᠭᠤᠷ · 12 ᠳᠤᠭᠠᠷ ᠳᠡᠪᠲᠡᠷ ᠦᠨ 36 ᠳᠤᠭᠠᠷ ᠪᠦᠯᠦᠭ ᠦᠨ 130-138 ᠳᠤᠭᠠᠷ

71.(144) [illegible]

486 ᠳᠤᠭᠠᠷ ᠨᠢᠭᠤᠷ · 12 ᠳᠤᠭᠠᠷ ᠳᠡᠪᠲᠡᠷ ᠦᠨ 35 ᠳᠤᠭᠠᠷ ᠪᠦᠯᠦᠭ ᠦᠨ 129-130 ᠳᠤᠭᠠᠷ ᠨᠢᠭᠤᠷ) ……486

[illegible] (ᠳᠡᠪᠲᠡᠷ · 486-487 ᠳᠤᠭᠠᠷ ᠨᠢᠭᠤᠷ · [illegible] 141 ᠳᠤᠭᠠᠷ ᠪᠦᠯᠦᠭ ᠦᠨ 485-

[illegible]

70.(142) [illegible]

484 ᠳᠤᠭᠠᠷ ᠨᠢᠭᠤᠷ · 12 ᠳᠤᠭᠠᠷ ᠳᠡᠪᠲᠡᠷ ᠦᠨ 10 ᠳᠤᠭᠠᠷ ᠪᠦᠯᠦᠭ ᠦᠨ 26-27 ᠳᠤᠭᠠᠷ ᠨᠢᠭᠤᠷ) ……484

[illegible] (ᠳᠡᠪᠲᠡᠷ · 484-485 ᠳᠤᠭᠠᠷ ᠨᠢᠭᠤᠷ · [illegible] 139 ᠳᠤᠭᠠᠷ ᠪᠦᠯᠦᠭ ᠦᠨ 483-

[illegible]

69.(140) [illegible]

477-483 ᠳᠤᠭᠠᠷ ᠨᠢᠭᠤᠷ · [illegible] 137 ᠳᠤᠭᠠᠷ ᠪᠦᠯᠦᠭ ᠦᠨ 472-477 ᠳᠤᠭᠠᠷ ᠨᠢᠭᠤᠷ · 12 ᠳᠤᠭᠠᠷ ᠳᠡᠪᠲᠡᠷ ᠦᠨ 34 ᠳᠤᠭᠠᠷ ᠪᠦᠯᠦᠭ ᠦᠨ 124-129 ᠳᠤᠭᠠᠷ ᠨᠢᠭᠤᠷ) ……477

[illegible] (ᠳᠡᠪᠲᠡᠷ ·

68.(138) [illegible]

ᠨᠢᠭᠤᠷ) ……469

※ ᠮᠣᠩᠭᠣᠯ ᠪᠢᠴᠢᠭ ᠲᠠᠢᠯᠪᠤᠷᠢᠯᠠᠯ ᠣᠷᠴᠢᠭᠤᠯᠭ᠎ᠠ (ᠮᠠᠨᠵᠤ) …… 509
74.(150) ᠪᠠᠷᠠᠭᠤᠨ ᠭᠣᠣᠯ ᠤᠨ ᠠᠮᠤᠷ ᠰᠠᠶᠢᠬᠠᠨ ᠤᠨ ᠵᠢᠯ ᠦᠨ ᠬᠠᠪᠤᠷ ᠤᠨ ᠳᠡᠮᠴᠢᠭ ᠂ ᠮᠠᠨᠵᠤ ᠮᠣᠩᠭᠣᠯ ᠪᠢᠴᠢᠭ ᠂ ᠵᠠᠰᠠᠭ ᠤᠨ ᠭᠠᠵᠠᠷ ᠤᠨ ᠲᠠᠰᠤᠭ ᠲᠤ ᠮᠡᠳᠡᠭᠦᠯᠦᠭᠰᠡᠨ ᠪᠢᠴᠢᠭ ᠂ ᠬᠠᠰᠢᠭᠠᠨ ᠤ ᠳᠠᠷᠤᠭ᠎ᠠ ᠶᠢᠨ ᠡᠷᠬᠢᠯᠡᠭᠴᠢ ᠨᠠᠷ ᠤᠨ ᠨᠡᠷᠡᠰ ᠤᠨ ᠳᠡᠩᠳᠡᠮᠡᠯ ᠂ ᠮᠠᠨᠵᠤ ᠪᠢᠴᠢᠭ ᠂ ᠮᠣᠩᠭᠣᠯ ᠪᠢᠴᠢᠭ ᠤᠨ ᠡᠬᠡ ᠲᠡᠮᠳᠡᠭ ᠦᠨ ᠰᠠᠩ ᠤᠨ ᠨᠣᠮ ᠤᠨ ᠬᠤᠷᠢᠶᠠᠩᠭᠤᠢ ᠂ ᠬᠠᠯᠬ᠎ᠠ ᠶᠢᠨ ᠵᠠᠰᠠᠭ ᠤᠨ ᠭᠠᠵᠠᠷ ᠤᠨ ᠬᠠᠮᠤᠭ ᠤᠨ ᠲᠡᠷᠢᠭᠦᠨ ᠨᠠᠷ ᠤᠨ ᠪᠢᠴᠢᠭ ᠦᠨ ᠶᠠᠪᠤᠳᠠᠯ ᠤᠨ ᠮᠡᠳᠡᠭᠦᠯᠡᠭᠰᠡᠨ ᠪᠢᠴᠢᠭ ᠂ ᠮᠣᠩᠭᠣᠯ ᠵᠠᠰᠠᠭ ᠤᠨ ᠬᠠᠮᠤᠭ ᠤᠨ ᠲᠡᠷᠢᠭᠦᠨ ᠂ ᠮᠣᠩᠭᠣᠯ ᠪᠢᠴᠢᠭ ᠦᠨ ᠭᠣᠣᠯ ᠤᠨ ᠲᠦᠰᠢᠮᠡᠯ ᠦᠨ ᠬᠡᠯᠡᠨ ᠮᠡᠳᠡᠭᠦᠯᠦᠭᠰᠡᠨ (ᠮᠠᠨᠵᠤ ᠂ 513-515 ᠳᠤᠭᠠᠷ ᠨᠢᠭᠤᠷ ᠂ ᠮᠣᠩᠭᠣᠯ ᠪᠢᠴᠢᠭ ᠢ ᠡᠬᠡ ᠳᠡᠪᠲᠡᠷ ᠦᠨ 149 ᠳᠦᠭᠡᠷ ᠬᠠᠭᠤᠳᠠᠰᠤ ᠶᠢᠨ 510-512 ᠳᠤᠭᠠᠷ ᠨᠢᠭᠤᠷ ᠂ 12 ᠳᠤᠭᠠᠷ ᠳᠡᠪᠲᠡᠷ ᠦᠨ 22 ᠳᠤᠭᠠᠷ ᠬᠠᠭᠤᠳᠠᠰᠤ ᠶᠢᠨ 65-69 ᠳᠦᠭᠡᠷ ᠨᠢᠭᠤᠷ) …… 513
75.(152) ᠠᠮᠤᠷ ᠰᠠᠶᠢᠬᠠᠨ ᠤ ᠵᠢᠯ ᠦᠨ ᠬᠠᠪᠤᠷ ᠤᠨ ᠳᠡᠮᠴᠢᠭ ᠂ ᠮᠣᠩᠭᠣᠯ ᠵᠠᠰᠠᠭ ᠤᠨ ᠬᠠᠮᠤᠭ ᠤᠨ ᠲᠡᠷᠢᠭᠦᠨ ᠨᠠᠷ ᠤᠨ ᠬᠡᠯᠡᠨ ᠮᠡᠳᠡᠭᠦᠯᠦᠭᠰᠡᠨ ᠡᠷᠬᠢᠯᠡᠭᠴᠢ ᠰᠠᠶᠢᠳ ᠤᠨ ᠬᠡᠷᠡᠭ ᠢ ᠰᠢᠢᠳᠪᠦᠷᠢᠯᠡᠭᠰᠡᠨ ᠲᠤᠬᠠᠢ ᠲᠠᠯᠪᠢᠭᠰᠠᠨ ᠪᠢᠴᠢᠭ ᠂ ᠮᠠᠨᠵᠤ ᠬᠠᠮᠤᠭ ᠤᠨ ᠲᠡᠷᠢᠭᠦᠨ ᠨᠠᠷ ᠤᠨ ᠬᠡᠷᠡᠭ ᠢ ᠰᠢᠢᠳᠪᠦᠷᠢᠯᠡᠭᠰᠡᠨ ᠲᠤ ᠨᠡᠮᠡᠵᠦ ᠮᠡᠳᠡᠭᠦᠯᠦᠭᠰᠡᠨ ᠪᠢᠴᠢᠭ ᠂ ᠮᠣᠩᠭᠣᠯ ᠵᠠᠰᠠᠭ ᠤᠨ ᠬᠡᠯᠡᠨ ᠮᠡᠳᠡᠭᠦᠯᠦᠭᠰᠡᠨ ᠳᠤ ᠨᠡᠮᠡᠵᠦ ᠪᠢᠴᠢᠭ ᠂ ᠮᠣᠩᠭᠣᠯ ᠪᠢᠴᠢᠭ ᠦᠨ ᠭᠣᠣᠯ ᠳᠡᠪᠲᠡᠷ ᠦᠨ ᠲᠤᠬᠠᠢ ᠲᠦᠰᠢᠮᠡᠯ ᠦᠨ ᠬᠡᠯᠡᠨ ᠮᠡᠳᠡᠭᠦᠯᠦᠭᠰᠡᠨ (ᠮᠠᠨᠵᠤ ᠂ 518-519 ᠳᠦᠭᠡᠷ ᠨᠢᠭᠤᠷ ᠂ ᠮᠣᠩᠭᠣᠯ ᠪᠢᠴᠢᠭ ᠢ ᠡᠬᠡ ᠳᠡᠪᠲᠡᠷ ᠦᠨ 151 ᠳᠦᠭᠡᠷ ᠬᠠᠭᠤᠳᠠᠰᠤ ᠶᠢᠨ 517 ᠳᠤᠭᠠᠷ ᠨᠢᠭᠤᠷ ᠂ 12 ᠳᠤᠭᠠᠷ ᠳᠡᠪᠲᠡᠷ ᠦᠨ 37 ᠳᠤᠭᠠᠷ ᠬᠠᠭᠤᠳᠠᠰᠤ ᠶᠢᠨ 139-141 ᠳᠦᠭᠡᠷ ᠨᠢᠭᠤᠷ) …… 518
※ ᠮᠣᠩᠭᠣᠯ ᠪᠢᠴᠢᠭ ᠲᠠᠢᠯᠪᠤᠷᠢᠯᠠᠯ ᠣᠷᠴᠢᠭᠤᠯᠭ᠎ᠠ (ᠮᠠᠨᠵᠤ) …… 519
76.(154) ᠠᠮᠤᠷ ᠰᠠᠶᠢᠬᠠᠨ ᠤ ᠵᠢᠯ ᠦᠨ ᠪᠠᠷᠠᠭᠤᠨ ᠭᠣᠣᠯ ᠤᠨ ᠠᠮᠤᠷ ᠠᠮᠤᠷ ᠬᠠᠮᠤᠭ ᠤᠨ ᠲᠡᠷᠢᠭᠦᠨ ᠡᠳᠡᠭᠡᠷ ᠦᠨ ᠬᠡᠷᠡᠭ ᠢ ᠰᠢᠢᠳᠪᠦᠷᠢᠯᠡᠭᠰᠡᠨ ᠮᠠᠨᠵᠤ ᠵᠠᠰᠠᠭ ᠤᠨ ᠭᠠᠵᠠᠷ ᠤᠨ ᠲᠦᠰᠢᠮᠡᠯ ᠦᠨ ᠮᠡᠳᠡᠭᠦᠯᠦᠭᠰᠡᠨ ᠪᠢᠴᠢᠭ ᠂ ᠮᠣᠩᠭᠣᠯ ᠪᠢᠴᠢᠭ ᠦᠨ ᠭᠣᠣᠯ ᠳᠡᠪᠲᠡᠷ ᠦᠨ ᠲᠤᠬᠠᠢ ᠲᠦᠰᠢᠮᠡᠯ ᠦᠨ ᠬᠡᠯᠡᠨ ᠮᠡᠳᠡᠭᠦᠯᠦᠭᠰᠡᠨ (ᠮᠠᠨᠵᠤ ᠂ 523-525 ᠳᠤᠭᠠᠷ ᠨᠢᠭᠤᠷ ᠂ ᠮᠣᠩᠭᠣᠯ ᠪᠢᠴᠢᠭ ᠢ ᠡᠬᠡ ᠳᠡᠪᠲᠡᠷ ᠦᠨ 153 ᠳᠤᠭᠠᠷ ᠬᠠᠭᠤᠳᠠᠰᠤ ᠶᠢᠨ 520-522 ᠳᠤᠭᠠᠷ ᠨᠢᠭᠤᠷ ᠂ 12 ᠳᠤᠭᠠᠷ ᠳᠡᠪᠲᠡᠷ ᠦᠨ 11 ᠳᠦᠭᠡᠷ ᠬᠠᠭᠤᠳᠠᠰᠤ ᠶᠢᠨ 28-31 ᠳᠦᠭᠡᠷ ᠨᠢᠭᠤᠷ) …… 523
77.(156) ᠠᠮᠤᠷ ᠰᠠᠶᠢᠬᠠᠨ ᠤ ᠵᠢᠯ ᠦᠨ ᠬᠠᠪᠤᠷ ᠤᠨ ᠳᠡᠮᠴᠢᠭ ᠂ ᠮᠣᠩᠭᠣᠯ ᠵᠠᠰᠠᠭ ᠤᠨ ᠭᠠᠵᠠᠷ ᠤᠨ ᠡᠷᠬᠢᠯᠡᠭᠴᠢ ᠨᠠᠷ ᠤᠨ ᠬᠡᠷᠡᠭ ᠢ ᠰᠢᠢᠳᠪᠦᠷᠢᠯᠡᠭᠰᠡᠨ ᠲᠤᠬᠠᠢ ᠲᠠᠯᠪᠢᠭᠰᠠᠨ ᠪᠢᠴᠢᠭ ᠂ ᠮᠠᠨᠵᠤ ᠬᠠᠮᠤᠭ ᠤᠨ ᠲᠡᠷᠢᠭᠦᠨ ᠨᠠᠷ ᠤᠨ ᠬᠡᠯᠡᠨ ᠮᠡᠳᠡᠭᠦᠯᠦᠭᠰᠡᠨ ᠪᠢᠴᠢᠭ ᠂ ᠮᠣᠩᠭᠣᠯ ᠪᠢᠴᠢᠭ ᠦᠨ ᠭᠣᠣᠯ ᠳᠡᠪᠲᠡᠷ ᠦᠨ ᠲᠤᠬᠠᠢ ᠲᠦᠰᠢᠮᠡᠯ ᠦᠨ ᠬᠡᠯᠡᠨ ᠮᠡᠳᠡᠭᠦᠯᠦᠭᠰᠡᠨ (ᠮᠠᠨᠵᠤ ᠂ 531-535 ᠳᠤᠭᠠᠷ ᠨᠢᠭᠤᠷ ᠂ ᠮᠣᠩᠭᠣᠯ ᠪᠢᠴᠢᠭ ᠢ ᠡᠬᠡ ᠳᠡᠪᠲᠡᠷ ᠦᠨ 155 ᠳᠤᠭᠠᠷ ᠬᠠᠭᠤᠳᠠᠰᠤ ᠶᠢᠨ 526-530 ᠳᠤᠭᠠᠷ ᠨᠢᠭᠤᠷ ᠂ 12 ᠳᠤᠭᠠᠷ ᠳᠡᠪᠲᠡᠷ ᠦᠨ 38 ᠳᠤᠭᠠᠷ ᠬᠠᠭᠤᠳᠠᠰᠤ ᠶᠢᠨ 141-146 ᠳᠤᠭᠠᠷ ᠨᠢᠭᠤᠷ) …… 531
78.(158) ᠠᠮᠤᠷ ᠰᠠᠶᠢᠬᠠᠨ ᠤ ᠵᠢᠯ ᠦᠨ ᠪᠠᠷᠠᠭᠤᠨ ᠭᠣᠣᠯ ᠤᠨ ᠠᠮᠤᠷ ᠠᠮᠤᠷ ᠬᠠᠮᠤᠭ ᠤᠨ ᠲᠡᠷᠢᠭᠦᠨ ᠡᠳᠡᠭᠡᠷ ᠦᠨ ᠬᠡᠷᠡᠭ ᠢ ᠰᠢᠢᠳᠪᠦᠷᠢᠯᠡᠭᠰᠡᠨ ᠮᠠᠨᠵᠤ ᠵᠠᠰᠠᠭ ᠤᠨ ᠭᠠᠵᠠᠷ ᠤᠨ ᠲᠦᠰᠢᠮᠡᠯ ᠳᠤ ᠮᠡᠳᠡᠭᠦᠯᠦᠭᠰᠡᠨ ᠪᠢᠴᠢᠭ ᠂ ᠮᠣᠩᠭᠣᠯ ᠪᠢᠴᠢᠭ ᠦᠨ ᠭᠣᠣᠯ ᠳᠡᠪᠲᠡᠷ ᠦᠨ ᠲᠤᠬᠠᠢ ᠲᠦᠰᠢᠮᠡᠯ ᠦᠨ ᠬᠡᠯᠡᠨ ᠮᠡᠳᠡᠭᠦᠯᠦᠭᠰᠡᠨ (ᠮᠠᠨᠵᠤ ᠂ 537-539 ᠳᠦᠭᠡᠷ ᠨᠢᠭᠤᠷ ᠂ ᠮᠣᠩᠭᠣᠯ ᠪᠢᠴᠢᠭ ᠢ ᠡᠬᠡ ᠳᠡᠪᠲᠡᠷ ᠦᠨ 157 ᠳᠤᠭᠠᠷ ᠬᠠᠭᠤᠳᠠᠰᠤ ᠶᠢᠨ 535-537 ᠳᠤᠭᠠᠷ ᠨᠢᠭᠤᠷ ᠂ 12 ᠳᠤᠭᠠᠷ ᠳᠡᠪᠲᠡᠷ ᠦᠨ 12 ᠳᠤᠭᠠᠷ ᠬᠠᠭᠤᠳᠠᠰᠤ ᠶᠢᠨ 31-33 ᠳᠤᠭᠠᠷ ᠨᠢᠭᠤᠷ) …… 537
※ ᠮᠣᠩᠭᠣᠯ ᠪᠢᠴᠢᠭ ᠲᠠᠢᠯᠪᠤᠷᠢᠯᠠᠯ ᠣᠷᠴᠢᠭᠤᠯᠭ᠎ᠠ (ᠮᠠᠨᠵᠤ) …… 539

※ ᠮᠣᠩᠭᠣᠯ ᠪᠢᠴᠢᠭ ᠣᠷᠴᠢᠭᠤᠯᠤᠭᠰᠠᠨ ᠠᠭᠤᠯᠭ᠎ᠠ (ᠮᠠᠨᠵᠤ) …………………………………… 573
ᠳᠤᠭᠠᠷ ᠬᠠᠭᠤᠳᠠᠰᠤ ᠨᠤ 566-569 ᠳᠤᠭᠠᠷ ᠨᠢᠭᠤᠷ᠂ 12 ᠳᠤᠭᠠᠷ ᠪᠣᠳᠢ ᠶᠢᠨ 39 ᠳᠦᠭᠡᠷ ᠬᠠᠭᠤᠳᠠᠰᠤ ᠨᠤ 147-151 ᠳᠦᠭᠡᠷ ᠨᠢᠭᠤᠷ) …………………… 569
[illegible] (ᠮᠣᠩᠭᠣᠯ᠂ 569-573 ᠳᠤᠭᠠᠷ ᠨᠢᠭᠤᠷ᠂ ᠮᠠᠨᠵᠤ ᠪᠢᠴᠢᠭ ᠦ ᠲᠣᠰ ᠪᠣᠳᠢ ᠶᠢᠨ 167
83.(168) [illegible]
12 ᠳᠤᠭᠠᠷ ᠪᠣᠳᠢ ᠶᠢᠨ 24 ᠳᠦᠭᠡᠷ ᠬᠠᠭᠤᠳᠠᠰᠤ ᠨᠤ 74-76 ᠳᠤᠭᠠᠷ ᠨᠢᠭᠤᠷ) …………………………………… 563
ᠮᠠᠨᠵᠤ ᠪᠢᠴᠢᠭ ᠦ ᠲᠣᠰ ᠪᠣᠳᠢ ᠶᠢᠨ 165 ᠳᠤᠭᠠᠷ ᠬᠠᠭᠤᠳᠠᠰᠤ ᠨᠤ 562-563 ᠳᠤᠭᠠᠷ ᠨᠢᠭᠤᠷ᠂ 12 ᠳᠤᠭᠠᠷ ᠪᠣᠳᠢ ᠶᠢᠨ 15 ᠳᠤᠭᠠᠷ ᠬᠠᠭᠤᠳᠠᠰᠤ ᠨᠤ 42-43 ᠳᠤᠭᠠᠷ ᠨᠢᠭᠤᠷ᠂ 12 ᠳᠤᠭᠠᠷ ᠪᠣᠳᠢ ᠶᠢᠨ 24 ᠳᠤᠭᠠᠷ ᠬᠠᠭᠤᠳᠠᠰᠤ ᠨᠤ 74-75 ᠳᠤᠭᠠᠷ ᠨᠢᠭᠤᠷ᠂
[illegible] (ᠮᠣᠩᠭᠣᠯ᠂ 563-564 ᠳᠦᠭᠡᠷ ᠨᠢᠭᠤᠷ᠂
82.(166) [illegible]
ᠨᠢᠭᠤᠷ) …………………………………… 559
[illegible] (ᠮᠣᠩᠭᠣᠯ᠂ 559-562 ᠳᠤᠭᠠᠷ ᠨᠢᠭᠤᠷ᠂ ᠮᠠᠨᠵᠤ ᠪᠢᠴᠢᠭ ᠦ ᠲᠣᠰ ᠪᠣᠳᠢ ᠶᠢᠨ 163 ᠳᠤᠭᠠᠷ ᠬᠠᠭᠤᠳᠠᠰᠤ ᠨᠤ 555-558 ᠳᠤᠭᠠᠷ ᠨᠢᠭᠤᠷ᠂ 12 ᠳᠤᠭᠠᠷ ᠪᠣᠳᠢ ᠶᠢᠨ 14 ᠳᠦᠭᠡᠷ ᠬᠠᠭᠤᠳᠠᠰᠤ ᠨᠤ 38-41 ᠳᠦᠭᠡᠷ
[illegible]
81.(164) [illegible]
ᠳᠤᠭᠠᠷ ᠨᠢᠭᠤᠷ᠂ ᠮᠠᠨᠵᠤ ᠪᠢᠴᠢᠭ ᠦ ᠲᠣᠰ ᠪᠣᠳᠢ ᠶᠢᠨ 161 ᠳᠦᠭᠡᠷ ᠬᠠᠭᠤᠳᠠᠰᠤ ᠨᠤ 548-552 ᠳᠤᠭᠠᠷ ᠨᠢᠭᠤᠷ᠂ 12 ᠳᠤᠭᠠᠷ ᠪᠣᠳᠢ ᠶᠢᠨ 13 ᠳᠤᠭᠠᠷ ᠬᠠᠭᠤᠳᠠᠰᠤ ᠨᠤ 33-38 ᠳᠤᠭᠠᠷ ᠨᠢᠭᠤᠷ) …………………… 552
[illegible] (ᠮᠣᠩᠭᠣᠯ᠂ 552-555
[illegible]
80.(162) [illegible]
544-548 ᠳᠤᠭᠠᠷ ᠨᠢᠭᠤᠷ᠂ ᠮᠠᠨᠵᠤ ᠪᠢᠴᠢᠭ ᠦ ᠲᠣᠰ ᠪᠣᠳᠢ ᠶᠢᠨ 159 ᠳᠦᠭᠡᠷ ᠬᠠᠭᠤᠳᠠᠰᠤ ᠨᠤ 540-544 ᠳᠦᠭᠡᠷ ᠨᠢᠭᠤᠷ᠂ 12 ᠳᠤᠭᠠᠷ ᠪᠣᠳᠢ ᠶᠢᠨ 23 ᠳᠤᠭᠠᠷ ᠬᠠᠭᠤᠳᠠᠰᠤ ᠨᠤ 70-74 ᠳᠦᠭᠡᠷ ᠨᠢᠭᠤᠷ) …………… 544
[illegible] (ᠮᠣᠩᠭᠣᠯ᠂
[illegible]
79.(160) [illegible]

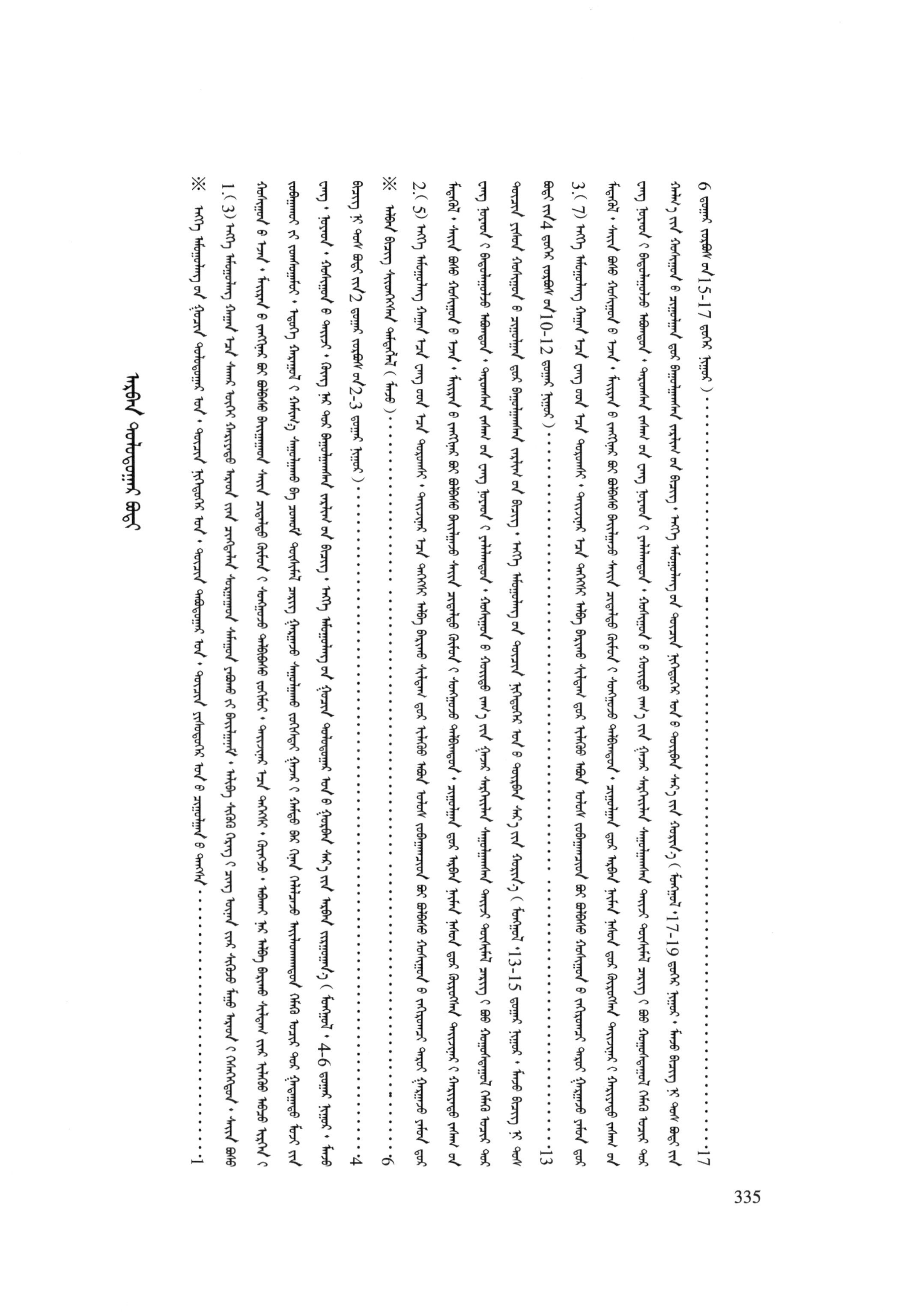

[illegible]

※ [illegible] …………1

1.(3) [illegible]

[illegible]

[illegible] ([illegible] · 4-6 [illegible] · [illegible]

[illegible] 2 [illegible] 2-3 [illegible]) …………4

※ [illegible] ([illegible]) …………6

2.(5) [illegible]

[illegible]

[illegible] ([illegible] ·13-15 [illegible] · [illegible]

[illegible] 4 [illegible] 10-12 [illegible]) …………13

3.(7) [illegible]

[illegible]

[illegible]

[illegible] ([illegible] ·17-19 [illegible] · [illegible]

6 [illegible] 15-17 [illegible]) …………17

4.(9) ᠮᠣᠩᠭᠣᠯ ᠦᠨᠳᠦᠰᠦᠲᠡᠨ ᠦ ᠡᠷᠲᠡᠨ ᠦ ᠲᠡᠦᠬᠡ ᠳᠦ ᠬᠠᠮᠢᠶᠠᠷᠠᠬᠤ ᠰᠤᠳᠤᠯᠭ᠎ᠠ ᠶᠢᠨ ᠡᠬᠡ ᠰᠤᠷᠪᠤᠯᠵᠢ ᠶᠢ ᠰᠢᠨᠵᠢᠯᠡᠬᠦ ᠨᠢ ᠃ ᠭᠡᠷᠡᠭᠡ ᠪᠢᠴᠢᠭ ᠢ ᠦᠨᠳᠦᠰᠦᠯᠡᠭᠰᠡᠨ ᠮᠣᠩᠭᠣᠯ ᠪᠢᠴᠢᠭ ᠤᠨ ᠲᠡᠦᠬᠡ ᠶᠢᠨ ᠰᠤᠳᠤᠯᠭ᠎ᠠ ᠶᠢᠨ ᠵᠠᠷᠢᠮ ᠠᠰᠠᠭᠤᠳᠠᠯ ᠤᠨ ᠲᠤᠬᠠᠢ ᠲᠣᠪᠴᠢ ᠶᠠᠷᠢᠶ᠎ᠠ ᠃ ᠰᠢᠨᠵᠢᠯᠡᠬᠦ ᠶᠤᠰᠤᠭᠠᠷ ᠬᠠᠷᠢᠴᠠᠭᠤᠯᠤᠯ ᠤᠨ ᠲᠤᠬᠠᠢ ᠰᠢᠨᠵᠢᠯᠡᠯ ᠃ ᠮᠣᠩᠭᠣᠯ ᠦᠨᠳᠦᠰᠦᠲᠡᠨ ᠦ ᠡᠷᠲᠡᠨ ᠦ ᠲᠡᠦᠬᠡ ᠪᠢᠴᠢᠭ ᠤᠨ ᠰᠤᠳᠤᠯᠤᠯ (ᠰᠡᠳᠬᠦᠯ ᠃ 22-24 ᠳᠤᠭᠠᠷ ᠨᠢᠭᠤᠷ ᠃ ᠬᠣᠶᠠᠳᠤᠭᠠᠷ ᠪᠣᠯᠢ ᠶᠢᠨ 8 ᠳᠤᠭᠠᠷ ᠳᠡᠪᠲᠡᠷ ᠦᠨ 21-22 ᠳᠤᠭᠠᠷ ᠨᠢᠭᠤᠷ) ……………… 22

※ ᠲᠤᠰᠬᠠᠢ ᠪᠢᠴᠢᠭ ᠬᠠᠷᠢᠴᠠᠭᠤᠯᠤᠯ ᠠᠩᠬᠠᠷᠤᠯ (ᠰᠡᠳᠬᠦᠯ) ……………… 25

5.(11) ᠮᠣᠩᠭᠣᠯ ᠦᠨᠳᠦᠰᠦᠲᠡᠨ ᠦ ᠡᠷᠲᠡᠨ ᠦ ᠲᠡᠦᠬᠡ ᠳᠦ ᠬᠠᠮᠢᠶᠠᠷᠠᠬᠤ ᠰᠤᠳᠤᠯᠭ᠎ᠠ ᠶᠢᠨ ᠡᠬᠡ ᠰᠤᠷᠪᠤᠯᠵᠢ ᠶᠢ ᠰᠢᠨᠵᠢᠯᠡᠬᠦ ᠨᠢ ᠃ ᠭᠡᠷᠡᠭᠡ ᠪᠢᠴᠢᠭ ᠢ ᠦᠨᠳᠦᠰᠦᠯᠡᠭᠰᠡᠨ ᠮᠣᠩᠭᠣᠯ ᠪᠢᠴᠢᠭ ᠤᠨ ᠲᠡᠦᠬᠡ ᠶᠢᠨ ᠰᠤᠳᠤᠯᠭ᠎ᠠ ᠶᠢᠨ ᠵᠠᠷᠢᠮ ᠠᠰᠠᠭᠤᠳᠠᠯ ᠤᠨ ᠲᠤᠬᠠᠢ ᠲᠣᠪᠴᠢ ᠶᠠᠷᠢᠶ᠎ᠠ ᠃ ᠰᠢᠨᠵᠢᠯᠡᠬᠦ ᠶᠤᠰᠤᠭᠠᠷ ᠬᠠᠷᠢᠴᠠᠭᠤᠯᠤᠯ ᠤᠨ ᠲᠤᠬᠠᠢ ᠰᠢᠨᠵᠢᠯᠡᠯ ᠃ ᠮᠣᠩᠭᠣᠯ ᠦᠨᠳᠦᠰᠦᠲᠡᠨ ᠦ ᠡᠷᠲᠡᠨ ᠦ ᠲᠡᠦᠬᠡ ᠪᠢᠴᠢᠭ ᠤᠨ ᠰᠤᠳᠤᠯᠤᠯ (ᠰᠡᠳᠬᠦᠯ ᠃ 30-32 ᠳᠤᠭᠠᠷ ᠨᠢᠭᠤᠷ ᠃ ᠬᠣᠶᠠᠳᠤᠭᠠᠷ ᠪᠣᠯᠢ ᠶᠢᠨ 10 ᠳᠤᠭᠠᠷ ᠳᠡᠪᠲᠡᠷ ᠦᠨ 28-30 ᠳᠤᠭᠠᠷ ᠨᠢᠭᠤᠷ) ……………… 30

6.(13) ᠮᠣᠩᠭᠣᠯ ᠦᠨᠳᠦᠰᠦᠲᠡᠨ ᠦ ᠡᠷᠲᠡᠨ ᠦ ᠲᠡᠦᠬᠡ ᠳᠦ ᠬᠠᠮᠢᠶᠠᠷᠠᠬᠤ ᠰᠤᠳᠤᠯᠭ᠎ᠠ ᠶᠢᠨ ᠡᠬᠡ ᠰᠤᠷᠪᠤᠯᠵᠢ ᠶᠢ ᠰᠢᠨᠵᠢᠯᠡᠬᠦ ᠨᠢ ᠃ ᠭᠡᠷᠡᠭᠡ ᠪᠢᠴᠢᠭ ᠢ ᠦᠨᠳᠦᠰᠦᠯᠡᠭᠰᠡᠨ ᠮᠣᠩᠭᠣᠯ ᠪᠢᠴᠢᠭ ᠤᠨ ᠲᠡᠦᠬᠡ ᠶᠢᠨ ᠰᠤᠳᠤᠯᠭ᠎ᠠ ᠶᠢᠨ ᠵᠠᠷᠢᠮ ᠠᠰᠠᠭᠤᠳᠠᠯ ᠤᠨ ᠲᠤᠬᠠᠢ ᠲᠣᠪᠴᠢ ᠶᠠᠷᠢᠶ᠎ᠠ ᠃ ᠰᠢᠨᠵᠢᠯᠡᠬᠦ ᠶᠤᠰᠤᠭᠠᠷ ᠬᠠᠷᠢᠴᠠᠭᠤᠯᠤᠯ ᠤᠨ ᠲᠤᠬᠠᠢ ᠰᠢᠨᠵᠢᠯᠡᠯ ᠃ ᠮᠣᠩᠭᠣᠯ ᠦᠨᠳᠦᠰᠦᠲᠡᠨ ᠦ ᠡᠷᠲᠡᠨ ᠦ ᠲᠡᠦᠬᠡ ᠪᠢᠴᠢᠭ ᠤᠨ ᠰᠤᠳᠤᠯᠤᠯ (ᠰᠡᠳᠬᠦᠯ ᠃ 34-37 ᠳᠤᠭᠠᠷ ᠨᠢᠭᠤᠷ ᠃ ᠬᠣᠶᠠᠳᠤᠭᠠᠷ ᠪᠣᠯᠢ ᠶᠢᠨ 12 ᠳᠤᠭᠠᠷ ᠳᠡᠪᠲᠡᠷ ᠦᠨ 32-34 ᠳᠤᠭᠠᠷ ᠨᠢᠭᠤᠷ) ……………… 34

※ ᠲᠤᠰᠬᠠᠢ ᠪᠢᠴᠢᠭ ᠬᠠᠷᠢᠴᠠᠭᠤᠯᠤᠯ ᠠᠩᠬᠠᠷᠤᠯ (ᠰᠡᠳᠬᠦᠯ) ……………… 37

※ ᠮᠣᠩᠭᠣᠯ ᠦᠨᠳᠦᠰᠦᠲᠡᠨ ᠦ ᠡᠷᠲᠡᠨ ᠦ ᠲᠡᠦᠬᠡ ᠪᠢᠴᠢᠭ ᠤᠨ ᠰᠤᠳᠤᠯᠤᠯ ……………… 40

7.(16) ᠡᠷᠲᠡᠨ ᠦ ᠮᠣᠩᠭᠣᠯ ᠤᠨ ᠲᠡᠦᠬᠡ ᠶᠢᠨ ᠰᠤᠳᠤᠯᠭ᠎ᠠ ᠶᠢᠨ ᠠᠷᠭ᠎ᠠ ᠪᠠᠷᠢᠯ ᠢ ᠰᠢᠨᠵᠢᠯᠡᠬᠦ ᠨᠢ ᠃ ᠮᠣᠩᠭᠣᠯ ᠦᠨᠳᠦᠰᠦᠲᠡᠨ ᠦ ᠡᠷᠲᠡᠨ ᠦ ᠲᠡᠦᠬᠡ ᠪᠢᠴᠢᠭ ᠤᠨ ᠰᠤᠳᠤᠯᠤᠯ (ᠰᠡᠳᠬᠦᠯ ᠃ 43-46 ᠳᠤᠭᠠᠷ ᠨᠢᠭᠤᠷ ᠃ ᠬᠣᠶᠠᠳᠤᠭᠠᠷ ᠪᠣᠯᠢ ᠶᠢᠨ 15 ᠳᠤᠭᠠᠷ ᠳᠡᠪᠲᠡᠷ ᠦᠨ 41-43 ᠳᠤᠭᠠᠷ ᠨᠢᠭᠤᠷ)

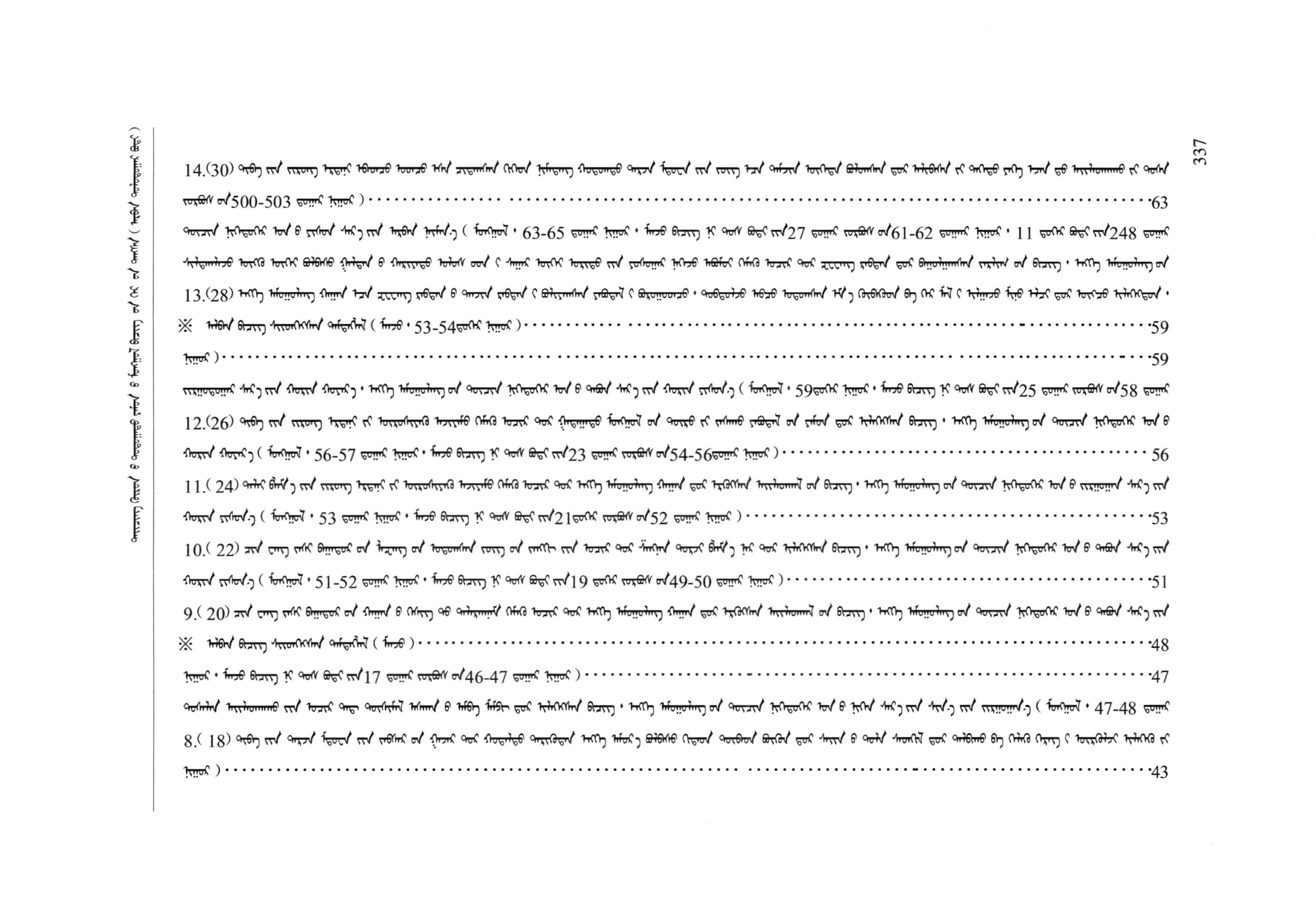

14.(30) [illegible] 500-503 [illegible]) 63

[illegible] 248 [illegible] 11 [illegible] 61-62 [illegible] 27 [illegible] 63-65 [illegible])

13.(28) [illegible]

※ [illegible] ([illegible] 53-54 [illegible]) 59

[illegible]) 59

[illegible] 58 [illegible] 25 [illegible] 59 [illegible])

12.(26) [illegible] ([illegible] 56-57 [illegible] 23 [illegible] 54-56 [illegible]) 56

11.(24) [illegible] ([illegible] 53 [illegible] 21 [illegible] 52 [illegible]) 53

10.(22) [illegible] ([illegible] 51-52 [illegible] 19 [illegible] 49-50 [illegible]) 51

9.(20) [illegible]

※ [illegible] ([illegible]) 48

[illegible] 17 [illegible] 46-47 [illegible]) 47

[illegible] ([illegible] 47-48 [illegible]

8.(18) [illegible]) 43

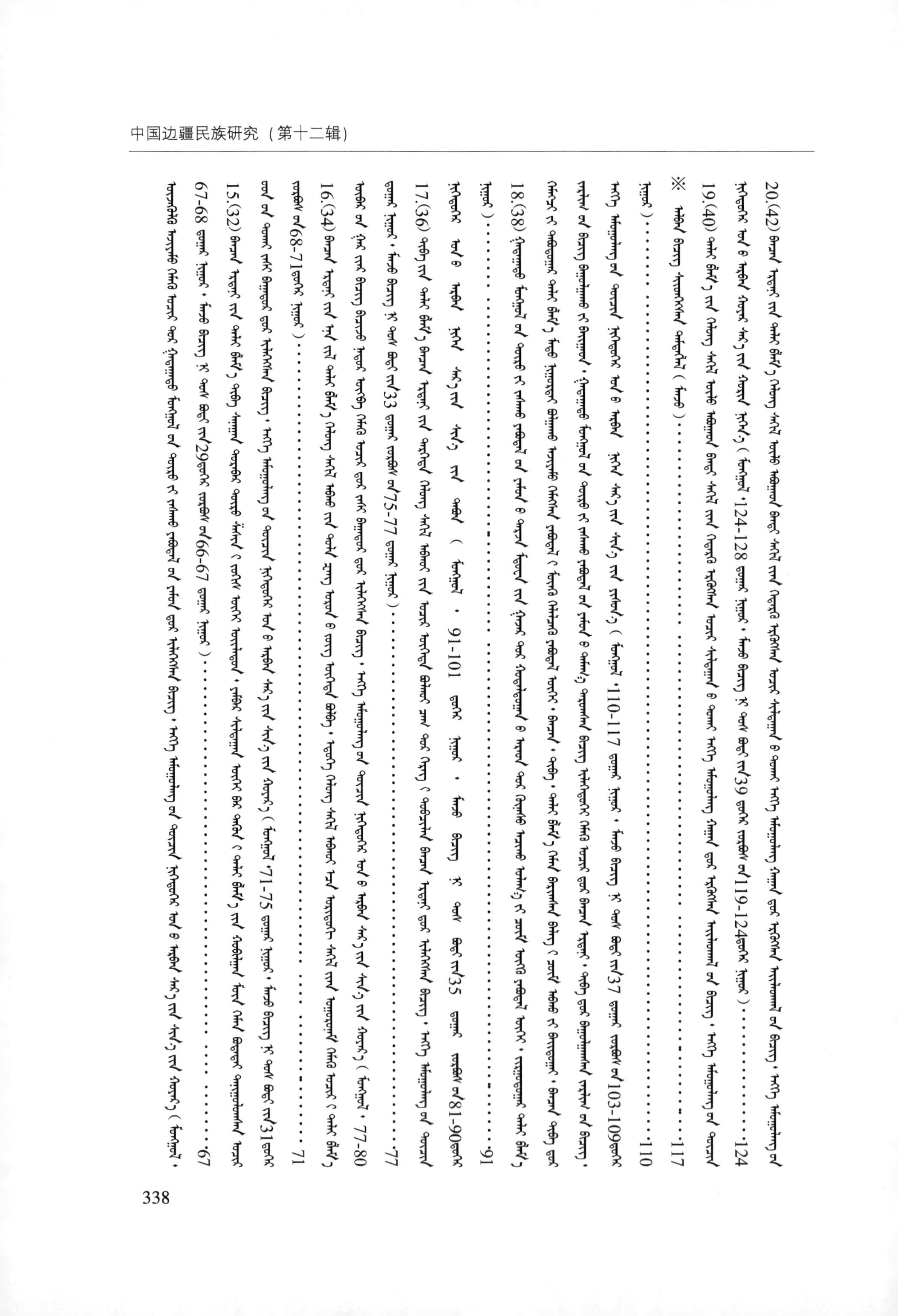

20.(42) [illegible] ([illegible] ·124-128 [illegible] 39 [illegible] 119-124 [illegible]) ……………124

19.(40) [illegible] ([illegible] ·110-117 [illegible] 37 [illegible] 103-109 [illegible]) ……………110

※ [illegible] ([illegible]) ……………117

18.(38) [illegible] ([illegible] · 91-101 [illegible] 35 [illegible] 81-90 [illegible]) ……………91

17.(36) [illegible] 33 [illegible] 75-77 [illegible]) ……………77

16.(34) [illegible] ([illegible] · 77-80 [illegible] 68-71 [illegible]) ……………71

15.(32) [illegible] ([illegible] ·71-75 [illegible] 31 [illegible] 67-68 [illegible] 29 [illegible] 66-67 [illegible]) ……………67

[illegible] ([illegible] ·

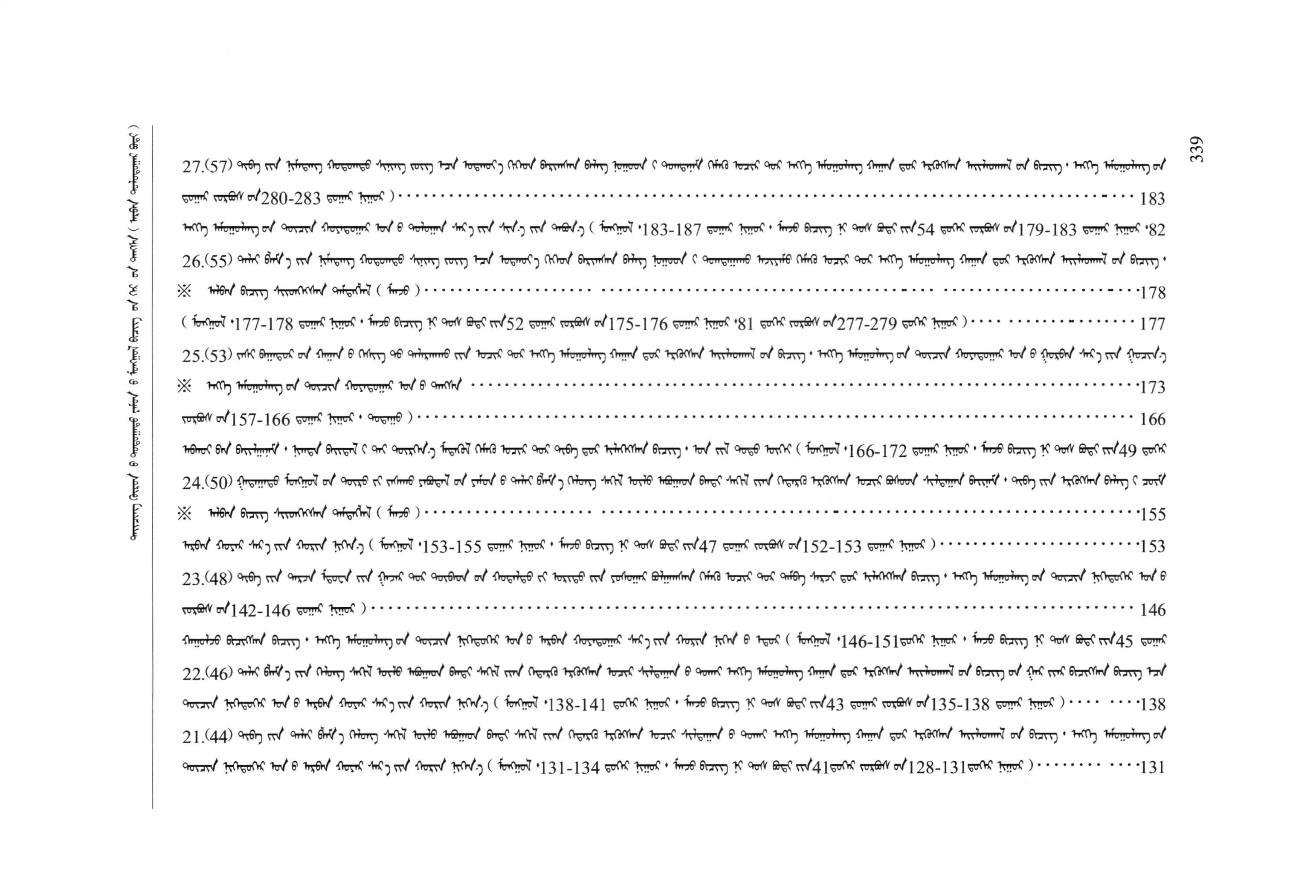

27.(57) [illegible]
[illegible] 280-283 [illegible]) ······ 183
[illegible] ([illegible] ·183-187 [illegible] · [illegible] 54 [illegible] 179-183 [illegible] ·82
26.(55) [illegible] ·
※ [illegible] ([illegible]) ······ 178
([illegible] ·177-178 [illegible] · [illegible] 52 [illegible] 175-176 [illegible] ·81 [illegible] 277-279 [illegible]) ······ 177
25.(53) [illegible] · [illegible]
※ [illegible] ······ 173
[illegible] 157-166 [illegible] · [illegible]) ······ 166
[illegible] · [illegible] ([illegible] ·166-172 [illegible] · [illegible] 49 [illegible]
24.(50) [illegible] · [illegible]
※ [illegible] ([illegible]) ······ 155
[illegible] ([illegible] ·153-155 [illegible] · [illegible] 47 [illegible] 152-153 [illegible]) ······ 153
23.(48) [illegible] · [illegible]
[illegible] 142-146 [illegible]) ······ 146
[illegible] · [illegible] ([illegible] ·146-151 [illegible] · [illegible] 45 [illegible]
22.(46) [illegible]
[illegible] ([illegible] ·138-141 [illegible] · [illegible] 43 [illegible] 135-138 [illegible]) ······ 138
21.(44) [illegible] · [illegible]
[illegible] ([illegible] ·131-134 [illegible] · [illegible] 41 [illegible] 128-131 [illegible]) ······ 131

34.(71) ᠪᠢᠴᠢᠭ ᠪᠢᠴᠢᠭᠰᠡᠨ ᠨᠢ ᠨᠢ ᠬᠣᠶᠠᠷ ᠮᠠᠭᠤ ᠬᠠᠷ ᠳᠣᠷ᠎ᠠ ᠪᠣᠯᠤᠨ ᠮᠣᠩᠭᠣᠯᠴᠤᠳ ᠤᠨ ᠵᠠᠰᠠᠭ ᠵᠠᠰᠠᠭᠯᠠᠬᠤ ᠮᠣᠩᠭᠣᠯ ᠭᠠᠵᠠᠷ ᠰᠠᠭᠤᠭᠠᠳ ᠪᠠᠶᠢᠭ᠎ᠠ ᠮᠠᠨᠵᠤᠴᠤᠳ᠂ ᠨᠢ ᠬᠣᠶᠠ ᠭᠠᠵᠠᠷ ᠮᠣᠩᠭᠣᠯ ᠮᠠᠭᠤ ᠮᠣᠩᠭᠣᠯ ᠤᠨ ᠰᠠᠭᠤᠭᠠᠳ ᠦᠭᠡ᠂ ᠪᠣ ᠵᠠᠰᠠᠭ ᠨᠢ
※ ᠮᠣᠩᠭᠣᠯ ᠪᠢᠴᠢᠭ ᠮᠠᠨᠵᠤᠴᠤᠳ ᠬᠠᠷᠢᠭᠤ（ᠬᠣᠪᠢ）……………………………………………… 235
ᠬᠡᠪᠯᠡᠯ᠂ 234-235 ᠳᠤᠭᠠᠷ ᠨᠢᠭᠤᠷ᠂ ᠬᠣᠪᠢ ᠪᠢᠴᠢᠭ ᠦᠨ ᠳᠡᠪᠲᠡᠷ ᠦᠨ 68 ᠳᠤᠭᠠᠷ ᠬᠠᠭᠤᠳᠠᠰᠤᠨ ᠤ 232-233 ᠳᠤᠭᠠᠷ ᠨᠢᠭᠤᠷ）……………………………… 234
ᠦᠭᠡ ᠶᠢ ᠮᠠᠨ ᠮᠣᠩᠭᠣᠯᠴᠤᠳ ᠪᠣᠯᠤᠨ ᠦᠭᠡ ᠮᠣᠷᠢᠨ ᠨᠢ ᠮᠣᠩᠭᠣᠯ ᠪᠠᠶᠢᠭᠤᠯᠬᠤ ᠬᠠᠮᠤᠭ ᠮᠣᠩᠭᠣᠯ ᠬᠣᠶᠠ ᠬᠠᠷᠢᠭᠤ ᠮᠣᠩᠭᠣᠯ ᠳᠣᠷ᠎ᠠ ᠮᠠᠨᠵᠤᠴᠤᠳ ᠪᠢᠴᠢᠭ᠂ ᠮᠣᠩᠭᠣᠯ ᠬᠠᠭᠠᠨ ᠤ ᠬᠡᠷᠡᠭ ᠢ ᠬᠠᠳᠠᠭᠠᠯᠠᠬᠤ ᠮᠠᠨ ᠤ ᠮᠣᠩᠭᠣᠯ ᠮᠠᠨᠵᠤ ᠨᠢ ᠮᠣᠩᠭᠣᠯ ᠪᠢᠴᠢᠭ ᠦᠨ（
33.(69) ᠨᠢ ᠬᠣᠶᠠ ᠨᠢ ᠮᠠᠨ ᠪᠣ ᠮᠣᠩᠭᠣᠯᠴᠤᠳ ᠨᠢ ᠪᠢᠴᠢᠭ ᠵᠠᠰᠠᠭ ᠵᠠᠰᠠᠭᠯᠠᠬᠤ ᠮᠣᠩᠭᠣᠯ ᠮᠠᠨ ᠰᠠᠭᠤᠭᠠᠳ ᠮᠣᠩᠭᠣᠯ᠂ ᠮᠣᠩᠭᠣᠯ ᠮᠠᠨ ᠮᠠᠨᠵᠤ ᠬᠣᠶᠠᠳᠤᠭᠠᠷ ᠰᠠᠭᠤᠭᠠᠳ ᠪᠠ ᠪᠣ ᠮᠠᠨ ᠮᠠᠨᠵᠤᠴᠤᠳ ᠬᠣᠶᠠ ᠵᠠᠰᠠᠭ ᠤᠨ ᠮᠣᠩᠭᠣᠯ ᠵᠠᠰᠠᠭ ᠬᠣᠶᠠ ᠮᠣᠩᠭᠣᠯ ᠪᠠ ᠪᠣ ᠮᠠᠨ
ᠬᠠᠭᠤᠳᠠᠰᠤᠨ ᠤ 230-231 ᠳᠦᠭᠡᠷ ᠨᠢᠭᠤᠷ）……………………………………………… 231
32.(67) ᠬᠠᠭᠠᠨ ᠨᠢ ᠪᠠᠶᠢᠯᠭᠠᠯ ᠪᠠᠶᠢᠭ᠎ᠠ ᠶᠢ ᠬᠠᠷᠢᠭᠤ᠂ ᠮᠠᠨᠵᠤ ᠮᠣᠩᠭᠣᠯᠴᠤᠳ ᠤᠨ ᠬᠠᠳᠠᠭᠠᠯᠠᠭᠰᠠᠨ ᠰᠠᠭᠤᠭᠠᠳ ᠮᠣᠩᠭᠣᠯ ᠪᠠ ᠮᠠᠨᠵᠤ ᠬᠣᠶᠠ ᠨᠢ ᠮᠣᠩᠭᠣᠯ ᠪᠢᠴᠢᠭ ᠦᠨ（ᠬᠡᠪᠯᠡᠯ᠂ 231-232 ᠳᠤᠭᠠᠷ ᠨᠢᠭᠤᠷ᠂ ᠬᠣᠪᠢ ᠪᠢᠴᠢᠭ ᠦᠨ ᠳᠡᠪᠲᠡᠷ ᠦᠨ 66 ᠳᠤᠭᠠᠷ
64 ᠳᠦᠭᠡᠷ ᠬᠠᠭᠤᠳᠠᠰᠤᠨ ᠤ 227-228 ᠳᠤᠭᠠᠷ ᠨᠢᠭᠤᠷ）……………………………………………… 229
31.(65) ᠬᠠᠮᠤᠭ ᠪᠢᠴᠢᠭ ᠨᠢ ᠪᠠᠶᠢᠯᠭᠠᠯ ᠪᠠᠶᠢᠭ᠎ᠠ ᠶᠢ ᠬᠠᠷᠢᠭᠤ᠂ ᠮᠠᠨᠵᠤ ᠮᠣᠩᠭᠣᠯᠴᠤᠳ ᠤᠨ ᠬᠠᠳᠠᠭᠠᠯᠠᠭᠰᠠᠨ ᠰᠠᠭᠤᠭᠠᠳ ᠮᠣᠩᠭᠣᠯ ᠪᠠ ᠮᠠᠨᠵᠤ ᠬᠣᠶᠠ ᠨᠢ ᠮᠣᠩᠭᠣᠯ ᠪᠢᠴᠢᠭ ᠦᠨ（ᠬᠠᠪᠤᠷ᠂ ᠬᠣᠪᠢ᠂ 229-230 ᠳᠤᠭᠠᠷ ᠨᠢᠭᠤᠷ᠂ ᠬᠣᠪᠢ ᠪᠢᠴᠢᠭ ᠦᠨ ᠳᠡᠪᠲᠡᠷ ᠦᠨ
ᠨᠢᠭᠤᠷ）……………………………………………… 220
ᠮᠣᠩᠭᠣᠯ ᠬᠣᠶᠠ ᠨᠢ ᠮᠣᠩᠭᠣᠯ ᠪᠢᠴᠢᠭ ᠦᠨ（ᠬᠡᠪᠯᠡᠯ᠂ 220-227 ᠳᠤᠭᠠᠷ ᠨᠢᠭᠤᠷ᠂ ᠬᠣᠪᠢ ᠪᠢᠴᠢᠭ ᠦᠨ ᠳᠡᠪᠲᠡᠷ ᠦᠨ 62 ᠳᠤᠭᠠᠷ ᠬᠠᠭᠤᠳᠠᠰᠤᠨ ᠤ 213-220 ᠳᠤᠭᠠᠷ ᠨᠢᠭᠤᠷ᠂ 86 ᠳᠤᠭᠠᠷ ᠬᠠᠭᠤᠳᠠᠰᠤᠨ ᠤ 294-300 ᠳᠤᠭᠠᠷ
30.(63) ᠬᠠᠭᠠᠨ ᠨᠢ ᠵᠠᠷᠯᠢᠭ ᠬᠠᠮᠤᠭ ᠪᠢᠴᠢᠭ ᠮᠣᠩᠭᠣᠯ ᠮᠣᠩᠭᠣᠯ ᠨᠢ ᠮᠠᠨᠵᠤᠴᠤᠳ ᠤᠨ ᠬᠠᠷᠢᠭᠤ ᠦᠭᠡ ᠮᠣᠩᠭᠣᠯ ᠬᠣᠶᠠ ᠮᠠᠨᠵᠤ ᠮᠣᠩᠭᠣᠯᠴᠤᠳ ᠬᠠᠮᠤᠭ ᠬᠣᠶᠠ ᠮᠠᠨᠵᠤᠴᠤᠳ ᠮᠠᠨᠵᠤᠴᠤᠳ ᠤᠨ ᠪᠢᠴᠢᠭ᠂ ᠮᠠᠨᠵᠤ ᠮᠣᠩᠭᠣᠯᠴᠤᠳ ᠤᠨ ᠬᠠᠳᠠᠭᠠᠯᠠᠭᠰᠠᠨ ᠰᠠᠭᠤᠭᠠᠳ ᠮᠣᠩᠭᠣᠯ ᠪᠠ
ᠨᠢᠭᠤᠷ）……………………………………………… 211
ᠰᠠᠭᠤᠭᠠᠳ ᠮᠣᠩᠭᠣᠯ ᠪᠠ ᠮᠠᠨᠵᠤ ᠬᠣᠶᠠ ᠨᠢ ᠮᠣᠩᠭᠣᠯ ᠪᠢᠴᠢᠭ ᠦᠨ（ᠬᠡᠪᠯᠡᠯ᠂ 211-212 ᠳᠤᠭᠠᠷ ᠨᠢᠭᠤᠷ᠂ ᠬᠣᠪᠢ ᠪᠢᠴᠢᠭ ᠦᠨ ᠳᠡᠪᠲᠡᠷ ᠦᠨ 60 ᠳᠤᠭᠠᠷ ᠬᠠᠭᠤᠳᠠᠰᠤᠨ ᠤ 209-211 ᠳᠦᠭᠡᠷ ᠨᠢᠭᠤᠷ᠂ 85 ᠳᠤᠭᠠᠷ ᠬᠠᠭᠤᠳᠠᠰᠤᠨ ᠤ 293-294 ᠳᠦᠭᠡᠷ
29.(61) ᠪᠠᠷᠠᠭᠤᠨ ᠮᠣᠩᠭᠣᠯ ᠨᠢ ᠵᠠᠷᠯᠢᠭ ᠬᠠᠮᠤᠭ ᠪᠢᠴᠢᠭ ᠨᠢ ᠮᠠᠨᠵᠤ ᠮᠣᠩᠭᠣᠯ ᠮᠣᠩᠭᠣᠯ ᠮᠣᠩᠭᠣᠯ ᠨᠢ ᠮᠣᠩᠭᠣᠯ ᠮᠠᠨᠵᠤᠴᠤᠳ ᠪᠠ ᠮᠣᠩᠭᠣᠯ ᠬᠣᠶᠠ ᠮᠠᠨᠵᠤ ᠮᠣᠩᠭᠣᠯᠴᠤᠳ ᠬᠠᠮᠤᠭ ᠬᠣᠶᠠ ᠮᠠᠨᠵᠤᠴᠤᠳ ᠮᠠᠨᠵᠤᠴᠤᠳ ᠤᠨ ᠪᠢᠴᠢᠭ᠂ ᠮᠠᠨᠵᠤ ᠮᠣᠩᠭᠣᠯᠴᠤᠳ ᠤᠨ ᠬᠠᠳᠠᠭᠠᠯᠠᠭᠰᠠᠨ
ᠳᠦᠭᠡᠷ ᠨᠢᠭᠤᠷ᠂ ᠬᠣᠪᠢ ᠪᠢᠴᠢᠭ ᠦᠨ ᠳᠡᠪᠲᠡᠷ ᠦᠨ 58 ᠳᠤᠭᠠᠷ ᠬᠠᠭᠤᠳᠠᠰᠤᠨ ᠤ 197-203 ᠳᠤᠭᠠᠷ ᠨᠢᠭᠤᠷ᠂ 84 ᠳᠦᠭᠡᠷ ᠬᠠᠭᠤᠳᠠᠰᠤᠨ ᠤ 288-293 ᠳᠤᠭᠠᠷ ᠨᠢᠭᠤᠷ）……………………………… 204
ᠮᠣᠩᠭᠣᠯ ᠢ ᠮᠠᠨᠵᠤᠴᠤᠳ ᠮᠣᠩᠭᠣᠯ ᠬᠣᠶᠠ ᠮᠠᠨᠵᠤ ᠮᠣᠩᠭᠣᠯᠴᠤᠳ ᠬᠠᠮᠤᠭ ᠬᠣᠶᠠ ᠮᠠᠨᠵᠤᠴᠤᠳ ᠮᠠᠨᠵᠤᠴᠤᠳ ᠤᠨ ᠪᠢᠴᠢᠭ᠂ ᠮᠠᠨᠵᠤ ᠮᠣᠩᠭᠣᠯᠴᠤᠳ ᠤᠨ ᠬᠠᠳᠠᠭᠠᠯᠠᠭᠰᠠᠨ ᠰᠠᠭᠤᠭᠠᠳ ᠮᠣᠩᠭᠣᠯ ᠪᠠ ᠮᠠᠨᠵᠤ ᠬᠣᠶᠠ ᠨᠢ ᠮᠣᠩᠭᠣᠯ ᠪᠢᠴᠢᠭ ᠦᠨ（ᠬᠡᠪᠯᠡᠯ᠂ 204-209
28.(59) ᠵᠠᠷᠯᠢᠭ ᠬᠠᠮᠤᠭ ᠪᠢᠴᠢᠭ ᠨᠢ ᠬᠠᠭᠠᠨ ᠮᠣᠩᠭᠣᠯ ᠨᠢ ᠮᠠᠨ ᠮᠠᠨᠵᠤᠴᠤᠳ ᠮᠣᠩᠭᠣᠯᠴᠤᠳ ᠮᠣᠩᠭᠣᠯ ᠮᠠᠨ ᠮᠣᠩᠭᠣᠯ᠂ ᠮᠣᠩᠭᠣᠯ ᠮᠣᠩᠭᠣᠯ ᠮᠠᠨᠵᠤ ᠨᠢ ᠮᠣᠩᠭᠣᠯ᠂ ᠮᠣᠩᠭᠣᠯ ᠬᠣᠶᠠ ᠨᠢ ᠮᠣᠩᠭᠣᠯ ᠵᠠᠰᠠᠭ ᠪᠣ ᠬᠠᠮᠤᠭ ᠮᠣᠩᠭᠣᠯ ᠪᠠ ᠵᠠᠰᠠᠭᠯᠠᠭᠰᠠᠨ ᠬᠣᠶᠠ
287 ᠳᠤᠭᠠᠷ ᠨᠢᠭᠤᠷ）……………………………………………… 191
ᠮᠠᠨᠵᠤᠴᠤᠳ ᠰᠠᠭᠤᠭᠠᠳ ᠮᠣᠩᠭᠣᠯ ᠪᠠ ᠮᠠᠨᠵᠤᠴᠤᠳ ᠬᠣᠶᠠ ᠨᠢ ᠮᠠᠨ ᠨᠢ ᠬᠠᠭᠠᠨ ᠨᠢ（ᠬᠡᠪᠯᠡᠯ᠂ 191-195 ᠳᠤᠭᠠᠷ ᠨᠢᠭᠤᠷ᠂ ᠬᠣᠪᠢ ᠪᠢᠴᠢᠭ ᠦᠨ ᠳᠡᠪᠲᠡᠷ ᠦᠨ 56 ᠳᠤᠭᠠᠷ ᠬᠠᠭᠤᠳᠠᠰᠤᠨ ᠤ 188-191 ᠳᠦᠭᠡᠷ ᠨᠢᠭᠤᠷ᠂ 83 ᠳᠤᠭᠠᠷ ᠬᠠᠭᠤᠳᠠᠰᠤᠨ ᠤ 284-

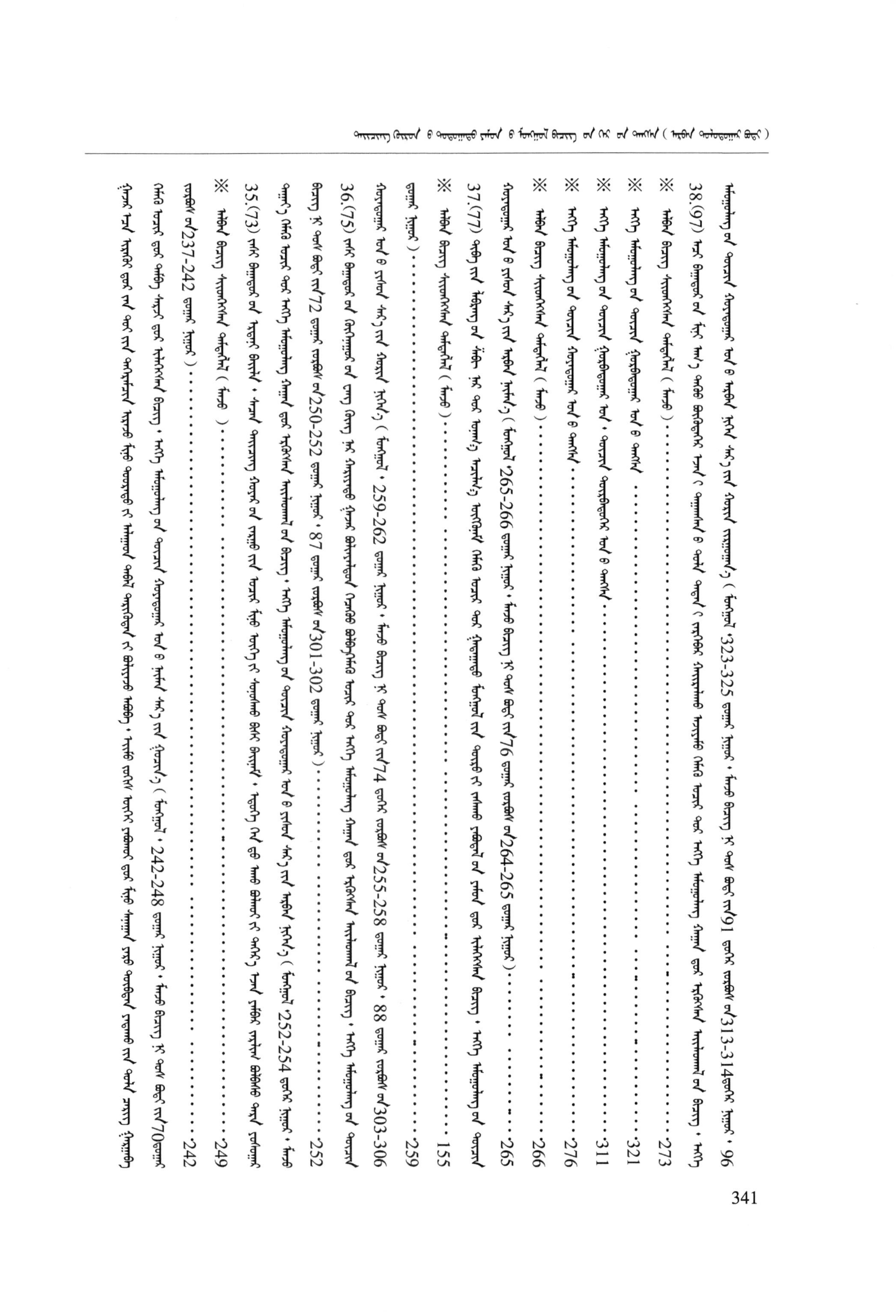

[illegible] ([illegible] ・242-248 [illegible] ・ [illegible] 70 [illegible] 237-242 [illegible]) ……… 242
※ [illegible] ([illegible]) ……… 249
35.(73) [illegible] ([illegible] 252-254 [illegible] ・ [illegible] 72 [illegible] 250-252 [illegible] ・87 [illegible] 301-302 [illegible]) ……… 252
36.(75) [illegible] ([illegible] ・259-262 [illegible] ・ [illegible] 74 [illegible] 255-258 [illegible] ・88 [illegible] 303-306 [illegible]) ……… 259
※ [illegible] ([illegible]) ……… 155
37.(77) [illegible] ([illegible] 265-266 [illegible] ・ [illegible] 76 [illegible] 264-265 [illegible]) ……… 265
※ [illegible] ([illegible]) ……… 266
※ [illegible] ……… 276
※ [illegible] ……… 311
※ [illegible] ……… 321
※ [illegible] ([illegible]) ……… 273
38.(97) [illegible] ([illegible] 323-325 [illegible] ・ [illegible] 91 [illegible] 313-314 [illegible] ・96

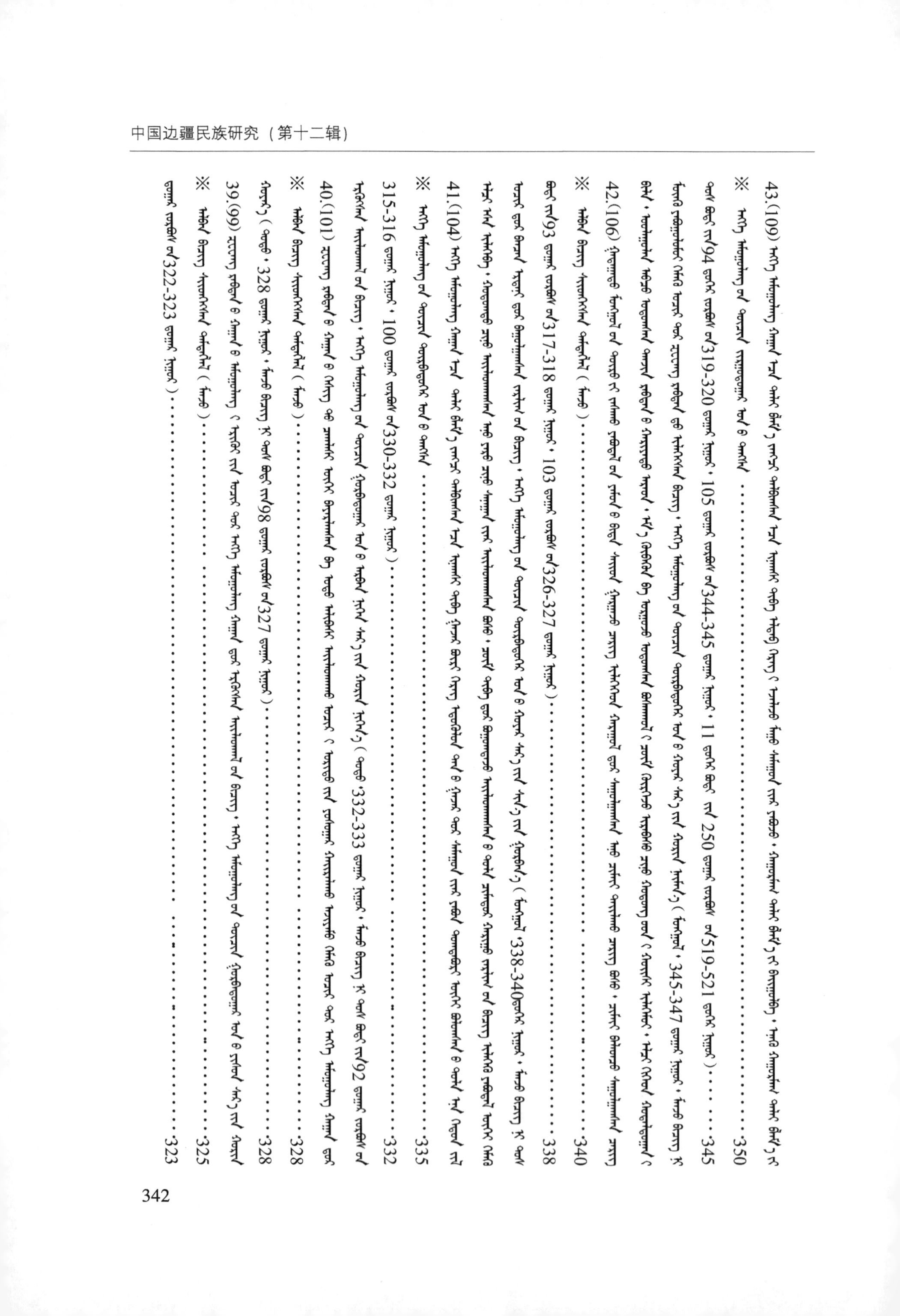

43.(109) [illegible]

※ [illegible] …………350

[illegible]94 [illegible]319-320 [illegible] 105 [illegible]344-345 [illegible] 11 [illegible] 250 [illegible]519-521 [illegible]）…………345

[illegible]

42.(106) [illegible]（[illegible] 345-347 [illegible]

※ [illegible]（[illegible]）…………340

[illegible]93 [illegible]317-318 [illegible] 103 [illegible]326-327 [illegible]）…………338

[illegible]

[illegible]（[illegible] 338-340 [illegible]

41.(104) [illegible]

※ [illegible] …………335

315-316 [illegible] 100 [illegible]330-332 [illegible]）…………332

※ [illegible]（[illegible]）…………328

40.(101) [illegible]327 [illegible]

[illegible]（[illegible] 332-333 [illegible]92 [illegible]

[illegible]（[illegible] 328 [illegible]98 [illegible]327 [illegible]）…………328

39.(99) [illegible]

※ [illegible]（[illegible]）…………325

[illegible]322-323 [illegible]）…………323

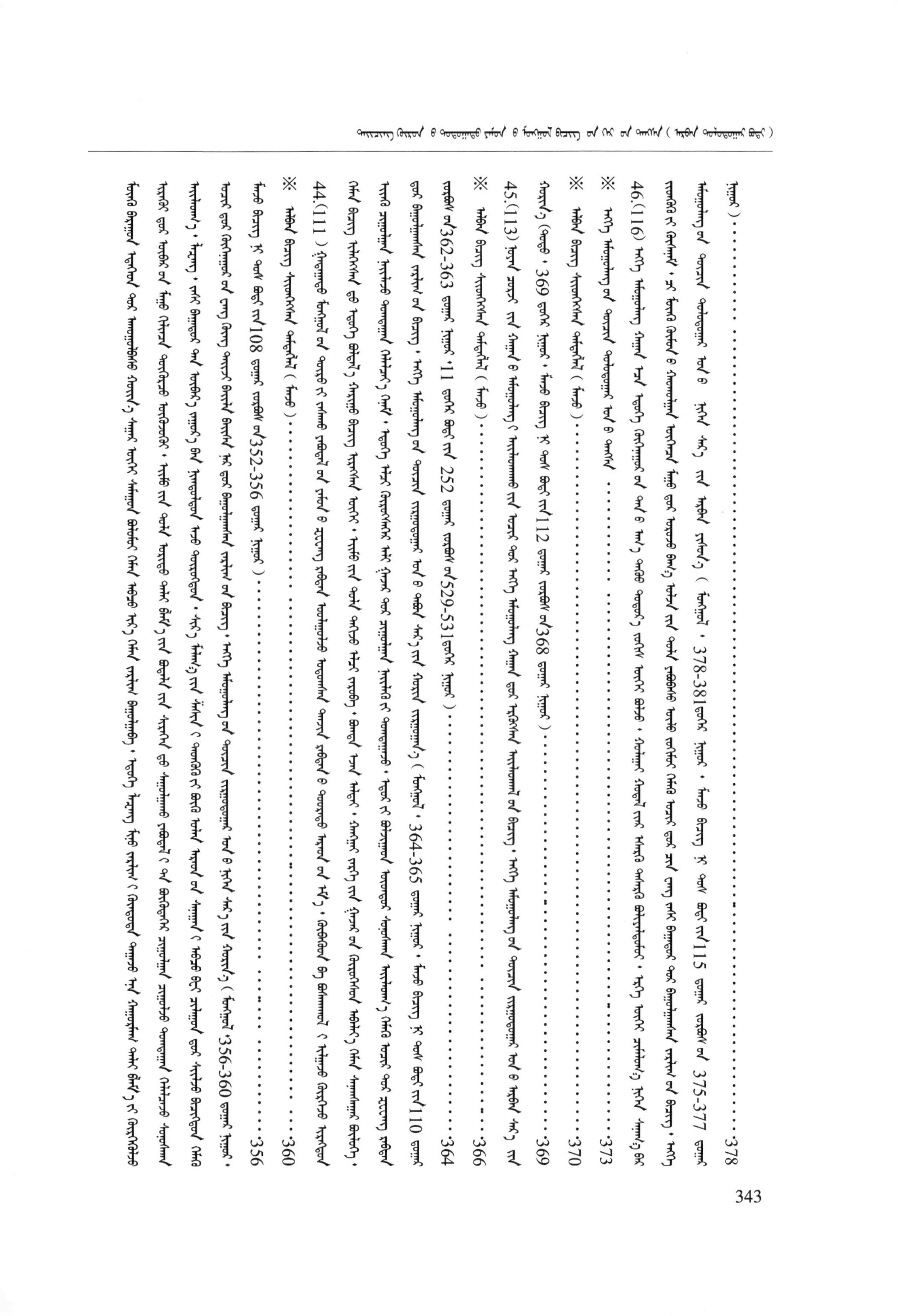

[illegible]) 378

[illegible] ([illegible] · 378-381 [illegible] · [illegible] 115 [illegible] 375-377 [illegible]

46.(116) [illegible]

※ [illegible] 373

※ [illegible] ([illegible]) 370

[illegible] ([illegible] · 369 [illegible] · [illegible] 112 [illegible] 368 [illegible]) 369

45.(113) [illegible]

※ [illegible] ([illegible]) 366

[illegible] 362-363 [illegible] ·11 [illegible] 252 [illegible] 529-531 [illegible]) 364

[illegible] ([illegible] · 364-365 [illegible] · [illegible] 110 [illegible]

44.(111) [illegible]

※ [illegible] ([illegible]) 360

[illegible] 108 [illegible] 352-356 [illegible]) 356

[illegible] ([illegible] ·356-360 [illegible]

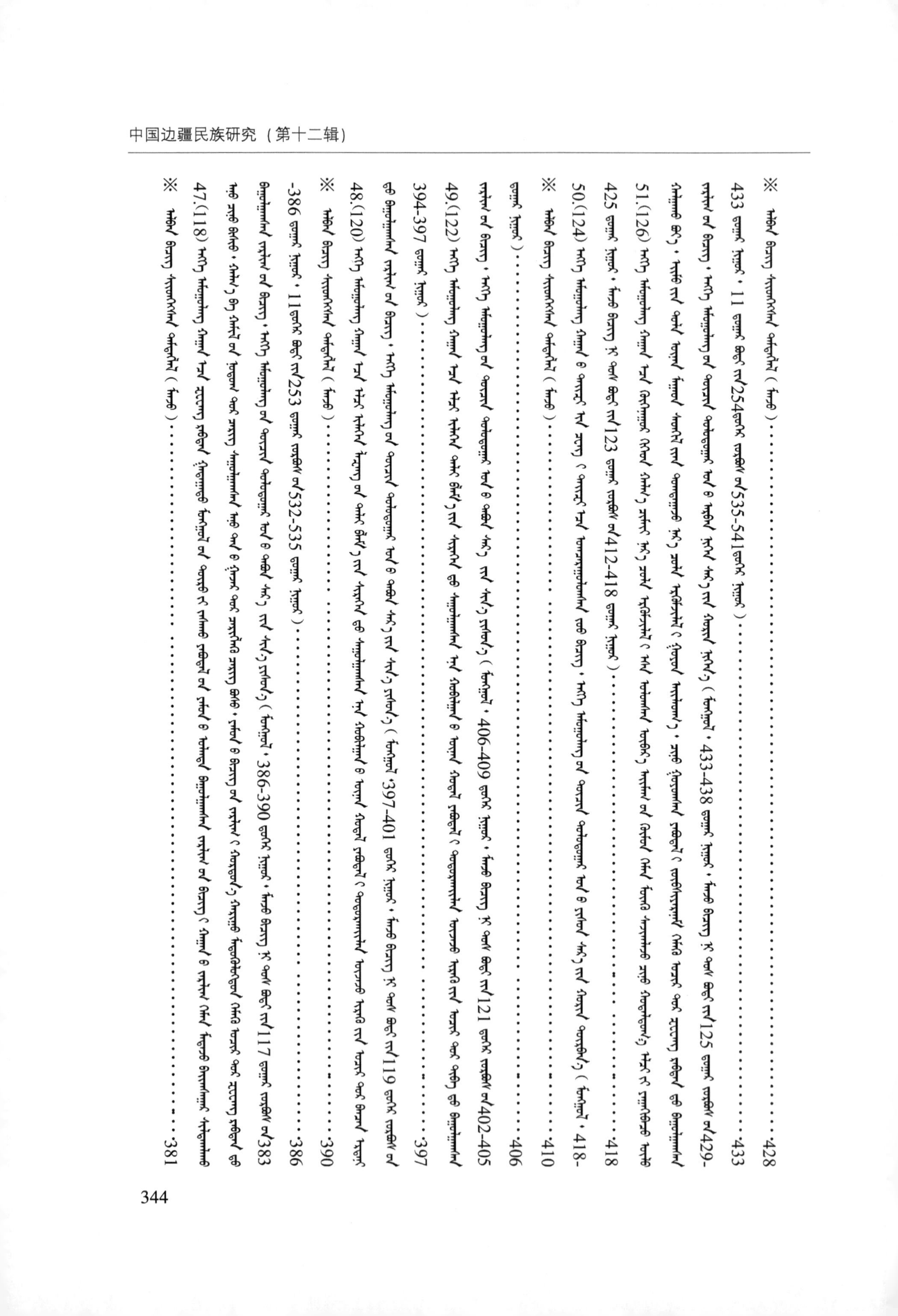

※ [illegible] ([illegible]) …………………………………………………………………… 381
47.(118) [illegible]
[illegible]
[illegible] ([illegible], 386-390 [illegible], [illegible] 117 [illegible] 383
-386 [illegible], 11 [illegible] 253 [illegible] 532-535 [illegible]) ……………………………………………… 386
※ [illegible] ([illegible]) …………………………………………………………………… 390
48.(120) [illegible]
[illegible] ([illegible], 397-401 [illegible], [illegible] 119 [illegible]
394-397 [illegible]) …………………………………………………………………………… 397
49.(122) [illegible]
[illegible] ([illegible], 406-409 [illegible], [illegible] 121 [illegible] 402-405
[illegible]) …………………………………………………………………………………… 406
※ [illegible] ([illegible]) …………………………………………………………………… 410
50.(124) [illegible] ([illegible], 418-
425 [illegible], [illegible] 123 [illegible] 412-418 [illegible]) ……………………………… 418
51.(126) [illegible]
[illegible]
[illegible] ([illegible], 433-438 [illegible], [illegible] 125 [illegible] 429-
433 [illegible], 11 [illegible] 254 [illegible] 535-541 [illegible]) ……………………………… 433
※ [illegible] ([illegible]) …………………………………………………………………… 428

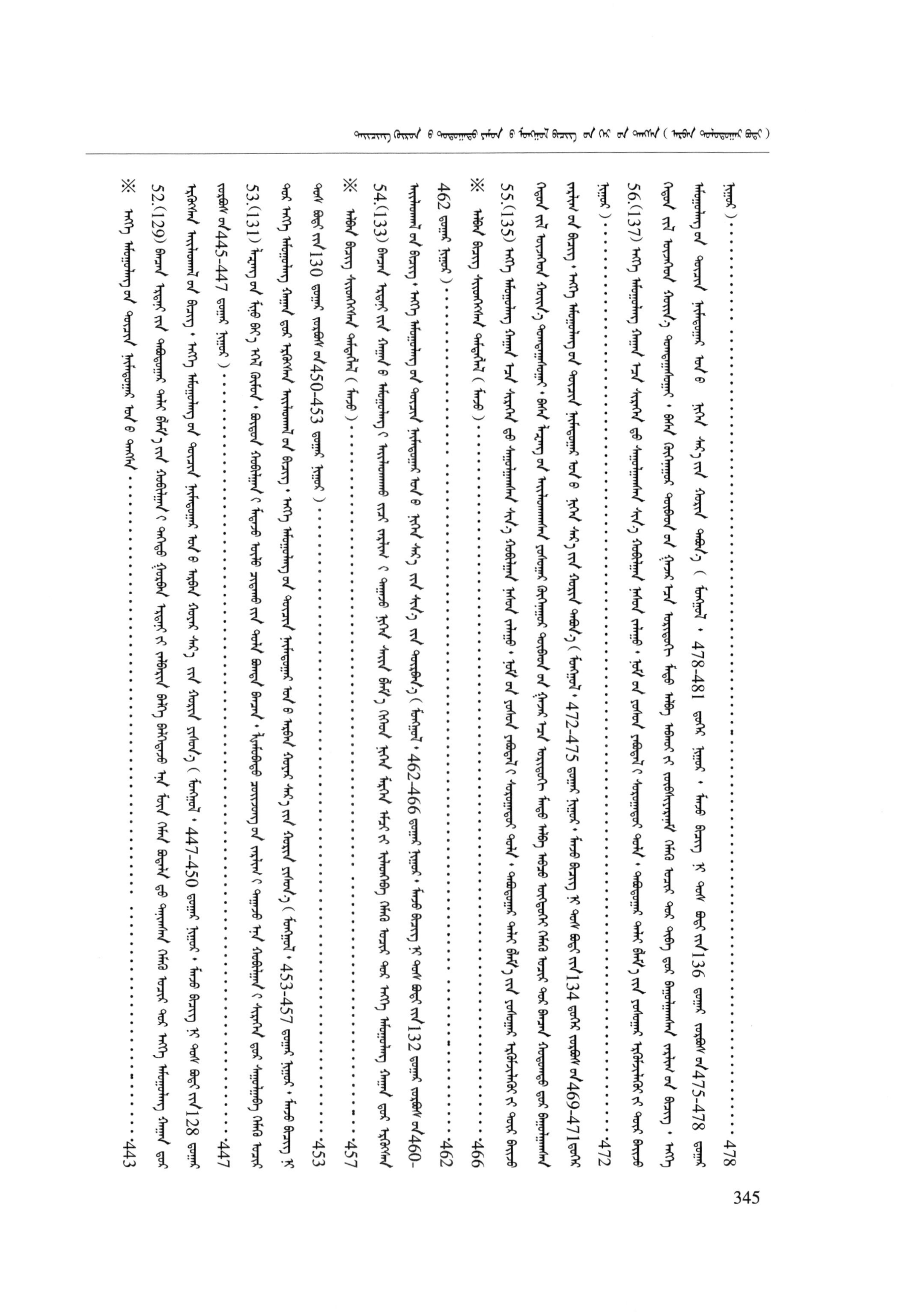

[illegible]) 478
[illegible] ([illegible] · 478-481 [illegible] · [illegible] 136 [illegible] 475-478 [illegible]
[illegible]
56.(137) [illegible]
[illegible]) 472
[illegible] ([illegible] · 472-475 [illegible] · [illegible] 134 [illegible] 469-471 [illegible]
[illegible]
55.(135) [illegible]
※ [illegible] ([illegible]) 466
462 [illegible]) 462
[illegible] ([illegible] · 462-466 [illegible] · [illegible] 132 [illegible] 460-
54.(133) [illegible]
※ [illegible] ([illegible]) 457
[illegible] 130 [illegible] 450-453 [illegible]) 453
[illegible] ([illegible] · 453-457 [illegible] · [illegible]
53.(131) [illegible]
[illegible] 445-447 [illegible]) 447
[illegible] ([illegible] · 447-450 [illegible] · [illegible] 128 [illegible]
52.(129) [illegible]
※ [illegible] 443

57.(139) ᠬᠠᠭᠠᠨ ᠵᠠᠷᠯᠢᠭ ᠢᠶᠠᠷ ᠬᠠᠷᠢ ᠡᠷᠬᠡ ᠶᠢᠨ ᠰᠠᠶᠢᠳ ᠤᠳ ᠲᠤ ᠪᠠᠶᠢᠭᠤᠯᠬᠤ ᠪᠣᠯᠪᠠᠰᠤᠷᠠᠯ ᠤᠨ ᠲᠤᠬᠠᠢ ᠬᠡᠯᠡᠬᠦ ᠂ ᠲᠡᠭᠦᠨ ᠦ ᠶᠠᠪᠤᠳᠠᠯ ᠤᠨ ᠰᠢᠳᠬᠡᠭᠰᠡᠨ ᠂ ᠵᠠᠷᠯᠢᠭ ᠤᠨ ᠪᠢᠴᠢᠭ
ᠲᠤᠰᠬᠠᠶᠢᠯᠠᠨ ᠬᠦᠷᠭᠡᠬᠦ ᠂ ᠲᠡᠭᠦᠨ ᠦ ᠪᠠᠶᠢᠳᠠᠯ ᠤᠨ ᠬᠠᠷᠢᠭᠤᠯᠲᠠ ᠶᠢᠨ ᠪᠢᠴᠢᠭ ᠂ ᠬᠠᠭᠠᠨ ᠵᠠᠷᠯᠢᠭ ᠤᠨ ᠬᠠᠷᠢᠭᠤᠯᠲᠠ ᠶᠢᠨ ᠡ
ᠲᠠᠯᠪᠢᠭᠰᠠᠨ ᠵᠦᠢᠯ ᠂ ᠬᠠᠷᠢᠭᠤᠯᠲᠠ ᠪᠢᠴᠢᠭ ᠤᠨ ᠬᠠᠷᠢᠭᠤᠯᠬᠤ ᠶᠢᠨ ᠲᠤᠬᠠᠢ ᠪᠣᠯᠤᠨ ᠬᠠᠷᠢᠭᠤᠯᠲᠠ ᠶᠢᠨ ᠰᠡᠳᠬᠦᠯ ᠢ
ᠬᠠᠷᠢ ᠶᠢᠨ ᠬᠠᠭᠤᠯᠪᠤᠷᠢ（ ᠲᠥᠪᠡᠳ · 484-488 ᠳᠤᠭᠠᠷ ᠨᠢᠭᠤᠷ · ᠲᠥᠪᠡᠳ ᠪᠢᠴᠢᠭ ᠲᠦ ᠡᠬᠢ ᠪᠣᠳᠢ ᠶᠢᠨ 138 ᠳᠤᠭᠠᠷ ᠳᠡᠪᠲᠡᠷ ᠦᠨ 481-484 ᠳᠤᠭᠠᠷ ᠨᠢᠭᠤᠷ）……………………484
※ ᠮᠣᠩᠭᠣᠯ ᠪᠢᠴᠢᠭ ᠰᠤᠳᠤᠯᠤᠯ ᠤᠨ ᠡᠮᠬᠢᠳᠬᠡᠯ（ ᠲᠥᠪᠡᠳ ）……………………532
58.(141) ᠬᠠᠭᠠᠨ ᠵᠠᠷᠯᠢᠭ ᠤᠨ ᠬᠠᠷᠢᠭᠤᠯᠲᠠ ᠪᠢᠴᠢᠭ ᠤᠨ ᠬᠠᠷᠢᠭᠤᠯᠬᠤ ᠶᠢᠨ ᠲᠤᠬᠠᠢ ᠪᠠᠶᠢᠳᠠᠯ ᠢ ᠬᠠᠷᠢᠭᠤᠯᠬᠤ ᠶᠢᠨ ᠵᠠᠷᠯᠢᠭ ᠤᠨ ᠪᠢᠴᠢᠭ ᠂ ᠬᠠᠭᠠᠨ ᠵᠠᠷᠯᠢᠭ ᠤᠨ ᠬᠠᠷᠢᠭᠤᠯᠲᠠ
ᠬᠠᠷᠢᠭᠤᠯᠲᠠ ᠶᠢᠨ ᠪᠢᠴᠢᠭ ᠬᠠᠷᠢᠭᠤᠯᠬᠤ ᠶᠢᠨ ᠲᠤᠬᠠᠢ（ ᠲᠥᠪᠡᠳ ·507-521 ᠳᠤᠭᠠᠷ ᠨᠢᠭᠤᠷ · ᠲᠥᠪᠡᠳ ᠪᠢᠴᠢᠭ ᠲᠦ ᠡᠬᠢ ᠪᠣᠳᠢ ᠶᠢᠨ 140 ᠳᠤᠭᠠᠷ ᠳᠡᠪᠲᠡᠷ ᠦᠨ 492-506 ᠳᠤᠭᠠᠷ ᠨᠢᠭᠤᠷ ）……………………507
59.(143) ᠵᠠᠷᠯᠢᠭ ᠤᠨ ᠪᠢᠴᠢᠭ ᠢ ᠪᠠᠷᠢᠮᠲᠠᠯᠠᠬᠤ ᠂ ᠬᠠᠷᠢᠭᠤᠯᠲᠠ ᠶᠢᠨ ᠬᠠᠷᠢᠭᠤᠯᠬᠤ ᠶᠢᠨ ᠲᠤᠬᠠᠢ ᠬᠡᠷᠡᠭ ᠦᠨ ᠪᠠᠶᠢᠳᠠᠯ ᠢ ᠪᠠᠶᠢᠴᠠᠭᠠᠨ ᠰᠢᠯᠭᠠᠬᠤ ᠂ ᠪᠢᠴᠢᠭ ᠬᠠᠷᠢᠭᠤᠯᠲᠠ ᠶᠢᠨ ᠬᠡᠷᠡᠭ ᠢ
ᠬᠠᠭᠠᠨ ᠵᠠᠷᠯᠢᠭ ᠤᠨ ᠲᠤᠬᠠᠢ ᠬᠠᠷᠢᠭᠤᠯᠲᠠ ᠶᠢᠨ ᠪᠢᠴᠢᠭ ᠂ ᠬᠠᠭᠠᠨ ᠵᠠᠷᠯᠢᠭ ᠤᠨ ᠬᠠᠷᠢᠭᠤᠯᠲᠠ ᠶᠢᠨ ᠬᠠᠷᠢᠭᠤᠯᠬᠤ ᠶᠢᠨ（ ᠬᠤᠪᠢ · 528-532 ᠳᠤᠭᠠᠷ ᠨᠢᠭᠤᠷ · ᠲᠥᠪᠡᠳ ᠪᠢᠴᠢᠭ ᠲᠦ ᠡᠬᠢ
ᠪᠣᠳᠢ ᠶᠢᠨ 142 ᠳᠤᠭᠠᠷ ᠳᠡᠪᠲᠡᠷ ᠦᠨ 523-527 ᠳᠤᠭᠠᠷ ᠨᠢᠭᠤᠷ ）……………………528
※ ᠮᠣᠩᠭᠣᠯ ᠪᠢᠴᠢᠭ ᠰᠤᠳᠤᠯᠤᠯ ᠤᠨ ᠡᠮᠬᠢᠳᠬᠡᠯ（ ᠲᠥᠪᠡᠳ ）……………………357
60.(145) ᠬᠠᠭᠠᠨ ᠵᠠᠷᠯᠢᠭ ᠤᠨ ᠲᠤᠬᠠᠢ ᠵᠠᠷᠯᠢᠭ ᠤᠨ ᠪᠢᠴᠢᠭ ᠢ ᠬᠦᠷᠭᠡᠬᠦ ᠶᠢᠨ ᠲᠤᠬᠠᠢ ᠪᠠᠶᠢᠳᠠᠯ ᠤᠨ ᠬᠠᠷᠢᠭᠤᠯᠲᠠ ᠶᠢᠨ ᠰᠠᠶᠢᠳ ᠂ ᠬᠠᠷᠢᠭᠤᠯᠲᠠ ᠶᠢᠨ ᠪᠢᠴᠢᠭ ᠬᠦᠷᠭᠡᠬᠦ ᠶᠢᠨ ᠬᠡᠷᠡᠭ ᠢ
ᠬᠠᠷᠢᠭᠤᠯ ᠂ ᠬᠠᠷᠢᠭᠤᠯᠲᠠ ᠪᠢᠴᠢᠭ ᠤᠨ ᠬᠠᠷᠢᠭᠤᠯᠬᠤ ᠶᠢᠨ ᠲᠤᠬᠠᠢ ᠂ ᠵᠠᠷᠯᠢᠭ ᠤᠨ ᠪᠢᠴᠢᠭ ᠢ ᠬᠦᠷᠭᠡᠬᠦ ᠶᠢᠨ ᠲᠤᠬᠠᠢ ᠬᠡᠷᠡᠭ ᠢ ᠪᠠᠶᠢᠴᠠᠭᠠᠨ ᠬᠠᠷᠢᠭᠤᠯᠬᠤ ᠶᠢᠨ ᠲᠤᠬᠠᠢ ᠪᠢᠴᠢᠭ ᠤᠨ ᠬᠡᠷᠡᠭ
ᠵᠠᠷᠯᠢᠭ ᠤᠨ ᠪᠢᠴᠢᠭ ᠤᠨ ᠪᠠᠶᠢᠳᠠᠯ ᠢ ᠬᠠᠷᠢᠭᠤᠯᠬᠤ ᠶᠢᠨ ᠪᠢᠴᠢᠭ ᠂ ᠬᠠᠭᠠᠨ ᠵᠠᠷᠯᠢᠭ ᠤᠨ ᠬᠠᠷᠢᠭᠤᠯᠲᠠ ᠶᠢᠨ ᠬᠠᠷᠢᠭᠤᠯᠬᠤ ᠶᠢᠨ ᠲᠤᠬᠠᠢ（ ᠬᠤᠪᠢ · 539-543 ᠳᠤᠭᠠᠷ ᠨᠢᠭᠤᠷ · ᠲᠥᠪᠡᠳ ᠪᠢᠴᠢᠭ ᠲᠦ ᠡᠬᠢ ᠪᠣᠳᠢ ᠶᠢᠨ
144 ᠳᠤᠭᠠᠷ ᠳᠡᠪᠲᠡᠷ ᠦᠨ 534-538 ᠳᠤᠭᠠᠷ ᠨᠢᠭᠤᠷ ·11 ᠳᠤᠭᠠᠷ ᠪᠣᠳᠢ ᠶᠢᠨ 255ᠳᠤᠭᠠᠷ ᠳᠡᠪᠲᠡᠷ ᠦᠨ 541-545 ᠳᠤᠭᠠᠷ ᠨᠢᠭᠤᠷ ）……………………539
※ ᠮᠣᠩᠭᠣᠯ ᠪᠢᠴᠢᠭ ᠰᠤᠳᠤᠯᠤᠯ ᠤᠨ ᠡᠮᠬᠢᠳᠬᠡᠯ（ ᠲᠥᠪᠡᠳ ）……………………544

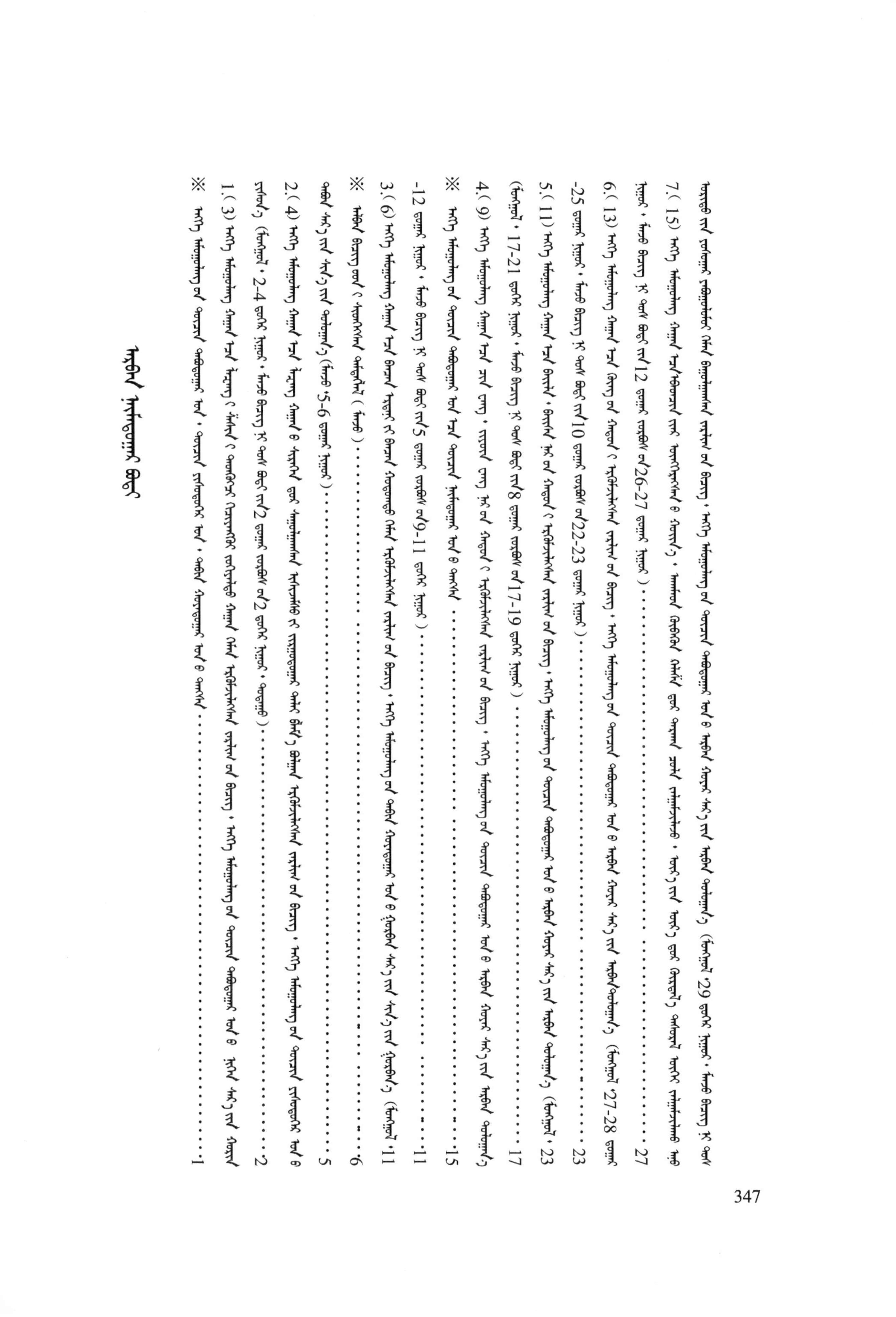

[illegible] ᠭᠠᠷᠴᠠᠭ

※ [illegible] ……………………………………………… 1
1.(3) [illegible] ……………………………………………… 1
2.(4) [illegible] ([illegible] 2-4 [illegible] · [illegible]) ……………………………………………… 2
[illegible] ([illegible] 5-6 [illegible]) ……………………………………………… 5
※ [illegible] ([illegible]) ……………………………………………… 6
3.(6) [illegible] ([illegible] 11 ……………………………………………… 11
-12 [illegible] 5 [illegible] 9-11 [illegible]) ……………………………………………… 11
※ [illegible] ……………………………………………… 15
4.(9) [illegible] ……………………………………………… 17
([illegible] 17-21 [illegible] 8 [illegible] 17-19 [illegible]) ……………………………………………… 17
5.(11) [illegible] ([illegible] 23 ……………………………………………… 23
-25 [illegible] 10 [illegible] 22-23 [illegible]) ……………………………………………… 23
6.(13) [illegible] ([illegible] 27-28 ……………………………………………… 27
[illegible] 12 [illegible] 26-27 [illegible]) ……………………………………………… 27
7.(15) [illegible] ([illegible] 29 [illegible] ……………………………………………… 29

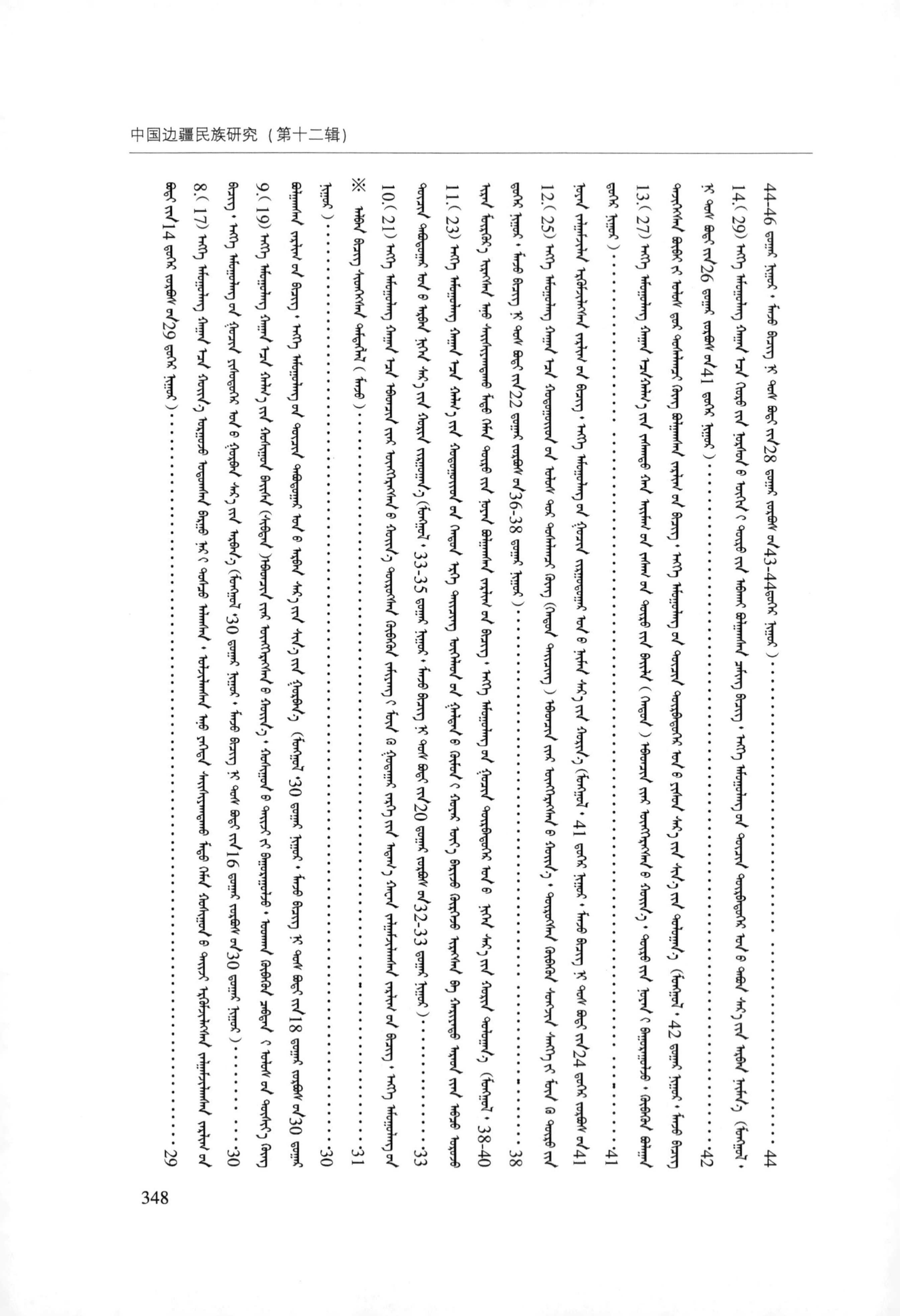

44-46 [illegible] · [illegible] 28 [illegible] 43-44 [illegible]) ………………………………………… 44
14.（29）[illegible] （[illegible] ·
[illegible] 26 [illegible] 41 [illegible]) ………………………………………… 42
[illegible] （[illegible] · 42 [illegible] · [illegible]
13.（27）[illegible] （[illegible]）[illegible] · [illegible]
[illegible]) ………………………………………… 41
[illegible] （[illegible] · 41 [illegible] · [illegible] 24 [illegible] 41
12.（25）[illegible] （[illegible]）[illegible]
[illegible] · [illegible] 22 [illegible] 36-38 [illegible]) ………………………………………… 38
[illegible] （[illegible] · 38-40
11.（23）[illegible]
[illegible] （[illegible] · 33-35 [illegible] · [illegible] 20 [illegible] 32-33 [illegible]) ………………………………………… 33
10.（21）[illegible]
※ [illegible] （[illegible]）………………………………………… 31
[illegible]) ………………………………………… 30
[illegible] （[illegible] · 30 [illegible] · [illegible] 18 [illegible] 30 [illegible]
9.（19）[illegible] （[illegible]）[illegible]
[illegible] （[illegible] · 30 [illegible] · [illegible] 16 [illegible] 30 [illegible]) ………………………………………… 30
8.（17）[illegible] · [illegible]
[illegible] 14 [illegible] 29 [illegible]) ………………………………………… 29

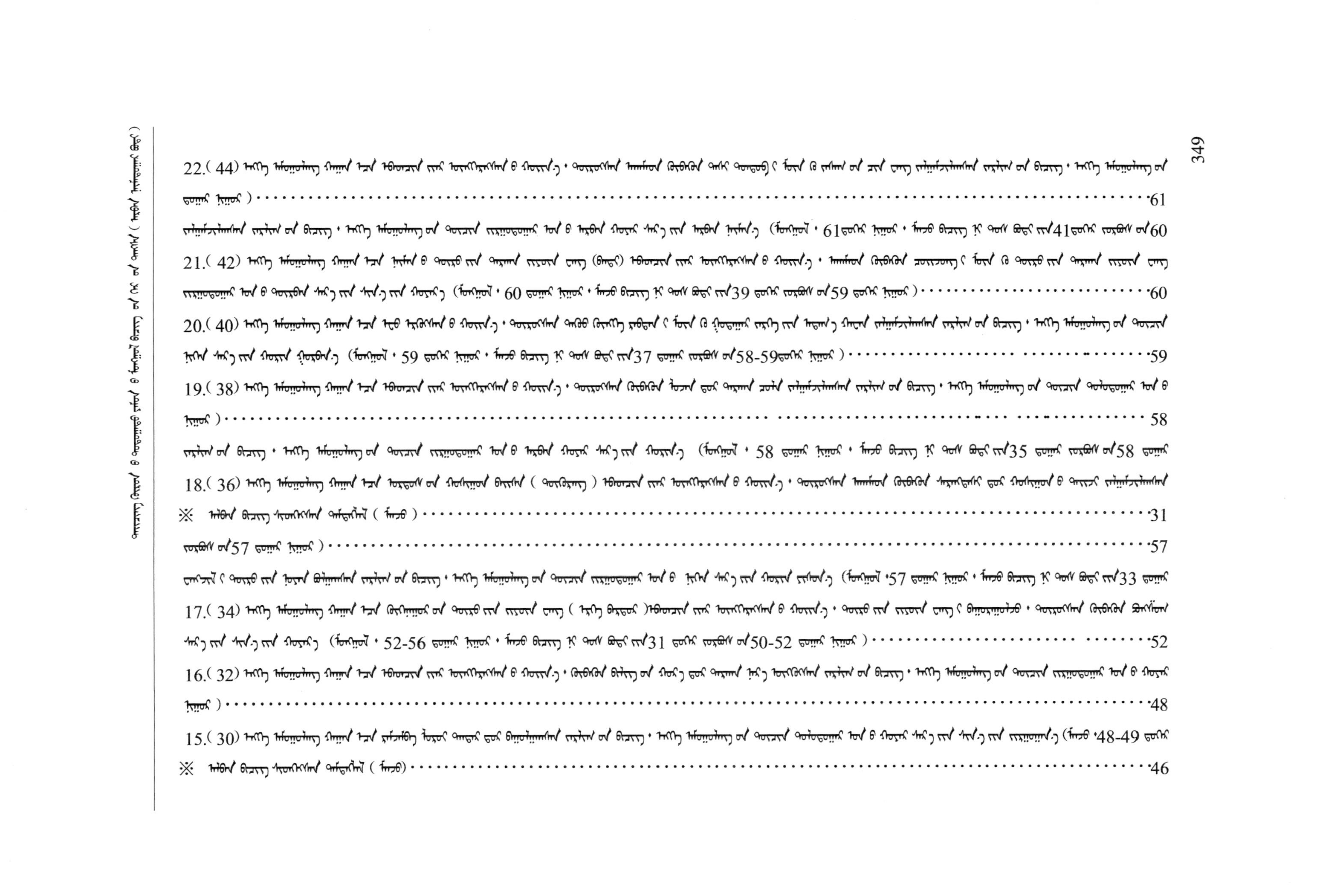

22.(44) [illegible] ([illegible]) ······ 61
[illegible] ([illegible] · 61 [illegible] · [illegible] 41 [illegible] 60
21.(42) [illegible] ([illegible]) [illegible] · [illegible] ([illegible] · 60 [illegible] · [illegible] 39 [illegible] 59 [illegible]) ······ 60
20.(40) [illegible] · [illegible] · [illegible] ([illegible] · 59 [illegible] · [illegible] 37 [illegible] 58-59 [illegible]) ······ 59
19.(38) [illegible] · [illegible] · [illegible]) ······ 58
[illegible] · [illegible] ([illegible] · 58 [illegible] · [illegible] 35 [illegible] 58 [illegible]
18.(36) [illegible] ([illegible]) [illegible] · [illegible]
※ [illegible] ([illegible]) ······ 31
[illegible] 57 [illegible]) ······ 57
[illegible] · [illegible] ([illegible] ·57 [illegible] · [illegible] 33 [illegible]
17.(34) [illegible] ([illegible]) [illegible] · [illegible] · [illegible]
[illegible] ([illegible] · 52-56 [illegible] · [illegible] 31 [illegible] 50-52 [illegible]) ······ 52
16.(32) [illegible] · [illegible] · [illegible]) ······ 48
15.(30) [illegible] · [illegible] ([illegible] ·48-49 [illegible]
※ [illegible] ([illegible]) ······ 46

56 ᠳ᠋ᠤᠭᠠᠷ ᠨᠢᠭᠤᠷ ᠠᠴᠠ 75 ᠳ᠋ᠤᠭᠠᠷ ᠬᠦᠷᠲᠡᠯ᠎ᠡ）……………………………………………………………………75

ᠥᠪᠥᠷ ᠮᠣᠩᠭᠣᠯ ᠤᠨ ᠪᠠᠭᠰᠢ ᠶᠢᠨ ᠶᠡᠬᠡ ᠰᠤᠷᠭᠠᠭᠤᠯᠢ ᠶᠢᠨ ᠰᠡᠳᠬᠦᠯ ᠤᠨ ᠪᠠᠭᠰᠢ᠂ ᠡᠩᠬᠡ ᠠᠮᠤᠭᠤᠯᠠᠩ ᠤᠨ ᠮᠠᠨᠵᠤ ᠪᠢᠴᠢᠭ ᠦᠨ ᠡᠬᠡ ᠶᠢᠨ ᠨᠡᠶᠢᠲᠡ ᠶᠢᠨ ᠪᠢᠴᠢᠭ ᠤᠨ （ᠬᠠᠭᠤᠳᠠᠰᠤ·75 ᠳ᠋ᠤᠭᠠᠷ ᠨᠢᠭᠤᠷ᠂ ᠮᠠᠨᠵᠤ ᠪᠢᠴᠢᠭ ᠤᠨ ᠡᠬᠡ ᠨᠢ ᠳᠤᠮᠳᠠᠳᠤ ᠤᠯᠤᠰ ᠤᠨ ᠨᠢᠭᠤᠴᠠ ᠨᠢᠭᠤᠷ

28.（57）ᠡᠩᠬᠡ ᠠᠮᠤᠭᠤᠯᠠᠩ ᠤᠨ ᠬᠠᠭᠠᠨ ᠤ ᠲᠤᠰᠢᠶᠠᠯ ᠤᠨ ᠮᠠᠨᠵᠤ ᠪᠢᠴᠢᠭ ᠦᠨ ᠡᠬᠡ（ᠬᠠᠯᠬ᠎ᠠ）ᠮᠣᠩᠭᠣᠯ ᠴᠡᠷᠢᠭ ᠦᠨ ᠪᠢᠴᠢᠭ ᠦᠨ ᠵᠠᠷᠯᠢᠭ᠂ ᠮᠠᠨᠵᠤ ᠪᠢᠴᠢᠭ ᠦᠨ ᠡᠬᠡ ᠶᠢᠨ ᠲᠡᠮᠳᠡᠭᠯᠡᠯ ᠦᠨ ᠡᠮᠬᠢᠳᠬᠡᠯ ᠨᠢ ᠳᠤᠮᠳᠠᠳᠤ ᠤᠯᠤᠰ ᠤᠨ ᠨᠢᠭᠤᠴᠠ

ᠬᠠᠪᠰᠤᠷᠤᠯ ᠤᠨ 54 ᠳᠦᠭᠡᠷ ᠨᠢᠭᠤᠷ ᠠᠴᠠ 74 ᠳᠦᠭᠡᠷ ᠬᠦᠷᠲᠡᠯ᠎ᠡ）……………………………………………………………74

ᠥᠪᠥᠷ ᠮᠣᠩᠭᠣᠯ ᠤᠨ ᠪᠠᠭᠰᠢ ᠶᠢᠨ ᠶᠡᠬᠡ ᠰᠤᠷᠭᠠᠭᠤᠯᠢ ᠶᠢᠨ ᠡᠷᠳᠡᠮ ᠰᠢᠨᠵᠢᠯᠡᠭᠡᠨ ᠦ ᠰᠡᠳᠬᠦᠯ ᠤᠨ ᠪᠠᠭᠰᠢ᠂ ᠡᠩᠬᠡ ᠠᠮᠤᠭᠤᠯᠠᠩ ᠤᠨ ᠮᠠᠨᠵᠤ ᠪᠢᠴᠢᠭ ᠦᠨ ᠡᠬᠡ（ᠬᠠᠭᠤᠳᠠᠰᠤ·74-75 ᠳ᠋ᠤᠭᠠᠷ ᠨᠢᠭᠤᠷ᠂ ᠮᠠᠨᠵᠤ ᠪᠢᠴᠢᠭ ᠤᠨ ᠡᠬᠡ ᠨᠢ ᠳᠤᠮᠳᠠᠳᠤ ᠤᠯᠤᠰ ᠤᠨ ᠨᠢᠭᠤᠴᠠ ᠬᠠᠪᠰᠤᠷᠤᠯ ᠤᠨ

27.（55）ᠡᠩᠬᠡ ᠠᠮᠤᠭᠤᠯᠠᠩ ᠤᠨ ᠬᠠᠭᠠᠨ ᠤ ᠲᠤᠰᠢᠶᠠᠯ ᠤᠨ ᠮᠠᠨᠵᠤ ᠪᠢᠴᠢᠭ ᠦᠨ ᠡᠬᠡ ᠶᠢᠨ ᠵᠠᠷᠯᠢᠭ（ᠬᠠᠯᠬ᠎ᠠ）ᠮᠣᠩᠭᠣᠯ ᠴᠡᠷᠢᠭ ᠦᠨ ᠪᠢᠴᠢᠭ ᠦᠨ ᠵᠠᠷᠯᠢᠭ᠂ ᠮᠠᠨᠵᠤ ᠪᠢᠴᠢᠭ ᠦᠨ ᠡᠬᠡ ᠶᠢᠨ ᠨᠡᠶᠢᠲᠡ ᠶᠢᠨ ᠮᠡᠳᠡᠭᠳᠡᠯ ᠨᠢ ᠳᠤᠮᠳᠠᠳᠤ ᠤᠯᠤᠰ ᠤᠨ ᠨᠢᠭᠤᠴᠠ

ᠬᠠᠪᠰᠤᠷᠤᠯ ᠤᠨ 73 ᠳ᠋ᠤᠭᠠᠷ ᠨᠢᠭᠤᠷ）………………………………………………………………………73

ᠥᠪᠥᠷ ᠮᠣᠩᠭᠣᠯ ᠤᠨ ᠪᠠᠭᠰᠢ ᠶᠢᠨ ᠶᠡᠬᠡ ᠰᠤᠷᠭᠠᠭᠤᠯᠢ ᠶᠢᠨ ᠡᠷᠳᠡᠮ ᠰᠢᠨᠵᠢᠯᠡᠭᠡᠨ ᠦ ᠰᠡᠳᠬᠦᠯ ᠤᠨ ᠪᠠᠭᠰᠢ᠂ ᠡᠩᠬᠡ ᠠᠮᠤᠭᠤᠯᠠᠩ ᠤᠨ ᠮᠠᠨᠵᠤ ᠪᠢᠴᠢᠭ ᠦᠨ ᠡᠬᠡ ᠶᠢᠨ ᠪᠢᠴᠢᠭ ᠤᠨ（ᠬᠠᠭᠤᠳᠠᠰᠤ·73-74 ᠳᠦᠭᠡᠷ ᠨᠢᠭᠤᠷ᠂ ᠮᠠᠨᠵᠤ ᠪᠢᠴᠢᠭ ᠤᠨ ᠡᠬᠡ ᠨᠢ ᠳᠤᠮᠳᠠᠳᠤ ᠤᠯᠤᠰ ᠤᠨ ᠨᠢᠭᠤᠴᠠ ᠬᠠᠪᠰᠤᠷᠤᠯ ᠤᠨ 52 ᠳ᠋ᠤᠭᠠᠷ

26.（53）ᠡᠩᠬᠡ ᠠᠮᠤᠭᠤᠯᠠᠩ ᠤᠨ ᠬᠠᠭᠠᠨ ᠤ ᠲᠤᠰᠢᠶᠠᠯ ᠤᠨ ᠮᠠᠨᠵᠤ ᠪᠢᠴᠢᠭ ᠦᠨ ᠡᠬᠡ（ᠬᠠᠯᠬ᠎ᠠ）ᠮᠣᠩᠭᠣᠯ ᠴᠡᠷᠢᠭ ᠦᠨ ᠪᠢᠴᠢᠭ ᠦᠨ ᠵᠠᠷᠯᠢᠭ᠂ ᠮᠠᠨᠵᠤ ᠪᠢᠴᠢᠭ ᠦᠨ ᠡᠬᠡ ᠶᠢᠨ ᠨᠡᠶᠢᠲᠡ ᠶᠢᠨ ᠮᠡᠳᠡᠭᠳᠡᠯ ᠨᠢ ᠳᠤᠮᠳᠠᠳᠤ ᠤᠯᠤᠰ ᠤᠨ ᠨᠢᠭᠤᠴᠠ

ᠨᠢᠭᠤᠷ）……………………………………………………………………………………72

ᠬᠠᠪᠰᠤᠷᠤᠯ᠂ ᠡᠩᠬᠡ ᠠᠮᠤᠭᠤᠯᠠᠩ ᠤᠨ ᠮᠠᠨᠵᠤ ᠪᠢᠴᠢᠭ ᠦᠨ ᠡᠬᠡ ᠶᠢᠨ ᠪᠢᠴᠢᠭ ᠤᠨ ᠨᠡᠶᠢᠲᠡ（ᠬᠠᠭᠤᠳᠠᠰᠤ·72 ᠳ᠋ᠤᠭᠠᠷ ᠨᠢᠭᠤᠷ᠂ ᠮᠠᠨᠵᠤ ᠪᠢᠴᠢᠭ ᠤᠨ ᠡᠬᠡ ᠨᠢ ᠳᠤᠮᠳᠠᠳᠤ ᠤᠯᠤᠰ ᠤᠨ ᠨᠢᠭᠤᠴᠠ ᠬᠠᠪᠰᠤᠷᠤᠯ ᠤᠨ 50 ᠳ᠋ᠤᠭᠠᠷ ᠨᠢᠭᠤᠷ ᠠᠴᠠ 72 ᠳ᠋ᠤᠭᠠᠷ

25.（51）ᠡᠩᠬᠡ ᠠᠮᠤᠭᠤᠯᠠᠩ ᠤᠨ ᠬᠠᠭᠠᠨ ᠤ ᠲᠤᠰᠢᠶᠠᠯ ᠤᠨ ᠮᠠᠨᠵᠤ ᠪᠢᠴᠢᠭ ᠦᠨ ᠡᠬᠡ（ᠬᠠᠯᠬ᠎ᠠ）ᠮᠣᠩᠭᠣᠯ ᠴᠡᠷᠢᠭ ᠦᠨ ᠪᠢᠴᠢᠭ ᠦᠨ ᠵᠠᠷᠯᠢᠭ᠂ ᠮᠠᠨᠵᠤ ᠪᠢᠴᠢᠭ ᠦᠨ ᠡᠬᠡ ᠶᠢᠨ ᠨᠡᠶᠢᠲᠡ ᠶᠢᠨ ᠮᠡᠳᠡᠭᠳᠡᠯ ᠨᠢ ᠳᠤᠮᠳᠠᠳᠤ ᠤᠯᠤᠰ ᠤᠨ ᠨᠢᠭᠤᠴᠠ ᠬᠠᠪᠰᠤᠷᠤᠯ ᠤᠨ

66-68 ᠳ᠋ᠤᠭᠠᠷ ᠨᠢᠭᠤᠷ）…………………………………………………………………………69

24.（49）ᠪᠣᠯᠵᠠᠯ ᠤᠨ ᠬᠠᠭᠠᠨ ᠤ ᠵᠠᠷᠯᠢᠭ ᠤᠨ ᠮᠠᠨᠵᠤ ᠪᠢᠴᠢᠭ ᠦᠨ ᠡᠬᠡ᠂ ᠪᠢᠴᠢᠭ ᠦᠨ ᠡᠬᠡ ᠶᠢᠨ ᠮᠡᠳᠡᠭᠳᠡᠯ ᠦᠨ ᠡᠮᠬᠢᠳᠬᠡᠯ（ᠬᠠᠭᠤᠳᠠᠰᠤ·69-71 ᠳᠦᠭᠡᠷ ᠨᠢᠭᠤᠷ᠂ ᠮᠠᠨᠵᠤ ᠪᠢᠴᠢᠭ ᠤᠨ ᠡᠬᠡ ᠨᠢ ᠳᠤᠮᠳᠠᠳᠤ ᠤᠯᠤᠰ ᠤᠨ 48 ᠳ᠋ᠤᠭᠠᠷ ᠨᠢᠭᠤᠷ ᠠᠴᠠ

※ ᠡᠩᠬᠡ ᠠᠮᠤᠭᠤᠯᠠᠩ ᠤᠨ ᠮᠠᠨᠵᠤ ᠪᠢᠴᠢᠭ ᠦᠨ ᠡᠬᠡ᠂ ᠮᠠᠨᠵᠤ ᠪᠢᠴᠢᠭ ᠦᠨ ᠡᠬᠡ ᠶᠢᠨ ᠨᠡᠶᠢᠲᠡ ᠶᠢᠨ ᠪᠢᠴᠢᠭ……………………………………………………65

※ ᠨᠢᠭᠤᠴᠠ ᠬᠠᠪᠰᠤᠷᠤᠯ ᠤᠨ ᠡᠮᠬᠢᠳᠬᠡᠯ（ᠳᠡᠭᠡᠳᠦ）………………………………………………………64

ᠨᠢᠭᠤᠷ）………………………………………………………………………………63

ᠬᠠᠪᠰᠤᠷᠤᠯ ᠤᠨ ᠪᠢᠴᠢᠭ᠂ ᠡᠩᠬᠡ ᠠᠮᠤᠭᠤᠯᠠᠩ ᠤᠨ ᠮᠠᠨᠵᠤ ᠪᠢᠴᠢᠭ ᠦᠨ ᠡᠬᠡ ᠶᠢᠨ ᠨᠡᠶᠢᠲᠡ ᠶᠢᠨ ᠪᠢᠴᠢᠭ（ᠬᠠᠭᠤᠳᠠᠰᠤ·63 ᠳ᠋ᠤᠭᠠᠷ ᠨᠢᠭᠤᠷ᠂ ᠮᠠᠨᠵᠤ ᠪᠢᠴᠢᠭ ᠤᠨ ᠡᠬᠡ ᠨᠢ ᠳᠤᠮᠳᠠᠳᠤ ᠤᠯᠤᠰ ᠤᠨ 45 ᠳ᠋ᠤᠭᠠᠷ ᠨᠢᠭᠤᠷ ᠠᠴᠠ 62 ᠳ᠋ᠤᠭᠠᠷ

23.（46）ᠡᠩᠬᠡ ᠠᠮᠤᠭᠤᠯᠠᠩ ᠤᠨ ᠬᠠᠭᠠᠨ ᠤ ᠲᠤᠰᠢᠶᠠᠯ ᠤᠨ ᠮᠠᠨᠵᠤ ᠪᠢᠴᠢᠭ ᠦᠨ ᠡᠬᠡ（ᠬᠠᠯᠬ᠎ᠠ）ᠮᠣᠩᠭᠣᠯ ᠴᠡᠷᠢᠭ ᠦᠨ ᠪᠢᠴᠢᠭ ᠦᠨ ᠵᠠᠷᠯᠢᠭ᠂ ᠮᠠᠨᠵᠤ ᠪᠢᠴᠢᠭ ᠦᠨ ᠡᠬᠡ ᠶᠢᠨ ᠨᠡᠶᠢᠲᠡ ᠶᠢᠨ ᠮᠡᠳᠡᠭᠳᠡᠯ ᠨᠢ ᠳᠤᠮᠳᠠᠳᠤ ᠤᠯᠤᠰ ᠤᠨ ᠨᠢᠭᠤᠴᠠ ᠬᠠᠪᠰᠤᠷᠤᠯ ᠤᠨ

ᠡᠩᠬᠡ ᠠᠮᠤᠭᠤᠯᠠᠩ ᠤᠨ ᠮᠠᠨᠵᠤ ᠪᠢᠴᠢᠭ ᠦᠨ ᠡᠬᠡ ᠶᠢᠨ ᠪᠢᠴᠢᠭ（ᠬᠠᠭᠤᠳᠠᠰᠤ·61-62 ᠳ᠋ᠤᠭᠠᠷ ᠨᠢᠭᠤᠷ᠂ ᠮᠠᠨᠵᠤ ᠪᠢᠴᠢᠭ ᠤᠨ ᠡᠬᠡ ᠨᠢ ᠳᠤᠮᠳᠠᠳᠤ ᠤᠯᠤᠰ ᠤᠨ 43 ᠳ᠋ᠤᠭᠠᠷ ᠨᠢᠭᠤᠷ ᠠᠴᠠ 61 ᠳᠦᠭᠡᠷ ᠨᠢᠭᠤᠷ）………… …61

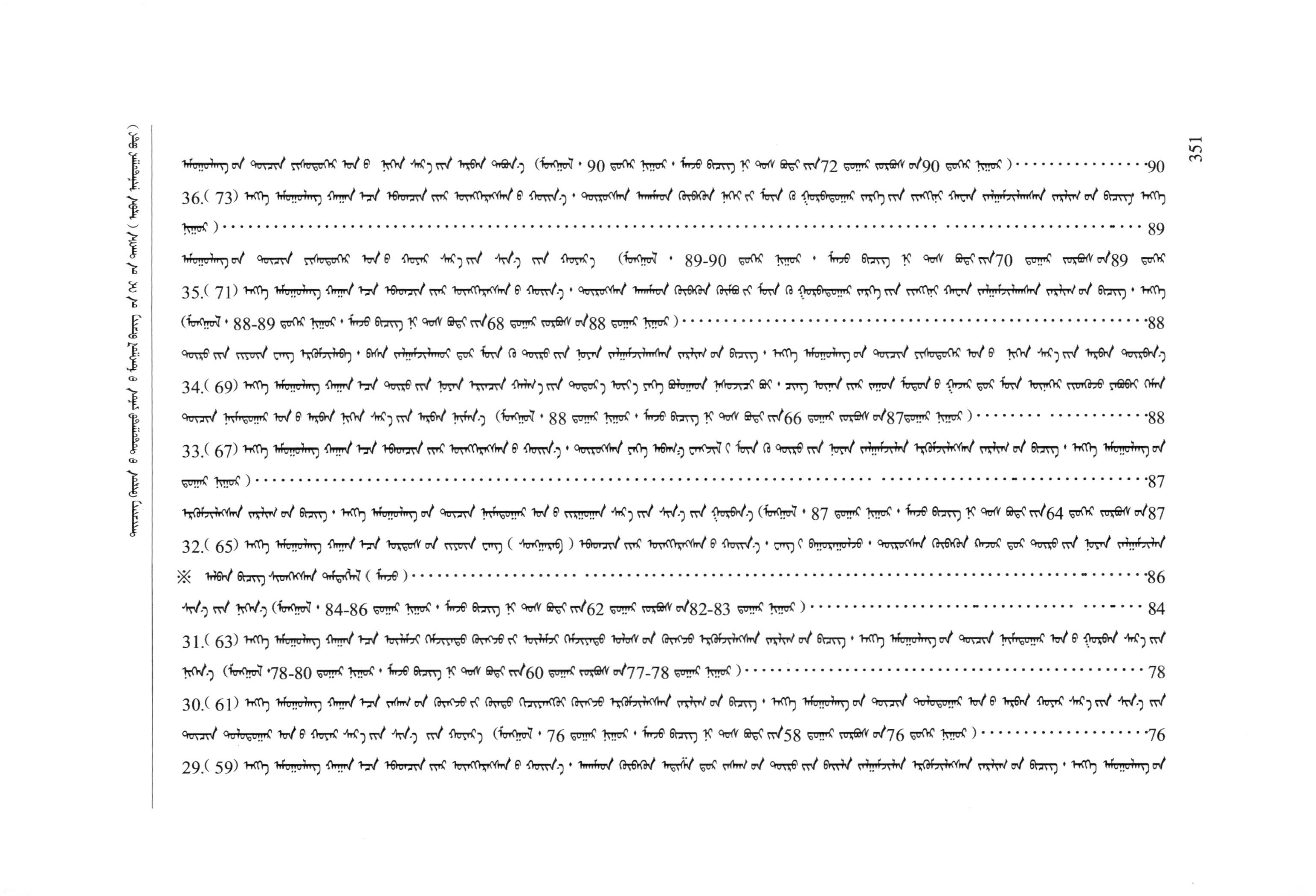

29.(59) [illegible] ([illegible] · 76 [illegible] · [illegible] 58 [illegible] 76 [illegible]) ··········· 76

30.(61) [illegible] ([illegible] ·78-80 [illegible] · [illegible] 60 [illegible] 77-78 [illegible]) ··········· 78

31.(63) [illegible] ([illegible] · 84-86 [illegible] · [illegible] 62 [illegible] 82-83 [illegible]) ··········· 84

※ [illegible] ([illegible]) ··········· 86

32.(65) [illegible] ([illegible]) [illegible] ([illegible] · 87 [illegible] · [illegible] 64 [illegible] 87 [illegible]) ··········· 87

33.(67) [illegible] ([illegible] · 88 [illegible] · [illegible] 66 [illegible] 87 [illegible]) ··········· 88

34.(69) [illegible] ([illegible] · 88-89 [illegible] · [illegible] 68 [illegible] 88 [illegible]) ··········· 88

35.(71) [illegible] ([illegible] · 89-90 [illegible] · [illegible] 70 [illegible] 89 [illegible]) ··········· 89

36.(73) [illegible] ([illegible] · 90 [illegible] · [illegible] 72 [illegible] 90 [illegible]) ··········· 90

37.(75) …… 91

※ …… 91

38.(77) …… 92

39.(79) …… 93

40.(81) …… 94

41.(83) …… 94

42.(85) …… 94

43.(87) …… 95

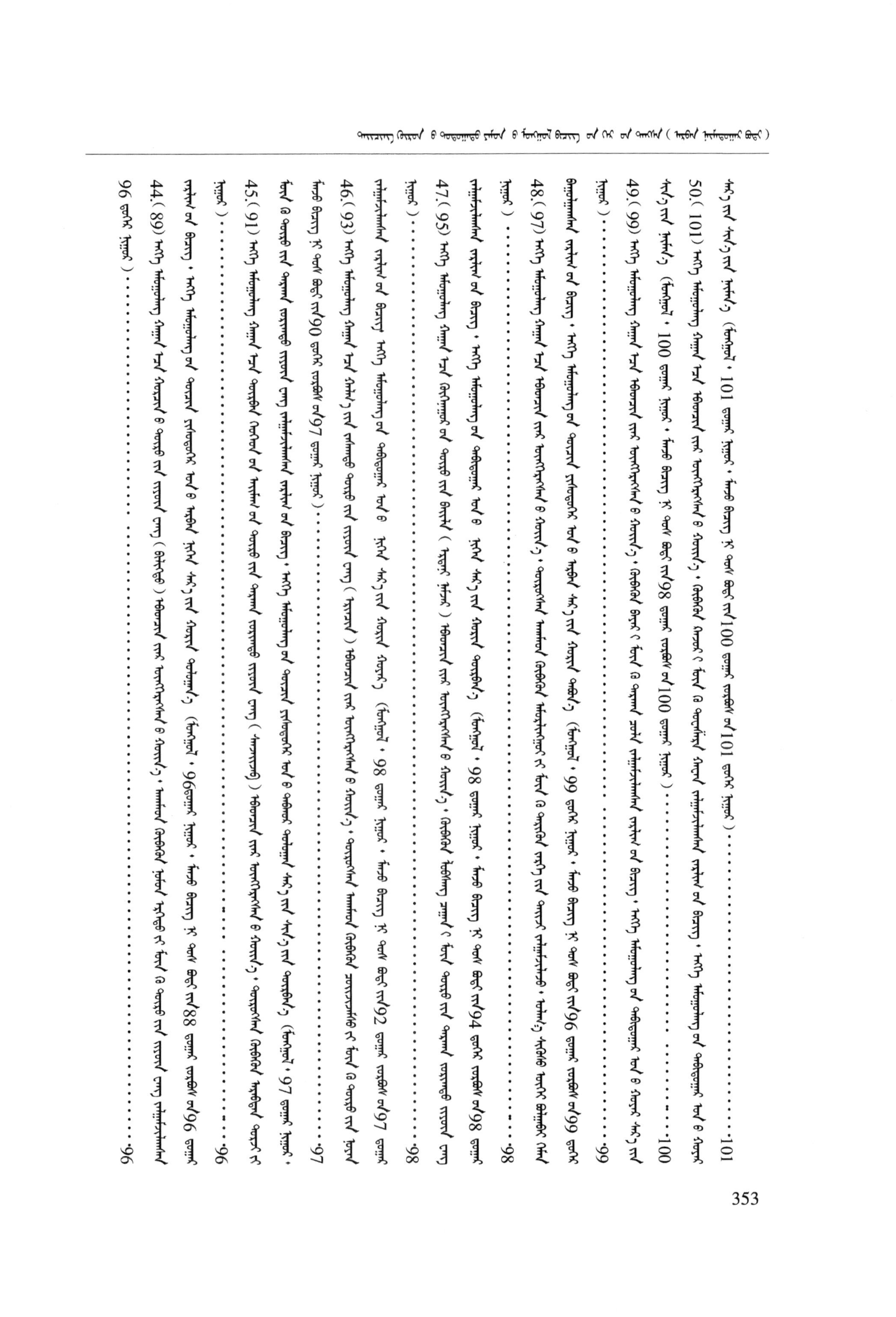

[illegible] ([illegible] · 101 [illegible] 100 [illegible] 101 [illegible]) ························101

50.(101) [illegible] ([illegible] · 100 [illegible] 98 [illegible] 100 [illegible]) ························100

49.(99) [illegible]) ························99

[illegible] ([illegible] · 99 [illegible] 96 [illegible] 99 [illegible]

48.(97) [illegible]) ························98

[illegible] ([illegible] · 98 [illegible] 94 [illegible] 98 [illegible]

47.(95) [illegible] ([illegible]) [illegible]) ························98

[illegible] ([illegible] · 98 [illegible] 92 [illegible] 97 [illegible]

46.(93) [illegible] ([illegible]) [illegible] 90 [illegible] 97 [illegible]) ························97

[illegible] ([illegible] · 97 [illegible] ·

45.(91) [illegible] ([illegible]) [illegible]) ························96

[illegible] ([illegible] · 96 [illegible] 88 [illegible] 96 [illegible]

44.(89) [illegible] ([illegible]) [illegible] 96 [illegible]) ························96

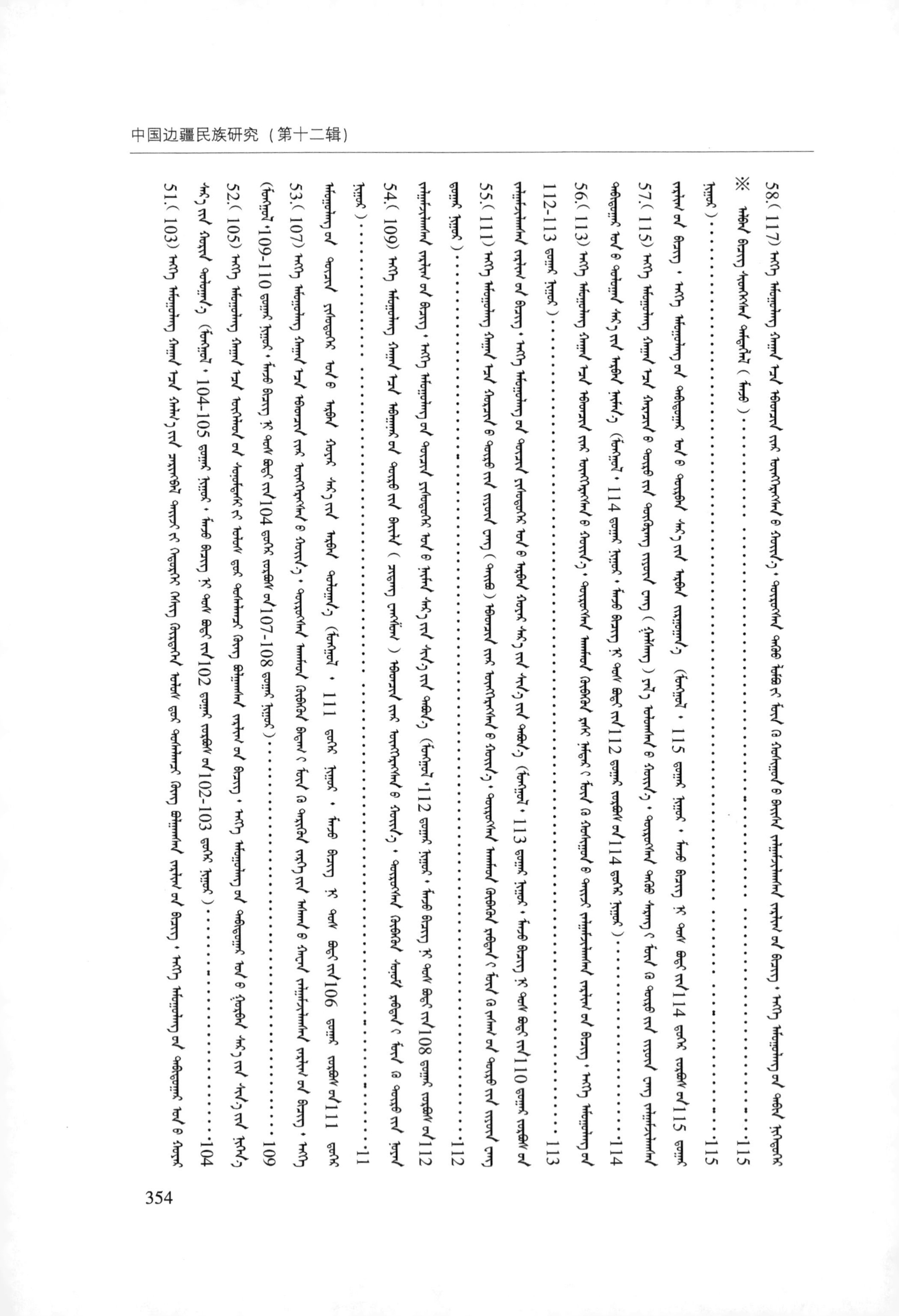

51.(103) [illegible] ([illegible] , 104-105 [illegible] , [illegible] 102 [illegible] 102-103 [illegible])……………………104

52.(105) [illegible] ([illegible] '109-110 [illegible] , [illegible] 104 [illegible] 107-108 [illegible])……………………109

53.(107) [illegible] ([illegible] , 111 [illegible] , [illegible] 106 [illegible] 111 [illegible])……………………11

54.(109) [illegible] ([illegible]) [illegible] ([illegible] '112 [illegible] , [illegible] 108 [illegible] 112 [illegible])……………………112

55.(111) [illegible] ([illegible]) [illegible] ([illegible] , 113 [illegible] , [illegible] 110 [illegible] 112-113 [illegible])……………………113

56.(113) [illegible] ([illegible] , 114 [illegible] , [illegible] 112 [illegible] 114 [illegible])……………………114

57.(115) [illegible] ([illegible]) [illegible] ([illegible] , 115 [illegible] , [illegible] 114 [illegible] 115 [illegible])……………………115

※ [illegible] ([illegible])……………………115

58.(117) [illegible]

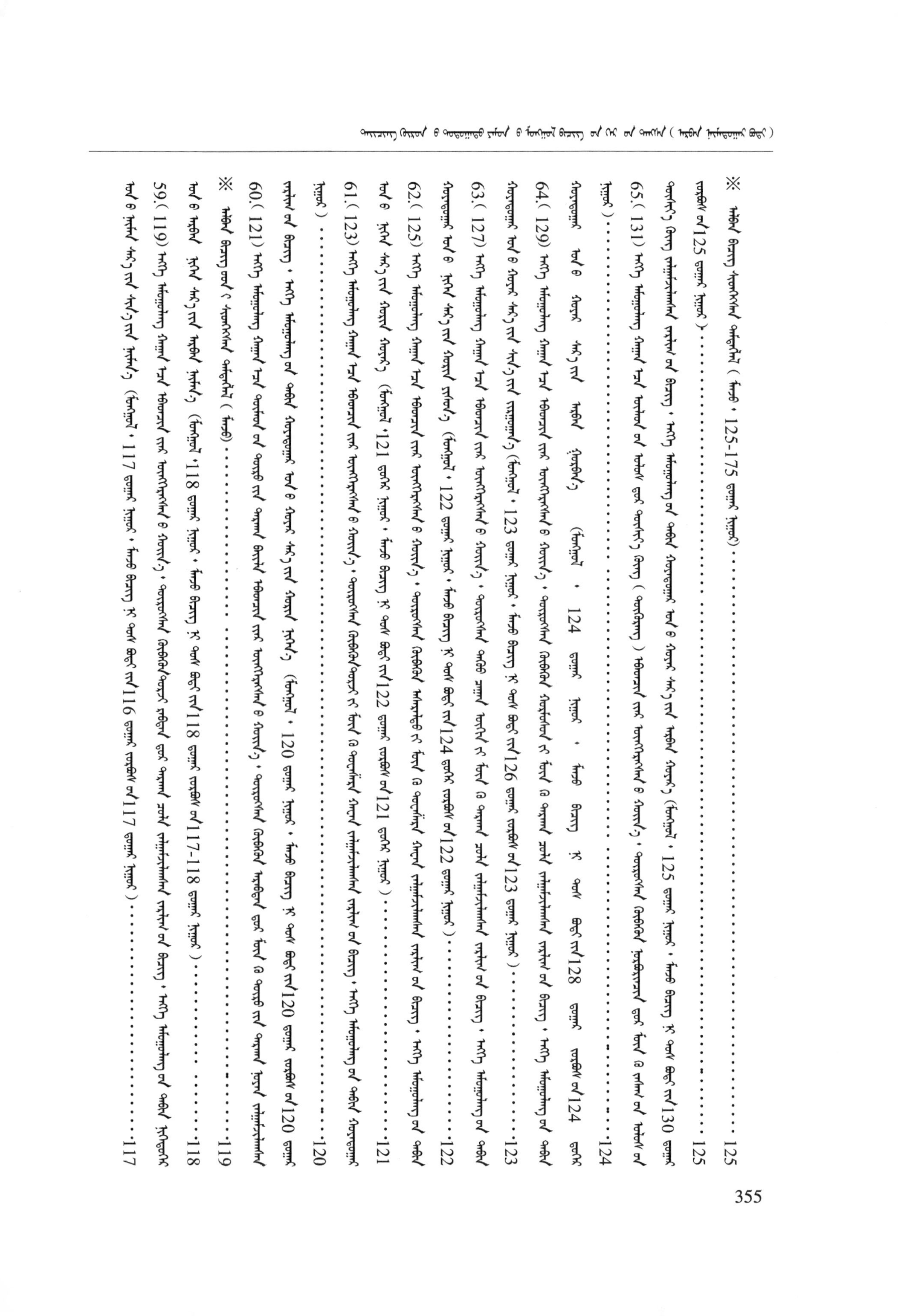

※ [illegible] ([illegible] 125-175 [illegible]) ………… 125

[illegible] 125 [illegible]) ………… 125

65.(131) [illegible] ([illegible] 125 [illegible] 130 [illegible]) ………… 124

64.(129) [illegible] ([illegible] 124 [illegible] 128 [illegible] 124 [illegible]) ………… 124

63.(127) [illegible] ([illegible] 123 [illegible] 126 [illegible] 123 [illegible]) ………… 123

62.(125) [illegible] ([illegible] 122 [illegible] 124 [illegible] 122 [illegible]) ………… 122

61.(123) [illegible] ([illegible] 121 [illegible] 122 [illegible] 121 [illegible]) ………… 121

60.(121) [illegible] ([illegible] 120 [illegible] 120 [illegible] 120 [illegible]) ………… 120

※ [illegible] ([illegible]) ………… 119

[illegible] ([illegible] 118 [illegible] 118 [illegible] 117-118 [illegible]) ………… 118

59.(119) [illegible] ([illegible] 117 [illegible] 116 [illegible] 117 [illegible]) ………… 117

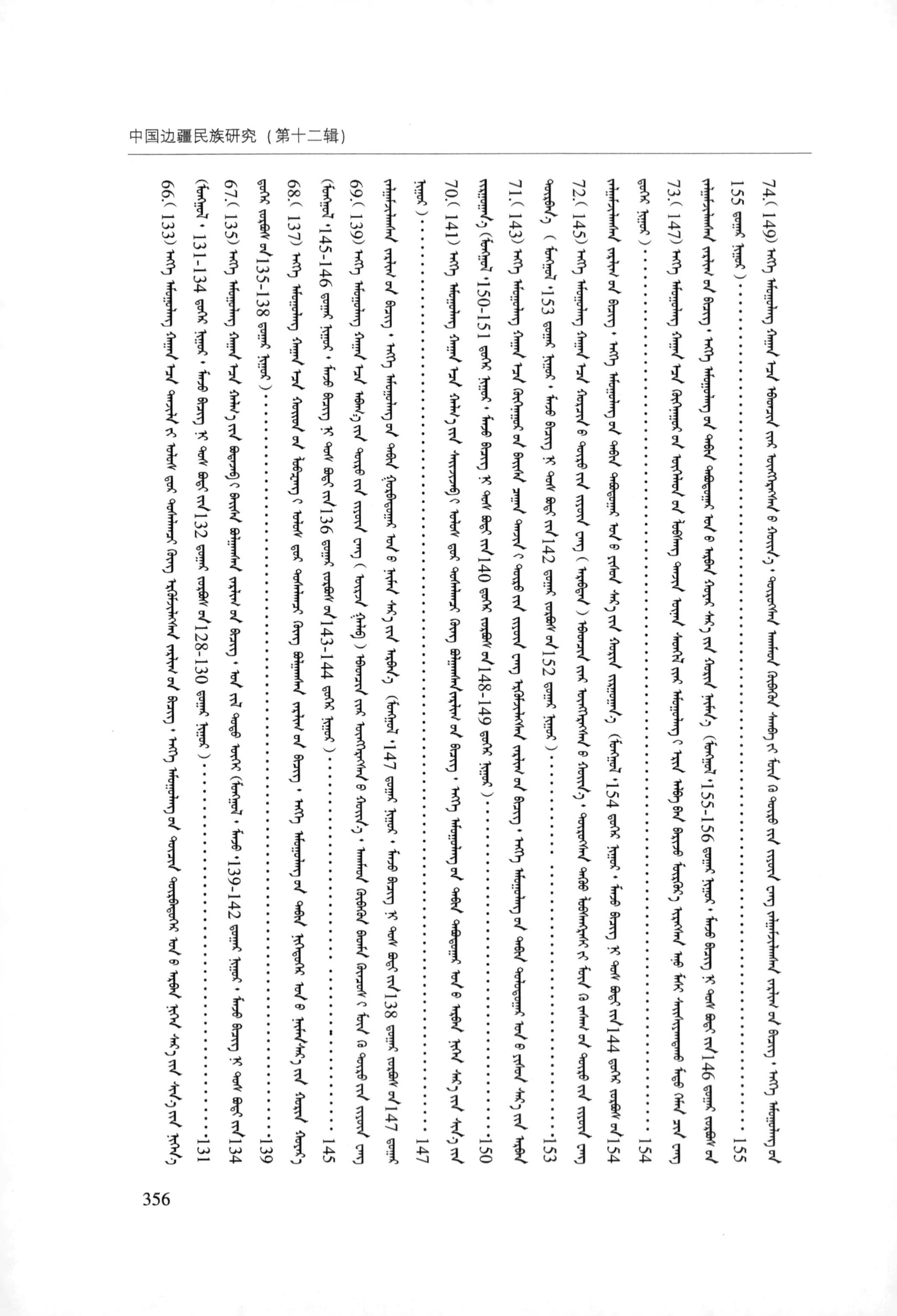

74.（149）[illegible]

155 [illegible]）……………………………………………………155

[illegible]（[illegible]'155-156 [illegible] 146 [illegible]

73.（147）[illegible]

[illegible]）……………………………………………………154

[illegible]（[illegible]'154 [illegible] 144 [illegible] 154

72.（145）[illegible]（[illegible]）[illegible]

[illegible]（[illegible]'153 [illegible] 142 [illegible] 152 [illegible]）……………153

71.（143）[illegible]

[illegible]（[illegible]'150-151 [illegible] 140 [illegible] 148-149 [illegible]）……………150

70.（141）[illegible]

[illegible]）……………………………………………………147

[illegible]（[illegible]'147 [illegible] 138 [illegible] 147 [illegible]

69.（139）[illegible]（[illegible]）[illegible]

（[illegible]'145-146 [illegible] 136 [illegible] 143-144 [illegible]）……………145

68.（137）[illegible]

[illegible] 135-138 [illegible]）……………………………………139

67.（135）[illegible]（[illegible]'139-142 [illegible] 134

（[illegible]，131-134 [illegible] 132 [illegible] 128-130 [illegible]）……………131

66.（133）[illegible]

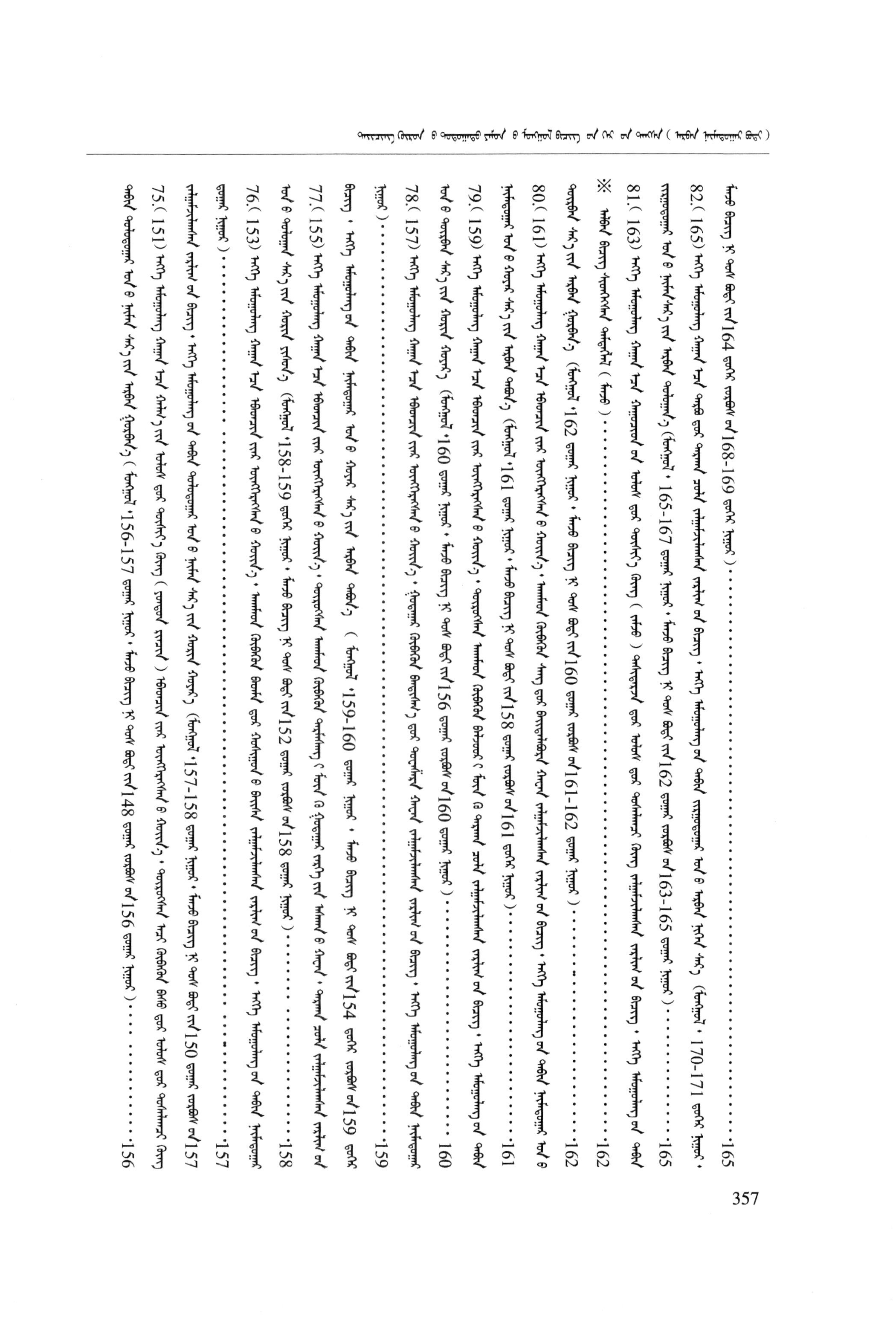

[illegible] 156-157 [illegible] 148 [illegible] 156 [illegible]) ………… 156

75.(151) [illegible] 150 [illegible] 157

[illegible] 157-158 [illegible]) ………… 157

76.(153) [illegible] 152 [illegible] 158 [illegible]) ………… 158

77.(155) [illegible] 158-159 [illegible] 154 [illegible] 159 [illegible]

[illegible] 159-160 [illegible]) ………… 159

78.(157) [illegible] 156 [illegible] 160 [illegible] 160 [illegible]) ………… 160

79.(159) [illegible] 158 [illegible] 161 [illegible] 161 [illegible]) ………… 161

80.(161) [illegible] 160 [illegible] 161-162 [illegible] 162 [illegible]) ………… 162

※ [illegible]) ………… 162

81.(163) [illegible] 162 [illegible] 163-165 [illegible] 165-167 [illegible]) ………… 165

82.(165) [illegible] 170-171 [illegible] 164 [illegible] 168-169 [illegible]) ………… 165

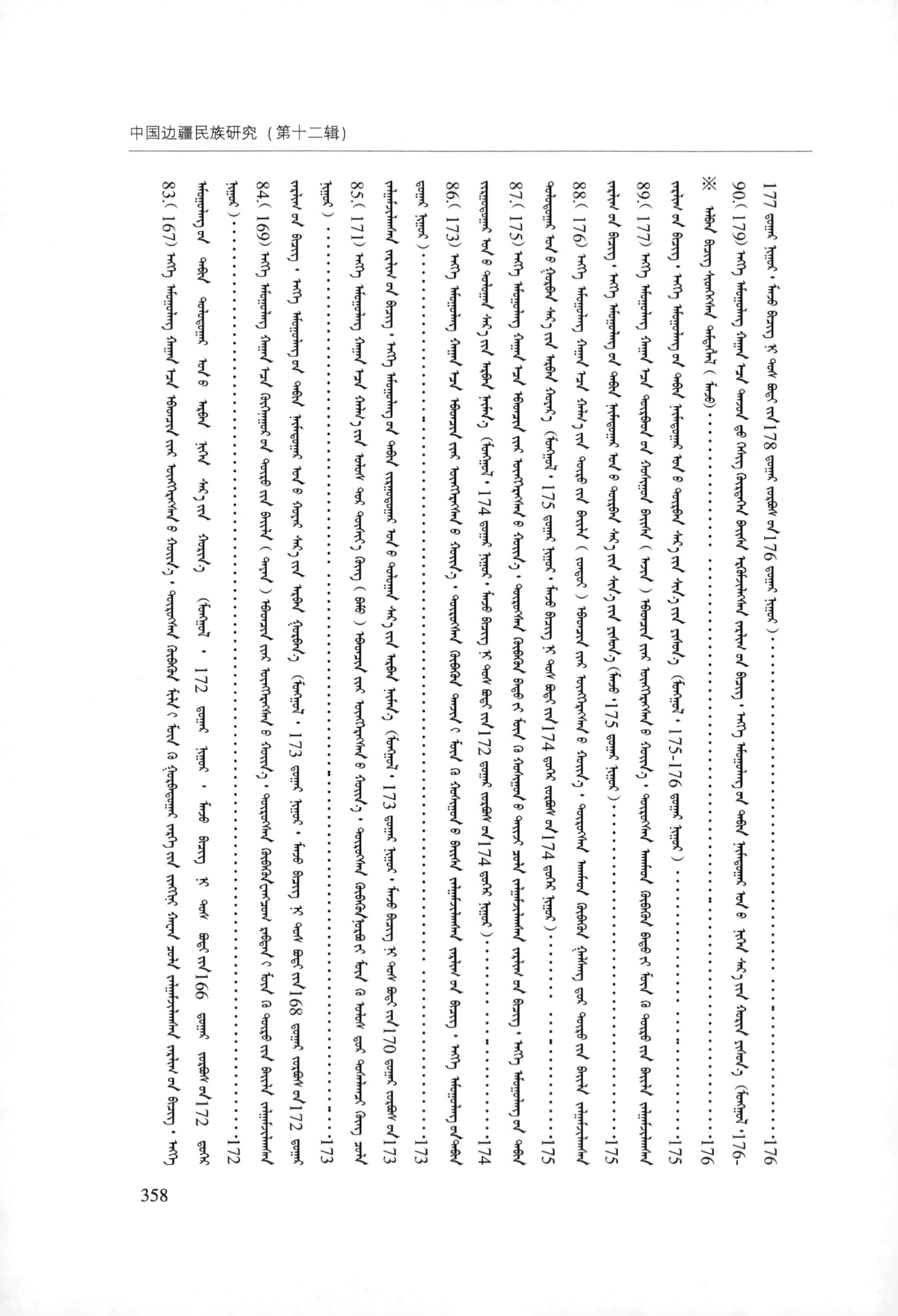

83.(167) [illegible] (…, 172 … 166 … 172 …) …… 172
84.(169) [illegible] (…, 173 … 168 … 172 …) …… 173
85.(171) [illegible] (…, 173 … 170 … 173 …) …… 173
86.(173) [illegible] (…, 174 … 172 … 174 …) …… 174
87.(175) [illegible] (…, 175 … 174 … 174 …) …… 175
88.(176) [illegible] (… 175 …) …… 175
89.(177) [illegible] (…, 175-176 …) …… 175
※ [illegible] (…) …… 176
90.(179) [illegible] (…, 176-177 … 178 … 176 …) …… 176

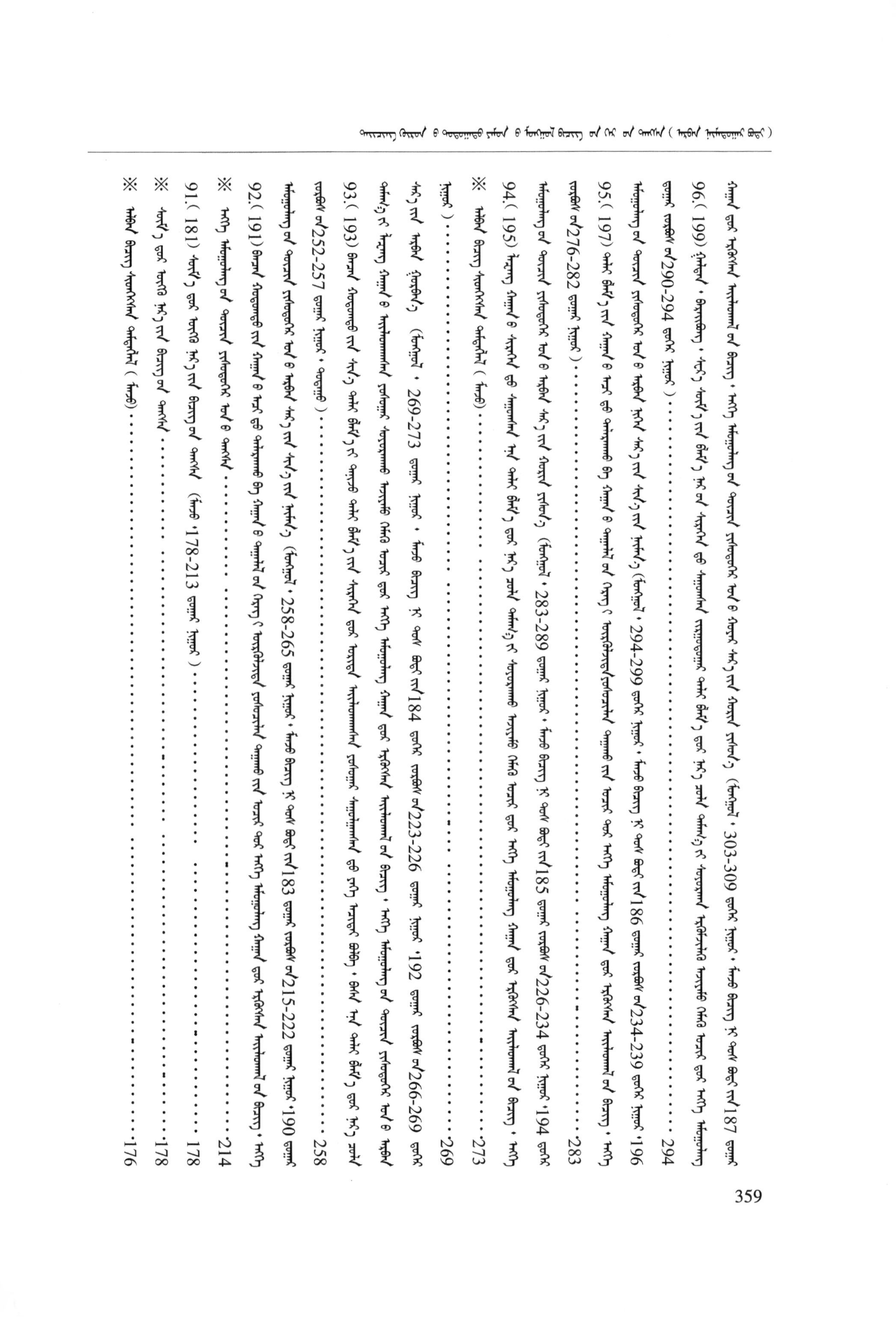

[illegible] 187 [illegible] 303-309 [illegible]
96.(199) [illegible] 290-294 [illegible] ……294
95.(197) [illegible] 186 [illegible] 234-239 [illegible] 196 [illegible] 294-299 [illegible]
[illegible] 276-282 [illegible] ……283
94.(195) [illegible] 185 [illegible] 226-234 [illegible] 194 [illegible] 283-289 [illegible]
※ [illegible] ……273
[illegible] ……269
[illegible] 184 [illegible] 223-226 [illegible] 192 [illegible] 266-269 [illegible] 269-273 [illegible]
93.(193) [illegible]
[illegible] 252-257 [illegible] ……258
92.(191) [illegible] 183 [illegible] 215-222 [illegible] 190 [illegible] 258-265 [illegible]
※ [illegible] ……214
91.(181) [illegible] 178-213 [illegible] ……178
※ [illegible] ……178
※ [illegible] ……176

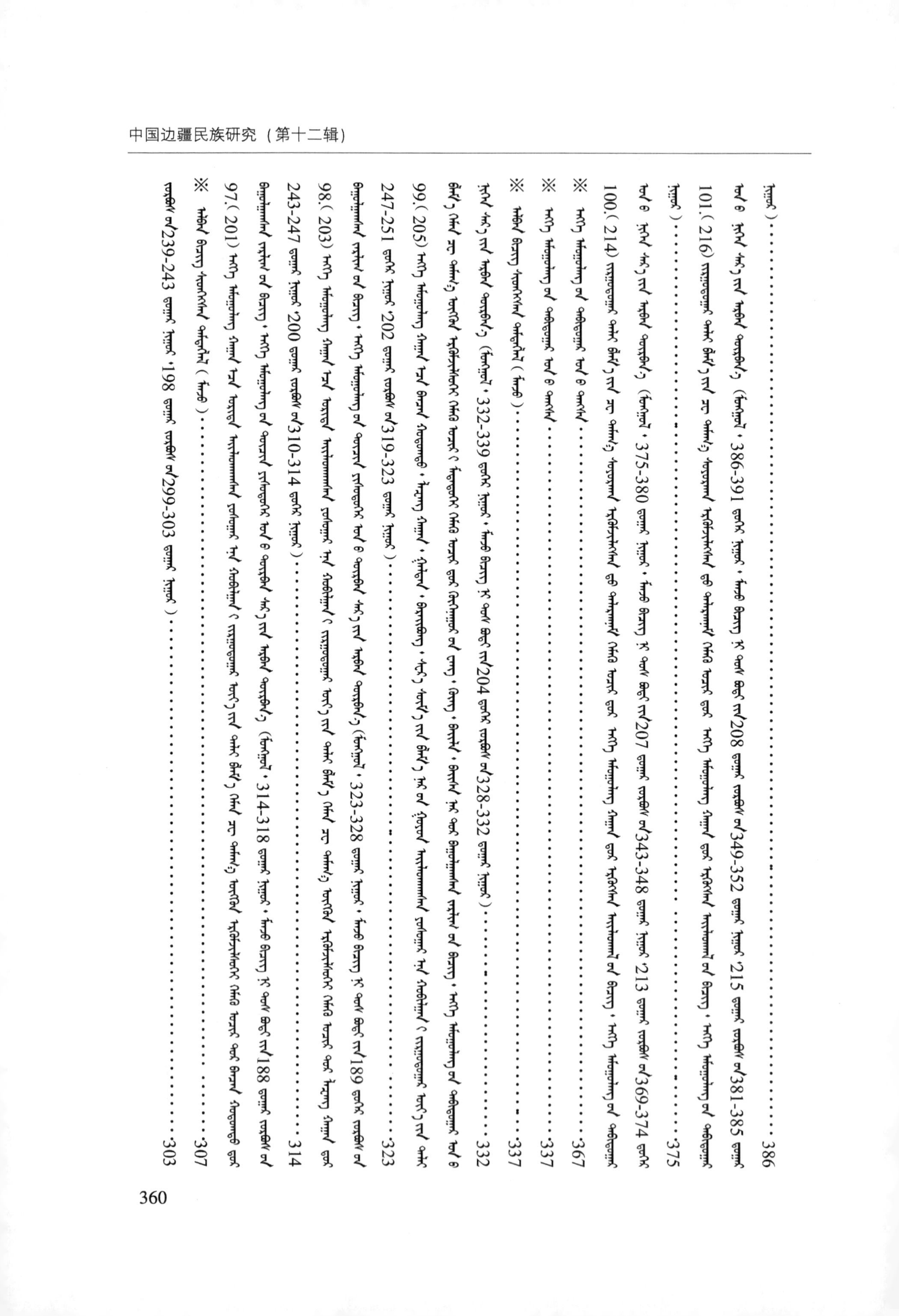

[illegible] ）……………………………………………………386

[illegible] （[illegible]，386-391 [illegible]，[illegible] 208 [illegible] 349-352 [illegible] 215 [illegible] 381-385 [illegible]

101.（216）[illegible]

[illegible] ）……………………………………………………375

[illegible] （[illegible]，375-380 [illegible]，[illegible] 207 [illegible] 343-348 [illegible] 213 [illegible] 369-374 [illegible]

100.（214）[illegible]

※ [illegible] ……………………………………………………367

※ [illegible] ……………………………………………………337

※ [illegible] （[illegible]）……………………………………………………337

[illegible] （[illegible]，332-339 [illegible]，[illegible] 204 [illegible] 328-332 [illegible]）……………………332

99.（205）[illegible]

247-251 [illegible] 202 [illegible] 319-323 [illegible]）……………………………………………………323

[illegible]

98.（203）[illegible]

[illegible] （[illegible]，323-328 [illegible]，[illegible] 189 [illegible]

243-247 [illegible] 200 [illegible] 310-314 [illegible]）……………………………………………………314

[illegible]

97.（201）[illegible]

[illegible] （[illegible]，314-318 [illegible]，[illegible] 188 [illegible]

※ [illegible] （[illegible]）……………………………………………………307

[illegible] 239-243 [illegible] 198 [illegible] 299-303 [illegible]）……………………………………………………303

[illegible] 229 [illegible] 442-444 [illegible]'11 [illegible] 256 [illegible] 545-548 [illegible])……445
[illegible] (ᠬᠤᠪᠢ ᠨᠢ '445-450 [illegible]' [illegible]
108.(230) [illegible]
※ [illegible] ([illegible])……439
[illegible] 227 [illegible] 436-437 [illegible])……438
107.(228) [illegible] (ᠬᠤᠪᠢ ᠨᠢ '438-439 [illegible]
[illegible])……433
[illegible] (ᠬᠤᠪᠢ ᠨᠢ ' 433-435 [illegible] ' [illegible] 225 [illegible] 430-433 [illegible]
106.(226) [illegible]
[illegible] (ᠬᠤᠪᠢ ᠨᠢ ' 426-429 [illegible] ' [illegible] 223 [illegible] 424-426 [illegible])……426
105.(224) [illegible]
※ [illegible] ([illegible])……419
[illegible])……410
[illegible] (ᠬᠤᠪᠢ ᠨᠢ ' 410-419 [illegible] ' [illegible] 211 [illegible] 357-366 [illegible]'221 [illegible] 400-409
104.(222) [illegible]
[illegible] 210 [illegible]'219 [illegible] 355-356 [illegible] 396-397 [illegible])……398
[illegible] (ᠬᠤᠪᠢ ᠨᠢ ' 398-399 [illegible] '
103.(220) [illegible]
209 [illegible] 353-354 [illegible]'217 [illegible] 392-393 [illegible])……394
[illegible] (ᠬᠤᠪᠢ ᠨᠢ ' 394-395 [illegible] ' [illegible]
102.(218) [illegible]

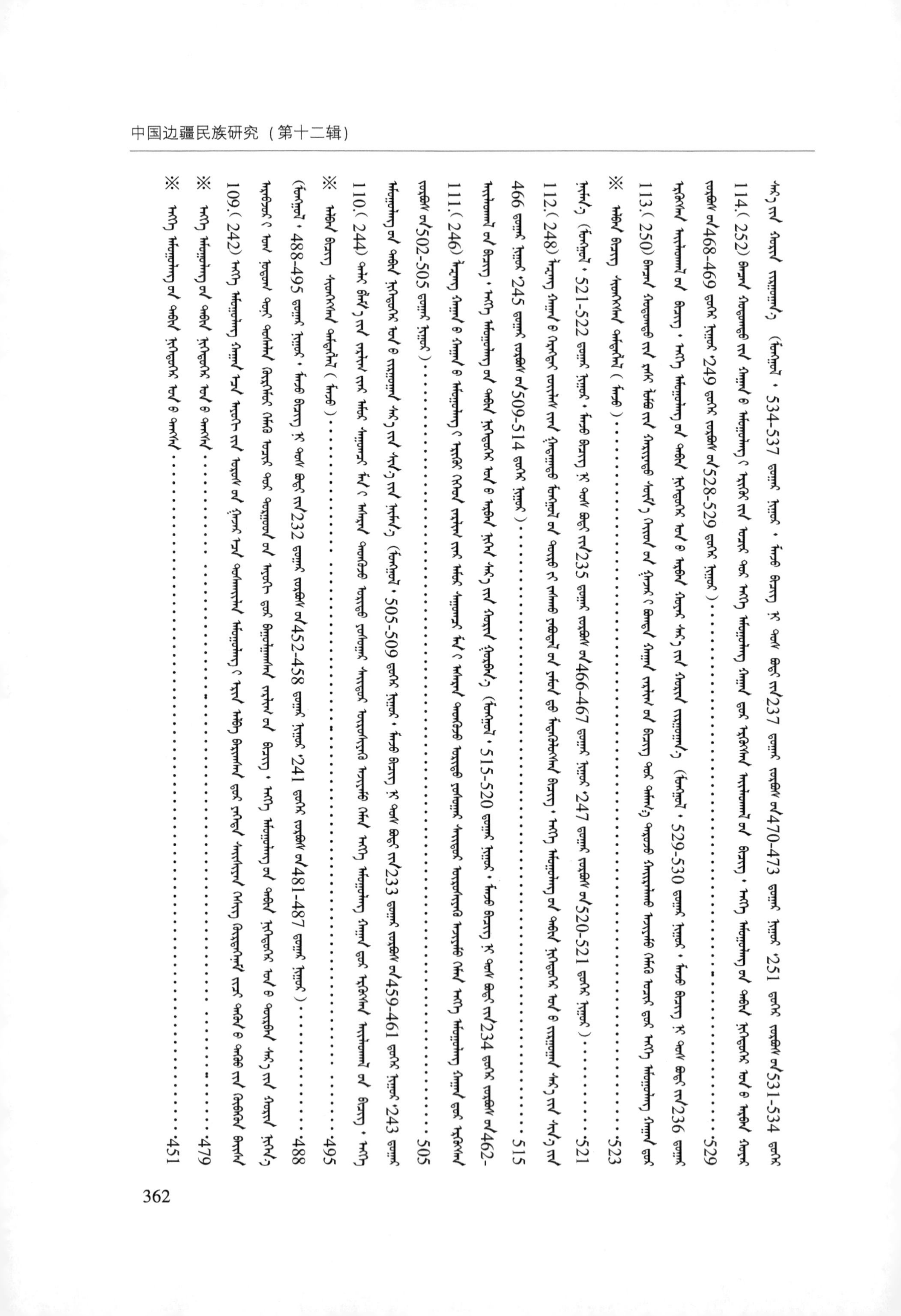

※ [illegible] ……………………………………451
※ [illegible] ……………………………………479
109.(242) [illegible] (… · 488-495 [illegible] · [illegible] 232 [illegible] 452-458 [illegible] '241 [illegible] 481-487 [illegible]) ……………488
※ [illegible] ([illegible]) ……………………………………495
110.(244) [illegible] (… · 505-509 [illegible] · [illegible] 233 [illegible] 459-461 [illegible] '243 [illegible] 502-505 [illegible]) ……………505
111.(246) [illegible] (… · 515-520 [illegible] · [illegible] 234 [illegible] 462-466 [illegible] '245 [illegible] 509-514 [illegible]) ……………515
112.(248) [illegible] (… · 521-522 [illegible] · [illegible] 235 [illegible] 466-467 [illegible] '247 [illegible] 520-521 [illegible]) ……………521
※ [illegible] ([illegible]) ……………………………………523
113.(250) [illegible] (… · 529-530 [illegible] · [illegible] 236 [illegible] 468-469 [illegible] '249 [illegible] 528-529 [illegible]) ……………529
114.(252) [illegible] (… · 534-537 [illegible] · [illegible] 237 [illegible] 470-473 [illegible] '251 [illegible] 531-534 [illegible]

※ ᠲᠡᠦᠬᠡᠨ ᠪᠢᠴᠢᠭ ᠰᠤᠷᠪᠤᠯᠵᠢ ᠡᠮᠬᠢᠳᠬᠡᠯ (ᠲᠣᠪᠴᠢ) 546

ᠪᠦᠯᠦᠭ ᠤᠨ 255 ᠳᠤᠭᠠᠷ ᠬᠡᠰᠡᠭ ᠦᠨ 544-545 ᠳᠤᠭᠠᠷ ᠨᠢᠭᠤᠷ) 545

116.(256) ᠲᠠᠩᠭᠤᠳ ᠤᠨ ᠪᠤᠷᠬᠠᠨ ᠤ ᠬᠡᠯᠡᠭᠰᠡᠨ ᠦᠭᠡ · ᠰᠤᠷᠪᠤᠯᠵᠢ ᠬᠠᠷᠢᠴᠠᠭᠤᠯᠤᠯ (ᠬᠠᠷᠢᠴᠠᠭᠤᠯ · 545-546 ᠳᠤᠭᠠᠷ ᠨᠢᠭᠤᠷ · ᠲᠣᠪᠴᠢ ᠪᠢᠴᠢᠭ ᠦᠨ ᠳᠡᠭᠡᠷ᠎ᠡ ᠪᠦᠯᠦᠭ ᠤᠨ

※ ᠲᠡᠦᠬᠡᠨ ᠪᠢᠴᠢᠭ ᠰᠤᠷᠪᠤᠯᠵᠢ ᠡᠮᠬᠢᠳᠬᠡᠯ (ᠲᠣᠪᠴᠢ) 542

ᠨᠢᠭᠤᠷ) 540

115.(254) ᠰᠤᠷᠪᠤᠯᠵᠢ ᠬᠠᠷᠢᠴᠠᠭᠤᠯᠤᠯ (ᠬᠠᠷᠢᠴᠠᠭᠤᠯ · 540-542 ᠳᠤᠭᠠᠷ ᠨᠢᠭᠤᠷ · ᠲᠣᠪᠴᠢ ᠪᠢᠴᠢᠭ ᠦᠨ ᠳᠡᠭᠡᠷ᠎ᠡ ᠪᠦᠯᠦᠭ ᠤᠨ 238 ᠳᠤᠭᠠᠷ ᠬᠡᠰᠡᠭ ᠦᠨ 474-476 ᠳᠤᠭᠠᠷ ᠨᠢᠭᠤᠷ ᠂ 253 ᠳᠤᠭᠠᠷ ᠬᠡᠰᠡᠭ ᠦᠨ 537-539 ᠳᠤᠭᠠᠷ

ᠨᠢᠭᠤᠷ) 534

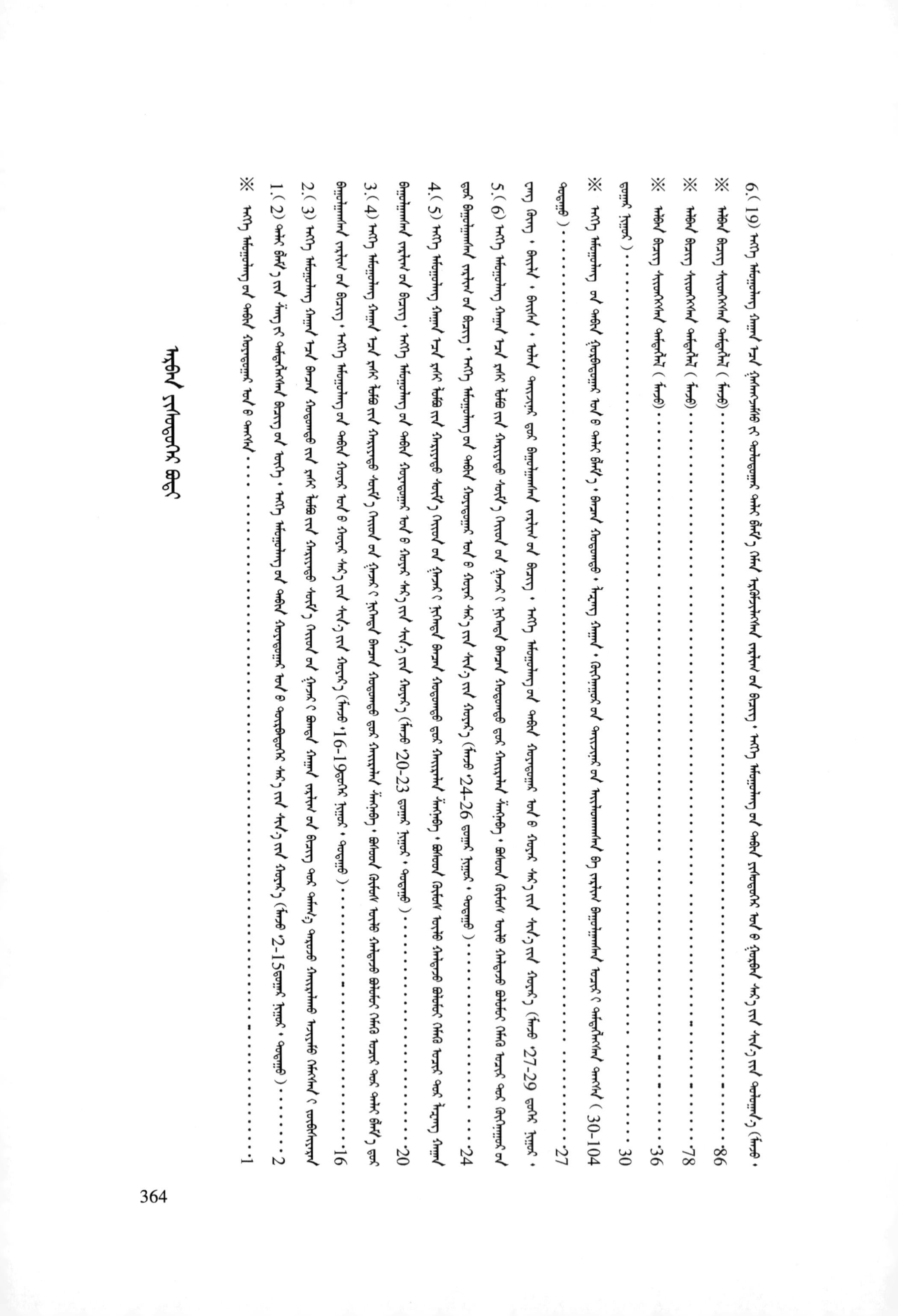

[illegible]

※ [illegible] …… 1
1.(2) [illegible] (2-15 [illegible]) …… 2
2.(3) [illegible] (16-19 [illegible]) …… 16
3.(4) [illegible] (20-23 [illegible]) …… 20
4.(5) [illegible] (24-26 [illegible]) …… 24
5.(6) [illegible] (27-29 [illegible]) …… 27
※ [illegible] (30-104 [illegible]) …… 30
※ [illegible] ([illegible]) …… 36
※ [illegible] ([illegible]) …… 78
※ [illegible] ([illegible]) …… 86
6.(19) [illegible]

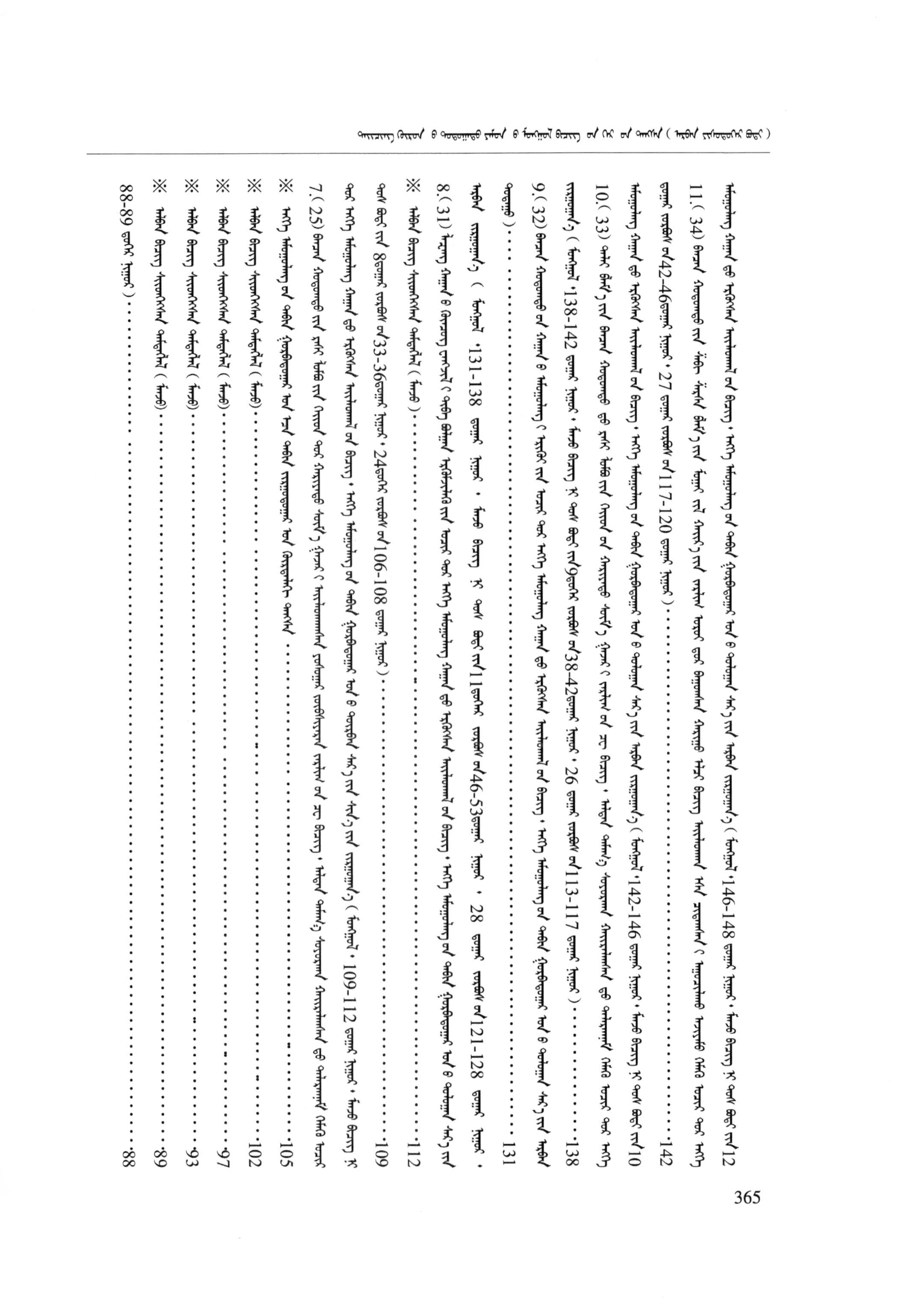

[illegible] ([illegible] ·146-148 [illegible] · [illegible]) [illegible] 12

11.(34) [illegible]

[illegible] 42-46 [illegible] · 27 [illegible] 117-120 [illegible])························142

[illegible] ([illegible] ·142-146 [illegible] · [illegible]) [illegible] 10

10.(33) [illegible]

[illegible] ([illegible] ·138-142 [illegible] · [illegible] 9 [illegible] 38-42 [illegible] · 26 [illegible] 113-117 [illegible])················138

9.(32) [illegible]

[illegible])························131

[illegible] ([illegible] ·131-138 [illegible] · [illegible] 11 [illegible] 46-53 [illegible] · 28 [illegible] 121-128 [illegible] ·

8.(31) [illegible]

※ [illegible] ([illegible])························112

[illegible] 8 [illegible] 33-36 [illegible] · 24 [illegible] 106-108 [illegible])························109

[illegible] ([illegible] · 109-112 [illegible] · [illegible]

7.(25) [illegible]

※ [illegible] ························105

※ [illegible] ([illegible])························102

※ [illegible] ([illegible])························97

※ [illegible] ([illegible])························93

※ [illegible] ([illegible])························89

88-89 [illegible])························88

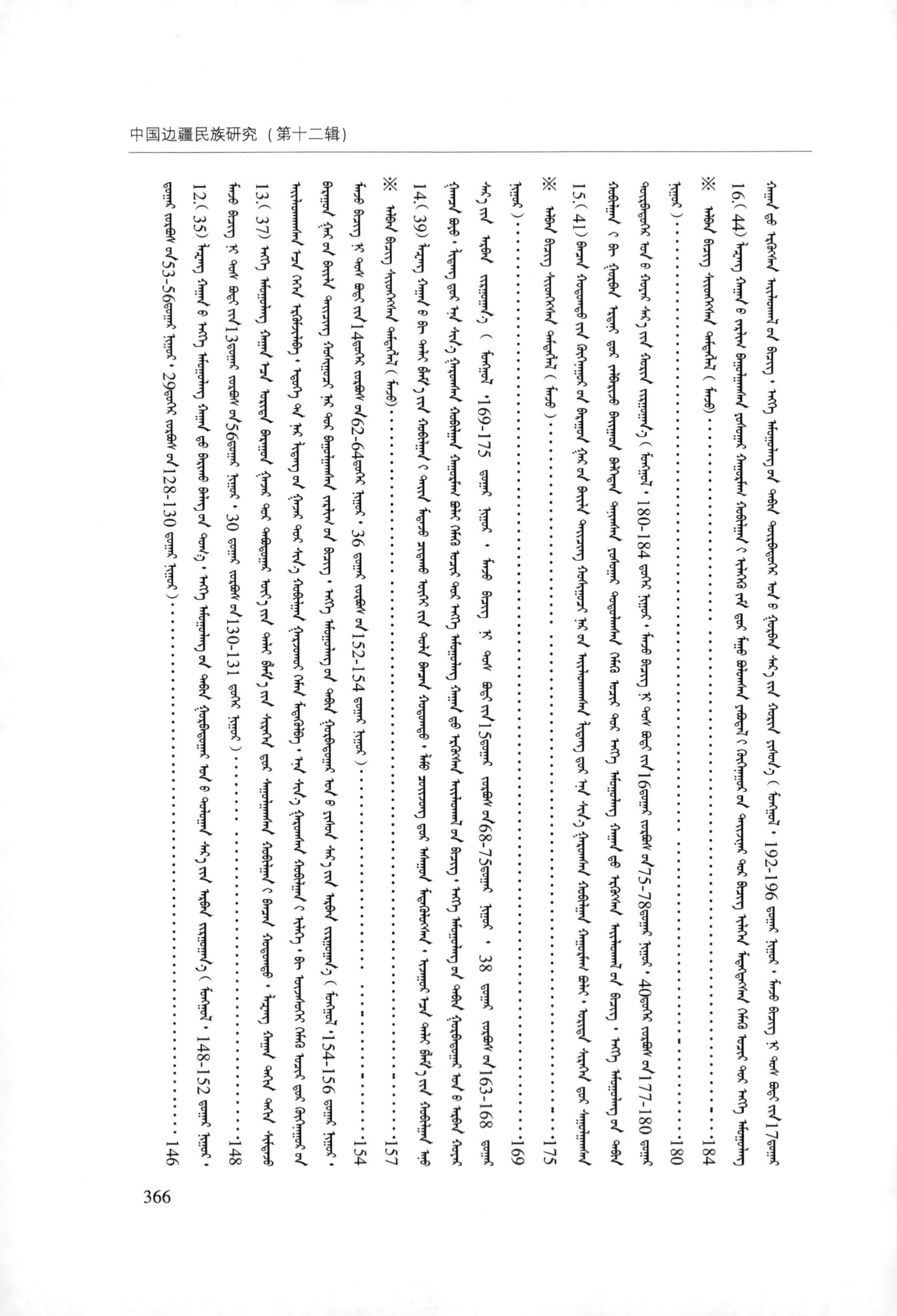

[illegible] 53-56 [illegible]·29 [illegible] 128-130 [illegible]) …………………… 146

12.(35) [illegible] ([illegible]·148-152 [illegible]·
[illegible] 13 [illegible] 56 [illegible]·30 [illegible] 130-131 [illegible]) …………………… 148

13.(37) [illegible]
[illegible]
[illegible] ([illegible] ·154-156 [illegible]·
[illegible] 14 [illegible] 62-64 [illegible]·36 [illegible] 152-154 [illegible]) …………………… 154

※ [illegible] ([illegible]) …………………… 157

14.(39) [illegible]
[illegible]
[illegible] ([illegible] ·169-175 [illegible]· [illegible] 15 [illegible] 68-75 [illegible]·38 [illegible] 163-168 [illegible]
[illegible]) …………………… 169

※ [illegible] ([illegible]) …………………… 175

15.(41) [illegible]
[illegible]
[illegible] ([illegible]·180-184 [illegible]· [illegible] 16 [illegible] 75-78 [illegible]·40 [illegible] 177-180 [illegible]
[illegible]) …………………… 180

※ [illegible] ([illegible]) …………………… 184

16.(44) [illegible]
[illegible] ([illegible]·192-196 [illegible]· [illegible] 17 [illegible]

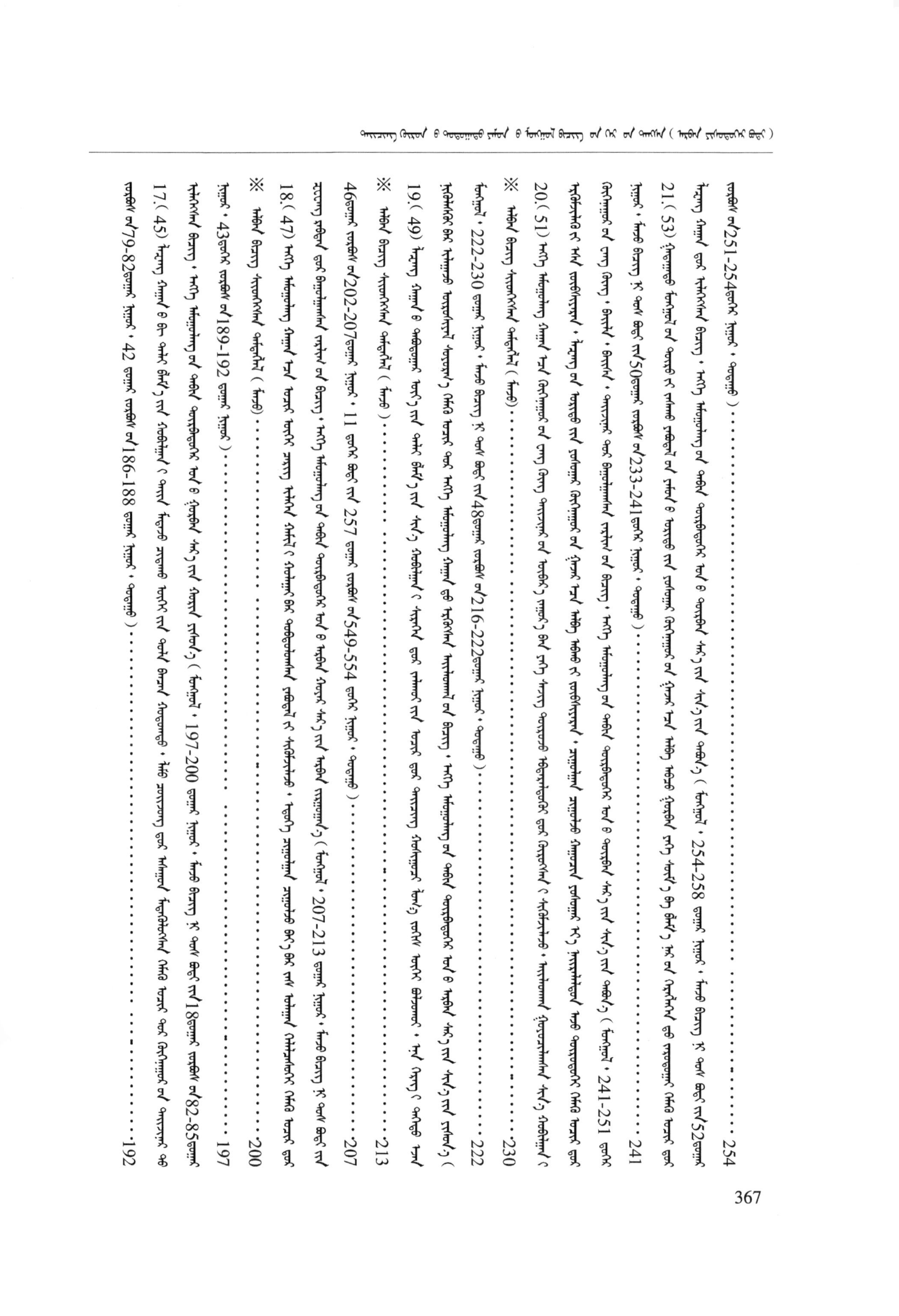

[illegible] 251-254 [illegible]) ······ 254
21.(53) [illegible] · 254-258 [illegible] 52 [illegible] 50 [illegible] 233-241 [illegible]) ······ 241
[illegible] · 241-251 [illegible]
20.(51) [illegible] ([illegible]) ······ 230
※ [illegible] ([illegible]) ······ 230
[illegible] · 222-230 [illegible] 48 [illegible] 216-222 [illegible]) ······ 222
19.(49) [illegible] ([illegible]) ······ 213
※ [illegible] ([illegible]) ······ 213
46 [illegible] 202-207 [illegible] · 11 [illegible] 257 [illegible] 549-554 [illegible]) ······ 207
18.(47) [illegible] · 207-213 [illegible] ······ 200
※ [illegible] ([illegible]) ······ 200
[illegible] · 43 [illegible] 189-192 [illegible]) ······ 197
17.(45) [illegible] · 197-200 [illegible] 18 [illegible] 82-85 [illegible] 79-82 [illegible] · 42 [illegible] 186-188 [illegible]) ······ 192

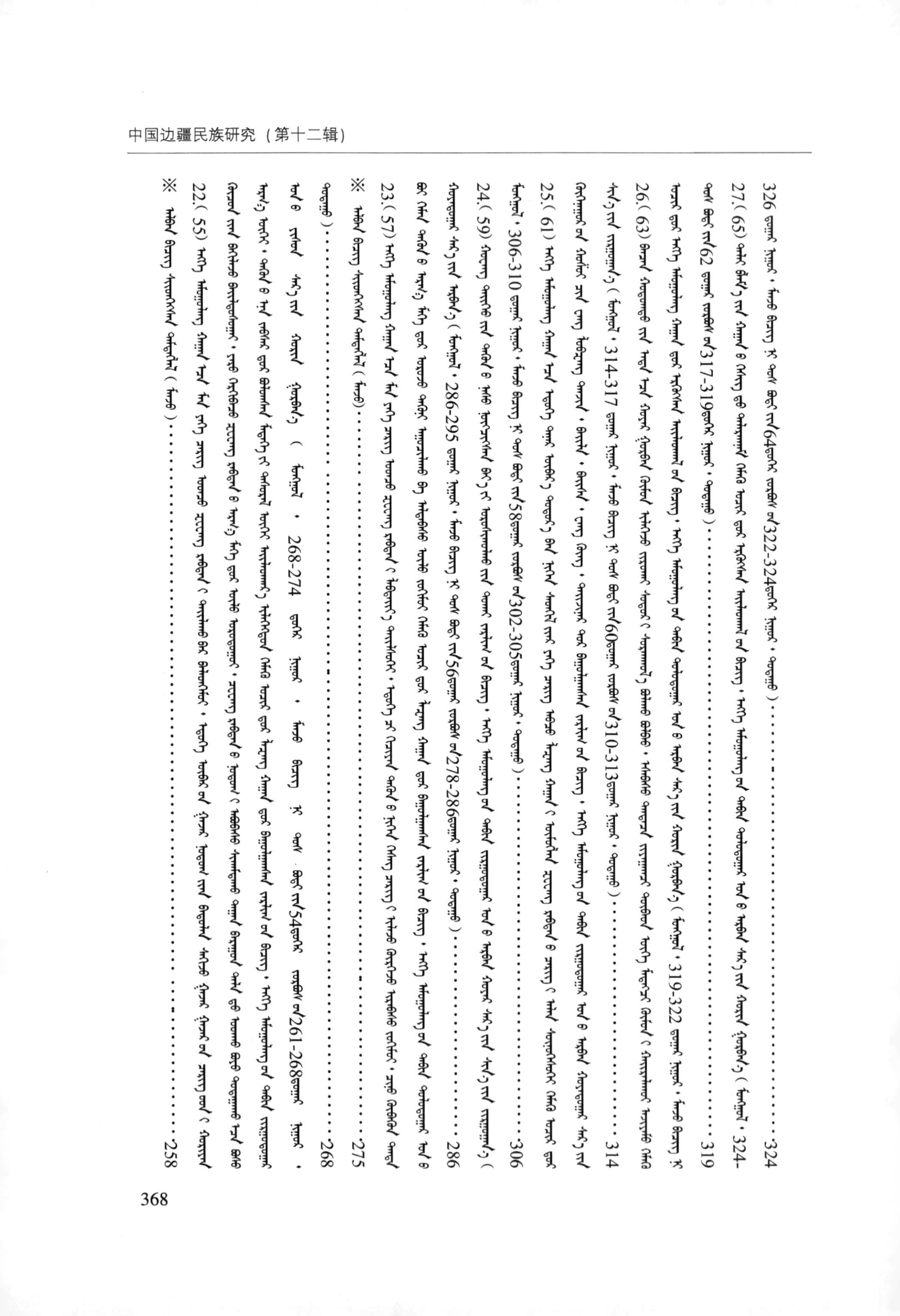

※ [illegible] ([illegible])……258
22.(55) [illegible]
[illegible]
[illegible]
[illegible] ([illegible] · 268-274 [illegible] · [illegible] 54 [illegible] 261-268 [illegible] ·
[illegible])……268
※ [illegible] ([illegible])……275
23.(57) [illegible]
[illegible]
[illegible] ([illegible] · 286-295 [illegible] · [illegible] 56 [illegible] 278-286 [illegible] · [illegible])……286
24.(59) [illegible] (
[illegible] · 306-310 [illegible] · [illegible] 58 [illegible] 302-305 [illegible] · [illegible])……306
25.(61) [illegible]
[illegible]
[illegible] ([illegible] · 314-317 [illegible] · [illegible] 60 [illegible] 310-313 [illegible] · [illegible])……314
26.(63) [illegible]
[illegible] ([illegible] · 319-322 [illegible] · [illegible]
[illegible] 62 [illegible] 317-319 [illegible] · [illegible])……319
27.(65) [illegible] ([illegible] · 324-
326 [illegible] · [illegible] 64 [illegible] 322-324 [illegible] · [illegible])……324

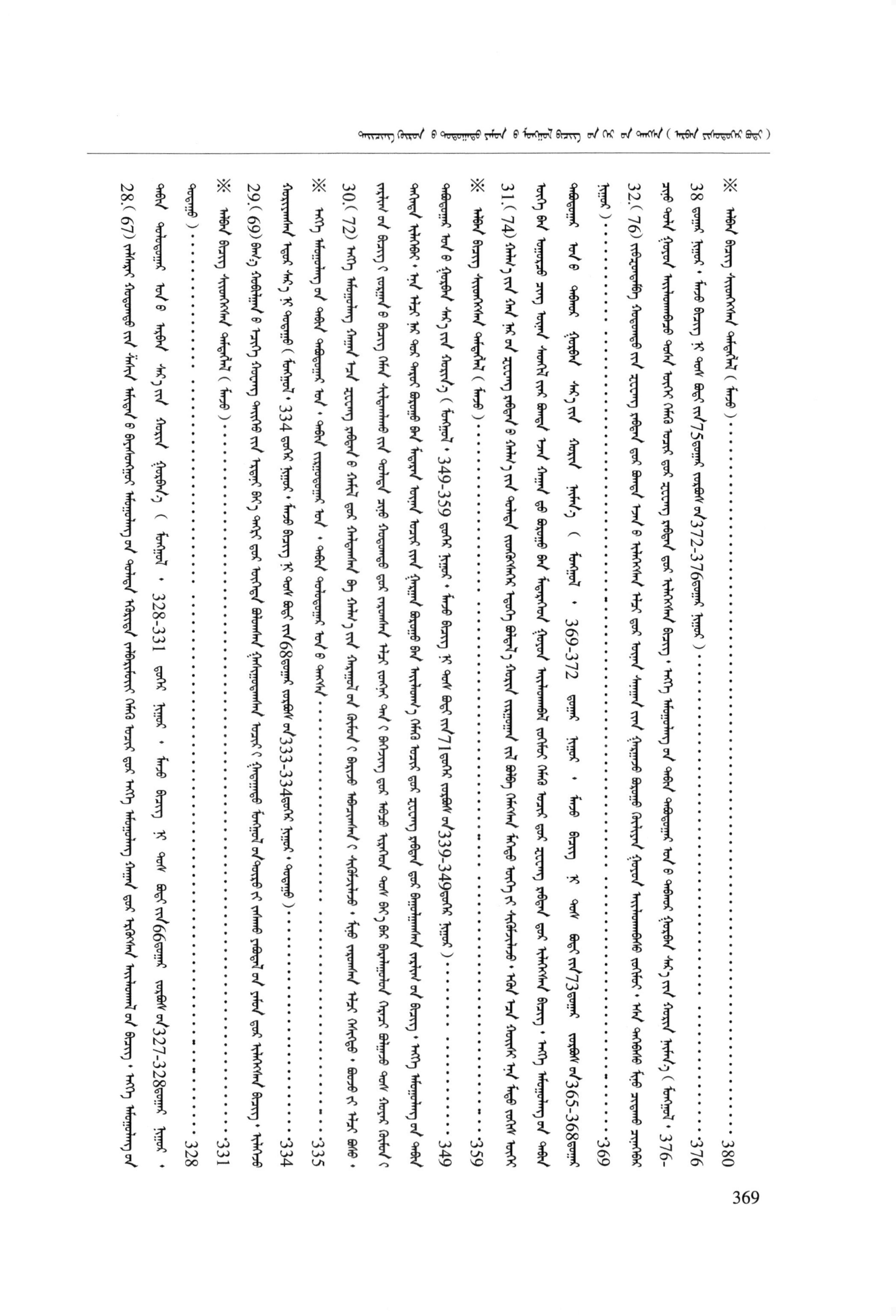

28.(67) [illegible] ([illegible] · 328-331 [illegible] · [illegible] 66 [illegible] 327-328 [illegible] · [illegible]) ······ 328

※ [illegible] ([illegible]) ······ 331

29.(69) [illegible] ([illegible] · 334 [illegible] · [illegible] 68 [illegible] 333-334 [illegible] · [illegible]) ······ 334

※ [illegible] ······ 335

30.(72) [illegible] ([illegible] · 349-359 [illegible] · [illegible] 71 [illegible] 339-349 [illegible]) ······ 349

※ [illegible] ([illegible]) ······ 359

31.(74) [illegible] ([illegible] · 369-372 [illegible] · [illegible] 73 [illegible] 365-368 [illegible]) ······ 369

32.(76) [illegible] ([illegible] · 376-38 [illegible] · [illegible] 75 [illegible] 372-376 [illegible]) ······ 376

※ [illegible] ([illegible]) ······ 380

33.（78）[illegible]（[illegible]·383-386 [illegible] ·[illegible] 381-383 [illegible]）……383

34.（80）[illegible]（[illegible]·389-393 [illegible] 79 [illegible] 386-389 [illegible]）……389

35.（82）[illegible]（[illegible]·397-401 [illegible] 81 [illegible] 394-397 [illegible]）……397

36.（84）[illegible]（[illegible]·405-409 [illegible] 83 [illegible] 401-405 [illegible]）……405

37.（86）[illegible]（[illegible]·412-416 [illegible] 85 [illegible] 409-412 [illegible]）……412

38.（88）[illegible]（[illegible]·419-421 [illegible] 87 [illegible] 416-418 [illegible]）……419

39.（90）[illegible]（[illegible]·423-424 [illegible] 89 [illegible] 421-423 [illegible]）……423

※ [illegible]（[illegible]）……425

40.（91）[illegible]（[illegible]·429-422 [illegible]）……429

41.(94) ᠬᠠᠷᠢ ᠬᠠᠮᠲᠤᠷᠠᠬᠤ ᠶᠠᠮᠤᠨ ᠤ ᠳᠠᠷᠤᠭ᠎ᠠ ᠨᠠᠷᠢᠨ ᠬᠡᠰᠡᠭ ᠦᠨ ᠪᠢᠴᠢᠭ (ᠲᠡᠮᠳᠡᠭ · 450-456 ᠳᠤᠭᠠᠷ ᠨᠢᠭᠤᠷ · ᠮᠠᠨᠵᠤ ᠪᠢᠴᠢᠭ ᠦᠨ ᠳᠡᠪᠲᠡᠷ ᠦᠨ 92 ᠳᠤᠭᠠᠷ ᠳᠡᠪᠲᠡᠷ ᠦᠨ 443-447 ᠳᠤᠭᠠᠷ ᠨᠢᠭᠤᠷ) ······ 450

42.(95) ... (ᠲᠡᠮᠳᠡᠭ · 456-459 ᠳᠤᠭᠠᠷ ᠨᠢᠭᠤᠷ · ᠮᠠᠨᠵᠤ ᠪᠢᠴᠢᠭ ᠦᠨ ᠳᠡᠪᠲᠡᠷ ᠦᠨ 93 ᠳᠤᠭᠠᠷ ᠳᠡᠪᠲᠡᠷ ᠦᠨ 448-450 ᠳᠤᠭᠠᠷ ᠨᠢᠭᠤᠷ) ······ 456

※ ᠬᠠᠷᠢᠭᠤ ᠪᠢᠴᠢᠭ ᠤᠨ ᠬᠠᠭᠤᠯᠪᠤᠷᠢ (ᠮᠠᠨᠵᠤ) ······ 459

43.(96) ... (ᠮᠠᠨᠵᠤ · 464-465 ᠳᠤᠭᠠᠷ ᠨᠢᠭᠤᠷ) ······ 464

※ ᠬᠠᠷᠢᠭᠤ ᠪᠢᠴᠢᠭ ᠤᠨ ᠬᠠᠭᠤᠯᠪᠤᠷᠢ (ᠮᠠᠨᠵᠤ) ······ 465

44.(99) ᠬᠠᠷᠢ ᠬᠠᠮᠲᠤᠷᠠᠬᠤ ᠶᠠᠮᠤᠨ ᠤ ... ᠪᠢᠴᠢᠭ (ᠲᠡᠮᠳᠡᠭ · 476-484 ᠳᠤᠭᠠᠷ ᠨᠢᠭᠤᠷ · ᠮᠠᠨᠵᠤ ᠪᠢᠴᠢᠭ ᠦᠨ ᠳᠡᠪᠲᠡᠷ ᠦᠨ 97 ᠳᠤᠭᠠᠷ ᠳᠡᠪᠲᠡᠷ ᠦᠨ 466-473 ᠳᠤᠭᠠᠷ ᠨᠢᠭᠤᠷ · 20 ᠳᠤᠭᠠᠷ ᠳᠡᠪᠲᠡᠷ ᠦᠨ 2 ᠳᠤᠭᠠᠷ ᠳᠡᠪᠲᠡᠷ ᠦᠨ 2-8 ᠳᠤᠭᠠᠷ ᠨᠢᠭᠤᠷ) ······ 476

45.(100) ᠬᠠᠷᠢ ᠬᠠᠮᠲᠤᠷᠠᠬᠤ ᠶᠠᠮᠤᠨ ᠤ ... (ᠲᠡᠮᠳᠡᠭ · 484-486 ᠳᠤᠭᠠᠷ ᠨᠢᠭᠤᠷ · ᠮᠠᠨᠵᠤ ᠪᠢᠴᠢᠭ ᠦᠨ ᠳᠡᠪᠲᠡᠷ ᠦᠨ 98 ᠳᠤᠭᠠᠷ ᠳᠡᠪᠲᠡᠷ ᠦᠨ 473-475 ᠳᠤᠭᠠᠷ ᠨᠢᠭᠤᠷ · 20 ᠳᠤᠭᠠᠷ ᠳᠡᠪᠲᠡᠷ ᠦᠨ 3 ᠳᠤᠭᠠᠷ ᠳᠡᠪᠲᠡᠷ ᠦᠨ 8-9 ᠳᠤᠭᠠᠷ ᠨᠢᠭᠤᠷ) ······ 484

※ ᠬᠠᠷᠢᠭᠤ ᠪᠢᠴᠢᠭ ᠤᠨ ᠬᠠᠭᠤᠯᠪᠤᠷᠢ (ᠮᠠᠨᠵᠤ) ······ 486

※ ... ······ 491

46.(102) ... (ᠲᠡᠮᠳᠡᠭ · 491-507 ᠳᠤᠭᠠᠷ ᠨᠢᠭᠤᠷ) ······ 491

ᠭᠠᠷᠴᠠᠭ ᠪᠦᠯᠦᠭ

※ ᠮᠣᠩᠭᠣᠯ ᠰᠤᠷᠭᠠᠭᠤᠯᠢ ᠶᠢᠨ ᠨᠡᠢᠭᠡᠮ ᠦᠨ ᠤᠬᠠᠭᠠᠨ ᠤ ᠰᠤᠳᠤᠯᠭ᠎ᠠ ᠶᠢᠨ ᠬᠡᠪᠯᠡᠯ ᠦᠨ ᠬᠣᠷᠢᠶ᠎ᠠ……………………………………1

※ ᠨᠡᠮᠡᠯᠲᠡ ᠪᠢᠴᠢᠭ ᠰᠤᠳᠤᠯᠤᠯ ᠡᠮᠬᠲᠬᠡᠯ (ᠳᠡᠪᠲᠡᠷ)……………………………………9

※ ᠨᠡᠮᠡᠯᠲᠡ ᠪᠢᠴᠢᠭ ᠰᠤᠳᠤᠯᠤᠯ ᠡᠮᠬᠲᠬᠡᠯ (ᠳᠡᠪᠲᠡᠷ)……………………………………16

※ ᠨᠡᠮᠡᠯᠲᠡ ᠪᠢᠴᠢᠭ ᠰᠤᠳᠤᠯᠤᠯ ᠡᠮᠬᠲᠬᠡᠯ (ᠳᠡᠪᠲᠡᠷ)……………………………………25

※ ᠨᠡᠮᠡᠯᠲᠡ ᠪᠢᠴᠢᠭ ᠰᠤᠳᠤᠯᠤᠯ ᠡᠮᠬᠲᠬᠡᠯ (ᠳᠡᠪᠲᠡᠷ)……………………………………32

※ ᠨᠡᠮᠡᠯᠲᠡ ᠪᠢᠴᠢᠭ ᠰᠤᠳᠤᠯᠤᠯ ᠡᠮᠬᠲᠬᠡᠯ (ᠳᠡᠪᠲᠡᠷ)……………………………………36

※ ᠨᠡᠮᠡᠯᠲᠡ ᠪᠢᠴᠢᠭ ᠰᠤᠳᠤᠯᠤᠯ ᠡᠮᠬᠲᠬᠡᠯ (ᠳᠡᠪᠲᠡᠷ)……………………………………42

※ ᠨᠡᠮᠡᠯᠲᠡ ᠪᠢᠴᠢᠭ ᠰᠤᠳᠤᠯᠤᠯ ᠡᠮᠬᠲᠬᠡᠯ (ᠳᠡᠪᠲᠡᠷ)……………………………………48

※ ᠨᠡᠮᠡᠯᠲᠡ ᠪᠢᠴᠢᠭ ᠰᠤᠳᠤᠯᠤᠯ ᠡᠮᠬᠲᠬᠡᠯ (ᠳᠡᠪᠲᠡᠷ)……………………………………62

※ ᠨᠡᠮᠡᠯᠲᠡ ᠪᠢᠴᠢᠭ ᠰᠤᠳᠤᠯᠤᠯ ᠡᠮᠬᠲᠬᠡᠯ (ᠳᠡᠪᠲᠡᠷ)……………………………………68

※ ᠮᠣᠩᠭᠣᠯ ᠰᠤᠷᠭᠠᠭᠤᠯᠢ ᠶᠢᠨ ᠨᠡᠢᠭᠡᠮ ᠦᠨ ᠤᠬᠠᠭᠠᠨ ᠤ ᠬᠡᠯᠡᠯᠴᠡᠭᠦᠷ ᠦᠨ ᠬᠡᠮᠵᠢᠶ᠎ᠡ……………………………………70

1.(14) ᠮᠣᠩᠭᠣᠯ ᠰᠤᠷᠭᠠᠭᠤᠯᠢ ᠶᠢᠨ ᠪᠠᠭᠰᠢ ᠨᠠᠷ ᠤᠨ ᠪᠦᠲᠦᠭᠡᠯ ᠢ ᠪᠠᠷᠢᠮᠲᠠ ᠪᠣᠯᠭᠠᠨ ᠦᠨᠡᠯᠡᠭᠡᠨ ᠲᠣᠭᠠᠴᠠᠭᠰᠠᠨ ᠦᠨᠡᠯᠡᠯᠲᠡ ᠶᠢᠨ ᠳᠦᠷᠢᠮ ᠦᠨ ᠨᠢᠭᠡ ᠵᠦᠢᠯ ᠪᠡᠷ ᠦᠨᠡᠯᠡᠨ ᠲᠣᠭᠠᠴᠠᠭᠰᠠᠨ ᠪᠠᠶᠢᠳᠠᠯ᠂ ᠮᠣᠩᠭᠣᠯ ᠰᠤᠷᠭᠠᠭᠤᠯᠢ ᠶᠢᠨ ᠨᠡᠢᠭᠡᠮ ᠦᠨ ᠤᠬᠠᠭᠠᠨ ᠤ ᠰᠤᠳᠤᠯᠭ᠎ᠠ ᠶᠢᠨ ᠬᠡᠪᠯᠡᠯ ᠦᠨ ᠪᠠᠶᠢᠳᠠᠯ ᠢ ᠪᠠᠷᠢᠮᠲᠠ ᠪᠣᠯᠭᠠᠨ ᠳᠦᠭᠦᠭᠡᠮ᠂ ᠪᠠᠰᠠ ᠨᠡᠮᠡᠯᠲᠡ ᠪᠢᠴᠢᠭ ᠪᠣᠯᠤᠨ ᠨᠡᠮᠡᠯᠲᠡ ᠳᠠᠭᠤ ᠶᠢᠨ ᠰᠤᠳᠤᠯᠤᠯ ᠤᠨ ᠪᠠᠭᠰᠢ ᠨᠠᠷ ᠤᠨ ᠪᠦᠲᠦᠭᠡᠯ ᠪᠡᠷ ᠳᠠᠮᠵᠢᠭᠤᠯᠤᠨ ᠨᠡᠮᠡᠭᠰᠡᠨ ᠦᠨᠡᠯᠡᠯᠲᠡ ᠶᠢᠨ ᠬᠦᠰᠦᠨᠦᠭ ᠦᠨ 72 ᠳᠤᠭᠠᠷ ᠨᠢᠭᠤᠷ᠂ 13 ᠳᠤᠭᠠᠷ ᠨᠢᠭᠤᠷ᠂ ᠬᠦᠰᠦᠨᠦᠭ ᠦᠨ 12-16 ᠳᠤᠭᠠᠷ ᠨᠢᠭᠤᠷ ᠤᠨ 4 ᠳᠦᠭᠡᠷ ᠪᠦᠯᠦᠭ ᠦᠨ ᠨᠡᠮᠡᠯᠲᠡ ᠪᠢᠴᠢᠭ᠂ ᠳᠡᠪᠲᠡᠷ᠂ ᠨᠢᠭᠤᠷ 71-77 ᠳᠤᠭᠠᠷ ᠨᠢᠭᠤᠷ (ᠳᠡᠪᠲᠡᠷ ᠦᠨ ᠬᠣᠶᠠᠳᠤᠭᠠᠷ ᠬᠡᠰᠡᠭ ᠦᠨ ᠪᠠᠷᠢᠮᠲᠠ ᠶᠢᠨ ᠪᠢᠴᠢᠭ ᠦᠨ ᠨᠡᠮᠡᠯᠲᠡ)……………………………………71

※ ᠨᠡᠮᠡᠯᠲᠡ ᠪᠢᠴᠢᠭ ᠰᠤᠳᠤᠯᠤᠯ ᠡᠮᠬᠲᠬᠡᠯ (ᠳᠡᠪᠲᠡᠷ)……………………………………77

2.(16) ᠮᠣᠩᠭᠣᠯ ᠰᠤᠷᠭᠠᠭᠤᠯᠢ ᠶᠢᠨ ᠪᠠᠭᠰᠢ ᠨᠠᠷ ᠤᠨ ᠪᠦᠲᠦᠭᠡᠯ ᠢ ᠪᠠᠷᠢᠮᠲᠠ ᠪᠣᠯᠭᠠᠨ ᠦᠨᠡᠯᠡᠭᠡᠨ ᠲᠣᠭᠠᠴᠠᠭᠰᠠᠨ ᠦᠨᠡᠯᠡᠯᠲᠡ ᠶᠢᠨ ᠳᠦᠷᠢᠮ ᠦᠨ ᠨᠢᠭᠡ ᠵᠦᠢᠯ ᠪᠡᠷ ᠦᠨᠡᠯᠡᠨ ᠲᠣᠭᠠᠴᠠᠭᠰᠠᠨ ᠪᠠᠶᠢᠳᠠᠯ᠂ ᠮᠣᠩᠭᠣᠯ ᠰᠤᠷᠭᠠᠭᠤᠯᠢ ᠶᠢᠨ ᠨᠡᠢᠭᠡᠮ ᠦᠨ ᠤᠬᠠᠭᠠᠨ ᠤ ᠰᠤᠳᠤᠯᠭ᠎ᠠ ᠶᠢᠨ ᠬᠡᠪᠯᠡᠯ ᠦᠨ ᠪᠠᠶᠢᠳᠠᠯ ᠢ ᠪᠠᠷᠢᠮᠲᠠ ᠪᠣᠯᠭᠠᠨ ᠳᠦ

ᠪᠢᠴᠢᠭᠡᠰ ᠪᠢᠴᠢᠭᠰᠡᠨ ᠪᠠᠶᠢᠳᠠᠯ᠂ ᠮᠣᠩᠭᠣᠯ ᠬᠡᠯᠡ ᠤᠷᠠᠨ ᠵᠣᠬᠢᠶᠠᠯ᠂ ᠮᠣᠩᠭᠣᠯᠴᠤᠳ ᠤᠨ ᠰᠤᠶᠤᠯ ᠤᠨ ᠪᠠᠶᠢᠭᠤᠯᠤᠯ ᠳᠤ ᠨᠡᠢᠲᠡᠯᠡᠭᠳᠡᠭᠰᠡᠨ ᠪᠣᠯᠤᠨ᠂ ᠮᠣᠩᠭᠣᠯ
ᠬᠡᠯᠡᠰᠢᠯᠡᠯ ᠤᠨ ᠰᠤᠳᠤᠯᠤᠯ ᠤᠨ ᠡᠮᠬᠡᠳᠬᠡᠯ (ᠬᠡᠪᠯᠡᠯ᠂91-104 ᠳᠤᠭᠠᠷ ᠨᠢᠭᠤᠷ᠂ ᠬᠠᠮᠲᠤ ᠪᠢᠴᠢᠭ ᠦᠨ 5 ᠳᠤᠭᠠᠷ ᠳᠡᠭᠡᠲᠦ ᠶᠢᠨ 18-28 ᠳᠤᠭᠠᠷ ᠨᠢᠭᠤᠷ᠂ 15 ᠳᠤᠭᠠᠷ ᠳᠡᠭᠡᠲᠦ ᠶᠢᠨ
80-90 ᠳᠤᠭᠠᠷ ᠨᠢᠭᠤᠷ) …………………………………………………………… 91
※ ᠮᠣᠩᠭᠣᠯ ᠪᠢᠴᠢᠭ ᠤᠨ ᠠᠯᠢᠮᠠᠯᠠᠯ ᠲᠣᠯᠢ (ᠬᠠᠮᠲᠤ) …………………………………………… 105
3.(18) ᠮᠣᠩᠭᠣᠯ ᠬᠡᠯᠡᠨ ᠦ ᠠᠪᠢᠶ᠎ᠠ ᠵᠢᠷᠤᠮ ᠤᠨ ᠰᠤᠳᠤᠯᠤᠯ ᠤᠨ ᠠᠰᠠᠭᠤᠳᠠᠯ ᠳᠤ᠂ ᠬᠡᠯᠡᠨ ᠦ ᠡᠭᠡᠰᠢᠭ ᠦᠨ ᠰᠢᠨᠵᠢᠯᠡᠯ᠂ ᠰᠤᠳᠤᠯᠤᠯ ᠤᠨ ᠠᠷᠭ᠎ᠠ᠂ ᠦᠨᠳᠦᠰᠦ ᠶᠢᠨ ᠰᠢᠨᠵᠢ ᠴᠢᠨᠠᠷ ᠤᠨ ᠠᠰᠠᠭᠤᠳᠠᠯ ᠤᠨ ᠲᠤᠬᠠᠢ᠂
ᠮᠣᠩᠭᠣᠯ ᠰᠤᠷᠭᠠᠭᠤᠯᠢ ᠶᠢᠨ ᠪᠠᠭᠰᠢ ᠰᠢᠨᠵᠢ ᠪᠠᠷ ᠦᠨᠳᠦᠰᠦᠯᠡᠭᠡᠳ ᠰᠤᠷᠭᠠᠯ ᠤᠨ ᠬᠢᠪᠴᠢᠶᠠᠯ ᠤᠨ ᠰᠢᠨᠵᠢᠯᠡᠯ ᠤᠨ ᠬᠥᠲᠥᠯᠪᠦᠷᠢ᠂ ᠪᠦᠬᠦ ᠬᠡᠯᠡᠨ ᠦ ᠠᠪᠢᠶ᠎ᠠ ᠶᠢᠨ ᠰᠤᠳᠤᠯᠤᠯ ᠤᠨ ᠪᠠᠶᠢᠳᠠᠯ ᠤᠨ ᠲᠤᠬᠠᠢ᠂ ᠰᠤᠳᠤᠯᠤᠯ ᠤᠨ ᠠᠷᠭ᠎ᠠ
ᠦᠵᠡᠯ ᠦᠨ ᠰᠢᠨᠵᠢᠯᠡᠯ ᠰᠢᠨᠵᠢ ᠪᠠᠷ ᠦᠨ ᠰᠤᠷᠭᠠᠯ ᠤᠨ ᠬᠥᠲᠥᠯᠪᠦᠷᠢ ᠶᠢᠨ ᠰᠤᠳᠤᠯᠤᠯ ᠤᠨ ᠡᠮᠬᠡᠳᠬᠡᠯ ᠦᠨ ᠲᠤᠬᠠᠢ ᠮᠣᠩᠭᠣᠯ ᠬᠡᠯᠡ ᠤᠷᠠᠨ ᠵᠣᠬᠢᠶᠠᠯ ᠤᠨ ᠰᠡᠳᠬᠦᠯ ᠳᠦ ᠪᠣᠯᠤᠨ᠂ ᠮᠣᠩᠭᠣᠯ ᠬᠡᠯᠡᠰᠢᠯᠡᠯ ᠦᠨ ᠨᠡᠢᠲᠡᠯᠡᠯ (
ᠬᠡᠪᠯᠡᠯ᠂113-118 ᠳᠤᠭᠠᠷ ᠨᠢᠭᠤᠷ᠂ ᠮᠣᠩᠭᠣᠯ ᠬᠡᠯᠡ ᠤᠷᠠᠨ ᠵᠣᠬᠢᠶᠠᠯ 21 ᠳᠤᠭᠠᠷ ᠳᠡᠭᠡᠲᠦ ᠶᠢᠨ 129-134 ᠳᠤᠭᠠᠷ ᠨᠢᠭᠤᠷ᠂ ᠮᠣᠩᠭᠣᠯ ᠬᠡᠯᠡ ᠤᠷᠠᠨ ᠵᠣᠬᠢᠶᠠᠯ 6 ᠳᠤᠭᠠᠷ ᠳᠡᠭᠡᠲᠦ ᠶᠢᠨ 28-35 ᠳᠤᠭᠠᠷ ᠨᠢᠭᠤᠷ᠂ 8 ᠳᠤᠭᠠᠷ ᠳᠡᠭᠡᠲᠦ ᠶᠢᠨ 38-44 ᠳᠤᠭᠠᠷ
ᠨᠢᠭᠤᠷ᠂17 ᠳᠤᠭᠠᠷ ᠳᠡᠭᠡᠲᠦ ᠶᠢᠨ 108-113 ᠳᠤᠭᠠᠷ ᠨᠢᠭᠤᠷ᠂ 20 ᠳᠤᠭᠠᠷ ᠳᠡᠭᠡᠲᠦ ᠶᠢᠨ 125-129 ᠳᠤᠭᠠᠷ ᠨᠢᠭᠤᠷ) …………………………………………… 113
※ ᠮᠣᠩᠭᠣᠯ ᠪᠢᠴᠢᠭ ᠤᠨ ᠠᠯᠢᠮᠠᠯᠠᠯ ᠲᠣᠯᠢ (ᠬᠠᠮᠲᠤ) …………………………………………… 119
4.(19) ᠬᠡᠯᠡᠨ ᠦ ᠵᠦᠢ ᠶᠢᠨ ᠬᠠᠷᠢᠴᠠᠭᠤᠯᠤᠯ ᠤᠨ ᠠᠷᠭ᠎ᠠ ᠪᠠᠷ ᠮᠣᠩᠭᠣᠯ ᠪᠢᠴᠢᠭ ᠤᠨ ᠤᠭ ᠢ ᠰᠢᠨᠵᠢᠯᠡᠬᠦ ᠨᠢ᠂ ᠮᠣᠩᠭᠣᠯ ᠬᠡᠯᠡ ᠤᠷᠠᠨ ᠵᠣᠬᠢᠶᠠᠯ ᠤᠨ ᠨᠡᠢᠲᠡᠯᠡᠯ (ᠬᠠᠮᠲᠤ᠂122-123 ᠳᠤᠭᠠᠷ ᠨᠢᠭᠤᠷ᠂ ᠮᠣᠩᠭᠣᠯ
ᠬᠡᠯᠡ ᠤᠷᠠᠨ ᠵᠣᠬᠢᠶᠠᠯ 7 ᠳᠤᠭᠠᠷ ᠳᠡᠭᠡᠲᠦ ᠶᠢᠨ 36-37 ᠳᠤᠭᠠᠷ ᠨᠢᠭᠤᠷ) …………………………………………… 122
※ ᠮᠣᠩᠭᠣᠯ ᠪᠢᠴᠢᠭ ᠤᠨ ᠠᠯᠢᠮᠠᠯᠠᠯ ᠲᠣᠯᠢ (ᠬᠠᠮᠲᠤ) …………………………………………… 123
※ ᠮᠣᠩᠭᠣᠯ ᠪᠢᠴᠢᠭ ᠤᠨ ᠠᠯᠢᠮᠠᠯᠠᠯ ᠲᠣᠯᠢ (ᠬᠠᠮᠲᠤ) …………………………………………… 134
5.(23) ᠮᠣᠩᠭᠣᠯ ᠬᠡᠯᠡᠨ ᠦ ᠠᠪᠢᠶ᠎ᠠ ᠵᠢᠷᠤᠮ ᠤᠨ ᠰᠤᠳᠤᠯᠤᠯ ᠤᠨ ᠲᠤᠬᠠᠢ ᠮᠣᠩᠭᠣᠯ ᠬᠡᠯᠡᠰᠢᠯᠡᠯ ᠦᠨ ᠡᠮᠬᠡᠳᠬᠡᠯ ᠦᠨ ᠬᠥᠲᠥᠯᠪᠦᠷᠢ ᠳᠤ ᠨᠡᠢᠲᠡᠯᠡᠭᠳᠡᠭᠰᠡᠨ ᠪᠣᠯᠤᠨ ᠰᠤᠷᠭᠠᠯ ᠤᠨ ᠬᠢᠪᠴᠢᠶᠠᠯ ᠤᠨ ᠰᠤᠳᠤᠯᠤᠯ ᠤᠨ ᠨᠡᠢᠲᠡᠯᠡᠯ ᠳᠤ
ᠪᠠᠶᠢᠭ᠎ᠠ᠂ ᠮᠣᠩᠭᠣᠯ ᠬᠡᠯᠡᠰᠢᠯᠡᠯ ᠦᠨ ᠨᠡᠢᠲᠡᠯᠡᠯ ᠤᠨ ᠰᠤᠷᠭᠠᠯ ᠤᠨ ᠰᠢᠨᠵᠢᠯᠡᠯ (ᠬᠡᠪᠯᠡᠯ᠂141-145 ᠳᠤᠭᠠᠷ ᠨᠢᠭᠤᠷ᠂ ᠮᠣᠩᠭᠣᠯ ᠬᠡᠯᠡ ᠤᠷᠠᠨ ᠵᠣᠬᠢᠶᠠᠯ 9 ᠳᠤᠭᠠᠷ ᠳᠡᠭᠡᠲᠦ ᠶᠢᠨ 44-49 ᠳᠤᠭᠠᠷ ᠨᠢᠭᠤᠷ᠂ 22
ᠳᠤᠭᠠᠷ ᠳᠡᠭᠡᠲᠦ ᠶᠢᠨ 137-140 ᠳᠤᠭᠠᠷ ᠨᠢᠭᠤᠷ) …………………………………………… 141
※ ᠮᠣᠩᠭᠣᠯ ᠪᠢᠴᠢᠭ ᠤᠨ ᠠᠯᠢᠮᠠᠯᠠᠯ ᠲᠣᠯᠢ (ᠬᠠᠮᠲᠤ) …………………………………………… 145
6.(25) ᠮᠣᠩᠭᠣᠯ ᠬᠡᠯᠡᠨ ᠦ ᠠᠪᠢᠶ᠎ᠠ ᠵᠢᠷᠤᠮ ᠤᠨ ᠰᠤᠳᠤᠯᠤᠯ ᠤᠨ ᠲᠤᠬᠠᠢ ᠮᠣᠩᠭᠣᠯ ᠬᠡᠯᠡᠰᠢᠯᠡᠯ ᠦᠨ ᠬᠥᠲᠥᠯᠪᠦᠷᠢ ᠳᠤ ᠨᠡᠢᠲᠡᠯᠡᠭᠳᠡᠭᠰᠡᠨ ᠪᠣᠯᠤᠨ᠂ ᠮᠣᠩᠭᠣᠯ ᠬᠡᠯᠡ ᠶᠢᠨ ᠰᠤᠳᠤᠯᠤᠯ ᠤᠨ ᠰᠡᠳᠬᠦᠯ
ᠳᠡᠭᠡᠷ᠎ᠡ ᠨᠡᠢᠲᠡᠯᠡᠭᠳᠡᠭᠰᠡᠨ ᠮᠣᠩᠭᠣᠯ ᠪᠢᠴᠢᠭ ᠤᠨ ᠰᠤᠳᠤᠯᠤᠯ᠂ ᠮᠣᠩᠭᠣᠯ ᠬᠡᠯᠡᠰᠢᠯᠡᠯ ᠦᠨ ᠰᠤᠳᠤᠯᠤᠯ ᠤᠨ ᠠᠷᠭ᠎ᠠ ᠶᠢᠨ ᠬᠥᠭᠵᠢᠯᠲᠡ ᠳᠤ (ᠬᠡᠪᠯᠡᠯ᠂157-170 ᠳᠤᠭᠠᠷ ᠨᠢᠭᠤᠷ᠂ ᠮᠣᠩᠭᠣᠯ ᠬᠡᠯᠡ ᠤᠷᠠᠨ ᠵᠣᠬᠢᠶᠠᠯ

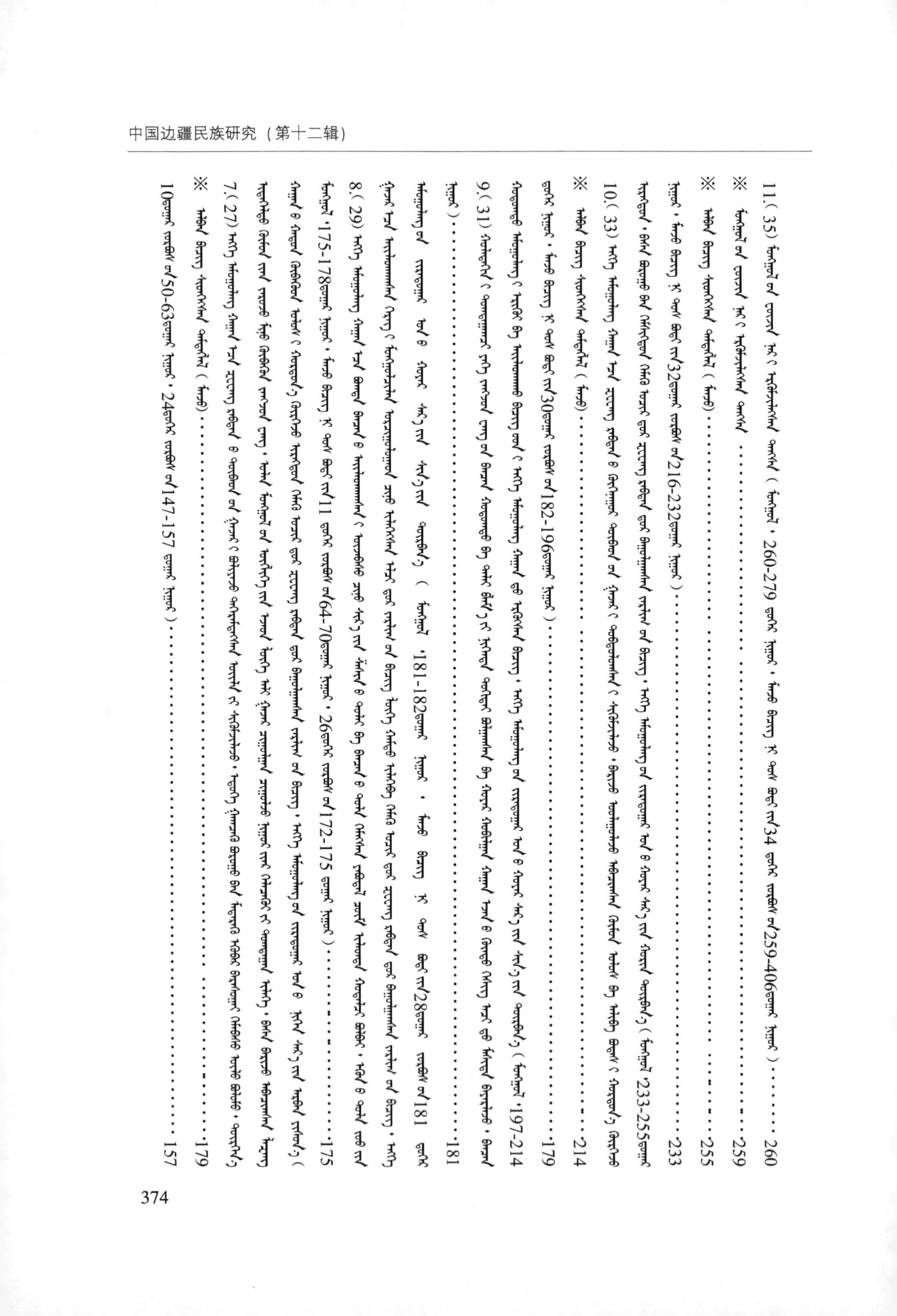

10[illegible]50-63[illegible]，24[illegible]147-157 [illegible]）……157

※ [illegible]（[illegible]）……179

7.（27）[illegible]

[illegible]

[illegible]（

[illegible]175-178[illegible]，[illegible]11 [illegible]64-70[illegible]，26[illegible]172-175 [illegible]）……175

8.（29）[illegible]

[illegible]

[illegible]（[illegible]181-182[illegible]，[illegible]28[illegible]181 [illegible]

[illegible]）……181

9.（31）[illegible]

[illegible]（[illegible]197-214

[illegible]，[illegible]30[illegible]182-196[illegible]）……179

※ [illegible]（[illegible]）……214

10.（33）[illegible]

[illegible]（[illegible]233-255[illegible]

[illegible]，[illegible]32[illegible]216-232[illegible]）……233

※ [illegible]（[illegible]）……255

※ [illegible] ……259

11.（35）[illegible]（[illegible]，260-279 [illegible]，[illegible]34 [illegible]259-406[illegible]）……260

20.(53) ᠬᠠᠯᠬ᠎ᠠ ᠮᠣᠩᠭᠣᠯᠴᠤᠳ ᠰᠤᠷᠭᠠᠨ ᠬᠡᠯᠡ ᠪᠢᠴᠢᠭᠯᠡᠭᠰᠡᠨ ᠤ ᠲᠤᠬᠠᠢ ᠰᠤᠷᠪᠤᠯᠵᠢ (ᠲᠤᠬᠠᠢ ᠲᠡᠮᠳᠡᠭᠯᠡᠯ ᠪᠢᠴᠢᠭ • ᠬᠠᠯᠬ᠎ᠠ ᠮᠣᠩᠭᠣᠯᠴᠤᠳ ᠤᠨ ᠲᠤᠬᠠᠢ ᠳᠤᠷᠠᠳᠬᠠᠯ ᠬᠤᠷ ᠤ ᠬᠡᠪᠯᠡᠯ ᠰᠣᠳᠤᠷ ᠭᠠᠳᠠ ᠶᠢᠨ ᠰᠣᠳᠤᠷ ᠨᠣᠮ ᠤᠳ (ᠮᠣᠩᠭᠣᠯ ,311-313
ᠳᠤᠭᠠᠷ ᠨᠢᠭᠤᠷ • ᠲᠡᠦᠬᠡ ᠪᠢᠴᠢᠭ ᠦᠨ ᠬᠡᠯᠡ ᠵᠣᠬᠢᠶᠠᠯ ᠤᠨ 50ᠳᠤᠭᠠᠷ ᠪᠦᠯᠦᠭ ᠲᠦ 305-307ᠳᠤᠭᠠᠷ ᠨᠢᠭᠤᠷ • ᠳᠠᠪᠲᠠᠭᠠᠷ) ·········· 307
19.(51) ᠬᠠᠯᠬ᠎ᠠ ᠮᠣᠩᠭᠣᠯᠴᠤᠳ ᠰᠤᠷᠭᠠᠨ ᠬᠡᠯᠡ ᠪᠢᠴᠢᠭᠯᠡᠭᠰᠡᠨ ᠤ ᠲᠤᠬᠠᠢ ᠬᠡᠷᠡᠭ (ᠪᠢᠴᠢᠯ ᠲᠡᠮᠳᠡᠭᠯᠡᠯ ᠪᠢᠴᠢᠭ • ᠬᠠᠯᠬ᠎ᠠ ᠮᠣᠩᠭᠣᠯᠴᠤᠳ ᠤᠨ ᠲᠤᠬᠠᠢ ᠳᠤᠷᠠᠳᠬᠠᠯ ᠬᠤᠷ ᠤ ᠬᠡᠪᠯᠡᠯ ᠰᠣᠳᠤᠷ ᠭᠠᠳᠠ ᠶᠢᠨ ᠰᠣᠳᠤᠷ ᠨᠣᠮ ᠤᠳ (ᠮᠣᠩᠭᠣᠯ ,307-309
305ᠳᠤᠭᠠᠷ ᠨᠢᠭᠤᠷ • ᠲᠡᠦᠬᠡ ᠪᠢᠴᠢᠭ ᠦᠨ ᠬᠡᠯᠡ ᠵᠣᠬᠢᠶᠠᠯ ᠤᠨ 48ᠳᠤᠭᠠᠷ ᠪᠦᠯᠦᠭ ᠲᠦ 301-303ᠳᠤᠭᠠᠷ ᠨᠢᠭᠤᠷ • ᠳᠠᠪᠲᠠᠭᠠᠷ) ·········· 300
18.(49) ᠬᠠᠯᠬ᠎ᠠ ᠮᠣᠩᠭᠣᠯᠴᠤᠳ ᠰᠤᠷᠭᠠᠨ ᠬᠡᠯᠡ ᠪᠢᠴᠢᠭᠯᠡᠭᠰᠡᠨ ᠤ ᠲᠤᠬᠠᠢ ᠪᠣᠳᠤᠯ ᠰᠤᠷᠪᠤᠯᠵᠢ (ᠪᠢᠴᠢᠯ ᠲᠡᠮᠳᠡᠭᠯᠡᠯ ᠪᠢᠴᠢᠭ • ᠬᠠᠯᠬ᠎ᠠ ᠮᠣᠩᠭᠣᠯᠴᠤᠳ ᠤᠨ ᠲᠤᠬᠠᠢ ᠳᠤᠷᠠᠳᠬᠠᠯ ᠬᠤᠷ ᠤ ᠬᠡᠪᠯᠡᠯ ᠰᠣᠳᠤᠷ ᠭᠠᠳᠠ ᠶᠢᠨ ᠰᠣᠳᠤᠷ ᠨᠣᠮ ᠤᠳ (ᠮᠣᠩᠭᠣᠯ ,300-
ᠬᠡᠪᠯᠡᠯ ᠨᠣᠮ ᠤᠳ (ᠮᠣᠩᠭᠣᠯ ,300-301 ᠳᠤᠭᠠᠷ ᠨᠢᠭᠤᠷ • ᠲᠡᠦᠬᠡ ᠪᠢᠴᠢᠭ ᠦᠨ ᠬᠡᠯᠡ ᠵᠣᠬᠢᠶᠠᠯ ᠤᠨ 46ᠳᠤᠭᠠᠷ ᠪᠦᠯᠦᠭ ᠲᠦ 298-300ᠳᠤᠭᠠᠷ ᠨᠢᠭᠤᠷ • ᠳᠠᠪᠲᠠᠭᠠᠷ) ·········· 300
17.(47) ᠬᠠᠯᠬ᠎ᠠ ᠮᠣᠩᠭᠣᠯᠴᠤᠳ ᠰᠤᠷᠭᠠᠨ ᠬᠡᠯᠡ ᠰᠤᠷᠭᠠᠭᠤᠯ ᠤᠨ ᠪᠠᠢᠳᠠᠯ ᠬᠢᠭᠡᠳ ᠳᠠᠭᠠᠨ ᠤ ᠰᠢᠨᠵᠢᠯᠡᠭᠡᠨ ᠲᠤᠬᠠᠢ (ᠳᠡᠭᠡᠳᠦ ᠶᠢᠨ ᠰᠤᠷᠭᠠᠭᠤᠯᠢ ᠲᠡᠮᠳᠡᠭᠯᠡᠯ ᠲᠤ ᠪᠢᠴᠢᠭ • ᠬᠠᠯᠬ᠎ᠠ ᠮᠣᠩᠭᠣᠯᠴᠤᠳ ᠤᠨ ᠲᠤᠬᠠᠢ ᠰᠤᠳᠤᠯᠭᠠᠨ ᠬᠤᠷ ᠤ ᠳᠠᠭᠤᠰᠬᠠᠯ ᠭᠠᠳᠠ ᠶᠢᠨ
ᠮᠣᠩᠭᠣᠯ ,296-298ᠳᠤᠭᠠᠷ ᠨᠢᠭᠤᠷ • ᠲᠡᠦᠬᠡ ᠪᠢᠴᠢᠭ ᠦᠨ ᠬᠡᠯᠡ ᠵᠣᠬᠢᠶᠠᠯ ᠤᠨ 44 ᠳᠤᠭᠠᠷ ᠪᠦᠯᠦᠭ ᠲᠦ 295-296ᠳᠤᠭᠠᠷ ᠨᠢᠭᠤᠷ • ᠳᠠᠪᠲᠠᠭᠠᠷ) ·········· 296
16.(45) ᠬᠠᠯᠬ᠎ᠠ ᠮᠣᠩᠭᠣᠯᠴᠤᠳ ᠰᠤᠷᠭᠠᠨ ᠬᠡᠯᠡ ᠳᠡᠭᠡᠳᠦ ᠶᠢᠨ ᠰᠤᠷᠭᠠᠭᠤᠯᠢ ᠶᠢᠨ ᠲᠤᠬᠠᠢ (ᠳᠡᠭᠡᠳᠦ ᠶᠢᠨ ᠰᠤᠷᠭᠠᠭᠤᠯᠢ ᠲᠡᠮᠳᠡᠭᠯᠡᠯ ᠲᠤ ᠪᠢᠴᠢᠭ • ᠬᠠᠯᠬ᠎ᠠ ᠮᠣᠩᠭᠣᠯᠴᠤᠳ ᠤᠨ ᠲᠤᠬᠠᠢ ᠰᠤᠳᠤᠯᠭᠠᠨ ᠬᠤᠷ ᠤ ᠳᠠᠭᠤᠰᠬᠠᠯ ᠭᠠᠳᠠ ᠶᠢᠨ ᠬᠡᠪᠯᠡᠯ ᠨᠣᠮ ᠤᠳ (
ᠮᠣᠩᠭᠣᠯ ,293-295ᠳᠤᠭᠠᠷ ᠨᠢᠭᠤᠷ • ᠲᠡᠦᠬᠡ ᠪᠢᠴᠢᠭ ᠦᠨ ᠬᠡᠯᠡ ᠵᠣᠬᠢᠶᠠᠯ ᠤᠨ 42ᠳᠤᠭᠠᠷ ᠪᠦᠯᠦᠭ ᠲᠦ 292-293ᠳᠤᠭᠠᠷ ᠨᠢᠭᠤᠷ • ᠳᠠᠪᠲᠠᠭᠠᠷ) ·········· 293
15.(43) ᠬᠠᠯᠬ᠎ᠠ ᠮᠣᠩᠭᠣᠯᠴᠤᠳ ᠰᠤᠷᠭᠠᠨ ᠬᠡᠯᠡᠯᠴᠡᠭᠡ ᠶᠢᠨ ᠪᠢᠴᠢᠭ ᠤᠨ ᠲᠤᠬᠠᠢ (ᠰᠣᠳᠤᠷ ᠲᠡᠮᠳᠡᠭᠯᠡᠯ ᠲᠤ ᠪᠢᠴᠢᠭ • ᠬᠠᠯᠬ᠎ᠠ ᠮᠣᠩᠭᠣᠯᠴᠤᠳ ᠤᠨ ᠲᠤᠬᠠᠢ ᠰᠤᠳᠤᠯᠭᠠᠨ ᠬᠤᠷ ᠤ ᠳᠠᠭᠤᠰᠬᠠᠯ ᠭᠠᠳᠠ ᠶᠢᠨ ᠬᠡᠪᠯᠡᠯ ᠨᠣᠮ ᠤᠳ (
ᠳᠠᠪᠲᠠᠭᠠᠷ) ·········· 290
ᠮᠣᠩᠭᠣᠯᠴᠤᠳ ᠤᠨ ᠲᠤᠬᠠᠢ ᠰᠤᠳᠤᠯᠭᠠᠨ ᠬᠤᠷ ᠤ ᠰᠣᠳᠤᠷ ᠭᠠᠳᠠ ᠶᠢᠨ ᠨᠣᠮ ᠤᠳ (ᠮᠣᠩᠭᠣᠯ ,290-292ᠳᠤᠭᠠᠷ ᠨᠢᠭᠤᠷ • ᠲᠡᠦᠬᠡ ᠪᠢᠴᠢᠭ ᠦᠨ ᠬᠡᠯᠡ ᠵᠣᠬᠢᠶᠠᠯ ᠤᠨ 40 ᠳᠤᠭᠠᠷ ᠪᠦᠯᠦᠭ ᠲᠦ 289-290 ᠳᠤᠭᠠᠷ ᠨᠢᠭᠤᠷ •
14.(41) ᠬᠠᠯᠬ᠎ᠠ ᠮᠣᠩᠭᠣᠯᠴᠤᠳ ᠰᠤᠷᠭᠠᠨ ᠬᠡᠯᠡ ᠰᠤᠷᠤᠯᠴᠠᠭᠰᠠᠨ ᠤ ᠪᠠᠢᠳᠠᠯ ᠤᠨ ᠬᠠᠷᠢ ᠬᠢᠯᠢ ᠶᠢᠨ ᠲᠤᠬᠠᠢ (ᠬᠠᠷᠢ ᠰᠤᠷᠭᠠᠯ ᠲᠡᠮᠳᠡᠭᠯᠡᠯ ᠪᠢᠴᠢᠯ ᠶᠢᠨ ᠬᠡᠯᠡᠯᠴᠡᠭᠡ ᠶᠢᠨ ᠰᠣᠳᠤᠷ ᠲᠡᠮᠳᠡᠭᠯᠡᠯ ᠲᠤ ᠪᠢᠴᠢᠭ • ᠬᠠᠯᠬ᠎ᠠ
※ ᠬᠡᠪᠯᠡᠯ ᠪᠢᠴᠢᠭ ᠲᠡᠮᠳᠡᠭᠯᠡᠯ ᠨᠡᠮᠡᠯᠲᠡ (ᠮᠣᠩᠭᠣᠯ) ·········· 287
289 ᠳᠤᠭᠠᠷ ᠨᠢᠭᠤᠷ • ᠲᠡᠦᠬᠡ ᠪᠢᠴᠢᠭ ᠦᠨ ᠬᠡᠯᠡ ᠵᠣᠬᠢᠶᠠᠯ ᠤᠨ 38ᠳᠤᠭᠠᠷ ᠪᠦᠯᠦᠭ ᠲᠦ 283-285ᠳᠤᠭᠠᠷ ᠨᠢᠭᠤᠷ • ᠳᠠᠪᠲᠠᠭᠠᠷ) ·········· 285
13.(39) ᠬᠠᠯᠬ᠎ᠠ ᠮᠣᠩᠭᠣᠯᠴᠤᠳ ᠰᠤᠷᠭᠠᠨ ᠬᠡᠯᠡ ᠪᠢᠴᠢᠭᠯᠡᠭᠰᠡᠨ ᠤ ᠲᠤᠬᠠᠢ ᠬᠡᠷᠡᠭ (ᠪᠢᠴᠢᠯ ᠲᠡᠮᠳᠡᠭᠯᠡᠯ ᠲᠤ ᠪᠢᠴᠢᠭ • ᠬᠠᠯᠬ᠎ᠠ ᠮᠣᠩᠭᠣᠯᠴᠤᠳ ᠤᠨ ᠲᠤᠬᠠᠢ ᠳᠤᠷᠠᠳᠬᠠᠯ ᠬᠤᠷ ᠤ ᠬᠡᠪᠯᠡᠯ ᠰᠣᠳᠤᠷ ᠭᠠᠳᠠ ᠶᠢᠨ ᠬᠡᠪᠯᠡᠯ ᠰᠢᠨᠵᠢ (ᠮᠣᠩᠭᠣᠯ ,285-
283 ᠳᠤᠭᠠᠷ ᠨᠢᠭᠤᠷ • ᠲᠡᠦᠬᠡ ᠪᠢᠴᠢᠭ ᠦᠨ ᠬᠡᠯᠡ ᠵᠣᠬᠢᠶᠠᠯ ᠤᠨ 36ᠳᠤᠭᠠᠷ ᠪᠦᠯᠦᠭ ᠲᠦ 279-280ᠳᠤᠭᠠᠷ ᠨᠢᠭᠤᠷ • ᠳᠠᠪᠲᠠᠭᠠᠷ) ·········· 280
12.(37) ᠬᠠᠯᠬ᠎ᠠ ᠮᠣᠩᠭᠣᠯᠴᠤᠳ ᠰᠤᠷᠭᠠᠨ ᠬᠡᠯᠡ ᠰᠣᠨᠢᠨ ᠪᠢᠴᠢᠭ ᠬᠡᠷᠬᠢ ᠬᠡᠷᠡᠭ ᠪᠡᠷ ᠪᠠᠶᠢᠭᠤᠯᠤᠭᠰᠠᠨ ᠲᠤᠬᠠᠢ ᠶᠢᠨ ᠪᠢᠴᠢᠭ • ᠬᠠᠯᠬ᠎ᠠ ᠮᠣᠩᠭᠣᠯᠴᠤᠳ ᠤᠨ ᠲᠤᠬᠠᠢ ᠳᠤᠷᠠᠳᠬᠠᠯ ᠬᠤᠷ ᠤ ᠬᠡᠪᠯᠡᠯ ᠰᠣᠳᠤᠷ ᠭᠠᠳᠠ ᠶᠢᠨ ᠬᠡᠪᠯᠡᠯ ᠰᠢᠨᠵᠢ (ᠮᠣᠩᠭᠣᠯ ,280-
※ ᠬᠡᠪᠯᠡᠯ ᠪᠢᠴᠢᠭ ᠲᠡᠮᠳᠡᠭᠯᠡᠯ ᠨᠡᠮᠡᠯᠲᠡ (ᠮᠣᠩᠭᠣᠯ ,264-265ᠳᠤᠭᠠᠷ ᠨᠢᠭᠤᠷ) ·········· 264

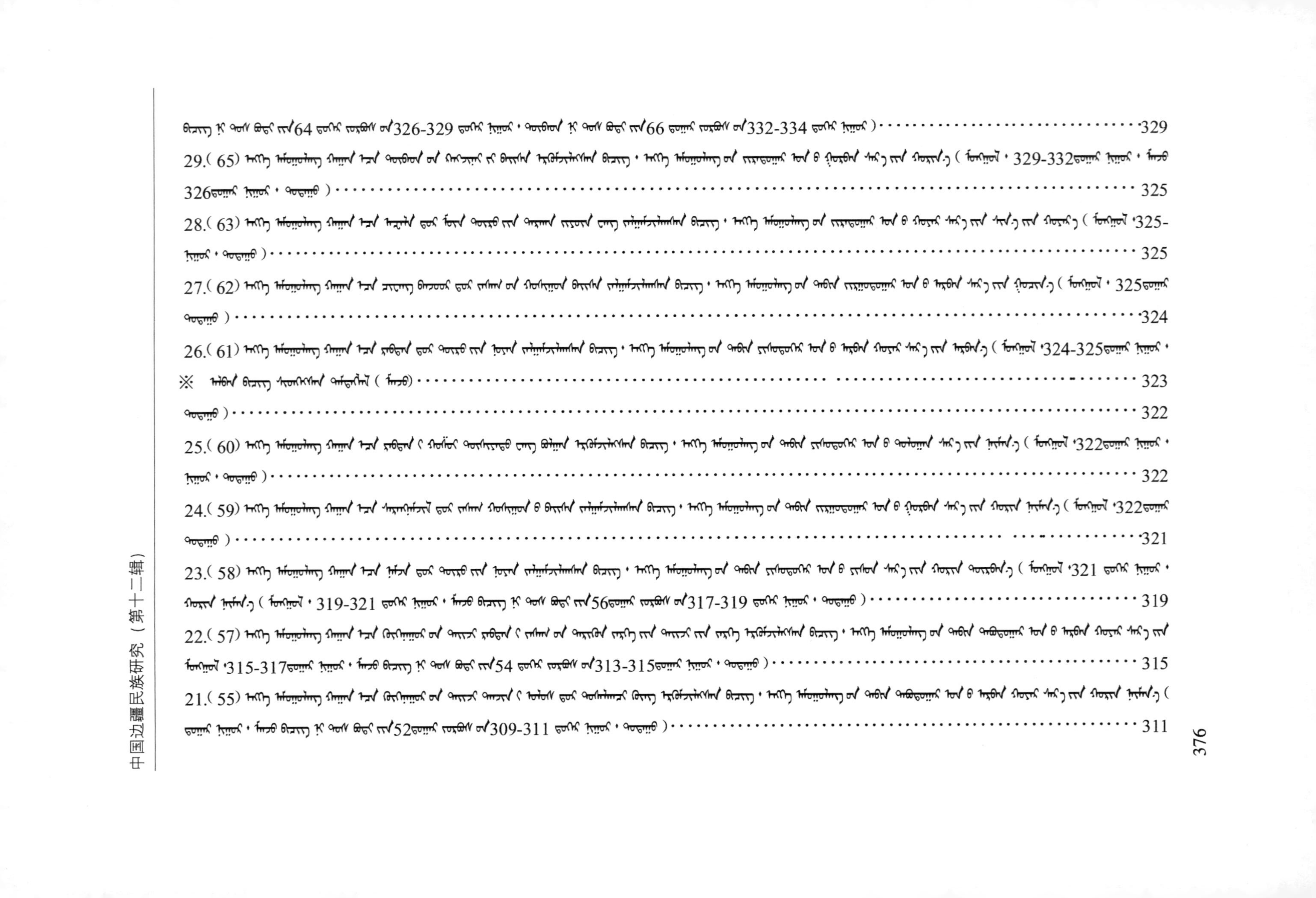

[illegible] 64 [illegible] 326-329 [illegible]，[illegible] 66 [illegible] 332-334 [illegible]）……………… 329
29.（65）[illegible]（[illegible]，329-332 [illegible]，[illegible] 326 [illegible]，[illegible]）……………… 325
28.（63）[illegible]（[illegible] 325-[illegible]，[illegible]）……………… 325
27.（62）[illegible]（[illegible]，325 [illegible]）……………… 324
26.（61）[illegible]（[illegible] 324-325 [illegible]，[illegible]）……………… 322
※ [illegible]（[illegible]）……………… 323
25.（60）[illegible]（[illegible] 322 [illegible]，[illegible]，[illegible]）……………… 322
24.（59）[illegible]（[illegible] 322 [illegible]）……………… 321
23.（58）[illegible]（[illegible] 321 [illegible]，[illegible]（[illegible]，319-321 [illegible]，[illegible] 56 [illegible] 317-319 [illegible]，[illegible]）……………… 319
22.（57）[illegible] 315-317 [illegible]，[illegible] 54 [illegible] 313-315 [illegible]，[illegible]）……………… 315
21.（55）[illegible]（[illegible]，[illegible] 52 [illegible] 309-311 [illegible]，[illegible]）……………… 311

39.(83) [illegible] ([illegible] 372-373 [illegible]) …… 371
38.(82) [illegible] 80 [illegible] 369-370 [illegible] ([illegible] 371-372 [illegible] -371 [illegible]) …… 370
37.(81) [illegible] 78 [illegible] 365-367 [illegible] ([illegible] 370 [illegible] 367-368 [illegible]) …… 367
36.(79) [illegible] 403-407 [illegible]) …… 361
35.(77) [illegible] ([illegible] 361-365 [illegible] 76 [illegible] 358-361 [illegible] 78 [illegible]) …… 354
34.(75) [illegible] ([illegible] 354-358 [illegible] 74 [illegible] 351-354 [illegible]) …… 350
33.(73) [illegible] ([illegible] 350 [illegible] 349-350 [illegible]) …… 349
32.(72) [illegible] ([illegible] 69 [illegible] 340-342 [illegible] 71 [illegible] 346-348 [illegible]) …… 342
31.(70) [illegible] ([illegible] 342-346 [illegible] 67 [illegible] 334-336 [illegible]) …… 336
30.(68) [illegible] ([illegible] 336-340 [illegible]

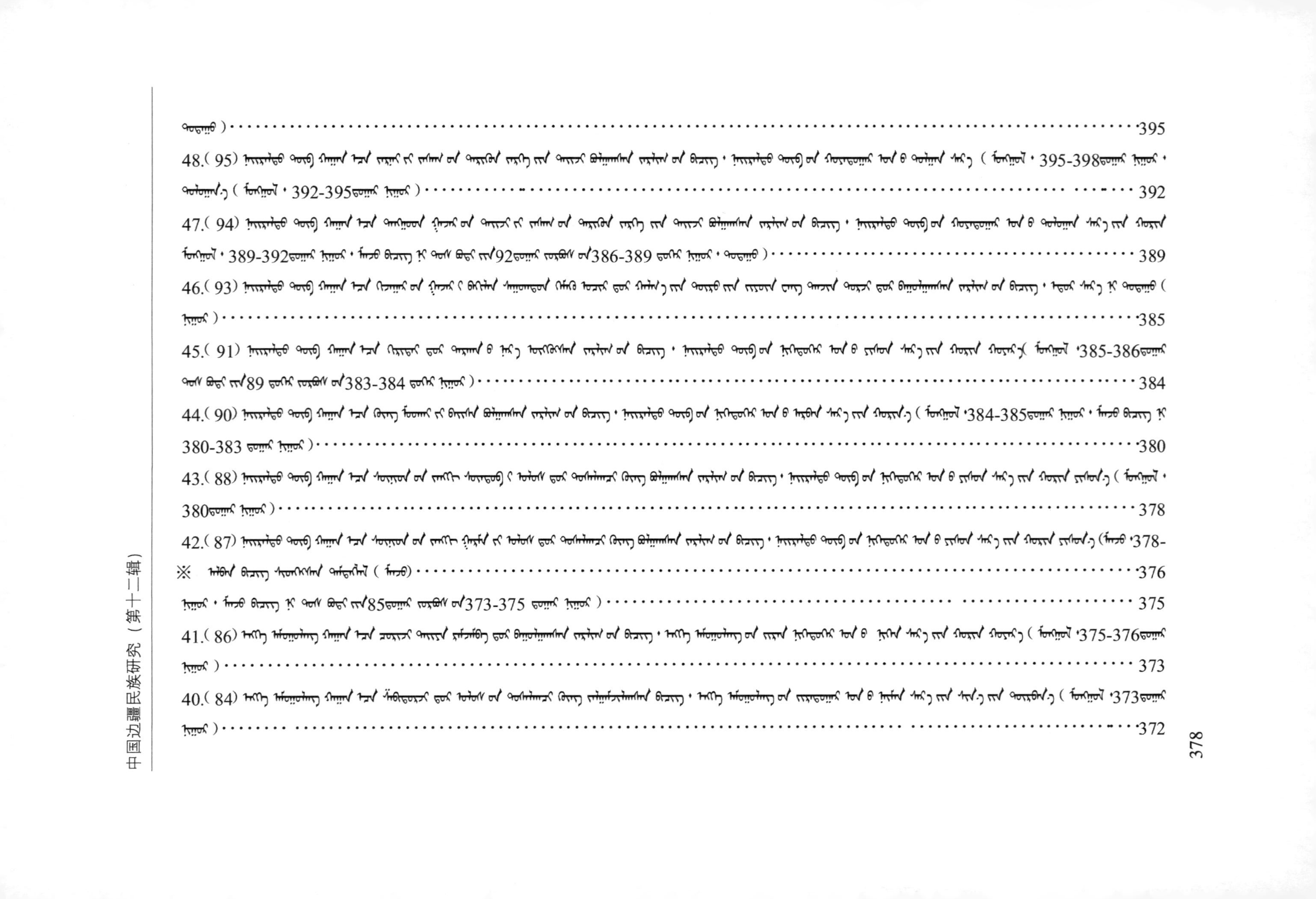

[illegible] ）……………………………………395
48.（95）[illegible]（[illegible]，395-398[illegible]，[illegible]（[illegible]，392-395[illegible]）……………………………………392
47.（94）[illegible]，389-392[illegible]，[illegible]92[illegible]386-389[illegible]，[illegible]）……………………………………389
46.（93）[illegible]（[illegible]）……………………………………385
45.（91）[illegible]（[illegible]，385-386[illegible]89[illegible]383-384[illegible]）……………………………………384
44.（90）[illegible]（[illegible]，384-385[illegible]，[illegible]380-383[illegible]）……………………………………380
43.（88）[illegible]（[illegible]，380[illegible]）……………………………………378
42.（87）[illegible]（[illegible]，378-
※ [illegible]（[illegible]）……………………………………376
[illegible]，[illegible]85[illegible]373-375[illegible]）……………………………………375
41.（86）[illegible]（[illegible]，375-376[illegible]）……………………………………373
40.（84）[illegible]（[illegible]，373[illegible]）……………………………………372

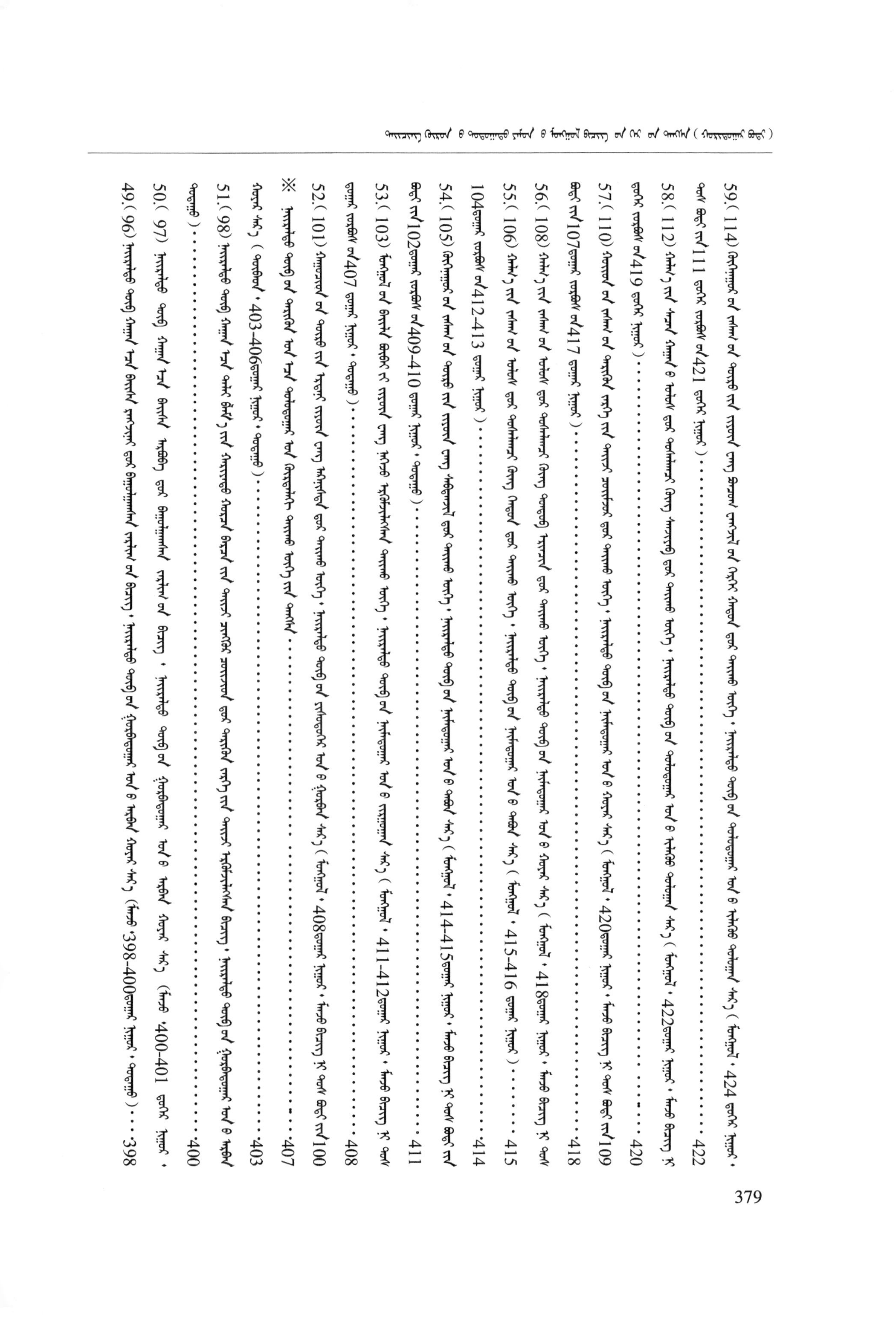

59.(114) [illegible] ([illegible] · 424 [illegible] · [illegible] 111 [illegible] 421 [illegible]) ······ 422
58.(112) [illegible] ([illegible] · 422 [illegible] · [illegible] 419 [illegible]) ······ 420
57.(110) [illegible] ([illegible] · 420 [illegible] · [illegible] 109 [illegible] 107 [illegible] 417 [illegible]) ······ 418
56.(108) [illegible] ([illegible] · 418 [illegible] · [illegible]
55.(106) [illegible] ([illegible] · 415-416 [illegible]) ······ 415
104 [illegible] 412-413 [illegible]) ······ 414
54.(105) [illegible] ([illegible] · 414-415 [illegible] · [illegible] 102 [illegible] 409-410 [illegible] · [illegible]) ······ 411
53.(103) [illegible] ([illegible] · 411-412 [illegible] · [illegible] 407 [illegible] · [illegible]) ······ 408
52.(101) [illegible] ([illegible] · 408 [illegible] · [illegible] 100
※ [illegible] ······ 407
[illegible] ([illegible] · 403-406 [illegible] · [illegible]) ······ 403
51.(98) [illegible] · [illegible]) ······ 400
50.(97) [illegible] · [illegible] ([illegible] ·400-401 [illegible] ·
49.(96) [illegible] · [illegible] ([illegible] ·398-400 [illegible] · [illegible]) ··· 398

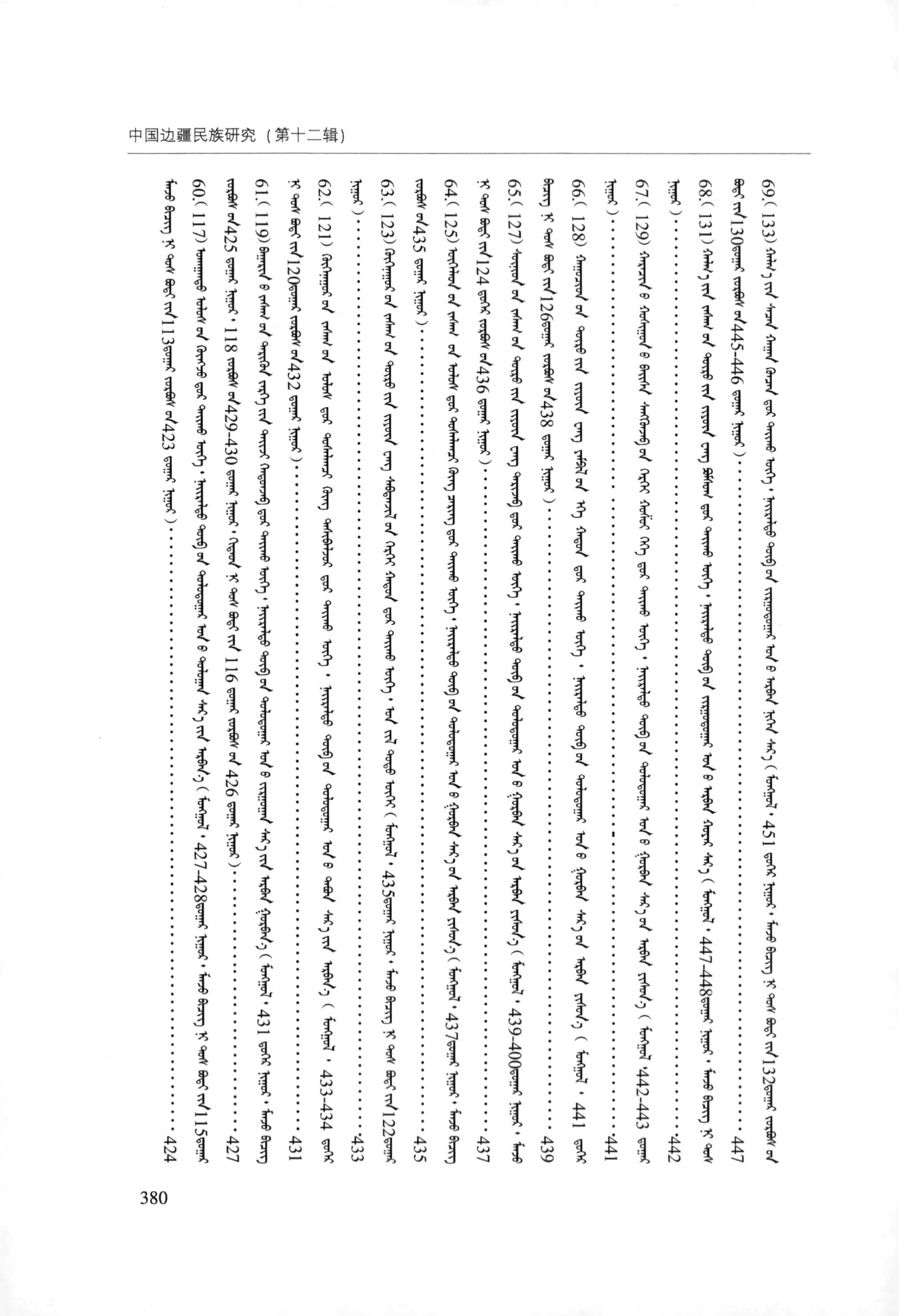

69.（133）[illegible]（[illegible]，451 [illegible]，[illegible] 132[illegible] 130[illegible] 445-446 [illegible]）……447
68.（131）[illegible]（[illegible]，447-448[illegible]，[illegible]）……442
67.（129）[illegible]（[illegible]，442-443 [illegible]）……441
66.（128）[illegible]（[illegible]，441 [illegible] 126[illegible] 438 [illegible]）……439
65.（127）[illegible]（[illegible]，439-400[illegible]，[illegible] 124 [illegible] 436 [illegible]）……437
64.（125）[illegible]（[illegible]，437[illegible]，[illegible] 435 [illegible]）……435
63.（123）[illegible]（[illegible]，435[illegible]，[illegible] 122[illegible]）……433
62.（121）[illegible]（[illegible]，433-434 [illegible] 120[illegible] 432 [illegible]）……431
61.（119）[illegible]（[illegible]，431 [illegible]，[illegible] 425 [illegible]，118 [illegible] 429-430 [illegible]，[illegible] 116 [illegible] 426 [illegible]）……427
60.（117）[illegible]（[illegible]，427-428[illegible]，[illegible] 115[illegible] 113[illegible] 423 [illegible]）……424

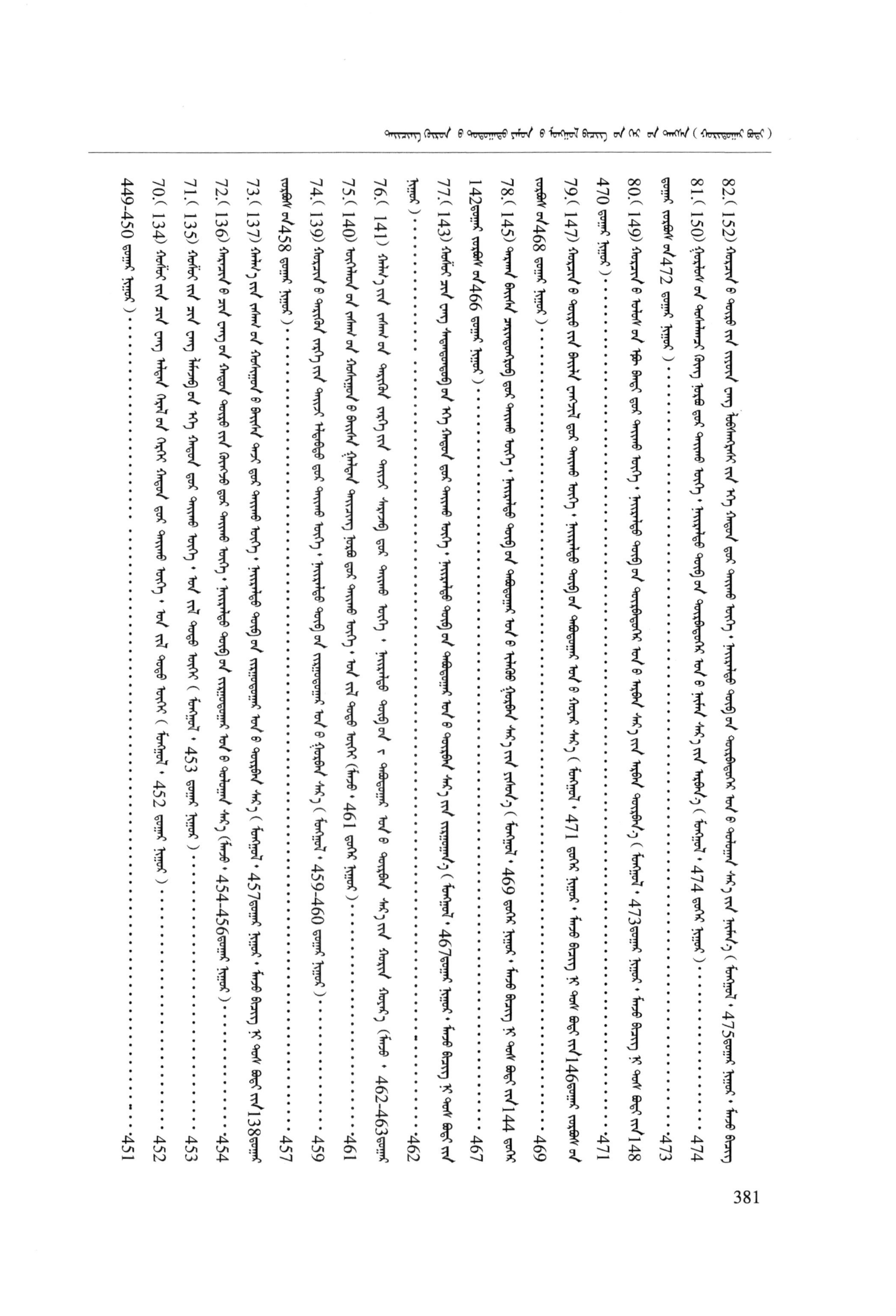

82.(152) [illegible] ([illegible] · 475[illegible] · [illegible]

81.(150) [illegible] ([illegible] · 474 [illegible]) 474

[illegible] 472 [illegible]) 473

80.(149) [illegible] ([illegible] · 473[illegible] · [illegible] 148

470 [illegible]) 471

79.(147) [illegible] ([illegible] · 471 [illegible] · [illegible] 146[illegible]

[illegible] 468 [illegible]) 469

78.(145) [illegible] ([illegible] · 469 [illegible] · [illegible] 144 [illegible]

142[illegible] 466 [illegible]) 467

77.(143) [illegible] ([illegible] · 467[illegible] · [illegible]

[illegible]) 462

76.(141) [illegible] ([illegible] · 462-463[illegible]

75.(140) [illegible] ([illegible] · 461 [illegible]) 461

74.(139) [illegible] ([illegible] · 459-460 [illegible]) 459

[illegible] 458 [illegible]) 457

73.(137) [illegible] ([illegible] · 457[illegible] · [illegible] 138[illegible]

72.(136) [illegible] ([illegible] · 454-456[illegible]) 454

71.(135) [illegible] ([illegible] · 453 [illegible]) 453

70.(134) [illegible] ([illegible] · 452 [illegible]) 452

449-450 [illegible]) 451

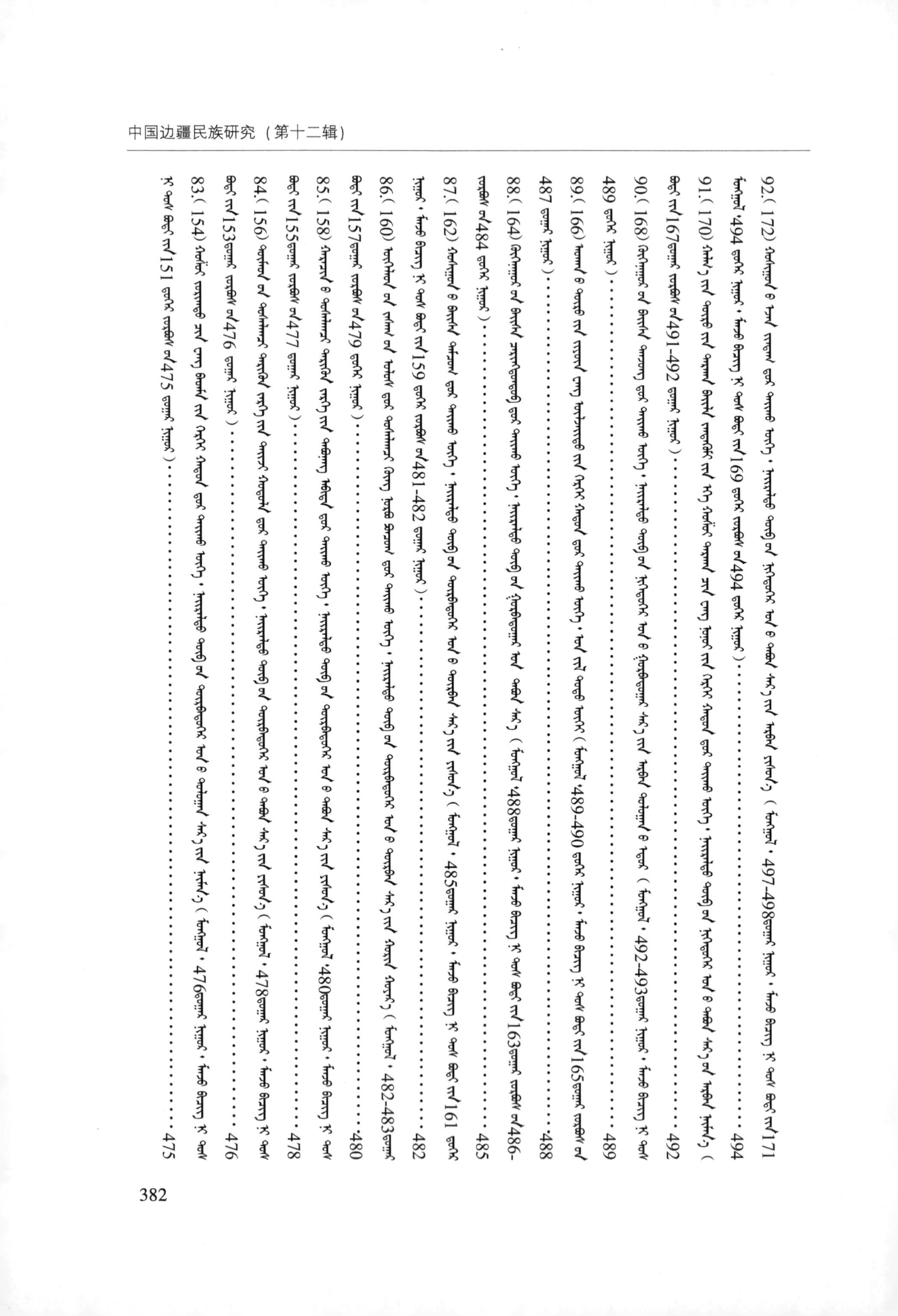

92.（172）[illegible]（[illegible]·497-498[illegible]·[illegible]171[illegible]·494 [illegible]·[illegible]169 [illegible]494 [illegible]）…………494

91.（170）[illegible]（[illegible]167[illegible]491-492 [illegible]）…………492

90.（168）[illegible]（[illegible]·492-493[illegible]·[illegible]489 [illegible]）…………489

89.（166）[illegible]（[illegible]·489-490 [illegible]·[illegible]165[illegible]487 [illegible]）…………488

88.（164）[illegible]（[illegible]·488[illegible]·[illegible]163[illegible]486-[illegible]484 [illegible]）…………485

87.（162）[illegible]（[illegible]·485[illegible]·[illegible]161 [illegible]·[illegible]159 [illegible]481-482 [illegible]）…………482

86.（160）[illegible]（[illegible]·482-483[illegible]157[illegible]479 [illegible]）…………480

85.（158）[illegible]（[illegible]·480[illegible]·[illegible]155[illegible]477 [illegible]）…………478

84.（156）[illegible]（[illegible]·478[illegible]·[illegible]153[illegible]476 [illegible]）…………476

83.（154）[illegible]（[illegible]·476[illegible]·[illegible]151 [illegible]475 [illegible]）…………475

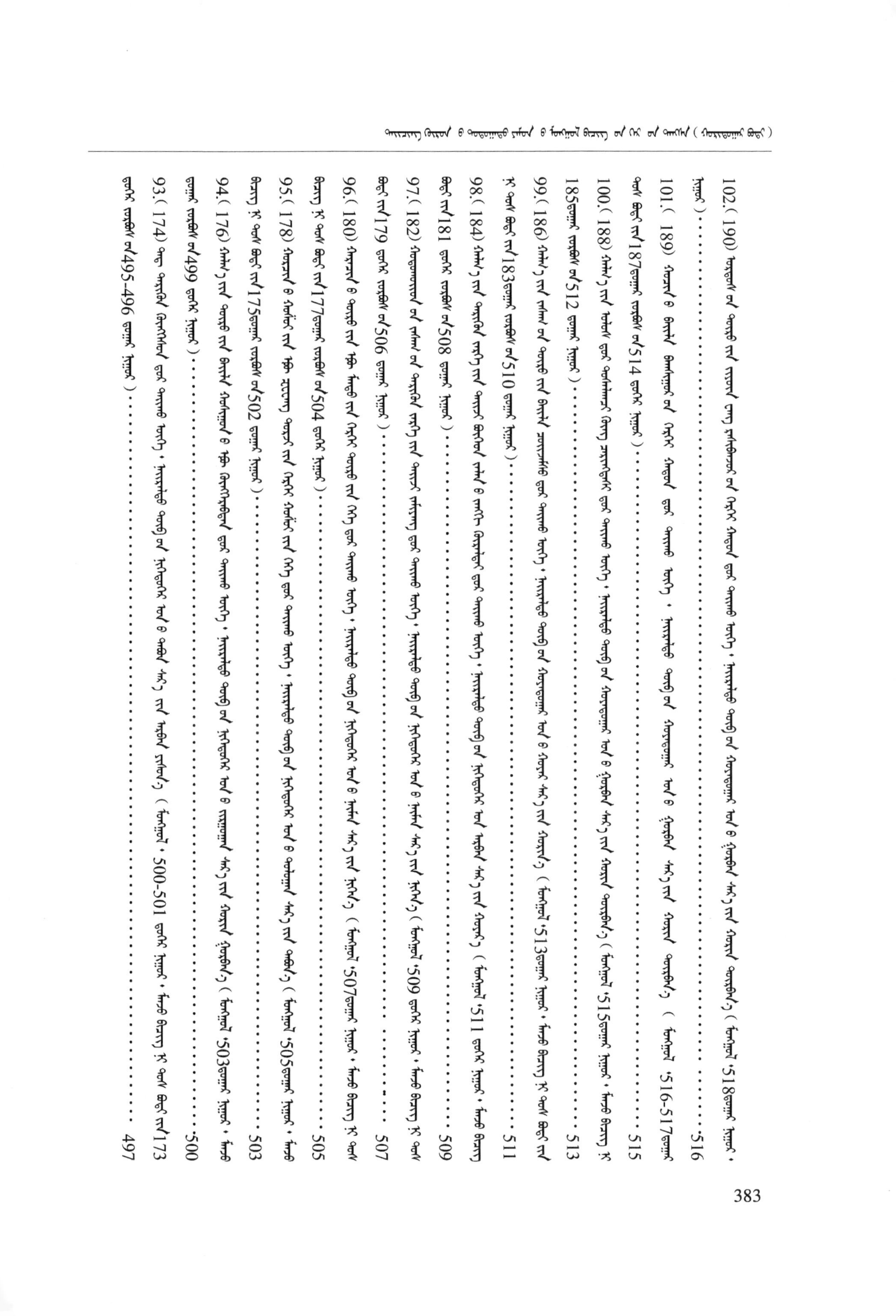

102.(190) [illegible] ([illegible] '518 [illegible]) ……………………………… 516

101.(189) [illegible] ([illegible] '516-517 [illegible] 187 [illegible] 514 [illegible]) ……………………………… 515

100.(188) [illegible] ([illegible] '515 [illegible] 185 [illegible] 512 [illegible]) ……………………………… 513

99.(186) [illegible] ([illegible] '513 [illegible] 183 [illegible] 510 [illegible]) ……………………………… 511

98.(184) [illegible] ([illegible] '511 [illegible] 181 [illegible] 508 [illegible]) ……………………………… 509

97.(182) [illegible] ([illegible] '509 [illegible] 179 [illegible] 506 [illegible]) ……………………………… 507

96.(180) [illegible] ([illegible] '507 [illegible] 177 [illegible] 504 [illegible]) ……………………………… 505

95.(178) [illegible] ([illegible] '505 [illegible] 175 [illegible] 502 [illegible]) ……………………………… 503

94.(176) [illegible] ([illegible] '503 [illegible] 499 [illegible]) ……………………………… 500

93.(174) [illegible] ([illegible] ' 500-501 [illegible] 173 [illegible] 495-496 [illegible]) ……………………………… 497

[illegible] 210 [illegible] 540 [illegible]）…………………… 541
113.（211）[illegible]（[illegible] 541 [illegible]，[illegible]
[illegible]）…………………… 537
112.（209）[illegible]（[illegible]，537-539 [illegible]
111.（208）[illegible]（[illegible] 536 [illegible]）…………………… 536
110.（206）[illegible]（[illegible]，534 [illegible]，[illegible] 207 [illegible] 535 [illegible]）…………………… 534
[illegible] 203 [illegible] 520 [illegible] 205 [illegible] 533 [illegible]）…………………… 532
109.（204）[illegible]（[illegible] 532 [illegible]，[illegible]
[illegible]）…………………… 530
108.（202）[illegible]（[illegible] 530 [illegible] 201 [illegible] 529
107.（200）[illegible]（[illegible]，528 [illegible]）…………………… 528
[illegible] 526 [illegible]）…………………… 527
106.（199 [illegible]（[illegible]，527 [illegible] 198
[illegible]（[illegible] 525 [illegible] 196 [illegible] 523-524 [illegible]）…………………… 525
105.（197）[illegible] 194 [illegible] 522 [illegible]）…………………… 522
104.（195）[illegible]（[illegible] 522
[illegible] 192 [illegible] 520 [illegible]）…………………… 521
103.（193）[illegible]（[illegible] 521 [illegible]，
[illegible] 191 [illegible] 519 [illegible]）…………………… 518

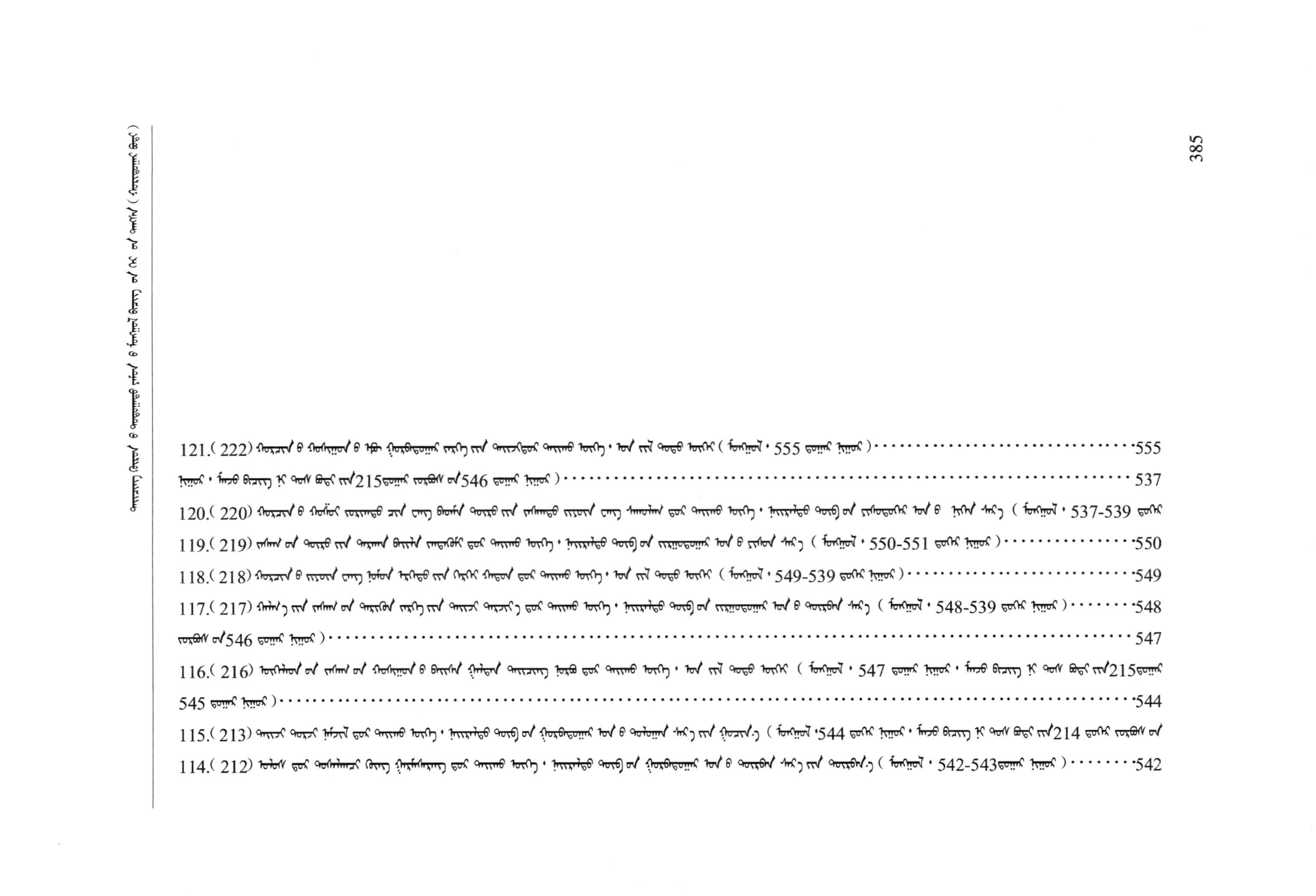

121.(222) [illegible] ([illegible] · 555 [illegible]) ······ 555
[illegible] · [illegible] 215 [illegible] 546 [illegible]) ······ 537
120.(220) [illegible] ([illegible] · 537-539 [illegible]
119.(219) [illegible] ([illegible] · 550-551 [illegible]) ······ 550
118.(218) [illegible] ([illegible] · 549-539 [illegible]) ······ 549
117.(217) [illegible] ([illegible] · 548-539 [illegible]) ······ 548
[illegible] 546 [illegible]) ······ 547
116.(216) [illegible] ([illegible] · 547 [illegible] · [illegible] 215 [illegible]
545 [illegible]) ······ 544
115.(213) [illegible] ([illegible] · 544 [illegible] · [illegible] 214 [illegible]
114.(212) [illegible] ([illegible] · 542-543 [illegible]) ······ 542

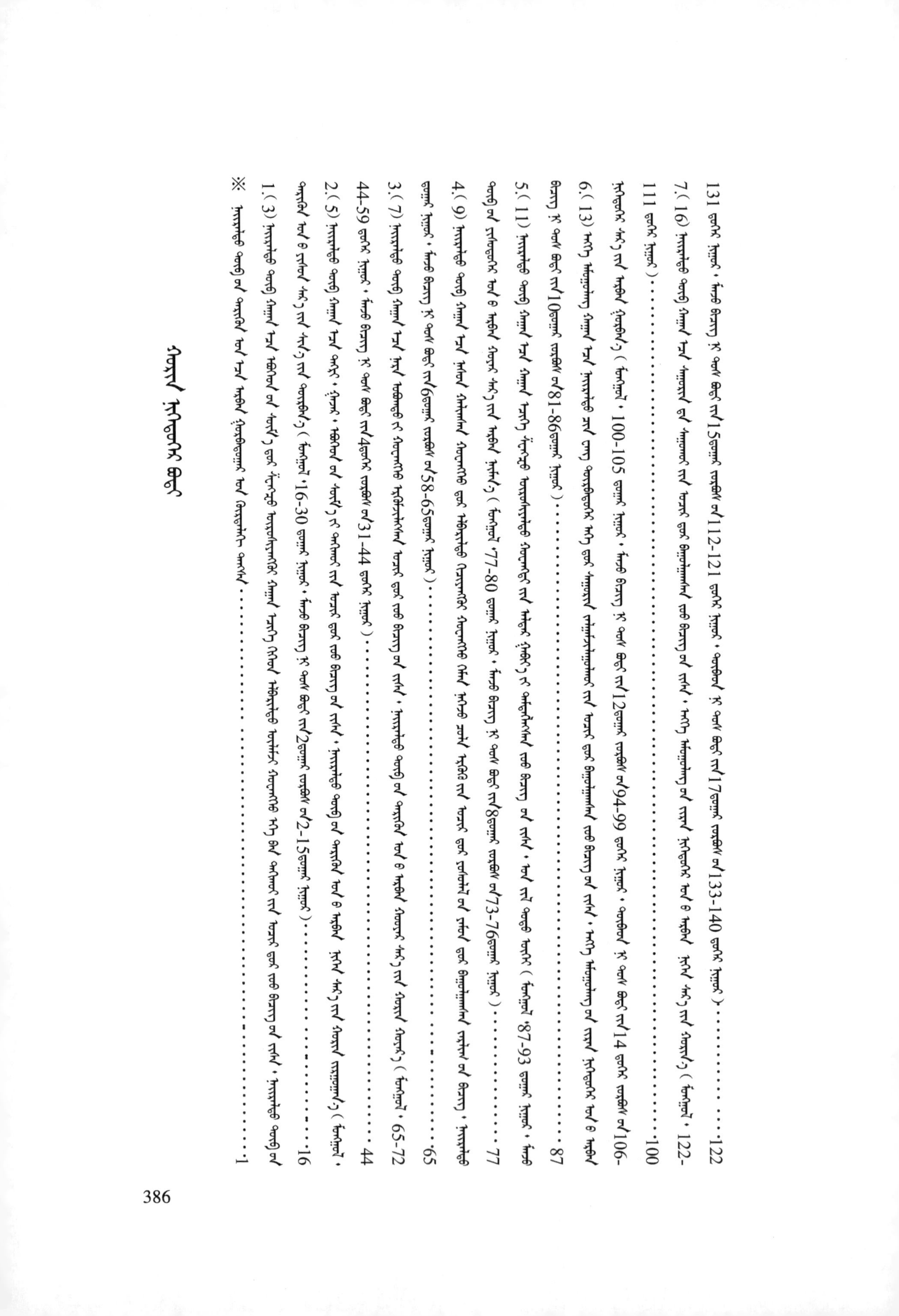

[illegible]

※ [illegible] ……1

1. (3) [illegible] [illegible] ([illegible] ·16-30 [illegible] · [illegible] 2 [illegible] 2-15 [illegible]) ……16

2. (5) [illegible] · [illegible] · [illegible] 4 [illegible] 31-44 [illegible] 44-59 [illegible]) ……44

3. (7) [illegible] ([illegible] · 65-72 [illegible] · [illegible] 6 [illegible] 58-65 [illegible]) ……65

4. (9) [illegible] ([illegible] '77-80 [illegible] · [illegible] 8 [illegible] 73-76 [illegible]) ……77

5. (11) [illegible] ([illegible] '87-93 [illegible] · [illegible] 10 [illegible] 81-86 [illegible]) ……87

6. (13) [illegible] ([illegible] · 100-105 [illegible] · [illegible] 12 [illegible] 94-99 [illegible] · [illegible] 14 [illegible] 106-111 [illegible]) ……100

7. (16) [illegible] ([illegible] · 122-131 [illegible] · [illegible] 15 [illegible] 112-121 [illegible] · [illegible] 17 [illegible] 133-140 [illegible]) ……122

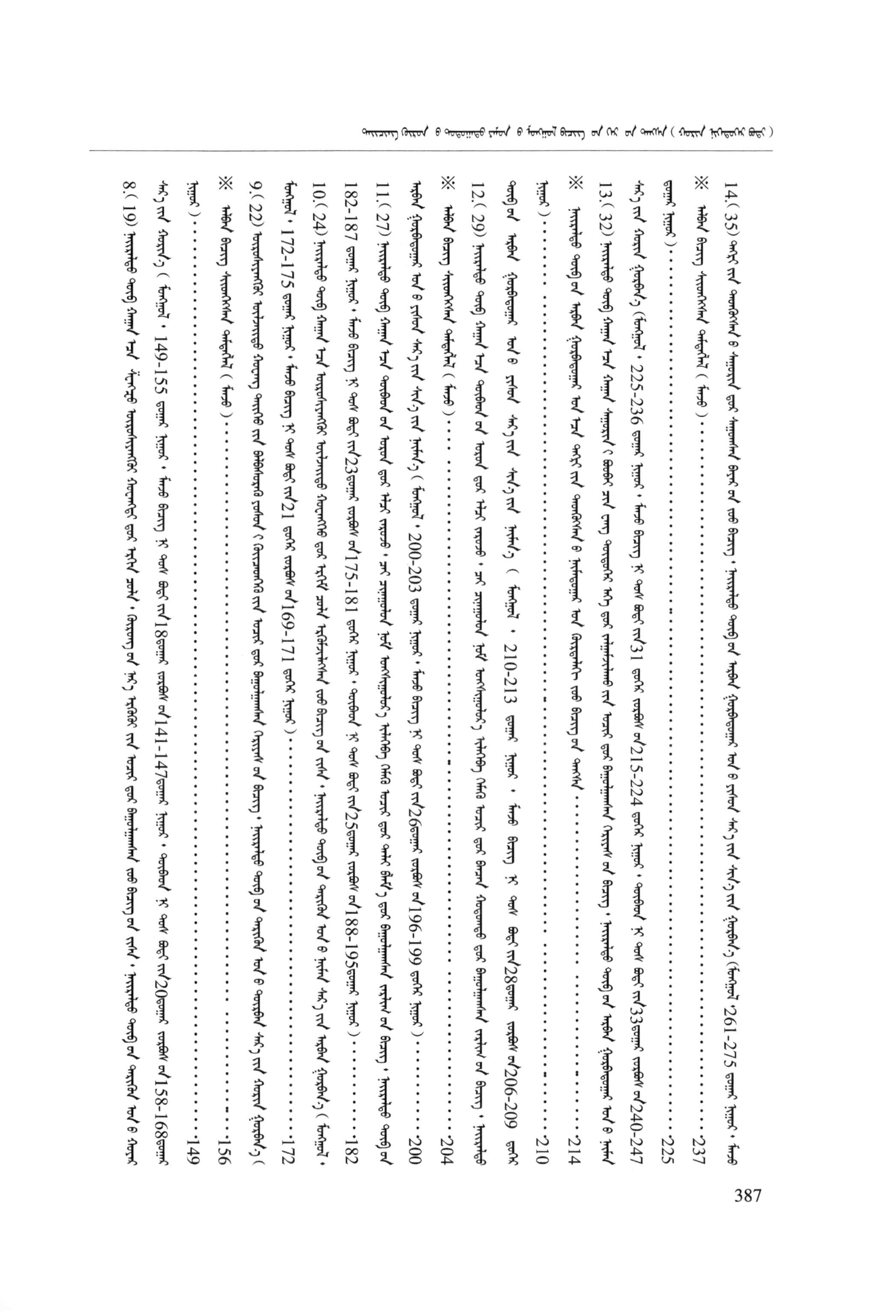

8.(19) [illegible] 149-155 [illegible] 141-147 [illegible] 158-168 [illegible] …… 149
※ [illegible] ([illegible]) …… 156
9.(22) [illegible] 172-175 [illegible] 21 [illegible] 169-171 [illegible] …… 172
10.(24) [illegible] 182-187 [illegible] 23 [illegible] 175-181 [illegible] 25 [illegible] 188-195 [illegible] …… 182
11.(27) [illegible] 200-203 [illegible] 26 [illegible] 196-199 [illegible] …… 200
※ [illegible] ([illegible]) …… 204
12.(29) [illegible] 210-213 [illegible] 28 [illegible] 206-209 [illegible] …… 210
※ [illegible] …… 214
13.(32) [illegible] 225-236 [illegible] 31 [illegible] 215-224 [illegible] 33 [illegible] 240-247 [illegible] …… 225
※ [illegible] ([illegible]) …… 237
14.(35) [illegible] 261-275 [illegible]

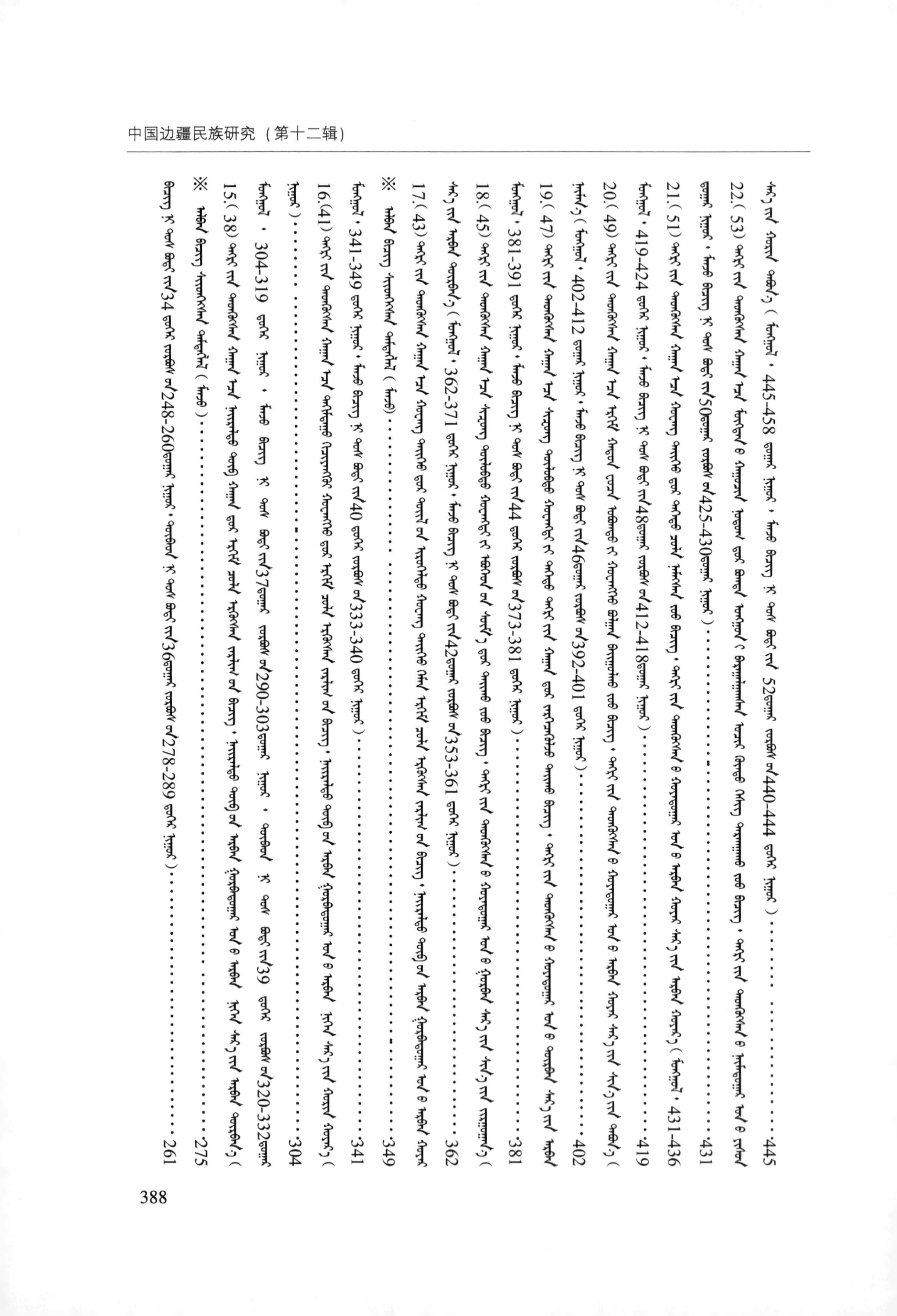

[illegible] 34 [illegible] 248-260 [illegible], [illegible] 36 [illegible] 278-289 [illegible]）……261

※ [illegible]（[illegible]）……275

15.（38）[illegible]（[illegible], 304-319 [illegible] 37 [illegible] 290-303 [illegible], [illegible] 39 [illegible] 320-332 [illegible]）……304

16.（41）[illegible]（[illegible], 341-349 [illegible] 40 [illegible] 333-340 [illegible]）……341

※ [illegible]（[illegible]）……349

17.（43）[illegible]（[illegible], 362-371 [illegible] 42 [illegible] 353-361 [illegible]）……362

18.（45）[illegible]（[illegible], 381-391 [illegible] 44 [illegible] 373-381 [illegible]）……381

19.（47）[illegible]（[illegible], 402-412 [illegible], [illegible] 46 [illegible] 392-401 [illegible]）……402

20.（49）[illegible]（[illegible], 419-424 [illegible] 48 [illegible] 412-418 [illegible]）……419

21.（51）[illegible]（[illegible], 431-436 [illegible] 50 [illegible] 425-430 [illegible]）……431

22.（53）[illegible]（[illegible], 445-458 [illegible] 52 [illegible] 440-444 [illegible]）……445

ᠪᠣᠯᠤᠭᠰᠠᠨ)……541
23.(56) ᠮᠣᠩᠭᠣᠯ ᠪᠢᠴᠢᠭ᠌ ᠦᠨ ᠰᠤᠳᠤᠯᠤᠯ ᠤᠨ ᠬᠡᠪᠯᠡᠯ ᠦᠨ ᠲᠡᠦᠬᠡ (ᠲᠣᠪᠴᠢᠶ᠎ᠠ · 541-549 ᠳ᠋ᠤᠭᠠᠷ ᠨᠢᠭᠤᠷ · ᠲᠠᠢᠪᠤ ᠪᠠᠶᠢᠭ᠎ᠠ ᠶᠢ ᠮᠥᠨ ᠪᠣᠳᠠ ᠶᠢᠨ55ᠳ᠋ᠤᠭᠠᠷ ᠳᠡᠪᠲᠡᠷ ᠦᠨ459-540 ᠳ᠋ᠤᠭᠠᠷ ᠨᠢᠭᠤᠷ ·
※ ᠮᠣᠩᠭᠣᠯ ᠪᠢᠴᠢᠭ᠌ ᠦᠨ ᠰᠤᠳᠤᠯᠤᠯ ᠤᠨ ᠬᠡᠪᠯᠡᠯ ᠦᠨ ᠲᠡᠦᠬᠡ ᠨᠡᠮᠡᠯᠲᠡ……445

[illegible]

※ [illegible] …… 1

1.(2) [illegible] ([illegible] · 1-74 ᠳᠦᠭᠡᠷ ᠨᠢᠭᠤᠷ) …… 1

※ (3) [illegible] …… 25

2.(4) [illegible] ([illegible] · 25-77 ᠳᠤᠭᠠᠷ ᠨᠢᠭᠤᠷ) …… 25

※ (5) [illegible] …… 78

3.(6) [illegible] ([illegible] · 78-118 ᠳᠤᠭᠠᠷ ᠨᠢᠭᠤᠷ) …… 78

※ (7) [illegible] …… 119

4.(8) [illegible] ([illegible] · 119-169 ᠳᠦᠭᠡᠷ ᠨᠢᠭᠤᠷ) …… 119

※ (9) [illegible] …… 170

5.(10) [illegible] ([illegible] · 170-242 ᠳᠤᠭᠠᠷ ᠨᠢᠭᠤᠷ) …… 170

※ (11) [illegible] …… 243

6.(12) [illegible] ([illegible] · 243-262 ᠳᠤᠭᠠᠷ ᠨᠢᠭᠤᠷ) …… 243

※ (13) [illegible] …… 263

7.(14) [illegible] (264-360 ᠳᠤᠭᠠᠷ ᠨᠢᠭᠤᠷ) …… 264

※ (15) [illegible] …… 361

8.(16) [illegible] ([illegible] · 362-549 ᠳᠦᠭᠡᠷ ᠨᠢᠭᠤᠷ) …… 362

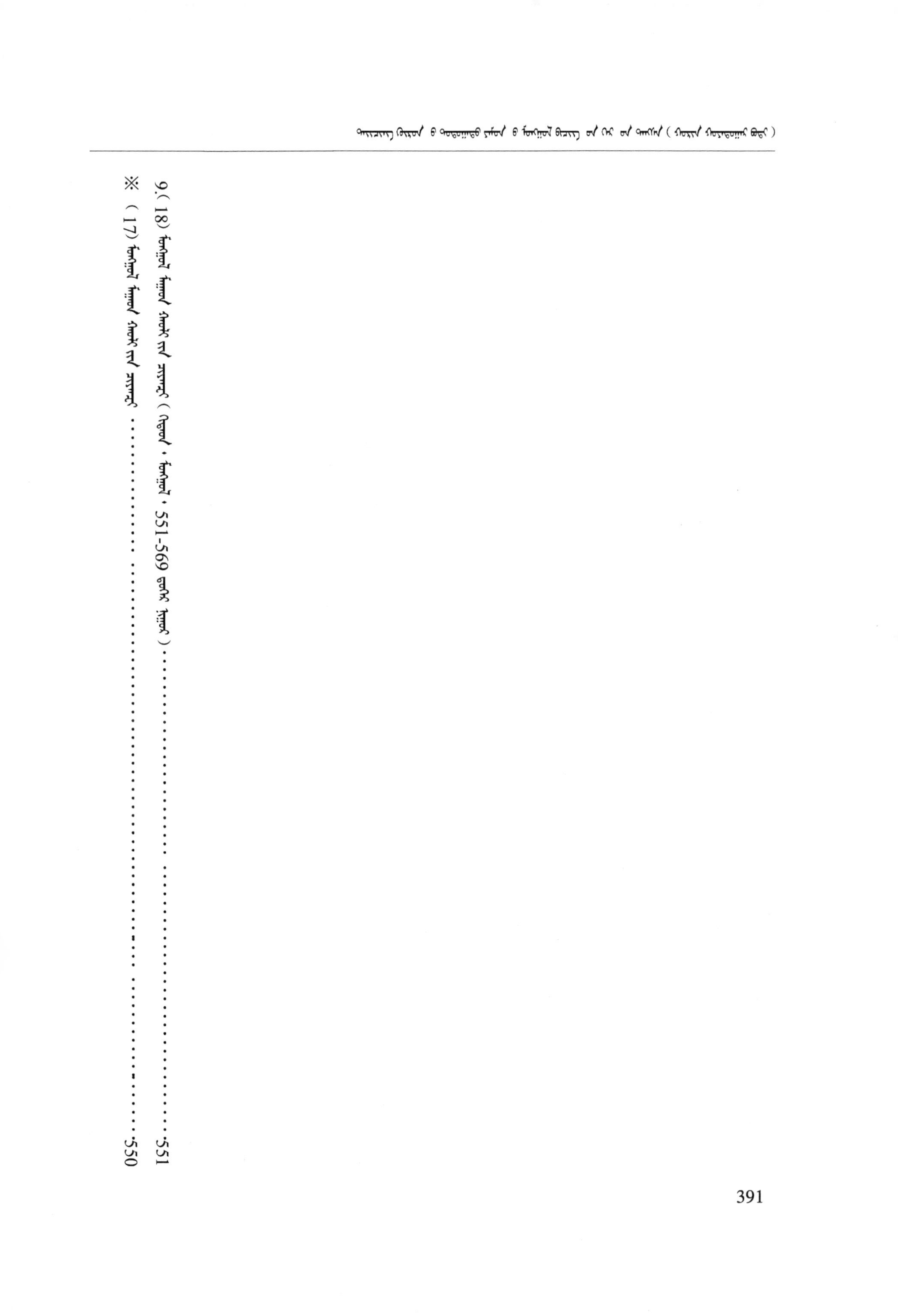

9.(18) [illegible] ([illegible] , [illegible] , 551-569 [illegible])······551
※ (17) [illegible] ······550

附　录

《清内阁蒙古堂档》各册及各种文字档案数量统计表

文种 册数	蒙古文	满文	托忒文	藏文	托满兼有	蒙满兼有	满蒙合璧	托满蒙兼有	蒙汉合璧	满蒙藏兼有	满藏兼有	合计
第 1 册	162	2										164
第 2 册	33	32	3									68
第 3 册	13	2			1	71						87
第 4 册	51	1			8	50						110
第 5 册		6										6
第 6 册						49		5				54
第 7 册						9						9
第 8 册	2	11			1	69						83
第 9 册		1			5	109						115
第 10 册		5			1	25						31
第 11 册	8	16				100	1					125
第 12 册		2			2	30						34
第 13 册	26	8			4	39						77
第 14 册		2			1	46						49
第 15 册					5	49						54
第 16 册	1				6	76						83
第 17 册					4	56						60
第 18 册	1	4				111						116
第 19 册	1	8				37						46
第 20 册	17	8		1		81	11			2	1	121